보웬이론의 비밀

Michael E. Kerr 저 | 최선령 · 이인수 · 조은숙 · 노치영 공역

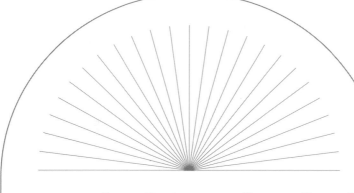

BOWEN
THEORY'S
SECRETS

학지사

역자 서문

　머레이 보웬(Marray Bowen)의 체계론적 가족치료 이론이 한국에 소개되고 임상 현장에서 상담에 적용된 지는 오래되었다. 그러나 가족치료 전문가들의 체계론적 접근에 대한 이론과 실제 적용에 대한 지대한 관심에도 불구하고 그의 이론을 접할 수 있는 기회가 현실적으로 매우 제한적이었던 것이 사실이다. 보웬이론이 몇몇의 전문가에 의해 지속적인 관심을 받았지만 많은 사람이 손쉽게 접할 수 있는 이론서와 임상 적용 과정을 쉽게 접할 수 없었던 점은 줄곧 아쉬운 부분이었다. 보웬의 생전에 보웬이론이 집대성된 저서 『가족평가(Family Evaluation)』가 번역되어 소개된 적이 있으나 많은 사람에게 널리 읽히는 데는 한계가 있었던 것으로 보인다. 그동안 보웬이론을 좀 더 정확하게 전달하고자 하는 염원이 있었던 중에 보웬과 함께하면서 저술 작업도 같이한 1세대 제자이자 평생을 보웬 센터에서 헌신한 마이클 커(Michael Kerr) 박사가 쓴 『보웬이론의 비밀(Bowen Theory's Secrets)』을 접하고 너무나 반가웠다.

　이 책은 커 박사가 보웬과 함께 썼던 첫 번째 책 『가족평가』에 기반하여 보웬의 이론을 자신의 개인적인 분화과정 경험과 평생을 통한 임상 경험을 함께 녹여 내어 독자들에게 충실하게 전달하고자 하는 내용으로 이루어져 있다. 그리고 그가 시종일관 강조한 것은 보웬의 주장을 다양한 분야의 과학자들의 연구를 인용하여 보웬의 자연체계론적 입장과 진화론에 입각한 그의 관점을 입증하고자 한 것이다. 그에 대한 것은 커 박사의 말대로 앞으로 과학적인 연구를 통하여 더욱 탄탄하게 입증되어야 할 부분이다. 그러나 자연체계로서 정서체계의 성격을 띤 가족체계가 어떤 관계과정을 거쳐 증상으로 발전되는지에 대한 그의 탁월한 설명은 증상을 바라보는 관점을 더욱 넓고 깊게 확장시켜 준다. 또한 문제를 호소하는 내담자 가족들을 낙인화에서 해방되게 해 주며, 문제를 해결하기 위해 접근하는 방식에 전혀 새로운 길을 열어 준다.

　이 책이 독자 여러분에게 보웬이론이 있는 그대로 정확하게 전달되고 좀 더 친숙하게 접하고 활용될 수 있는 계기가 될 수 있기를 바란다. 개인 중심적인 이론에 대체로 익숙한 독자들은 보웬의 이론을 있는 그대로 받아들이기가 조금 새로우면서도 낯설기도 할 것이다. 그러나 이 책이 보웬이론을 삶 속에서 그리고 임상 현장에서 적용하고 있는 독자들에게는 보웬이론을 좀 더 깊이 있게 접목하는 기회가 되기를 바라고, 처음 접하는 독자들에게는 이 책을 통하여 느낀 매력으로부터 시작하여 앞으로 보웬이론을 더욱 깊이 있게 지속적으로 접할 수 있는 계기가 되기를 바란다.

이 책은 서론, 제1부에서 제4부, 그리고 에필로그로 이루어져 있다. 제1부에서는 보웬이론의 주요 핵심 개념들을 상세하게 설명하고 있다. 그리고 제2부에서는 분화에 대한 이해를 돕고, 분화과정을 상세하게 사례를 들어 설명하고 있으며, 분화과정의 기법과 기술을 소개하고 있다. 제3부에서는 세상을 떠들썩하게 했던 사건에 연루된 사람들의 가족과정을 보웬이론의 관점에서 이해할 수 있도록 잘 제시해 주고 있다. 또한 제4부에서는 앞으로 보웬이론을 활용하여 연구되어야 할 분야에 대한 제언과 함께, 마지막 에필로그에서는 보웬이론을 커 박사 자신의 가족 경험과 연결 지어 자신의 분화과정에 대하여 소개를 하고 있다. 보웬도 자신의 개인적 삶에서 원가족으로부터의 분화과정에 적용했던 경험을 학술대회에서 발표했던 것처럼 커 박사도 자신의 원가족 분화과정을 상세하게 설명하면서 이론을 이해할 수 있도록 제시해 주고 있다.

이 책을 읽으면서 독자 여러분이 잠시 혼란스러울 수도 있는 부분은 우리나라에서 현재 활용되고 있는 가계도 도형의 도식과 커 박사가 제시하는 가계도 도형의 도식에 약간의 차이가 있다는 점이다. 기본적인 도형의 상징들은 같지만 단절이나 융합, 갈등, 불안이나 분화 수준을 선의 모양이나 음영으로 표시하고 있는 것에서 약간의 차이를 보이고 있다. 이것은 도형에 대한 설명을 통하여 충분히 이해할 수 있도록 제시되어 있다.

앞서 말했듯이 이 책은 서론과 총 24장, 그리고 에필로그로 이루어져 있다. 서론과 제1부 보웬이론의 핵심 개념 부분의 제1장에서 제6장, 그리고 제14장은 이인수 교수가, 제7장부터 제13장까지는 노치영 소장이, 그리고 제2부 제15장에서 제18장은 조은숙 교수가, 제3부 제19장에서 제22장, 제4부 제23장과 제24장, 에필로그는 최선령 소장이 맡아서 수고하였다. 번역 작업은 언제나 그렇듯이 매우 쉽지 않고 아쉬운 점이 많을 수밖에 없는 작업이라는 것을 매번 느끼게 된다. 그럼에도 불구하고 역자들은 저자의 본래의 의도와 개념을 가능한 한 최선을 다해 전달하려고 애썼다. 이러한 노력이 잘 전달될 수 있기를 바라며 애써 수고해 주신 역자 여러분께 깊은 감사를 드린다.

끝으로 그동안 보웬이론서를 기다려 준 가족치료 연구자들과 임상가들의 성원에 깊이 감사드리고 번역서의 출판을 흔쾌히 허락해 주신 학지사의 김진환 사장님과 편집 과정에 수고해 주신 박지영 선생님께 깊은 감사를 드린다.

2025년 4월
역자 일동

이 서문을 쓰면서 제 머릿속에는 두 가지 주제가 떠오릅니다. 첫 번째는 제가 '체계의 기적'이라 부르는 것이며, 두 번째는 보웬이론을 공부하는 사람들이 자연과학, 특히 생물학에 지속적인 관심을 가지는 것이 중요하다는 점입니다.

'체계' 뒤에 '기적'이라는 단어가 나오면 놀랄 수도 있겠습니다. 이 생각의 본질은 다음과 같습니다. 가족관계를 탐구할 때 체계론적 사고를 적용하면 관찰되는 과정에 대해 정서적 객관성을 가지고 접근할 수 있습니다. 또한 정서적 중립성을 강화하여 특정 가족 구성원을 탓하거나 관계과정을 비난하지 않고 관찰할 수 있게 됩니다. 그다음 중요한 단계는 객관성과 중립성을 바탕으로 행동하는 것입니다. 한 가족 구성원이 이를 실천하면 다른 구성원들도 이를 따르는 경향이 있어 가족의 감정적 성숙도 수준이 약간 높아질 수 있습니다. 이러한 노력이 다른 가족 구성원들에게 더 성숙하게 행동하도록 자극을 주며, 시간이 지나면서 가족 전체의 성숙도가 크게 향상될 수 있습니다. 보웬이론에서는 이를 분화라고 합니다.

다시 놀라움을 일으켰던 부분으로 돌아가 봅시다. 기적의 정의 중 하나는 매우 불가능해 보이거나 특별한 사건이나 발전이 매우 반가운 결과를 가져오는 것입니다. 수십 년 동안 임상가로서 변화를 관찰해 보면, 가족들이 더 나은 방향으로 얼마나 변화할 수 있는지가 기적처럼 느껴집니다. 이러한 변화는 보웬 가족체계이론의 도움으로 가능합니다.

사람들이 노력을 기울인다면 관계의 호환성을 관찰하는 법을 배울 수 있습니다. 관계의 호환성이란 각 사람이 상대에게 똑같은 수준의 감정적 반응을 한다는 것을 의미합니다. 한 사람을 다른 사람의 반응의 원인이라고 지목될 수 있는 것이 아니라, 쌍방이 동등한 역할을 한다는 것입니다. 관계의 호환성을 관찰할 수 있게 되면 한 개인은 인과론적 사고에서 체계론적 사고로 전환할 수 있게 됩니다. 자신이 진다는 느낌 없이 이런 것이 가능해집니다. 보통 한 사람이 먼저 전환을 시작하고 다른 사람이 뒤따릅니다. 이 과정이 진행됨에 따라 전환을 먼저 시작하는 사람이 달라지기도 합니다.

보웬이론을 적용하려는 동기를 가진 사람들은 이를 기적이라고 자주 표현하지는 않지만, 정서적 객관성, 정서적 중립성 및 호환성을 발견하는 것은 정말로 기적처럼 느껴질 수 있습니다. 자신과 다른 사람들에게서 무엇을 찾아봐야 할지에 대한 생각을 가지고 있다면 이전에 보지 못했던 것을 볼 수 있게 됩니다!

이제 두 번째 주제로 넘어 갑시다. 이를 시작하기 위해 유명한 발생학자이자 이론생물학자인 콘라드 와딩턴(Conrad Waddington, 1905~1975)의 인용문을 소개하고자 합니다. "세포가 모여서 통합적 특성을 가진 기관으로 조직화되는 과정에 관여하는 상호작용 네트워크의 본질을 이해하는 것이 살아 있는 존재를 다룰 때의 핵심 질문으로 여전히 남아 있다."

저는 핀란드 헬싱키 대학교의 에미 베르쉬렌(Emmy Verschuren)과 함께 와딩턴의 관점을 따르고 있습니다. 왜냐하면 그녀의 연구와 아이디어가 지난 수십 년 동안 과학 연구에서 일어나고 있다고 생각되는 현상을 반영하고 있기 때문입니다. 그녀는 암을 예로 들어 설명합니다. 그녀는 도형-배경 전환figure-ground shift이 진행 중이라고 말합니다. 증식하는 암세포를 직접 표적으로 삼아 약물로 이를 파괴하려는 대신, 그녀는 암이 번성하는 니치niches[1]를 표적으로 삼습니다.

저는 이것이 단순히 증상을 가진 환자만 연구하는 것이 아니라, 가족 상호작용의 본질을 '체계론적 접근'으로 연구하는 것과 유사하다고 봅니다. 유사하게, 베르쉬렌은 고전적 개념인 유전자 변이와 자연선택 등의 근대적 이론들이 제한점이 있다고 말합니다. 그녀는 개체의 생애 동안의 발달과정과 그 과정에서 발생하는 기능장애의 역할을 강조합니다. 이러한 진화적 과정은 단순히 유전자 기능장애만으로는 설명될 수 없습니다. 그녀는 자신의 연구가 암 상태를 보는 인식의 전환, 즉 상호의존적인 생태적 니치들로 이루어진 생태계에서 암 상태가 만들어지는 것으로 보는 인식의 전환과 그 전환이 가져오는 결과를 탐구하는 것이라고 말합니다. 이러한 접근법에서는 암 상태가 발생하는 니치들을 회복시킴으로써 암을 발견하고, 치료하며, 예방합니다.

저는 오래전부터 개인에 대한 체계이론을 개발하는 것이 보웬이론을 자연과학으로 확장시키는 강력한 연결 고리가 될 것이라고 믿어 왔습니다. 이 책은 개인에 대한 체계이론에 도달하지는 못했지만, 가족에 대한 체계이론과 문제 해결 접근법을 제시하고 있습니다. 머레이 보웬은 가족의 복잡성을 다루기 위해 체계론적 사고의 필요성을 깨달았습니다. 체계론적 생물학자들은 암의 생성 원인이 체계의 어느 한 부분에 국한되지 않는 과정임을 인식했을 때 체계론적 사고를 도입했습니다. 이제 체계론적 생물학자들은 보웬이론이 생물학적 조직화의 또 다른 수준을 설명하고 있다는 점을 더 쉽게 인식하게 되지 않을까 생각합니다.

2025년 4월 한국어판 출간을 기념하며
마이클 커

---

1) 역주: 생태학적 용어로, 특정 생물이 서식하고 생존하는 데 적합한 환경 또는 생태적 위치를 의미한다. 이 문맥에서는 암세포가 번성하고 생존할 수 있는 미세환경microenvironment이나 생태적 틈새를 지칭한다. 한국어로는 '서식지' '니치' 또는 '미세환경' 등으로 번역할 수 있지만, 전문적인 맥락에서는 '니치'라는 용어를 그대로 사용하는 경우가 많다.

서론

이 책 『보웬이론의 비밀: 가족의 숨겨진 삶을 드러내기(Bowen Theory's Secrets: Revealing the Hidden Life of Families)』의 제목은 내가 페터 볼레벤(Peter Wohlleben)의 『나무의 숨겨진 삶(The Hidden Life of Trees)』[1](2015)을 읽으면서 받았던 강력한 영향의 결과이다. 그 책의 겉표지에 나오는 내용을 인용해 보면 다음과 같다. "나무는 인간의 가족과 닮았다. 나무부모들은 그들의 아이들과 함께 살고 소통하며, 그들이 자라는 동안 돌보며, 병이 들었거나 힘겹게 싸우고 있는 것들에게 영양분을 나눠 주며, 임박한 위험에 대해 서로에게 경고하기까지 한다." 숲 전문가인 페터 볼레벤은 나무를 사회적 존재자로, 숲을 사회적 관계망으로 묘사한다. 나무의 삶은 사람들에게는 잘 알려지지 않았는데, 대체로 다른 나무들의 삶과 복잡하게 연결돼 있다. 나무가 사회적 관계망과 맺고 있는 관계를 검토하지 않는다면, 우리는 삶의 도전들에 대한 나무의 성공적인 적응을 충분히 이해할 수 없게 된다. 이 점은 인간의 가족 구성원들에게도 마찬가지이다. 개별 구성원들이 다른 가족 구성원들과 맺는 관계를 따로 떼어 놓는다면, 우리는 한 사람의 가족 구성원이 삶의 도전들에 어떻게 적응하고 있는지 적절하게 이해할 수 없다.

보웬이론이 70여 년 전에 시작된 연구에 기반을 두고 있음에도 불구하고, 인간을 완전히 정서적으로 움직여지는 생명체로 여기는 것과 인간 가족의 기능을 정서적 단위로 생각하는 것의 가치는 여전히 대중에게 잘 알려지지 않았다. 또한 숲을 사회적 관계망으로 보는 시각도 여전히 대중의 의식에 스며들지 못하고 있다. 양쪽 시각 모두 많은 사람이 알아보기에는 너무 비밀스럽거나, 적어도 거의 눈에 띄지 않고 있다. 이것은 정보를 억압하려는 의도가 있어서 그런 것은 아니고 정서적 단위로서의 가족의 경우, 그 개념적 사고에 있어서 근본적인 변화가 필요하고 그것은 매우 어려운 일이기 때문이다. 사람들 대부분은 가족이

---

1) 역주: 페터 볼레벤이 쓴 『나무의 숨겨진 삶』(2015)은 국내에서 번역되어 『나무 수업』이라는 제목으로 출간되었다.

인간의 건강과 행복에 대단히 중요하다고 인정하지만, 가족 구성원들에게 긍정적 자원으로 기능하는지 아니면 스트레스 요인으로 기능하는지를 결정하는 모든 가족에서의 정서적 작용력들과 상호작용의 유형들에 대해 아는 사람은 소수에 불과하다.

　보웬이론에 친숙하지 않은 사람들에게 그 개념의 깊이와 넓이를 알게 해 주려는 희망에서, 나는 이 서론에 복잡한 개념들을 가득 채워 넣었다는 사실을 독자들에게 미리 알려 주고 싶다. 이 책의 제1부에는 보웬이론의 핵심 개념들이 자세히 설명돼 있다. 제2부에는 보웬이론에서 가장 중요하게 적용되는 자기분화differentiation of self 과정이 서술돼 있다. 사람들은 때때로 이론을 '상아탑'의 산물, 즉 흥미롭기는 하지만 반드시 실용적이지는 않은 그런 생산물들로 여긴다. 자기분화는 상아탑과 같은 것이 전혀 아니다. 그것에는 현실에서 효과적으로 적용할 수 있도록 잘 검증된 장치가 들어 있다. 제3부에는 세간의 주목을 받은 가족들과 연관된 네 개의 장기 사례들이 포함돼 있다. 그것들을 통해서 우리는 가족(그 가운데 세 개는 상당히 통상적이고 나머지 하나는 그렇지 않은 가족)이 그들 자신도 모르는 사이에 몇 가지 심각하게 일탈적인 행동을 만성적으로 드러내는 자녀들을 어떻게 만들어 내는가를 설명하는 데에 보웬이론이 어떻게 적용되는지 실제로 보게 된다. 제4부에서는 보웬이론에 포함시킬 새로운 개념이 제시되고 보웬이 제안했던 개념, 곧 그 시대에 큰 관심을 끌기는 했으나 그의 이론의 일부로 구체화하지는 않았던 그런 개념에 대한 논의가 이루어진다. 에필로그에서는 보웬이론을 적용하여 내 원가족을 이해하고 그 안에서 분화된 "자기self"로서 기능할 수 있는 더 많은 능력을 개발하는 과정이 서술돼 있다. 내 부모님은 네 명의 아들을 키웠는데, 그 가운데 세 명은 삶에 적절하게 적응했다. 다른 한 아들은 35세에 자살했다. 우리 가족에 관한 연구를 통해서 독자들은 시간에 따른 가족관계 체계의 변화와, 그리고 그와 연관된 스트레스 요인들이 질병들의 박물학을 이용하는 병리학 주도의 전통적 견해[2]가 예측하는 것보다 조현병(형이 받은 진단)의 임상 경과를 어떻게 더 잘 예측하는지 볼 수 있을 것이다.

　나는 내가 보웬이론과 그 적용이 왜 중요하다고 생각하는지 강조하면서 시작하고자 한

---

2)　역주: 박물학natural history은 자연에 존재하는 다양한 동물·식물·광물의 종류, 성질, 분포 등을 기록하고 정리·분류하는 학문으로 다양한 자연물의 각 특성을 밝혀내는 과학이고, 병리학pathology은 질병의 원인과 발생 과정, 그리고 병에 걸린 조직의 형태 변화를 연구하는 학문이다. 따라서 병리학이 질병들의 박물학을 이용한다는 표현의 의미는 동물과 식물의 종류와 성질을 기록하고 정리·분류하는 박물학의 연구 방식을 이용하여 질병의 원인과 발생 과정을 연구한다는 뜻이다(출처: 네이버 백과사전).

다. 1976년 조지타운 대학교 의과대학에서 있었던 정신의학과 사례 회의에서, 정신의학과 교수 헨리 레더러(Henry Lederer)는 "역사를 통틀어 인류는 400개의 독창적인 아이디어를 만들어 냈다. 머레이 보웬(Murray Bowen)은 그 가운데 하나를 만들어 냈다."라고 말했다. 레더러는 보웬이 가족체계이론을 창시한 사실을 언급한 것이다. 보웬은 나중에 그의 이론과 마찬가지로 가족체계이론이라고 불리고 있었던, 다른 사람들이 개발한 이론들과 구별하기 위해 그 이론에 자신의 이름을 덧붙였다.

다른 학자들, 이를테면 일반 체계이론을 창시한 루트비히 폰 베르탈란피(Ludwig von Bertalanffy, 1951)와 사이버네틱스를 창시한 노버트 위너(Norbert Wiener, 1948)와 같은 학자들은 그들의 체계이론을 인간 행동에 확장하려고 시도했지만, 보웬은 함께 살아가는 환경으로서의 가족을 연구하여 가족이 어떻게 체계로서 기능하는지 구체적이고 사실적인 세부 사항을 서술한 최초의 학자였다. 일반 체계이론, 사이버네틱스와 보웬이론에는 체계론적 사고하기systems thinking[3]가 공동으로 들어 있지만, 보웬이론에는 가족을 직접 연구하는 과정에서 찾아낸 고유한 구성요소가 들어 있다는 점에서 차이가 있다. 보웬의 연구는 인간 가족이 자연적으로 발생하는 체계라는 결론, 곧 가족 구성원들의 상호작용은 부분들의 합보다 더 큰 전체를 이룬다는 결론을 내리는 근거가 되었다. 가족들은 하나의 독립체로서 연구될 수 있는 자격을 스스로 갖추고 있다.

보웬은 메닝거 클리닉(1946~1954), 국립정신건강연구소(NIMH; 1954~1959), 조지타운 대학 정신의학부(1959~1990)에서 이루어진 연구를 기반으로 40년 이상의 기간에 걸쳐 그의 이론을 발전시키고 확장했다. 보웬이 1990년에 사망한 이래로, 그의 가까운 동료들과 여러 지역의 많은 다른 사람들은 보웬이론과 그 적용을 계속해서 발전시켜 왔다.

〈NIMH 가족연구 프로젝트〉가 진행되는 동안 보웬은 체계론적 사고를 인간 행동에 적용할 필요성을 느꼈다. 가족연구 프로젝트의 세부 사항들과 연관된 최고의 저서들은 보웬의

---

3) 역주: 체계론적 사고하기systems thinking는 체계적 사고하기systematic thinking가 아니다. 후자가 사고 과정이나 절차가 일정한 원리에 따라서 낱낱의 부분이 짜임새 있게 조직되어 통일된 전체를 이루는 사고하기를 가리킨다면, 전자는 사물이나 현상을 부분들의 결합과 관계로 이루어진 어떤 전체로 파악하면서 그 변화를 부분들 사이의 상호작용에 따라 일어나는 것으로 보는 접근 방식의 사고하기를 가리킨다. 보웬이론에서는 그러한 체계론적 사고하기의 맞은편에 인과론적 사고하기cause-and-effect thinking를 놓는다. 그것은 관계를 이루는 것을 관찰할 때 그것들이 형성하는 전체의 체계를 고려하지 않고 그것들을 개별적인 것들로 보면서 어떤 현상이나 사건의 발생에서 원인이 되는 한 요소에 따라서 결과가 되는 어떤 상태가 발생한다고 보는 관점의 사고하기를 가리킨다.

임상 실천 관련 논문집(Bowen, 1978)과 『가족 심리치료의 기원: NIMH 가족연구 프로젝트 (The Origins of Family Psychotherapy: The NIMH Family Study Project)』(Bowen, 2013)이다. 이 프로젝트는 조현병 진단을 받은 젊은이를 구성원으로 둔 가족들을 대상으로 한 장기간의 연구였다. 보웬과 그의 연구진들은 가족의 상호작용을 직접 관찰할 수 있었는데, 그것은 가족 기능에 관한 그들의 데이터가 가족 구성원들이 그들의 상호작용에 대해 말하는 것을 듣는 수준에 국한되지 않는다는 것을 의미했다.

　당시 다른 선구적인 가족연구자들은 가족을 그 자체로 하나의 독립체로 살펴볼 필요성을 인식해서 종종 '가족 유기체family organism'라고 지칭했다. 그러나 이들 연구자 대부분은 프로이트 이론을 가족에 확장하거나, 일반 체계이론에서 개념들을 빌려 오거나, 몇 가지 체계 개념들을 기존의 개별 이론과 결합함으로써 자신들이 관찰한 것을 개념화했다. 이와는 대조적으로, 보웬은 가족연구에서 나타난 인간 행동에 대해 완전히 새로운 이론의 잠재적 가능성을 발견했다. 다른 많은 가족연구의 선구자들은 새로운 이론을 개발하는 것보다 인간 문제에 대한 새로운 치료적 접근법, 곧 가족치료법을 개발하는 데 더 집중했다.

　보웬은 그의 연구에서 일찍이 정신분석학과 같은 이론들에 내재하는 전통적인 인과론적 사고를 사용해서는 가족관계의 과정을 적절하게 개념화할 수 없다고 생각했다. 인과론적 사고를 인간의 행동에 적용하게 되면 한 개인의 일탈적인 행동이나 증상의 주요 원인이 그 환자 개인에게 있다고 가정한다. 이 경우 그 원인이 개인의 정신 병리학이나 뇌의 생물학적 결함 또는 이 둘의 조합에 있다고 본다. 나중에 애착이론 개발의 계기가 되었던 존 볼비(John Bowlby, 1950)의 연구는 보웬의 연구와 거의 같은 시기에 출현했다. 볼비는 성장하고 있는 아이들과 그들의 어머니 사이에서 상호작용하는 관계들에 관심이 있었고 그 과정을 개념화하는 데에 도움을 주기 위해 인공 두뇌학과 연관된 사고를 활용했다. 그러나 그의 최종 이론에서는 애착 장애의 발생과 그 결과로 문제가 환자 개인의 내부에 놓이게 되며, 애착 장애의 주된 원인으로 모성 결핍이 거론되었다(Bowlby, 1969). 보웬이론과는 대조적으로, 볼비의 사고는 정신분석학의 영역에 계속 머물러 있어서 전통적인 인과론적 사고나 모성 결핍에 근거한 사고를 전혀 포기하지 않았다. 애착 장애가 있다고 각각 평가된 두 사람의 상호작용에 대한 설명은 서로 맞물려 있는 정신 병리학적 사고가 그 특성이라고 할 수 있다. 그것은 체계론적 사고하기가 아니다. 보웬의 접근법과 볼비의 접근법 간의 차이를 독자들이 즉각적으로 알아차리기는 명백하지 않을 수도 있지만, 이 책의 제1장에서는 그 차이가 더욱 분명해질 것이다.

　병리학 중심 모델과는 대조적으로, 가족연구에서는 사람들의 생각, 느낌, 행동, 그리고 그들이 그 안에서 살아가는 정서적 맥락의 고려 없이는 문제들이 적절하게 설명될 수 없다는 것을 발견했다. 체계론적 사고는 가족 구성원들 사이의 상호작용과 그러한 상호작용이 개별 구성원들의 내면적인 심리 생물학적 과정과 행동에 미치는 영향을 서술하는 데에 필수적이다. 개인과 가족은 호환적 상호작용 과정, 곧 각각이 서로서로 영향을 미치는 과정이다. 게다가, 두 사람이 맺는 이인=人관계는 그 관계에 미치는 다른 사람들의 영향에 대한 인식 없이는 적절하게 설명될 수 없으며, 그 반대도 마찬가지이다. 사람들은 종종 관계에서 이루어지는 영향을 감지한다고는 하나 체계론적 사고의 도움 없이는 어떤 일이 어떻게 전개되는지 추적하기가 어렵다는 사실을 발견한다. 인과론적 사고하기를 포기한다는 것은 만만찮은 과제이다. 인과론적 사고에서 그런 것처럼 문제가 '다른 사람들에게' 있다고 보는 것은 인간에게 오랫동안 이어져 온 사고의 기본 양태이다.

보웬 가족체계이론을 구성하는, 서로 맞물려 있는 여덟 가지 개념은 이 책에서는 기존에 서술되었던 방식과는 다르게 설명될 것이다. 가장 중요한 개념은 자기분화이다. 보웬은 분화 differentiation라는 용어를 생물학에서 빌려 왔지만, 그것을 인간의 정서적 기능과 행동에 적용한 것은 새로운 시도였다. 세포의 분화와 통합은 복잡한 유기체가 가지는 적응력의 핵심이다. 인간의 분화도 복잡한 가족 단위들이 가지는 적응 기능에 핵심이 되는 것이다. 분화와 통합 사이의 균형은 그것이 자연계 전체에 작용하는 복잡한 체계들의 기능에서 중요한 만큼이나 인간 가족의 기능에서도 중요하다.

철학자, 신학자, 심리학자, 정신건강의학과 의사, 신경과학자 등은 자기를 개념화하는 데 많은 기여를 했다. 그러나 보웬이론의 "자기" 개념은 이전의 기여들과는 다르다. 자기에 대한 감각과 한 개인의 본질적 존재와 같은 생각들, 곧 자신을 다른 사람들과 구별하게 해 주는 것에 관한 그런 생각들은 보웬이론에서 말하는 "자기"의 한 부분을 이루지만, 그것들이 그 개념의 전부를 말해 주는 것은 아니다. 이 책 전체에 걸쳐서 겹따옴표를 씌워 "자기"로 표기한 것은 그것을 자기와 연관된 다른 개념들과 구별하기 위해 자기분화를 가리킨다는 점을 주목하기 바란다.[4] 50여 년 전에 처음 출판된 보웬이론(Bowen, 1966)은 "자기"에 대한

---

4) 역주: 인간을 이해하는 문제에서 '자기self'라는 용어와 그 개념은 대단히 중요하다. 그렇기에 철학이나 심리학에서는 여러 유파에 따라 '자기'를 정의하는 방식이 엄청나게 다양하다. 보웬이론에서는 '자기'를 '자기분화'의 개념에 근거하여 설명한다. 여기서 커(Kerr) 박사는 보웬이론에서 생각하는 '자기'의 고유한 의미를 강조하기 위해 이 책 전체에 걸쳐서 겹따옴표를 붙여 "자기"로 표기한다. 이 책에서 "자기"의 의미는 자기분화의 개념에 근거하여 정의하는 '자기'이다.

개념화를 넓혀 왔고, 그렇게 함으로써 사람들이 그들의 정서적 기능하기를 향상시키는 데 도움이 되는 근본적으로 다른 치료 접근법의 개발로 이어졌다.

보웬이론에서 말하는 "자기"라는 개념의 독특함은 개인들이 관계 체계, 특히 정서적으로 가장 중요한 그들의 관계 체계에서 어떻게 기능하는지를 포함한다는 점에 있다. "자기"를 유지하는 능력은 개인의 특성이지만, 그것의 견고성은 개인의 관계 환경의 맥락에서만 정확하게 평가된다. 그것은 사람들이 가지는 상호작용의 본질과 연관된 사실들을 관찰함으로써 객관적으로 연구될 수 있다. 어떤 관계 체계에서 그 체계의 한쪽 끝에 있는 "자기"를 유지하는 사람의 역량과 그 체계의 다른 쪽 끝에 있는 "자기"를 상실하는 사람의 취약성 사이에는 단계적 차이를 보여 주는 연속체가 존재한다. 사람들은 일반적으로 다른 관계 체계들보다 몇몇 특정 관계 체계, 예를 들면 직장이나 가족과 같은 관계 체계에서 "자기"를 더 잘 유지할 수 있다.

"자기"에 대한 이러한 새로운 관점과 그것에 연관된 치료 접근법은 〈NIMH 가족연구 프로젝트〉의 결과였다. 이러한 발전은 전적으로 가족이 정서적인 단위로 기능한다는 사실의 발견에 의한 것이었다. 가족 구성원들의 정서적 기능하기는 이전에 인식되었던 것보다 훨씬 더 상호의존적이다. 정서적 상호의존성의 핵심은 한 구성원의 정서적 기능에서의 변화가 예측이 가능한 수준에서 다른 구성원의 정서적 기능에서의 변화와 호환적으로 연관되어 있다는 것이다. 이것은 정서적으로 작동되는 과정이지 이성적으로 작동되는 과정이 아니다. 사람들은 가족체계를 통해 흐르는 정서들emotions을 관찰이 가능한 방식으로 표현하고 있고 또 그것에 의해 규제되고 있다. 이를테면 과도하게 도움을 주는 사람은 더 무력하게 행동하는 사람에 대해 감정반사적으로 반응하는 것이며 그 반대도 마찬가지이다.

상호의존적 기능하기가 반드시 나쁜 것은 아니다. 아내가 넘어져 발목이 부러지면 남편은 아내가 평소에 하던 기능을 넘겨받기 위해 그의 일정을 변경한다. 아내의 골절이 치유되면, 그는 과대기능을 멈추고 아내는 과소기능을 멈춘다. 그런 다음 그들은 이전 역할로 다시 돌아간다. 이러한 유형의 상호작용에는 정서적인(동정하고 보살피는) 요소들과 이성적인(원칙에 따라 행동하는) 요소들이 있다.

만성불안이 정서적 반사반응성(지나치게 동정하기, 지나치게 보살피기, 지나치게 통제하기)을 강화하고 관계에서 발생하는 상호작용을 주도하게 되면, 과대기능하기와 과소기능하기의 패턴이 문제가 된다. 이러한 불안으로 추동된 상호작용들은 사람들의 실제 역량에 의한 것이 아니라 불안과 왜곡된 인식에 의한 것이다. 왜곡된 인식은 자신과 타인에 대한 인식을 모두 포함한다. 예를 들어, 약자라고 인식한 어떤 사람은 통제하고 보살피면서 편안하게 느끼고, 그 파트너는 상대방이 자신보다 더 강한 사람이라고 생각하면서 그 사람이 과도하게 의사결정을 하고 책임지는 것에 더 편안함을 느낀다. 이러한 '처신postures'의 뿌리는 생물학에 단단히 기반을 두고 있으나, 발달과 연관된 경험에 의해서도 강력하게 영향을 받는다. 사람들이 다른 사람을 돌보지 않거나 다른 사람에게 보살핌을 받으면 불완전하다고 느낀다는 점에 착안하여, 보웬이론에서는 이러한 불안 추동 상호작용을 가리켜 미성숙하다고 한다. 스스로 책임을 지고, 고통을 받는 상황에 놓인 타인들과 거리를 두지 않으며, 걱정이 된다고 해서 함부로 참견하거나 타인을 통제하려 하지 않는 사람이 원만하거나 성숙한 사람이다.

가족의 관계 체계 및 다른 관계 체계에서 이루어지는 이러한 관계의 유형들을 관찰하고 어떻게 불안이 협력적인 상호작용을 문제 있는 상호작용으로 변형시킬 수 있는지 관찰함으로써, 우리는 이러한 상호작용을 작동하게 하거나 그것에 동기를 부여하는 힘의 본질에 관해 의문을 제기한다. 이러한 과정들은 문화적으로 작동되는가, 아니면 심리적으로 작동되는가, 아니면 감정 상태에 따라 작동되거나 정서적으로 작동되는가? 보웬이론의 대답은 이 모두를 포함하고 있다. 수십억 년의 진화를 통해 그 형태를 갖추게 된 인간의 정서체계emotional system는 고대로부터 그 뿌리가 시작되어 오늘날까지 존재하면서 동기를 부여하는 근본적인 힘이다. 정서체계는 감정 상태, 심리 상태, 그리고 문화에 영향을 미치고 또한 그것들로부터 영향을 받는다.

정서체계의 한 가지 근본적인 특징은 사람들이 서로서로 비슷하게 생각하고 비슷하게 행동하도록 압박한다는 것이다. 특히 가족의 관계 체계와 여타 다른 관계 체계들에서 불안이 증가할 때 그렇다는 것이다. 비슷하게 생각하고 비슷하게 행동하는 것은 서로 연결돼 있다는 느낌을 촉진하는 반면에, 다르게 생각하고 다르게 행동하는 것은 연결을 위태롭게 한다. 함께 연결돼 있다는 편안한 느낌은 평온과 안녕의 상태를 촉진한다. 〈가족연구 프로젝트〉에서 관찰 대상이었던 가족들에게서 완전한 일치와 동의에 대한 이러한 압력, 곧 '갇힌-연합성stuck-togetherness(나중에 연합 작용력togetherness force이라 표현된 것)'의 압력을 포착함으로써, 불안으로 추동되는 연합 작용력에 직면해서도 자기 자신으로서 생각하고 행동할 수 있는("자기"를 유지하는) 능력에 있어서 사람들 간의 차이를 식별하는 것이 가능해졌다.

어떤 의사소통과 행동은 "자기"나 집단 내부에서의 개별성을 분명히 나타내기 위해 기능하는 한편, 다른 의사소통과 행동은 집단과 완전한 일치를 주장하기 위해 기능한다. 관계 체계에서 이러한 두 가지 행동 유형을 식별하는 것은 "자기"가 될 수 있는 능력에 대한 객관적 연구를 가능하게 한다. 사람들이 서로의 관계에서 어떻게 기능하는지 (그 기능과 연관된 사실들을) 관찰하는 것이 객관성의 기준이 된다. 예를 들어, 지배하는 위치를 포기할 수 없는 완강한 사람과 무력한 위치를 포기할 수 없는 사람이 서로에게 어떤 방식으로 기능하도록 압력을 가하게 되는데, 이는 연합 작용력의 산물이다. 자기분화는 사람들이 자신에 대해 더 많은 책임을 지면서 정서적 경계선을 존중하도록 해 주는, 이를테면 다른 사람들을 침해하지 않고 그들의 의사결정을 지배하지 않도록 동기를 부여하는 저항력이다. 이러한 것들이 행동에서 관찰될 수 있는 차이들이다.

연합성togetherness에 맞서 균형을 잡아 주는 작용력이 개별성individuality인데, 이것 또한 정서체계에 그 기반을 두고 있다. 개별성에 대한 정의를 확장하면 자기분화를 향한 생명 성장력이다. 이같이 확장된 정의는 이 생명력이 정서체계에 기초한 구성요소(피질 하부의 요소)와 대뇌 피질의 진화와 함께 진화한 구성요소(피질의 요소)를 동시에 가지고 있다는 것을 보여 주기 때문에 중요하다. 피질 구성요소는 보웬이론이 지적 체계intellectual system로 부르는 것으로 구성되는데, 이것은 인간이 생각하고, 추론하고, 숙고할 수 있게 하며, 정서체계 기능의 일부 측면을 통제하는 능력을 사용할 수 있게 한다. 인간 진화의 역사로 볼 때 최근에 진화된 피질 회로는 자기조절, 특히 불안하게 하는 사회적 맥락에서 "자기"를 유지하는 핵심 요소인 자기조절을 더 많이 할 수 있게 해 준다. 순간의 기분과 불안, 그리고 단기적인 관점에 따라 행동하기보다는 면밀하게 고려된 원칙과 장기적 관점에 따라 의사결정을 하게 된다. 감정은 피질 활동을 통해 주관적으로 경험되나 정서체계의 근본적이고 아주 오래된 피질 하부 회로의 활동을 반영한다. 분화의 피질 구성요소는 행동을 이끄는 지침이 되고 피질 하부의 구성요소는 행동에 동기를 부여한다.

지적 체계 발달 정도의 개인 간 차이는 관계 체계에서 "자기"를 유지하는 능력의 개인 간 차이를 설명하는 데에 중심이 된다. 지적 체계가 얼마나 잘 발달하였는가는 자기의 개별성/분화의 본능적인 뿌리에서 시작되지만, 오랜 세월 동안 이루어진 아동의 발달과 그가 맺는 가족 및 다른 사회 환경과의 상호작용은 "자기"를 유지하는 지적 체계와 그 관련 능력이 얼마나 잘 발달하는지를 결정한다.

보웬이론은 사람들의 "자기"의 차이가 관계 체계에서 어떻게 다르게 나타나는지를 구체적으로 상세하게 설명해 준다. 현대 신경과학과는 달리, 보웬이론은 사람들이 관계에서 어떻게 기능하는지 관찰함으로써 "자기"에 대한 연구를 가능하게 한다. 신경과학자 안토니오 다마시오(Antonio Damasio, 2010)는 자기라는 것이 어떻게 의식의 진화를 통해 의식의 대상으로 떠오르게 되는지 설명했다. 보웬이론은 그러한 진화적 발전이 어떻게 관계에서 나타나는지 설명해 준다.

〈NIMH 가족연구 프로젝트〉가 진행되는 동안 이루어진 혁신들 가운데 하나는 가족 단위의 치료 방법이었다. 그 프로젝트가 진행되는 동안 수행된 가족치료 회기들에서, 연구 관찰자들은 동기가 부여된 가족 구성원들이 체계에서 "자기"를 유지하는 능력을 향상시키기 위해 그들 가족의 예측 가능한 관계과정과 관련하여 사실에 근거한 지식을 적용하는 것을 배울 수 있다는 것을 발견했다. 사람들이 관계에서 어떻게 "자기"를 상실하는지에 대한 구체적인 (이전에는 관찰되지 않았던/숨겨진) 과정을 이해한다면, 이것은 그들이 체계에서 더 높은 수준의 "자기"가 되기 위해 무엇을 해야만 하는지 알게 해 주는 청사진을 제공한다. 그 결과, 그들은 다른 사람들과 밀접하게 연관될 수 있으며, 가족 상황에 대해 내린 가장 사려 깊고 객관적인 판단들이 가족의 불안한 상호작용으로 인해 아무런 효과도 보지 못하게 되는 것을 막을 수 있다.

정신역동 심리치료는 사람들이 느끼는 것과 주관적 태도를 더 명확하게 규정하도록 돕는 데 유용하지만, 그들과 그들 삶에서 중요한 다른 사람들 사이에서 발생하는 것에 관해서는 '환자'로서 바라보는 주관적인 관점에 의해 제한된다. 중요한 관계를 볼 수 있는 체계라는 렌즈를 소유하는 것과 그것을 현실 세계에서 통용되는 상호작용에 사용하는 것은 이전에는 잘 알려지지 않은, 사람들의 관계에 대해 생각하는 대안을 제공한다. 예를 들면, 누군가를 비판적이라고 여기는 대신에, 그 사람이 다른 사람들이 가지고 있는 실제 또는 상상에 의한 인식에 불안해하며 반응하는 것으로 볼 수 있다. 개인 정신역동 치료의 주된 한계는 치료사가 실제 어머니나 배우자가 아니라는 것이다. 보웬이론은 우리가 하는 역할과 다른 사람들이 하는 역할 양쪽 모두에서 이전에는 숨겨져 있었던, 우리가 다른 사람들과 맺는 관계의 세부 사항들을 관찰하는 것을 가능하게 한다. 이와 연관된 많은 사례가 이 책에 제시되어 있다.

직관을 거스르는 것처럼 보일 수도 있지만, 다른 사람들과 밀접하게 연관된 상태에서 개인이 될 수 있는 능력은 관계 체계의 안정성과 적응 능력을 향상시킨다. 대조적으로, 사람들이 어떤 체계에서 이러한 능력을 상실할 때, 이를테면 불화를 피하거나 거부당하지 않기 위해 과도하게 비위를 맞추거나 예민하게 대립함으로써 체계는 응집력과 협력이 약화되어 불안이 매우 높아지게 된다. 높아진 불안과 관계 불안정성은 가족 구성원의 신체적, 정서적, 또는 사회적 증상의 발달을 부채질할 수 있다.

더 높은 수준의 "자기"가 되는 것은, 가족관계 체계들에 존재하는 정서적으로 작동되는 기본적인 패턴들과 그러한 패턴들을 유지하는 사람들의 역할을 관찰할 수 있는 체계론적 사고하기의 렌즈를 사용하는 것과 함께 시작한다. 예를 들어, "당신이 무력하게 행동하고 있기에 나는 과도하게 당신에게 도움이 되려고 한다."와 같은 인과론적 관점에서 "그것은 서로 주고받는 상호작용 과정이다. 즉, 당신이 무력하게 행동하면 할수록, 나는 더 많이 도움이 되려고 하고, 내가 더 많이 도움이 되려고 하면 할수록, 당신은 더 무력하게 행동한다."와 같은 체계론적 관점으로 이동하는 것과 함께 시작한다. 다른 사람을 비난하기와 스스로 자책하기는 체계론적 관점에 이르는 데에는 방해물이 된다. 보웬이론을 공부하는 학생들은 때때로 덜 반사적이고 더 사려 깊어지기 위해 패턴들을 볼 필요가 있는지, 아니면 보다 덜 반사적이고 더 사려 깊어지면 패턴을 볼 수 있는지 곰곰이 생각해 볼 때가 있다. 내가 보기에는, 이 질문에 대한 명확한 답은 존재하지 않으나 이들 두 과정은 혼합되어 있으며, 그것들은 각각 서로에게 지속적으로 영향을 끼친다.

그러한 노력의 다음 단계는 이 새로운 방식의 사고하기에서 새로운 방식의 존재하기로 옮겨 가는 것이다. 새로운 방식의 존재하기로 나아가기, 이를테면 '도움이 되도록' 행동하거나 불안으로 추동되는 과대기능을 더 적게 수행함으로써 새로운 방식의 존재하기로 나아가는 데에는 확신과 용기가 필요하다. 과소기능을 하는 행위들에 대해 더 많은 책임을 지는 방식의 존재하기 역시 확신과 용기가 필요하다. 확신과 용기는 문제의 상황에서 새로운 체계론적 관점을 신뢰함으로써 나타나는 긍정적인 정서적 상태이다. 확신은 다른 사람들이 변화에 어떻게 반응할지에 대한 두려움을 극복하는 데 도움이 된다. 어머니를 연약한 사람이라고 여기는 것이 내 주관적인 관점이며 그것이 어머니에 대한 내 애착 해결에 심각한 장애물이었다는 것을 마침내 인식하게 되면서 나는 어머니와 나 사이의 관계에서의 핵심적인 측면을 해결할 수 있었고 그렇게 되기까지 10년이라는 시간이 걸렸다. 그러한 것들을 알게 되었을 때, 내가 평소에 주로 했던 갈등을 회피하는 방식으로 그녀의 비판에 대응한다면, 우리 두 사람의 정서적인 춤에서 통상적인 다음 단계가 어떤 것일 수 있을지 나는 깨달았다.

나는 보웬이론을 학습하면서 나와 어머니 사이에 이루어지는 상호작용의 이러저러한 것들을 꽤 일찍부터 인식하고는 있었다. 이것은 나를 당황하게 만드는 행동을 한 어머니에게 내가 덜 예민해지는 데에는 도움을 주었다. 하지만 나는 내가 내리는 어떤 결정들과 관련하여 어머니가 내게 부적절한 공격을 가하는 것에 맞서는 데에서는 여전히 어려움을 겪었다. 나는 여전히 내가 어머니에게 너무 많이 도전하면 어머니가 허물어져 내릴 수도 있다는(그리고 나는 그 조각들을 정리해야 한다는) 두려움을 느껴야만 했다. 나는 어머니를 정서들의 씨름판에서 마주하는 훌륭한 맞수로 여기게 되었다. 나는 내가 어머니를 연약하다고 보는 것이 사실이 아니라 느낌에 따른 편견임을 인식하게 되었다. 어머니가 나를 키우는 과정에서 반복적으로 강화되었던 몇 가지 것들에서 벗어나는 데 수년이 걸릴 수도 있다는 사실은 내게 그다지 놀라운 일이 아니다. 나는 어머니가 그것을 의식적으로 했다고 말하려는 것이 아니다. 나는 우리 모자의 상호작용에 작동하는 호환성을 알게 되면서 비난과 자책에서 벗어났다. "자기"를 정의하려는 노력이 성공했다는 증거는 관계를 방해하는 것이 아니라 오히려 관계가 더욱 돈독해지는 것으로 나타난다. 그 변화는 상호 존중을 더욱 발전시킨다. 마침내 내가 어머니와 마주해서 어머니가 뒤로 물러설 수 있게 되었을 때 어머니는 다음날 다음과 같은 말로 응답했다. "마침내 너는 네가 무엇을 생각하는지 내게 말하는구나." 그것은 정말로 그랬다! 그날 있었던 마음의 교류 이후로 우리의 관계는 엄청나게 나아졌지만, 나는 그렇게 되는 데 10년이 걸렸다. 가족체계나 다른 관계 체계에서 "자기"를 정의함으로써 우리는 자기분화 개념을 실천에 옮긴다.

　기본적인 분화 수준에서의 차이variation는 인간이라는 종에서는 자연적으로 발생한다. 우리 인간은 언제나 사회적이었기에, 차이는 우리의 가장 오래된 고대의 조상들에게서부터 나타난 것 같다. 이 차이는 인간의 정서적 기능하기의 범위나 연속적 스펙트럼을 구성한다. 기본적인 자기분화의 수준은 스트레스를 받는 삶의 환경에 적응할 수 있는 사람들의 능력과 연관된다. 적응력이 떨어지는 사람일수록 모든 유형의 임상 문제들과 비생산적인 삶의 과정에 노출될 위험이 더욱 크다. 사람들이 이러한 연속선상의 어느 지점에 해당하는가는 그들이 지적 체계를 사용하여 감정 과정과 사고 과정을 구별할 수 있는 능력의 정도를 나타낸다. 아마도 인간만 특별하게 가지고 있는 것 같은 이런 능력은 사고와 장기적인 관점에 따라 행동할 것인지 아니면 순간의 불안을 완화하기 위해 감정에 따라 행동할 것인지 사이에서 선택할 수 있도록 해 준다. 장기적인 관점에 따라 행동하는 것은 만성불안이 낮고 보다 더 일관된 삶의 과정이 되도록 해 준다. 더 잘 분화된 사람이 된다는 것은 느낌을 억압하는 것이 아니라 지적 과정을 활용하여 감정에 대하여 더 객관적이 되고 위협감을 덜 느끼게 되는 것을 말한다. 상황을 더욱 현실적으로 판단하면서, 그리고 그 과정에서 다른 사람의 역할뿐만 아니라 우리 자신의 역할을 이해하면서, 우리는 더 많은 정서적 중립성

emotional neutrality을 얻게 된다. 그 중립성의 본질은 덜 비난하기이고 죄책감이나 분노와 같은 비난과 연관된 부정적인 정서의 완화이다. 관계 체계를 더 현실적인 방식으로 볼 수 있는 체계론적 사고를 사용함으로써, 우리는 자신에 대한 더 큰 통제력, 더 낮은 위협감, 그리고 더 많은 정서적 평정을 얻는다.

사라 보이슨(Sarah Boysen)과 그 동료들(Boysen, Berntson, Hannan, & Cacioppo, 1996)의 침팬지 연구는, 감정반사를 일으키는 과정과 감정반사를 완화시키기 위해 이론적 개념을 활용하는 예를 제시해 준다. 한 침팬지에게 맛있는 음식물을 담은 두 개의 접시가 제공되었다. 한 접시에는 다른 접시보다 특별한 간식이 더 많이 담겨 있었다. 만약 그 침팬지가 더 많은 간식이 담긴 접시를 가리키면, 연구원은 즉시 그 접시를 인접한 우리에 있는 다른 침팬지에게 주었다. 실험대상 침팬지는 간식이 더 적게 담긴 접시를 받아야 했다. 수백 번의 실험 후에도, 실험대상 침팬지는 눈앞의 더 큰 보상을 가리키지 않는 법을 결코 배우지 못했다. 눈앞의 더 큰 보상을 가리키기가 매번 자신이 바라지 않았던 결과를 낳았는데도 말이다.

이 침팬지들은 이미 단순한 숫자의 상징적인 개념을 배운 상태였다. 그 연구의 다음 단계에서는 각 접시에 간식을 놓는 것이 아니라 숫자를 표시하였다. 이번에 침팬지들은 더 작은 숫자가 표시된 접시를 가리킴으로써 간식이 더 많이 담긴 접시를 보상으로 받을 수 있다는 것을 꽤 빨리 배웠다.

이 연구에 대한 내 해석은 침팬지들이 실제의 간식과 직접 눈을 마주쳤기 때문에 더 많은 간식을 가리키려는 충동을 억제할 수 없었다는 것이다. 이와는 달리, 정서적으로 중립적인 상징이 제공되었을 때, 침팬지들은 스스로 억제할 수 있었다. 아마도 중립적인 상징은 침팬지들이 정서적으로 더 중립적인 방법에 따라 정보를 처리하게 해 주었을 것이다. 이것은 부정적인 정서를 일으키는 자극을 다루기 위해 관계의 호환성과 같은 이론적 구성요소를 사용하여 위협에 대한 반사반응으로서 학습된 정서적 프로그래밍을 중단할 수 있도록 하는 것과 놀랍도록 유사해 보인다. 다시 말하지만, 이것은 감정억압을 말하는 것이 아니라 오히려 위협에 대한 지각이 자동적으로 감소되는 정보처리과정에 의해서 감정반사가 감소된다는 것을 의미한다.

나는 여전히 어머니의 언어적·비언어적인 감정적 반사반응의 단서들과 마주하고 있었지만, 우리의 이러한 교환을 우리 두 사람 사이에서 발생하는 것으로 여김으로써 비난과 자책의 경향에서 벗어날 수 있었다. 나는 정신분석학자와의 전이 관계에서 내가 그와 같은 것을 경험할 수 있었으리라고는 생각하지 않는다. 내가 관찰자로서 눈먼 상태를 극복할 수 있게 되었을 때 비로소 나는 어머니와의 상호작용 과정에 대해서 세부적인 것을 잘 알 수 있게 되었다. 나는 내가 보지 못하고 살아왔던 무언가를 보고 있었다. 나는 어떤 현상에 대한 새로운 정보가 의식 속으로 들어오면 평소에는 사용되지 않고 있었던 뇌의 자기조절 능력이 작동되는 것에 매료되어서 한동안 깊이 음미하고 있었다. 아마도 인간의 진화에서 다음 단계의 중요한 길은 그 잠재적 능력을 활용하는 것이고, 체계론적 사고하기는 그 과정을 분명히 발전시킬 수 있을 것이다. 체계론적 사고는 우리 인간이 세상을 느끼고 인식하는 방식이 아니라 그것이 존재하는 실제 그대로의 방식으로 세상을 보도록 도울 수 있다.

가족체계가 어떻게 작동하는지 이해하고 체계 문제에서의 자신의 역할을 더 나아진 수준에서 이해하는 한 사람의 가족 구성원은 더 높은 수준의 "자기"를 나타낼 수 있고 그것에 연관된 체계 불안을 줄일 수 있다. 불안한 체계에서 "자기"를 확고하게 유지할 수 있는 한 사람의 능력은 체계를 통해 전달되기 쉬운 불안의 전염을 차단한다. 자신이 체계 문제의 원인이 아니라 체계의 한 부분이라는 점을 이해한다면, 사람들은 좀 더 확신을 가지고 긴장의 시기에 자기 자신을 잘 다룸으로써 체계 내의 만성불안이 고조되는 것을 충분히 막을 수 있다. 다른 사람들을 바꾸려고 하는 것은 매우 부적절하고 오히려 역효과를 낳는다. 새로 발견된 확신으로 되면 우리는 다음에 무슨 일이 벌어질지 초조해하며 불안해할 필요가 없게 된다. 자기계발 서적들은 오랫동안 타인을 변화시키려 하지 말고 자기 자신을 변화시키라고 주장해 왔다. 하지만 체계론이 아니고는, 자신을 변화시키는 것이 어떤 문제에 굴복하거나 그것을 포기하는 것과 다르다고 사람들에게 확신시킬 방법이 없게 된다. 중요한 타인들과의 관계에서 우리 자신을 변화시키는 것보다 더 적극적이고 건설적인 것은 없다.

자기를 관리한다는 발상은 차분하게 무반응으로 행동하려고 노력하는 것과는 아주 다르다. 어떤 관계에서 긴장이 고조될 때, 종종 한 사람은 차분한 행동을 하려고, 곧 싸움에 말려들지 않으려고 노력하지만, 무반응적이고 무관심한 것처럼 보이는 이러한 사람의 모습은 나머지 사람들을 격분하게 할 수 있다. 많은 부부생활은 '합리적인/침착한' 한쪽 파트너와 '감정적인/흥분하기 쉬운' 다른 쪽 파트너 주변에서 양극화된다. 양쪽 배우자 모두 이러한 상황에서 똑같이 감정적이지만 정반대의 방식으로 그들의 감정 상태에 대처한다. 호환적 상호작용의 양쪽 측면들 모두와 그 상호작용에서 우리 자신의 역할을 이해하는 데서 오는 확신과 확고함은 차분하게 행동하려 하고 엄격하게 이성적으로 행동하려고 노력하는 것을 넘어서는 엄청난 진전이다. 그것과 관련된 정서적 중립성은 그 사람이 표현하는 언어적·

비언어적 신호로 나타나 다른 사람을 진정시키는 역할을 한다. 내가 내 어머니의 사례를 가지고 설명했듯이, 나는 이미 물러서지 않고 더 온전하게 어머니와 맞서고 있었고 어머니는 그것을 존중했다.

　인간은 수 세기 동안 이성과 감정이 분리된 것으로 생각해 왔지만, 보웬이론에서는 사람들이 이성적이라고 보는 것이 종종 그들이 인식하는 정도보다 훨씬 더 많이 정서의 영향을 받는다는 점을 강조한다. 보웬이론은 모든 인간의 정서적 기능하기를 하나의 단일한 연속체에 배치한다는 점에서 매우 독특하다. 연속체의 한쪽 끝에 있는 사람들은 일반적으로 눈앞에 닥친 현실적인 사실들에 영향을 받는 것 이상으로 자신의 사고와 관점이 정서에 강하게 영향을 받는다는 점을 인식하고 있으나, 연속체의 다른 쪽 끝에 있는 사람들은 이런 구별에 큰 어려움을 겪거나, 비록 어느 정도는 깨닫는다고 하더라도 여전히 정서에 압도당한다. 이러한 측면에서 사람들의 능력은 이들 양극단 사이에서 매우 다양하다. 조너선 하이트(Jonathan Haidt)는 자신의 저서 『바른 마음(The Righteous Mind)』(2012)에서 정서는 사고에 알지 못하는 사이에 스며들어 강력하게 영향을 미친다고 멋있게 표현하고 있다. 보웬이론과는 달리, 하이트는 이러한 측면에서 어떤 연속체를 개념화하지 않는다.

　정서적 기능하기의 연속선상에서 사람들의 위치는 그들의 기본 분화 수준basic level of differentiation으로 볼 수 있다. 이 기본적 수준은 관계 체계에서의 "자기"를 정의하는 능력이다. 그것은 맥락에 의한 것이 아니다. 연속선상에서 더 높은 수준에 있는 사람에게는 더 많은 진짜 자기solid self[5]가 있고, 더 낮은 수준에 있는 사람에게는 더 적은 진짜 자기가 있다(나는 진짜 자기를 제5장에서 더 자세히 설명할 것이다). 우리의 성장기 동안 가족의 정서적 환경과 이 환경에서 우리가 놓여 있는 위치에 따라서 우리의 기본적인 분화 수준이 거의 결정된

---

5) 역주: '진짜 자기'는 보웬이론의 중요한 용어들 가운데 하나인 'solid self'를 번역한 것이다. 어떤 역자는 그것을 '참 자기'로 번역하기도 한다. 그러한 번역은 'pseudo-self'를 '가짜 자기'로 번역하는 것과 연관이 있다. 그런데 보웬이론에서 말하는 'solid'와 'pseudo'의 관계를 '참'과 '거짓' 또는 '진(眞)'과 '위(僞)'의 관계로 이해한다면, 그것은 보웬이론의 핵심 개념인 자기분화를 오해한 결과이다. 보웬이론에서 'solid'와 'pseudo'의 관계는 실체적 내용의 문제가 아니라 기능적 형식의 문제이다. 'solid self'에서 주로 기능하는 것은 지적 체계이고 'pseudo-self'에서 주로 기능하는 것은 정서체계이다. 이러한 기능적 형식의 문제를 고려할 때, 'solid self'와 'pseudo-self'의 관계는 24K-금과 14K-금의 관계에 비유될 수 있을 것이다. 'solid gold'에서 'solid'가 금의 순도와 함량을 나타내듯이 'solid self'에서 'solid'는 "자기"가 "자기"로서 기능하는 기능성의 순도를 나타낸다. 이러한 의미의 맥락에서, 'solid self'를 '순수 자기'로 번역할 수도 있지만 기존의 번역 관행에 따라 '진짜 자기'로 번역하였고, 'pseudo-self'의 전형적 특징이 자기 자신이 아닌 어떤 것인 척하는 사람들이라는 점을 고려하여 '유사-자기'로 번역하였다.

다. 유아는 개별성과 자기분화를 향한 성장력을 갖추고 태어나지만, 아이의 발달과정 동안 관계에서 발생하는 상호작용은 "자기"의 발달 정도를 거의 결정한다. 형제자매는 일반적으로 가족 내에서 서로 다른 상호작용을 하며, 이것은 다소 다른 수준의 분화를 발달시키게 된다. 이 기본적 수준의 변화는 관계에서 이루어지는 전달과정에서 비롯된다. 그것은 유전학적인 과정에서 비롯하는 것이 아니다.

한 형제자매, 부모, 그리고 다른 가족 구성원들 사이에서 이루어지는 상호작용의 평균적인 정서적 강도는 다른 형제자매들의 그것과 상당히 다를 수 있다(한층 더 강하거나 약할 수 있고, 정서적으로 더 치열하거나 덜 치열할 수 있다). 다른 가족 구성원과 성장하고 있는 자녀 사이에서 이루어지는 상호작용의 불안과 미성숙의 평균적인 수준이 높으면 높을수록, 자녀가 사고와 감정을 구별하는 법을 배우는 데에 점점 더 어려움을 겪는다. 게다가, 어떤 가족들은 그들의 다세대 역사와 관련하여 다른 가족들보다 더 많이 분화돼 있고 더 높은 수준에서 기능한다. 이것은 모든 자손이 발달해 가는 기본 분화 수준을 제한하는데, 부모의 기본 분화 수준이 가족의 정서적 분위기를 형성하기 때문이다. 이러한 분위기는 자녀들에 따라 미치는 영향이 차이가 있기는 하지만 모든 아이의 발달에 의미 있는 영향을 끼친다.

내 부모의 다세대 가족에 관한 연구는 그 안에서 내가 자란 가족을 이해하는 데 정말로 도움이 되었다. 내 직계 원가족에 앞서는 몇몇 세대에서, 몇몇 가족들이 내 가족들보다 더 큰 안정성과 덜 심각한 문제들을 가지고 있었고, 몇몇은 덜 안정적이었다는 사실을 나는 알 수 있게 되었다. 나는 내 가족 경험이 가족 구성원 가운데 그 누구도 그것의 원인이 되지 않는 다세대의 정서로 짜인 직물taspistry의 한 부분이라는 사실을 깨달았다. 그렇게 얻은 깨달음은 진정시키는 효과가 있는 관점이 되었다.

시간이 지남에 따라 모든 다세대 가족은 더 많이 분화된(그래서 생활에 매우 성공적으로 적응한) 구성원과 더 적게 분화된(그래서 생활에 불충분하게 적응한) 구성원을 배출한다. 낮은 적응문제는 무수한 방식으로 나타날 수 있다. 연구에 필요한 만큼의 세대를 조사함으로써, 우리는 모든 다세대 가족에게는 양극단 사이에 걸쳐 다양한 수준의 구성원들이 존재한다는 것을 볼 수 있다. 보웬이론은 세대들을 거치면서 "자기"의 기본적인 수준에서 이러한 차이를 발생시키는 정서적 작용력과 관계 유형을 설명해 준다. 그것은 우연 발생적인 것이 아니고 질서와 예측 가능성이 있다. 어떤 사람들은 다세대에서 발생하는 정서적 과정에 관한 아이디어를 운명론적인 것으로 여긴다. 이것이 아이러니한 이유는 사람들이 다세대에서 발생하는 과정의 영향을 제대로 인식하는 데 도움이 될 정도로 자신의 가족을 연구하게 되면, 그들은 더 많은 것을 알게 됨으로써 자신의 부모를 비난하거나 이상화하는 것에서 벗어나게 되기 때문이다.

자기분화에는 남에게 의지하지 않고 생각하는 것, 곧 어떤 생각의 정확성을 위해 누군가 다른 사람의 말을 그대로 받아들이지 않는 것이 포함된다. 사람들은 이론적 개념들이 실제 삶, 특히 자신들의 삶에서 어떻게 일어나고 있는지를 관찰하는 것이 늘어날수록 이해의 수준이 더 높아진다. 그들은 개인적 환경이나 직업적 환경에서의 인간관계에 대해 체계론적 관점에 따라 행동을 취하는 용기를 가짐으로써 그리고 예측된 결과를 얻음으로써(또는 아주 드문 예외들을 설명할 수 있음으로써) 보웬이론에 대한 확신의 수준을 높인다. 다른 누군가를 비난하는 것은 자신의 역할을 객관적으로 검토하기보다 항상 더 쉽다. 관계 체계에 포함된 변수들의 복잡성 때문에 이 지점에서 분화에 대한 진행 상황을 측정하는 데에 숫자를 적용하기는 어렵다. 그러나 사실에 기반을 둔 관찰하기, 그러한 관찰을 토대로 행동하기, 그리고 예측된 결과를 얻기와 같은 것들은 분명히 과학적 조사의 영역에 속한다.

나는 종종 내 개인적인 삶이나 직업적인 삶에서 뜻밖의 일이 일어나는 상황들에 깜짝깜짝 놀라곤 한다. 그리고 그러한 사건들은 나 자신이 상당히 성숙되고 '분화된' 사람으로 기능하고 있다고 생각하고 있었는데도 내가 불안에 의한 연합성의 과정에 갇혀 있었다는 사실을 깨닫게 해 주는 신호가 되어 준다는 점이다. 힘든 시기에도 내가 신뢰했던 이론을 갖추고 있었기 때문에, 가족 안에서 일어난 큰 사건들은 나를 안주하지 않도록 해 주었다. 그럴 때마다 나는 나 자신이 다른 사람들과 거리두기 하거나 그들을 바꾸려는 일에 지나치게 주력하고 있었거나, 또는 자신에 대해 단호한 어조로 솔직하게 말할 용기가 없었다는 것을 나는 인정할 수 있었다. 그러한 경험은 일반적으로 우리를 겸손하게 만들어 준다. 특히 우리가 자신의 기능하기가 어떻게 다른 사람들에게 중요한 문제를 초래했는지 받아들이게 될 때는 말이다. 보웬은 가끔 다음과 같은 견해를 밝혔다. "그것이 좋은 생각이 아니라는 사실을 이해하기 위해서 굳이 맨홀에 빠져 보는 것이 왜 필요하지요?" 어쩌면 우리 대부분을 성장시키는 것은 맨홀에 빠져 본 경험일지도 모른다!

이 책을 읽을 때 주의 사항 한 가지는 보웬이론이 여러분의 심리적·정서적 평정을 위협할 수도 있다는 것이다. 체계론적 사고를 인간 행동에 적용하는 것과 그 이론이 진화에 기반을 둔다는 사실 때문에, 보웬이론을 진지하게 공부하는 학생들은 인간 본성과 관련해서 자신들이 기존에 가지고 있던 가정들을 주의 깊게 검토할 수밖에 없다. 숨겨져 있거나 비밀스러운 작용력들과 패턴들이 눈에 들어오기 시작한다. 보웬이론을 자신의 것으로 만들기 위해서는, 개별적인 특성에 토대를 둔 인과론적 사고하기에서 체계론적 사고하기로 이동하는 것이 필요하고, 또한 인간의 고유성에 주로 초점을 맞추는 것에서 거의 40억 년 동안 이루어진 진화의 맥락에서 인간을 이해하는 것으로 이동하는 것이 필요하다. 그러한 도전들은 학생들에게 긴장감을 유발시키고 새로운 사고방식에 도전하기보다는 보웬의 이론을 기존의 자신들의 사고방식에 끼워 맞춰 보려는 시도를 하려는 유혹을 느끼게 한다. 흔히 이런 방식으로 보웬이론의 개념을 왜곡하는 것은 그 이론의 고유성과 가치를 희석시킨다. 우리는 모두 우리 자신의 생각이 맞다는 생각에 정서적으로 상당히 중독되어 있다. 그러나 어떤 것을 근본적으로 다르게 보는 방법이 있다는 점을 인식하고 정서와 사고를 분리해서 볼 수 있다는 사실을 안다는 것은 정말 놀라운 일이다. 나는 독자들이 비슷한 놀라움을 경험하고 즐겼으면 좋겠다.

나는 또한 이 책에 70개가 넘는 도형들이 있다는 것도 언급하고 싶다. 나는 교육과 임상실천 양쪽 모두에서 정서적 과정을 그저 언어로 설명하지 않고 기호로 나타내는 것이, 많은 사람들로 하여금 그 생각들을 조금 더 빨리 이해하도록 돕는다는 사실을 발견했다. 그러나 내 상담 실천에서 만난 한 남자는 내가 상담 사무실 칠판에 몇 개의 도형들을 그리면서 설명하는 동안 주의 깊게 지켜보면서 귀를 기울였다. 내가 그 도형들을 완성했을 때, 그는 "커 박사님, 처지를 바꿔서 생각해 보세요. 박사님의 삶이 칠판 위에서 일련의 정사각형들, 원들, 그리고 화살표들로 축소되는 것을 보면 박사님은 어떤 기분이 들지 생각해 보세요."라고 말했다. 그의 반응에도 불구하고, 체계론적 사고하기를 인간의 행동에 적용하는 것은 누구에게든 쉽지 않다. 도형이 어떤 사람들에게는 유용할 수도 있지만 그렇지 않은 경우도 있을 것이다. 내가 임상에서 만난 다른 남자는 "커 박사님, 제 아내와 제가 집에서 어떤 합의에 이를 때, 저는 박사님이 칠판 위에 그렸던 사각형과 원, 그리고 그것들 사이에 있는 삐죽삐죽한 선에 대해 생각할 수 있고, 그것은 제가 한 걸음 물러설 수 있도록 도와줍니다."라고 말한 적이 있다. 가장 이상적인 경우, 사람들은 칠판으로 가서 그들 자신의 도형들을 그린다. 보웬이론에 기반을 둔 치료사는 환자를 '고치려' 하지 않는다. 체계론적 사고를 잘 보여줌으로써 치료사는 가족 구성원들이 삶의 문제를 새로운 방식으로 정의하도록 스스로 교육하는 데 도움을 줄 수 있다. 문제를 객관적으로 정의하지 못하는 것이야말로 문제 해결의 주요 장애물이다.

마지막으로, 이런 것은 군이 말하지 않아도 될 것 같긴 하지만, 나는 내가 보웬이 창시한 이론에 관해 쓰고 있다는 것을 강조하고 싶다. 나는 이 이론을 정확하게 이해하기 위한 노력으로 보웬이 쓴 모든 저작물을 반복해서 읽었고, 그가 했던 많은 강연에 귀를 기울였으며, 우리가 친밀한 관계로 지낸 21년의 세월 동안 그와 함께 무수히 많은 일대일 대화를 가졌다. 나는 약 3,500가족들을 대상으로 35,000시간 이상을 치료했고 광범위한 임상 연구 프로젝트를 수행했다. 나는 열심히 그리고 약간의 성공도 거두면서 내 원가족과 핵가족에서의 어떤 "자기"에 대해 더 많이 밝히게 되었다. 이 책은 보웬 가족체계이론의 내 버전이다. 나는 보웬이 어떤 부분들은 내가 쓰는 것과는 다르게 쓸 수 있을 것이라는 점을 알지만, 내가 밝힐 수 있는 한에서, 보웬의 사고하기와 나의 사고하기 사이에 실질적인 차이는 없다. 나는 내가 보웬이론을 조금이나마 확장해 왔다고 생각하고 싶지만, 시간과 과학이 그것을 결정할 것이다. 나는 헨리 레더러가 시사했던 정신으로 이 책의 집필에 착수했다. 그것은 보웬이 독창적인 생각의 소유자였다는 것이다. 그것이 사실임을 보여 주기 위해 나는 최선을 다해 노력할 것이다.

차례

제1부 보웬이론의 핵심 개념들

제**1**부

보웬이론의 핵심 개념들

우리에게 새로운 것을 할 수 있게 하는 이론들이야말로 지식을 구성한다.

-하라리(Y. N. Harari), 『사피엔스(Sapiens)』

보웬은 그의 이론에서 서로 맞물려 있는 여덟 가지 개념을 포괄적 이론 논문을 마지막으로 발표한 그때까지 개발했다(Bowen, 1976). 보웬이론의 핵심 개념들과 연관된 이 부분에서 나는 그 여덟 가지 개념 자체를 설명하지는 않을 것이다. 내 주된 의도는 그 개념들이 어떻게 서로 맞물려 있으며, 또 이론 내의 공식적인 개념이 아닌 다른 생각들과 그 여덟 가지 개념이 어떻게 연결되는지를 보여 주는 데 있다. 나는 그 개념들 모두의 핵심을 다루고 있으나 보웬이 그것들을 발표했을 당시와는 다르게 정리했다.

- 자기분화
- 삼각관계
- 핵가족 정서체계
- 가족투사과정
- 정서적 단절
- 다세대 전수과정
- 형제자매 위치
- 사회적 퇴행

제1장

체계론적 사고

보웬 가족체계이론의 핵심 개념 파악은 체계론적 사고하기와 인과론적 사고하기의 차이를 이해하는 것으로 시작한다. [그림 1-1]은 인과론적 사고를 분명히 보여 준다. 이 도형은 사건 B가 앞선 사건 A 때문에 발생한다는 것을 나타낸다. 곧 A가 B를 초래했다는 뜻이다. 인간관계에서 인과론적 사고의 사례로 아내에게 "당신이 나와 함께 있으려 하지 않고 오히려 정원에서 일만 하려고 하니 내가 우울한 거야."라고 강력히 주장하는 남편을 들 수 있다. 이 진술은 그녀의 행동이 그가 우울하게 된 원인이라는 뜻이다.

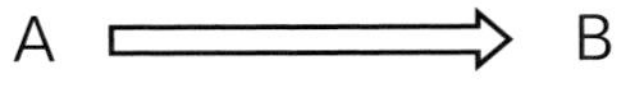

A ⟹ B

[그림 1-1] 인과론적 사고하기. 화살표는 인과관계를 상징한다.

[그림 1-2]는 좀 더 복잡한 모습을 묘사하는데, 여기서 A는 남편을 상징하고, B는 아내를 상징한다. 그 과정은 본질적으로 호환적이다. 아내는 남편이 우울해하면서 충분한 관심을 주지 않는다고 불평하는 남편 곁에 있는 것이 그녀를 속상하게 한다고 말한다. 그녀는 이에 대응하여 정원으로 도피한다. 체계론적 사고는 배우자 양쪽 모두가 자신도 모르는 사이에 어떤 상황이 만들어지고 유지되는 과정에 반응하여 각자가 하는 행동의 변화를 설명해 준다. 그들이 그 과정을 함께 만들어 내고 있는 것이다.

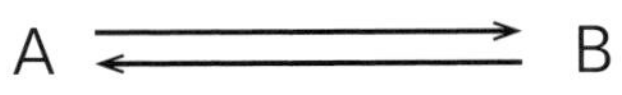

A ⇌ B

[그림 1-2] 체계론적 사고하기. 화살표는 호환적 상호작용을 상징한다.

[그림 1-3]은 인과론적 사고(위)에서 체계론적 사고(아래)로 이동한 것을 보여 준다. 곧 남

편의 의사소통, 기분, 그리고 행동은 아내가 물러나게 하는 반응을 촉발하고, 아내의 이런 반응은 남편이 우울한 기분에 빠지도록 촉발한다. 각각은 서로의 기분과 행동을 변화시키는 정서과정에 똑같이 기여한다. 정서과정emotional process이라는 용어는 사람들 사이에서 일어나는 정서들의 흐름을 가리킨다. 각 사람의 정서는 그 사람의 내면 상태를 반영할 뿐만 아니라 다른 사람의 내면 상태 및 그것과 연관된 행동 또한 변화시킨다. 인간에게서 이 과정은 주로 청각적 자극과 시각적 자극을 통하여 매개된다. 그 결과, 관계를 맺고 있는 두 사람은 각자 상대방과의 관계에서 변화하게 된다.

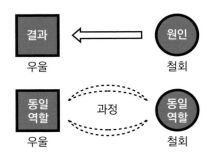

[그림 1-3] 네모는 남자를, 원은 여자를 상징한다. 도형의 맨 위에 있는, 여자에서 남자로 가는 화살표는 그녀의 철회가 그의 우울을 유발한다는 것을 상징한다. 맨 아래 도형에서 남자와 여자 사이의 점선은 어떤 사람도 다른 사람의 반응을 초래하지 않는 호환적 정서과정reciprocal emotional process을 상징한다.

남편과 아내의 예에서, 양쪽 파트너 모두에게 일어난 변화들이 과정을 만들어 내고 유지한다—전체는 부분의 합보다 더 크다는 것이 핵심이다. 그들이 서로를 비난하는 것은 무의미하다. 그들은 둘 다 서로에게 변화가 일어나게 하고, 그런 다음 양쪽 모두 그 변화에 반응하기 때문이다—그 과정에서 상대방을 비난하는 것은 자신에게 반응하는 것과 같다. 사람들은 다른 사람들의 반응에서 자신의 행동을 본다. 사람들이 이 점을 이해하고 나면, 자신을 변화시키기 위한 최선의 조언을 받은 것을 알게 된다. 여기서 일어나는 일종의 마법은 사람들이 포기한다거나 굴복한다고 느끼지 않으면서도 자신을 변화시키기에 집중할 수 있다는 것이다. 자기 자신을 변화시키는 것은 궁극적으로 다른 사람들의 실질적인 변화를 초래한다.

사고의 변화가 쉬운 것 같지만, 그것은 쉽지 않다. 그것은 치료사에게도 어렵고, 내담자들에게도 어렵다. 두 배우자 모두 상대방 배우자가 문제의 원인이라고 확신한다. 많은 치료사들이 한 배우자는 가해자이고 다른 배우자는 피해자라고 느끼지 않기란 쉽지 않다. 많은 사람은 신체적 학대가 발생하고 있는 가족 상황에서 체계론적 사고를 적용하는 것으로부터 뒷걸음질 친다. 학대받는 사람은 피해자로 보이고 학대하는 사람은 가해자로 보인다. 가족을 하나의 체계로 생각하는 것이 사람들에게서 그들의 행동에 따른 책임을 면제해 주는 것은 아니다. 신체적 학대는 분명히 무책임한 행동이다. 체계론적 사고를 통해서 사람들은 결과적으로 신체적 학대에까지 이르게 하는 불안에 의해 추동되는 상호작용을 잘 이해하게 되고 체계 내에서 각자가 체계과정에 어떤 역할을 하는지를 알게 된다. 작가 매리언 콜린스(Marion Collins)는 살인 용의자 로버트 더스트(Robert Durst)의 폭력적인 결혼생활에 관해 다음과 같이 썼다. "그것은 언어적 학대, 심리적 학대, 그리고 정서적 학대로부터 시작되어서 신체적 학대와 경제적 학대로 확대되었다"(2002, p. 138). 그의 아내 캐시는 호환적 상호작용의 반대편 역할을 했다. 기능적으로 분화되지 못하고 기분을 맞추고 달래며 용서하다가 결국에는 거리두기를 하는 행동을 하였다. 캐시와 같은 수준인 더스트의 "자기"의 결여는 지나치게 통제하려는 소유욕에서 나타났다. 문제를 잘 다루기 위해서는 이러한 상호과정을 이해하는 것이 필수적이다. 이러한 변화를 만들어 낼 수 있는 능력을 가족 가운데 누군가가 가지고 있다면, 그것은 치료의 성공을 위한 주요 결정 요인이 된다. 언제나, 한 가족 구성원이 그러한 능력을 먼저 갖추게 되면서 자신의 대응방식을 바꾼다. 그리고 다른 가족 구성원들이 그를 뒤따른다. 이상적으로는, 시간이 지남에 따라 가족 구성원들이 돌아가면서 가족원의 리더 역할을 하게 될 것이다.

남편은 아내가 그에게 좀 더 신경을 쓴다면 자신이 우울해지지 않을 것이라는 느낌이 들 수 있는데, 그것은 사실이다. 아내 또한 남편이 그렇게 우울한 행동을 하지 않는다면 자신이 지겹다는 느낌 때문에 거리두기를 하지 않으리라는 생각을 할 수 있는데, 이것 역시 사실이다. 양쪽 배우자 모두 중국 장난감 손가락 덫[1]에 손가락을 끼워 넣은 것과 유사한 과정에 빠진다. 부부는 둘 다 똑같이 감정반사행동을 하고 있다—탱고춤은 두 사람이 함께 추는 춤이다. 사람들 대부분은 이것이 우리가 살아가는 현실이라고 입에 발린 말을 하지만, 설령

---

1) 역주: 중국 손가락 덫Chinese finger trap은 대나무로 짠 작은 원통 모양의 기구로 일종의 수수께끼를 활용한 놀이에서 사용된다. 그 놀이에서 사람들은 누군가에게 원통 모양의 가는 통에 그의 손가락(주로 검지)을 끼워 넣게 하고는 그것을 빼내 보라고 요구한다. 그렇게 요구받은 사람의 처음 반응은 흔히 손가락을 빼내려고 자신 쪽으로 당기는 것이지만, 그것은 그 원통을 덫처럼 조이게 할 뿐이다. 그 덫에서 빠져나오는 방법은 덫에 갇힌 손가락을 안으로 밀어 넣어서 입구를 넓힌 다음, 빠져나오는 것이다.

그것이 현실이라고 하더라도 그렇게 살아가는 것은 어렵다. 중요한 것은, 호환적 상호작용 과정을 설명하는 이론적 작업 체계를 갖추고 아이디어를 적용할 수 있는 끈질긴 노력을 기울인다면, 사람들 대부분이 결국에는 그것을 알게 되리라는 사실이다. 두 사람 가운데 한 사람만이라도 그 '춤'의 의미와 작용을 안다고 한다면, 그것은 중대한 차이를 만들어 낸다. 그 변화는 작으면서도 심오하다. 인과론적 사고에서 정서과정과 그 영향을 관찰하는 것으로 이동하는 것은 어떤 평형 상태를 가져오는데, 그러한 상태는 상호작용의 과정과 결과로 양쪽 모두의 기분과 행동에 미치는 영향에서 거의 즉각적인 변화를 낳는다.

인과론적 사고는 "왜?"라고 묻는다. 다른 사람은 왜 나를 이렇게 대할까? 아마도 이 사람은 버림받음, 헌신, 유대감, 또는 분노 문제를 가지고 있을 수 있다. 인과론적 사고는 다른 사람의 말과 행동에 대한 설명을 그 사람 개인의 내부에서 찾는다. 대조적으로, 체계론적 사고는 왜를 묻지 않는다. 곧 그것은 다른 사람의 말이나 행동과 관련하여 어떻게, 무엇을, 언제, 그리고 어디서라고 묻는다. 그러한 질문들은 관계의 상호작용이나 과정을 추적하고, 또 그렇게 함으로써 각 개인의 태도, 생각, 느낌, 그리고 행동이 그 과정에 어떻게 반응하는지 인식할 수 있도록 해 준다. 각 개인은 어떤 과정이 만들어지고 유지되도록 돕지만 아무도 그 과정의 원인이 되지는 않는다.

체계론적 사고는 관계에서 발생하는 상호작용에 대한 기능적 사실functional facts을 설명해 준다. 앞의 임상 삽화에서, 남편이 아내를 비난하는 말을 하면 아내가 반발하여 물러난다는 것이 하나의 기능적 사실이고, 아내가 물러나면 남편은 비난하는 말을 더 많이 한다는 것도 하나의 기능적 사실이다. 관찰자가 일단 체계론적으로 사고하기 시작하면 기능적 사실들을 관찰하고 문서화하는 일이 쉬워진다. 남편이 어째서 비난하는지 추측하는 것은 주관적이고 불필요하다. 제10장에서 더 자세히 논의되는 바와 같이, 사람들 사이의 상호작용을 매개하는 주요한 사회적 단서들은 관심, 인정, 기대, 그리고 심리적 고통에 대한 예민함이다. 그러한 예민함은 모든 사람에게 있지만, 자기분화가 더 낮은 사람일수록, 그들은 관계 체계에서 그러한 실제의 또는 상상의 단서들에 의한 반사반응에 더 많은 지배를 받는다.

가족체계가 덜 분화되거나 자기분화 수준이 낮을수록 가족의 지속적인 작용-반작용 과정은 더욱 뚜렷해진다. 이것은 분화가 불충분하게 이루어진 가족에게서 더 쉽게 관찰된다. 그러나 이것은 모든 가족에게서 상당한 정도로 존재한다. 이 과정은 공공연하게 이루어질 수도 있고 암암리에 이루어질 수도 있다. 조화를 강조하는 사람들도 많이 다투고 소리 지르는 사람들만큼 인정받는 것에 반사반응하는 것일 수 있다.

내가 제3장에서 서술하는 바와 같이, 긴장된 이인ㄴ시체계는 삼각관계 그리고 상호 맞물린 삼각관계과정을 통해 제3의 사람을 끌어들인다. 앞의 이인체계에서 서술된 상호작용은 삼각형의 세 관계에서 모두 발생하며, 그 삼각관계의 각 관계는 나머지 두 관계에 영향을 미친다. 만약 누군가가 인간 행동에 체계론적 사고를 적용하는 것의 중요성에 대해 의심한다면, 체계론적 사고 없이 삼각관계를 묘사하려고 시도해 보라―가능하지 않을 것이다. 프로이트(Freud)에게는 오이디푸스 콤플렉스라는 개념이 있었다. 여기에는 세 사람―어머니, 아버지, 그리고 자녀―이 포함되지만, 그것은 개인 중심적인 인과론적 사고의 확대이지 체계론적 사고가 아니었다. 오이디푸스 개념은 계속 진행되는 정서과정과 그 과정이 세 사람 모두의 행동과 아이의 발달과정을 어떻게 통제하는지 추적하는 데에는 도움이 되지 않는다.

체계론적 사고를 인간 행동에 적용하기가 어려운 한 가지 이유는 인과론적 사고가 우리에게서 늘 작동하는 사고의 기본 모드이기 때문이다. 어떤 상황에 반사적으로 반응하고 그것과 관련하여 누군가를 비난하는 것은 더 쉽게 자동적으로 일어난다(자책하는 것도 같은 문제이다). 불안감이 고조되면, 상황에 대한 체계론적 이해를 유지하는 데 필요한 사고하기와 성찰하기가 더 어려워진다. 수십 년간의 임상 경험은 사람들이 인내심을 가지게 되면 그것에 더 잘 이를 수 있다는 사실을 알게 해 주었다. 정서와 별 상관이 없는 주제에 체계론적 사고를 적용하기는 쉽다. 곧 인류는 천문학, 지질학, 공학과 같은 분야에서 큰 성공을 거두며 체계론적 사고를 적용해 왔다. 그러나 인간의 행동을 검토할 때는 인과론적 사고 쪽으로 끌어당기는 강한 역류의 흐름이 더 강력하다.

하나의 체계로서 우리 가족을 관찰할 수 있다는 것은 우리의 "자기" 수준을 높이는 작업에 필수적이다. 더 높은 수준의 어떤 "자기"가 되는 것은 내가 그 안에서 어떤 "자기"인지 그 방식을 더 분명하게 이해하는 것에 달려 있으며, 그것은 똑같은 문제를 가진 다른 사람들과의 상호작용 방식을 더 분명하게 이해하는 것에 달려 있다. 불안을 더 잘 감당하는 데 도움을 주려는 기법들이 많이 있지만, 그것들은 우리의 사고하기 방식을 변화시키지는 못한다―그러한 유형의 변화는 관계 체계에 대해 더 사실적인 관찰을 할 수 있는 우리의 능력에 달려 있다.

제2장

진화와 정서체계

인간의 가족, 개미 집단, 벌거숭이두더지쥐[1] 집단, 그리고 무수히 많은 다른 종들의 사회적 집단은 자연적으로 발생하는 체계로서 기능한다. 데보라 고든(Deborah Gordon)은 수확개미[2]에 대한 연구를 바탕으로 자연계에 관한 홀륭한 책을 썼다. 그녀는 "하지만 개미들이 하는 일은 집단의 맥락에서가 아니라면 아무것도 의미가 없다."라고 말한다(Gordon, 1999, p. viii). 행동 연구는 관계의 맥락에서, 곧 어떤 행동이 관계 체계에서 어떻게 기능하는지 파악하면서 가장 잘 시작된다. 사람들은 흔히 개미나 벌거숭이두더지쥐와 비교되는 것에 반대하지만, 이것이야말로 보웬이론이 전하고자 하는 바를 잘 예시해 준다. 곧 인간은 정서적 기능에서 우리가 일반적으로 생각하는 것보다 훨씬 더 적은 자율성을 가지고 있다. 사람들은 개미나 벌거숭이두더지쥐보다 그들의 관계 환경에 자동반사적으로 반응하는 것에 대해 더 많은 통제력을 가진다—분화가 잘된 사람들은 분화가 덜 된 사람들보다 더 많은 통제력을 가진다. 그러나 그렇게 더 많은 통제력을 가지고 있음에도 불구하고, 인간에게 있어서 정서체계는 믿을 수 없을 정도로 강력한 영향력을 갖는다.

살아 있는 체계는 에너지와 활동의 원천이다. 보웬이론은 이러한 에너지와 활동의 원동력이 정서체계emotional system에 의해 야기된다고 가정한다. 호모 사피엔스의 정서체계와 여타 다른 모든 종의 정서체계는 오랜 계통 발생적 역사를 통해 형성돼 왔다. 계통 발생적 관계에 있는 모든 종의 정서체계는 똑같은 생물학적 체계로 구성되어 있지 않고 같은 소통 신호를 통해 매개되지도 않지만, 지구상에 있는 무수히 많은 종이 가진, 겉보기에는 이질적인 것처럼 보이는 정서체계들 사이에는 일반적으로 우리가 생각하는 이상으로 많은 공통 분모가 있다.

---

[1] 역주: 벌거숭이두더지쥐naked mole rat는 동아프리카에 사는 작은 설치류로 온몸에 털이 없어서 이런 이름이 붙었는데, 이름에 두더지가 붙어 있으나 그것과는 무관한 쥐의 한 종류이다(출처: 네이버 사전).
[2] 역주: 수확개미harvester ants는 종자나 잎을 수집하는 개미들을 가리킨다(출처: 네이버 사전).

보웬이론에서는 정서적emotional이라는 용어를 흔히 사용하는 것보다 더 넓은 의미로 사용한다. 박테리아와 같은 단세포 생물은 뇌를 가지고 있지는 않으나 적응적인 행동adaptive behavior—비건설적nonconstructive 행동을 건설적constructive 행동으로 바꾸는 능력—이 가능하다(Damasio, 2010). 보웬이론은 박테리아의 정서체계의 한 부분인 세포 내 체계가 적응적인 행동을 지원하고 동기화한다고 본다. 이렇게 말하면 이상하게 들리겠지만, 보웬이론에서는 사람들이 정서를 일상적인 용어로 말하기 훨씬 오래전부터 정서체계가 생활체계의 한 부분이었다고 생각하고 있다.

흥미롭게도, 박테리아는 어떤 특정 조건에서 엄청나게 복잡한 사회적 행동을 할 수 있다(Shapiro, 1988). 개별 박테리아는 다세포 유기체처럼 기능하기 위해 여럿이 하나로 함께 모일 수 있다. 박테리아가 이러한 사회적 방식으로 존재한다면, 그것들의 관계 체계와 소통 방법을 연구함으로써 우리는 그것들의 정서체계의 기능과 관련하여 또 하나의 관점을 얻게 해준다. 인간 정서체계의 복잡성에도 불구하고 거의 40억 년 이상 진행된 진화의 중요한 유산을 배제시키지 않기 위해 보웬이론은 정서체계에 대해 이러한 확장된 관점을 취한다.

인간들은 개별적·인과론적 사고에 깊이 물들어 있어서 체계론적 관점으로 이동하기가 매우 힘들다. 체계론적 사고를 하려면 개인 중심적인 사고에서 벗어나야 한다. 다음 인용문은 18세기 후반과 19세기 초반에 보퍼트Beaufort 풍력 등급표가 발전돼 온 긴 역사를 설명하는 스콧 헐러(Scott Huler, 2004)의 언급이다. 그 내용은 바람을 연구하기 위해 필요한 사고방식의 변화에 대한 이야기인데 마치 가족을 정서적 단위나 체계로서 이해하기 위해서 요구되는 변화와 매우 유사하다.

> 바람을 묘사하는 것과 관련해서 생각해 봐야 할 무언가가 있는데, 풍부한 언어구사력이 필요하다. …… 바람은 보이지 않는다는 것이 그 대답인 것 같다. 우리는 바람을 볼 수 없는지라 그것을 묘사할 수 없다. 우리는 볼 수 있는 것들—돛, 바다, 나무, 기와에 바람이 영향을 미치는 것을 묘사할 수 있을 뿐이다. 구름, 나무, 또는 어떤 다른 것들을 묘사하기 위해, 우리는 그 밖의 다른 모두를 무시하고 우리가 묘사하려는 그 특정한 것에 초점을 맞춘다. 바람을 묘사하기 위해 우리는 정반대로 한다. 곧 우리는 바람이 아니라 그 밖의 다른 모두를 본다. 그것은 사고방식 확장하기이다(p. 90).

어떤 가족체계를 통한 정서적 작용력의 흐름은 눈에는 보이지 않는 과정이지만, 우리는 그 작용력이 가족 구성원들의 정서적 기능에 미치는 영향으로써 그것들의 실체를 추론할 수 있다. 정서적 작용력, 또는 '정서적 장emotional field'이 가족 구성원들에게 미치는 영향을 관찰하는 것은 단연코 사고방식의 확장이다.

정서체계과정이 개인에게 미치는 영향을 추론할 수 있는 사례는 부모님이 여전히 자신을 어린아이처럼 대하기 때문에 부모님을 방문하는 것을 좋아하지 않는다고 보고하는 젊은 성인 남성의 사례에서 찾아볼 수 있다. "마치 내가 집을 떠난 적이 없는 것 같아요."라고 그는 한탄한다. 만약 누군가 그에게 "당신은 아이처럼 행동하나요?"라고 묻는다면, 그의 대답은 "네, 그리고 그것이 내가 집에 가는 것을 가장 싫어하는 이유예요!"이다.

이 지점에서, 그 남성은 자기 부모가 자신이 아이처럼 행동하게 하는 원인이라고 여긴다. 그는 헐러가 묘사한 흔들리는 나무지만, 자신도 모르는 사이에 그것이 일어나도록 그가 일조하는 바람의 작용력을 그는 이해하지 못한다. 그는 보통 부모가 보여 주는 표정, 목소리의 어조, 그리고 다른 비언어적 단서들에 대해 대단히 예민해지는 자신의 정서적 반응들에 관해서는 깊이 생각해 보지 않았다. 그 단서들은 그들이 하는 말뿐 아니라 그 말과 함께 그 속에 혼합되어 있다. 더욱이, 그는 자신의 행동과 태도에 부모가 반사적 반응을 보이는 것에 관해서도 별로 생각해 보지 않았다.

이러한 상황에 놓인 세 사람 사이에는 정서가 흐르고 있다. 한 조로 묶인 세 사람은 그들 각각의 정서적 기능하기를 통제하는 정서적 장을 만들어 낸다. 그 과정은 각각의 사람들이 다른 사람들에게 하고 있는 높은 수준의 정서적 반사반응을 통해 촉발된다. 모든 사람은 앞서 제1장에서 열거한 다양한 사회적 단서들에 어느 정도 반사적으로 반응하지만, 이들 세 사람 사이에서 나타나는 반사반응의 수준은 그 아들이 가족과 함께 성장하는 동안 물려받은 미해결의 유산이다. 그것은 또한 그의 부모가 그들의 부모와의 관계에서 해결하지 못한 유산이기도 하지만, 그 주제에 대해서는 제11장에서 좀 더 다루기로 하자.

앞의 임상 삽화에서 묘사된 과정의 패턴을 바꾸려고 할 때, 사람들이 개발할 수 있는 유용한 하나의 관점은 과거가 현재 문제의 원인이 아니라는 것이다. 아버지와 어머니, 그리고 아들은 반복적으로 현재에서 문제를 다시 만들어 낸다. 이에 상응하여, 현재에 펼쳐지는 과정을 바꾸는 것은 과거에서 비롯한 문제들을 해결하는 가장 확실한 방법이다.

이와 아주 비슷한 생각은 현재 진행되고 있는 그 아들의 애정 관계에도 적용된다. 사람들은 많은 이유에서 짝을 선택하지만, 그 선택에서 가장 중요한 것들 가운데 하나는 그들의 정서적 어울림이다. 그런 다음, 짝들은 과거로부터 온 문제들을 현재에 재현하고 있다. 예를 들어, 그가 자라는 동안 부모에게 충분한 인정을 받지 못했다고 느끼는 아들은 그의 짝과의 문제에 매우 예민하게 반응한다. 그의 짝은 그가 인정받는다고 느낄 수 있도록 매우 공을 들이지만, 불충분하게 인정받았다고 느끼는 그의 호환적 상호작용과 그를 안심시키기 위한 그녀의 지나친 노력은 불만족스러운 상호작용으로 이어진다. 과거의 문제들이 양쪽 파트너 모두에게서 현재에 재현되고 있다.

아내 때문에 우울해하면서 생활하는 남편과 그와 거리를 두려는 아내의 사례, 곧 앞서 제1장에서 제시한 사례의 경우처럼, 이같이 오래된 과정의 특정 시기가 언제 시작되는지 알아차리는 것은 불가능하다. 이 장의 사례에서 아들은 부모님을 방문할 것을 예상하면서 몇 주 동안 불안하게 지냈을 것이다. 어머니는 더 많이 볼 수 있었으면 하고 바라는 아들을 보게 된다는 사실에 신이 났을 수 있다. 아버지는 기대에 미치지 못할지도 모르는, 특히 그의 아내에게는 그렇게 될 수도 있는 또 한 번의 방문에 대해 걱정할 수도 있다. 세 사람 모두 그들의 정서적 반사반응을 할 준비가 되어 있다. 그들이 그것을 깨닫든 깨닫지 못하든 말이다.

부모는 공항에서 아들을 맞이한다. 어머니는 아들을 보자 따뜻하게 인사하며 "코트를 좀 입지 그러니. 되게 추워 보이는데."라고 말한다. 아들은 이 말에 발끈한다. 아버지도 함께 경직되지만, 아내를 지지하며 "그래, 네 엄마 말이 옳다."라고 말한다. 아들은 자신이 어른으로 대접받지 못하고 어린애 취급을 받는다는 생각에 휩싸인다. 그의 태도는 풀이 죽은 모습이 되면서 그가 제대로 된 결정을 내릴 수 없는 아이로 생각하는 것같은 부모에게 예민해진다. 어머니는 "너 정말 괜찮은 거야? 너답지 않아 보이잖아."라고 말한다. 아버지는 "얘는 괜찮을 거야."라고 말한다. 어머니는 아버지에게 "당신은 항상 내 걱정을 하찮은 것으로 만들어요."라고 쏘아붙인다. 그러면 아들은 '좋아, 여기에서 이틀만 머무는 거야. 그런 다음 내 집으로 돌아가야지.'라고 생각한다.

일반적으로, 어머니의 아들 걱정과 지나친 보살핌은 아버지와 아들 양쪽 모두에게 문제로 여겨진다. 어머니가 아이들에게서 나타나는 불행이라고 해석하는 신호에 대해 얼마나 쉽사리 속상해하는지 알고 있기에, 아버지는 어머니의 눈치를 살핀다. 그는 아내를 행복하게 해 줄 수 있는 것이라면 무엇이든 하려고 노력한다. 아들은 아버지가 대부분 어머니 편을 드는 것 같아 다소 화가 난다. 아들도 아버지와 마찬가지로 어머니를 기쁘게 해 주고 싶은, 곧 어머니를 행복하게 해 주고 싶은 깊은 욕망을 가지고 있다. 상황은 이제까지 서술한 것처럼 그렇게 진행되기 쉽다. 그 모두가 어머니의 책임은 아니다. 그녀는 세 사람이 가까이 있을 때 쉽게 활성화되는 자동반사적인 정서적 체계과정에 동등하게 참가하고 있는 세 사람 가운데 하나이다. 각 개인은 다른 사람들 앞에서 "자기"를 유지하는 데 어려움을 겪고 있다.

현재 보웬이론을 구성하고 있는 정서체계와 여덟 가지 개념을 이해하는 것은 진화에 대한 이해로부터 시작된다. 인간의 정서체계는 지구에 존재하는 생명의 역사 속으로 깊이 관여되어 있는 진화과정의 결과이다. 보웬이론에 의해 설명된 모든 인간 가족에서 작동되는 근본적인 힘과 패턴은 정서체계에 기반을 두고 있다. 작동되는 힘과 패턴은 관계 체계에서 나타난다. 그것은 단지 개인에게서 일어나는 내면적 작동에서만 나타나는 것이 아니다. 이것은 보웬이론의 독특한 측면이다. 신경과학자들은 개인의 내면적 작동, 피질 과정들과 피질 하부 과정들 사이의 상호작용, 그리고 더 큰 신체 과정을 연구한다. 분명히 신경과학자들은 모든 뇌가 사회적 맥락에서 존재한다는 것과 뇌가 환경 관련 정보에 지속해서 적응하고 있다는 것을 예리하게 인식하고 있다.

오직 보웬이론가들만이 인간관계 체계들을 연구하면서 정서체계도 연구하고 있다고 생각한다. 관계 체계는 개인의 두뇌에 있는 정서체계를 확장해서 보는 것이다. 정서체계는 인간관계에서 이뤄지는 상호작용에서 작용하기 때문에, 보웬이론가들은 그것을 연구한다. 신경과학자들은 인간의 뇌를 두개골에 한정하여 정의할 수 없다는 것을 알고 있으며, 인간의 뇌와 사회적 맥락 사이의 상호작용을 완전히 이해하고, 또 많은 뇌의 상호작용을 이해하기 위해 사회적 맥락에 대한 이론이 필요하다는 점을 알고 있다. 뇌의 활동들은 뇌가 연루되어 있는 관계 체계의 맥락에서 이해될 때 더 잘 이해될 수 있다.

인간의 정서체계는 다른 단순 생명체의 정서체계보다 훨씬 더 정교하고 복잡하게 발달되어 왔지만, 인간의 대뇌 피질과 정교한 감정체계feeling system는 영장류 이전, 심지어 척추동물이 출현하기 훨씬 전에 진화한 뇌의 부분들과도 필수적인 연관성을 유지하고 있다. 인간은 일반적으로 자신의 행동에 대해 심리적이고 감정에 연관된 설명을 제공할 수는 있지만, 그 요소들이 정서체계로부터 행동이 영향을 받지 못하도록 해 줄 수는 없다. 예를 들어, 강렬한 정서에 맞닥뜨렸을 때 자동적으로 거리를 두려고 하는 우리의 경향성의 뿌리를 찾기 위해 우리는 우리 종의 계통 발생학적 역사에서 얼마나 멀리까지 거슬러 가야만 하는 것일까? 단세포 유기체는 적의를 가진 자극으로부터 그들을 보호하는 거리두기의 기제 없이는 생존할 수 없었다. 그러한 비교는 일부 사람들에게는 억지스럽게 보일 수 있지만, 원시적인 생명 형태가 가진 지식에 대해 깊이 생각해 보는 것은 이러한 행동들 대부분이 얼마나 자동 반사적이고, 우리가 실제로 정서적 자율성을 얼마나 적게 갖고 있는지를 파악하는 데 도움이 될 수 있다. 사람들은 자신들의 행동에 대해 이성적으로 통제할 수 있다고 믿고 싶어 하지만, 만약 그것이 사실이라면, 세상은 오늘날과 같은 혼란 속에 있지 않았을 것이다.

　뇌의 정서체계 또는 대뇌변연계는 피질 하부에, 곧 대뇌 아래에 놓여 있다. [그림 2-1]은 이러한 정서적 뇌에 들어 있는 여러 개의 구성요소들 가운데 네 개를 보여 준다. 곧 대뇌 측 두엽의 해마, 편도체, 시상하부, 그리고 대상 피질이 그것들이다. 이 그림에는 나타나 있지 않지만, 정서체계와 고등 두뇌, 뇌간腦幹, 그리고 전체로서의 신체 사이에는 광범위한 연결이 존재한다. 대뇌로 확장되는 양방향의 연결은 주관성을 정서체계의 한 부분으로 만든다. 뇌간으로의 확장은 신체를 하나의 정서체계로 만든다. 신경 전달 경로들이 고등 두뇌와 신체를 정교히 연결시키면서, 사람들 사이의 상호작용이 각 개인이 가진 유전자의 기능을 조절할 수 있게 된 것이다.

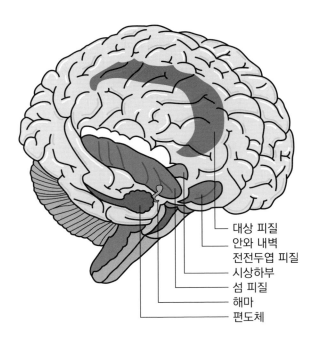

대상 피질
안와 내벽
전전두엽 피질
시상하부
섬 피질
해마
편도체

[그림 2-1] 인간 두뇌에 있는 정서체계의 일부 구성요소. 뇌의 앞쪽은 그림에서 오른쪽에 있다. 안와眼窩 내벽 전전두엽 피질을 제외한 모든 표시된 부분은 정서체계의 일부이다. 뇌의 부분을 점유하는 이러한 구성요소들은 진화론적으로 전두엽 피질과 대뇌 피질의 나머지 다른 부분보다 더 오래된, 곧 **호모 사피엔스**의 진화보다 훨씬 오래된 것이다.

신경과학자들은 많은 두뇌 체계를 연구할 뿐만 아니라, 체계들이 최적으로 함께 작동하도록 그리고 변화하는 환경에 적응하도록 보장하는 신체의 매우 정교한 조절 과정도 연구한다. 조절 과정에 관한 이러한 연구는 보웬이론에서 중요하다. 감정과 사고를 구별하는 뇌의 능력, 곧 양쪽 모두에서 정보를 받으면서도 사고할 것이냐 느낄 것이냐 하는 문제를 놓고 행동을 선택할 수 있는 뇌의 능력은 자기분화라는 보웬이론 개념의 핵심이기 때문이다.

사람들 사이에서 자주 내뱉는 "그 사람과는 함께 살 수 없어. 그이 없으면 못 살아."와 같은 말들은 친밀한 관계가 사람들의 건강과 행복감에 미치는 강력한 영향에 초점을 두고 있다. 보웬이론은 개인의 정서적 기능을 조절하는 관계과정을 개념화했는데, 이 정서적 기능이 결국 뇌와 신체의 나머지 부분의 내부 작용을 조절하게 된다. 관계 체계의 상호작용 과정이나 패턴은 개인의 정서적 반사반응을 조절하며, 그 패턴들 또한 그런 정서적 반사반응의 표현이다. 신체의 세포들이 신체의 항상성을 보존하기 위해 서로 의사소통하는 것처럼, 사람들은 가족관계 체계의 항상성을 보존하기 위해 오감을 통해 의사소통한다. 중요한 것은, 정서체계를 설명하기 위한 바람의 은유는 한쪽 방향에서는 들어맞지 않는다는 점이다. 곧 나무, 기와, 그리고 깃대의 깃발은 바람을 일으키지 않는다. 그것들의 움직임은 정확히 바람의 움직임에 대한 반사반응이다. 이와는 대조적으로, 사람들은 그들이 서로의 반사반응에 반사적으로 반응함으로써 '정서적 바람emotional wind'이 발생하도록 돕는다. 이 비유의 또 다른 한계는, 굴뚝에서 나오는 연기와 달리, 사람들은 심지어 강력한, 불안으로 추동되는 강력한 연합성의 힘에 대해서조차도 반사반응의 정도를 어느 정도 선택할 수 있다는 것이다. 이러한 은유의 단점에도 불구하고, 그것은 문제의 원인이라는 진단을 받은 체계의 특정 개인에게서 초점을 돌려, 모든 가족원이 만들어 가는 체계과정에 초점을 맞추는 데 필수적인 사고방식 확장하기 과정을 잘 포착해 주고 있다. 우리는 정서체계를 볼 수는 없다. 그러나 우리는 사람들이 어떻게 기능하는가와 관련해서 그것의 영향을 볼 수 있다.

신경과학자들이 정서체계에 대해 배우고 있다는 것은 여러 가지 이유에서 중요하지만, 보웬이론에서 그것이 특별히 중요한 한 가지 이유는 과학자들이 관계 체계의 불안정성이 개인들의 정서적 반사반응으로 어떻게 바뀌며, 또 어떻게 그것에 연관된 기능하기의 증가나 감소로 바뀌는지에 대한 경로를 찾아내고 있기 때문이다. 뇌의 정서체계는 가족 상호작용으로 조절되며, 가족 상호작용은 뇌의 정서체계에 의해 유의미하게 조절된다. 그것이 뇌에 존재하며 관계 체계에서 나타난다고 하는 두 가지 이유에서 정서체계는 정확하게 설명될 수 있다.

제3장

정서체계의 구성 분자

기능상 어려움이 있는 가족에는 한 사람 이상이 관여되어 있다.

– 메리 카(Mary Karr), 『거짓말쟁이들 클럽(The Liar's Club)』

삼각관계는 보웬이론의 여덟 가지 개념 가운데 하나이다. 삼각관계는 관계 체계에서 정서적 기능하기의 한 패턴을 개념화한 것이다. 가장 작은 안정적인 관계 체계로서 삼각관계는 정서체계의 구성 분자 또는 구성요소로 여겨진다. 삼각관계가 가장 작은 안정적인 체계라면, 이인관계 체계를 불안정하게 만드는 것은 무엇인가? 삼각관계의 기능적 사실에 대한 관찰은 국립정신건강연구소(NIMH; 1954~1959)에서 처음 이루어졌다. 연구원들은 가족 구성원들 사이에서 긴장이 증가하는 것을 지켜보았는데, 그런 관찰이 이루어지던 당시에 그 가족 구성원들 가운데 한 사람이 연구 병동에 사는 다른 가족의 한 구성원에게 긴장된 가족관계와 관련된 그녀의 불안에 관해 이야기했다. 이 삼각관계에 있는 세 번째 사람은 일반적으로 동정적인 반응을 보이면서 편을 들곤 했다.

앞의 인용문에서 메리 카는 이인관계 체계의 불안정성을 인식하고 있다. 그것이 어떤 것이든 친밀한 관계에 내재해 있는 불안정성은 모든 가족, 심지어 꽤 잘 분화된 가족까지도 어느 정도는 그 기능이 제대로 작동하지 못하게 하기 쉽다. 관계가 불안정해지면, 보통 몇 가지 유형의 역기능이 잠복하고 도사리고 있게 된다.

이러한 불안정성에 대하여 임상적 관찰을 통해 얻은 한 가지 설명은, 인간은 정서적 친밀성에 대한 엄청난 욕구를 가지고 있는 한편, 지나치게 밀착되는 것에 대해서는 부정적이라는 것이다. 이 현상은 인간 본성의 근본적인 측면이며 모든 문화권의 사람들에게 존재한다. 친밀성에 대한 위협은 거부당했다는 느낌을 촉발시키는 반면에, 지나친 밀착에 대한 위협감은 침해당함, 압도됨, 통제불능의 느낌을 촉발시킨다. 지나친 거리감과 과도한 밀착에 대한 위협감은 스트레스 반응을 활성화한다. 위협감이 오랜 기간 지속되면, 그것들은 신체의 장기와 조직 중 어떤 기능을 손상시킬 수 있는 만성적인 스트레스 반응을 유발한다.

모든 인간이 방금 설명한 느낌을 경험하기 쉽지만, 잘 분화된 사람들은 불충분하게 분화된 사람들이 하는 것보다 밀착-거리감 딜레마를 더 효과적으로 다룬다. 잘 분화된 사람들은 느낌에 따른 반응을 초월하는 데 능숙하며, 불안한 체계에서도 관계 체계에서 책임감 있게 현실적으로 대처할 수 있다. 잘 분화되지 않은 사람들은 단절하거나 거리두기하거나 감정반사적으로 공격하는 경향이 있다.

어떤 삼각관계는 이인관계 체계의 불안정성에 대한 '해결책'이 되기도 한다. 누군가는 삼각관계에 대한 대가를 치르기 때문에, 즉 두 사람이 세 번째 사람의 희생으로 이득을 얻기 때문에 해결책은 특별한 주의를 기울여야 할 부분이다. 정서과정의 삼각관계 패턴에는 그들 사이에서의 긴장의 원인이 자신들의 미숙함이 아니라 세 번째 사람이라는 점에 동의하는 두 사람이 포함된다. 기본적으로 두 사람이 제휴하여 세 번째 사람을 거부하는 것이다. 제휴하는 두 사람은 삼각관계에서 '내부인들'이고, 그들의 긴장에 대해 책임져야 하는 사람은 '외부인'이다. 삼각관계는 삼각형의 역동적 균형 때문에 그 어떤 이인관계보다 더 안정적이다. 이것은 체계 내 불안이 삼각관계를 이루는 세 사람 사이의 세 가지 관계 주변을 맴돌며 이동하면서 삼각관계 중 어떤 한 관계만이 과열되고 분열될 가능성을 감소시키는 역할을 한다.

삼각관계에는 더 많은 불안이 들어 있을 수 있지만, 과부하가 걸리면 세 사람 가운데 한 사람이 네 번째 사람을 참여시킬 것이고, 이것은 서로 맞물려 있는 삼각관계 형성으로 이어지게 된다. 불안은 일련의 맞물려 있는 삼각관계들을 통해 사람들의 집단에서 전염되듯 퍼질 수 있다. 이것은 강력하게 편향되고 양극화된 하위집단의 형성으로 이어질 수 있다.

이러한 하위집단 형성과정에 관한 중요한 관점은 집단 구성원들이 자신들과 다른 집단 구성원들에 대하여 가지고 있는 믿음이 양극화를 지지하는 것이지 그것을 유발하는 원인이 되지는 않는다는 것이다. 그것은 근본적으로 정서과정이다. 양쪽 모두에게 상대방 쪽의 관점을 파악하는 것을 극도로 어렵게 만드는 것은 바로 정서와 믿음의 결합, 그리고 자신의 집단 내부의 동맹관계를 유지하려는 충동에 의한 것이다. 집단에서 벗어나려고 시도하는 집단원은 매우 해로운 과정을 경험할 수 있는데 흔히 집단원들로부터 충성심이 부족한 사람으로 낙인찍히거나 소외를 경험하기도 한다. 삼각관계와 맞물려 있는 삼각관계는 우리-그들we-they 집단을 형성하기 위한 기본 구성요소 또는 구성 분자이다. 다른 사람과 하나가 되고 싶은, 곧 집단과 강력한 제휴를 이루고 싶은 인간의 욕구가 외부인에 대한 공감의 느낌을 어떻게 능가할 수 있는지를 하위집단은 분명하게 보여 준다. 가족 단위에서 펼쳐지는 것과 똑같은 삼각관계의 형성과정이 혈연관계가 아닌 사람들의 사회 단위에서도 펼쳐진다. 사람들은 분화의 수준이 낮으면 낮을수록, 자신이 정서적으로 기능하는 것을 지탱해 줄 수 있는 하나의 집단이나 여러 집단에 더욱더 의존적이다. 우울증으로 고통을 받으면서 삶의 방향성을 가지고 있지 않은 낮은 수준의 "자기"를 가진 사람들은 소수의 조직적인 신앙집단에 가입하여 그들의 기능을 극적으로 향상시키기도 한다. 러디어드 키플링(Rudyard Kipling)의 시 〈우리와 그들(We and They)〉(1926)은 하위집단 형성의 역동에 대해 훌륭하게 지적한 즐거운 읽을거리이다.

삼각관계가 가지는 역동적 평형의 중요한 측면은 외부인의 위치에 있는 사람이 삼각관계로 발생하는 불안을 흡수한다는 것이다. 내부인들 사이의 동맹, 연합, 또는 융합은 내부인들 양쪽 모두에게 위안이 되고 그들을 진정시킨다. 만약 내부인들 사이에 긴장이 표면화되기 시작하면, 그들은 재빨리 외부인, 이를테면 그들의 자녀들 또는 몇몇 다른 가족 구성원이나 집단 구성원을 비난한다. 그들 연합의 안정성은 그들의 불안을 세 번째 사람에게로 외현화시킴으로써 얻어지는데, 이것은 그 사람을 배척하는 것으로 나타난다. 배척은 많은 형태를 취할 수 있는데, 이를테면 내부인들이 외부인의 문제점에 지나치게 초점두기, 그 사람을 공개적으로든 비공개적으로든 판단하기와 비판하기 등이 그러한 것들이다. 사람들은 서로를 직접 비난하기보다 세 번째 사람에 관해 이야기하기가 더 쉽다. 배척이 세 번째 사람을 적극적으로 배제하는 형태를 취할 수 있음은 물론이다.

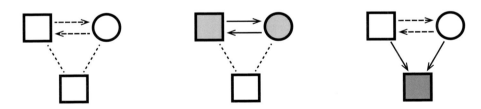

[그림 3-1] 삼각관계가 이루어지는 과정. 왼쪽에 있는 도형의 점선 화살표들은 상당히 편안한 인간 상호작용을 상징하며 점선들은 세 번째 사람에게 불안하게 하는 초점이 없음을 나타낸다. 가운데 있는 도형에서 두 사람 사이의 갈등선과 사람들을 나타내는 부호의 옅은 음영은 두 사람 모두가 더 불안해하는 상태에 있으며 불안한 방식으로 상호작용하고 있음을 보여 준다. 오른쪽에 있는 도형의 점선 화살표는 겉보기에는 편안해 보이지만 상대방에게 불안한 초점두기를 줄이고 정서적으로 거리두기를 하고 있는 것을 나타낸다. 세 번째 사람을 향한 진한 화살표는 불안한 초점두기를 상징한다. 초점이 맞춰진 사람을 나타내는 부호의 짙은 음영은 높은 불안을 나타낸다.

[그림 3-1]은 이 과정을 보여 주고 있다. 왼쪽에 있는 도형이 나타내는 삼각관계는 그 작용이 잠복 중인 상태에 있다. 두 사람은 차분하게 상호작용하고 있는데(점선 화살표로 상징됨), 이는 두 사람 모두가 차분한 상태에 있도록 유지해 준다. 중앙에 있는 도형이 나타내는 삼각관계에서는, 긴장된 상호작용이 두 사람 사이에서 전개되기 시작하고, 두 사람은 각각 그것에 대해 불편함을 느낀다(그들 각자의 부호가 더 어둡게 표시되어 있고 두 사람 사이의 화살표도 더 진하게 표시되어 있음). 오른쪽에 있는 도형에서 삼각관계의 능동적인 내부인 두 사람이 그들 사이에서의 긴장의 원천으로 세 번째 사람에게 초점을 맞추고 있다. 세 번째 사람은 외부인의 위치에 있으면서 삼각관계를 위해 불안을 떠맡고 있다. 보웬이론에서 네모는 남자를 상징하기 위해서 사용되고 원은 여자를 상징하기 위해서 사용된다.

삼각관계에서 발생하는 불안은 내부인들 사이에 잠재적으로 발생하는 갈등뿐 아니라 외부인이 소외된 위치에 처함으로써 나타내는 불안을 모두 포함한다. 가장 견디기 어려운 배척은 다른 두 사람이 자신보다도 서로 더 좋아하고 있다고 느끼는 것인데 이것은 삼각관계에서 흔히 외부인의 위치에 있는 사람들에게서 볼 수 있는 일이다. 그로 인해서 질투심의 근거가 되고 때로는 살인이나 격분하는 행동으로 이어지기도 한다. 외부인들은 그들 스스로 불안을 발생시킬 뿐만 아니라, 외부인을 비난하는 내부인들의 비난과 배척을 통해 내부인들에게서 불안을 흡수하기도 한다.

삼각관계와 관련하여 그들이 짊어지는 불안감을 줄이기 위해 외부인들이 종종 사용하는 한 가지 전략은 내부인들 가운데 한 명과 함께 편안한 연합으로 이동함으로써 삼각관계의 역동을 바꾸려고 시도하는 것이다. 이를 위한 한 가지 방법은 외부인이 내부인 중 한 사람에게 다른 내부인에 대해 부정적인 이야기를 하는 것이다. 그 부정적인 이야기가 그 내부인이 다른 내부인을 부정적으로 여기도록 충분히 설득할 수 있다면, 그 외부인은 종종 이 내부인과 성공적으로 제휴를 맺을 수 있다. 그것은 다른 내부인을 바깥쪽 위치에 놓게 되고 그렇게 함으로써 이제 그 사람이 삼각관계의 불안을 흡수하게 된다. 예상대로 이것은 새로운 외부인이 내부인으로서의 위치를 확립하게 하고, 그렇게 됨으로써 삼각관계의 역동적 과정이 전개된다. 사람들은 원칙에 따라 협력하는 동맹관계를 맺을 수 있는데 그것은 당연히 삼각관계가 아니다. 삼각관계는 불안으로 추동되는 정서과정을 말한다. 삼각관계의 각 구성원은 무의식적으로 불안을 해소하려 하거나 불안과 관련하여 그 어떤 것도 할 수 있는 게 없어서 갑갑하게 느낀다. 일탈행동을 하는 10대들이 공동으로 하는 불평은 부모들이 똘똘 뭉쳐서 자신을 집단으로 공격한다는 것이다. 그들의 말이 맞다!

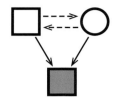 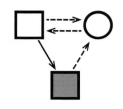 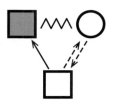

[그림 3-2] 사람들을 나타내는 부호들 사이의 선과 화살표는 앞의 그림에서와 같은 것들을 상징한다. 가운데 도형에서 외부인에게서 내부인들 가운데 한 사람에게로 향하는 화살표는 그 내부인과 함께하는 내부인의 위치를 차지하려는 외부인의 노력을 상징한다. 오른쪽 도형에서, 이전에 외부인의 위치에 있었던 사람을 나타내는 부호에 음영이 없는 것은 그가 내부인의 위치를 얻음으로써 불안이 현저하게 감소했음을 나타낸다. 새로운 외부인을 나타내는 부호의 음영은 그의 불안이 증가했음을 나타낸다.

[그림 3-2]는 내부인들 가운데 한 사람과 제휴를 맺으려는 외부인의 성공을 분명하게 보여 준다. 왼쪽에 있는 도형에서는, 외부인이 삼각관계의 불안을 떠맡고 있다. 그 외부인은 일반적으로 삼각관계에서의 그의 위치가 고립되어 있고 어떻게 해볼 수 없다는 통제력 상실의 느낌을 가지고 불안을 안고 있다. 중간에 있는 도형에서, 외부인은 내부인 여성에게 부정적인 이야기를 전함으로써 (점선 화살표로 표시) 자신과 동맹관계를 맺도록 설득한다. 오른쪽에 있는 도형에서는, 새롭게 설득된 내부인이 이전의 다른 내부인에 대해 부정적으로 되는데(갈등 선으로 표시), 이전의 그 다른 내부인은 이제 삼각관계로 인한 불안을 떠맡게 된다. 새로운 내부인과 현재 새로운 외부인이 된 이전 내부인 사이에 있는 화살표는 이전의 내부인과의 관계에서 만들어진 새로운 내부인의 불안을 상징한다. 아들과 어머니의 상호작용은 이제 차분하고 밀착되어 있다.

삼각관계에서 이루어질 수 있는 역동적 평형상태의 또 다른 예는 두 사람의 내부인들 사이에서 긴장이 발생하면 그 내부인들 가운데 가장 불편한 내부인이 외부인과 밀착된 관계를 시작할 때이다. 두 사람의 내부인들 사이에서 긴장이 발생하기 시작하면서 예측 가능한 과정이 시작된다. 내부인들은 정서적 기능하기의 또 다른 패턴인 정서적 거리두기emotional distance를 사용함으로써 긴장의 증가에 대처한다. 거리두기는 한쪽 내부인에게는 다른 쪽 내부인에 비해서 더 효과적인 역할을 한다. 다른 쪽 파트너는 그 거리두기를 다른 쪽 파트너의 고통으로부터 격리된 것으로 경험한다. 일반적으로 관계의 화합을 위해 가장 많이 순응해 온 사람인 다른 쪽 파트너는 상대방과 연결되는 것이 차단되었다고 느낀다. 그녀는 내부인들 사이의 관계로 인해 발생한 불안을 흡수하면서 흔히 자신이 고립되어 있고 무력한 상태에 있다는 느낌을 갖는다. 자신을 격리하는 내부인은 일반적으로 두 사람 사이의 긴장과 관련해서 다른 내부인을 비난한다. 다른 내부인은 보통 그런 비난이 부적절하다고 느끼면서 자책한다. 불편한 내부인은 이제 외부인과 밀착되기 시작한다. 내부인 중 한 사람과 밀착되기를 열망하는 외부인은 그 기회에 편승한다. 이전에는 더 평온한 상태에 있었던 내부인은 이제는 바깥쪽 위치에서 불안을 물려받는다.

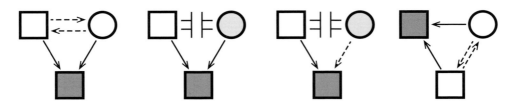

[그림 3-3] 왼쪽 도형에서 두 사람 사이에 있는 점선의 화살표들과 두 사람 모두에게서 세 번째 사람에게 향해진 진한 실선의 화살표들은 [그림 3-1]의 오른쪽 도형과 똑같은 것을 나타낸다. **왼쪽에서 오른쪽으로 이동하면서, 두 사람 사이의 실선과 그 사이의 빈 공간은 그들의 상호작용에서 증가한 긴장과 정서적 거리두기를 나타낸다.** (왼쪽에서 오른쪽으로) 이어지는 세 개의 도형들 가운데 세 번째 도형에서 남자를 나타내는 부호의 음영이 없고 두 번째와 세 번째 도형에서 여자를 나타내는 부호의 음영이 옅은 것은 그녀가 관계에서의 불안을 흡수하여 불편한 내부인이 되었음을 나타낸다. 왼쪽으로부터 세 번째 도형에서, 여자를 나타내는 부호로부터 남자를 나타내는 부호로 향하는 점선 화살표는 그와 함께 내부인의 위치를 차지하기 위한 그녀의 노력을 나타낸다. 맨 오른쪽의 도형에서, 이전의 외부인이 여자와 함께 내부인의 위치를 얻었는데, 그로 인해 새로운 내부인이 된 두 사람 모두에게서 불안이 감소되었다. 이전에는 내부인이었던 남자를 나타내는 부호의 어두운 음영은 외부인 위치와 연관된 불안을 나타낸다.

[그림 3-3]은 이러한 과정을 요약해 주고 있는데, 그림에서 왼쪽에서 오른쪽으로 이동하면서 그 과정을 보여 주고 있다. 첫 번째 그림은 처음의 평형상태를 의미한다. 두 번째 도형은 내부인들의 상호작용에서 증가하는 긴장에 대한 대응으로 그들 사이에서 발전하는 정서적 거리두기를 보여 준다. 그 거리두기는 일반적으로 다른 파트너에게서 작용하는 것보다 한 파트너(이 예에서는 남자)에게서 더 잘 작용한다. 이것은 여자가 외부인과 밀착을 시도하도록 동기를 부여한다(왼쪽에서 세 번째의 도형). 외부인이었던 남자는 그녀의 제안에 응답하고, 이전에 내부인이었던 그 남자는 이제 외부인의 위치에서 불안을 느낀다(오른쪽의 도형).

삼각관계의 역동적 평형상태의 흥미로운 변이는 두 사람이 세 번째 사람과 상호작용하지 않는 한, 그들의 관계를 편안하게 유지할 수 있는 경우이다. 이 관계에서는 각각의 내부인들이 다른 내부인에게 최대한의 에너지를 쏟는다. 만약 아내의 친구와 같은 세 번째 사람이 등장하게 되면 아내는 그 친구에게 에너지를 향하게 되고, 남편은 속상해하면서 아내가 자신에게 무관심하다고 비판한다(보통은 그렇게 직접적으로 반응하지는 않는다). 세 번째 사람이 떠나면 아내는 다시 배우자에게 더 많은 에너지를 투자하고 그것이 그를 진정시킨다. 이러한 상황을 피하기 위한 한 가지 흔한 전략은 남편(또는 누구든 삼각관계에서 그 위치에 있는 사람)이 아내에게 그녀의 친구들과 관계를 중단하도록 압력을 가하는 것이다. 이러한 전략은 '행정적인 관리상의' 해결책이지 성숙한 해결책이 아니다. 이 시나리오에서 각각의 사람들은 "자기"를 유지하는 데 어려움을 겪고 있다.

  삼각관계의 역동적 평형상태의 또 다른 모습은 내가 성장하던 시절에 내 원가족에게 흔히 발생했던 일에서 자주 일어났다(이론적 개념을 설명하기 위해 이 책의 본문에서 나의 가족 이야기를 예로 들고 있다. 에필로그에서 나는 내 원가족의 정서과정에 대해 상세한 설명을 제시할 것이다). 삼각관계과정의 첫 번째 단계는 어머니와 조현병을 앓는 형이 편안하게 밀착되어 있고 아버지는 삼각관계의 외부인의 위치에 있다. 그런 다음, 어머니와 형 사이에 긴장감이 생긴다. 어머니가 이것과 관련하여 증가하는 고통을 표현하면 그것이 신호가 되어 아버지의 감정반사가 일어나게 된다. 아버지는 형의 행동을 변화시키려는 시도를 감정반사적으로 한다. 아들과 아버지 사이에 갈등이 폭발한다. 그러면 어머니는 전략적으로 바깥쪽 위치로 후퇴하는데, 그것은 안쪽 위치보다 편안한 자리가 되었다. 그것은 '당신 한 번 아이하고 싸워 보세요!'라는 자세이다. 만약 아버지와 형 사이에 신체적 폭력이 일어날 것 같은 경계선에 이르면, 아버지는 큰 형을 끌어들여 또 다른 삼각관계, 곧 상호 맞물리는 삼각관계(아버지와 두 명의 형들 사이의 삼각관계)를 형성한다. 큰형은 결코 작은형에게 폭력적으로 갈등을 해결하려 하지 않았다. 그래서 큰형의 가담은 사태의 압박감을 덜어 주는 경향이 있었다. 이것은 다음과 같은 순서의 도형으로 표현될 수 있다([그림 3-4]~[그림 3-7] 참조).

  어머니와 조현병을 앓는 형은 낮은 긴장 상태와 연관된 내부인의 위치에 있다([그림 3-4] 참조). 아버지는 외부인의 위치에 있다. 그는 직장생활에서 위안을 얻으며 또한 꽤 차분한 배우자, 곧 그녀의 필요가 충족되면 편안한 상태를 유지해 주는 배우자를 둔 것에 만족해했다.

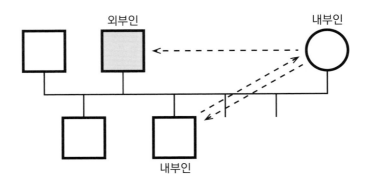

[그림 3-4] 이 도형은 어머니가 첫 번째 결혼에서 낳은 큰아들, 두 번째 결혼에서 낳은 둘째 아들, 그리고 두 명의 어린(아들이나 딸이 아닌 선으로만 식별되는) 자녀들을 가졌음을 보여 주고 있다. 두 번째 결혼에서 낳은 둘째 아들과 어머니 사이에 있는 긴 점선의 양방향 화살표는 강하고 편안한 정서적 애착을 나타낸다. 그들은 부모와의 삼각관계에서 내부인의 위치를 차지한다. 아버지에게로 향하는 점선 화살표는 그가 삼각관계의 바깥쪽에 있다는 것을 나타낸다. 이 시점에서 사람을 나타내는 부호에 음영이 없다는 것은 삼각관계가 차분하고 안정적임을 나타낸다.

　어머니와 형 사이에 긴장감이 생긴다([그림 3-5] 참조). 어머니는 아버지에게 고통의 신호를 보낸다. 아버지는 형에 관한 아내의 속상함에 많이 동조하여, 형을 제어하기 위해 불안하게 개입한다.

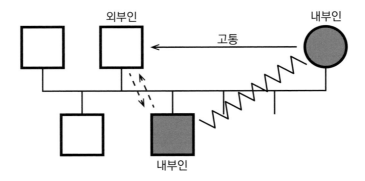

[그림 3-5] 어머니와 아들 사이에 있는 갈등 선은 그들의 관계에서 분출된 긴장과 갈등을 나타낸다. 어머니와 아버지 사이에 있는 화살표는 그녀가 아들과의 관계와 연관된 그녀의 고통을 남편에게 전달하고 있음을 나타낸다. 아버지와 아들 사이에 있는 화살표는 아내의 고통이 점점 증가하자 아버지가 아들에게 관심을 집중시켜 아들이 어머니와의 관계를 변화시키도록 압박하고 있음을 나타내고 있다.

심각한 갈등이 두 사람의 불편한 내부인들, 곧 아버지와 형 사이에서 생긴다([그림 3-6] 참조). 어머니는 이제 가장 편안한 바깥쪽 위치로 옮기면서 진정된다. 아버지와 형 사이에 약간의 신체적 폭력이 발생하면, 아버지는 이제 큰형을 끌어들이기 위해 움직임으로써 맞물리는 삼각관계를 만들어 낸다.

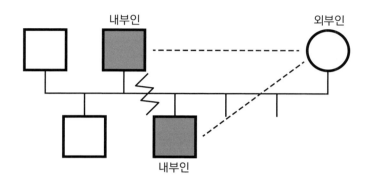

[그림 3-6] 불안으로 추동되는 극심한 갈등이 아버지와 아들 사이에서 분출되고(진하게 표시된 갈등선), 어머니는 더 차분하다. 삼각관계의 안쪽 위치는 이제 불편한 위치이고, 어머니가 얻게 된 바깥쪽 위치는 가장 편안한 위치이다. 점선은 어머니가 남편과 아들로부터 두는 거리를 나타낸다.

큰형은 조현병에 걸린 작은형과 물리적인 분쟁에 전혀 참여하지 않았는데, 이것은 보통 하루나 이틀 동안 가족의 불안을 가라앉히는 데 도움이 되었다([그림 3-7] 참조).

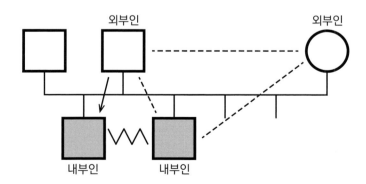

[그림 3-7] 어머니의 첫째 아들과 아버지 사이에 있는 검은 화살표는 아버지가 그 아들의 의붓형제를 다루는 데 그를 가담시키려고 기울이는 불안한 노력을 나타낸다. 더 적은 정도의 갈등이 서로 맞물린 삼각관계과정을 통해 의붓형제들에게로 이동한다.

그 순간의 상황의 내용에서 길을 잃기보다 삼각관계의 경로를 추적하는 방법을 배우기 위해서는 인과론적 사고를 버리고 체계론적 사고를 적용할 필요가 있다. [그림 3-4]~[그림 3-7]은 독자들이 인간의 행동을 지배하는 힘에 대해 매우 다른 방식으로 생각하도록 돕기 위해 의도된 것이다. 각 개인이 어떤 행동을 하는 이유는 각 개인의 한계에 의해 야기되지 않는다. 각 개인은 더 큰 관계과정에 기여하면서 또 거기에 반응하고 있는 것이다.

삼각관계는 어디에나 있고 병리적인 것이 아니다. 삼각관계는 관계 체계에서 불안을 체계의 한 부분에 담아 놓는 방법이 되면서, 그럼으로써 체계의 불안이 가능한 한 적은 수의 사람들의 기능을 손상시키도록 하는 것이다. 하지만 그 안정성을 위해 누군가는 대가를 치른다. 조현병에 걸린 내 형은 삼각관계의 희생자가 아니라 삼각관계의 적극적인 참여자였다.

어떤 사람은 삼각관계가 우리 인간이 서로의 삶에 대해 갖는 엄청난 호기심에 뿌리를 두고 있다고 주장할 수도 있다. 뒷담화 체계는 겉보기에 모든 인간 집단에서 필수적인 것으로 볼 수도 있다. 때로는 뒷담화가 유용한 목적으로 쓰일 때가 있다. 뒷담화는 삼각관계를 통해 퍼진다. 뒷담화 내용의 정서적 수위가 높아지면 그로 인해 내부인들과 외부인들이 만들어질 수 있다. 두 사람이 세 번째 사람에 관해 이야기할 때, 그것은 종종 집단의 기능을 향상시켜 줄 유용한 정보를 전달하는 건설적인 과정이 될 수도 있고, 집단을 파괴시키고 불안을 유발할 수도 있는 과정이 될 수도 있는, 미묘한 경계선에 있는 것이다.

정서적 기능의 패턴들

> 우리는 삼각관계 패턴에 작용하는 정서적 작용력들의 관계망 속에서 우리 삶을 살아간다.
>
> – 머레이 보웬, 1976년 인터뷰

　이 장은 삼각관계를 다루었던 이전 장의 도입부로 사용될 수도 있었던 머레이 보웬의 말을 인용하는 것으로 시작한다. 그것이 제4장의 서두에 놓이게 된 것은 "정서적 작용력들의 관계망"이라는 구절이 들어 있기 때문이다. 내가 이 구절을 강조하는 이유는 사람들이 다른 사람들의 정서적 상태가 그들에게 영향을 미치고 그들 자신의 정서적 상태가 다른 사람들에게 영향을 미친다는 것을 대부분 인정한다고 하면서도, 그것을 인과론적 측면에서 생각하기 때문이다. 사람들은 자신들이 다른 사람들을 속상하게 하지는 않았을까 걱정하거나 자신을 속상하게 했다는 이유로 다른 사람들을 비난한다. 그들은 체계론적 사고를 다룬 제1장에서 서술된 방식으로 상호작용의 패턴들을 보지 못한다. 그들은 자신과 다른 사람들 사이에서 오가는 정서들의 흐름을 보지 못하며 또한 그 흐름이 어떻게 각 사람의 정서와 기능하기를 규제하는지 보지 못한다. 인과론적 사고는 보웬이론이 서술하는 정서적 기능하기의 패턴들을 이해하는 데 있어 주요한 장애물이다.

　삼각관계는 보웬이론이 서술하는 네 가지 상호작용의 패턴들 가운데 하나이다. 모든 패턴은 정서체계에 단단히 기반을 두고 있다. 그 활동의 범위는 관계 체계 내에 있는 만성적 불안 수준에 의해 결정되기 때문에, 거의 휴면상태로 있는 것에서부터 극단적으로 활동적인 것에 이르기까지 모두 포괄된다. 그 패턴들은 가족체계의 어느 구성원에게 임상 증상이 생기는지 설명하기 위한 핵심 변수들이다. 증상들은 정신, 신체 또는 행동의 기능 이상으로 나타날 수 있다. 널리 받아들여지고 있는 의료모델은 증상의 원인을 환자 내부에서 야기되는 어떤 과정으로 본다. 의료모델 방식으로 생각하는 것은 문제에 대한 우리 자신의 역할을 직면하지 않고 책임을 내려놓을 수 있게 해 주어서 더 쉽다. 의료모델에만 전념하는 것은 관계 패턴들을 이해하는 데 방해가 된다. 관계들에 관한 사고하기로 이동하기 위해서는 개인 중심적 사고하기를 버릴 필요가 있다. 다시 강조하지만, 다른 사람에게 생긴 특정 증상의 원인은 어느 한 사람에게만 있는 것이 아니다. 체계의 한 구성원을 어떤 유형의 증상 발생에 더 취약하게 만드는 것은 호환적 관계 상호작용과 삼각관계들이다. 다른 요인들, 이를테면 유전자, 독소, 병원체도 확실히 증상들의 출현에 작용한다.

가족체계에 명백한 혼란이 있을 경우, 사람들은 증상이 있는 사람이 제대로 기능하지 못해서 그 혼란이 생겼다고 생각하는 경향이 있다. 이러한 생각은 부분적으로는 맞는 생각이지만 전적으로 그런 것은 아니다. 기능을 손상시키고 손상된 기능을 유지하게 하는 것에 관계 체계의 역할이 그 나머지 절반을 차지한다. 가족체계가 증상 발달에 중요한 역할을 한다는 의견에 대한 공통된 반응은 그것이 가족을 비난하는 것과 마찬가지라는 것이다. 사람들은 가족이 가족 구성원에게서 발생한 증상과는 아무 연관이 없다고 말하거나, 아니면 가족의 사랑이 충분하지 않았거나 관심과 돌봄이 부족해서 증상이 생긴 것이라고 가족을 비난한다. 체계론적 사고는 어떻게 가족이 문제의 한 부분이 되는지 보여 준다. 그러나 그것을 가족에 대한 비난으로 해석하는 것은 핵심을 놓치는 것이다.

보웬은 "조현병을 예방하는 방법은 조현병을 만들어 내려고 노력하는 것이다"라고 말하는 것을 좋아했다. 그의 요점은 부모들이 불안해하며 그것을 만들어 내지 않으려고 최선을 다하고 있다는 것이었다. 그 불안이 부모들이 행하는 선의의 행동을 아이의 편에서는 문제가 되는 것으로 변하게 할 수 있다. 오래된 격언에 따르면, 중요한 것은 자신들이 무엇을 하는지 부모들이 말로 하는 것이 아니라 실제로 그들이 무엇을 하는가이다. 자녀들을 해악으로부터 보호하려는, 지나치게 열성적이면서 불안으로 추동되는 노력은 그 의도와 다르게 아이들이 자신들을 위한 결정을 내리는 데 부모에게 지나치게 의존하도록 만들 수 있다. 사람들 대부분은 이를 알고 있지만, 많은 경우에 두려움이 지혜를 뛰어넘게 마련이다.

정서적 기능하기의 패턴들과 임상 증상들 간의 연관성을 이해하기 위해서는 가족관계 체계에서 한 개인의 기능하는 위치functioning position를 이해하는 데 달려 있다. 가족체계 내에서 이 위치의 성격에 따라 개인은 체계에 의해 초래되는 만성불안을 흡수하는 데 더 취약하거나 덜 취약할 수 있다.

정서적 기능하기의 패턴들은 그 패턴들 속에서 사람들이 기능하는 위치에 의해 유지된다. 각 개인의 기능하는 위치는 지배적인 패턴의 특징을 반영하며, 그 위치는 그 패턴을 강화한다. 기능하는 위치의 예로는 삼각관계의 안쪽 위치와 바깥쪽 위치 사이의 역동적 상호작용과 이인관계 상호작용에서 과대기능과 과소기능의 호환성을 들 수 있다. 삼각관계의 바깥쪽 위치에 있는 사람은 삼각관계 전체가 만들어 내는 불안을 흡수한다. 체계가 만들어 내는 불안의 흡수는 다른 구성원들이 차지하는 위치보다 더 큰 위협감을 만들어 내는 위치에 있는 체계의 한 구성원으로부터 생긴다. 예를 들어, 삼각관계에서 '외부인'은 임상 증상을 진전시키기에 가장 취약한 구성원이다.

정서체계에 의해 추동되는 관계 체계는 사람들이 거의 인식하지 못할 정도로 구성원들의 기능을 형성한다. 이 과정은 분화가 빈약하게 이루어진 체계에서 가장 극단적으로 일어나지만, 어느 정도는 모든 가족에서 나타난다. 사람들은 흔히 그 과정을 감지하기는 하지만 그것을 콕 집어서 말하기는 어려워한다. 이론은 사람들이 그것을 인식할 수 있도록 도울 수 있다. 우리는 종종 고혈압을 침묵의 살인자라고 부른다. 불안으로 추동되는 정서과정 역시 침묵의 살인자가 될 수 있다.

많은 사람은 자신들이 다른 가족 구성원들의 문제로 비난을 받고 있다고 느끼기 때문에 보웬이론에 반발심을 보인다. 즉, "제가 제 아들을 조현병에 걸리게 했다고 생각하세요?" 또는 "제가 제 남편이 심장마비를 일으키게 했다고 생각하세요?"라고 하면서 말이다. 무언가의 원인이 되는 것과 그것에서 어떤 역할을 하는 것 사이에는 중요한 차이가 있다. 인과론적 사고가 죄책감이나 부정을 조성할 수 있는 반면에, 체계론적 사고는 정서과정에서의 우리 역할과 다른 사람들의 역할에 대해 더 현실적일 수 있게 해 준다. 더 폭넓게 이해함으로써 우리는 죄책감이나 부정에 빠지지 않고서도 어렵고 고통스러운 문제를 해결할 수 있다.

가족과정은 사람들에게 심장마비나 그 밖의 다른 문제의 원인이 되는 것은 아니다—이러한 임상적 상황이 발생하기 위해서는 다른 많은 변수가 작용해야 한다. 체계론적 사고는 어떤 문제의 원인을 그것이 무엇이든 한 가지 변수에만 돌리지 않는다. 여기서 중요하게 이해해야 하는 것은 모든 변수의 상호작용이다. 그러나 보웬이론은 관계과정의 장애로 인해 만들어진 만성불안이 가족과 신체를 포함한 여러 수준에서 관계과정의 균형을 방해할 수 있다고 가정한다. 역설적이지만 그러한 장애를 바로잡기 위한 신체와 가족의 과장된 노력은 모든 경우의 임상 증상에서 그렇지는 않다고 하더라도 많은 경우에서 중요한 역할을 할 수 있다(나는 제23장에서 이것을 더 자세히 논의할 것이다).

사람들에게 정서적 기능하기의 패턴들에 대한 지식이 있으면 그것을 관찰하는 데 도움이 된다. 그러나 사람들이 그런 생각의 정확성을 확신하고, 문제의 원인이 한 개인의 내부에 존재한다고 가정하려는 충동을 억제하기 위해 그 지식을 사용하기까지에는 시간이 걸린다. 보웬이론을 적용하여 삶 속에서 실행하기 위해서는 그 이론이 설명하는 과정이 자신의 삶 속에서 어떻게 나타나는지 이해할 수 있어야 한다. 그것에 관해 책을 읽는 것은 도움이 되지만, 그것만으로는 충분하지 않다. 사람들이 기울이는 노력의 대단원은 새로운 관찰로부터 얻은 지식을 활용하여 자신의 행동 변화의 지침으로 삼고 자신과 타인 모두에게 건설적인 변화를 가져올 수 있을 때, 그때 이루어진다.

보웬은 자신의 이론을 종합적으로 제시한 첫 번째 출판물에서 그가 나중에 정서적 기능하기의 패턴들이라고 이름을 붙인 것에 관해 설명했다(Bowen, 1966). 그는 그 이론의 개념들 가운데 하나인 '핵가족 자아 집합체nuclear family ego mass에서의 관계 체계'에 대한 서술에 그 패턴을 포함했다. 그는 그 논문에서 그것들을 "자아 융합ego fusion의 강도를 조절하기 위한 세 가지 주요 메커니즘"이라고 언급했다(p. 166). 그 세 가지는 ① 부부 갈등, ② 한쪽 배우자의 기능 이상, 그리고 ③ 문제를 하나나 그 이상의 자녀에게 전수하기이다. 그는 네 번째 메커니즘에 해당하는 정서적 거리두기는 다른 패턴들 각각에 불가피하게 수반되는 것으로 서술했다. 보웬이 마지막으로 종합적인 이론을 제시한 논문에서 그는 메커니즘mechanism을 "가족에서 정서적 기능하기의 패턴들"이라는 용어로 대체했다(Bowen, 1976). 그는 그 패턴들에 첫 번째 이론 논문에서 했던 것과 비슷하게 이름을 붙이고, 그것들이 핵가족 정서체계, 확대가족 정서체계, 그리고 사회체계에서 작동한다고 설명했다. 보웬이론의 요점은 부부 갈등, 한쪽 배우자의 기능 이상, 그리고 문제가 하나나 그 이상의 자녀에게 전수되는 것이 모두 같은 문제, 곧 핵가족체계에서의 미분화와 그것에 연관된 만성불안을 나타낸다는 것이다. 그것은 한 영역에서 더 많이 나타날수록 다른 영역에서는 더 적게 나타나는 것으로 보인다.

관계 체계에서 몇 개의 한정된 숫자의 패턴을 관찰하려면 체계론적 사고라는 렌즈를 통해 집단의 상호작용을 세심하게 살펴야 한다. 그러한 살피기를 통해서 관찰자는 그 과정의 내용content에 집중해서 길을 잃기보다는 사람들 사이에서 작동하는 과정process에 관한 사실들에 집중할 수 있게 된다. 예를 들어, 사람들이 싸우고 있는 것들—사람들이 싸우고 있는 쟁점은 나타났다 사라졌다 하는지라 그런 것들과 연관된 논쟁은 언제나 벌어지게 마련이다—에서 길을 잃기보다는 사람들이 싸우고 있다는 사실에 대한 집중 상태를 유지하는 것이다. 과정을 이해하기 위한 다른 예는 부부생활에서의 정서적 거리두기를 촉진하는 남편의 역할을 관찰하면서 동시에 그러한 거리두기에서의 아내의 역할을 관찰하는 경우이다.

다음 단계는 아내의 음주와 우울증을 부부생활에서의 큰 어려움이었던 거리두기에 대한 반사반응인 그녀의 고립과 절망에 연결하는 것이다. 관계에서 일어나는 상호작용과 그 결과를 지켜보는 것은 과정에 집중하는 사고를 의미한다. 음주와 우울증이 상호작용을 일으키는 질병들이라 보고 그것들에 집중하는 것은 내용에 집중하는 사고이다.

많은 상담자는 이 과정이 두 가지 문제, 곧 아내의 질병과 부부관계 문제에서 발생한다고 생각한다. 이것은 다중 인과론적 사고하기이지 체계론적 사고하기가 아니다. 체계론적 사고에 입각한 상담자는 사람들 사이에서 무엇이 일어나고 있는지와 사람들이 어떻게 정서적으로 기능하는지가 완벽하게 맞물려 있다고 본다. 아내의 절망과 자기 안으로의 철회하기는 그 거리두기에서 어떤 역할을 하는 것이지 그것의 원인 자체가 아니다. 부부가 함께 만들어 낸 거리는 어떤 역할을 하지만 아내의 증상의 원인이 되지는 않는다. 증상은 관계에 영향을 미치고, 관계는 증상에 영향을 미친다. 어느 한쪽이 다른 쪽의 원인이라고 말하는 것은 부정확하지만, 그런 방식으로 생각하기는 어렵다. 그것은 전체는 부분들의 합 이상이라는 생각으로 귀결된다.

이것들은 그 활동이 정서체계에 의해 추동되기 때문에 정서적 기능하기의 패턴들이라고 불린다. 보웬이 처음에 패턴을 '메커니즘'이라 부른 것은 메커니즘이 패턴의 다른 측면을 전달하기 때문에 정확하다. 메커니즘은 패턴들의 기능을 나타낸다. 그것들은 관계에서 자아 융합의 강도를 조절하는 기능을 수행한다. 보웬이론에서는 자아 융합이라는 용어를 이미 사용하지 않는다는 점에 주목하는 것이 중요하다. 그것은 이제 정서적 융합emotional fusion이라고 불린다. 심리적 과정과 감정은 정서적 융합에 공헌하지만, 융합은 정서체계에 단단히 기반을 두고 있다. 강렬한 정도intensity는 관계에서 발생하는 정서적 융합이 생성하는 만성불안과 고조된 정서적 반사반응상태의 정도를 가리킨다. 패턴들은 정서적 융합으로 초래된 불안을 '묶는bind' 기능을 한다.

[그림 4-1]은 이러한 생각을 분명히 보여 준다. 관계를 나타내는 왼쪽의 도형은 그들이 어떻게 상호작용하는지에 따라 각각의 사람들에게서 발생하는 불안(네모와 원 내부의 음영)을 부호로 나타낸다. 오른쪽의 도형은 그들의 상호작용으로 촉발되는 불안을 줄이기 위해 정서적 거리두기를 하는 사람들을 상징한다. 이 과정에서 두 사람 모두 더 적은 내적 불안을 경험하지만, 이제 그 불안은 표면으로 드러나게 되고 거리를 두려는 행동(거리를 나타내는 기호에서 음영 처리된 직사각형으로 상징됨)으로 결합된다. 어떤 이유로든 사람들이 거리를 둘 수 없다면, 내재화된 불안은 다시 나타난다.

[그림 4-1] 그림의 왼쪽에 있는 이인관계의 각 구성원을 표시하는 부호의 음영과 그들 사이의 검은 화살표는 각각의 사람들의 관계에서 불안으로 추동되는 과정을 상징한다. 오른쪽 도형은 사람들 사이에서 전개되는 정서적 거리두기와 그에 따른 각 사람의 만성불안의 감소를 상징한다. 사람들 사이에 있는 음영으로 처리된 막대기 모양은 불안이 정서적 거리두기에 묶여 있음을 상징한다. '묶인, 결합된bound'이라는 용어는 불안이 두 사람에 의해 거리두기로 나타남으로써 불안이 더 이상 각자의 내면에 머물러 있지 않다는 것을 의미한다.

　패턴을 사용함으로써 각 사람들의 행동은 호환적 상호작용을 통해서 다른 사람의 행동을 조절한다. 거리두기는 신체적인 수단과 정서적인 수단을 통해 발생할 수 있다. 정서적 거리두기의 한 가지 사례는 사람들이 물리적으로는 가까이 있다고 하더라도 정서적으로는 부담되는 주제를 잠재적으로 피하는 것이다. 불안은 그런 화제를 피하는 것에 묶여 있다. 불안이 묶인 것을 설명하는 다른 방법은 불안이 어떤 관계의 구조에 통합된다는 것이다.

　많은 경우에, 보웬은 다음과 같이 말했다. "내가 내 이론을 하나의 기본적 개념으로 축소해야 한다면, 그것은 어떻게 두 사람이 매우 가까운 관계로 시작할 수 있으면서도 시간이 지나면서 점점 멀어지는가에 대한 것이 될 것이다." 우리는 각자의 미성숙이 성숙한 친밀함을 어떻게 훼손했는지 이해한 다음, 그 지식을 그 과정에서 기능하는 우리의 역할을 바꾸기 위해 적용함으로써 친밀함을 되찾는 법을 배울 수 있다.

　1970년대 후반에 나는 윌슨(E. O. Wilson)의 유명한 책 『사회생물학: 새로운 종합 (Sociobiology: The New Synthesis)』(1975)에 대하여 상세하게 연구하기 시작했다. 이 책에서 서술된 광범위한 종들의 사회적 집단에 관한 연구는 보웬이론에서 설명하는 정서적 기능하기의 패턴과 다른 종들의 유사한 패턴 사이에 밀접한 유사성이 존재함을 보여 준다. 이러한 설명은 보웬이론에서 서술하는 패턴들이 진화의 산물이며 정서체계에 깊이 관여되어 있다는 생각에 힘을 실어 준다.

　정서체계에 대한 보웬이론의 생각과 진화생물학자들의 생각을 연결시키려는 노력의 하나로, 1980년대 초에 나는 생물학자들이 널리 사용하고 있는 윌슨의 책에 있는 용어들과 유사한 패턴들에 대한 용어들을 사용하기 시작했다. 내가 바꾼 것은 다음과 같은 것들, 곧 부부 사이의 갈등을 정서적 갈등으로, 한쪽 배우자에게서 나타나는 기능 이상을 지배-순응

(복종)dominant-adaptive(deferential) 상호작용으로, 그리고 하나나 그 이상의 자녀에게 전수하기를 삼각관계로 각각 지칭하는 것이다. 나는 정서적 거리두기라는 용어는 유지했다. 내 의도는 다른 패턴을 제안하는 것이 아니라 패턴들을 표현하는 용어에 대한 제안일 뿐이다. 이것들은 〈표 4-1〉에 요약돼 있다. 이렇게 변경한 것이 보웬이론이 그가 썼던 애초의 저서들에 나왔던 것들과 달라졌음을 의미하지는 않는다. 나는 원래 용어들을 명확히 하기 위해 제안한 것이다.

순응적이거나 복종적인 사람은 이인관계에서 관계의 조화를 유지하려는 시도에서 가장 크게 행동의 변화를 보여 주는 구성원이다. 이러한 보웬이론의 용어들은 순응적인 파트너의 열등함을 의미하지 않고 관계에서 나타나는 상호작용으로부터 발생한 기능적 위치를 의미한다. 예를 들자면, 정서적으로 추동되는 어떤 과정에서, 한 사람은 그 사람이 실제로 그런 것보다 더 강하게 행동하고, 다른 사람은 그 사람이 실제로 그런 것보다 더 약하게 행동하는 그런 과정의 경우를 말한다. 그런 상호작용들은 흔히 한쪽 파트너는 '과대기능하기 overfunctioning'의 사람이고 다른 쪽 파트너는 '과소기능하기underfunctioning'의 사람인 경우와 연관된다. 과대기능하기의 사람이 지배하는 것처럼 보일 수도 있으나 그것이 항상 그렇지는 않다. 과대기능하기의 사람이 과소기능하기의 사람에게서 압박감을 느끼고 그 관계에서 불균형적으로 적응하려 하는 것일 수 있다.

〈표 4-1〉 보웬의 원래 용어 변경

보웬의 원래 용어(1966년 논문)	나의 수정
부부 갈등	정서적 갈등
한쪽 배우자의 기능 이상	지배-순응(복종)
하나나 그 이상의 자녀에게 전수하기	삼각관계
정서적 거리두기	정서적 거리두기

나는 또한 다음과 같은 두 가지 다른 이유로 이들 새로운 용어를 선택했다. 즉, ① 예를 들어, 한쪽 배우자에게서 기능 이상의 발생은 부부생활에서 일어날 수 있는 지배-순응(복종) 상호작용이라는 충분히 긴장된 유형의 결과임을 강조하기 위해서, 그리고 ② 한쪽 배우자의 기능 이상을 촉진할 수 있는 패턴은 부부생활의 관계에만 국한되지 않으며 다른 가족 관계, 이를테면 한쪽 부모와 한 아이 사이의 관계에서도 작동할 수 있다는 것을 주목하기

위해서이다.

삼각관계는 네 가지 패턴들의 주춧돌과 같다. 삼각관계는 관계들이 어떻게 맞물려 있는지 보여 주기 때문에 보웬이론에서 가장 중요한 것이다. 한쪽 이인관계에서 발생하는 것은 삼각관계의 다른 두 관계에서 발생하는 것에 영향을 미치거나 그것의 영향을 받는다. 부부관계와 부-자 관계는 모-자 관계에 영향을 미치거나 그것의 영향을 받는다. [그림 4-2]는 세 가지 패턴 가운데 어느 것이든 삼각관계의 관계들 가운데 어느 것에서든 작동될 수 있다는 것을 분명히 보여 준다.

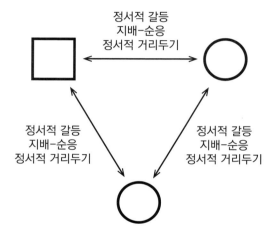

[그림 4-2] 정서적 기능하기의 네 가지 패턴들 모두가 이 도형에서 표현되고 있다. 세 가지 관계에서 각각의 사람들 사이에 있는 양방향 화살표는 정서적으로 서로 연결되어 있는 세 가지 관계가 삼각관계 패턴 속에서 기능하고 있는 것을 나타낸다. 세 가지 패턴은 세 가지 관계 그 어떤 것에서든, 이를테면 아버지와 어머니, 어머니와 딸, 그리고 아버지와 딸 사이에서 작동할 수 있다.

정서적 갈등이 배우자들 사이에서 나타나는 지배적인 패턴이라면, 부부 갈등은 제시되는 임상 문제가 된다. 지배-순응(복종) 패턴이 작용하고 있는 주요 패턴이라면, 한쪽 배우자의 기능 이상이 제시된 문제일 것이다. 정서적 거리두기는 이 두 가지 패턴 모두에서 끊임없이 일어난다. 부부 갈등(정서적 갈등)과 한쪽 배우자의 기능 이상(지배-순응)은 부부관계에서 정서적 융합으로 인한 만성불안을 각기 다른 방식으로 다루는 것이다.

정서적 융합으로 발생한 만성불안의 수준에 영향을 미치는 다른 요소들도 있다. 이를테면 관계에 미치는 스트레스 요인들의 수와 그 관계가 지지적 역할을 해 줄 수 있는 다른 관계들과 얼마나 단절되어 있는지와 같은 것들이다.

지배-순응(복종) 상호작용

　지배-순응(복종) 상호작용들은 같은 종류의 많은 종이 근접하여 살고 있을 때 매우 흔하게 나타난다는 사실을 주목하는 것이 중요하다. 그것은 사회적 위계의 정서적 토대이다. 안정된 위계는 순응적인 사회적 행동을 통해 갈등을 감소시키는 기능을 할 수 있다. 인간 가족에서, 그 과정은 뚜렷하게 드러날 수도 있고 미묘한 수준으로 나타날 수도 있다. 다른 위계에 비해 약간 더 복잡한 지배 위계는 일상적으로 사회적 집단 속에서 살아가는 종들에게서 흔하게 나타난다. 지배 위계를 활성화하는 다른 방식은 보통은 서로 거리를 두고 살아가는 동물들을 어떤 경계 안에 꽉 들어차게 하는 것이다. 현실적으로, 같은 종들은 환경변화에 대응하여 서로 거리를 두고 사는 것에서 무리를 이루어 사는 것으로 바뀐다. 그 변화는 흔히 위계를 드러나게 한다. 지배-순응(복종) 상호작용들은 많은 종에 깊이 뿌리박혀 있으나 항상 나타나지는 않는 것 같다.

　[그림 4-3]은 보웬이론이 인간관계에서 이러한 유형의 상호작용들을 어떻게 상징으로 나타내는지 보여 준다. 왼쪽 도형들은 맨 위의 남성 지배형의 정서적 융합과 아래의 여성 지

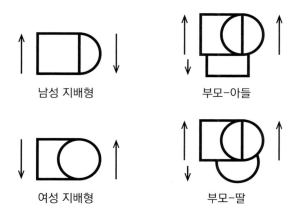

남성 지배형　　　　　　　부모-아들

여성 지배형　　　　　　　부모-딸

[그림 4-3] 왼쪽에 있는 도형들은 성인 간의 관계에서 나타나는 지배-순응(복종)하는 상호작용들을 상징한다. 하나의 부호가 다른 부호에 겹쳐 있는 모습은 지배하는 파트너를 나타내는데, 위의 도형에서는 남자가 지배하는 위치에 있고 아래 도형에서는 여자가 지배하는 위치에 있다. 부호의 양쪽에서 위나 아래를 가리키는 화살표는 그들 서로의 상호작용에서 과대기능하기와 과소기능하기를 나타낸다. 오른쪽에 있는 도형들에서 위의 도형은 부모와 아들, 아래 도형은 부모와 딸 사이에서 작용하고 있는 패턴을 가리킨다. 여기서의 화살표도 역시 과대기능하기와 과소기능하기를 나타낸다.

배형의 정서적 융합을 보여 준다. 지배-순응(복종) 상호작용들은 일반적으로 어느 정도의 과대기능하기와 과소기능하기의 상호성을 동반한다. 남성 지배의 정서적 융합에서, 남자는 과대기능을 하는 경향이 있으며(위로 향한, 남성 옆의 화살표로 상징), 여자는 과소기능을 하는 경향이 있다(아래로 향한, 여성 옆의 화살표로 상징). 그 정반대는 여성 지배의 정서적 융합이다. 오른쪽 위에 있는 도형은 아들과 함께하는 부모 지배의 정서적 융합을 묘사하며, 그것 아래에 있는 도형은 딸과 함께하는 부모 지배의 정서적 융합을 묘사한다.

정상적인 가족 구조에서 부모가 책임지는 역할을 한다는 사실을 주목하는 것이 중요하다. 이것은 자녀가 필요로 하지 않을 만큼 충분히 성장할 때까지 자녀를 위해 해야 하는 현실적인 기능이다. 부모와 자녀 사이의 과대기능하기와 과소기능하기의 상호성은, 배우자들 사이의 경우와 마찬가지로, 불안으로 추동된다. 부모는 현실적으로 필요 이상으로 자녀의 욕구를 위해 기능하고, 자녀는 그 정반대의 과정으로 기능한다.

과대기능하기와 과소기능하기의 호환성은 역할 분화를 나타내지는 않는다. 그런 상호성이 몇몇 관계에서는 역할 분화로 나타날 수 있는 경우도 있기는 하다. 역할 분화는 사람들이 전문적인 과업을 떠맡으면서 가족이나 사회체계가 더 기능적이고 적응적이 될 수 있도록 만들어진 결과물이다. 그것은 불안에 의해서 이루어지는 것이 아니라 현실적으로 필요에 의해서 이루어진 것이다. 이와는 달리, 불안은 과대기능하기와 과소기능하기의 호환적 상호작용을 추동한다. 과대기능을 하는 사람이 반드시 과소기능을 하는 사람보다 더 유능하지는 않다. 사람들 사이의 실제 차이들이 그들의 기능하는 위치를 결정하지는 않는다. 예를 들어, 남성 지배의 융합에서, 남자는 그가 자신이 책임지고 있다고 느낄 때 더 평온하다. 다른 사람을 대하는 그의 마음가짐 역시 정서적으로 추동되지, 현실에 의해 추동되지 않는다. 여자는 주요한 의사결정을 하는 사람이 될 필요가 없는 상태에서 더 평온할 수 있다. 그녀의 마음가짐 역시 정서적으로 추동되지, 현실에 의해 추동되지 않는다. 관계 융합에 잠재된 불안은 호환적 상호작용에 결합되어 있다. 순응(복종)적인 배우자 역시 갈등과 거부에 대한 두려움으로 인해 그 패턴을 지속할 수 있다.

내가 보웬이론을 배우고 적용하면서 과대기능하기와 과소기능하기의 호환성을 가진 부부에게서 한쪽 배우자에게 정신질환의 증상들이 나타난 사례들을 임상적으로 만나던 초창기 몇 해 동안, 증상 발생에 가장 취약한 사람은 과소기능을 하는 배우자로 보였다. 그것과 관련하여 인과론적 사고의 접근 방식은, 예를 들자면 사람의 우울증은 과소기능을 하는 원인이라는 식이다. 이런 관점을 가지면 상대 배우자는 정신을 바짝 차리고 과대기능을 한다. 그러나 임상 경험을 통해 과대기능하기와 과소기능하기의 호환성이 일반적으로 증상의 발생보다 먼저 온다는 것을 알게 되었다. 호환적 상호작용이 극심해지면, 과소기능을 하는 사람은 자신감의 상실, 우유부단, 그리고 정서적 고립감을 보고하기 시작한다. 사람들이 이런 방식으로 느낄수록 임상적으로 우울이나 다른 증상을 나타낼 가능성에 더 가까워진다. 이것은 호환적 상호작용에서 그들의 기능하는 위치로 인한 결과물이다.

1976년에 나는 가족 구성원 중 한 사람에게 암이 발생한 가족들에 관한 연구를 시작했다. 그 연구를 통해서 나는 과대기능하기와 과소기능하기의 호환성에 놓인 구성원들 가운데 누가 증상 발생에 가장 취약한가 하는 문제와 관련해서 내 생각을 바꾸었다. 암에 걸린 구성원을 둔 많은 가족의 사례에서 암이 발병한 사람은 그 가족에서 과대기능을 하는 사람이었다. 과대기능을 하는 구성원들은 압도돼 있거나 고립돼 있다는 느낌을 보고하곤 했다. 그들은 다른 구성원들이 기대하는 것들을 충족시켜 주기 위해 노력하고 있었고 그들 자신의 기대에 의해서도 추동되고 있었다. 가족들은 상황을 호전시키기 위해 필요한 일들을 이 사람들에게 크게 의존하는 것 같았다. 과대기능하는 사람들은 가족 불안을 불균형하게 짊어지고 있었다. 이들은 지배하는 것처럼 보였지만, 그것은 남보다 앞선 위치를 강요받은 과대기능을 하는 경우들이었다.

세월이 흐르는 동안 정신질환의 문제들을 더 많이 경험하게 되면서, 나는 과대기능을 하는 사람도 정신질환과 행동문제가 발생할 수 있다고 확신했다. 과대기능을 하는 사람과 과소기능을 하는 사람 양쪽 모두에게 모든 유형의 증상이 생길 수 있다는 사실은 나에게 다음과 같은 결론에 이르게 하였다. 곧 나는 지배-순응(복종) 패턴, 곧 과대기능하기-과소기능하기 패턴에서 역기능 문제에 가장 취약한 사람은, 조화를 유지하기 위한 기능하기에서 가장 내면적인 적응을 해 나가는 사람이라는 결론에 이르렀다. 이것은 호환성의 양쪽 모두에서 발생할 수 있다. 양쪽 배우자들 모두가 만들어 내고 유지하는 지배-순응(복종) 관계과정에 따른 기능하기에서 어느 배우자가 잘 조율되는지를 평가하려면 주의 깊게 평가해야 한다. 겉모습만으로는 잘 알 수 없다. 요점은 상호작용의 과정이 누군가를 결과적으로 체계 내의 위치에 놓이게 하고 결국에는 기능에 장애를 가져오게 할 수도 있다는 것이다.

가족에서 가장 활성화된 정서적 기능하기의 패턴은 시간이 지나면서 바뀔 수 있다. 지배-순응(복종) 패턴은 부부생활의 초기에 나타나는 특징일 수 있지만, 이는 나중에 정서적 갈등이나 정서적 거리두기 가운데 하나로 바뀔 수 있다. 그리고 한 가족 내에서 같은 시기에 하나 이상의 패턴이 활성화된 경우도 있다.

정서적 갈등

사람들 사이의 갈등이 본질적으로 나쁜 것은 아니다. 사람들 사이의 적당한 차이는 양측 모두에게 각자의 관점을 분명하게 하는 데 도움을 주는 이점이 종종 있다. 이와는 다르게, 정서적 갈등은 싸움이 정서적으로 추동되며 이성적으로 추동되지는 않는다는 것을 의미한다. 정서적 갈등은 정서체계에 기반을 두고 있다. 정서적으로 추동되는 갈등에는 정서는 물론 편견과 감정도 포함된다.

다음에 인용한 조너선 하이트의 말은 사변적이지만, 그 생각은 인간 경험의 많은 부분에 꼭 들어맞는다. "추론하기는 진리를 발견하기 위해 발전한 것이 아니라 다른 사람과 토론하는 상황에서 논쟁, 설득, 그리고 조작을 위해 발전하였다. 확증 편향confirmation bias은 논쟁적인 마음에 내재된 고정된 특성이다"(Haidt, 2012, p. 89). 정서들이 집중적으로 수반될 때, 그것들이 정서적 갈등 패턴들에 놓임에 따라, 이성은 정서의 도움으로 작동하는 것이지 세심한 사실 평가의 도움으로 작동하는 것이 아니라고 보웬이론은 말한다. 보웬이론에서는 정서적 갈등 패턴에 강한 정서가 관여되면 이성이 정서의 통제 아래 놓이게 되고 사실에 대한 세심한 평가를 할 수 없게 된다고 말한다. 그 결과, 사람들이 말하는 '이성적으로' 행동하려는 시도는 불난 데 부채질하는 격이 될 뿐이다.

부부관계와 부모-자녀 관계에서 정서적 갈등은 불안과 결합되어 기능한다. [그림 4-4]에는 이것이 부부관계에서 나타나는 모습이 도형으로 제시돼 있다. 왼쪽 도형에는 양쪽 사람 모두 관계에서 내재화된 만성불안이 고조된 모습이 나타나 있다. 오른쪽 도형에는 불안이 갈등으로 외현화된 모습이 제시돼 있다. 갈등을 나타내는 두 개의 상징 사이의 여백은 정서적 거리두기를 나타내는데, 그것은 갈등 패턴의 한 부분이다.

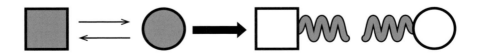

[그림 4-4] 왼쪽 도형에서 남자와 여자를 나타내는 부호들의 음영(그 부호들은 같은 성별을 나타낼 수도 있다)과 그것들 사이의 화살표들은 불안하게 상호작용을 하는 사람들을 가리킨다. 오른쪽 도형에서 남자와 여자를 나타내는 부호들에 음영 표시가 없는 것 그리고 남자와 여자의 대립적 상호작용을 나타내는 부호들에 음영 표시가 있는 것은 불안이 이제 관계에서 빚어지는 갈등으로 외현화되지, 각 파트너에 의해 외현화되지는 않는다는 것을 가리킨다.

사람들은 문제를 놓고 서로를 비난하는데, 이것은 양쪽 모두를 진정시키는 역할을 한다. 곧 그들은 "문제는 내가 아니라 당신이야!"라고 말한다. 그러나 불안은 이제 두 사람 모두에게 자신의 관점에 고집스럽게 집착하는 것에 결합된다. 각 배우자는 부분적으로는 상대방에 의해 통제당한다는 것에 대하여 과민해지면서 이 과정은 더욱 불붙게 된다. 각자는 상대방이 관계를 통제하려 한다고 비난한다. 그 과정에서 비교적 긍정적인 면은 그것이 불안을 내재화하기보다는 외현화한다는 점이다. 그 결과, 각 사람은 내재화된 불안과 연결된 정신적이거나 물리적인 증상의 발생에 덜 취약해진다. 예를 들어, 한쪽 배우자의 우울증은 그 부부가 더 많이 싸우기 시작한다면 나아질 수도 있다. 이것은 실제로는 증상이 나아진 것이 아니다. 그 이유는, 불안과 감정반사행동은 사실 똑같은 것이며 표현만 다르게 된 것일 뿐이기 때문이다. 맞받아 싸우는 것은 때때로 관계에서 조금 더 높은 수준의 "자기"를 찾으려는 이제 막 시작된 노력을 반영한다. 한 사람이 관계과정과 관련하여 더 많은 객관성을 얻게 되면, 곧 좀 더 나은 "자기"가 되면서 이것은 더 적은 불안과 갈등으로 이어진다.

삼각관계는 두 사람이 세 번째 사람을 가담시킴으로써 불안을 묶어 두게 해 준다. 이것은 그들이 안정된 밀착을 더 잘 유지하도록 해 준다. 지배-순응(복종) 상호작용은 관계를 유지하기 위해 순응하는 행동으로 불안을 흡수하는 사람에 의하여 불안이 묶인다. 이로 인해 밀착된 느낌을 유지할 수 있게 된다. 이것은 거리두기의 한 가지 대안이라고 볼 수 있다. 대체로 거리두기는 특별히 만성불안 수준이 높아진 상황에서 나타난다. 정서적 갈등은 사람들이 접촉을 유지하면서도 거리두기를 강제한다는 점에서 매력적인 패턴이다. 상대방을 비난하는 행동은 상대방의 감정반사를 얻어 내면서 동시에 그 사람을 밀어내는 결과를 가져온다. 이 세 가지 패턴 각각은 밀착에 대한 강력한 욕구와 지나친 밀착에 대한 마찬가지로 강력한 거부감의 딜레마를 해결해 주는 부분이 있다. 요약하면 각 패턴들은 어느 정도는 관계를 안정화하지만, 높은 수준의 만성불안이 발달하면 그것들은 체계의 어딘가에서 기능 이상을 발생시킨다.

갈등은 타인의 기대나 생각에 동의하는 것이 '굴복하는 것'이라고 느끼지 않을 수 있을 만큼 충분한 "자기"를 가진 사람에게는 발생하지 않는다. 서로 방어적이 되는 것은 조리 있는 타협과 협력을 어렵게 한다. 잘 분화되지 않은 관계는 극심한 수준의 갈등에 취약하다.

흔히 볼 수 있는 패턴은 격렬한 언쟁이나 심지어 신체적 싸움이 있고 나서 거리두기가 이어지는 것이다. 사람들은 정말로 꼭 필요한 대화를 제외하고는 모든 대화를 피하는 정도, 심지어 며칠간이나 몇 주간 동안 눈조차 마주치지 않을 정도로 거리를 둘 수도 있다. 이 두 과정의 순환과정에서 거리를 두는 기간 동안, 사람들은 상대방의 잘못된 점들에 집요하게 초점두기를 한다. 거리두기는 결과적으로 양쪽 배우자 모두 자신이 하고 싶은 대로 하는 것을 정당화시켜 준다. 그러면 잠시나마 화해와 밀착의 기간이 올 수 있다. 그러나 대체로 그리 오래되지 않아 아주 작은 쟁점이 생기면 밀착관계는 깨지고 격렬한 언쟁이 다시 시작된다.

진화생물학의 '단속적 평형punctuated equilibrium'이라는 개념을 빌려, 나는 가끔 정서적 갈등 패턴을 '단속적 불균형punctuated disequilibrium'이라 표현한다. 단속적斷續的이라는 용어는 짧은 기간의 밀착이라는 뜻을 담고 있다. 흥미롭게도, 싸우는 부부들이 종종 오래가기도 한다. 한쪽 배우자가 이혼을 원한다고 선언하면, 상대 배우자는 종종 다음과 같이 충격을 받는다. "도대체 왜 이혼하겠다는 거야? 우리는 늘 이렇게 해 왔잖아!" 다른 사례들에서, 사람들은 싸우기에 너무 넌더리가 나서 싸움을 그만두기도 한다. 그러나 그것은 진정한 해결책이 될 수 없다. 왜냐하면 정서적 거리두기가 곧 시끄럽고 거칠었던 갈등기간을 대체하게 되기 때문이다.

진을 빼는 언쟁을 피하려는 노력에서, 흔하게 나타나지만 두드러지게 실패하는 전략은 한 사람이 미끼를 물지 않으려는 경우이다. 한쪽 배우자가 하는 말과 행동이 아무리 도발적이더라도, 상대 배우자는 거기에 반응하지 않으려고 안간힘을 쓴다. 그것은 반응하기를 원하는 사람을 더 화나게 만든다. 반응하지 않는 것을 무시당했다고 느끼는 배우자는 일반적으로 상대방이 마침내 무대응을 포기하고 폭발할 때까지 그 배우자에 대한 공격을 확대한다. 어떤 사람들은 배우자가 폭발하도록 도발하는 데 성공했을 때 얻는 유대감을 이렇게 표현한다. "이제야, 당신이 어떤 기분인지 알겠어!"

사람들이 앞에 놓고 싸우는 문제들은 무수히 많다. 그러나 다른 패턴들처럼 문제의 내용이 패턴을 추동하지는 않는다. 충분한 관심을 받지 못하고 있다는, 적절한 인정을 받지 못하고 있다는, 기대가 충족되지 않고 있다는, 그리고 상대방의 문제로 비난받고 있다는 느낌은 반사행동을 유발하는 핵심 요소이다. 이러한 과민성은 흔히 섹스, 돈, 또는 자녀 문제를 중심으로 악화된다. 감정반사를 추동하는 근본적인 문제는 편안하게 연결되어 있다는 느낌의 부재, 그리고 하나가 되었다는 일체감의 결핍이다.

부모-자녀 관계에서 중요한 정서적 갈등이 빈번히 일어나는 시기는 청소년기이다. 어머니와 아들 또는 어머니와 딸의 관계가 자녀들이 청소년이 되기 이전 기간에는 매우 친밀하고 조화로웠다는 것이 되풀이되는 이야기이다. 그 관계는 (잘 분화된 것이 아니라) 정서적으로 강하게 융합돼 있지만, 관계의 성격은 긍정적이다. 그러나 10대들이 청소년기로 이동하면, 자녀들은 부분적으로 생물학적 성숙을 토대로 하여 변화를 보이기 시작한다.

청소년기 초기의 청소년은 일반적으로 부모와 연관된 활동에는 적게 참여하기를 원하고, 또래들에게 더 많이 집중한다. 어머니는 흔히 그런 변화를 그동안 자녀와 가져왔던 특별한 친밀함에 대한 위협으로 경험한다. 그녀는 자녀들이 적절하게 판단하고 의사결정하는지에 대하여 걱정한다. 청소년 자녀가 그 시점까지 "자기"를 더 빈약하게 개발하였을수록, 청소년 자녀들은 부모의 참견에 더 많이 반발한다. 반항적인 갈등은 청소년이 부모와 거리를 두는 한 가지 방식이다.

청소년기 반항은 감정반사적 거리두기이지 분화가 아니다. 부모와 청소년 자녀 모두 그들이 관계에서 "자기"를 유지하는 데 어려움을 가지고 있는 것으로 보인다. 그것은 10대가 "자기"를 개발하고 있다는 사실을 의미하지 않는다. 거기에는 행동-반사행동의 악순환이 반복되는데 10대 자녀들은 부모와 점점 더 적게 소통하고 심지어 그들에게 거짓말까지 하며, 부모는 자녀들을 믿지 못하고 자녀에게 무슨 일이 벌어지고 있는지 알지 못해서 점점 더 마음이 상하는 일이 반복된다. 역설적이게도, 이러한 과정이 부모와 자녀 사이의 강력한 정서적 융합에 의해서 일어나고 있지만, 10대 자녀들은 부모와 친밀성을 느끼지 않는다고 자주 말한다. 이것은 부모의 관여가 부족해서가 아니라 그들이 감정반사적으로 거리두기를 하고 있기 때문이다. 이것은 부모들이 그들의 자녀를 위한 자원이 되는 데 방해가 된다. 청소년은 부모의 말에 귀 기울이려 하지 않으며, 부모들은 훈계하기, 벌주겠다고 위협하기, 기타 이와 비슷한 종류의 행동들을 멈추지 않는다.

나는 언젠가 한 가족을 치료했는데, 그 가족에서는 아들과 이뤄지는 모든 소통이 아버지를 통해서만 진행되었다. 어머니와 아들은 가능한 한 서로를 멀리 피했다. 어머니는 아들과의 관계에 대해 다음과 같이 말했다. "커 박사님, 제 아들이 아직 학교에 들어가지 않았을 적에는 우리 사이가 찰떡처럼 끈끈했다는 걸 박사님이 좀 알아주셨으면 해요. 우리는 일심동체 같았어요. 우리는 서로를 정말 잘 이해했는데, 이제 우리 관계는 긍정적인 것에서 부정적인 것으로 돌아섰어요!"

아버지는 일반적으로 그의 아내와 그들의 10대 자녀 사이의 불화에 속상해한다. 그가 아내의 반대편이 되어서 10대의 편을 들 수 있는데, 그것은 어머니와 청소년 사이의 갈등을 더 나빠지게 만든다. 또는 아버지가 아내의 편을 들어도 갈등은 악화되는데, 청소년은 그것을 2 대 1의 구도로 경험한다. 그리고 그것은 실제로도 그렇다. 10대의 행동을 통제하려는 아버지의 시도는 흔히 부모-자녀 관계에서 극심한 갈등을 촉발한다. 어머니가 남편의 거친 행동에서 자녀를 보호하려고 하면, 자녀를 통제하려는 아버지의 시도는 부부관계에 긴장과 갈등을 증가시킬 수 있다. 청소년은 제멋대로 하려고 부모의 갈등을 이용하는 것이다.

부모와 자녀가 포함된 지배-순응(복종) 상호작용과 삼각관계 상호작용도 마찬가지로 청소년기에 일어나는 패턴이다. 확신이 없는 부모는 10대와의 관계에서 그들의 행동을 지나치게 통제하기와 지나치게 허용하기 사이에서 오락가락한다. 한쪽 부모가 다른 쪽 부모보다 노선을 더 잘 유지하는 것처럼 보일 수 있지만, 대개는 양쪽 부모 모두 확고한 입장을 취하기보다는 결국 굴복하고 만다. 세 사람 가운데 그 누구도 "자기"를 유지하기 어렵다.

부모는 사후에 이러쿵저러쿵 말하거나 서로를 비난함으로써 10대를 다스리는 방법과 관련하여 서로의 불확실성을 악화시킨다. 비난하기는 삼각관계를 이해하지 못하고 그 관계에서 세 사람 각자가 하는 역할을 이해하지 못하고 있음을 반영하는 것이다. 예를 들어, 아버지가 10대의 편을 들어 줄 때, 어머니가 청소년에게 효과적인 입장을 유지하는 것은 불가능하다. 그것 때문에 어머니는 더욱 불안해하며 지나치게 참견하고, 10대는 협력하지 않고 더욱 반항한다. 아버지는 뒤로 물러설 필요와 관련해서 어머니에게 잔소리하지만, 아내만큼 자기 자신도 역시 문제의 한 부분이라는 사실을 그는 인정하지 않는다. 어머니는 아버지에게 그도 역시 달라져야 한다고 잔소리를 늘어놓는다.

부모-자녀 관계가 청소년기 이전에 더 성숙한 관계를 유지했었고 자녀가 10대가 되어서 조금 전에 서술된 사례들에서 그랬던 것보다 더 충분히 "자기"를 발달시켰으면, 청소년기 반항은 거의 일어나지 않는다. 그렇게 될 이유가 없다. 부모는 10대가 청소년기를 지나가는 동안 그들이 10대로서 보여 주는 행동의 일반적인 변화에 위협을 덜 느끼고, 10대 역시 마찬가지로 자신감을 가진다.

그러나 겉모습만으로 사실을 제대로 알 수는 없다. 청소년기 반항의 부재가 부모와의 삼각관계가 더 성숙되고 정서적으로 덜 융합돼 있다는 것을 항상 의미하지는 않는다. 어떤 청소년들은 비위를 맞추려 하고, 항상 '바른 행동'을 하려고 하며, 학교 성적을 잘 유지함으로써 그들 부모와의 분화가 부족함을 그럭저럭 감당한다. 그러한 아이들은 일반적으로 뭔가 일이 잘못되면 부모는 정상적이고 그들 자신에게 문제가 있다고 생각한다. 그들은 부모와 그 어떤 다툼도 거의 벌이지 않으나 부모와의 관계에서 발생된 그 어떤 불안이라도 모두 내재화한다. 그런 아이들은 또한 또래와의 관계에서 수용받는 것에 대하여 매우 민감한 반응을 보인다. 이 아이들은 부모와의 관계에서 한 단계 낮은 입장에 적응해 왔는데 그것은 대개는 의식되지 못하는 사이에 형성된 지배-순응(복종) 상호작용이다.

　청소년의 증상을 주로 부모와의 삼각관계와 연관된 것으로서 이해하게 되면, 우리는 보웬이론에 기반한 치료와 전통적 치료를 구별할 수 있게 된다. 전통적 치료에서는 청소년을 진단하고 약물치료와 개인 치료를 실시한다. 보웬이론에 기반한 치료에서는 부모에게 삼각관계의 기능을 이해하도록 돕고 삼각관계 안에서 부모가 하는 역할뿐만 아니라 청소년이 하는 역할을 이해하도록 돕고자 하며, 그들이 스스로 자신의 역할을 변화시킬 수 있도록 돕는다. 한 가족이 심각하게 불안한 상태에 빠져 건설적인 길에서 벗어났을 때, 그들에게 의존적인 청소년이 그들을 늪에서 건져 내 건설적인 길로 다시 돌아오게끔 하도록 기대하는 것은 비현실적이다.

　논의의 주제를 바꾸기 전에 주목해야 될 사실은 부모와의 삼각관계와는 다른 요소들, 이를테면 같은 또래 집단의 영향 같은 것들이 청소년의 기능하기에 영향을 줄 수 있지만, 핵심 요소는 부모와의 삼각관계를 수정하는 것이다. 부모가 그들의 청소년 자녀와 함께 많은 시간을 보내는 사람들을 통제하려 하거나 딱 맞는 학교를 찾아 계속해서 학교를 바꾸려고 한다면, 삼각관계를 다루는 것은 뒤로 밀려나게 된다.

삼각관계

　보웬은 자신의 첫 번째 이론 논문에서 사용했던 하나나 그 이상의 자녀에게 전수하기라는 구절을 자신의 두 번째 이론 논문에서는 하나나 그 이상의 자녀에게 발생한 손상으로 수정했다(Bowen, 1971). 같은 논문에서, 이러한 손상 과정에서 그것이 얼마나 중요한가 하는 문제 때문에 그는 가족투사과정family projection process을 독립된 개념으로 만들었다. 나는 자녀의 손상과 가족투사과정에 관한 생각을 삼각관계라는 용어에 포함했다. 새로운 용어들을 사용하여 내가 정서적 기능하기의 다른 패턴에 대하여 제안했다시피, 이 용어는 가르치기 위한 장치로서 의도된 것이지 보웬의 원래 용어를 대체하기 위한 것이 아니다.

　자녀의 손상과 가족투사과정을 다루기 위해 삼각관계라는 용어를 사용하는 이유는 어머니와 자녀 사이에 있는 이인관계 상호작용이 삼각관계의 맥락에서 발생한다는 사실을 강조하기 위함이다. 지배-순응(복종) 갈등 패턴이나 정서적 갈등 패턴이 부부생활에서의 불안을 적절하게 묶는다면, 그것은 자녀를 가족 불안으로부터 어느 정도 보호한다. 임상적 관찰을 통해 우리는 한쪽 부모에게서의 심각한 임상적 기능 이상이나 부모 사이의 극심한 갈등이 그들 부모가 기능적인 아이들을 합리적으로 양육하기에 방해가 되지 않는다는 사실을 확인했다. 이것은 한쪽 부모의 중대한 기능 이상이 자녀에게 아무런 영향도 미치지 않는다는 사실을 말하려는 것이 아니라, 그러한 기능 이상이 어떤 자녀를 향한 특별한 집중이 만들어 내는 것보다 손상을 더 적게 만들어 낸다는 사실을 말하려는 것이다.

삼각관계 패턴은 부부관계에서의 잠재적 불안이 어떻게 그 관계에서 벗어나서 부모가 자녀와 갖는 관계로 이동하는지 설명해 준다. 어머니는 보통 최초로 자녀를 보호하는 사람이기 때문에, 어머니가 자녀와 갖는 관계는 대개 아버지가 자녀와 갖는 관계보다 정서적으로 더 강렬하다. 이러한 사실은 부모의 미분화를 자녀에게 전수시키는데 모-자녀 관계가 가장 직접적인 영향을 끼친다는 것을 말해 둔다. 불안은 모-자녀 관계를 통하여 가장 잘 이동하지만, 어머니 안에 내재되어 있던 것이 아니다. 그것은 그녀가 살고 있는 삶의 맥락의 산물이다. 그녀가 남편과 맺는 관계는 그러한 맥락에서 결정적으로 중요한 부분이다. 어떻게 남편이 자기 자신과 자녀와의 관계를 잘 다스리는가 하는 문제 역시 그녀에게 강력한 영향을 끼친다. 그녀는 진공 상태에서 작용하지 않는다. 자녀에게 초점두기와 관련해서 어머니를 비난하면 안 된다. 그것은 어머니에게 국한된 것이 아니라 그것은 부모와의 삼각관계와 그런 삼각관계가 존재하는 더 큰 맥락에 관한 것이다. 그 점과 관련하여 실수를 저지르지 않도록 하자. 자녀에게 미치는 어머니의 정서적 영향이 더 크다고 하더라도, 아버지도 또한 어머니와 똑같이 부모와의 삼각관계에 관여한다.

아버지와 어머니가 부모와의 삼각관계의 정서과정 이외에도 중요한 다른 방식으로 그들의 자녀에게 영향을 끼침은 물론이다. 삼각관계는 자녀가 발달시키는 정서적 성숙도의 수준에 가장 직접적인 영향을 미친다. 성숙도는 아이들이 얼마나 성공적으로 기술, 관심, 그리고 재능을 최대한 활용하는가에 영향을 준다. 그것들은 부모와 조부모 그리고 다른 가족 구성원들이 자녀들에게서 활성화되도록 도움을 주었던 것들이다. 이것은 분화의 정도가 더 낮은 사람은 어떤 영역에서 탁월할 수 없다는 사실을 의미하지 않는다.

제3장의 [그림 3-1]은 불안이 어떻게 부부관계에서 벗어나 어떤 자녀에게로 이동하는지 분명히 보여 준다. 그 자녀는 "자기"가 손상된 발달과정을 거침으로써 대가를 치른다. 그것은 당분간은 상당히 평온하고 안정된 삼각관계일 수도 있지만—불안은 관계들의 구조에 묶여 있다—그 자녀는 고조되는 불안에 취약하다([그림 3-1]에서 오른쪽 도형의 자녀를 나타내는 부호를 채우고 있는 음영으로 상징). 그리고 어느 시점에 이르면 증상이 발달하게 된다.

중대한 증상의 출현으로 인해 삼각관계 전체가 흔들릴 수도 있다.

부부관계에 존재하는 미분화를 다른 방식으로 말하면 미성숙이라고 할 수 있다. 각 부모는 똑같이 미성숙하다. 미성숙함의 몇 가지 특징은 다음과 같다.

1. 중요한 타인으로부터 관심과 인정의 부족함을 느끼고 그것에 근거를 둔 반사반응들이 관계에 대한 사려 깊은 평가를 눌러 버린다. 자동적인 감정반사적 반응들은 근시안적으로 결정하고 행동하게 한다.

2. 자신과 다른 사람에 대한 비현실적 기대가 이성적이고 사려 깊은 행동을 하지 못하게 한다.

3. 적절한 정서적 경계들을 유지하는 데 어려움을 갖는다. 예를 들어, 배우자가 괴로움을 당하면, 상대 배우자는 그것을 사적인 것으로 받아들이고 마음의 문을 닫아 버리거나 거리두기를 하거나, 또는 문제를 '고쳐 준다'라는 미명하에 지나치게 간섭한다. 그런 간섭은 대부분 고쳐 주려는 사람의 불안을 완화하기 위해 만들어진 감정반사반응이다. 분명히, 감정은 나쁜 것이 아니다. 그러나 그것이 사고하기 없이 행동으로 취해진다면, 그 과정은 사람들 사이의 행동하기-감정반사하기 과정에 놓이게 하고 만성불안의 상승을 가져온다.

부모가 그들의 미성숙한 상호작용에서 만들어진 긴장을 줄이기 위해 정서적 거리두기를 사용한다면, 긴장이 쉽게 선택할 수 있는 경로는 하나나 그 이상의 자녀에게 부모가 했던 상호작용을 전염시키는 것이다. 부모가 관심이 집중된 자녀와 갖는 불안한 상호작용의 모습은 그 범위가 자신 없어 하는 수동성에서부터 지나친 확신과 독단에 이르기까지 다양하다. 이러한 과정에서 초점이 된 자녀는 보웬이론이 정서적 프로그래밍emotional programming이라 칭하는 것을 통해서 부모의 미성숙함을 이어받는다. 상호작용의 강도에 따라, 하나나 그 이상의 자녀는 관계에서의 전수과정을 통해 부모보다 더 낮은 성숙도를 가질 수도 있다.

핵가족에서 초점이 된 자녀들 대부분은 희생양이 아니다—그 용어는 그 자녀가 일종의 희생물이라는 의미를 담고 있지만, 그것은 부정확한 묘사이다. 자녀 자신의 미성숙함도 부모와의 삼각관계를 지속시키는 정도에 기여한다는 사실을 기억할 필요가 있다. 부모가 자녀에게 초점두기를 하고, 그 자녀는 부모에게 초점두기하는 것을 배운다. 자녀의 정서적 프로그래밍은 아직 어릴 때 시작되며 그들이 집을 떠날 때까지 지속해서 강화된다. 부모가 살아 있는 동안에는 그것이 자녀의 성인 생활까지 이어질 수도 있음은 물론이다.

내가 [그림 9-2]에서 제시한 대로, 가족 안에서 한 자녀와 부모와의 삼각관계는 매우 미성숙할 수 있지만 다른 자녀와의 삼각관계는 더 성숙한 상호작용을 하는 것으로 나타날 수 있다. 이러한 사례에서는, 삼각관계 하나만으로도 가족의 미분화를 충분히 보여 주고 있는 것이다.

가족에서 자녀에게 초점두기와 관련해서 더 상세하게 들어가기 전에, 여기서 나는 자녀에게 초점두기의 형성에서 진화가 하는 역할이라는 옆길로 잠깐 빠져나갔다가 돌아오겠다. 여기서 논의된 과정들을 진화의 관점에서 살펴보는 것이 중요하다. 이러한 더 폭넓은 관점을 파악하게 된다면, 사람들은 그들이 가장 중요하게 여기는 사람들에게 부정적인 영향을 끼칠 수 있는 과정들을 통제했던 것에 대해 자신과 남들에게 더 너그럽고 관대할 수 있다.

내과 의사이자 두뇌 연구자인 폴 맥클린(Paul D. MacLean, 1990)은 가족의 진화 연대를 포유동물들이 진화한 약 200만 년 전으로 추정한다. 그가 서술하는 기본적 가족행동의 세 가지 요소는 ① 어미를 중심으로 한 돌봄, ② 어미-새끼 접촉을 유지하기 위한 청각 음성을 매개로 하는 의사소통, 그리고 ③ 놀이 행동이다. 포유동물의 출현 이전부터 모성적 돌봄과 연관된 보살피기의 진화는 어미와 새끼 간의 지속적 관계를 새끼의 생존에 훨씬 더 중요한 것으로 만들었다. 포유동물들(그리고 조류들)의 경우 어미와 새끼 사이의 상호의존 정도가 조금씩 증가했다. 이 과정에서 어미와 새끼가 접촉을 유지하기 위한 청각 음성 매개의 의사소통은 필수적이다. 갓 태어난 새끼는 격리 호출을 발달시켰고 어미는 그 호출에 즉각 반응하도록 진화했다(DePisapia et al., 2013; 남자와 여자의 뇌가 유아가 배고파 우는 소리를 대하는 반응을 평가하기 위해 MRI를 사용함으로써, 그는 남자보다 여자가 그 울음소리로 인해 훨씬 더 집중력을 잃는다는 사실을 발견했다). 놀이 행동을 통해 새끼는 같은 배에서 태어난 새끼들과의 상호작용과 중요한 사회적 행동의 습득을 수월하게 할 수 있다.

다른 중요한 사실은 호모 사피엔스는 포유류 중 불과 6%에 불과한 양친 돌봄을 제공하는 집단에 속한다는 것이다. 이것 때문에 어머니와 아버지 사이의 협력적이고 지속하는 관계가 자식의 돌봄을 위해 중요하다. 인간에게는 매우 긴 성장 기간이 필요하고 각 부모가 죽을 때까지 관계를 지속한다. 대조적으로, 전체적으로 포유류의 종들에서 두드러진 사회적 유대는 대체로 어미-새끼 관계에서 젖떼기와 더불어 종료된다.

공생적symbiotic이라는 용어는 종종 어머니와 자녀 사이의 지극히 상호의존적인 관계를 묘사하기 위해 사용된다. 특히 인간의 유아는 매우 무력한 상태에 있기 때문에 공생관계는 초기 어머니-유아 관계에서 정상적이다. 다음의 인용문은 다이앤 애커먼(Diane Ackerman)이 2012년 『뉴욕타임스』에 게재한 기고문의 한 부분인데, 그것에는 대인관계와 관련해서 신경생물학 분야에서 제공된 정보가 담겨 있으며 어머니-유아 공생이 한 편의 시처럼 묘사돼 있다. "뇌 스캔 사진은 어머니와 자녀의 뇌들이 가진 동시성을 보여 준다. 그러나 그것들이 보여 줄 수 없는 것은 누구도 혼자 존재할 수 없는 내면적 유대, 곧 그 안에서는 자신의 몸이 누구 것인지 전혀 중요하지 않을 만큼 자기가 서로에게 스며들어 있을 것 같은 그런 융합이다."

〈NIMH 가족연구 프로젝트〉(Bowen, 2013 참조)가 진행되는 동안 이루어진 관찰을 통해, 보웬은 다음과 같은 결론에 도달했다. 곧 그는 어머니들과 청소년 조현병 자녀들 사이의 관계는 공생적 애착이 그 자녀가 성장하는 수년 동안 거의 해결되지 않았다는 결론에 도달했다. 그 프로젝트가 진행되는 동안 보웬과 그의 연구팀이 관찰했던 어머니와 기능을 제대로 하지 못하는 성인아이adult child 사이의 상호의존 정도는 보웬이 예측했던 것보다 더 심각했다.

어머니와 기능을 제대로 하지 못하는 성인아이 사이의 해소되지 않은 애착에 대해 어떤 사람은 그 청소년 자녀가 조현병이라서 그렇다고 주장할지도 모르겠다. 어머니는 자녀의 한계들로 인해 그 주위를 맴돌며 보호해야 한다는 것이다. 보웬은 그것을 다르게 보았다. 곧 그는 미해결 애착에 대해 조현병은 물론 다른 유형의 주요 기능 이상들이 거기서 발생할 수 있는 기질基質, substrate이라고 보았다.

어머니와 충분하게 분화된 자녀 사이에 정서적 분리가 그 자녀가 집을 떠나는 시점까지 성공적으로 이루어진다면, 그 자녀는 성인의 삶으로 옮겨 가는 동안, 그리고 전 인생에 걸쳐 심각한 임상적 증상으로부터 매우 안전한 위치에 있을 수 있다. 정서적 분리는 어머니와 청소년 자녀 사이에서 융합이나 상호의존적 공생의 상당 부분이 해결되었음을 의미한다. 융합의 수준이 낮은 것은 친밀성이 부족하다는 것을 의미하지 않는다. 그것은 두 사람 모두가 충분히 성숙하면 삶의 과정에서 안정되고 개방적으로 연결되어 살아갈 수 있음을 의미한다. 주 양육자와의 근원적인 공생관계를 해결한 정도는 사람마다 상당한 차이가 있다. 그리고 이러한 차이는 인간의 모든 문화권에서 자기분화 수준의 연속체에 반영되어 있다.

자녀에게 투여된 어머니의 시간과 투자는 문화보다 더 중대하다는 사실을 강조하기 위해 나는 포유동물의 진화와 연관된 몇 가지 사항들을 토론에 삽입했다. 진화는 어머니의 생물학과 자녀의 생물학에 모두 연결되어 있다. 그리고 그 뿌리는 정서체계와 깊이 연결되어 있다. 부모-자녀 관계가 유아의 생존에서 가지는 중요성은 진화과정에서 형성되어 온 만큼 자녀가 가족체계로부터 만성불안을 흡수하는 표적이 되기 쉽게 한다. 더욱이, 부모가 공동육아를 위해 정서적으로 높은 수준의 상호의존성을 갖도록 진화되었기 때문에 부부관계에 만성불안의 발생 가능성이 매우 높다. 두 사람 모두에게 적절한 방식으로 자율성과 친밀성 사이의 균형을 유지하기가 쉽지 않다.

두 사람의 부모는 정서적 친밀성에 대한 욕구와 함께 과도한 밀착에 대한 거부감을 동등하게 가지고 그들의 관계에 진입한다(나는 제5장에서 그 등가성에 관한 생각의 근거를 논의하겠다). 이것은 그들의 관계를 정서적 거리두기에 취약하게 만든다. 그러한 거리두기는 접촉과 거리두기라는 서로 길항작용을 하는 두 개의 힘의 균형 잡기에 어려움을 가짐으로써 불안이 형성되고 이 불안을 감소시키기 위해 정서적 거리두기를 쉽게 하게 만든다. 거리두기는 지나치게 밀착되는 데 대한 불안을 감소시켜 주지만, 동시에 두 사람이 부부관계에서 얻고자 하는 정서적 강화의 양을 감소시킨다. 부부 사이의 정서적 강화는 일반적으로 결혼 전 교제 기간과 부부생활의 초기 단계에서 최고의 정점에 이른다. 그러나 책임감이 증가함에 따라서 서로의 만족감은 약화되기 시작한다. 그들이 자녀를 간절히 원했을지라도, 자녀들이 추가될수록 자녀들의 요구에 대한 큰 부담이 뒤따르게 마련이다. 성숙도가 더 높은 사람은 그러한 요구에 대한 부담을 받아들일 수 있고 그것들에 직면하여 적절한 정서적 접촉과 협력을 유지할 수 있다. 반면에, 성숙도가 더 낮은 사람은 그러한 부담들에 직면하여 대처에 어려움을 갖는다.

부부관계에서 발생한 만성불안은 자연이 아이의 생존을 보장하기 위해 설계한 과정을 끌어들일 수 있다. 부부관계에서 발생한 불안을 감당할 수 없을 때, 그 불안은 어머니가 자녀와 가지는 상호작용을 감염시킬 수 있다. 기본적인 과정은 어머니가 자녀와의 정서적 밀착에 대한 욕구를 먼저 충족시키려고 하는 것이다(이 부분에 대한 자세한 내용은 이 장의 앞부분에서 언급되었으며 이 장의 뒷부분에서 더 자세하게 언급될 것이다). 아버지는 부모와의 삼각관계에서의 외부인 위치로 자리가 바뀐다.

어머니가 자녀에게 몰두하는 것은 그녀에게는 위로가 된다. 대개 아버지는 아내가 그저 좋은 어머니 역할을 하는 것일 뿐이라고 믿으면서 어머니가 자녀에게 과잉으로 몰두하는 것을 지원한다. 삼각관계는 자녀의 현실적인 욕구보다 가족의 미성숙한 욕구에 더 많이 도움이 된다(내가 이 장의 앞부분에서 서술했다시피, 보웬은 자신의 이론에 대한 편견을 가진 사람들은 보웬이론이 자녀에게서 가족 문제를 떼어 내는 것으로 생각한다고 말한 적이 있다). 자녀에게 초점두기를 하면 부모의 부부관계를 평온하게 만들 수 있다. 또한 아버지가 자신의 직업과 외부 활동들을 통해 수용과 인정에 대한 그의 정서적 욕구들이 충족되는 경우에도 부부관계는 안정될 수 있다.

　어머니가 자신의 불안에 의해 자녀에게 과도한 투자를 하면 자녀의 행복과 관련하여 그녀의 과도한 걱정을 촉발한다. 그것은 가족투사과정이 시작되는 지점이다. 그것은 자녀의 몇 가지 측면들에 관한, 이를테면 자녀의 행복감 여부와 관련된 어머니의 걱정과 함께 시작된다. 어머니는 혹시 불행하지 않을까 두려워하면서 자녀에게 집중한다. 그녀가 뭔가 알아채거나 그렇다고 상상이 되면 그녀는 그것을 마치 자녀가 불행한 것처럼 연관 짓기 시작한다. 그녀는 남편에게 그것에 관해 말할 수도 있다. 남편은 그녀에게 그냥 마음속 생각뿐일 것이라고 말해 주지만 한편으로는 아내가 찾아낸 자녀를 도울 방법을 지원해 주려 한다. 자녀는 자신이 행복하지 않다는 어머니의 심리적 투사에 순응한다. 왜냐하면 그렇게 해야 어머니가 더 평온해지기 때문이다. 어머니는 불안이 그녀 자신이 아니라 외부로부터 온다고 여기기 때문에 더 안정된다. 즉, 그녀를 불안하게 하는 것은 자녀의 행동이다. 더구나, 아이는 점점 더 자신에게 일어나는 문제들에 대해서 무슨 문제든지 어머니가 해결해 주리라 기대하는데, 자녀의 이런 기대는 어머니가 자녀와의 관계에서 과대기능하기의 자세를 유지하도록 압력을 준다. 이런 유형의 과정은 "자기"를 개발할 수 있는 자녀의 능력에 방해가 된다. 자녀는 부모의 미숙한 상호작용이 이루어지는 불안한 부모와의 관계 맥락에서 성장한다. 자녀는 정서적 강도에 휩싸이게 되고 부모가 자녀에게 초점두기하는 만큼 똑같이 부모에게 초점두기를 한다. 이로 인해 근원적인 공생관계의 정상적 해결과 "자기"의 성장은 방해를 받는다.

　많은 가족치료사는 어떤 자녀에게 문제가 있다면 그 부모의 부부관계에 틀림없이 긴장과 갈등이 있을 것이라는 견해를 갖는다. 이는 사실이지만, 그것이 어떤 관찰자나 부모에게는 항상 그렇지는 않아 보일 수도 있다. 부모는 그들의 부부생활이 그런대로 괜찮다는 데 동의할지도 모른다. 겉보기에는 그렇지만, 그것은 삼각관계의 한쪽 측면이다. 그 부모의 부부관계의 친밀성을 받쳐 주는 것은 자녀에 대한 초점두기이다.

　다음과 같은 짧은 임상 삽화를 통해, 우리는 하나나 그 이상의 자녀가 가진 문제에 대하여 삼각관계라는 관점을 이해할 수 있다.

그들의 셋째 딸이자 막내인 자녀가 집을 떠나 대학에 다니던 첫해에 정신 착란을 보인 후에 두 부모가 가족치료를 청했을 때 그들은 50대 초반이었다. 가족치료 접근법이 그 상황을 다루는 방법으로 어머니에게 강력히 추천되었으며, 그녀는 그것을 매우 선뜻 받아들였다.

그 부모에게는 각각 22세, 20세, 18세 된 세 딸이 있었다. 아버지는 개업 변호사였고 어머니는 소규모 사업을 성공적으로 키웠다. 어머니는 그 가족에서 과대기능을 하는 위치를 차지하고 있었으며 아버지는 호환적으로 과소기능을 하는 위치에 있었다. 그 과정은 부모 중 어느 한 쪽에 중대한 증상을 나타낼 정도로 그렇게 심각하지는 않았다. 그 부모는 그들의 막내딸이 그런대로 괜찮게 자라 왔다고 생각했고 딸에게 정신 착란이 일어났다는 사실에 충격을 받았다. 보웬이론과 치료의 도움을 받으면서, 점차 어머니는 그들 가족에게 발생한 그같이 심각한 증상의 원인이 되었던 것의 전체적인 그림을 짜 맞추었다.

막내딸이 태어났을 때, 남편이 설립에 도움을 주었던 법률회사가 망했다. 그는 그것 때문에 1년을 넘게 마음을 졸였다고 말했다. 그들 부부생활의 패턴은 남편이 자신의 불안을 그의 아내에게 터뜨리는 것이었다. 그녀는 그가 그 상황을 감당하도록 돕는 일에 많은 책임을 느꼈지만 동시에 그것 때문에 압도당하고 화가 난다는 느낌도 받았다. 그 모든 과정은 그녀에게 엄청난 불안을 가져다주었다. 그 분노는 그녀의 남편이 적어도 지금 하는 것보다는 그 상황을 더 잘 다루어야 한다는 그녀의 생각과 연결되었다. 그녀는 남편의 심각한 불안에 다가가기보다는 자주 그에게 덤벼들게 되었다. 그녀는 남편과 정서적으로 거리를 두기 시작했고 그는 술을 더 많이 마시기 시작했다.

돌이켜 생각해 보면서, 아내는 새로 태어난 아기를 돌보는 것이 믿을 수 없을 정도로 자신을 진정시켰다는 것을 인정했다. 그것은 그녀의 자신감과 능력감을 새롭게 해 주었다. 물론 아기가 그녀에게 매우 의존적이었지만, 남편에게는 신경이 쓰였던 것과는 달리 그것이 그렇게 문제되지 않았다. 아기들은 의존적이기 마련인데, 그것은 어쩔 수 없는 것이라고 생각했다.

그녀는 과거를 돌이켜 보면서 남편의 직업적 상황이라는 직접적 스트레스 요인이 마침내 해결되었다 해도 딸과의 관계에서 강하게 형성된 과대기능하기와 과소기능하기 패턴은 지속되었을 거라는 것을 깨달았다. 그녀는 그것을 '이음매 없이 완벽한'이라고 묘사했는데, 그것은 그 관계가 어떻게 스며들었는지 어떤 단서도 알아채지 못하였다는 것을 뜻했다.

흥미롭게도, 막내딸은 대학에 가기 위해 집을 떠나는 것이 자신에게 얼마나 강력한 영향을 끼칠지 자신도 전혀 몰랐다고 말했다. 점점 더 강화되는 어머니와의 완벽한 상호작용 때문에, 그녀가 자신의 결정을 돕는 어머니에게 자신이 깨닫고 있었던 것보다 훨씬 더 의존적이었다는 사실이 드러나지 않고 있었다. 그녀가 대학에 갔을 때, 그녀는 어쩔 줄 모르고 고립돼 있으며 단순한 의사결정조차 할 수 없다고 느꼈다. 정신증상이 발생하기 전에 그녀는 집에 여러 번 전화했다. 다시 돌이켜 생각해 보면, 딸아이가 전화를 걸었을 때 그녀와 남편은 너무나 걱정스러웠고 불안 때문에 어떤 유용한 대화도 할 수 없었다는 것을 알게 되었다. 극심한 무기력감에 대해서 말하고 싶었고 부모로부터 정서적 지지를 얻으려고 했던 그녀의 시도는 그녀의 불안과 고립감을 더해 줄 뿐이었다. 문제 해결을 위해 무엇을 해야 할지 알아내려고 딸의 무력한 신호들이 초고속으로 어머니에게 발송되었다.

그녀가 입원하고 정신병으로부터 완전히 벗어난 이후에 다시 돌아가 그녀의 부모와 살게 된다면, 그녀는 평소보다 훨씬 더 많이 어머니의 인정과 기대에 반발해야 한다는 사실을 깨달았다. 그리고 그것은 그녀의 다른 관계에서도 그 원리가 똑같이 적용된다는 것을 깨닫게 되었다.

그 가족치료는 많은 우여곡절이 있었다. 그러나 그 딸은 마침내 대학을 마쳤고 학교에서 아이들을 가르치기 시작했다. 그러나 그녀는 연애 관계들에서는 어려움을 많이 경험했다. 그러한 관계에서 거절에 대한 두려움은 그 불안으로 인해 마비를 경험할 정도였다.

요약하면, 이것은 부부생활의 긴장을 다루기 위해 촉발되었던 정서적 거리두기로 말미암아 어머니가 그녀의 막내딸에게 지나치게 몰두하게 된 사례이다. 그 딸은 "자기"의 대부분을 개발하지 못했다는 의미에서 그 대가를 치렀다. 어머니는 또한 보웬이론을 그녀가 성장했던 가족을 이해하는 데에 적용함으로써 많은 것을 배우게 되었다. 그녀는 자신의 어머니와 여동생이 포함된 삼각관계가 그녀의 자녀들 가운데 하나에게 과대기능을 하도록 그녀를 취약하게 만드는 데 크게 기여했다는 사실을 깨달았다. 상호작용의 패턴이 어떻게 세대에 걸쳐서 전수되는지를 이해하고 그 패턴들이 얼마나 자동적으로 눈에 띄지 않게 작동하는지를 이해하는 것은 그녀가 딸과의 과정과 연관된 죄책감에서 벗어나도록 도움을 주었다.

정서적 거리두기

이 장의 앞부분에서, 불안을 묶어 두는 것에 관한 생각을 분명히 밝히기 위해서 나는 이러한 패턴에 대해 논의했다. 나는 또한 앞에서 정서적 거리두기가 내적으로 철회하는 형태나 물리적으로 거리두기 형태를 취할 수 있다는 것에 대해서도 얘기했다. 정서적 거리두기의 중요한 특징은 그것이 누군가로부터 감정반사적으로 멀어지는 과정이라는 점이다. 그것은 특정 목표를 추구하는 더 사려 깊고 자기규제적인 과정과 구별된다. 목표 지향 활동에도 정서는 개입되지만 그것은 어떤 행동을 취하기 위해 먼저 사려 깊은 의사결정이 적용되는 긍정적 정서를 의미한다. 그러한 결정은 상황에 대한 현실적인 평가와 장기적인 안목에 근거해서 이루어진다.

정서적 거리두기의 패턴은 지적 수준에서 이해하기 쉽지만, 알지 못하는 사이에 다른 사람과 거리를 두는 일은 매우 흔하다. 그렇지 않은 경우, 거리두기하는 사람이 거리두기에 대한 합리화를 하면서 그 거리두기에 수반된 근본적인 정서적 반응성을 과소평가한다. 거리두기에 관해 정확하게 알아채기 힘든 부분은 그것이 다른 사람에게 미치는 영향이다. 예를 들어, 거리두기의 영향으로 다른 사람은 더 예민하게 되었을 수도 있거나 그 거리두기에 대한 반작용으로 어떤 종류의 증상이 생겼을 수도 있다. 거리를 두는 사람은 상대방의 예민함을 비난함으로써 자신의 거리두기를 정당화할 수도 있지만, 그렇게 하는 것은 다른 사람과의 상호작용에서의 호환성을 보지 못하고 있다는 것을 나타낸다. 이상적으로는, 거리두기를 해 온 사람은 다른 사람에게서 발생하는 어떤 급격한 표출 증상에 반응해 줄 수 있다. 이를테면, 다른 사람에게서 발생한 과민성 대장 증후군 같은 것에 대하여 다른 사람이 정서적 거리두기한 것의 영향이 아닌지 질문해 볼 수 있다.

한 사람은 감정반사적으로 거리를 두고 다른 사람에게서 증상이 생기는 사례는 보웬이론에서 가장 중요한 생각들 가운데 하나인데, 곧 한 사람의 불안이 다른 사람의 증상으로 나타난다는 것이다. 불안의 전이는 신비스러운 것이 아니다. 거리두기는 아주 뚜렷하게 미묘한 방식은 아니지만 약간 미묘한 방식으로 전달된다. 불안으로 추동되는 거리두기는, 예를 들어 파트너에게 말 거는 것이 감소하거나, 시선 마주치는 것이 적어지거나 딴생각하는 것으로 나타난다. 배우자가 무의식적으로 상대방의 거리두기에 대한 반사반응으로 스트레스 반응을 일으키는 경우도 있다. 내가 임상에서 만난 어떤 부인은 자궁암 진단을 받았다. 그 진단의 충격으로 그녀는 남편이 바람을 피웠다고 지난 수개월 동안 의심했던 사실이 떠올랐다. 그리고 실제로, 그는 바람을 피우고 있었다.

'열린 관계open relationship'라는 보웬이론의 개념은 정서적 거리라는 개념의 맞은편에 있는 것이다. 열린 관계는 내가 보웬과 함께 제작했던, 〈최고의 가족치료(The Best of Family Therapy)〉라는 제목을 붙였던 비디오 인터뷰의 시리즈물 가운데 하나에서 논의되었다. 1985년에 제작된 이 비디오테이프는 www.thebowencenter.org에서 이용할 수 있다. 열린 관계에서 양쪽 당사자들은 모두 상대방의 감정을 상하게 하지나 않을까 하는 두려움 없이도 그들의 가장 내밀한 생각과 감정을 소통할 수 있다. 그러한 관계는 양쪽 모두의 기능을 강화하고 양쪽 모두의 건강을 증진한다. 내가 보웬과 한 인터뷰에서, 그는 열린 관계가 가장 흔하게 존재하는 다음과 같은 네 가지 맥락을 서술했다. 곧 ① 초기의 어머니-유아 관계, ② 결혼에 이르는 동안의 교제, ③ 정신 분석적 관계, ④ 누군가와의 상상의 관계 등이다(Bowen & Kerr, 1985).

내가 이 책에서 이제까지 논의했던 여러 가지 이유로 인해, 열린 관계를 유지하기는 대단히 어렵다. 유아는 성장하게 마련이다. 사람들은 결혼하고 생활 현실은 관계들을 뒤흔든다. 그것이 지속하려면, 그것은 일관되게 중립을 유지할 수 있는 사람인 정신분석가와 함께하고 사람들이 기꺼이 그것에 비용을 치러야 할 것이다. 상상의 관계는 시간이 가면서 불가피하게 그 빛을 잃게 되는 것 같다.

보웬은 언젠가 "불안을 처리하는 두 가지 방법이 있다. 하나는 약물로 처리하는 것이고 다른 하나는 "자기"로 처리하는 것인데, "자기"로 하는 것이 더 좋다."라고 말한 적이 있다. "자기"와 불안 사이의 상호관계는 제7장에서 상술하겠지만, 보웬의 그런 생각은 여기서 대단히 중요하다. 관계를 열린 상태로 유지하고 그러한 개방성과 연관된 불안 감소 효과를 유지하는 것이 바로 "자기"이기 때문이다. 사람이 "자기"를 더 적게 가질수록, 시간이 지나면서 더 많은 정서적 거리두기가 작동하게 될 것이다.

보웬의 한 발표회에서, 한 참석자는 정서적 거리두기라는 개념에 뭔가 잘못된 것이 있다고 암시하는 질문을 보웬에게 했다. 보웬은 그의 몸을 똑바로 펴고 마이크를 그의 입에 가까이 가져간 다음, 단호한 목소리로 "당신은 정서적 거리두기가 병리적이라고 생각합니까?"라고 묻는 것으로 응수했다. 말할 필요도 없이, 그 참석자는 다소 어리둥절한 모습이었다. 내 생각에는, 그 응답에서 보웬이 전달하고자 한 것은 거리두기를 병리적이라 생각하면 모든 인간관계에서의 딜레마, 곧 친밀함에 대한 욕구는 항상 지나친 밀착에 대한 거부감과 연결되어 있다는 사실을 존중하지 못하게 된다는 것이다. 다른 사람과 이성적으로 편안한 정서적 연결을 가질 수 없는 무능력과 관계에 지나치게 휘말렸을 때 정서적으로 거리를 둘 수 없는 무능력은 기능을 손상시키게 되고 결국 증상이 발생하게 한다. 이 지구상에서 분화가 가장 잘된 사람은 어떤 관계 체계에 어느 정도 잘 대처하기 위해 때로는 어느 정도의 정서적 거리를 두려고 할 것이다.

정서적 기능하기의 패턴들을 다룬 이번 장을 요약하기 위해, 나는 다음과 같은 질문을 던지려고 한다. 그것이 이렇게 단순한 것인가? 이것은 진지한 질문이다. 많은 사람이 다음과 같이 생각하는 것이 그리 놀라운 일은 아니다. 곧 인간관계는 너무나 복잡한데 가족 구성원이 증상을 가지게 된 과정을 설명하기 위해 보웬이 관계 상호작용의 네 가지 패턴만을 그토록 강조하는 것은 환원주의적 사고가 틀림없다는 생각 말이다.

인과론적 사고 이외에도, 패턴들과 그 영향을 이해하는 데에 가장 큰 장애가 되는 것은 아마도 보웬이론의 진화론적 기초를 이해하지 못하는 데서 오는 것일 듯하다. 대뇌 피질의 빠른 진화와 의식의 출현은 인간관계의 체계들을 그 어떤 다른 종들의 관계 체계보다도 기하급수적으로 더 복잡하게 했다. 그러나 그것은 정서적 기능하기의 근본적인 패턴들, 곧 고대의 자동반사적automatic 과정들이 인간 행동을 추동하는 정서적 힘이 나타나면서 사라졌다는 것을 의미하지 않는다. 그것은 또한 두뇌에서 더 최근에 진화된 부분들이 더 오래된 부분들의 통제를 받는다는 것을 의미하지도 않는다. 다음은 이 주제와 관련해서 조너선 하이트(2012)가 한 말을 인용한 것이다.

> 아주 오래된 자동반사적 과정들은 그것들이 5억 년 동안 동물의 마음을 작동시켜 온 것과 꼭 같이 인간의 마음도 작동시켜 왔다. 따라서 그 과정들은 수천 번의 제품 주기들을 통하여 개량되어 온 소프트웨어처럼 그것들이 하는 일에 아주 유능하다. 인간이 지난 백만 년의 어느 시점에서 언어와 추론의 능력을 발달시켰을 때, 뇌는 처음으로 일을 시작해서 경험이 없는 신출내기 마부에게 고삐를 넘겨주기 위해 그 자체의 회로를 바꾸지는 않았다(pp. 45-46).

이 인용문에서 하이트의 요점은, 인간의 정신에서 작동되는 자동반사적 과정은 가장 최근에 진화한 대뇌 피질의 부분들, 곧 어떤 영역에서 자동반사적 과정을 통제할 수 있는 능력을 가진 지적 체계와 갈등을 일으키지 않는다는 것이다. 자기를 조절하는 능력은 자기분화의 개념으로 설명될 수 있다. 자기분화는 자유 의지를 설명해 주는 또 하나의 개념이다.

사람들의 기본적인 수준의 "자기"는 관계 체계 내에서 존재할 수 있는 능력과 관계가 있다. 자기분화 수준은 사실에 근거한 추론을 할 수 있는 능력이며 체계과정에서 어쩔 수 없이 불안이 확산되는 상황에서도 불안에 휩쓸리지 않고 자기를 잘 조절할 수 있게 해 준다. 체계 내에 중요한 위치에 있는 한 사람만으로도 체계에 불안이 확산되는 것을 막을 수 있다. 불안이 감소되면 체계 내에 정서적 기능하기의 패턴이 활성화될 가능성이 낮아지고 그 결과, 체계 내의 한 구성원의 기능이 손상되어 심각한 증상으로 발전될 가능성도 낮아진다.

자기분화

　보웬이론에서 자기분화라는 개념은 이론의 여덟 가지 개념 가운데 가장 중요하면서도 잘못 이해되고 있는 부분이다. 수년 전에, 유명한 어떤 가족치료사가 "가련한 머레이 보웬, 그는 가족으로부터 분화되었으니 이제 그에게는 가족이 없겠구나."라고 말한 적이 있다. 그의 말은 일종의 농담이었지만, 그것은 당시 가족치료의 새로운 동향을 따르는 사람들 대부분이 분화와 관련해서 가지고 있었던 혼돈된 사고를 드러내는 것이었다. 그러한 잘못된 이해는 1967년에 있었던 가족치료사들의 전국적인 모임에서 자기 가족과 관련해서 보웬이 했던 발표에서도 나타났다. 그 발표에서 보웬은 자신을 이끌었던 이론적 기반과 자신의 원가족에서 좀 더 분화된 사람으로서 기능하려는 노력을 위해 그가 밟았던 단계들을 설명했다. 참가자들은 그가 설명했던 이론과 방식이 그 자신이나 그의 가족들에게 어떻게 건설적인 영향을 끼칠 수 있었는지 듣고서는 당혹스러워했다.

　분화를 이해하려 할 때 가장 크게 문제가 되는 부분은 그 개념을 이해하기 위해서는 보웬이론을 어떤 전체로서, 특히 가족이라는 개념을 하나의 정서적인 단위로서 파악할 필요가 있다는 사실이다. 그러한 사고방식과 연관되어 혼란이 지금까지도 널리 퍼져 있다. 몇 년 전에, 나는 가족치료운동의 선구자들 중 유명한 한 사람에게서 보웬이 자기분화로써 뜻하고자 한 바가 무엇인지 묻는 편지 한 통을 받았다. 그 사람은 매우 뛰어난 치료사였다.

　분화와 관련해서 혼란을 일으키는 요인 중 하나는 프로이트의 이론인데, 그것은 가족치료운동이 활발했던 초기에도 지배적인 위치를 차지하고 있었다. 많은 사람이 최근에는 프로이트 이론을 비판하고 부인하고 있기는 하지만, 현재까지도 사람들은 이해하든 이해하지 않든 머릿속에 그러한 사고를 가지고 있다. 개인 기반 모델은 분화를 이해하는 입장과는 정반대의 입장을 취한다. 프로이트는 치료 과정에서 억압된 감정을 표현해야 한다고 주장했다. 예나 지금이나, 많은 사람들은 분화의 핵심적인 측면이 정서적 뇌를 규제하기 위해 더 높은 수준의 뇌를 사용하는 것으로 받아들이고 감정을 억압하는 것으로 생각한다. 그와는 정반대로, 분화는 감정억압이 전혀 아니다.

분화의 개념을 잘못 받아들이는 데 영향을 주는 널리 퍼져 있는 또 하나의 생각은 성인이 되어서 경험하는 다양한 유형의 정서적·심리적 문제는 아동기에 충분한 사랑과 관심을 얻지 못했기 때문이라는 견해이다. 이것이 불안, 낮은 자기가치감 등을 설명하기 위한 사고의 틀이 된다면, 그런 사고를 가지고 있는 사람에게는 관계에서의 자기분화는 확실히 잘못된 접근으로 여겨질 것이다. 보웬이 제시한 것처럼 치료사가 정서적으로 분리되고 객관적인 자세를 유지하는 것이 어떻게 유용할 수 있다는 말일까? 무언가를 박탈당한 느낌을 가진 사람들은 성장기에 그들이 충분히 얻지 못했다고 느끼는 것에 대한 보상으로 사랑, 관심, 수용을 필요로 한다고 생각한다. 그런 사람들이 어떤 사람과 분리되거나 정서적으로 연결되는 것이 서로에게 유익할 수 있다는 자기분화의 핵심 개념을 이해하기는 어려운 일이다.

분명히 사랑과 관심은 위로가 되고 특별히 고통스러울 때는 더욱 그것을 열망한다. 그러나 진정으로 다른 사람들을 돕고 도움이 되기 위한다면 이야기는 달라진다. 샌디훅 고등학교에서 사람들을 총으로 쏜 아담 란자(Adam Ranza)[1]는 어린 시절에 매우 불안해하는 아이여서 자주 혼란에 빠졌는데, 그는 어머니가 제공한 사랑과 관심의 홍수에 휩쓸려 익사했다. 란자 집안의 가족관계에 관한 설명을 읽은 사람들 대부분은 아담과 그의 어머니 사이의 강렬한 감정적 관여를 느끼게 된다. 그것은 너무나 분명하게 드러나 있다. 그러나 많은 사람들은 그것이 아담에게 도움이 되지 못한 것에 당혹해한다. 그 당혹함으로 인해 많은 사람은 아담에게 있는 심각한 장애의 원인을 정신적 질병에 돌리려고 한다. 보웬이론의 관점에서는 그러한 접근과 달리, 아담의 핵심 문제는 그를 불안하게 하는 정서적 환경, 즉 믿을 수 없을 정도로 과대기능을 하는 어머니, 맹목적으로 그녀의 노력을 지지하는 아버지, 그리고 아담 자신의 의존성과 과소기능의 환경에서 어떤 "자기"의 모습도 아담이 개발할 수 없었기 때문이라고 본다. 그 부모들은 그들이 할 수 있는 것은 모두 다 했다고 생각했지만, 그들이 놓친 부분은 아담은 물론이거니와 그 부모들의 자기분화였다.

사람들의 각기 다른 자기분화 수준은 모든 문화권에서 모든 다세대 가족에서 볼 수 있는 정서적 기능의 개인 차이를 설명해 주는 근거가 된다. 그 개념은 개인과 가족체계가 정서적으로 얼마나 잘 기능하는지 설명해 준다. 어떤 사람의 정서적 기능하기의 수준에 영향을 미

---

1) 역주: 아담 란자 가족 사례는 제21장에 기술되어 있다.

치는 가장 중요한 변수는 지적 체계와 정서체계 사이의 상호작용이다. 급박한 비상 상황에서 자동적이고 즉각적인 감정반사반응으로 생명을 구하는 일을 제외하고는, 이 합리적이고, 사려 깊은, 그리고 장기적인 사고를 빈번하게 압도한다면, 그때는 정서적 기능이 퇴보한다. 합리적 사고와 숙고, 그리고 장기적 안목으로 사고함으로써 중요한 순간에 감정반사반응의 홍수를 막을 수 있다면, 정서적 기능은 향상된다.

관계에서 "자기"를 유지할 수 있는 능력은 매우 강력한 불안 완화제이다. 이러한 효과는 지적 체계와 정서/감정체계 사이의 상호작용에서 나온다(나는 정서/감정emotional/feeling체계와 정서체계라는 용어 둘 다 사용한다. 정서체계과정과 감정체계과정이 밀접하게 얽혀 있기 때문이다. 감정은 정서체계의 움직임에 대한 개인의 주관적 경험이다). 숙고와 객관성은 자동적인 감정반사행동과 그와 연관된 감정 상태에 대하여 안정적인 반응을 하게 해 준다. 한 가족의 지도자의 "자기"를 유지하는 능력은 가족이 중대한 스트레스 상황을 다룰 때 체계과정에 만성불안이 확산되고 전염되는 것을 멈추게 할 수 있다.

최근에 진화된 대뇌 피질의 부분이 진화론적으로 더 오래된 뇌의 부분에 의해 발생한 정서와 그것에 연관된 감정을 조절한다고 말하는 것이 인지과정과 행동이 정서적 영향을 전혀 받지 않는다는 사실을 뜻하지는 않는다. 또한 정서가 그저 뇌에 자리 잡고 있기만 한 것이 아니라 세포 생리학을 포함해서 인체의 나머지 생리학과도 상호작용한다는 것을 주목하는 것이 중요하다.

감정은 정서체계 활동의 측면들에 대한 의식적 자각이거나 주관적 경험이다. 최근 수십 년 동안의 신경과학 연구는 감정이 정상적인 인지적 기능하기에 엄청나게 중요하다는 사실과 그 영향이 때로 자각하지 못하는 사이에 일어난다는 사실을 밝혀 주고 있다(Eagleman, 2015). 우리가 소중히 여기는 것과 소중히 여기지 않는 것에 대한 지속적 학습에 근거하여, 감정은 어떤 선택에 가치를 부여함으로써 우리가 결정을 내릴 수 있게 한다. 감정은 우리에게 자신이 선택한 것을 더 좋아하게 하고 그에 따라 행동하게 해 준다. 정서/감정은 우리에게 행동하도록 동기를 부여한다. 우리가 소중히 여기는 것과 소중히 여기지 않는 것에 관한 삶의 경험은 정서/감정체계를 통해 뇌를 지속적으로 새롭게 한다. 이것은 정보의 우선순위를 정하고 그에 따라 의사결정을 함으로써 뇌의 효율성을 증진시킨다. 구뇌와 신뇌 사이에 상호작용이 없게 된다면, 더 높은 수준의 대뇌 피질 과정에 의지해서 결정할 수 있기 때문에 불가능하지는 않다고 하더라도 지극히 어렵다.

정서/감정체계가 인지적 기능 향상에 중요한 만큼, 신경과학자 자크 판크세프(Jaak

Panksepp, 1998)는 인지과정과 정서과정 사이의 유용한 상호작용은 스트레스가 없는 상황에서만 최적으로 균형이 유지된다는 사실에 주목했다. 정서적으로 혼란한 상황에서, 피질 하부의 순환들이 뇌의 더 높은 수준의 범위에 미치는 영향이 다른 과정의 영향보다 더 강한데, 그 결과 뇌의 더 높은 수준의 부분들이 정서/감정에 의한 충격을 조절하는 것을 어렵게 만든다. 이러한 일이 발생할 때, 감정이 이성을 앞지르게 된다. 이성적 추론이 손상되는 것은 물론이고, 감정이 행동을 좌우한다. 이것은 원리를 희생시켜 순간적으로 불안에서 벗어나려는 행동을 하는 것이다. 장기적인 관점에서 자신의 행동의 결과에 대한 인식은 의식으로 표면화되지 않거나, 그렇게 된다고 하더라도 그것은 재빨리 사라진다.

사람들이 감정반응을 감시하는 것이 얼마나 어려운지에 대한 판크세프의 서술에 따르면, 보웬이론의 가장 중요한 핵심적 사고 가운데 하나는 사람들이 감정 과정과 지적 과정을 구분하는 능력에서 매우 다양하다는 것이다. 사람들이 그 두 가지 체계의 기능을 더 잘 구분하면 할수록, 중요한 상황에서 감정이나 사고에 따라 행동해야 할지를 더 잘 선택할 수 있게 된다. 침팬지, 인간, 그리고 다른 소수의 종에게는 자기인식self-awareness이 있지만 호모 사피엔스에게는 인식에 대한 인식awareness of awareness이 있다고 판크세프는 말한다. 데이비드 이글먼(David Eagleman, 2015)은 이 현상을 뇌가 뇌 자체를 볼 수 있다는 것으로 표현하고 있다. 그 능력은 진화과정에서 의식의 출현과 함께 출현한 것 같다. 판크세프의 생각과 이글먼의 생각에 동의하면서, 다마지오(Damasio, 2010)는 인간은 정서와 사고하기를 동시에 할 수 있으며 정서활동을 함께 할 수도 있고, 심지어 정서를 통제할 수조차 있다고 말한다. 사람들은 사고와 정서들을 동시에 인식할 수 있다. 사고하기의 과정에 있음에도 불구하고 정서/감정 과정은 여전히 함께 존재한다. 이 세 사람의 신경과학자들이 가진 생각은 보웬이론의 주장과 일치하는데, 그 주장에 따르면, 인간은 사고를 감정과 구분할 수 있고 그것들 사이에서 선택할 수 있는 능력도 사용할 수 있다. 사람들 대부분은 자신의 감정이 행동을 강요하는 것에 대해서도 말할 수 있고 자신의 이성적 사고가 또 다른 행동을 하라고 요구하는 것에 대해서도 말할 수 있다.

인간은 신념, 가치, 또는 태도에 관해 깊이 생각할 수 있으며 그것이 사실에 확고하게 기반을 두는지 아니면 주로 감정에 지배되는지 결정할 수 있다. 인간의 뇌에는 인간은 서로 다른 점보다는 같은 점이 더 많다는 사실에 더 많은 근거를 둔 사고와 인종주의 사고와 같이 감정에 더 많은 근거를 둔 사고 사이의 차이를 식별하는 능력이 들어 있다.

빈약하게 분화된 사람은 자동적으로 순간의 만족을 선택하는 데에 능숙한 것과는 대조적으로 장기적인 관점에 근거하여 행동하는 데에는 능숙하지 못하다. 일반적으로 지나치게 반사적인 반응으로 작동하는 그들의 감정체계가 잘 발달하지 않은 그들의 지적 체계를 능가한다. 이성적으로 잘 분화된 사람들은 쉬운 방법을 택하고 싶을 수도 있지만, 곧 순간적으로 불안으로부터 벗어나는 행동을 하고 싶을 수도 있지만, 그들은 뒤로 물러서서 사실과 원칙에 의지하고, 특정 행동의 장기적인 결과를 고려하며, 그 과정을 고수해 나갈 수 있다. 또한 사람들이 전적으로 정서적 이유에서, 이를테면 반감을 무릅쓰기 싫다는 이유에서 절제된 방향을 고수하는 것이 가능하다는 점을 주목할 필요가 있다. 성공을 위한 어떤 사람의 강력한 충동은 주로 정서적으로 추동될 수도 있다.

보웬이론은 정서적 기능하기를 평가하기 위해 여러 가지 기준을 사용한다. 곧 그 사람들의 직업 유형과 성취의 정도, 교육적 성취와 기회의 결여 정도, 병력病歷, 그리고 관계의 안정성과 같은 것들이다. 그러나 그런 기준과 관련하여 한 가지 자료만으로 개인이나 가족의 정서적 기능하기에서의 수준을 평가하기에는 충분하지 않다. 이것은 그 자료가 일정하지 않을 수 있기 때문이다. 예를 들어, 학력으로나 직업상으로 뛰어난 어떤 사람이 관계상에 있어서는, 특히 친밀한 관계에서 매우 어려운 시간을 보낼 수도 있다. 어떤 가족의 정서적 기능하기의 수준은 그 가족 구성원들 모두에 대한 평가로부터 추산될 수 있으므로 총괄적인 가족평가는 필수적이다. 가족체계에서의 정서적 기능하기의 패턴에서 어떤 사람의 잘 기능하기가 다른 사람의 낮은 수준의 기능하기의 대가일 수 있기 때문이다. 예를 들면, 부부생활에서 과대기능하기와 과소기능하기의 상호성을 경험하고 있거나 만성적으로 삼각관계의 바깥쪽에 위치하는 경우를 들 수 있다.

요컨대, 잘 분화된 사람은 지적 기능과 정서적 기능 사이의 훌륭한 균형을 갖춘 상태에서, 곧 두 가지 기능이 하나의 팀으로 작용하는 삶을 산다. 이것은 개인적으로나 가족관계에 있어서도 삶의 문제들을 더 적게 경험하는 것으로 나타난다. 낮은 수준의 정서적 기능하기와 낮은 분화는 삶의 많은 부분에서 어려움을 경험하게 한다. 불안으로 인한 정서 상태는 합리적인 사고, 사려 깊은 숙고, 원칙과 상반되어 균형을 이루지 못하고 삶의 험난한 과정을 경험할 수 있다. 사람들은 기록된 역사 전체를 통해서 이러한 사실을 알았던 것 같다. 그러나 보웬은 한 사람이 성장하는 가족 안에서 어떻게 부지불식간에 자식들의 정서적 기능에서의 차이를 만들어 내는지, 그리고 다세대 가족들이 어떻게 그들의 많은 자손에게서 한층 더 넓은 범위의 차이를 만들어 내는지를 알아냈다. 차이를 만들어 내는 과정들이 어떻게 이루어지는지를 이해함으로써, 사람들은 그들이 가진 "자기"의 수준을 향상하기 위한 청사진을 얻을 수 있다.

보웬이 자기분화에서의 개별적 차이를 만들어 내는 과정을 어떻게 개념화했는지 그 세부 사항을 설명하기 전에, 고래 생물학자인 로저 페인(Roger Payne)이 인용한, 다음과 같은 구절은 몇 가지 관점들을 추가할 수 있다. "인간의 뇌는 지구상의 생명의 역사에서 이제까지 나타난 가장 실패한 적응물이다. 우리가 지능이라고 부르는 것은 광범위하게 해악을 끼치기만 하는 파괴적인 형태일 뿐이다"(Ackerman, 1991, p. 144에서 인용).

페인의 진술을 해석하는 한 가지 방식은 정서적 뇌와 결합된 편협함이 지나친 나머지, 자기 자신을 우주의 중심으로 생각함으로써 지구에서의 인간의 생존과 많은 다른 종의 생존을 극단적으로 위태롭게 만들었다는 것이다. 인간은 그들 자연환경의 현실에 적응하는 능력에서 금이 간 것처럼 보인다. 우리는 지나칠 정도로 잘못을 저지르고 있다. 보웬은 언젠가 인간의 큰 뇌는 잡초처럼, 칡처럼 자라게 되어서 인간의 종이 멸종하는 데까지 이를 수도 있다는 의견을 말한 적이 있다(1982년에 있었던 필자와의 사적 대화에서).

사실상 근거가 전혀 없는 신념들과 편견들을 만들어 냄으로써 정서가 인지과정에 지배적으로 영향을 끼치는 것은 보웬이론의 유사-자기pseudo-self 개념에 포함된다. 가족연구를 위한 보웬 센터에서 수년을 보내야 하는 대학원 이후 과정의 수련 프로그램에서, 수련생들은 그들의 가장 중요한 신념들을 식별하고 그것들이 어디에서 왔는지 숙고해 보라는 과제를 받았다. 수련생들은 그들의 '신념 보고서'를 다른 수련생들이나 교수들 앞에서 구두로 발표한다. 보웬은 수련생들이 그들 자신과 다른 사람들에게서 '진짜 자기solid self'와 유사-자기 사이의 차이를 선별하도록 자극을 주기 위해 의도된 훈련을 처음으로 생각해 냈다.

유사-자기는 사람들이 속해 있는 중요한 집단에서 그 신념과 그 밖의 다른 생각이 옳다고 여김으로써 습득된 원칙, 신념, 인생철학, 그리고 지식으로 구성된다. 어떤 집단으로부터 그들의 아이디어와 합치하도록 가하는 압력은 여러 가지 형태와 다양한 수준의 강도로 이루어진다. 사람들이 어떤 집단에서 옳다고 믿는 것들에 자신을 부합시키고 그것을 옹호하는 강력한 이유 한 가지는 그 집단에 속해 있다는 소속감과 이미지를 향상시키기 위해서이다. 제임스 헨리와 패트리샤 스티븐스(James Henry & Patricia Stephens, 1977)는 사회적 체계에서의 우리의 지위—사회적 위계에서의 자신의 위치—에 대한 불안을 중요한 애착관계에 대한 위험에서 초래된 불안만큼이나 인간 행동에 강력한 동기를 부여하는 요소로 여겼다. 지위를 차지하는 것은 유사-자기라는 개념과 비슷하다.

관계 체계에서의 유사-자기는 정서적 압력에 직면하여 신념이나 원칙을 부인하거나 버릴 수도 있다는 의미에서 협상의 여지가 있다. 한 가지 사례로서 성년이 된 아들에게 자신의 자동차들 가운데 하나를 장기간 대여해 준 어떤 아버지를 들 수 있다. 그 아들은 그 차를 그렇게 소중히 여기지 않았고, 아버지에게는 그것이 영 마음에 걸렸다. 아버지는 그 차가 누군가 다른 사람의 소유가 될 때까지는 그것을 소중히 다룰 책임이 아들에게 있다는 원칙을 주장했다. 그는 이 문제를 놓고 그의 아내와 상의했지만, 그녀는 아들을 좀 더 이해하려고 하고 그만 몰아붙이라고 그에게 충고했다. 아내의 태도에 대한 응답으로, 아버지는 자신의 원칙을 무시했고 아들에게 압력을 가하는 것을 멈추었다. 그는 아들이 차를 돌려주어야 한다는 주장도 하지 않았다. 그는 자신의 기능에서의 위치 변화에 대한 아내의 반감과, 있을지도 모를 아들의 거부에 대한 두려움 때문이라고 설명했다. 진짜 자기에 단단히 기반을 둔 신념은 이같은 정서적 압력에 직면해서도 사라지지 않는다. 진짜 자기에 기반을 둔 원칙들은 바뀔 수도 있지만, 그것들은 다른 대안들에 대한 지성적 추론과 주의 깊은 숙고에 근거해서만 바뀔 수 있다.

유사-자기의 전형적 특징은 사람들이 그들이 아닌 어떤 것인 척하기이다. 이것은 다른 사람들과 그들 자신을 속이는 것을 포함할 수 있다. 사람들은 자신들이 실제보다 더 강하거나 약하다고 느끼고 행동할 수 있고, 더 매력적이거나 덜 매력적이라고 느낄 수 있으며, 자부심을 부풀려 왔거나 꺾어 왔다. 내가 언젠가 가족치료에서 만난 한 남자는 심각한 금융 부채를 아내와 직업상의 동료에게 숨겼으며 결국에는 그것을 은폐하기 위해 불법 수표에 의지했다. 그는 자신의 행동들이 자신과 다른 사람들과의 사회적 지위를 유지하기 위해 얼굴에 가면을 쓰는 것과 같았다고 말했다. 그는 그것을 계속해서 쓰고 있는 것보다 그것을 벗는 것이 더 고통스러웠을 것이다. 그의 책략은 결국 완전히 실패했다.

다른 사람의 의견에 대한 무조건적인 감정반사적 반대는 유사-자기의 다른 징후이다. 곧 진짜 자기가 너무 적게 갖추어져 있어서 다른 관점을 가진 사람들에게 동의하거나 그들과 협력하는 것이 성립하지 않는 경우이다. 유사-자기에게 다른 사람의 관점을 받아들이는 것은 자신의 의견을 포기하는 것과도 같다. 반대 행동을 하는 것은 비록 감정반사에 의해 이루어지는 것이긴 해도 자기와 다른 사람들 사이에 경계선을 구축했다는 환상을 제공해 준다. 이것은 일반적으로 심각하게 갈등을 겪는 관계에서 볼 수 있는 역동의 핵심 요소이다.

사람의 지위가 정말로 중요하다면, 호환적 관계에서 한 사람은 어째서 부적절한 위치에서 기능할 수 있을까? 사람들은 그것을 흔히 조화를 이루고 유대감을 유지하려는 것보다는 거부당할까 봐 그리고 갈등에 대한 두려움 때문에 그런 것이라고 말한다. 많은 사람은 과대기능하기와 과소기능하기의 관계를 한 사람이 다른 사람에 대하여 권력을 행사하는 것으로 보기 쉽다. 우리가 그것을 하나의 관계과정으로서 검토한다면, 그것은 그렇게 단순한 문제가 아니다. 과소기능을 하는 사람은 책임지는 것과 의사결정하는 책임으로부터 자유롭게 되고, 과대기능을 하는 사람은 자신이 통제 못하고 책임감이 없다는 불안을 느끼지 않아도 된다. 게다가, 과소기능을 하는 사람은 내심으로 자신이 관계에서의 문제의 원인이라고 느낄 수도 있다. 마찬가지로 과대기능을 하는 사람도 그 과소기능을 하는 사람을 문제의 원인이라고 생각한다.

유사-자기의 또 다른 특징은 모순된 신념을 고집하는 것으로 나타나기도 한다. 이것은 그 신념이 관계상의 압력으로 인해 받아들인 것으로 그 사람의 깊은 내면에 있는 수용과 연결에 대한 욕망과 결합되어 있기 때문이다. 그런 신념은 그것을 지지하거나 반박하기 위해 사실에 근거한 지적 추론과 주의 깊은 숙고를 통해서 습득된 것이 아니다.

모순된 신념을 고집하는 것은 조지 오웰(George Orwell)이 1949년에 펴낸『1984』에서 소개한 용어인 이중사고doublethink와 비슷하다. 이중사고는 "둘 사이의 모순에 신경 쓸 필요가 없이 어떤 상황에서(가정, 집단, 또는 다른 사적 생활에서) 하나의 사고 노선에 관여할 수 있는 능력"(McArthur, 1992, p. 321)이다. 이것과 유사-자기 사이의 한 가지 유사성은 그 인용 대목에서 맥락 의존성이 강조되고 있다는 점이다. 유사-자기의 내용은 높은 수준의 고등뇌에서 발생하지만, 그 핵심은 정서과정이다. 심리학자들은 사고의 노선들에서 그 어떤 갈등도 감지하지 못하는 것을 어떤 인지적 부조화cognitive dissonance의 결여로서 설명했다. 관심, 인정, 그리고 인지된 기대들에 부응하려는 욕구는 인간에게는 너무나 강력하기 때문에 감정체계가 이성적 사고에서 인지적 부조화의 중요한 과정을 건너뛰어 버리거나 압도해 버리는 것이라고 나는 말하고 싶다.

진짜 자기는 인간의 지적 체계에 강하게 연결되는데, 그 체계는 우리에게 생각하고, 추론하고, 숙고하는 능력을 부여한다. 보웬이론은 지적 체계가 인간을 자연계에서 독특하게 만드는 바로 그 부분이라 여긴다. 지적 체계가 잘 기능하도록 견고한 관계에 있다 하더라도 진짜 자기의 능력은 어떤 불청객 동물이 다른 동물의 영역을 자꾸 침범하면 작동하게 되는 그런 정서에 뿌리내리고 있다. 중요한 지점에서, 침범당한 동물은 경계를 고수하고 그것을 지키기 위해 격렬하게 싸운다. 이것은 가족이나 그 밖의 다른 관계 체계로부터 특정한 방식으로 생각하고, 느끼고, 행동하도록 불안으로 추동되는 압력에 굴복하고 있었던 어떤 사람의 경우와 비슷하다. 마침내, 이 사람은 확고하게 "나는 이제 더 이상 이렇게 하지 않겠다."라고 말한다. 보웬이론은 그런 행동을 '자기-입장I-positions'이라 부른다. 그러한 자기-입장은 분노에 의한 것도 아니고 다른 사람을 반대하기 위해 하는 것도 아닌 확신에서 유래하는 확고부동함을 나타낸다.

진짜 자기는 기능적인 지적 체계를 나타낸다. 그것은 어떤 사람이 정서/감정체계로부터 오는 압력을 견디는 것을 가능하게 한다. 진짜 자기는 성장하는 동안 천천히 형성된 확신, 원칙, 그리고 신념들로 이루어진다. 진짜 자기의 내용은 유사-자기가 강압이나 설득에 따라 바뀌는 경우와는 달리 전혀 그렇게 바뀌지 않는다. 그것은 오로지 자기 내부로부터만 바뀔 수 있다. 진짜 자기에 단단히 기반을 두고 있는 확신, 원칙, 그리고 신념은 성인 생활 동안 확장되고 추가될 수 있다. 그러나 "자기"가 될 수 있는 기본적 능력은 일반적으로 한 개인이 부모의 슬하를 떠난 후에는 눈에 띄게 바뀌지는 않는다.

독립적인 어른으로서 진짜 자기를 향상시키는 것은 이론에 의해 안내되는, 잘 구조화된 노력을 통해 어느 정도는 가능하다(이 점에 대해서 나는 제15장에서 제18장에 이르는 과정에서 논의한다). 범상치 않은 삶의 환경 또한 진짜 자기를 향상시키는 데 도움이 된다. 베트남에서 무려 7년 동안이나 전쟁 포로였다가 나중에 나를 만난 한 남자의 사례에서 그 과정을 확인할 수 있다. 그는 포로가 되었던 사람들의 생각과 생애 경험에 관해 그가 배울 수 있는 한 많이 배움으로써 자신이 겪은 포로 생활의 경험에 대처했다. 그 과정에서 결과적으로 인간의 조건과 연관된 그의 관점이 넓어졌으며, 이것은 좀 더 많은 진짜 자기를 얻는 데 이바지했던 것 같다.

지적 체계는 뇌가 가지고 있는 한 가지 기능인데 아마도 수많은 뇌 체계로 구성되어 있는 것 같다. 그것은 어느 정도 지능과 겹칠 수도 있으나 그것과 똑같은 것이 아니다. 수십 년의 연구 끝에, 심리학자 키스 스타노비치(Keith Stanovich, 2009)는 보웬이론에서 말하는 지적 체계와 지능 사이의 차이를 명확하게 하는 데 도움을 주었다. 그는 보웬이론과 관련해서 다음과 같이 특히 두 가지 중요한 요점을 들었다. ① 이성적 사고를 할 수 있는 능력의 개별적 차이가 사람들 사이에 존재한다. ② 이러한 개별적 차이들은 지능과는 아무런 연관성이 없다. 어떤 사람이 높은 지능지수를 가질 수는 있으나 이성적 사고를 하는 데에서는 그렇게 잘하지 못할 가능성이 매우 크다는 의미에서, 지능 검사는 어떤 사람의 이성적 사고 능력을 측정하는 것이 아니다.

스타노비치는 생각하고, 추론하며, 숙고하는 한 개인의 능력에 영향을 주는 측면에서의 정서의 역할보다는 인지적 과정에 초점을 맞추었다. 그는 인지적 모델을 사용하여 보웬이론과 아주 유사한 몇 가지 흥미로운 요점들을 제시했는데 이성적 사고에 문제가 일어나는 경우는 ① 인지적 능력이 자동반사적 반응을 중단시킬 수 있을 만큼 충분하지 않을 때, ② 그 사람이 중단시킬 필요성을 느끼지 못할 때, 그리고 ③ '모의실험 과정들'에서 이 자동반사적 반응보다 더 나은 반응을 합성해 내는 데 필요한 마인드웨어mindware에 접속하지 못했을 때 생긴다는 것이다. 마인드웨어라는 용어를 만든 사람은 스타노비치인데, 그것은 문제를 해결하고 결정하기 위해 사용되는 정신의 지식과 절차를 가리킨다. 내가 이 책의 서론에서 서술했던 침팬지의 사례에서 보다시피, 그 침팬지들은 현실 세계의 현상들을 대표해 주는 단순한 숫자들로 이루어진 마인드웨어를 배웠다.

이성적 사고하기에 방해가 되는 이러한 세 가지 방해물 모두는 보웬이론과 일치하지만, 보웬이론은 그것들의 발생에 대해서는 다른 개념으로 설명한다. 첫 번째의 경우, 이성적 사고하기를 방해하는 것은 불충분하게 발달한 지적 체계를 압도하는 정서/감정체계이다. 두 번째의 경우, 그 핵심에서 정서적으로 추동되는 유사-자기가 사고와 신념의 불일치를 인식할 수 있는 능력을 방해하고 그 결과, 사고와 신념을 수정하기 위한 동기가 부족하게 된다. 세 번째의 경우, 대안들을 의식적으로 고려하는 능력인 모의실험 과정들에는, 체계론적 사고, 호환성에 대한 이해, 그리고 삼각관계 이해를 통해 인과론적 사고에 대한 대안이나 비난하는 반응에 대한 마인드웨어가 마련되어 있지 않다. 체계론적 사고는 인과론적 사고보다 세상이 실제로 존재하는 방식에 더 가깝게 이해할 수 있도록 돕는다.

스타노비치의 연구에 대한 논의를 마치기 전에, 이성적으로 사고할 수 있는 역량은 "자기"로서 기능할 수 있는 능력의 한 측면이지 그것의 전부가 아니라는 점을 명확하게 하는 것이 중요하다. 『가족평가(Family Evaluation)』[2]의 에필로그에서 보웬이 했던 말을 인용하자면, "'자기'는 본질 구성적, 물리적, 생리학적, 생물학적, 발생론적, 그리고 세포의 반작용 요소들로 구성되며, 따라서 그것들은 심리적 요소와 조화를 이루며 움직인다"(Kerr & Bowen, 1988, p. 342). 보웬의 말은 자기분화가 심리적 과정보다 훨씬 더 많은 과정으로서 개념화된다는 것을 나타낸다. 그러나 더 나은 분화 수준으로 기능할 수 있는 우리의 역량을 향상시키기 위한 더욱 효과적인 방법은 심리적 방법이다. 그 방법은 체계론적 사고를 관계에 적용

---

2) 역주: 『가족평가(Family Evaluation)』는 국내에서 『보웬의 가족치료이론』(학지사, 2005)이라는 제목으로 번역되었다.

할 수 있도록 훈련하는 노력을 통해서 사실적 관찰을 적용한 이성적 사고를 함으로써 이루어진다. 중요한 관계 체계에서 더 나은 "자기"로서 기능할 수 있는 한 개인의 능력이 조금만 향상되어도 뇌에서 다른 기관들로 향하는 하향식 변화가 생물학적 수준에서 일어난다는 것을 우리는 임상적 관찰을 통해 알 수 있었다.

　전전두엽 피질은 지적 체계의 기능하기에서 특히 중요한 것처럼 보인다. 영국 신경학의 아버지인 존 휴링스 잭슨(John Hughlings Jackson)이 한 다음 말은 자기가 어떻게 진화하는가에 관한 것이다—빅토리아 여왕 시대의 두뇌 관련 지식을 기반으로 했음에도 불구하고, 그것은 현대 신경과학과 일치한다. "중추신경계에는 진화의 역사를 반영하는 위계적 조직이 있다. 상부 수준으로 올라갈수록 감각운동성 표상들의 통합과 협력이 더욱 증진되는 것을 볼 수 있다. 가장 큰 자발적 통제를 가능하게 하는 가장 높은 수준의 협력은 피질의 활동에 의존한다. 자기는 가장 높은 수준의 의식이 발현된 것이다"(1932, p. 41). 잭슨은 전전두엽 피질의 진화론적 발달은 자기의 출현에 필수적이지만 그것은 자기가 전전두엽 피질에 들어 있다는 말이 아니라고 설명한다(Meares, 1999). 정서와 다른 생리학적 과정들은 "자기"로서 기능할 수 있는 한 개인의 역량에 포함된다.

　앞서 서술한 바와 같이, 한 개인이 갖는 진짜 자기의 수준은 정서적으로 특별한 의미가 있는 관계에서 그 개인이 어떻게 상호작용하는가에 따라서 평가된다. 아들에게 자동차를 빌려주었던 그 아버지를 기억해 보라. 그의 원칙의 취약성은 그의 아내와 아들과 함께하는 삼각관계에서 불안이 쌓이기 시작하기 전까지는 분명하지 않았다. 그의 원칙이 진짜 자기에 단단히 기반을 두고 있었다면, 그가 믿는 것, 그가 하려는 것, 그리고 그가 하지 않으려는 것과 연관된 그의 분명한 진술에 대해 아내와 아들이 보여 준 반응을 덜 두려워했을 것이다. 자기-입장은 체계를 장기적으로 안정시키는 효과를 가져다줄 수 있는데, 그것은 관계 체계과정에 불안이 전염되고 확산되는 것을 막아 주기 때문이다. 분화가 덜 된 사람들은 반사적으로 반응하는 자기-입장들을 가지기 쉬운데, 그것은 체계를 양극화하고 불안을 강화시킨다. 그 입장은 원칙에 입각한 것이라기보다는 독단적이라는 인상을 준다. 진짜 자기에 뿌리를 내리고 있는 자기-입장은 의견충돌을 유발할 수도 있지만, 그것은 정서적으로 지배되는 양극화와는 다르다.

　진짜 자기는 뇌의 구조가 아니라 뇌의 기능이다(그리고 그것과 연관된 신체 체계이다). 그것은 두 가지 이유로 관계에서 발생하는 압력에 저항한다. 그 두 가지는 ① 진짜 자기의 내용은 주의 깊게 생각되어 온지라 충분한 확신이 서 있다는 점과 ② 잘 기능하는 지적 체계의 발달을 허용하는 가족의 정서적 분위기는 개인에게 향하는 강렬한 정서적 반사반응을 만들지 않는다는 점이다. 예를 들어, 훌륭한 수준의 진짜 자기를 가진 사람들은 반감에 영향을 받지 않는 것은 아니나, 그들은 반감이 그들의 지적 체계에 넘쳐서 그들의 행동에 영향을 줄 정도로 그렇게 지나치게 감정반사반응을 보이지는 않는다.

진짜 자기와 유사-자기의 상호작용을 논하기 전에, 정의를 내려야 할 다른 용어는 자기-없음no-self이다. 자기-없음은 감정체계와 지적 체계를 구별할 수 없는 사람을 가리킨다. 이것은 뇌의 구조적 결함으로부터 비롯하는 것이 아니라 그 기능이 제대로 작동하지 않는 것이다. 성장 과정에서 지적 체계가 거의 발달하지 못하면 그것은 제대로 기능하지 못한다. 다시 강조하지만, 매우 영리한 사람도 불충분하게 분화될 수 있는 것처럼, 이것은 지능과 연관된 문제가 아니다. '폭탄 테러범'인 테드 카진스키(Ted Kaczynski)[3]는 빈약하게 분화된, 높은 지능을 가진 바로 그런 사람의 완벽한 예이다. 사람들은 진짜 자기를 개발할 수 있는 잠재 능력을 가지고 태어나지만, "자기"의 발달은 아이가 자라는 동안에 이뤄지는 가족관계의 특성에 크게 달려 있다. 특정한 어떤 자손에게 가족관계의 정서적 분위기는 이성적으로 잘 기능하는 지적 체계를 발달시키기는 데에 도움이 되지 않을 수도 있다. 자기-없음의 다른 예는 자신의 가족에서 정서적 반응성의 연쇄 반응 흐름을 서술할 수 있었던 조현병에 걸린 한 여성이다. 그러나 그녀가 그런 반응의 발생에 대해 스스로 너무 심하게 자책해서 그녀의 감정체계는 그녀가 그것과 연관된 객관성을 가지고 그것을 유용하게 숙고하는 것을 전적으로 방해했다.

자기-없음 상태의 사람들은 그들을 둘러싸고 있는 관계 체계에서의 불안에 대한 저항을 거의 보이지 않는다. 또한 그들 자신의 불안은 그 체계의 불안을 키우는 데 기여한다. 그들은 일반적으로 체계의 불안이 높아지면 자신을 보호하기 위해 정신병에 걸리는 경우와 같은 몇 가지 방식으로 도피하거나 반사회적인 행동을 하는 경우와 같이 그 불안을 환경으로 외현화한다. 보웬이론은 사람들이 정신병이나 반사회적 행위 같은 임상적 역기능의 이면을 보게 하고 한 개인의 실제 취약성이 진짜 자기의 부재에 근거한다는 것을 알게 해 준다.

한 개인에게서 자기-없음, 유사-자기, 그리고 진짜 자기의 수준들은 정서적으로 중요한 관계에서 발생하는 정서적 융합의 정도를 지배한다. 융합은 생물학에서 빌려 온 보웬이론의 용어이다. 예를 들어, 어떤 조건에서 두 세포가 융합되어 하나의 세포가 되는 것을 말한다.

---

3) 역주: 카진스키는 제19장에 소개된 유나바머 가족의 사례를 참조하기 바란다.

인간관계에서의 융합은 연합 작용력의 결과이고 정서로 구성되며 그와 결부되어 두 사람이 하나로 합쳐지도록 추동하는 생리적 과정이다. 극단적인 경우, 그것은 사람들이 마치 서로를 위해 살아가고 행동하며 존재하는 것처럼 보인다. 이것은 자기분화를 위한 생명력이 어느 정도로 균형을 잡아 주는가에 따라 다양한 정도로 발생한다.

연합 작용력은 한 가족의 모든 구성원이 모두 일체가 되어 하나의 정서적 단위로 기능하도록 몰아간다. 이것은 그 자체로는 나쁘지는 않지만, 불안이 높은 상황에서는 진짜 자기가 적절하게 체계의 균형을 잡아 주지 못할 때 그 체계는 하나 이상의 가족 구성원을 희생시킴으로써 가족의 안정성을 유지하려 한다. 가족 구성원들이 서로 강력하게 융합될 때, 가족 구성원들은 서로에게 자동적으로 감정반사하면서 가족의 기능이 마치 하나의 유기체처럼 기능하게 될 것을 충분히 예측할 수 있다. 가족연구의 선구자들 대부분은 가족을 하나의 유기체 현상으로 보지만, 보웬은 정서체계를 그것의 근본적 기초로서 이해한다는 점에서 독특했다.

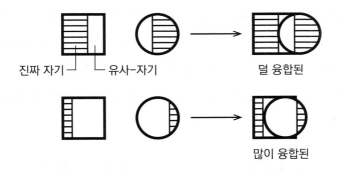

[그림 5-1] 각 남자와 여자의 부호의 안쪽에 그려진 평행선 부분은 진짜 자기를 상징한다. 선이 채워지지 않은 빈 공간은 유사–자기를 상징한다. 윗줄에 있는 남자와 여자는 유사–자기보다 진짜 자기로서 더 많이 기능하고 그들의 관계에서 정서적으로 더 적게 융합된다. 아랫줄에 있는 남자와 여자의 경우에는 그와는 반대되는 상황을 나타낸다.

[그림 5-1]은 사람들의 자기의 구성에서 유사–자기와 진짜 자기의 비율이 어떻게 다를 수 있는지 나타낸다. 윗줄의 두 사람의 관계에서 각 상징은 상당히 높은 비율의 진짜 자기와 상당히 낮은 비율의 유사–자기를 가진 것을 보여 주고 있다(진짜 자기는 일련의 수평선으로 표시되었고, 유사–자기는 선이 없는 것으로 표현되었다). 윗줄 오른쪽 상징들은 관계에서 중간 이하 수준의 정서적 융합을 나타낸다. 아랫줄에 있는 관계는 낮은 수준의 진짜 자기, 높은

수준의 유사-자기, 그리고 높은 수준의 융합을 보여 준다. 이 두 가지 관계는 진짜 자기와 유사-자기의 비율적 조합을 통하여 기본 분화 수준의 차이를 보여 준다. 역설적이게도, 몹시 스트레스를 많이 받는 상황일 때조차 사람들이 연결된 상태를 유지할 수 있게 해 주는 것은 정서적 경계들이다.

보웬이론은 배우자들이나 정서적으로 특별히 의미 있는 타자들의 경우 기본 분화 수준이 같다는 생각이다([그림 5-1]에서 나타나는 것처럼). 정서적 융합이 증가하면 관계는 계속해서 불안정하게 바뀐다. 불안정해지는 이유는 사람들이 서로에게 더 많이 초점두기를 하거나 서로의 기분과 행동에 더 많이 반사적으로 반응하기 때문이다. 정서적인 반사반응과 만성불안은 악순환의 피드백 과정을 더 쉽게 악화시킨다. 자기분화의 기본 수준만이 만성불안이 높아졌을 때 관계를 취약하게 하는 유일한 요인이 되는 것은 아니다. 다른 두 가지 요인은 사람들이 삶에서 겪은 스트레스의 정도와 관계 체계가 다른 잠재적 · 지지적 관계 체계들로부터 얼마나 고립되고 분리되어 있는가이다. 정서적 기능하기의 패턴은 불안을 묶어 두기 위해 활성화된다. [그림 5-1]에서 위에 있는 상징들이 나타내는 관계는 아래의 관계보다 더 안정적인데, 아래의 관계에서는 평균적으로 더 높은 만성불안으로 인해 특정 패턴이 과장되게 일어난다. [그림 5-2]는 일반적으로 관계에서의 과대기능하기(위로 향한 화살표)와 과소기능하기(아래로 향한 화살표)의 상호성을 동반하는, 여자가 지배하고 남자가 순응하는 상호작용 패턴을 보여 준다. 관계의 호환성은 더 많이 융합된 관계에서는 더 큰 화살표로 확대하여 표시되고 있다.

[그림 5-2] 위로 향하는 화살표와 아래로 향하는 화살표는 과대기능-과소기능 경향이 왼쪽의 관계보다 정서적으로 더 많이 융합된 오른쪽의 관계에서 더 두드러진다는(더 긴 화살표) 사실을 나타낸다.

보웬이론이 지배-순응(복종) 패턴을 설명하는 다른 방식은 자기를 빌려 오기, 맞바꾸기, 그리고 빌려주기에 의한 것이다. 빌려주고 빌려 올 수 있는 자기는 진짜 자기가 아니라 유사-자기이다. 진짜 자기는 평화와 조화를 지키기 위해 사람들이 포기하려는 것에 선을 긋는 지점에서 진짜solid라고 칭해진다. 한 사람이 '강하고 넘치는 사람(대개 과대기능을 하는 사람)'의 기능하기 위치를 차지하고, 다른 사람은 '나약하고 부족한 사람(대개 과소기능을 하는 사람)'의 기능하기 위치를 차지한다. 이런 부부들은 기본 분화 수준이 똑같은데 이러한 기능하기 태도는 관계의 불안정성에서 비롯하는 만성불안에 대처하는 가장된 태도이거나 거의 의식하지 못하는 수준에서 하는 행동이다. 양쪽 사람 모두 실제로는 그들 자신이 아닌 다른 사람처럼 행동하는데, 그것은 그들이 서로 관계에서 경험하는 어려움에 대하여 "자기"로서 기능하지 못하고 가장된 행동을 하거나 좀 더 안주하는 방식으로 맞추는 행동을 하는 것이다.

관계에서의 불안이 지나치게 높은 상황이 아니면, 지배-순응(복종) 패턴은 안정적일 수 있으며, 양쪽 파트너 모두 그것을 더 선호할 수 있다. 그러나 상호작용이 지나치게 극심해지고 두드러지게 되면 한쪽 배우자에게서 임상 문제가 나타날 수 있다. 이것은 그저 심리적 과정에 불과한 것이 아니라 정서적 과정이다. 조화를 유지하기 위해 내면적으로 조절을 많이 하는 사람이 경험하는 위협감의 수준이 높아지면 그것이 신체의 항상성을 중대하게 저해하는 지점에 이르게 하고 그 사람을 임상 증상에 더 취약하게 만든다. 내가 임상 현장에서 만난 사람들이 흔히 자신들이 경험한 위협감에 대하여 "관계에서 내가 녹아서 없어져 버린 것 같다. 관계에서 길을 잃어버린 것 같다. 그리고 완전히 휘둘러서 통제를 할 수 없어졌다."와 같은 방식들로 표현했다. 부부관계에서 화합을 위해 더 적게 노력하는 배우자는 상대방이 임상 증상이 생기거나 이혼을 요구할 때까지 그들 부부 사이에서 무슨 일이 일어나고 있는지를 의식하지 못할 수도 있다.

유사-자기는 한 개인의 기능적 분화 수준functional level of differentiation을 향상시키고 만성불안을 줄일 수 있는 기초가 될 수 있다. 쉽게 관찰되는 사례로 목표도 없고 목적도 없는 방식으로 기능하고 있는 젊은이를 들 수 있다. 그가 한 여자를 만났고 그들은 사랑에 빠졌다. 그런 다음, 그는 자신의 삶을 다시 새롭게 시작하기로 하고 대학을 마치기 위해 복학했으며, 직업 경력을 개발하여 더욱 책임감 있는 방식의 삶을 살아가기 시작했다. 그는 자신의 연인으로부터 유사-자기를 빌려 왔다고 할 수 있다. 사람들은 그것을 사랑으로 부를 수도 있겠지만, 그것은 두 사람 모두의 상당한 정서적 미성숙과 혼합된 사랑이다.

사람은 어느 정도는 자기를 빌려주기도 하고 빌려 오기도 한다. 광신적 종교 집단에 가입하여 광신적 신앙을 택한 사람들은 종종 그들의 기능적 분화 수준에서도 비슷하게 기능이 향상된 것을 경험한다. 인간 사회에 퍼져 있는 수많은 형태의 종족 중심주의는 모두 그 구성원들에게 유사-자기를 빌려주며, 구성원들은 그것을 빌려 오고 그것 때문에 더 안전하게 기능한다. 사람들은 주변의 사람들로부터 인정받고 수용받는다는 것을 느끼면서 거기에서 힘을 얻는다. 인간은 정서적으로 너무나 깊이 상호의존적이어서 그 누구도 예외 없이 다른 사람들과 맺는 관계로부터 힘을 얻지 않는 사람은 없다. 우리는 모두 그런 유대관계에 크게 의존하여 살고 있지만, 어떤 사람들은 다른 사람들보다 훨씬 더 많이 의존하여 살아가고 있다. 이것은 전혀 나쁜 것이 아니지만, 진짜 자기와 유사-자기 사이의 차이를 더 많이 이해하면 우리는 인생을 항해하는 데에서 더 중요한 차이를 만들어 낼 수 있다.

사람들의 정서적 기능은 사람들의 기본 분화 수준에 따라 상당히 다르게 나타난다. 중간 이상의 수준으로 잘 분화된 사람들은 지적 체계와 정서체계가 기본적으로 잘 분화되어 있어서 두 체계가 하나의 협력적인 팀으로 잘 기능할 수 있다. 예를 들어, 지적 체계는 어떤 상황에서는 그것이 매우 타당하다고 느낄 때 감정에 따라 행동하도록 허용하지만 다른 상황에서는 감정을 잘 감시하는 역할을 한다. 정보의 양쪽 흐름 모두 고려하면서 통합된 반응을 한다. 지적 체계가 진짜 자기를 잘 발달시키고, 그리고 그에 상응해서 유사-자기는 더 적게 형성되면 불안이 높아졌을 때 정서체계에 의해 지배되지 않고서도 그 체계가 자율적으로 기능하는 것을 가능하게 한다.

기본 분화 수준이 중간 이하의 수준인 사람들은 정서체계가 지적 체계에 더 큰 영향을 미친다. 지적 체계가 덜 발달되어서 진짜 자기에 대한 유사-자기의 비율이 중간 이상의 분화 수준의 사람들보다 더 크다. 정서적으로 지배되는 유사-자기의 위장된 지성은 지적 체계의 자율성을 방해한다. 이러한 범위의 수준에 있는 사람들의 경우, 지적 체계는 위급한 상황이 아닌 상황, 이를테면 공학기술을 사고하는 데 있어서는 가장 잘 기능하지만, 불안으로 물든 위급한 상황에서 한 사람의 생애과정을 얽히게 할 수 있는 감정반사적 결정을 억제하는 힘을 발휘하지는 못한다.

기본 분화 수준이 중간 범위에서 낮은 쪽에 있는 사람들은 흔히 자동반사적인 감정반사 반응들이 파괴적인 방식으로 그들의 행동을 지배해 왔고, 그리고 그에 대한 통찰이 아무 소용 없이 여전히 상황에 감정반사하게 된다는 것을 자주 얘기한다. 내가 방금 설명한 것은 정신 이상에 대해 아인슈타인(Einstein)이 했던 정의, 곧 똑같은 일을 반복해서 하면서도 다른 결과를 기대한다는 것을 얘기한 것이다. 이러한 과정은 중간 범위의 낮은 쪽 수준들에서 훨씬 더 심각하게 일어나는데, 이 사람들은 진짜 자기의 수준이 매우 낮거나 없는 경우들이다.

가장 낮은 수준의 자기분화를 가진 사람들은 다른 사람들과 매우 크게 정서적으로 융합돼 있다. 그들은 감정에 지배되는 세계에서 살며 느낌과 사실을 구분할 수 없다. 부모와 매우 극심한 정서적 융합 속에서 성장해 왔기 때문에, 그들은 극도로 관계 지향적이 되어 성인 세계에 진입한다. 보웬이론에서 관계 지향적relationship oriented이라는 용어는 사람들에게 관심을 갖는다는 것을 의미하지 않고 다른 사람들에게 즉각적이고 자동적으로 정서적 감정반사반응을 한다는 뜻이다. 이러한 예민함으로 인해 그들이 하는 경험에 따라 기분과 행동이 너무나 크게 영향을 받기 때문에, 그들이 더 큰 사회적 상황에 편안하게 참여하는 것을 어렵게 만든다. 항상 피해망상적 사고에 휩싸여 있다. 제대로 기능하지 못하는 지적 체계 탓에, 그들에게는 자기통제를 위한 역량이 거의 없다. 그들의 삶의 에너지는 사랑과 인정을 추구하는 데 투입되어서 목적 지향적 추구에는 쓸 에너지가 거의 남아 있지 않다.

이같이 가장 낮은 분화 수준의 집단에는 조현병 진단을 받은 사람들과 같이 최소한으로 기능하는 사람들이 속해 있다. 때로 '치유의 가망이 없는 환자'라는 별칭이 붙은 집단이 포함되며, 가장 심각한 성격 이상, 이를테면 교도소를 들락날락 반복하는 사이코패스가 포함된다. 이처럼 매우 낮은 분화 수준의 집단은 또한 심각한 만성 신체 질환의 높은 발생률을 보이는 경향이 있다. 그들은 실제로 삶의 목적을 위한, 이를테면 스스로 돌본다거나 일을 계속한다거나 하는 목적을 위한 에너지를 거의 가지고 있지 않다. 그들은 자신의 불안을 관리하기 위해 관계에서의 조화에 깊이 의존한다. 증상은 믿을 수 없을 정도로 흔한 그들 삶의 한 부분이다. 그들은 대개 보호 시설에서 살아간다. 대개는 가족이 그들에게 매우 감정반사적이기 때문에, 가족과 차단되어 공공의 보호 시설에 삶을 의존하며 살아간다. 이러한 분화 수준이 낮은 집단 중 상위 범위에 있는 사람들은 특별히 좋은 조건의 생활환경이 제공된다면 심각한 기능 이상을 면할 수도 있다.

힌켈(Hinkel, 1974)은 20년에 걸쳐 1,300명의 전화 교환수를 연구하면서 그 집단의 일부는 건강 문제를 가진 사람이 지나치게 높은 수치를 보여 주고 다른 일부는 현저하게 더 낮은 수치를 보여 준다는 사실을 발견했다. 건강한 집단은 과도한 정서적 반응 없이도 사회 변화와 개인의 궁핍을 견뎌 낼 수 있었다. 기본적인 자기분화에서의 다양한 수준은 그 어떤 집단에서도 이러한 유형의 차이가 있음을 보여 준다.

보웬은 그가 초기부터 자기분화 척도differentiation of self scale(Bowen, 1971)라고 불렀던 것의 변이를 나타내기 위해 0에서 100까지의 숫자들을 사용했다. 많은 사람들은 척도 또는 등급이라는 용어가 기본 분화 수준을 평가하는 데 사용될 수 있는 심리학적 도구를 뜻한다고 해석했다—그러나 이것은 사실이 아니다. 척도라는 말을 사용한 기본적인 생각은 이론적 중요성, 곧 인간의 정서적 기능하기에서의 차이가 있다는 사실과 그 근거를 제시하고 그에 대한 주의를 환기시키고자 한 의도에서 제시되었다. 그것은 측정 도구가 아니다. 보웬은 나중에 척도라는 용어의 사용을 중단했다. 게다가, 그런 개념과 연관된 그의 최초 발표에서 사용했던 90~95 수준과 최고 수준의 존재에 대해서 더 이상 언급하지 않았다(Bowen, 1966). 그는 그 후에 인간 사회에서의 가장 높은 수준의 분화에 대해서 그가 정한 추정치를 60보다 높지 않은 것으로 설명했다. 그 뒤에도 여전히, 그는 소수의 사람들의 경우, 분화 수준을 최고점이 100인 연속선상에서 75 정도만큼 높은 것으로 묘사함으로써 그 수치를 조금 올렸을 뿐이었다(Bowen, 1976).

지금까지의 관찰을 토대로 한다면, [그림 5-3]에서 보다시피, 인구 집단 전체에 걸친 기본 분화 수준의 분포는 잘 알려진 종 모양의 곡선을 따르는 것처럼 보인다. 분포 곡선의 연속체에서 인구 전체의 10%로 추정되는 50~75 범위에 속한 사람들은 적절하게 잘된 분화 수준을 가진 사람들이다. 이것은 전체 인구의 약 90%가 최고점이 100인 연속체에서 50 아래임을 뜻한다. 가장 낮은 수준의, 그 연속체에서 25 또는 그보다 아래에 지정된 수준에 속하는 사람들의 집단은 약 20%이다.

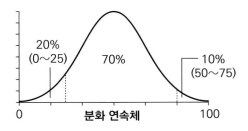

[그림 5-3] 이 도표는 자기분화의 연속체상에서 각각의 지점에 속한 사람들의 수에 대한 추정치를 보여 준다. 이 도표가 전달하는 요점은 종 모양 곡선이 왼쪽으로 상당히 옮겨진 모습이라는 사실이다.

이러한 가장 낮은 집단과 관련해서 이해해야 하는 핵심은, 그들의 감정체계가 그들의 사고하기를 너무나 압도하고 있어서 기본적인 변화를 만들려는, 곧 기본 분화 수준을 향상하려는 유연성이 그들에게 매우 부족하다는 것이다. 그렇게 부족한 유연성이 만성적이 되면 장기적인 관점에서 행동하기보다는 순간의 만족을 위한 선택을 하기 쉽다는 것이다. 그들은 이성적으로 잘 발달한 지적 체계가 오랫동안 노력을 하여 발전을 이룰 수 있도록 하는 훈련이 되어 있지 않다. 그들의 기능적 분화 수준은 시간이 지나면서 거듭되는 가족체계의 변동에 따라 변화하는 만성불안의 수준과 함께 변화할 수 있다. 그들의 곤경을 이해하고 객관성과 정서적 중립성을 가지고 지지를 제공하는 치료사는 가족의 기능적 수준을 높이고 증상의 심각성을 줄이도록 도울 수 있다. 연속선상에서 25 이상의 사람들은 분화의 기본적 수준을 향상시킬 수 있다. 기본 분화 수준이 높으면 높을수록, 그 사람에게는 그 기본적인 수준을 향상하기 위한 더 많은 잠재적 역량이 있는데, 이런 변화에는 높은 동기와 노력, 그리고 시간이 필요하다. 어떤 사람의 출발선에서의 기본 분화 수준이 동기를 유지하는 유일한 요인은 아니다. 어떤 부인은 "내 가족은 언제나 내게 중요해요. 그래서 나는 나와 그들의 관계를 증진시킬 수 있는 노력을 하고 싶어요."라고 말했다. 또 다른 사람들은 다른 이유들을 대기도 했다.

인간 사회에서 자기분화의 가장 높은 수준에 관한 보웬의 생각 변화는 사회 전체뿐만 아니라 그 자신의 개인적이고 직업적인 삶에서의 관찰을 축적함으로써 형성되었다. 조너선 하이트(2012)는 사회에 대하여 정서적 기능하기의 어떤 연속체를 서술하지 않으면서도 보웬의 생각과 일치해 보이는 은유를 사용한다. 여기서 보웬의 생각이란 어떤 인간이 현재 얼마나 분화된 존재로 존재할 수 있는가와, 인간이 이론상 어디까지 진화될 수 있는가 사이의 커지는 간격에 대한 것이다. 고등 뇌는 무언가를 안내할 수 있지만, 그것의 힘은 진화상으로 더 오래된 자동반사적 과정들의 힘과 비교하자면 더 연약하다는 사실을 강조하기 위해서, 하이트는 기수(진짜 자기와 유사-자기를 지원해 주는 인지과정)와 코끼리(정서를 포함하는 자동적 과정)의 은유를 사용한다. 다음은 하이트의 주장을 인용한 것이다.

> 기수는 몇 가지 유용한 일들을 할 수 있다. 그는 더 먼 미래를 살필 수 있다(자신의 머릿속에서 대안적인 시나리오들을 검토할 수 있기 때문이다). 그러므로 기수는 코끼리가 현재의 시점에서 더 나은 결정을 하도록 도울 수 있다. 또 기수는 새로운 기능을 배울 수 있고 새로운 기술들을 완전히 익힐 수 있다. 그러한 기능과 기술은 코끼리가 목표하는 것에 이르도록 그리고 재앙을 피하도록 도울 수 있다. 기수는 코끼리가 했던 것들에 대한 사후 설명을 만들어 내는 일을 잘하고 코끼리가 다음에 원하는 바를 정당화해 줄 이유를 찾는 일에도 능숙하다(p. 46).

기본 분화 수준이 높으면 높을수록 사람들의 정서적 기능하기의 정도는 더 안정화된다. 불안하게 하는 정서적 장에서도 덜 흔들린다. 기본적인 수준이 떨어지게 되면, 기능적 분화 수준은 오르내릴 수 있는데, 때때로 극적일 정도로 기복이 심할 수도 있다. 그 사람들은 정서적 환경에 더 의존적이어서 기복이 있는 삶의 과정에 더 취약하다. 영고성쇠는 인생의 부분이지만, 그것과 관련하여 취약성은 다양하게 나타난다. 포괄적으로 일반화시켜 말하자면, 낮은 범위에 속한 사람들이 그들의 일과 개인적 삶 양쪽 모두에서 어려움을 겪는 경향이 있고, 보통의 또는 중간 범위에 속한 사람들은 흔히 그들의 직업적 삶에서 성공적이지만 그들의 개인적인 삶에서는 문제를 겪는다. 자기분화가 중간 이상으로 잘된 범위에 속한 사람들은 양쪽 모두의 영역에서 성공할 가능성이 높다.

정서체계는 인생 전체에 걸쳐서 사람들을 인도하는 일을 잘할 수 있다. 그것은 개와 고양이들과 잘 지내고 그 밖의 다른 동식물들과도 잘 지내듯이 사람들의 삶의 영역 대부분에서 일을 괜찮게 하는 것처럼 보이지만 위태로운 상황에서는 그렇지 못한 것 같다. 이것은 어떤 사람이 직장에서는 꽤 높은 수준의 기능적 분화를 가질 수 있으나 정서적 강도가 직장보다 일반적으로 더 높은 가족에서 어째서 한층 더 낮은 수준의 분화를 보이는지 그 이유에 대한 설명이 될 수 있다. 유사-자기는 정서체계에 의해서 작동하면서 주관적인 태도에 의해 감정과정을 강화한다. 예를 들어, 어떤 사람은 분노를 느낄 수 있을 뿐만 아니라 '불공평함'에 대한 강박적 사고에 집착할 수 있다.

이론적으로 연속체에서 100가지의 다른 기본적인 수준의 기능하기가 포함된 정서적 기능하기의 연속체를 개발하면서, 보웬이론은 각 수준에서의 생활방식들에서 미묘하나 의미 있는 많은 차이를 찾아내기 위한 연구가 더 많이 이루어져야 할 여지를 남겨 놓고 있다. 가장 높은 수준의 사람들과 가장 낮은 수준의 사람들 사이에서 생활방식과 생애과정 사이에 차이점이 확실히 나타난다. 더 높은 수준의 사람들은 안정적인 관계와 함께 책임을 지는 생산적인 삶을 이끌어 가는 경향을 보인다. 더 낮은 수준의 사람들은 많은 영역에서 힘겹게 애쓰고 있다. 더 작은 수준의 차이들, 이를테면 39 수준과 40 수준 사이의 작은 차이들까지도 짚어 낼 수 있을지 두고 볼 필요가 있다.

어떤 사람들은 "기본 분화 수준이 어떻든 그것이 무슨 상관이란 말인가? 우리는 여전히 해 온 대로 해야 한다."라고 말할 것이다. 그것도 일리가 있는 말이다. 그러나 두 자매 사이의 보통 수준의 차이와 그 차이가 발달과정에서 어떻게 만들어졌는지를 설명해 주는 기능적 차이를 구체화할 수 있게 되면 사람들이 자신의 기본 분화 수준을 향상시키기 위해서 무엇을 해야 하는지를 알 수 있는 길로 가는 문을 열어 준다. 기본적인 수준을 그저 조금 향상하는 것이 누군가의 생애과정에서 소중한 변화를 만들 수 있다.

분화의 수준이 어떻게 정서적 기능하기에서의 중요한 차이를 만들어 낼 수 있는가의 예는 인간 두뇌의 독특한 역량에 초점을 맞춤으로써 확인된다. 적어도 그것이 우리 인간이라는 종에서 발달해 온 정도의 역량, 곧 과거를 기억하고 미래에 가능한 시나리오들을 예상하는 그런 역량 말이다. 이것은 분화 수준이 높은 사람들에게는 그들이 고도의 정서적 가치를 가진 문제에 대하여 적응적 결정을 할 수 있도록 돕는 데 매우 강력한 자산이 된다. 이와는 달리, 과거의 실수들에 대한 집착과 미래에 잘못될 수 있는 것에 대한 공포에 쉽게 무력하게 되는 더 낮은 수준의 분화에 속한 사람들에게 이러한 역량은 짐이 된다. 낮은 수준에 속한 사람들의 사례는 정서체계가 빈약하게 발달된 지적 체계를 흐트러뜨리는 것이다. 다시 말하지만, 이것은 지능의 부족을 나타내는 것이 아니라 정서적으로 추동되는 과정이다. 누구나 그것에 굴복할 수 있지만, 그것은 더 낮은 분화 수준의 사람들이 살아가는 삶과 그들이 내리는 결정을 뒤덮어 버린다.

이 장을 마무리하면서 나는 몇 가지 다른 요점들을 언급하겠다. 무엇보다도 먼저 보웬이론을 공부하는 학생들 가운데 일부는 자기분화의 연속체라는 발상을 사람들에 대한 평가로 잘못 이해한다. 보웬이론은 인간 행동에 관한 과학으로 나아가려는 시도이다. 그것은 무엇이 있는가를 서술하지, 무엇이 있어야 하는가를 서술하지 않는다. 분화 수준이 낮은 사람들이 잘못되었거나 나쁜 것이 아니며, 잘 분화된 사람들이 옳거나 좋은 것이 아니다. 분화 수준이 더 낮은 사람들은 분화 수준이 더 높은 사람들보다 사회가 틀리거나 나쁘다고 평가하는 비판적 행동을 쉽게 할 수 있다고 보웬이론은 설명한다. 또한 이 이론은 분화 수준이 낮은 사람들이 이와는 정반대 유형의 행동, 이를테면 양심적인 종교적 행위를 할 수 있다고 설명한다. 사람들은 질서 정연한 사회를 유지하기 위해서 자신들의 결정에 책임져야만 하지만, 부적응적인 결정을 추동하는 정서적 영향력이라는 힘을 망각하지 않는 것이 중요하다. 분화의 개념은 사람들의 정서적 기능하기에서의 차이는 양적인 문제이지 질적인 문제가 아니라는 사실을 보여 주었다. 모든 가족에게는 인간에게 공통점이 많은 것처럼 그렇게 공통점이 많다.

두 번째 요점은 사람들이 그들의 기본 분화 수준을 선택하지 않는다는 것이다. 내가 제11장에서 논의하겠지만, 모든 다세대 가족에서는 잘 분화된 사람들, 불충분하게 분화된 사람들, 그리고 그 중간에 위치한 수준의 전체 범위에 속한 사람들이 나온다. 아무도 개별적 차이를 창출하면서 정서적으로 추동되는 과정을 관리하지는 못하지만, 모든 가족 구성원은 그러한 과정에 참여한다. 그것은 분화와 연합이라는 서로 반대되는 힘으로 균형을 잡아 주는 생명력과 연관된 자연적인 과정이다. 모든 사람은 다른 사람들 속에서 분화를 촉진하는 방식으로 행동한다. 그리고 모든 사람은 다른 사람들 속에서 분화를 약화시키는 방식으로 행동한다. 중요한 것은, 사람들이 이 과정이 어떻게 작동하는지 인식하게 되면, 그들은 그것과 관련해서 무언가를 할 수 있다는 사실이다.

두 번째 요점과 연관된 한 가지 요점은 사람들에게 너무 많은 분화라는 것이 있는지 묻는다는 것이다. 그 질문은 분화가 사람들이 서로 거리를 두는 것과 맞먹는 것인지 묻는다는 것을 뜻한다. 그 질문에 대해 내가 즐겨 사용하는 대답 방식은 다른 질문을 사용하는 방식, 곧 사람들은 지금까지 서로를 너무 많이 존경해 왔을까 하고 묻는 것이다. 잘된 수준의 진짜 자기를 가지고 있는 사람들은 자신의 행복에 관심을 가지는 것만큼 다른 사람의 행복에도 많은 관심을 가진다. 그들은 서로 경쟁하지 않으며 서로 변화시키려 하지 않는다. 체계에서 발생하는 불안이 고조될 때조차 그들은 집중하면서 책임진다. 그들은 스스로 진정하기 위해 거리를 둘 필요가 없으며 스스로가 차분해지기 위해 다른 사람을 차분해지게 할 필요가 없다. 그들은 스스로 진정하는 것이 다른 사람을 진정시키는 것임을 진정으로 이해한다.

나는 언젠가 부인의 정신증적 증상 발현으로 인해 여러 차례 정신 병원에 입원했던 부부를 치료한 적이 있다. 그녀는 마침내 자신의 남편에게 가족치료를 받아 보게 하는 데 성공한 것이다. 첫 번째 회기에서, 부부생활에서의 문제는 사람들이 결혼할 때는 완벽하게 좋은 관계를 이루지만 그런 다음에는 서로 변화시키려는 시도를 시작하는 것이라고 그녀는 말했다. 그것은 훌륭한 통찰 같았다. 첫 번째 회기에서 그녀는 수다스러웠고 그녀의 남편은 말이 별로 없었으며 신경이 예민한 것처럼 보였다. 그녀가 정신 병원에 입원했던 일을 이야기할 때 그녀는 소리를 질렀으며 그 회기의 초기에 그랬던 것보다 조금 더 고통스러워하는 것처럼 행동했다. 그녀의 정서적 수준은 그녀가 이야기하고 있는 문제들과 관련해서는 꽤 적절한 것으로 보였다. 나는 그 남편을 자세히 사정했고 그가 창백해지고 땀을 흘린다는 사실을 알았다. "당신에게 무슨 문제가 있나요?"라고 내가 물었다. "아내요! 이 사람이 얼마나 극성을 떠는지 좀 보세요. 제가 뭘 상대하고 있는지 좀 보시라고요."라고 그가 대답했다. '저렇게 불안해하는 남자와 살면서 이 부인은 어떻게 제정신을 유지할 수 있을까?'라고 나는 생각했다. 내가 마음속으로 던진 그 질문에 대한 대답은 그녀가 답할 수 있는 성질의 대답은 아니었다. 그는 그녀의 정신적 고통의 수준 정도를 오해했고 그녀의 고통을 직면하면서 차분해질 수 없었다. 그는 "자기"를 결여하고 있었다. 그녀의 편에서 보자면, 그녀는 자신이 누군가로부터 고립돼 있다고 생각하면 그에게 너무 지나치게 의존적이었다. 경계선의 침범과 거리두기의 촉진은 분화의 결여이다. 그것은 상호 존중의 정반대 현상이다.

제4장에서 나는 자동반사적 과정들이 5억 년 동안 동물들의 정신을 성공적으로 작동시켜

온 것과 마찬가지로 어떻게 인간의 정신을 작동시켜 왔는가 하는 문제와 관련해서 조녀선 하이트의 견해를 인용했다. 그와 꼭 마찬가지로 인간의 정서체계와 유사-자기는 많은 사례에서 생산적이고 유용한 생애과정에 이바지할 수 있다. 그러나 유사-자기는 위급한 시점들에서 진짜 자기가 사용될 수 없다면 우리를 많은 고통과 불행의 나락으로 굴러 떨어지게 할 수 있다. 진짜 자기는 우리 인간이라는 종에게 성공적인 적응 가능성을 높이는 융통성을 부여한다. 머레이 보웬이 말했던 것처럼 "세계는 항상 자기분화가 필요할 것이다"(반복되는 사례들과 관련하여 사적인 대화에서 그가 한 말).

제6장

정서적 퇴행

이 장부터 제9장까지는 보웬이론의 '3Ethree Es'로 불리는 정서적 퇴행emotional regression, 정서적 객관성emotional objectivity, 그리고 정서적 프로그래밍emotional programming에 대해 다루겠다. 이 세 개념을 하나로 묶어서 설명하는 이유는 심리학이나 생물학의 어떤 이론에서도 이와 비슷한 개념이 없고, 보웬이론만의 독특한 개념들이기 때문이다. 퇴행, 객관성, 그리고 프로그래밍은 다른 학문에서도 사용되는 용어이지만, 보웬이론에서는 이들을 다르게 사용한다. 보웬이론은 각 개념 앞에 정서적이라는 용어를 붙여서, 정서체계라는 구성개념을 통해 인간 행동을 진화와 다른 종의 행동과 연관시키고자 한다.

퇴행의 사전적 정의는 '이전 상태 혹은 덜 발달된 상태로 돌아가는 것'이다(Oxforddictionaries. com). 이 정의는 정서적 퇴행에 대한 일반적 설명이다. 보웬이론은 정서적 퇴행을 구체적으로 정의한다. 즉, 관계 체계에서 만성불안이 심해지면, 관계 체계는 원활하게 기능할 수 있는 더 고차원적인 복잡한 행동 대신, 진화론적으로 더 오래된 방식인 덜 신중하고 더 감정 반사적인 상호작용 방식에 의해 지배받게 된다.

인간관계 체계에서 일어나는 퇴행에 대한 간단한 예를 들어 보면, 협력적으로 일하고, 서로 지시적이지 않은 방식으로 각자의 강점을 발휘하는 두 사람이 있다고 가정해 보자. 하지만 이 두 사람에게 시간적인 압박이나 여타 스트레스 요인이 발생하면, 이 관계에 만성불안이 쌓이게 된다. 불안이 높아지면, 한 사람은 불안으로 인해 통제적이 되고, 상대방은 비난과 갈등을 피하려는 불안 때문에 거기에 맞추게 된다. 이것이 호환적 상호작용으로, 두 사람 모두가 새로운 패턴을 만들어 내고 지속시키는 데 일정 부분의 역할을 한다는 것이다. 이러한 패턴은 많은 종에서 관찰되는 지배-종속(복종)dominant-subordinate(deferential)의 상호작용과 유사하다. 협력은 지적 체계와 정서체계가 하나의 팀으로 기능해야만 가능한 복합적인 행동이다. 반면, 지배-순응(복종)dominant-adaptive(deferential)의 상호작용은 진화론적으로 더 오래되고 더 원시적인 패턴이다. 인간관계에서 이런 원시적인 패턴이 나타난다는 것은 정서체계와 지적 체계가 적절한 균형을 잃었다는 것을 의미한다. 또 다른 체계적 퇴행의 예로는, 정서적으로 유발된 갈등으로 인해 관계의 협력이 이뤄지지 않는 경우이다. 이 두 가지 예를 통해 불안이 고조될수록 체계는 덜 복합적인 행동으로 기능하게 된다는 것을 알 수 있다.

라가벤드라 가다카와 니란잔 조쉬(Raghavendra Gadagkar & Niranjan Joshi, 1985)는 보웬 이론을 적용하여, 구대륙[1] 종Old World species인 종이말벌paper wasp의 정서적 퇴행을 관찰했다. 이 종의 전형적인 사회구조는 한 마리의 생식 암벌, 즉 여왕벌이 둥지에 있고, 다른 암벌들은 여왕벌을 도와 일을 하는 구조이다. 이 종의 수벌은 암벌보다 수적으로 적고, 둥지에 머무는 시간이 매우 짧다. 일벌들은 먹이와 둥지를 만들 재료를 찾아다니고, 여왕벌의 유충에게 먹이를 먹이며, 여왕벌이 알을 낳을 수 있는 벌집을 만든다. 여왕벌이 죽으면, 대개 일벌 중 한 마리가 여왕벌이 되며 다른 일벌들이 새 여왕벌을 돕는다.

연구자들은 이 종의 한 집단에서 2개월 동안 성충 수와 유충 수가 급격히 감소하는 것을 관찰했다. 집단의 크기가 성충 암벌 열한 마리(여왕벌 한 마리와 일벌 열 마리)로 축소된 후, 다섯 마리의 일벌들이 하룻밤 사이에 갑자기 둥지에서 사라지는 이변이 일어났다. 그렇게 많은 일벌들이 한꺼번에 둥지를 떠나는 것은 매우 드문 일이었다. 연구자들은 둥지를 떠난 말벌들이 멀지 않은 곳에 새로운 둥지를 만들었다는 사실을 발견했다. 기존 둥지에서 다섯 마리의 일벌 중에서 가장 공격적이었던 일벌이 새 둥지에서는 여왕벌이 되었다. 이러한 기존 둥지의 분열은 연구자들이 명명한 '반란파'와 '충성파' 모두에게 긍정적인 결과를 가져왔다. 새로 수립된 반란파 집단은 여왕벌이 알을 낳고 집단이 협력해서 유충을 잘 키우면서 빠르게 성장해 갔다. 동시에 여전히 분열 이전의 여왕벌에게 속한 충성파는 개체 수 감소에서 회복되어 유충을 성공적으로 키우기 시작했다.

연구자들은 분열이 있기 2개월 전부터 기존 집단의 공격성이 분열 후의 두 집단보다 훨씬 높았다는 사실을 관찰하고, 다음과 같은 결론을 내렸다. 분열 전의 높은 공격률이 유충 양육의 효율을 떨어뜨렸고, 분열 후의 낮은 공격률은 유충 양육을 원활하게 했다는 것이다. 또한 높은 공격률은 기존 집단에서 분열이 있기 오래전부터 두 집단으로 나뉘어, 한 집단이 다른 집단을 심하게 공격했기 때문이라는 사실도 발견했다. 말벌 하나하나를 색깔로 표시

---

1) 역주: 주로 유라시아와 아프리카(북아프리카)를 지칭하는 지리학적 호칭(혹은 구세계)으로, 신항로 개척 이후에 새롭게 발견된 아메리카와 오세아니아 등의 신대륙(신세계)과 대비하여 사용한다.

한 결과, 한 집단은 미래의 충성파, 다른 집단은 미래의 반란파로 구성된다는 것을 알 수 있었다. 연구자들은 또한 각 집단의 말벌들이 분열 전에는 서로 교류하며, 서로의 활동에 협력적이었지만, 상대방 집단의 개체들을 적극적으로 피하려 했다는 사실도 발견했다. 분열 이전에 나타난 공격성은 대개 충성파가 반란파를 만날 때마다 공격해서 발생했다. 집단 크기가 서서히 감소하면서 분열에 이르게 된 이유는 충성파의 심한 공격행동이 개체들을 둥지에서 내쫓았기 때문이다.

이 말벌에게서 일어나는 현상이 인간 집단에서도 종종 유사하게 일어난다는 점이 신기하다. 말벌 연구자들은 그들이 관찰한 현상을 집단 분열로 설명했다. 보웬이론으로 설명하자면, 말벌의 집단 분열은 기존 집단의 정서적 기능이 저하되어, 즉 정서적 퇴행을 경험했기 때문에 발생한 것이다. 말벌의 공격성은 알 수 없는 이유로 집단 내 긴장 수준의 상승을 반영한 것으로 보는 것이 지나친 해석은 아닌 것 같다. 분열은 긴장을 감소시켰고 그에 따라 두 집단 모두 기능 수준이 상승하면서, 퇴행이 회복으로 전환되었다.

보웬이론에서 말하는 퇴행의 시기는 자연계 전반에서 집단 구성원 간의 관계를 어렵게 만드는 긴장 상태에서 발생할 수 있다. E. O. 윌슨의 다음 인용문은 덜 복합적인 유기체에서 나타나는 정서과정과 인간의 정서과정이 얼마나 유사한지를 보여 준다. "모든 조건이 동일하다면…… 사람들은 자신과 비슷하게 생기고, 같은 방언을 쓰며, 같은 신념을 가진 사람들과 함께 있는 것을 선호한다. 이러한 타고난 성향이 강화되면, 인종차별과 극단적인 종교적 편견이 놀라울 정도로 쉽게 생겨난다. 그렇게 되면, 무서울 정도로 쉽게 착한 사람도 나쁜 짓을 저지를 수 있다"(2014, p. 31).

종이말벌은 원래 협력적이었던 관계 체계가 두 개의 하위 집단으로 나뉘면서 갈등이 발생해 협력이 저해된 것을 보여 준다. 윌슨이 언급한 '타고난 성향'의 관점에서 해석해 보면, 인간의 종족 중심주의는 오래된 본능적 뿌리가 있다고 할 수 있다. 사람들은 보통 종족 중심주의를 공통된 신념을 기반으로 단결하는 현상으로 생각하며, 종족 중심주의자들은 종종 다른 집단의 신념과 행동을 열등한 것으로 본다. 종족 중심주의가 긍정적으로 작동할 때는 사회 전체에 유익을 주는 연대를 촉진하는데, 종교 집단이 사회에 득을 주는 선한 일들이 그 예가 될 수 있다. 그러나 부정적으로 작동하면, 종족 중심주의는 집단 간 폭력을 조장할 수도 있다.

종족 중심주의를 공유된 공통 신념에 의한 것으로 보기보다는 피질 하부에 뿌리를 둔 것으로 이해하는 것이 더 유용한 관점이다. 공통된 신념은 종족 중심주의를 형성하는 과정 중 일부이지, 그것을 야기하는 원인은 아니다. 보웬이론은 가족을 포함해서 인간 집단의 퇴행적인 종족 중심주의가 깊은 계통 발생적 뿌리를 가진다고 본다. 이와 같은 집단 행동을 뒷받침하는 의사소통 메커니즘은 종에 따라 다를 수 있지만, 퇴행은 다세포 유기체의 세포관계에서부터 단순하고 복합적인 사회 유기체에 이르기까지 여러 수준에서 나타날 수 있는 전형적인 원리이다.

　나는 이미 불안이 체계를 퇴행시키는 과정이라고 언급했지만, 여기서 궁금한 점은 '어떤 과정이 불안을 고조시키는가'이다. 이 질문에 대한 답은 개별성과 연합성의 생명력에 대한 논의에서 시작한다. 관계는 서로 상반된 두 생명력이 균형을 맞추는counterbalancing life forces 가운데 작용한다. 두 힘은 모두 정서체계에 기반을 두는 것으로 개념화되며, 감정과 인지적 요소로 구성되어 있고, 서로 상호작용하여 하나의 전체를 이룬다. 이러한 생명력의 균형이 깨지면 체계에서 만성불안이 증가할 수 있으며, 불안이 증가하면 생명력의 균형은 더욱 깨질 수 있다. 불안과 감정반사emotional reactivity가 증가하는 악순환은 관계 체계를 정서적 퇴행으로 몰아간다.

　보웬이론은 어느 한 생명력이 다른 생명력보다 더 낫다거나 더 중요하다고 보지 않는다. 기본 분화 수준이 양호한 사람은 상황의 현실에 맞게 개별성이나 연합성을 유연하게 사용하며 행동한다. 개별성은 자율성, 목표 지향적 행동, 생산성, 순간의 감정보다는 원칙에 따라 행동하는 특징을 띤다. 연합성은 하나 됨, 동일함, 동의해야만 한다는 압박, 사랑과 인정 그리고 밀착을 추구하며, 자신보다 다른 사람을 먼저 생각하는 것에 긍정적 가치를 두고, 자신의 행복의 책임을 다른 사람에게서 찾거나 다른 사람의 행복을 자신이 책임지려고 하는 특징이 있다.

　정서적으로 중요한 관계 체계에서 사람들이 적절한 정서적 접촉에 위협감을 느끼거나(예: 거부당함), 정서적으로 충분한 거리두기에 위협감을 느끼면(예: 과도한 기대), 이는 불안을 촉발하는 근본적인 요인이 될 수 있다. 이러한 불안은 정서적 퇴행을 유발하며, 결국 가족 내 증상 발현을 증폭시킨다. 인간의 이러한 상호작용은 진화론적으로 모든 생명 유기체에서 볼 수 있는 접근-회피 반응과 관련이 있을 수 있다. 유기체는 본능적으로 자신에게 유익한 것에 접근하고, 해로운 것을 자동적으로 피하는 경향이 있다. 이러한 본능적 경향은 인간이 친밀한 관계에서 정서적 자율성을 유지하는 데 큰 걸림돌이 될 수 있다. 대부분의 사람은 이러한 행동을 유발하는 반사반응이 얼마나 미묘하게 자주 일어나는지를 잘 인식하지 못한다. 언어적·비언어적 신호들이 감정반사를 촉발시키기 때문이다.

  불안한 정서적 장emotional field에서 불안이 상승하면, 자동적으로 연합하려는 힘이 강해진다. 이렇게 되면 사람들은 접촉과 거리두기를 균형 있게 조절하는 것이 더 어려워진다. 연합성의 압력이 커지고 관계 융합이 증가하면서, 사람들은 서로 상반되는 충동의 갈등을 강렬하게 느끼게 된다. 예를 들어, 어떤 사람이 상대방의 고통에 책임감을 많이 느껴서 그에게 다가가려고 하면서도, 상대방의 기대에 얽히고 싶지 않은 강렬한 충동 때문에 주저할 수 있다. 상대방도 마찬가지로, 자신의 고통을 위로받고 문제 해결을 기대하며 다가가려 하지만, 이렇게 하는 것이 무기력한 행동처럼 느껴지고, 상대방에게 너무 많은 것을 기대하는 것 같은 죄책감이 들어 주저할 수 있다. 이러한 상충된 충동은 각자의 불안을 상승시키고, 두 사람의 상호작용을 더욱 악화시킨다.

  분화 수준이 중간 이상인 사람들은 접촉과 거리두기에서 오는 위협감을 가장 잘 관리한다. 이들은 자신의 불안을 체계 전반의 위기 수준을 높이는 방식, 예를 들어 거리두기나 과도한 통제 같은 방식으로 처리하지 않는다. 대신, 이들의 지적 체계는 내면의 감정에 의해 유발되는 연합성의 압력을 감지해서 조절할 수 있어서, 상대방의 문제를 해결해 줘야 한다는 압박감 없이 지지적인 접촉을 유지할 수 있다.

  연합성 압력이 커지면서 발생하는 감정 상태를 조절한다는 것은 감정을 억제한다는 의미가 아니다. 이는 감정이 호환적 관계과정reciprocal relationship process을 객관적으로 볼 수 있을 때 진정되기에, 상호작용을 덜 위협적으로 만들 수 있다는 의미이다. 이러한 객관적인 체계론적 지식은 상호작용에 대한 정보를 처리하는 데 도움을 주며, 인과론적 사고로 인한 감정과 주관성에 의해 압도당하거나 지배당하는 일을 줄여 준다. 이러한 감정 상태의 균형 잡기counterbalancing of the feeling state는 진짜 자기에 기반한 원칙을 고수하는 데서 비롯된다. 예를 들면, 다른 사람을 돕는 행동이 그 사람의 능력을 약화시킬 수 있다는 점을 이해하고 행동하는 것이 이에 해당된다.

  관계 체계에서 책임 있게 존재하면서 감정에 압도되지 않는 능력을 잘 표현해 주는 문구가 정서체계의 외부에 머물면서 정서체계와 접촉을 유지하는 것being in contact with, but outside of, an emotional system이다. 체계의 불안한 악순환을 완화하는 데는 체계 구성원이 좀 더 차분하고 신중해지는 것이 도움이 되지만, 그것만으로는 충분하지 않다. 그 외에도 "나는 우리 아들의 행동이 가족 불안의 원인이라고 믿고 행동하지 않겠다. 우리 모두가 가족 불안에 한몫을 하고 있다."와 같은 자기-입장을 취하는 것이 필요할 수 있다. 불안한 가족에서는 자기-입장을 취하는 사람은 강력한 자원이 된다. 이러한 사람은 다른 사람에게 무엇을 해야 한다고 지시하지 않고, 자신이 무엇을 할 것인지를 분명하게 정의할 뿐이다. 자신감과 용기, 관심과 같은 정서는 효과적으로 자기-입장을 취하게 하고, 이는 단호함을 전달해서 다른 사람에게 강한 반사반응을 일으킬 수도 있지만, 사려 깊게 생각하는 입장을 취하는 것은 결국 불안한 체계를 안정시키는 데 도움이 된다. 다른 사람들에게 진정하라고 말하는 것은 도움이 되지 않는다. 중요한 것은 자신을 진정시켜 실천하며 사는 것이다.

1980년대 중반에 『가족평가』를 집필할 때, 나는 보웬에게 첫 장의 제목을 '개별성과 연합성'으로 정할 계획이라고 말했다. 그러나 그는 그렇게 하면 사람들이 철학으로 오해할 수 있으니, 먼저 이론적 뿌리인 진화와 정서체계를 소개하라고 조언했다. 나는 그 말에 따라 첫 장을 '자연체계이론을 향하여Toward a Natural Systems Theory'로 정하고, 두 번째 장은 '정서체계', 세 번째 장은 '개별성과 연합성'으로 구성하였다.

일반적으로 보웬이론의 개별성 개념을 개인의 이익이 사회집단의 이익보다 우선시되는 도덕적·정치적·철학적 이념인 개인주의와 혼동하는 경향이 있다. 하이트(2012)는 개인주의 사회individualistic societies는 개인을 중심에 두고 사회가 개인을 섬기는 반면, 사회중심적 사회sociocentric societies는 집단과 제도의 욕구를 우선시하고 개인의 욕구는 부수적인 것으로 여긴다고 정의한다. 어떤 유형의 사회가 인간에게 최선인지에 대한 정치적·철학적 논쟁은 여전히 대립되어 있다. 극렬 개인주의rugged individualism도 역시 철학적이고 정치적인 신념이나 입장에 해당한다. 보웬이론의 개별성-연합성 개념은 이러한 신념이나 입장을 넘어서, 인간 행동을 과학화하기 위한 노력의 일환이다. 개별성과 연합성 중 어느 생명력이 더 나은지를 논쟁하는 것은 관계 체계의 원활한 기능을 위해 두 가지 생명력이 모두 필요하다는 핵심을 놓치는 것이다.

사회중심적 사회에서 성장한 많은 사람들—이 점에서 완전히 동질적인 문화는 없지만—은 분화와 개별성이 그들 문화에 적용될 수 있는지, 심지어는 그것이 실제로 가능한지에 대해 의문을 제기한다. 이러한 의문은 개별성과 개인주의를 혼동하는 데서 비롯된 것이다. 개인주의 문화와 사회중심적 문화 모두에 더 분화된 구성원과 덜 분화된 구성원이 존재한다. 이는 분화와 개별성을 뒷받침하는 정서는 보편적인 생물학적 뿌리에서 비롯되기 때문에, 모든 문화에서 볼 수 있는 현상이다.

문화에 따라 분화가 잘 된 사람의 특징은 다르게 정의될 수 있지만, 정서적 기능의 기본 수준의 차이는 모든 문화에 공통적이다. 문화를 한 사회의 신념, 원칙, 가치가 담긴 것으로 이해하는 것이 가장 적절할 수 있다. 분화는 사람들이 그 신념과 원칙, 가치를 어떻게 받아들이는지, 즉 이를 사려 깊게 수용했는지, 아니면 수동적으로 받아들였는지, 그리고 얼마나 유연하게 그 속에서 살아가는지(진짜 자기)를 나타낸다. 예를 들어, 의무, 어르신에 대한 존경, 집단에 대한 봉사, 자기욕망의 부정과 같은 원칙은 분화된 가족체계와 미분화된 가족체계에서 아주 다르게 나타날 수 있다. 미분화된 가족체계는 원칙을 교리처럼 받아들이고 엄격하게 준수하지만(유사-자기), 분화된 가족체계는 원칙이 모든 상황에서 적용될 수 있는지에 대해 사려 깊고 개방적으로 논의할 수 있다(진짜 자기).

앞에서 설명한 내용에서 조금 벗어날 있지만, 핵심을 잘 설명해 줄 것 같아서 한 가지 예를 들어 보겠다. 수년 동안 보웬이론을 수련하면서 어머니와 나 사이의 정서적 과정을 어느 정도 이해하게 된 후, 나는 본가를 방문해 어머니에게 집에 오고 싶어서 왔다고 말씀드렸다. 그러자 어머니는 다소 충격을 받으면서 "아들이 엄마를 보러 오는 것이 너의 의무야!"라고 반응하셨다. 어머니는 내가 이를 의무로 여기지 않으면 오지 않을까 봐 걱정한 것이다. 물론 이는 어머니의 깊은 내면의 불안에서 비롯된 것이다. 나는 어머니와의 관계에서 더 분화된 사람으로 기능하려는 노력을 시작했을 때, 어머니의 근심과 기대에서 나를 보호하려고 정서적 거리를 두었다. 그때는 어머니를 만나러 가는 것이 나에게 의무였다. 그러나 우리 관계의 호환성에서 내 역할을 좀 더 잘 이해하면서 상황은 변했다. 그 과정을 충분히 이해하기 전까지는 본가에 갈 때마다 불안으로 인해 자기를 잃곤 했다. 나는 어머니를 회유하려 노력하며 내 생각을 말하지 못하는 경우가 많았다. 그러나 그 후로는 편안하게 "자기"를 유지할 수 있었고, 어머니에게 더 진정한 관심을 보일 수 있게 되었다. 나에게 어머니는 무늬만 친할 뿐 강렬하게 감정반사하는 대상이었는데, 이제는 매우 소중한 어른이 되었다. 의무에 기반한 책임감이 진정성 있는 관심과 존경에 기반한 책임감으로 바뀌었다.

보웬이론이 말하는 연합성의 본질은 모든 인간이 연결감에 대한 깊은 욕구를 갖고 있다는 것이다. 어떤 한 어머니는 성인이지만 책임감이 부족한 아들에게 과잉 관여하는 관계에서, 자신의 역할을 '아들을 위해 항상 그 자리에 있어 주는 것'으로 여겼다. 어머니는 아들이 스스로 해야 할 일을 대신하는 것이 그를 약하게 만들 수 있다는 것을 알면서도, 그를 돕는 것에서 큰 기쁨과 만족을 얻었다. 자신이 나서지 않으면 아들이 못할 것 같은 두려움도 어머니의 관여를 부추겼지만, 그를 위해 살고, 행동하고, 존재하는 것—연합성에 의해 발동되는 융합과정의 본질—이 더 강하게 영향을 미친 것 같다. 하나 됨, 동일함, 동의, 정서적 밀착을 향한 강력한 욕구는 연결감을 유지하는 데 중요한 기능을 한다.

보웬의 분화 척도가 개인 차원의 정서적 기능의 연속적 변이를 설명하듯이, 개별성과 연합성 균형의 차이는 관계 차원의 연속적 변이로 이해할 수 있다. 이 연속선의 한쪽 끝은 관계균형이 연합성 쪽으로 많이 기울어진 상태이고, 다른 쪽 끝은 개별성 쪽으로 더 많이 기울어진 상태이다.

균형이 개별성보다 연합성에 더 기울어진 사람들은 개별성으로 더 기울어진 사람들보다 유연성이 떨어지고, 정서적으로 더 상호의존적이며, 관계 체계에서 불안으로 인한 연합성 압박에 저항하는 힘이 약하다. 유연성이 떨어지는 것은 불안이 증가할 때 사람들의 정서/감정체계가 덜 발달된 지적 체계보다 우선시되고, 불안이 촉발하는 연합성 압박이 더 강해지기 때문이다. 이렇게 되면, 행동 선택의 폭은 줄어들어, 불안하게 상대방을 통제하려 하거나, 화합을 유지하기 위해 무조건 따르는 자동반사적인 행동을 하게 된다. 결과적으로, 관계가 연합성이 커질수록, 불안 상황에서 겪는 어려움을 버티는 힘이 약해진다. 불안이 높아지면, 융합이 강렬해지는 악순환이 이어진다. 이는 개별성-연합성 균형의 기능적 변화일 뿐, 기본적 변화는 아니다. 그러나 관계가 불안으로 인해 겪는 어려움을 견딜 힘이 약할수록, 기능 수준은 더욱 저하된다.

융합이라는 용어는 대인관계뿐만 아니라 개인 내 정서체계와 지적 체계 간의 관계에도 모두 적용되기 때문에 보웬이론을 공부하는 학생들에게 혼란을 줄 수 있다. 두 사람 사이의 관계에서 융합의 정도는 개인 내에서 지적 체계와 정서체계가 융해된 정도와 유사하다. 관계에서 융합이 강렬해진다는 것은 연합성의 힘이 개별성의 힘보다 더 큰 힘을 발휘한다는 의미이다. 지적 체계와 감정체계의 융합이 커진다는 것은 불안으로 인해 감정 상태가 사고체계를 지배하는 것을 의미한다.

두 경우 모두에서 기능적 분리가 점차 약해지기 때문에, 그 과정을 설명하는 데 융합이라는 용어를 사용하는 것이 적절하다. 기능적 분리가 이뤄지지 않으면 두 체계는 하나로 합쳐지게 된다. 연합하려는 힘은 정서/감정적 요소와 인지적 요소뿐만 아니라, 관련 생리적 체계로 구성되어 있으며, 이를 통해 관계에서 융합과정을 촉진한다. 또한 연합하려는 힘은 개인 차원에서도 지적 체계와 정서체계의 융합을 촉진한다. 이렇게 되면 강렬한 감정체계에 이끌려 객관적인 사고가 어려워지고, 사랑과 인정을 갈망하는 특징을 보이게 된다.

여기서 논리적으로 생각해 볼 만한 질문은, 개인 내에 존재하면서 관계의 상호작용으로 작동하는 연합력은 정확히 어디에 존재하느냐는 것이다. 나는 몸과 마음 사이의 정교한 연결성을 강조하는 용어인 '바디마인드bodymind'[2](Pert, 1997)를 구성하는 여러 요소들이 연합력을 형성한다고 생각한다. 예를 들어, 신경과학자 자크 판크세프(1998)는 인간의 기본적인 일곱 가지 정서체계가 서로 연결되어 있을 뿐 아니라, 신체의 다른 부분들과도 복잡하게 연결되어 있다는 사실을 발견했다. 이 중 하나인 공황체계는 연합력을 구성하는 중요한 요소로 보인다. 이 체계는 고통스런 상황에서의 발성음과 사회적 애착을 연결 하는 역할을 한다. 물론 이 체계에 다른 많은 구성요소들이 존재할 가능성이 있다. 개별성과 연합력은 관계에서 나타나며 관계를 조정하는 것으로 보이는 서로 상반되지만 균형을 이루려는 보완적인 과정의 중요한 두 가지 개념이다. 이러한 과정은 특정한 해부학적 위치에 존재하는 것이 아니라, 서로 독립적이지만 동시에 신체와 마음의 상호 연관된 과정 네트워크로 이해하는 것이 가장 적절할 것이다.

또 다른 질문은 개별성과 분화가 서로 다른 개념인지에 대한 것으로, 왜 두 용어로 구분해서 사용하느냐는 것이다. 결론적으로, 개별성-연합성은 관계를 설명할 때 적합한 용어이다. 분화와 개별성은 동일한 현상을 개념화하려는 것이지만, 맥락에 따라 개인 내에서는 분화로, 관계 체계에서는 개별성으로 사용된다. 중요한 점은, 개인의 뇌에서 지적 체계와 정서체계 간에 분화가 부족하거나 융해되는 것은 관계에서 나타나는 융합의 정도와 유사하다는 것이다. 호환적 관계 연합성에 의한 융합과정은 호환적 두뇌 융합과정을 강화하며, 그 반대의 경우도 마찬가지이다. 보웬이론가들은 이따금씩 관계에서 분화-연합성의 균형(개별성-연합성의 균형이 아니라)에 대해 이야기할 때, 개별성-연합성의 균형을 설명하는 것과 동일한 현상을 설명하고 있다.

개인 내에서 불안과 관련된 분화의 기능적 수준은 시간이 흐름에 따라 변할 수 있다. 이러한 변화는 감정체계가 지적 체계와 융해되어 지적 체계를 압도하는 정도와 상호 연관이 있다. 불안과 관련된 기능적 변화는 관계의 개별성-연합성의 균형에서도 일어난다. 연합하려는 힘이 커지면 관계융합이 강화되고, 개별성보다 우세해진다. 개인의 기본 분화 수준이 서로 다르듯이, 관계에서도 개별성-연합성의 기본적 균형 수준은 다르다. 한쪽의 힘이 증가하면 다른 쪽의 힘은 감소하기 때문에, 개인 과정과 관계과정은 상호 연관되어 있다. 다만, 관계균형에서의 기능 변화와는 달리, 불안은 기본적인 관계균형에 영향을 미치지는

---

2) 역주: 뇌신경과학자인 캔더스 퍼트(Candace B. Pert)는 저서 『감정의 분자들(Molecules of Emotions)』에서 화학적 정보 유기체가 몸에서 감정(emotion을 감정으로 번역함)과 느낌으로 경험되는 것을 보고, 몸과 마음은 서로 분리된 것이 아닌 하나의 통합된 실체로 이해되어야 한다고 결론지으며 만들어 낸 용어이다.

않는다.

기능적 분화 수준은 제5장에서 논의했지만, 관계과정에서 개별성과 연합성의 상호작용 맥락에서 더 강조할 필요가 있다. 일반적으로 사람들의 기능 수준은 가족관계 체계보다 직장 관계 체계에서 더 높은 경우가 많다.

이와 관련된 사례가 미국의 4대 대통령인 제임스 메디슨(James Madison)과 그의 아내 돌리(Dolley)의 경우이다. 메디슨 대통령은 미국 헌법의 아버지로 불린다. 그는 대통령 임기 말년에도, "공직자는 절대 감정에 휩쓸리지 않을 뿐 아니라, 감정적으로 행동하지 않는다."는 원칙을 고수했다(Howard, 2012, p. 226). 1814년 미영전쟁으로 워싱턴이 불타 버린 후, 동료들과 각계 인사들로부터 영국에 항복하라는 불안과 감정에 찬 상당한 압력을 받았지만, "특사를 보내는 것은 수치스러운 일이다. 그래서…… 우리는 최후까지 도시를 방어할 것이다."라고 선언했다(p. 216). 1812년 전쟁은 이 결정 이후에 미국에게 더 유리하게 전개되었다. 만약 사회/정치 체계의 엄청난 압력에도 불구하고 원칙을 따르지 않고 '분화된 자기'로서 소신을 밝히지 않았다면, 상황은 어떻게 되었을지 모른다. 돌리 여사도 사회적으로 품위 있는 인물로 유명했으며, 남편의 8년 대통령 임기 동안 영부인의 역할을 훌륭히 수행했다. 두 사람은 임기 동안 환상적인 팀을 이뤘다. 그러나 이들의 핵가족체계는 전혀 다른 이야기로, 내가 가족치료 임상에서 만난 수백 가족들과 다르지 않았다.

제임스 메디슨은 1794년 5월 필라델피아에서 돌리 페인 토드(Dolly Payne Todd)를 만났다. 그는 버지니아 출신으로, 1789년에 필라델피아로 이주하여 신임 하원직을 수행했다. 당시 그는 중요한 정치적 입지를 갖고 있었으며, 많은 업적을 쌓은 43세의 미혼 남성이었다. 반면, 돌리는 26세의 미망인이자 자녀가 있는 어머니였다. 그녀는 1790년에 필라델피아의 변호사 존 토드(John Todd)와 결혼해서, 두 아들을 낳았다. 첫째 아들 존 페인 토드(John Payne Todd)는 1792년 2월에, 둘째 아들 윌리엄 템플 토드(William Temple Todd)는 1793년 7월에 태어났다. 그러나 1793년 8월, 필라델피아에 황열병이 유행하면서 남편과 둘째 아들을 같은 날에 잃었고, 얼마 지나지 않아 시부모도 사망했다. 돌리는 미망인이 된 지 7개월 후, 메디슨 의원을 만나 1794년 9월에 결혼했다. 메디슨 의원은 돌리의 아들인 페인을 입적하였고, 두 사람 사이에는 자녀가 없었다.

메디슨 의원은 재임기간을 마친 후 1797년에 정계를 은퇴하고 가족과 함께 성장기를 보냈던 버지니아주 오렌지 카운티에 있는 몽펠리어로 이사했다. 하지만 1801년에 다시 정계로 돌아와 토머스 제퍼슨(Thomas Jefferson) 대통령 임기 동안 국무장관으로 재직했다. 이후 제퍼슨의 뒤를 이어 1809년에 미국의 4대 대통령이 되었고 두 번의 임기를 수행했다. 퇴임 후에는 가족과 함께 몽펠리어로 돌아가, 그의 할아버지 때부터 일구었던 대규모 담배농장을 운영했다. 메디슨은 1836년 몽펠리어에서, 메디슨 부인은 1849년 필라델피아에서, 그리고 페인 토드는 1852년 워싱턴 D.C.에서 사망했다.

메디슨 부부는 두 번의 대통령 임기 동안 매우 성공적인 공직생활을 보냈지만, 기능이 많이 떨어지는 아들을 키우느라 애를 먹었다. 페인은 대부분의 삶에서 무책임했고, 심각한 음주 문제가 있었으며, 가족의 재산에 상당한 손실을 입혔다. 돌리와 페인과의 삼각관계에서 제임스는 기능적 분화 수준이 매우 낮았던 것으로 보인다. 돌리는 페인에게 정서적으로 과잉개입되어 있었고, "나는 네가 무엇을 하든 사랑한다."는 패턴을 보였던 것 같다. 이러한 허용적 패턴은 대체로 자녀의 사회적 병리를 키우는 경향이 있다. 제임스는 돌리가 페인에게 집중하는 것을 전적으로 동조했던 것 같다. 어쩌면 그는 그녀가 그저 좋은 엄마라고 생각했을 수도 있고, 불화를 피하려고 했을 수도 있다. 이렇게 결론을 내릴 수 있는 것은 이러한 삼각관계 패턴이 매우 흔하기 때문이다.

제임스는 페인이 진 빚을 해결하기 위해 몽펠리어 부동산의 큰 지분을 매각했다. 페인은 두 번이나 경제사범으로 감옥에 다녀왔다. 담배농장 사업은 기울어 갔고 페인이 저지른 빚 때문에, 결국 돌리는 남편 사망 후에 몽펠리어 부동산을 처분할 수밖에 없었다. 그녀는 필라델피아로 이사해서 말년을 궁핍하게 살면서 친구들로부터 많은 도움을 받았다.

제임스는 뛰어난 지성으로 배우는 것을 매우 좋아했다. 그는 1787년 제헌회의를 위해 매우 성실하고 체계적으로 준비를 했다. 미국 헌법의 중요한 내용을 구상하기 위해 정부에 관한 수백 권의 책을 읽었다. 모두가 그의 의견에 동의한 것은 아니었지만, 그는 중재능력이 뛰어났고 제헌회의 동안 중요한 리더십을 발휘했다. 이러한 맥락에서, 그의 기능적 분화 수준은 매우 높았다고 볼 수 있다. 이는 가족 삼각관계로 기능하는 그의 모습과는 큰 대조를 이루었던 것 같다. 메디슨 가족뿐 아니라 많은 다른 가족들의 다양한 관계 체계에서 나타나는 대조적인 기능상의 차이를 보고, 가족치료 경험이 많은 보웬이론 전문가이자 동료인 심리학자 제임스 E. 존스(James E. Jones)는 기본 분화 수준과 직업적 성공은 거의 연관성이 없다는 결론을 내렸다(2018년 1월).

이론적으로, 제임스나 돌리는 부모-자녀 삼각관계에서 '분화된 자기'를 충분히 유지하지 못했고, 그 결과로 페인은 "자기"를 최소한으로 발달시켰다고 본다. 페인은 결혼도 하지 않앗고 자식도 없었다. 돌리가 페인에게 지나치게 정서적으로 개입한 이유를 설명하자면, 페인이 겨우 20개월이었을 때 첫 번째 남편과 둘째 아들을 잃으면서, 그녀는 살아남은 아들인 페인에게 불안한 정서적 투자를 하게 되었고 그를 보호해야 한다는 감정에 휘말리게 되었을 것이다. 하지만 제임스가 어떤 이유로든 페인에 대한 돌리의 과대기능을 지지한 것으로 보아, 두 사람의 기본 분화 수준이 공적 생활에서 보여 준 것보다 높지 않았음을 알 수 있다. 또한 윈스턴 처칠과 프랭클린 루스벨트와 같은 다른 유명한 세계 지도자들도 사생활과 공적 생활에서의 기능 차이가 상당히 컸다는 사실이 이미 잘 알려져 있다. 이처럼 맥락에 따른 정서적 기능의 대조적인 차이를 이해하는 것은 쉽지 않다.

제5장에서 설명한 대로, 지적 체계는 감정체계의 압력을 받지 않을 때 가장 효율적으로 작동한다. 제임스는 아내와의 정서적 융합과 의존으로 인해 돌리가 페인을 걱정하며 두려워할 때, 그 순간의 불안을 해소하려고 자신이 지적으로 세운 원칙을 쉽게 저버리고, 돌리의 뜻을 따라 주고 심지어 페인의 요구를 들어주도록 부추겼을 것이다. 이런 부모는 아이를 변화시키려는 절박한 마음에서 가끔씩 엄격한 처벌을 하겠다고 위협을 하지만, 다시 일상적으로 허용적인 태도로 돌아가곤 한다. 페인과 같은 사람들은 부모가 세심한 관심을 기울임에도 불구하고, 부모의 불안함을 악용하며 즉각적인 만족을 얻는 쉬운 길을 택한다.

이상하게도, 페인과 같은 사람들은 자신의 무책임함을 스스로 경멸한다. 이들은 일부러 가족에게 상처를 주려는 것은 아니지만, 가족을 이용하지 않으려는 자기훈련이 부족하다. 책임감 있는 삶을 살아온 전형적인 부모들은 무책임한 자식이 어디서 나왔는지를 고민한다. 이들은 문제의 원인을 자식에게서 찾고, 가족에게 문제가 있는 것은 아니라고 결론을 내린다. 이들은 상황을 바꾸려고 이미 해 왔던 시도를 더 많이 반복해 보지만, 번번이 비효율적인 결과에 그치고 만다. 메디슨 가족과 같은 가족들은 부모와의 삼각관계로 인해 감정이 들끓는 가마솥과 같은 상태가 된다.

제임스는 아내와 입양 아들인 페인과의 삼각관계에서 외부인 위치에 있었던 것으로 보인다. 이러한 가족을 치료할 때 유념할 점은, 가족역동의 일부에는 어머니가 아들에게서 정서적 밀착의 욕구를 충족시키려는 역동이 있다는 것이다. 이는 단순히 걱정하고 보호하려는 문제만이 아니라, 어머니와 자녀 사이에 특별한 밀착에 대한 욕구가 있는 것이다. 이로 인해 어머니는 자녀에게 쉽게 굴복해 버릴 수 있다. 또한, 부모와의 삼각관계에서 나타나는 또 다른 과정은 부부관계의 이면에 있는 긴장과 거리두기이다. 이때 아들은 적어도 증상이 나타나고 퇴행이 심해지기 전까지 부모와의 삼각관계를 통해 가족 내 관계를 안정화시키는 기능을 한다.

제임스는 삼각관계에서 외부인 위치에 있으면서도 돌리와는 지지적으로 연결되어 있었기 때문에, 정치적 삶에서 모든 것을 자유롭게 할 수 있었을 것이다. 일반적으로 사람들은 가족 밖의 세상이 아무리 힘들어도 불안이 높은 가족을 다루는 것보다는 더 쉽다고 여긴다. 한 퇴역한 육군 대령은 "아내의 심각한 고통을 대하는 것보다 차라리 적들의 전투 탱크군단을 상대하는 것이 훨씬 더 낫겠어요. 너무 복잡해서 생각조차 하기 힘들어요."라고 말한 적이 있다. 이는 아내를 비난하려는 뜻에서 한 말이 아니다. 오히려, 아내의 고통은 남편이 정서적 수준에서 충분히 소통하지 못한 데서 일부 비롯되었던 것이다.

마지막으로, 이 논의에서 중요한 질문 중 하나는 자기의 기본 분화 수준을 구성하는 진짜 자기 요소를 평가하는 기준을 어디에 두느냐는 것이다. 제임스 메디슨은 공적/정치적인 삶에서는 기능 분화 수준이 높은 반면, 부모-자녀 삼각관계에서는 기능 수준이 훨씬 더 낮았다. 문제는 한 사람의 진짜 자기의 수준을 평가할 때, 공적/정치적인 삶의 기능과 사적인 삶의 기능에서 어느 쪽에 더 중점을 두느냐는 것이다. 다양한 임상 관찰에 따르면, 대부분의 사람들은 사적인 삶에서 순간의 불안에서 벗어나기 위해 원칙이나 신념과 가치를 포기하거나 독단적인 태도를 고수하며 장기적인 해결책보다는 단기적인 선택을 하기 쉽다. 이러한 점에서 진짜 자기가 드러나는 곳은 바로 개인의 사적인 삶이라 할 수 있다.

또 주목할 점은, 자녀의 기본 분화 수준을 결정하는 주요 요소는 배우자와의 친밀한 관계에서의 기능 수준이지, 직장생활에서의 기능 수준이 아니라는 것이다. 따라서 사적인 삶에서의 의사결정과 행동을 통해 진짜 자기를 평가하는 것이 진짜 자기와 기본 분화 수준을 가장 잘 측정하는 방법인 것 같다. 그러나 놀랍게도 사람들의 지적 기능이 감정체계의 압력을 거의 받지 않을 때는, 진짜 자기가 그다지 발달하지 않았더라도 높은 성취를 이룰 수 있다는 점이다.

기본 분화 수준을 가장 친밀한 관계에서 평가하는 또 다른 이유는, 친밀한 관계에서 개인이 원가족에서 해결하지 못한 애착문제를 가장 많이 드러내기 때문이다. 원가족에서 해결되지 못한 애착문제는 성인이 되어 형성한 핵가족이라는 친밀한 관계에서 가장 많이 재현된다. 특히 배우자는 주 양육자를 대체하는 가장 쉬운 대상이 되기 쉽다. 개인적 경험과 임상 관찰을 통해서 볼 때, 모든 인간은 어머니와 하나가 되려는 유아기적 열망을 조금씩 갖고 있는 것 같다. 어머니와의 초기 공생 애착이 자녀의 정서체계를 강력하게 프로그래밍할 수 있을까? 만약 '그렇다'면, 사람들이 사랑에 빠질 때 종종 정서적 융합이 기하급수적으로 커지는 현상을 설명할 수 있을 것이다. 정서적 매력뿐 아니라 성적 매력도 같은 원리로 이해할 수 있다. 그러나 그에 비해, 대부분의 우정은 그 강렬함이 훨씬 낮다. 이러한 강렬함 때문에 친밀한 관계에서 "자기"를 유지하는 것이 어려워진다. 그러나 기본 수준이 높은 사람은 중간 이하의 수준인 사람보다 하나 됨을 향한 강렬한 연합성의 충동을 잘 조절할 수 있다. 종종 헤로인에 취한 사람들이 따뜻함과 안전감을 느낀다고 하는데, 이는 어머니와 하나가 되려는 느낌과 관계가 있을지도 모른다는 추측을 해 본다. 기본 분화 수준을 평가하기에 적절한 맥락이 무엇인지에 대한 질문에 대해, 가장 안전한 답은 기본 분화 수준이 높은 사람들은 어떤 직업군에서도 성과를 낼 수 있다는 것이다. 그러나 탁월한 직업적 능력을 기준으로 기본 분화 수준을 측정하는 것은 신뢰할 만한 척도로 사용될 수 없다.

개인 중심의 인과론이 지배적인 전통적 정신의학과 심리학에서는 페인의 기능 문제와 무책임한 행동의 주요 원인을 알코올 중독으로 볼 것이다. 알코올 중독은 종종 가족력이 있어서 결국 유전적 요인 때문이라고 간주된다. 국립 알코올 남용 및 알코올 중독 연구소The National Institute of Alcohol Abuse and Alcoholism는 현재 알코올 중독의 발생 원인 중 약 절반이 여러 유전자의 영향을 받는 것으로 결론짓고 있다(Niaaa.nih.gov., 2018). 나머지 절반은 환경 요인으로 설명된다. 유전자 발현 조절, 즉 유전자와 환경의 상호작용을 조절하는 후성유전자의 역할이 이제 중요하게 고려되고 있다.

환경의 영향을 연구하는 사람들은 보웬이론에서 말하는 정서적 단위로서의 가족 개념이 환경 요인 연구에서 얼마나 중요한 역할을 하는지 충분히 인식하지 못하는 경향이 있다. 예를 들어, 심리 발달에 부정적인 영향을 미치는 요인으로, 대개 아동 학대, 외상 및 방임 등이 언급된다. 그러나 메디슨 가족의 경우, 이 세 가지 의심 요인들은 나타나지 않았다. 더욱이 아동 학대, 외상 및 방임은 일반적으로 가족의 기본 분화 수준의 영향으로 나타나는 부차적 증상으로 볼 수 있다. 분화 개념과 만성불안과의 관계는 아직까지 연구에서 충분히 다뤄지지 않고 있다. 물론 현재로서는 이 개념들은 연구에서 평가하기 어려운 변수들이다. 보웬이론은 관련된 이 모든 변수들을 보다 포괄적으로 이해할 수 있는 틀을 제공한다. 페인 토드의 삶의 과정에서 알코올 중독은 분명히 복잡하게 얽혀 있는 문제이지만, 그것만으로 전체를 설명할 수는 없다. 보웬이론은 알코올 중독을 하나의 원인으로 보기도 하지만, 역기능적인 삶의 과정에서 나타나는 증상으로도 본다.

제7장

정서적 퇴행과 개별성-연합성의 균형

이 장에서는 정서적 퇴행이 관계의 개별성-연합성의 균형이라는 관점에서 어떻게 나타나는지를 설명하려고 한다. 나는 이것을 관계가 퇴행했다가 다시 회복되는 과정을 통해서 설명하겠다. 서로 상반되지만 균형을 이루려는 이 두 개의 생명력은 동시에 작동하기 때문에 관계과정에서 이를 뚜렷하게 구분하기 어려운 경우가 많다. 어떤 행동이든, 그 행동에는 이 두 가지 힘이 구성요소로서 반영되어 있다. 그러나 내가 임상 사례에서 설명한 것처럼, 관계에서 한 구성원이 "자기"를 유지하는 능력을 키우면, 이 두 힘은 더 명확하게 드러나고 구분할 수 있게 된다.

꽤 편안하게 사귀는 커플들도 대부분 시간이 지남에 따라 높은 수준의 편안함과 친밀함을 유지하는 것이 쉽지 않다는 것을 알게 된다. 보웬이론의 핵심 아이디어 중 하나는 사람들이 일반적으로 기본 분화 수준이 같은 사람들을 배우자로 선택한다는 것이다. 프랜스 드 왈(Frans de Waal, 1996)은 인간을 포함하여 많은 종에서 볼 수 있는 동종conspecifics 간의 이끌림의 기본 원리를 유사성 원리similarity principle라고 썼다. 그가 열거한 인간의 유사성으로는 나이, 사회경제적 지위, 정치 성향, 종교, 민족 배경, 지능 수준, 교육 수준, 외모, 키 등이 있다. 여기에 기본 분화 수준을 추가할 수 있다.

사람들은 보통 아주 미성숙한 두 사람이 관계를 맺는 것을 유유상종으로 보기 때문에 그리 놀라지 않는다. 이 원리가 성숙 수준과 관계없이 모든 친밀한 관계에 다 적용된다는 것을 받아들이기는 어렵지만, 이것이 바로 보웬이론의 가정이다. 비록 정확도가 다소 떨어지지만, 기본 분화 수준은 친밀한 우정 발달에도 영향을 미친다. 하물며, 부부관계에도 거의 예외 없이 적용되는데—부부들이 흔히 주장하는 예외는 거의 없다! 그런데 현재로서는 기본 분화 수준을 추정할 수는 있지만, 이를 정교화하기가 어려워서 이 현상을 연구하는 것이 어렵다. 또한 관계에서 일어나는 유사-자기를 빌려 오고 교환하는 현상으로 인해 결과적으로 관계의 한 구성원이 상대방보다 더 성숙하고 기능적인 것처럼 보이는 경우가 많아, 이 현상을 연구하는 것이 어렵다.

일반적으로 두 가지 현상을 관찰하면, 부부의 분화 수준이 같다는 가설을 확인할 수 있다. 첫 번째는 현재 기능이 매우 낮은 한쪽 배우자가 겉보기에 매우 기능적인 상대 배우자에게 크게 의존하는 부부관계의 살아온 과정을 살펴보는 것이다. 두 사람은 관계 초기에는 기능 차이가 크지 않았지만, 시간이 지남에 따라 그 차이가 커진 것을 관찰할 수 있다. 예를 들어, 두 사람의 정서적 기능은 관계 초기에는 매우 비슷했으나, 시간이 지나면서 관계에서 발생한 만성불안에 대처하는 과정에서 과대기능-과소기능 패턴이 나타난 것이다. 만성불안 수준이 높을수록, 두 사람의 기능 격차는 더욱 커진다.

두 번째는 부부간에 기능의 차이가 클 경우, 헤어진 후 기능 수준이 낮았던 배우자는 종종 더 기능적으로 변하게 된다. 반면, 기능 수준이 높았거나 과대기능을 했던 배우자는 때때로 심각한 역기능을 보일 정도로 기능이 떨어지는 경우가 있다. 이런 현상이 항상 일어나는 것은 아니지만, 이러한 사례들은 부부간에 "자기"의 기본적인 수준이 크게 다르지 않다는 것을 강력하게 시사한다. 나는 이러한 현상을 '자연의 속삭임'이라고 부르는데, 이는 극단적이지 않으면 볼 수 없는 자연 속에 숨겨진 과정을 드러낸다는 의미이다.

두 사람이 커플이 되는 과정은, 두 사람이 관계에 동일한 양의 정서적/정신적 에너지를 투자하는 것으로 시작된다. 정서적/정신적emotional/psychic이라는 용어는 이 에너지 투자에 많은 심리적 요소가 포함되어 있음을 나타내지만, 이 과정이 정서적 애착을 조절하는 생물학적 힘에 기반하고 있다는 의미를 담고 있다.

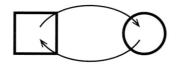 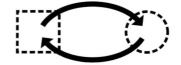

높은 기본 분화 수준　　　　　　　　낮은 기본 분화 수준

[그림 7-1] 왼쪽 도형에서는 남자와 여자 부호가 굵은 실선으로 표시되어 있으며, 이는 중간 이상의 양호한 분화 수준을 나타낸다. 반면, 오른쪽 도형에서는 남자와 여자 부호가 굵은 점선으로 표시되어 있어, 낮은 분화 수준을 보여 준다. 왼쪽의 호환적 상호작용 화살표가 오른쪽에 비해서 더 가는 것은 두 사람이 관계에 투자하는 정서적/정신적 에너지가 오른쪽보다 적다는 것을 의미한다.

이 과정은 [그림 7-1]로 도형화할 수 있다. 왼쪽 도형은 동일하고 양호한 기본 분화 수준을 지닌 두 사람이 서로 매우 건강한 정서적 경계(실선)를 형성한 관계를 나타낸다. 반면,

오른쪽 도형은 각자의 기본 분화 수준이 낮고, 정서적 경계가 매우 모호한(굵은 점선) 관계를 상징한다. 남자(네모)와 여자(원) 사이의 화살표 굵기는 오른쪽 관계가 왼쪽 관계보다 서로에게 같은 수준의 매우 높은 정서적/정신적 에너지를 투자하고 있음을 나타낸다. 즉, 오른쪽 관계가 왼쪽 관계보다 훨씬 더 정서적으로 융합되어 있다. 덜 분화된 오른쪽 관계에서는 각자의 행복감과 기능적 수준이 왼쪽 관계에 비해 상대방에게서 받는 관심과 인정의 정도에 따라 크게 달라진다. 양쪽 커플의 구성원들은 관계의 균형을 유지하기 위해 끊임없이 관계를 조정한다. 융합된 커플일수록, 서로를 더 강렬하게 모니터링하면서 그에 따라 반응한다.

각 사람이 관계에 투자하는 정서적/정신적 에너지의 양에 따라, 관계의 개별성-연합성의 균형이 결정된다. 연합성이 강한 관계에서는, 개별성이 강한 관계보다 각 사람이 더 많은 에너지를 투자하는 경향이 있다. [그림 7-1]의 오른쪽 관계는 왼쪽 관계보다 연합성을 더 강조하고 있다. 중요한 점은, 관계에 투자되는 정서적/정신적 에너지의 양이 반드시 서로에 대한 깊이 있고, 진정성 있고, 비이기적이며, 존중적인 관심과 동일한 의미를 갖는 것은 아니라는 것이다. 오히려, 자신이 기대하는 정서적/정신적 에너지와 실제로 상대방이 투자하는 에너지 간의 차이에 따라 행복감이 달라질 수 있다. 또한, 관계에 더 많은 에너지를 투자하는 사람일수록, 상대방으로부터 유사-자기를 빌려 와 자신을 '완성하려는' 경향을 보인다.

서로 유사-자기를 빌려 오고 교환하는 양이 동일할 경우, 결과적으로 각자의 기능적 수준이 향상되면서 서로 비슷해질 수 있다. 그러나 두 사람의 주된 정서적 기능 패턴이 지배-복종일 경우, 만성불안이 증가하고 연합력이 강화되면서 두 사람의 기능적 수준 차이는 두드러질 수 있다. 만약 정서적 갈등이 주된 패턴이라면, 만성불안은 갈등으로 나타나고 각자의 기능적 수준은 유지되지만, 관계는 심각한 혼란에 빠질 수 있다. 만약 주된 패턴이 자녀에게 초점을 둔 삼각관계라면, 부모는 과대기능을 하고, 자녀는 과소기능을 하게 된다. 이러한 관계 패턴에서는, 자녀가 한동안 기능을 잘 하는 것처럼 보이다가도 결국 기능문제를 보이는 경우가 종종 있다. 특히, 이런 일은 자녀가 독립하는 시기에 자주 발생한다. 이 경우, 자녀는 겉으로 보이는 것보다 부모의 부부관계를 안정화하는 데 더 깊이 관여되어 왔음을 의미한다.

일반적으로 커플이 사귀는 동안, 각 파트너는 상대방에게서 받는 관심과 애정의 양에 만족하며, 의사소통도 원활하게 이뤄진다. 그러나 어느 한 쪽이 상대방의 관심과 애정을 의심하기 시작하면, 이는 종종 갈등의 소지가 될 수 있다. 다만, 이러한 의심은 종종 '사랑이 모든 것을 극복한다'는 태도에 가려져 드러나지 않는 경우가 많다.

[그림 7-2] 굵은 검은색 호환작용 화살표는 관계의 연합력 강도를 나타낸다. 오른쪽 도형은 임상적으로 추정한 평균적인 정서적 융합의 수준을 나타내며, 남편이 더 지배적인 배우자임을 보여 준다. 관계 초기 단계인 현재는 안정적이며 불안을 유발하지 않는 상태이다(부호에 음영이 없음).

　[그림 7-2]는 편안한 만남이 이뤄지는 연애 단계의 관계를 나타내고 있다. 왼쪽 도형은 분화의 연속선상 중간 이하의 기본 분화 수준인 관계의 개별성과 연합성의 균형을 보여 준다. (분화 수준이 양호한 관계의 경우처럼, 개별성-연합성의 균형에서 연합성이 강조될 경우, 두 사람 사이에는 더 가는 화살표로 표시한다.) 오른쪽의 부호는 사귀는 동안의 관계융합 수준을 나타낸다. 앞으로 설명할 임상 사례는 [그림 7-2]의 도형으로 시작하려고 한다. 남자와 여자 부호가 겹쳐진 것은 정서적 기능의 지배-복종 패턴의 한 형태(남자가 지배적인 경우와 여자가 지배적인 경우 중에서)를 나타낸다. 연애 초기에는 각자가 자신의 특정 발달 시기의 기능적 위치를 재현할 수 있기 때문에, 이러한 패턴은 서로에게 편안하게 잘 맞는 관계를 형성할 수 있다. 예를 들어, 여동생이 있는 남자가 오빠가 있는 여자를 만나는 경우가 이에 해당된다. 그러나 여자가 덜 순응적이고 이로 인해 남자가 불편함을 느낀다면, 이 관계는 지속되기 어려울 수 있다는 점에서, 이 패턴은 관계에서 발생하는 만성불안을 묶어 두는 역할을 한다.

　결혼을 하면 관계의 긴장이 어느 정도 높아질 수 있다는 것은 누구나 잘 알고 있다. 이러한 긴장 상승을 설명하려면, 먼저 관계 내외의 스트레스 요인을 구별해야 한다. 각 배우자가 상대방에게서 감지한 실제와 가상으로 느끼는 언어적·비언어적 신호에 대한 반사반응은 관심, 인정, 기대 충족 여부, 및 심리적 고통과 관련이 있으며, 기본 분화 수준에 따라 다양하게 나타난다. 이러한 다양한 반사반응이 내적 스트레스 요인이다. 특히, 이러한 과민한 반응이 부부간의 상호작용에 영향을 미쳐, 긴장을 높이는 요인이 될 수 있다. 외적 스트레스 요인은 각 배우자에게 영향을 미치는 관계 외부 요인에서 비롯되는 것으로, 예를 들어 직장 문제와 같은 것들이 이에 해당된다. 내부와 외부의 스트레스 요인들은 서로 연관되어 있다. 예를 들어, 직장 문제로 인해 걱정하고 몰두하게 되면, 배우자의 감정에 충분히 관심을 갖고 듣지 못하기 때문에 두 사람 간의 상호작용이 격화되어 만성불안이 증가할 수 있다. 다음의 임상 사례에서는 부부의 정서적 고립이 중요한 외적 스트레스 요인이었고, 낮은 분화 수준으로 인해 서로에게 심하게 감정반사한 것이 내적 스트레스 요인을 더욱 악화시켰다.

　사례를 소개하기 전에, 관계과정을 다소 복잡하게 설명하는 것에 대해 양해를 구한다. 나의 목표는 명료함을 제공하는 것이지, 혼란을 주려는 게 아니다. 보웬이론의 관점에서 볼 때, 일단 이해를 하게 되면 인간이 그동안 관계상의 어려움을 '설명하기' 위해 종종 서로에게 사용해 왔던 수많은 합리화에 비해 앞의 설명이 훨씬 더 간단하다는 것을 알 수 있다. 이제 임상 사례를 시작해 보겠다.

[그림 7-3] 왼쪽 도형은 연합력이 약간 증가한 상태를 나타내며, 각 배우자의 옅은 음영 처리는 연합력을 유발하는 만성불안이 일부 증가했음을 보여 준다. 오른쪽 도형은 복종적인 아내가 관계에서 발생한 약간 증가된 만성불안을 흡수하고 있음을 나타낸다.

　[그림 7-3]은 부부관계가 결혼 이후에 약간 변화된 것을 보여 준다. 왼쪽 도형은 연합력이 어느 정도 활성화된 상태(화살표가 조금 더 굵어짐)를 나타내며, 이는 관계의 개별성-연합성의 균형이 연합성 쪽으로 약간 이동한 기능적 변화를 의미한다. 이러한 변화는 불안이 유발한 기능적 변화일 뿐, 기본 수준의 변화는 아니다. 또한, 각 배우자의 부호에 음영이 처리된 것은 부부의 감정반사적인 호환적 상호작용으로 인해 관계에서 발생한 만성불안이 어느 정도 증가했음을 나타낸다. 오른쪽 도형은 부부 사이의 정서 융합 수준이 약간 증가한 것을 나타내며, 이 사례에서는 아내가 지배-순응의 정서적 기능 패턴으로 관계에서 상호작용하면서, 그로 인해 촉발된 만성불안을 흡수하고 있다. (이때 관계의 조화를 유지하기 위해서 가장 많은 조절을 하는 사람은 아내이다.) 이 시점의 관계에서는 임상 증상을 유발할 만큼 만성불안은 존재하지 않았다. 그러나 두 사람은 서로에게 더 강렬하게 집중하면서 융합이 증가하게 되며, 서로가 정서적/정신적 에너지를 관계에 더 많이 쏟게 된다. 이러한 변화는 관계 기능이 퇴행하기 시작하는 첫 번째 징후를 보여 준다.

몇 달이 지나면서, 이 부부는 외적 스트레스 요인으로 인해 내적 스트레스 요인이 더욱 악화되었다. 주요 외적 스트레스 요인은 남편이 걱정하는 재정적 압박과 전혼 관계에서 낳은 성인 아들이 그와 거리를 두는 것이었다. 부부의 고립은 남편의 소유욕에서 일부 비롯되었는데, 남편은 아내에게 친구들과 보내는 시간을 줄이라고 강요했다. 아내는 마지못해 따랐고, 이것이 이 과정에서의 아내의 역할이었다. 게다가 두 사람 모두 친밀하게 연락하는 확대가족 구성원이 없었다. 남편은 항상 돈에 집착했고, 아내는 남편의 불행과 자신의 고립을 불평했다. 두 사람은 모두 스트레스를 받았지만, 서로의 고통에 강렬하게 감정반사하는 것이 스트레스를 크게 증폭시켰다.

[그림 7-4] 굵은 검은색 화살표는 두 사람의 만성불안 수준이 증가함에 따라 연합력이 크게 활성화된 것을 나타낸다. 오른쪽 도형은 더 순응적(복종적)인 아내의 만성불안이 남편의 불안(음영 없음)보다 과도하게 증가한 것을 보여 준다.

[그림 7-4]는 이러한 변화가 더 퇴행적인 관계로 이어지는 것을 보여 준다. 이 도형은 각 배우자가 관계의 긴장에 기여하고, 개별성-연합성의 균형에서 훨씬 더 연합성이 강해지는 기능적 변화를 나타낸다.

정서적 융합 수준이 높아지면서, 아내는 관계에서 훨씬 더 많은 만성불안을 흡수하게 되었다. 남편은 아내를 통제하면서도, 아내가 화를 낼 때는 감정반사적으로 거리두기를 했다. 아내는 점점 가슴이 터질 것 같고 감정조절이 어려워지며, 퇴행이 심각해지고 자신이 흡수한 불안으로 인해 우울증과 과민성 대장 증후군 증상을 겪게 되었다.

긴장이 계속 고조됨에 따라, 남편은 아내가 자신의 정서적 욕구를 충족시키지 않는다고 비난하며 만일 아내가 변하지 않으면 다른 여자를 찾겠다고 위협했다. 남편은 아내를 강하게 지배하면서 자신의 불안을 관계에 표출했다. 아내는 그런 남편의 기분을 맞추기 위해 수동적으로 복종하며, "남편의 행복이 저의 책임인 것처럼 느끼고 그에게서 거부당할까 두려워요."라고 말했다. 아내는 관계에서 발생한 만성불안을 내재화하면서 증상이 악화되었고, 오랫동안 앓고 있던 2형 당뇨병 관리도 점점 더 어려워졌다. 부부관계뿐만 아니라, 아내의 신체 항상성이 만성불안으로 인해 혼란을 일으켜 신체건강도 퇴행한 것이다. 이 시점에서 가족 구성원 중한 사람의 기능을 손상시키는 정서적 퇴행과 장기 및 조직 기능을 손상시키는 신체적 퇴행은 동일한 자연의 원리를 따를지도 모른다는 생각을 하게 된다.

이런 상황에서 보통 남편의 행동은 '이기적'이고 아내의 행동은 '희생적'인 것으로 묘사된다. 아내를 포함한 대부분의 사람들이 그렇게 생각한다. 그러나 보웬이론에서는 이기적인 태도와 희생적인 태도를, 사람들이 연합성의 욕구를 충족시키기 위해 관계에서 취하는 정서에 기반한 자세로 본다. 두 자세는 모두 관계에서 "자기"를 유지하지 못하는 상태를 반영한 것이다. 이 사례에서 남편은 아내의 정서적 경계를 침범하며 압박하고, 아내는 남편을 달래며 원하는 것을 얻어 내기 위해 말과 행동을 조절하여 남편을 만족시키려고 한다. 만일 이 부부의 관계를 호환적 상호작용 과정에서 만들어진 상반된 위치로 보는 게 아니라, 이기적이고 희생적이라는 성격특성으로 본다면, '희생적'인 배우자는 피해자가 되고 '이기적'인 배우자는 가해자가 될 수밖에 없을 것이다.

두 사람의 관계에서 그 다음에 일어난 일은 매우 흥미로웠다. 최근 몇 년 동안 거의 연락이 없었던 남편의 사촌이 출장차 연락을 해 왔다. 두 사람은 어릴 때 친하게 지냈다. 사촌은 인생에서 몇 번의 극심한 정서적 어려움을 겪었기 때문에, 이를 이야기하기 위해 남편을 찾아왔다. 사촌과 남편은 그 주 동안 여러 번 함께 점심을 먹으러 외출했고, 밤에도 장시간 통화를했다.

남편의 사촌이 출장을 마치고 돌아간 직후의 상담 회기에서, 아내는 우울증과 장염 증상이 극적으로 개선되었다고 말했다. 남편이 사촌과 어울렸던 그 주말에 내분비과 의사는 아내에게 혈액 검사 결과, 당뇨병이 크게 나아졌다고 말했다. 아내는 남편이 사촌과 어울리는 그 주동안 혼자 있는 시간이 많았고, 침대에 누워 있으면서 큰 압박감이 사라진 것 같았다고 말했다. 또한 자신에 대해 "나 자신이 되는 자유로움을 느꼈고, 다시 나를 조절할 수 있는 상태로돌아간 듯했다."라고 설명했다.

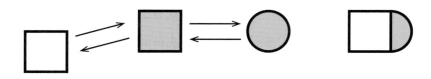

[그림 7-5] 제3자가 남편과 중요한 애착을 형성한 것이 연합력과 관계에서 발생한 만성불안을 감소시켰다. 그 결과, 부부관계는 정서적으로 덜 융합되며 아내가 흡수해 온 만성불안은 감소했다.

이 변화는 [그림 7-5]에 나타나 있다. 남편은 사촌(왼쪽 끝의 부호)과 만남을 재개하면서 차분해졌고, 아내에게 너무 불안하게 집중하지 않게 되었다. 부부관계 도형은 그 주 동안 부부가 서로에게 덜 집중하여 두 사람의 불안 수준이 감소한 것을 나타내고 있다. 오른쪽 도형은 정서적 융합이 줄었고, 아내가 흡수한 불안도 감소한 것을 보여 준다. 보웬이론에서는 이러한 변화가 아내의 모든 증상을 개선하는 데 도움이 되었을 것으로 본다. 남편의 사촌이 출장 와 있는 동안 일어난 관계의 변화는 연합성이 줄어들고, 개별성은 강해지는 기능적 변화를 반영한다.

하지만 남편의 사촌이 떠나고 얼마 지나지 않아서, 퇴행은 다시 심해졌고 아내의 증상도 재발했다. 그 후 아내는 반드시 가족치료를 받아야 한다고 고집하여 부부가 치료에 오게 되었다. 놀랍게도, 치료는 그들에게 빠르게 도움이 되었다. 아내는 적극적으로 치료에 참여했다. 치료사는 남편이 사촌과 함께 시간을 보낼 때 아내의 기능이 극적으로 개선된 점을 주목하며, 아내의 증상이 그녀 개인의 문제가 아니라 부부관계의 문제를 반영한 것이라고 설명했다. 아내는 이를 명확하게 이해했다. 남편도 아내의 증상이 부부관계와 관련이 있을 수 있다는 것을 대부분 인정했지만, 여전히 아내가 자신의 욕구를 충족시키지 못하는 것이 근본적인 문제라는 입장을 포기할 준비는 되어 있지 않았다. 남편은 아내에 대한 자신의 분노와 불만 표현이 아내가 그의 기대에 부응하는 것을 어렵게 만드는 역할을 하고 있음을 이해하지 못했다. 그는 자신도 모르게 아내가 자신을 거부하도록 만드는 역할을 하고 있었다.

치료사가 부부의 상호작용에 대해 질문하는 과정에서, 아내는 부부관계의 호환성을 이해하게 되었다. 이는 아내에게 '신선하고 새로운' 경험이었다. 새로운 관점 덕분에 아내는 자기비하와 남편에 대한 비난에서 벗어날 수 있었다. 또한 아내는 남편의 불행에 대한 책임감과 그가 떠나겠다는 위협에 대한 두려움이 줄었다. 가장 중요한 점은 새로운 관점을 실천하는 용기를 낸 것이다. 아내는 남편에게 "당신이 행복을 찾아 떠나야 한다면, 받아들이겠어요. 원하는 것은 아니지만, 받아들일 수는 있어요."라고 말했다.

　　남편은 누군가가 "자기"를 명확하게 표현할 때 보일 법한 반응을 보였다. 그는 반복해서 "당신이 틀렸어, 돌아와. 그렇지 않으면 내가 떠나는 대가를 치를 거야."라고 말했다. 대가는 자신이 진짜 떠난다는 것이었다. 그러나 아내는 과거의 패턴으로 돌아가는 것이 바람직하지 않다는 것을 충분히 확신하고 있었고, 새로운 방식으로 사고함으로써 점점 압박해 오는 남편의 연합성 압력을 견뎌 냈다. 아내는 개별화하려는 힘을, 그리고 남편은 연합하려는 힘을 반영하고 있었던 것이다. 아내는 자율성을 주장했고, 남편은 하나 됨을 강조했다.

　　남편의 불안이 최고조에 달하고 아내가 연합성 압력을 꿋꿋하게 버틴 지 거의 일주일이 지나자, 남편은 불쑥 "당신은 성숙한 척하는 게 역겨워."라며 비웃듯 말했다. 개별성-연합성의 균형은 관계 초기에 비해 개별성 쪽으로 약간 더 이동했다. 이는 아내가 조금 더 진짜 자기로 성장하면서 가져온 기본적 변화로, 이전에 남편이 사촌에게 집중하면서 나타났던 기능적 변화와는 달랐다. 부부관계가 조금 더 정서적으로 성숙해짐에 따라, 두 사람은 좀 더 서로를 존중하는 모습을 보이기 시작했다.

[그림 7-6] 두 개의 도형은 만성불안, 연합성의 압력, 그리고 정서적 융합이 상당히 감소했음을 보여 준다.

　　[그림 7-6]은 이러한 변화를 도형화한 것이다. 왼쪽 도형의 화살표는 연애 동안에 보였던 것보다 약간 더 가늘다. 이는 관계가 개별화하려는 힘 쪽으로 더 향하고, 연합하려는 힘 쪽으로는 덜 향하는 기본적 변화를 나타낸다. 오른쪽의 도형은 정서적 융합이 감소한 것을 나타낸다. 부부의 기본 패턴은 여전히 남편 지배-아내 복종의 위치에서 기능하지만, 전반적으로 만성불안이 관계에 덜 발생하고 있으며, 주된 패턴도 덜 활성화되고 있다. 또한 아내의 증상도 보이지 않는다.

　　아내가 조금 더 '분화된 자기'로 기능할 수 있게 되면서, 남편은 이전보다 정서적 경계를 더 잘 존중할 수밖에 없었다. 그 결과, 불안과 감정반사행동이 서로에게 미치는 영향이 줄어들었고, 불안으로 인한 연합성의 압력이 감소했다. 이제 두 사람은 서로에게 덜 방어적이고 덜 화를 내며, 더욱 편안한 친밀감을 느끼고 서로를 돕고자 하는 열망이 커지게 되었다.

이 사례는 비교적 단기간에 훌륭한 결과를 얻은 경우이다. 아내는 남편의 압력에서 잠시 벗어나면서 증상이 완화되었고, 이 경험을 통해 이전보다 체계론적 관점을 더 잘 받아들일 수 있게 되었다. 그러나 이 결과는 부부관계가 아주 성숙해진 것을 의미하는 것은 아니고, 예전보다는 좀 더 성숙해진 수준일 뿐이다.

가족의 리더가 드러나고 "자기"를 정의할 수 있게 되기까지는 보통 6회기 이상이 필요하며, 그 과정은 보통 이 사례에서보다 더 복잡하다. 이 사례는 불안이 어떻게 퇴행을 유발하는지를 설명하고, 개별성-연합성의 균형에서 기능적 변화와 기본적 변화를 구별할 수 있도록 단순화하여 제시된 것이다. 보웬 가족치료는 일반적으로 장기 치료 과정으로 알려져 있다. 실제로 이 사례보다 더 오랜 기간 진행한다. 나는 이 부부를 매주 상담했는데, 회기 간격이 더 길더라도 성공적인 효과를 볼 수 있다. 상담 회기 사이에 내담자들이 사고하는 과정은 상담의 진전을 돕는 데 매우 중요한 요소로 작용한다. 내담자들은 체계론적 관점에서 관계를 보는 법을 스스로 배우며, 가족치료사는 이러한 학습 과정을 지원한다. 치료사가 가족에게 직접적으로 변화하는 방법을 가르치는 것은 아니다. 치료사는 주로 가족이 문제를 보다 사실에 기반하여 정의하도록 도와주며, 이를 통해 새로운 대안의 길이 자연스럽게 열리게 된다.

제8장

정서적 객관성

　정서적 객관성을 유지하는 능력은 인간관계를 과학적으로 이해하기 위해서 필요한 핵심 요소이다. 이를 통해 사람들은 관계에서 일어나는 정서적 과정을 사실적으로 표현하는 방법과 자신의 내적 감정 상태 및 태도와 관계에서 일어나는 것 사이의 호환적 상호작용을 알아차리는 방법을 배울 수 있다. 보웬이론은 관계 체계에서 정서과정이 어떻게 일어나는지 매우 구체적으로 설명함으로써, 정서적 객관성을 유지하는 능력을 향상시키는 기틀을 제공한다. 다음은 한 개인과의 가족치료 회기에서 발췌한 부분으로, 정서적 객관성이 향상되는 과정을 보여 준다.

　저는 보웬이론을 공부하기 전까지 모든 일이 일정한 방식으로 잘 진행되어야 한다고 생각하는…… 완벽주의자였습니다. 그런데 이제 저의 불안이 무엇인지 알았습니다. 그것은 저에게 큰 깨달음이었습니다. 저는 그냥 불안이 있다고 말하고 싶어요. 그리고 …… 전에는 항상 누군가가 저와 관련해서 했던 일이나 제가 했던 일에 불안을 느꼈습니다. 그래서 관계에서 불안과 스트레스가 생길 때 누군가를 비난하거나 자책하는 데 많은 시간을 보냈습니다. 그러나 지금 저는 제 자신을 불안한 존재로 인식하고 언제 불안해지는지, 언제 불안이 심해지는지를 좀 더 잘 알게 되었습니다. ……

　다르게 생각할 수 있게 된 것은 정서가 체계의 일부이며 이리저리로 움직인다는 것을 알게 되었고, 그리고 체계 속에서 제 자신의 역할을 잘 이해하고 책임지려고 노력하고 있으며, 덕분에 (성인인) 딸의 감정을 존중하고, 제 생각이지만 딸의 감정을 수용하고 있다고 생각합니다. 또한 조금은 가볍게 생각하는 법을 배웠습니다. …… 저는 재앙화 사고에서 벗어나는 길을 찾았고 그 재앙화 사고로 인해 제가 사람들에게 어떤 반응을 했는지를 알게 되었으며, 이제는 그렇게 심각하게 받아들이지 않게 되었습니다. 그러고 나니 좀 더 평정심을 갖고 감정반사적이지 않게 대응하는 법을 찾을 수 있게 되었습니다.

이 어머니의 이야기는 딸과의 관계에서 더 객관성을 얻고 좀 더 '분화된 자기'로 기능하려는 사람들에게서 흔히 볼 수 있는 과정의 결과이다. 이 과정의 첫 번째 단계는 자신의 불안을 그저 자신의 불안으로 인식하는 것이다. 두 번째 단계는 그 불안을 유발하는 타인의 언어적·비언어적 신호와 함께 불안에 의한 반응이 타인에게 미치는 영향을 인식하는 것이다. 코치(치료사의 대안 용어로, 치료사와의 관계보다 실제 현실 관계에서의 학습을 강조할 때 사용함)가 이 어머니에게 어떻게 가족치료를 받기 전의 상태에서 거의 1년여에 걸친 약 10회의 코칭 회기를 통해서 지금의 상태에 이르게 되었는지를 설명해 달라고 요청했을 때, 그녀는 과거에 보웬이론 강의를 몇 번 들었고 그 아이디어들이 그녀에게 울림이 되었다고 대답했다. "저는 항상 이론에 관심이 많았어요. 저의 직업은 교사인데, 보웬이론을 만나기 전까지 실제로 적용할 수 있는 이론을 찾지 못했어요."라고 말했다.

이미 간략하게 언급했던 두 가지 주요 개념은 정서적 객관성을 발전시키기 위해 알아야 할 핵심들이다. 이 두 가지 핵심 개념은 기능적 사실functional facts과 기능하는 위치functioning position이다. 앞서 인용된 어머니는 딸과의 관계뿐만 아니라 다른 가족 구성원들과의 관계, 심지어는 교실에서도 관찰할 수 있었던 기능적 사실들을 설명했다. 그녀는 딸이 자신을 사랑한다는 것을 의심한 적이 없었지만, 딸과의 관계를 두 줄의 벗겨진 전선이 닿을 때 튀는 불꽃에 비유했다. 그녀는 자신이 일정 시간이 지나도 딸에게서 연락이 없으면 무슨 일이 생겼을지도 모른다고 재앙화하는 자신의 반응을 알아차렸다. 이것이 기능적 사실이며, 예측 가능한 사회적 신호에 대해 어머니의 정서적 기능이 예측 가능하게 변하는 것을 말한다. 이 사실을 떠올렸을 때, 그녀는 또 다른 기능적 사실이 있었음을 깨달았다. 그것은 그녀가 그런 다음에 딸에게 전화를 걸어서 "통 연락이 없구나, 별일 없니?"라는 메시지를 남겼다는 것이다. 그녀는 자신의 목소리와 메시지에 담긴 불안이 딸에게서 잘 지낸다는 확인 전화를 곧장 받고 싶어 하는 기대에서 비롯되었음을 알아차렸다. 그러나 딸은 그러한 메시지에 결코 응답하지 않았다는 것이, 또 다른 기능적 사실이었다. 이러한 사실은 당연히 어머니의 불안과 실망을 가중시켰다.

어머니는 이것을 하나의 패턴으로 보기 시작했다. 기능적 사실을 보게 되면, 비난과 자책에서 벗어나 관계 패턴을 발견하게 된다. 이 사례에서는 어머니와 딸이 서로의 감정 상태에 지나치게 맞추려는 패턴을 보이고 있었다. 그 이후 어머니가 딸에게서 오랫동안 연락을 받지 못했을 때, 그녀는 딸의 전화에 "안녕, 엄마야. 내가 한동안 연락을 못 했구나. 엄마는 잘 지낸다는 것을 알려 주려고 전화했어."라는 메시지를 남겼다.

어떤 사람들은 보웬이론에 반발하여, 이러한 상호작용의 변화가 조작적이라고 말하는 사람들이 있다. 어떤 사람들은 어머니가 딸을 죄책감에 사로잡히게 한다고 말할 수 있다. 누군가는 어머니의 말이 딸에게 죄책감을 느끼게 하려는 시도였다고 말할 수도 있지만, 호환적 상호작용 패턴을 인식하게 된 이 어머니는 더 이상 딸을 비난하지 않게 되었다. 전화 메시지에 담긴 어머니의 목소리 톤은 딸의 죄책감을 유발하지 않는 가벼운 어조였다. 보웬(1978)은 자신의 원가족에서 자기분화에 대한 아이디어를 개발하던 중에, 정서체계의 논리라는 개념을 제시했다. 이는 이성적 논리가 아니라 정서적 논리이다. 어머니가 남긴 이번 전화 메시지는 이전에 남긴 수많은 메시지와는 달리, 딸의 응답을 기대하지 않았다.

어머니는 자신과 타인을 진단평가하는 것에서 벗어나, 관계의 패턴과 그 패턴이 두 사람의 기능에 어떤 영향을 미치는지를 보는 태도로 바뀔 수 있었다. 이러한 변화에서 가장 큰 걸림돌은 자신에 대한 타인의, 그리고 타인에 대한 자신의 강렬한 감정반사반응이다. 어머니는 정서가 중요한 것을 알고는 있었지만, 정서에 대해 인과론적 사고에 갇혀 비난하고 자책만 하고 있었다고 말했다. 그녀의 메시지 내용과 유쾌한 전달방식은 모녀관계 체계의 수십 년 된 정서적 신호를 지워 버렸다. 즉, 모녀 체계의 정서적 논리를 깨뜨린 것이다. 사람들은 이런 일이 벌어지면 상황이 예상대로 펼쳐지지 않는 것을 즉각 알아차린다. 어머니의 변화는 기법이 아니라, 새로운 사고방식에 기반해서 일어났기에 그 영향은 더욱 강력했다. 딸은 어머니의 불안에 의해 만들어진 기대에 대한 부담이 줄어 "자기"를 잘 유지할 수 있게 되었고, 어머니에게 더 자주 연락하기 시작했다. 만일 어머니가 최근 몇 년간 딸과의 관계에서 일어났던 일들에 대해 정서적 중립성을 취하지 못했다면, 딸은 어머니의 말을 비꼬는 것으로 듣기 쉬웠을 것이다. 누구나 중립적인 태도와 이전부터 늘 똑같이 해 왔던 방식의 차이를 감지할 수 있다. 어머니가 진심으로 마음이 가벼워질 수 있었던 것은 상황을 더 명확하게 이해할 수 있게 되었기 때문이다. 이제는 딸과의 관계를 비극적인 상황으로 보는 것이 아니라, 더 흥미로운 상황을 기대하는 관계로 바꿀 수 있게 되었다. 이러한 변화가 일어나면, 관계의 예후는 기대해 볼 만하다.

기능하는 위치란, 관계 체계에서 개인의 위치가 그의 기능을 어떻게 조절하는지, 그리고 체계과정에 어떤 영향을 미치는지를 설명하는 개념이다. 이 개념을 내 가족을 예로 들어 설명해 보겠다. 나는 처음부터 진짜 자기를 향상시켜 기본 분화 수준을 높이고 싶은 영역들이 여럿 있었고, 그중 중요한 부분이 어머니와의 관계였다. 그 당시 나는 서른 살이었고 조지타운 대학의 정신건강의학과 수련의였으며, 결혼을 해서 두 살 된 딸을 둔 아버지였다. 내가 7~8개월 동안 보웬이론을 공부하며 적용하고 있던 시점에 어머니가 워싱턴 D.C.를 방문하게 되었다.

나는 어머니와의 관계에서 생각보다 훨씬 더 불안하다는 것을 알아차리기 시작했다. 이 사실은 아내가 나와 어머니의 전화 통화를 하는 모습을 보고 이 점을 짚어 줘서 알게 되었다. 처음에는 잘 몰랐는데, 덕분에 아내가 보았던 것을 나도 관찰하게 되었다. 어머니의 방문 후에야 비로소 내가 어머니와 연락하기 전부터 불안이 높아지고 있었다는 것을 알게 되었다. 나는 어머니를 사랑했고 어머니의 방문을 원했으며 어머니를 뵈어서 매우 기뻤지만, 내면에서 불안이 이미 진행 중이었음을 알아차리지 못하고 있었다.

어머니의 방문 이틀 즈음에 중요한 일이 일어났다. 나는 2층짜리 타운하우스의 계단 밑에서 계단을 오르려던 참이었고, 그때 어머니가 위층 계단에서 내려오려는 것을 보았다. 나는 어머니가 이마에 손등을 얹으셨고, 자세가 약간 구부정해지는 것을 보았다. 돌이켜 보면, 어머니의 이런 모습을 전에도 수백 번은 보았던 적이 있다. 그 순간 위가 경직되면서 어머니의 고통을 덜어드리기 위해 무언가를 해야 한다는 생각이 들었고, 어머니에게 다가가 기분을 좋게 할 말이나 행동을 하려는 충동을 느꼈다. 심지어는 조금 움직이기까지 했는데, 이내 그런 나 자신을 깨닫고 멈추었다.

내 생각에 수개월 동안 체계론적 사고를 접했고 또한 나의 불안을 더 잘 인식하게 되었던 것이 중요한 순간에 어떤 식으로든 나의 지적 체계를 활성화시킨 것 같다. 갑자기 나는 이전에 볼 수 없었던 과정을 관찰할 수 있었다. 어머니의 얼굴 표정과 몸 자세의 이미지가 초당 약 30만 킬로미터의 광속으로 계단을 내려와 내 눈으로 들어왔고, 빠르게 내 위와 뇌로 전달되었다. 나는 이 문제를 해결해야 한다는 순간적인 강박도 알아차릴 수 있었다. 이것은 내가 어릴 때부터 어머니와 함께 춰 왔던 춤이라는 것을 깨달았다. 나는 믿을 수 없을 만큼 어머니와 어머니의 고통에 맞춰져 있었던 것이다. 이 과정을 어머니의 문제로 보던 시각에서 우리 사이의 관계과정으로 본 결과, 나는 즉시 위협감을 덜 느끼게 되었고 놀랍게도 편안해졌다. 나는 어머니에게 미소를 지으며 아래층으로 내려오실지를 물었고, 어머니는 그렇게 하셨다. 그 순간에 어머니에게 미소를 지으며 온정을 느낀 것은 전에 없었던 일이었다. 그 순간은 지나갔고, 어머니는 괜찮았다.

다음 며칠 동안 이 일과 관련된 다른 생각들이 떠올랐다. 어머니를 대할 때 느꼈던 죄책감이 사라졌다. 우리의 이전 패턴은 어머니가 슬며시 과소기능의 위치로 가면, 내가 과대기능의 위치로 이동하는 것이었다. 이 패턴은 수년에 걸쳐 아주 많이 반복되었기 때문에, 특히 어머니와 내가 함께 있을 때면 나에게는 만성적인 걱정거리였다. 우리는 이 과정에서 각자의 역할이 있었다. 나는 어머니를 문제의 원인으로 간주했었다는 것을 더 명확하게 깨닫게 되었다. 이제 나는 어느 누구의 탓이 아닌, 두 사람 간의 정서과정이 작동했음을 알게 되었다. 죄책감은 나만의 탓이 아닌, 관계 상호작용의 산물이었다. 이 과정에 대한 객관성은 내 마음속에 정서적으로 중립적인 태도를 갖게 만들었다.

어머니를 직접 만나기 전에 느꼈던 불안은 계단에서와 같은 경험을 다룰 수 있을지에 대한 확신 부족과 관계가 있음을 깨달았다. 이 과정을 인식하고 인과론적 사고에 얽매이지 않고 과정을 깊이 생각할 수 있게 되면서, 나는 어머니와 있을 때 나 자신을 더 잘 조절할 수 있는 자신감을 갖게 되었다. 나의 예기불안은 사라졌다. 나는 어머니에게 분명한 자기-입장을 취하지도 않았고, 불안해하면서 어머니의 주변을 서성이지도 않았다. 어머니가 나에게 어떤 존재인지는 내가 어머니에게 어떤 존재인지와 미묘하게 연결되어 있다는 것을 알게 되었다. 또한 시간이 지나면서 이해가 깊어진 것이지만, 어머니와 나의 관계는 아버지와의 삼각관계에 연관되어 있었고, 이 삼각관계는 다른 가족들과의 삼각관계와 맞물려 있다는 것을 또렷하게 알게 되었다.

나는 제2장에서 문제가 과거에 있는 게 아니라, 현재에 있다고 언급했다. 문제는 과거에서 시작했지만 계속해서 현재에도 반복되고 있다. 이것은 정서적으로 매우 중요한 사람과의 관계에서 좀 더 진짜 자기로 기능함으로써 심리 내적 과정(죄책감과 '해야 한다'는 감정)이 크게 수정된 나의 첫 번째 경험이었다. 나는 어머니와의 관계에서 기능하는 위치를 수정했고, 어머니도 자신의 위치를 수정했다. 이는 정서적 논리에 의한 춤이었다.

나는 제16장에서 분화과정에 대해 더 자세히 설명하면서, 개인적으로 경험한 다른 예들을 제시하려고 한다. 수십 년 전의 이 계단 경험은 어머니에 대한 정서적 미해결 애착을 해결하려는 여정의 시작에 불과했다. 이 많은 경험들을 통해서 나는 아무리 정신분석가가 중립적 자세와 무비판적 자세를 취한다고 해도 그는 어머니가 될 수는 없다는 사실을 깨달았다. 정신분석가는 손등을 이마에 대지 않고 구부러진 자세를 취하지도 않는다. 중요한 관계의 문제를 현실 세계에서 해결하는 것이 카우치에 누워서 해결하려는 것보다 확실한 이점이 있다. 보웬은 정신분석을 통해 일어날 수 있는 것보다 부모나 중요한 타인과의 관계에서 "자기"를 분화시킬 때 더 많은 심리 내적 변화가 일어난다고 주장했다(1970년의 사적 대화에서). 이 의견이 시사하는 중요한 점은 많은 치료사들이 하는 것처럼, 문제를 관계 문제와 심리 내적 문제로 이분화하는 것은 잘못된 것이라는 점이다. 관계과정과 심리 내적 과정은 서로 밀접하게 연결되어 있다.

어머니(및 다른 사람들)와의 상호작용으로 인해 나에게 일어난 변화를 평가해 본다면, 나는 어머니로부터 불안을 촉발할 수 있는 사회적 신호들을 정신적으로 처리하는 새로운 방법을 배워, 나의 스트레스 반응체계에서 자동적 반사반응을 멈출 수 있게 되었다. 이전에는 위협적이었던 자극들이 더 이상 위협적으로 느껴지지 않게 되었다. 나는 스스로를 더 잘 조절할 수 있게 되었고, 불리한 자극에 직면했을 때도 덜 무기력해졌고, 이 과정에서 정서적으로 더 중립적이 되었다. 그 결과, 죄책감과 같은 부정적 감정들과 주관적 태도가 줄었다. 내가 코칭했던 수백 명의 사람들도 이와 동일한 과정을 고백했다. 이것은 작지만 중요한 변화이다. 장기간에 걸친 노력의 가장 큰 수확은 내가 이전보다 어머니에게 더 편안하게 다가갈 수 있게 되었다는 것이다.

보웬이 매닝거 클리닉에서 그리고 그 이후에는 국립정신건강연구소NIMH에서 수행했던 어머니와 심각한 기능 문제를 지닌 성인 자녀의 미해결 공생관계에 대한 연구를 통해서, 그와 그의 연구팀은 강렬한 정서과정을 상당히 객관적으로 설명할 수 있었다(Bowen, 1978, 2013). 어머니와 자녀 간의 반복된 상호작용에 대한 연구는 두 사람이 모두 강렬한 애착을 지속해 왔음을 밝혀 주었다. 이러한 결론은 단순히 그들이 무엇을 했다는 보고에 근거한 것이 아니라, 그들이 했던 상호작용에서 드러난 기능적 사실에 기반해서 도출한 것이었다. 이 연구는 모든 가족관계의 관계과정을 객관적으로 설명하고 가족을 정서적 단위로 이해하는 데 초석이 되었다. 이 초기 연구에서 극복해야 했던 주요 장애물은 개인 중심적이고 인과론적인 사고에 얽매여 있는 것이었다. 이 연구의 모든 연구자들은 처음에 정서적으로뿐 아니라 지적으로도 개인 중심적 사고방식에서 벗어나지 못했다. 보웬은 한 가지 사고방식에서 벗어나서 새로운 사고방식을 받아들일 수 있는 기회를 제공해 주었다.

1940년대와 1950년대의 정신분석의 기조가 강한 분위기에서 연구자들이 개인 중심적 패러다임에서 체계론적 패러다임으로 전환하면서 겪었던 어려움은 내가 원가족에서 겪었던 패러다임 전환의 어려움과 비슷했다. 강렬한 정서는 사회의 다양한 수준에서 집단사고를 형성할 수 있다. 나는 이러한 새로운 사고방식의 개척자는 될 수 없다고 생각했지만, 보웬의 강연을 처음 들었을 때 전적으로 그것을 받아들일 수 있었다. 그러나 이 이론을 나의 것으로 만들기 위해서는 계속해서 나의 가족뿐 아니라, 나의 다른 연구분야에도 적용해 나가야 했다.

제9장

정서적 프로그래밍

  정서적 프로그래밍은 유전자가 아닌 관계와 학습을 통해 가족 내 여러 세대에 걸쳐 정보를 전달하는 과정에서 발생하는 현상이다. 하지만 환경과 유전자 온-오프 스위치 간의 상호작용을 연구하는 학문인 후성유전학epigentics[1]의 폭발적인 발전으로 정서적 프로그래밍과 유전자 발현 사이의 상호작용을 연구하는 문이 열리고 있다는 점이 중요하다. 이 분야의 연구는 아직은 초기 단계여서 이 과정에 대한 뚜렷한 결론을 내리기는 어렵다. 프로그래밍은 세대 내에서 그리고 세대 간에 일어나는 언어적, 비언어적, 그리고 행동적 상호작용에서 비롯된다. 가장 강력한 프로그래밍은 성장기 동안 부모와의 삼각관계에서 일어나지만, 형제자매와 다른 가족원들도 중요한 영향을 미친다. 대부분의 사람들은 정서적 프로그래밍이 자신에게 어떤 영향을 미치는지 의식하지 못한다. 하지만 프로그래밍은 사람들의 삶의 대부분을 지배하는 수많은 자동적 행동에 영향을 미친다. 예를 들어, 프로그래밍에 의해 사회적 자극에 대한 공포 반사반응이 강화하거나 약화될 수 있다. 이러한 자동적 반응에는 정서, 느낌, 그리고 주관적 인지 요소들이 상호 연결되어 있다.

  보웬과 마찬가지로 스키너(B. F. Skinner, 1953)는 인간 행동을 자연과학적으로 탐구하며 발전시키려고 노력했다. 스키너는 측정 가능한 행동과 그 행동에 영향을 미치는 구체적인 촉발요인을 연구했다. 그는 객관적이지 않다고 생각하는 마음에 대해서는 연구하지 않았다. 예를 들어, 그는 사람들이 생각한 것을 그대로 이야기하도록 요청하여 얻은 연구 데이터를 유용한 것으로 보지 않았다.

  보웬이론은 사람들의 내면 성찰이 연구와 임상 작업에서 유용하다고 생각하지만, 이를 관계 체계 맥락에서 이해할 때만 의미가 있다고 본다. 보웬이론가는 사람들이 자신의 행동

---

[1] 역주: 후성유전학은 부모로부터 받은 유전 정보가 환경적 요인에 의해서 다양하게 발현되는 것을 연구하는 학문이다. 즉, 유전자의 변화보다는 유전자의 발현과 조절(온-오프 스위치)을 결정하는 메커니즘에 관심을 두고 있다.

이유를 설명하는 것을 듣고, 이를 단순히 인과론적 관점으로 보지 않고, 관계 체계과정에서 나타나는 수많은 호환적 상호작용 요소들 중 하나로 간주한다.

보웬이론이 추구하는 인간 행동에 대한 자연과학적 접근은 스키너의 접근과는 다르다. 보웬이론은 가족관계와 그 속에서 관찰할 수 있는 기능적 사실들을 탐색하는 데 기반을 두기 때문이다. 인과론적 사고방식과 관계과정의 기능적 사실들 간의 연관성은 다음의 임상적 예시로 설명될 수 있다.

반항적인 사춘기 아들을 둔 어머니는 자신의 지나치게 보호적인 태도가 아들을 행복하게 해 주려는 깊은 열망에서 비롯된 것이라고 생각하고 있었다. 어머니의 이러한 감정에 기반한 태도는 아들의 삶의 문제들을 해결하기 위해 지속적으로 관여하려는 노력으로 나타났다. 어머니는 아들에게 과대기능을 하였다. 아들은 어머니가 자신을 귀찮게 한다고 느꼈고, 대부분의 문제들에서 어머니와 부딪히며, 심할 때는 어머니에게 신체적으로 공격하기도 했다. 아들은 어머니가 자신을 통제하려 하고, 자신의 의사결정 능력을 믿지 않는다고 느꼈다. 이러한 두 사람의 상호작용은 아들이 청소년기에 들어서면서부터 반복적으로 일어났다.

이러한 상호작용은 아들을 정서적으로 프로그래밍하는 과정이며, 동시에 어머니의 행동도 자신이 경험했던 정서적 프로그래밍에서 비롯된 것이다. 예를 들어, 아들은 비판에 과민하게 반응하고, 일단 반대부터 하는 방식으로 프로그래밍된 것이다. 어머니의 프로그래밍은 친정 어머니가 남동생을 걱정하고 안쓰러워했던 것을 따라 하는 것과 일부 연관이 있다.

어머니의 감정 상태가 특정 행동과 연관되어 일어나는 것은 자연스러운 일이다. 예를 들어, 숙제를 하지 않는 아들을 지켜보면서 숙제를 하도록 재촉하는 어머니의 행동은 기능적 사실이다. 아들이 침울한 표정으로 집안 이곳저곳을 돌아다니다가 TV 앞에 앉는 기능적 사실이 어머니에게는 그가 불행하고 자신의 지지를 필요로 한다고 느끼게 만든다. 어머니의 재촉에 아들은 화를 내고, 통제받는다고 느끼며, 방으로 들어가 꾸물거리면서 숙제를 시작한다. 어느 한 사람의 감정, 태도 혹은 행동이 문제를 야기하는 것이 아니다. 이것들은 모두 관계에서 일어나는 호환적 상호작용의 기능적 사실들이다.

이와 같은 사례에서 어머니가 내적 성찰을 통해 자신의 행동이 주관적 태도에서 촉발된 것임을 깨닫고, 이러한 태도가 아들의 언어적·비언어적 신호와 행동에서 촉발되고 강화된다는 것을 깨닫게 될 때, 가족치료에서는 가끔 마법 같은 변화가 일어난다. 또한 어머니가 아들과의 상호작용에서 호환성을 보다 완전하게 이해하기 위해서는 부모와의 삼각관계(그리고 보통 핵가족 및 확대가족에서의 상호 맞물린 다른 삼각관계들)로까지 확대할 필요가 있음을 깨닫게 된다. 이 사례에서, 아들의 분노와 꾸물거리는 행동에 대한 아버지의 엄격한 반응은 아들을 보호해야 한다는 어머니의 감정을 증폭시켰다. 전개되는 모든 관계 호환성을 보면서, 어머니는 자신이 변화해야 하고, 아들과 남편을 변화시키려는 노력을 내려놓아야 할 이유를 발견하게 되었다. 남편이 엄격하게 행동하는 이유 중 일부는 아내가 자신보다 아들을 우선시한다고 느끼는 데 대한 반사적 반응이었다.

어머니가 아들을 불안하게 재촉하는 것을 멈추는 것은 아들을 포기하는 것이 아니라, 오히려 어머니가 자신의 태도와 행동이 삼각관계에 미치는 영향을 더 책임감 있게 받아들이는 것이고, 아들이 부모의 인정과 기대와 분노에 과민반응하도록 프로그래밍이 되지 않게끔 책임지는 것이다. 이러한 어머니의 변화가 가져오는 이점은 삼각관계에서 발생하는 만성불안을 현저하게 감소시키는 것이다. 그 결과, 어머니는 더 평정심을 갖고 아들에게 다가갈 수 있으며, 아버지는 외부인 위치에 있는 상황을 줄여 아들을 덜 비난하게 된다. 이에 따라, 아들은 더 차분해지고 덜 방어적이며, 꾸물거리는 행동도 줄어든다. 결국, 어머니가 삼각관계를 인식하며 이를 주도적으로 다루게 되면, 그 안에서 보다 더 '분화된 자기'로 기능할 수 있게 된다.

사람의 태도, 감정, 행동을 그것들이 발생하는 구체적인 관계 맥락에서 연구하지 않으면, 연구자는 자신도 모르게 스키너가 극복하려고 했던 주관성에 빠지기 쉽다. 스키너의 연구는 탄탄했지만, 가족관계 맥락에서 조건화나 프로그래밍을 연구하기에는 이론적 한계가 있었다. 이는 인지행동치료에서도 마찬가지이다. 마음과 상황에 대한 사람들의 인식을 간과하면 인간 상호작용의 문제를 지속시키는 핵심 요소를 놓치게 되고, 관계과정을 간과하면 마음이 어떻게 기능하는지 이해하는 맥락을 잃게 된다. 개인과 관계 체계를 동시에 고려하는 것은 어렵지만, 이를 배우는 것은 충분히 가능하다.

자녀는 부모에게 정서적으로 프로그래밍된 반사반응을 촉발시키며, 동시에 부모도 자녀에게 정서적 프로그래밍을 촉발시킨다. 제11장에서 자세히 설명하겠지만, 부모와 자녀 간에 일어나는 구체적인 과정을 적절하게 설명하려면 다세대 관계 체계 관점이 필요하다. 나는 에필로그에서 어머니와 외삼촌, 그리고 외할머니가 관여된 삼각관계가 어머니와 아버지, 그리고 조현병 진단을 받은 형과의 삼각관계에 어떻게 영향을 미쳤는지를 설명하면서 이를 다룰 것이다. 부모와의 삼각관계에서 융합의 정도는 두 세대만 봐서는 적절히 설명할 수 없다. 정서적 프로그래밍은 연구를 통해 객관적으로 정의될 수 있는 무수한 형태로 세대를 거쳐 전해진다. 다세대 과정을 이해하는 것은 지금 여기에서 일어나는 상황을 폭넓게 보는 데 매우 도움이 된다.

　정서적 프로그래밍은 부모-자녀 관계에서 균형을 이루려는 생명력인 개별성과 연합성의 상호작용 맥락에서 발생한다. 이 두 힘 간의 독특한 균형의 변이는 정서적 프로그래밍의 강도뿐만 아니라, 자기조절 능력의 차이도 설명할 수 있다.

　보웬이론은 인간의 정서발달을 독특한 방식으로 설명한다. 이 이론의 기본 개념은, 개별성을 추구하는 생물학적 기반의 성장력이 점진적인 자기분화를 촉진하며, 부모-자녀 관계에서 연합성을 추구하는 생물학적 동력과 서로 균형을 이루려 한다는 것이다. 이 두 힘은 부모와 자녀 각자의 내면에서 작동하며, 그들 사이의 관계에서도 나타난다. 무력한 유아의 발달 초기에는 연합하려는 힘이 더 강하게 작용하지만, 자녀가 신체적·정서적으로 성장하면서 그 균형은 점차 연합성에서 멀어지는 방향으로 이동하는 것이 정상이다. 이와 유사한 발달과정을 다른 포유류나 조류에서도 쉽게 볼 수 있다.

　[그림 9-1]은 이 과정을 도형화한 것이다. 개별화하려는 힘은 부모-자녀 관계에서 정서적 자율성을 촉진하고, 연합하려는 힘은 부모와 자녀가 하나 됨을 촉진한다. 왼쪽 도형은 매우 미분화된 상태에서 태어난 신생아 딸(부모 사이에 있는, 점선의 원으로 부호화함)이 부모와 강하게 융합된 상태를 보여 준다. 이는 무력한 유아가 생존하기 위해 필요한 정상적인 공생적 애착이다. 어머니와 자식은 한 사람인 것처럼 거의 완전한 정서적 융합 상태에 있다. 제4장에서 다이앤 애커먼(2012)의 말을 떠올려 보면, 융합은 '누구의 몸인지를 구분할 수 없을 정도로 자기가 다 스며든 것처럼 느끼는 상태'를 의미한다. 아기는 고립되거나 고통스럽다는 신호로 어머니의 반응을 유발하지만, 본능적으로 부모로부터 떨어져서 분리되고 별개의 독립된 성인으로 성장하려는 욕구가 있다. 부모도 아기를 보호하고 편안하게 해 주며 양육하려는 본능적 욕구가 있지만, 아기에게서 점차 분리되고 싶은 본능 또한 가지고 있다.

　왼쪽 도형은 딸이 생물학적으로 성장함에 따라 심리적으로도 성숙하는 모습을 상징한다. 도형에서 딸을 표시한 원은, 딸의 자기가 더 명확하게 정의되고 부모와의 관계에서 덜 얽히게 되는 과정을 보여 주며, 딸이 신체적으로뿐 아니라 정서적으로도 나이에 맞게 부모와 더 분리되는 것을 부호화한 것이다. 도형에 따르면, 딸은 10대 후반에 이르렀을 때 부모에 대한 정서적 애착이 상당 부분 해결되어서 "자기"가 충분히 잘 발달했음을 보여 준다. 이상적

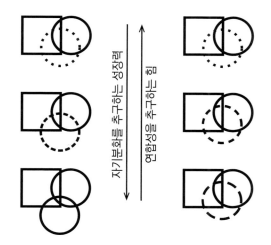

[그림 9-1] 각 도형의 수직적 배열은 자녀가 생물학적으로 성장하는 동안 부모-자식의 정서적 애착이 해결되는 정도의 차이를 시각화한 것이다. 왼쪽 도형은 딸이 생물학적 · 심리적으로 성숙함에 따라 부모가 딸의 현실적인 능력에 맞추어 딸과 분리되면서 정서적 애착이 해결되는 과정인 반면, 오른쪽 도형은 정서적 애착이 거의 해결되지 않은 상태를 보여 준다. 각 열의 맨 위에 점선으로 표시된 원은 부모 사이에 있는 갓 태어난 여아를 상징한다. 이 시기에는 부모-자녀 간의 공생관계가 정상적이다. 두 번째 줄에서, 왼쪽 도형은 사춘기에 접어든 딸이 어느 정도 "자기"를 발달시킨 상태를 파선[2]의 원으로 표시했다. 이는 부모와의 애착관계가 일부 해결되었음을 의미한다. 반면, 오른쪽 도형에서는 사춘기 이전의 딸이 "자기"를 거의 발달시키지 못한 상태로, 좀 더 굵은 점선의 원으로 표시했다. 이는 부모와의 애착문제가 거의 해결되지 않았음을 시사한다. 맨 아래 줄에서, 왼쪽 도형은 딸을 실선의 원으로 표시했고, 딸이 성장하면서 "자기"가 상당히 발달하여 부모와의 정서적 애착이 많이 해결된 상태(중첩 부분이 적음)를 의미한다. 반면, 오른쪽 도형에서 파선의 원과 부모-자녀 간의 중첩 부분이 거의 줄지 않은 것은, 그들의 정서적 애착문제가 거의 해결되지 못했고, 딸의 "자기"도 충분히 발달하지 못했음을 보여 준다. 가운데 있는 두 줄의 긴 화살표 중 왼쪽 화살표는 개별성과 분리된 "자기"의 발달을 추구하는 성장력을 상징하며, 이는 부모와 자녀 사이의 정서적 분리를 촉진한다. 반면, 오른쪽 화살표는 부모와 자녀 간의 연합력을 상징하며, 초기 공생적 애착의 해결을 지연시키는 기능을 한다.

인 상황에서는 부모와 자녀가 서로의 정서적 경계를 존중하면서 편안하게 다가갈 수 있다. 적절히 분화된 이러한 관계는, 딸이 성인기로 진입할 때 부모와 거의 성인이 된 딸이 비교적 개방적이고 친밀한 관계를 유지할 수 있게 해 준다.

　보웬이론이 설명하는 분리과정을 발달단계의 관점으로 살펴보는 것은 적절하지 않다. 발달적 측면에서는 결정적 시기가 존재할 수 있지만, 이 개념은 정서적 분리과정에는 적용되

---

2)　역주: 파선a dashed line은 일정한 짧은 선을 반복적으로 배열한 선(-----)이고, 점선a dotted line은 일정한 간격으로 작은 점들이 나열된 선(⋯⋯)이다.

지 않는다. 정서적 분리는 부모가 자녀와 적절하게 분리되어 가는 점진적 과정이며, 이를 통해 자녀도 부모에게서 자연스럽게 독립해 간다. 사춘기의 시작 시기를 고려해, 청소년기를 하나의 단계로 봐야 한다고 주장하는 입장도 있다. 그러나 보웬이론이 중요하게 보는 부분은, 부모-자녀 관계의 정서적 분리 정도에 따라 청소년기가 매우 다양하게 나타난다는 것이다. 정서적 분리는 자녀가 청소년기에 이르기 전에 서서히 진행되어, 청소년기까지 계속되는 과정이다. 제4장에서 설명한 대로, 청소년기의 심각한 반항이나 지나친 순응은 부모와 10대 자녀 간의 정서적 분리가 거의 이뤄지지 않은 관계에서 발생할 가능성이 높다. 반항적인 청소년이 가족을 뿌리치고 떠나는 과정에는 부모의 높은 정서적 감정반사가 동일하게 영향을 미친다. 이는 청소년의 성장과 성숙을 방해하는 요인으로 작용한다.

부모는 자녀가 성장함에 따라 불안으로 인해 연합성을 추구하는 욕구를 적절히 조절해야 하는 과제를 안고 있다. 이러한 욕구를 조절하지 못하면, 자녀가 부모와 정서적으로 분리될 수 있는 능력이 저하될 수 있으며, 이는 자녀가 부모(이후에는 부모를 대체할 다른 사람)에게 과도하게 오랫동안 의존하도록 만들 수 있다. 부모가 연합성 욕구 조절에 어려움을 겪으면, 일반적으로 자녀를 다루는 과정에서 불안으로 인해 지나치게 관여하게 된다. 또한 자녀를 지나치게 이상화하며, 결국 자녀의 취약성을 간과하는 경우가 많다. [그림 9-1]의 오른쪽 도형은 부모와 자녀 간의 정서적 분화가 부족한 것을 나타낸다. 후기 청소년기의 딸을 긴 파선으로 표시한 것은, 왼쪽 도형의 딸보다 "자기"가 덜 발달했고, 성인기로 진입하는 시점에서 부모에 대한 정서적 애착이 충분히 해결되지 않았음을 의미한다. 자녀는 본능적으로 부모와 정서적으로 분리되려 하지만, 연합성의 유혹에 쉽게 휘둘릴 수 있다. 부모와의 삼각관계에서 해결되지 않은 상호의존의 정도는, 자녀가 아동기나 청소년기에 어떤 증상을 보였더라도 부모나 자녀가 이를 명확히 인식한 적이 없는 경우가 아주 흔하다. 부모는 자신이 계속 불안했음을 인식할 수 있지만, 그 원인을 자녀에게 돌리며 이를 정당화하려 할 수도 있다.

정서적 융합과 그에 따른 정서적 프로그래밍의 또 다른 비교적 흔한 유형은 어머니가 만성우울이나 약물남용 같은 역기능 문제를 갖고 있을 때 나타난다. 이 경우, 융합은 자녀가 어머니의 기분에 지나치게 맞추며, 어머니를 행복하게 만드는 것을 자신의 책임으로 크게 느끼는 형태로 나타난다. 이는 일종의 부모에게 초점화된 자녀의 경우이다. 이러한 강한 융합은 자녀를 어머니와 강력한 상호의존적 관계로 프로그래밍하여, 그 결과 자녀는 어머니의 관심을 과도하게 필요로 하게 된다. 이 패턴은 나중에 연인관계에서도 반복될 가능성이 높다. 이러한 사람은 관계에서 주기만 하고, 충분히 보상받지 못한다고 느끼는 경우가 많다. 어머니는 기본적으로 자녀와 깊이 관여된 관계를 유지하지만, 가끔 어머니가 관계에서 거리를 두려는 순간이 있을 수 있다. 이때 자녀는 이러한 변화에 매우 과민하게 반응한다.

제4장에서 언급했던 폴 맥클린(1990)의 세 가지 가족 행동의 유형에 대해 떠올려 보자. 그중 하나가 모성보호와 관련된 모유 수유이며, 이를 통해 자녀와 어머니는 서로에게 더욱 중요한 존재가 된다. 모유 수유 과정은 어린 자녀의 생존을 위한 진화의 산물이지만, 모-자녀 관계를 포함하는 가족관계 체계에서 불안이 발생하면 쉽게 휘말릴 수 있게 한다. 불안은 주 양육자와 자녀 간의 애착에 영향을 미쳐 자녀의 발달을 지연시킬 수 있다. 자녀가 어머니의 젖을 떼더라도, 정서적 연결은 여전히 유지된다. 어머니의 지속적인 욕구와 불안은 자녀에 대한 지나친 집착으로 이어질 수 있으며, 이에 자녀가 호환적으로 반응하는 것은 가족 체계를 안정화시키는 기능을 할 수 있다. 예를 들어, 자녀와의 삼각관계는 부모 사이의 잠재된 긴장을 완화시키는 기능을 한다. 가족 구성원 모두가 이에 일정 부분 기여한다. 내가 원가족에서 맡았던 역할 중 일부는, 형이 가족 불안의 원인이라고 생각하여 어머니의 편을 드는 것이었다. 이는 형이 정신과 진단을 받기 훨씬 오래전부터 지속되어 온 일이었다.

[그림 9-1]의 오른쪽 열에서, 부모의 불안으로 인해 연합성을 추구하는 과정에 자녀가 관여하게 되면, 의도치 않게 자녀의 분화, 자기결정, 자기조절보다 연합성과 의존성이 강화된다. 부모의 욕구와 불안은 딸과의 적절한 분리를 방해하고, 딸은 부모와 융합된 채로 돌봄을 받으면서 연합성 욕구에 따라 행동하게 된다. 그 결과, 딸은 청소년기 후반까지 "자기"를 거의 분화시키지 못해서, 성인기로 진입할 준비가 부족하다. 유아기에는 정상적이었던 부모에 대한 정서적 애착이 여전히 상당 부분 해결되지 않은 상태로 남아 있게 된다.

이상의 설명은 발달과정을 최대한 단순화하여, 중요한 세부 사항들을 생략한 것이다. 이렇게 한 의도는 보웬이론이 애착이론과 같은 현대 발달 심리학 이론과 다르다는 점을 강조하면서, 큰 그림을 이해할 수 있도록 하기 위함이다. 애착이론은 부모가 자녀와 적절한 유대감을 맺지 못하면, 자녀는 중요한 타인과 불안정한 애착을 형성한다고 본다(Bowlby, 1988). 이는 모성 박탈이 관계 및 기타 삶의 문제의 핵심 원인이라고 보는 관점과 유사하다.

보웬이론은 성인이 되어도 불안정한 애착 경향이 높은 사람들은 부모에 대한 애착문제가 여전히 해결되지 않은 상태에 있다고 설명한다. 부모-자녀 관계에서 때때로 발생하는 상당한 정서적 거리두기는 부모와 자녀 사이의 해결되지 않은 강렬한 정서적 융합의 반사반응이라고 할 수 있다. 스물일곱 살의 한 남자는 "엄마와 저는 서로 사랑하지만, 때때로 옆에 있는 게 힘들어요. 우리는 서로의 신경을 건드리죠. 아주 가끔 짧은 시간 동안 만나는 것이

최상이에요."라고 말했다. 이 청년은 부모와 함께 사는 것보다는 거리를 두고 살기로 결단했다. 그는 또한 젊은 여성과의 장기적인 친밀한 관계를 유지하는 데도 어려움을 겪었다. 중요한 점은 그가 기본 분화 수준이 같은 여성을 선택하기 때문에, 친밀한 관계에서의 어려움이 단순히 그가 제대로 기능하지 못해서가 아니라, 그와 파트너가 함께 만들어 내는 관계의 결과라는 점이다.

부모가 특정 자녀와의 정서적 애착을 해결한 정도는 다른 자녀와의 애착 해결 정도와 상당히 다를 수 있다. 나의 원가족이 그러했다. 나의 가족에서처럼 그 차이가 매우 큰 경우도 있지만, 그렇지 않은 경우도 있다. 이는 일반적으로 형제자매가 매우 다르게 성장하는 현상을 설명하는 데 도움이 될 수 있다(Kerr, 2008). 하지만 보웬이론은 형제자매 관계의 구체적인 결과에 대해서는 설명하지 않는다. 그 이유는 여러 변수들이 개입되기 때문이다. 그럼에도 불구하고, 보웬이론은 가족에 대한 정서적 애착을 가장 잘 해결한 형제자매일수록, 형제자매 중에서 가장 안정된 관계를 유지하며 순탄한 생애를 살아갈 가능성이 높다고 예측한다.

보웬과 그의 연구팀은 1950년대 〈가족연구 프로젝트〉에서 형제간의 정서적 기능의 차이를 연구했다. 조현병 진단을 받은 자녀를 둔 부모 중에는 정상적으로 기능하는 다른 자녀가 있는 경우가 많았다. 보웬이론은 조현병 발병에 취약한 형제자매가 "자기"가 부족하고, 주양육자와의 초기 공생관계가 거의 해결되지 않을 뿐 아니라, 다른 형제자매에 비해 덜 해결된 것으로 설명한다. 여기서 강조할 점은, 체계론이 '정상'이라는 개념을 절대적인 기준으로 보지 않는다는 점이다. 정서적 기능은 연속적이며 다양한 방식으로 나타난다. 나의 원가족의 경우, 두 형들과 나는 조현병으로 진단받은 형보다 약간 더 높은 수준으로 기능했다. 보통 '정상'과 '비정상'이라는 용어는 사람들 간의 질적인 차이를 나타내지만, 보웬이론은 그 차이를 양적인 것으로 생각한다. 이러한 양적 차이는 그리 크지 않더라도, 생애과정에서는 충분히 의미 있는 차이를 만들어 낼 수 있다.

보웬이론에서 형제자매 간의 차이를 설명하는 데 유용한 기본 개념은, 같은 가족 내에서도 서로 다른 삼각관계 속에서 성장한다는 점이다. 네 명의 자녀를 둔 한 어머니는 자신이 지금까지 맺어 온 인간관계 중에서 열네 살인 첫째 딸과 가장 성숙한 관계를 맺고 있는 반면, 열두 살 된 둘째 딸과의 관계는 가장 미성숙하다고 설명했다. 어머니는 남편이나 나머지 두 자녀와의 관계는 이 두 극단 사이에 있다고 덧붙였다. 둘째 딸은 행동 및 학업에서 어려움이 있었으나, 다른 자녀들은 문제 없이 잘 해내고 있었다.

네 살 된 일란성 쌍둥이 딸을 키우는 또 다른 어머니는 쌍둥이 중 한 명과 서로의 기분,

목소리 톤, 얼굴 표정에 강렬하게 초점을 두어 상호작용한다고 말했다. 이들의 상호작용은 주로 정서에 따라 결정되는 것이다. 어머니는 "우리는 이런 식으로 상호작용하는데 거의 중독 수준이에요."라면서, 이 관계를 특별한 것으로 여겨 불만이 없다고 했다. 반면, 다른 딸과는 완전히 다르게 상호작용해서 서로에게 훨씬 덜 반사적으로 반응한다고 말했다. 또 다른 가족의 아버지는 세 명의 아들을 키웠는데, 위의 두 아들은 '이성적'이고, 막내 아들은 '비이성적'이라고 말했다. 그는 자신이 아는 거의 모든 가족에서 이러한 패턴이 나타난다고 하면서, 그 이유를 궁금해했다. 보웬이론은 가족 내에서 흔히 볼 수 있는 이러한 현상에 영향을 미치는 핵심 과정을 설명해 준다.

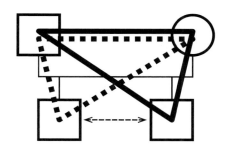

[그림 9-2] 부모와 큰 아들 사이의 굵은 점선은 현실에 기반하고, 불안이 낮으며, 성숙한 상호작용을 하는 부모와의 삼각관계를 부호화한 것이다. 반면에, 부와 모 사이, 그리고 부모와 작은아들 사이의 굵은 검은색 실선은 감정 중심의, 불안이 높고, 미성숙한 상호작용을 하는 삼각관계를 나타낸다. 형제 사이의 파선 화살표는 두 사람의 상호작용이 각자의 발달에 영향을 미친다는 것을 의미한다.

[그림 9-2]는 같은 가족이지만 다른 삼각관계를 보이는 현상을 도형화한 것이다. 이 도형에서 부모와 큰아들 간의 삼각관계는 부모와 작은아들 간의 삼각관계보다 만성불안이 덜 발생하는 것을 나타내기 위해 굵은 점선으로 표시되었다. 반면, 부모와 작은아들 간의 삼각관계는 만성불안이 더 많이 발생하는 것을 나타내기 위해 굵은 실선으로 표시되었다. 형제 사이를 나타내는 파선 화살표는 두 사람의 상호작용이 가족 전체의 정서과정에 영향을 미친다는 것을 보여 준다. 예를 들어, 큰아들은 부모와 동생 사이의 과대기능-과소기능의 호환성을 인식하지 못한 채 부모 편을 들면서, 동생이 무책임하게 행동해서 부모를 힘들게 한다고 비난할 수 있다. 형제자매 관계는 일반적으로 부모와의 삼각관계보다 자녀의 정서적 프로그래밍에 미치는 영향이 상대적으로 적지만, 그렇다고 무시할 수 있는 요소는 아니다.

〈표 9-1〉

분화 수준이 높은 부모-자녀의 삼각관계	분화 수준이 낮은 부모-자녀의 삼각관계
낮은 불안 투자	높은 불안 투자
성숙한 상호작용	미숙한 상호작용
목표 지향적	관계 지향적
더 '분화된 자기'	덜 '분화된 자기'

〈표 9-1〉은 부모가 큰아들과 작은아들 각각과 이룬 두 삼각관계의 차이를 목록으로 제시하고 있다. 우선, 부모가 자녀에게 불안하게 투자하는 정도가 상대적으로 적은 자녀는 큰아들이다. 부모가 자녀에게 관심과 애정 같은 것을 투자하는 것은 분명히 긍정적인 일이지만, 만약 그 투자가 만성적으로 불안과 함께 이뤄진다면, 특히 관심에 대한 필요성, 인정과 기대에 대한 민감성, 그리고 부모의 감정동요에 대한 높은 반사반응 같은 영역에서 자녀의 정서적 프로그래밍이 급격히 강화될 수 있다. 이러한 요소들이 바로 앞서 언급했던 사회적 신호들의 예시이다. 물론 이것이 전부는 아니다. 그러나 이 네 가지 신호를 강조하는 이유는, 사람들이 일반적으로 가족관계와 다른 영역에서도 더 '분화된 자기'로 기능하기 위해 반드시 다뤄야 할 필요가 있는 부분이기 때문이다.

앞서 강조했듯이, 이러한 반사반응성과 연결된 주관적 태도들, 예를 들어 부당한 대우를 받는다고 느끼거나 자신이 우주의 중심이라고 생각하는 태도들은 감정반사행동과 밀접하게 연관되어 있기 때문에 이를 인식하는 것이 매우 중요하다. 정서적 프로그래밍이 강렬할수록, 개인의 행동과 의사결정은 편견과 기타 주관적 태도의 영향을 더 많이 받게 된다.

만일 자녀들이 만성적으로 강렬한 정서적 환경에서 성장하면, 특히 가족 구성원이나 가족 외부 인물들이 관여한 삼각관계와 같은 강렬한 환경에서는 자녀가 다른 사람에 대해 자동적으로 반사반응을 많이 하게 되어 스스로 생각하는 능력을 향상시키기 어려울 수 있다. 게다가, 부모가 세상을 해석하는 방식을 계속해서 가르쳐 줄 경우, 이러한 방식은 자녀들의 지적 체계와 자기조절 능력 발달을 저하시킬 수 있다. 이러한 방식은 두 가지 문제점을 초래할 수 있다. 그 하나는 사회적 환경에 대한 감정반사가 높아지는 것이고, 다른 하나는 자기조절을 위한 인지 능력이 손상되는 것이다. 이 두 가지 문제가 결합되면, 매우 이상적인 환경이 아닌 이상, 사람이 차분하게 기능하기란 어려울 수 있다. 극단적인 경우에는 심각한 손상을 초래하여 임상 증상을 보일 수 있다. 이러한 증상에는 매우 불안정한 관계, 심각한 행동문제로 외현화된 불안, 혹은 내재화된 만성불안이 신체와 마음에 부정적인 영향을 미처 일어나는 모든 종류의 임상 문제들로 나타날 수 있다. 이러한 문제들은 현재 즉시 나타날 수도 있고, 장기적으로 지속된 불안의 대가로 나타날 수도 있다.

〈표 9-1〉의 목록에서 두 번째로 제시된 과정은 부모-자녀 삼각관계의 성숙과 미성숙을 나타낸다. 미성숙은 주로 다른 사람에게 너무 감정반사적이 되어서, 사람들과 지속적으로 정서적 접촉을 하지 못하거나, 혹은 다른 사람들의 정서적 영역을 지나치게 침범하는 등의 어려움을 보이게 된다. 이러한 문제는 특별히 스트레스 수준이 높을 때 더욱 심해진다. 정서적으로 거리를 두거나 지나치게 경계를 침범하게 되면, 관계는 잠재적 자원에서 스트레스 요인으로 바뀌게 된다.

이 모든 과정은 기본 분화 수준의 차이를 나타내는 연속적 스펙트럼이 존재한다는 점으로, 이를 기억하는 것이 중요하다. 사람들은 정도의 차이만 있을 뿐 본질적으로 다르지 않다. 이러한 과정은 극단적일 때 가장 쉽게 나타나지만, 모든 가족에서 어느 정도는 항상 발생하며, 특히 스트레스 수준이 평소보다 높을 때 두드러질 수 있다.

〈표 9-1〉에 제시된 세 번째 과정은 사람들이 목표 지향적 능력과 관계 지향적 능력이 연속적인 스펙트럼상에서 어디에 위치하는지를 보여 준다. 강렬한 정서적 환경에서 성장한 사람일수록 관계 상호작용에 더 많은 삶의 에너지를 소모하며, 반면 목표 지향적 활동 추구에는 사용할 에너지가 줄어든다. 여기서 관계 지향적relationship oriented이라는 말은 타인에 대해 건설적인 관심을 갖는 것이 아니라, 오히려 사회적 신호에 자동적이고 강박적으로 반응하며 자기조절이 어려운 상태를 의미한다. 모든 인간은 본능적으로 타인에 대해 관심을 가지지만, 덜 분화된 사람일수록 관계의 정서적 상태에 큰 영향을 받는다. 사람들은 이러한 의존성을 부정하거나 고통스럽게 인식할 수 있다. 한편, 목표 지향적이라는 것을 평가하기는 쉽지 않을 수 있다. 그 이유는 사람들이 정서를 이용해서 목표에 강하게 집중하는 경우가 있기 때문이다. 예를 들어, 정서와 불안은 타입 A 성격유형[3]을 가진 사람들이, 중요한 사회적 맥락에서 자신의 기능하는 위치를 정하는 데 영향을 미친다. 여기서 주의할 점은 타입 B 성격유형을 가진 사람들이 반드시 기본 분화 수준이 높은 것은 아니라는 점이다. 사람

---

3) 역주: 프라이드먼과 로젠먼(Friedman & Rosenman, 1974)은 성격을 타입 A와 타입 B로 나누어 설명했다. 타입 A의 사람들은 짧은 시간에 많은 일을 성취하려는 경향이 있다. 주요 특징으로는 높은 통제 욕구, 강한 목표 달성 욕구, 경쟁심, 시간에 쫓기거나 지연을 참지 못하는 성향, 그리고 여러 일을 동시에 처리하려는 태도가 있다. 이러한 특성 때문에 쉽게 긴장하거나 불안해지며, 스트레스를 받기 쉽다. 반면에, 타입 B의 사람들은 느긋하고 차분한 태도를 가지고 있으며, 여유롭게 행동한다. 시간에 쫓기지 않고 스트레스를 덜 받으며, 경쟁보다는 협력을 더 중요하게 생각하며, 타입 A에 비해 더 이완된 성격을 보인다.

들은 중요한 상황에서 자기를 분명하게 드러내지 않음으로써 차분함을 유지할 수 있다. 이와 관련한 과정이 부부관계에서도 흔히 나타나는 것으로, 한쪽 배우자가 매우 감정적으로 강하게 반응하는 반면, 상대 배우자는 더 이성적이고 차분해 보이는 경우이다. 이러한 관계는 쉽게 관찰될 수 있는 것으로, 두 사람 모두 서로에게 매우 감정반사하고 있는 것을 알 수 있다. 하지만 이 '이성적인' 배우자는 이러한 역동을 이해하는 것이 어려울 수 있다.

〈표 9-1〉의 마지막 과정은 이미 논의한 바와 같다. 시간이 지남에 따라 더 성숙하거나 더 분화된 상호작용을 하는 환경에서 성장한 사람은 일반적으로 "자기"를 더 많이 발달시킨다. 보웬이론에 따르면, 이러한 과정이 같은 형제자매임에도 불구하고 서로 다르게 보이는 매우 중요한 이유 중 하나이다.

가족투사과정은 제4장에서 설명한 바와 같이 보웬이론의 여덟 가지 개념 중 하나이다. 이장에서 다시 언급하는 이유는 투사과정이 정서적 융합과 관련된 정서적 프로그래밍 현상에 깊이 관여되기 때문이다. 이 개념은 부모가 발달 중인 자녀에게 불안을 전달하는 메커니즘을 설명한다. 여기서 어머니의 만성불안 수준은 단순히 개인적 속성이 아니라, 어머니가 속한 가족체계와 확대가족, 지역사회 등 더 큰 관계망의 불안 수준을 반영한다. 또한 어머니의 불안은 가족체계 내에서 어머니의 기능하는 위치를 반영한다. 예를 들어, 남편은 일에 집중함으로써 차분해질 수 있고, 반면에 아내는 남편의 거리두기에 대한 반사반응으로 불안과 소외감을 느끼며 한 명 이상의 자녀에게 과도하게 초점을 둘 수 있다. 또 다른 예로는 결혼생활에서 기능적 자기(유사-자기를 빌려주고 빌려 오는 것)를 잃은 아내가 자녀에게 지나치게 개입함으로써 유사-자기를 회복하는 경우이다.

가족투사과정은 사회학자 로버트 머튼(Robert Merton, 1948)의 자기충족적 예언의 설명과 부합한다. 그는 이 개념을 가족이 아닌 사회 현상에도 적용했다. 머튼은 잘못된 상황 정의가 새로운 행동을 유발하고, 새로운 행동에 의해 잘못된 개념이 현실화된다고 설명했다.

어머니가 자녀의 사소한 결점에 과하게 집중하면, 그 결점은 시간이 지남에 따라 과장되는 결과를 가져오기도 한다. 그 결점은 어머니의 상상에서 나온 산물일 수도 있다. 나의 원가족에서 어머니는 나중에 조현병으로 진단받은 형이 아기였을 때 그를 '깨지기 쉬운 도자기 인형'으로 인식했다. 형의 어린 시절에 대한 비디오를 살펴보고, 나중에 어머니와 대화를 나누며 이 인식이 잘못되었거나 상상에 의한 것임을 알게 되었다. 이 부분이 중요한 이유는, 많은 부모들이 자녀의 발달 초기부터 자녀에게 뭔가 문제가 있을까 봐 불안해했다는 사실을 쉽게 인정하면서도, 자녀가 그렇게 태어난 것이라고 확신해 버리기 때문이다. 이들은 자녀의 현재 문제를 자녀에 대한 잘못된 인식과 그 인식에 대한 불안한 반사반응과 관계가 있을 수 있다는 사실을 받아들이기 어려워한다.

어머니가 재혼해서 낳은 첫째 아들, 즉 나의 둘째 형에 대한 어머니의 인식과 행동은 어머니의 두려움뿐만 아니라, 필요한 존재가 되고자 하는 어머니의 욕구에 의해 형성되었다. 부부관계에서 정서적 거리두기로 조절되었던 어머니의 불안은 형에게 불안한 초점을 두는 것으로 바뀌었고, 결국 형에게 투사되었다. 아버지는 이 과정을 전적으로 지지했지만, 그 결과에 대해서는 전혀 예상하지 못했을 것이다. 어머니는 형이 살아 있는 동안 형을 아주 끔찍하게 보호했다. 어머니는 네 아들을 모두 사랑했지만, 그중에서도 형에게 가장 많이 신경을 썼다. 형은 거의 "자기"가 없는 상태no-self로 평생을 제대로 기능하지 못했고, 성인 세계로 나아갈 수 없었다. 어머니는 친절하고 사랑스러운 분이었으며, 선한 의도를 가지고 계셨다. 물론 어머니는 자신의 노력이 형의 문제를 해결하는데 도움이 될 것으로 믿었다.

나는 가족투사과정을 정서적 융합에 내재되어 있는 것으로 설명했는데, 그 이유는 융합에 따르는 강렬한 정서적 프로그래밍이 어머니의 걱정체계의 특정 내용만큼 "자기"의 발달을 저해하기 때문이다. 보웬은 슈퍼비전 초기에 나에게 다음과 같은 질문을 했다. "자네에게 치료를 받는 조현병 환자가 진짜 하고 싶은 질문 세 가지는 무엇이라고 생각하나?" 보웬의 대답은 "나에 대해 어떻게 생각하세요? 나를 이해하시겠어요? 내가 어떻게 해야 할까요?"였다(1969년 5월 사적 대화). 나는 이 질문들이 조현병 진단을 받은 사람에게만 특별한 것이 아니라, 모든 인간이 갖는 질문이라는 것을 이해하게 되었다. 그러나 문제는 조현병 환자처럼 자기가 없는 상태의 사람에게는 이러한 질문이 존재감에 깊은 영향을 미친다는 것이다. 대답을 어떻게 받아들이느냐에 따라서 불안이 촉발될 수 있고 평정 상태를 유지할 수도 있다. 조현병 환자는 정서적 환경에 절대적으로 영향을 받는다. 반면, "자기"가 분화된 사람일수록, 강하게 감정반사하지 않고 이러한 질문에 명확하게 대답할 수 있고, 스스로 감정반사행동을 잘 조절할 수 있는 능력이 있다.

대부분의 명확하지 않은 이유로 조현병 진단을 받은 사람들은, 가장 중요한 관계 맥락에서 문제가 발생할 때 심각한 정서적 불균형을 경험하게 되며, 이때 불안으로 인해 정신병적 증상으로 나타날 수 있다. 정신병은 불안한 환경에서 도피처가 될 수 있다. 정신병은 문제를 해결하기도 하지만, 동시에 문제를 일으키기도 한다.

에필로그에서 설명하겠지만, 어머니가 둘째 형에게 초점을 많이 두었던 이유는 형을 임신했을 때 자녀를 갖기 원했기 때문이라고 한다. 오랜 시간 동안 수천 가족을 치료하면서, 나는 어머니들로부터 어떻게 해서 특정 자녀에게 불안한 초점을 두게 되었는지에 대한 다양한 설명을 들었다. 현재 보웬이론은 특정 자녀에게 더 초점을 두게 되는 다섯 가지 조건을 다음과 같이 제시한다. 첫째 자녀, 특정 성별의 첫째 자녀, 선천적 장애가 있는 자녀, 핵가족 또는 확대가족의 스트레스가 높은 시기에 태어난 자녀, 그리고 막내 자녀가 그 조건이다.

부모가 불안한 가족의 초점을 왜 특정 자녀에게 두는지, 더 나아가 어떤 이유로 하나 이상의 자녀에게 이러한 초점을 두는지를 깊이 생각해 보는 것은 중요하다. 나의 원가족에서는 빌리 형이 부모님의 재혼에서 얻은 첫째 자녀라는 사실이 하나의 요인이었지만, 이는 어머니가 전혼관계에서 큰 형을 낳았던 맥락과는 다른 차원에서 이해되어야 한다. 부모님은 신혼기에 돌아가신 친할아버지, 친할머니와 친이모 할머니까지 모셨는데, 바로 그때 빌리 형을 임신하게 되었다. 부모의 강렬한 초점이 어떤 맥락에서 형성되고 발전했는지를 파악하는 것은, 이러한 과정이 어떻게 일어났는지를 더 객관적으로 이해하는 데 도움을 준다. 선량한 사람에게도 나쁜 일이 일어날 수 있다는 설명을 제공하는 이론이 있다는 점은 다행스럽다. 인간의 정서적 문제를 설명하기 위해 필요한 많은 변수들을 이해하는 노력을 하는 것보다는, 부모를 탓하는 것이 훨씬 쉬울 수 있다.

제10장

만성불안

　보웬이론은 불안을 정신과적 장애로 보지 않는다. 불안은 모든 사람에게 존재하며, 동물과 식물을 포함한 모든 생명체에도 어떤 형태로든 존재한다. 신경정신과 의사인 에릭 캔들(Eric Kandel, 1983)은 5억 년 전 캄브리아기 초기로 거슬러 올라가는 유기체인, 캘리포니아 바다 달팽이 아플리시아 칼리포니카Aplysia californica의 불안을 연구했다. 이 유기체는 중추 신경절과 말초 운동 뉴런을 갖고 있지만, 인간의 불안을 매개하는 복잡한 뇌 구조와 생리는 없다. 캔들은 이 연체동물이 복잡한 신경계를 갖고 있지 않음에도 불구하고, 인간의 만성불안 및 예기불안과 놀라울 정도로 유사한 과정을 겪는다는 것을 발견했다. 스트레스 연구자인 브루스 매큐언(Bruce McEwen, 2002)은 인간의 불안 생리를 매개하는 특정 메커니즘인 스트레스 반응 체계가 약 4억 년 전에 연어에서 처음으로 완전하게 작동하기 시작했다고 주장했다. 연어는 인간과 다른 진화적 계통이지만, 다양한 진화적 계통의 유기체들에도 스트레스 반응 체계가 존재한다는 것은 스트레스 반응 체계가 생명 유지에 중요하다는 증거이다. 불안은 자연스러운 과정이다. 정신의학 교과서에 나오는 불안 장애는 진화론적으로 오래된 불안 체계가 지나치게 활성화되어 나타나는 무수히 많은 임상 양상 중 하나일 뿐이다.

　불안은 보웬이론의 중요한 두 가지 변수 중 하나이다. 또 다른 변수는 자기통합의 정도를 나타내는 자기분화이다. 이 부분은 제5장에서 자세히 설명되었다. 이 두 변수는 독립적이지만, 서로 맞물려 있다. 이를 변수로 언급하는 이유는 보웬이론이 설명하는 다른 모든 과정, 즉 정서적 기능 패턴의 활성화 수준에 중요한 영향을 미치기 때문이다. 자기분화 개념은 정서적 기능의 연속선이 존재함을 설명한다. 자기통합 변수는 사고와 감정이 함께 하나의 팀으로 균형 있게 작동하는 현상을 의미한다. 기본 분화 수준이 중간 이상인 사람은 사고와 감정이 함께 하나의 팀으로 조화롭게 잘 작동하지만, 기본 분화 수준이 낮은 사람은 감정체계가 사고를 지배한다.

보웬이론은 불안을 실제 또는 가상의 위협에 대한 유기체의 반사반응으로 정의한다. 이는 캔들의 정의와도 일치한다. 캔들은 불안을 만성불안과 예기불안으로 구분하였고, 다가오는 위험에 대비하는 동기 상태(방어적인 상태)로 보았다. 다만, 이러한 대비가 반드시 신체반응으로 나타나는 것은 아니라고 하였다. 급성불안은 일반적으로 실제 위협에 대한 반사반응이며, 만성불안은 가상의 위협에 대한 반사반응으로 나타난다. 실제 위협에 대한 반응은 일반적으로 제한된 시간 내에서 경험되지만, 가상의 위협에 대한 반응은 언제 끝날지 모르는 불확실성을 수반하기 때문에 시간 제한이 없다. 보웬이론은 내재화된 불안과 외현화된 불안을 구분한다. 내재화된internalized 불안은 신체의 장염이나 정신의 환각과 같은 개인 증상으로 나타나고, 외현화된externalized 불안은 관계 체계에서 한두 가지 이상의 행동문제로 나타난다. 중요한 점은 가상의 위협이 실제가 될 수도 있다는 것이다. 예를 들어, 중요한 타인이 정서적으로 거리를 둔다고 느끼면, 이에 대한 불안한 반응으로 친밀감을 회복하려는 추적 행동이 촉발되고, 이러한 추적 행동은 상대방에게 불안으로 인한 정서적 거리두기를 촉발시킬 수 있다. 이 과정이 바로 자기충족적 예언이다.

두 변수가 서로 맞물려 작용하는 성질을 이해하는 한 가지 방법은 적응의 관점에서 접근하는 것이다. 보웬이론에서 적응이란, 관계 체계에서 만성불안을 증가시키지 않고 삶의 도전에 반응하는 능력을 말한다(이때 적응adpatation은 정서적 기능의 지배-순응[1] 패턴과는 구별되는 현상이다). 적응 능력은 개인의 통합적 반응 능력과 같다고 할 수 있다. 예를 들어, 분화 수준이 낮은 세 사람으로 이뤄진 삼각관계는 분화 수준이 높은 세 사람으로 이뤄진 삼각관계보다 만성불안이 더 쉽게 증가한다. 물론 스트레스 요인이 너무 커지면, 삼각관계에 개입되지 않을 만큼 충분히 분화된 상태를 유지할 사람은 아무도 없다. 이러한 취약성의 차이는 다음 두 가지 이유로 설명될 수 있다. 첫째, 상당히 잘 분화된 관계 체계의 구성원은 심각한 스트레스 요인이나 일련의 스트레스 요인을 경험하더라도, 보통 다른 체계 구성원을 불안하게 만드는 행동, 예를 들어 물러서는 행동, 좌절하고 분노하는 행동, 혹은 무기력한 행동 등을 하지 않고, 스스로 자기조절을 할 수 있다. 둘째, 체계 내 다른 구성원들도 충분히 '분화된 자기'를 갖고 있어서, 스트레스를 받는 사람의 불안에 과도하게 반응하지 않는다. 이들은 다소 불안한 체계 구성원의 정서적 경계를 침범하지 않고도 존재할 수 있으며, 책임감 있게 행동할 수 있다.

---

[1] 역주: 원문의 adaptation을 순응으로 번역하였다.

불안을 이러한 관점에서 살펴보면, 비록 불안은 개인이 경험하는 것이지만, 만성불안은 다양한 유형의 사회적 상호작용의 결과임을 알 수 있다. 따라서 만성불안을 정서적 장의 속성으로 개념화하는 것이 가장 적절하다(Henry, 1992). 관계 체계의 한 구성원이 주관적이거나 객관적인 불안 증상을 가장 강렬하게 나타낼 수 있지만, 이 구성원이 보이는 불안의 정도는 전적으로 개인적 속성만으로 설명될 수는 없다. 이 차이를 이해하는 것이 중요한 이유는 일반적으로 체계에서 가장 불안한 구성원이 다른 구성원들의 불안을 야기한다고 생각하기 때문이다. 그러나 사실, 이 사람의 불안은 체계에서 유발된 불안을 반영하기도 한다. 따라서 개인의 적응 능력을 평가할 때는, 해당 정서적 장에서의 만성불안의 정도뿐만 아니라, 그 맥락에서 통합적으로 반응할 수 있는 개인의 능력을 고려하는 것이 중요하다.

요약하자면, 개인의 만성불안 수준은 개인이 통제할 수 없는 두 가지 과정과 관계가 있다. 즉, ① 한 명 이상의 구성원이 경험하는 스트레스나 혹은 스트레스 요인에 대한 반응으로, 낮은 분화 수준으로 관계 상호작용을 할 때 체계의 만성불안은 증가하는 것이고, ② 개인이 체계에서 기능하는 위치에 따라 만성불안의 수준은 달라지는 것이다. 예를 들어, 삼각관계에서 내부인 위치에 있느냐, 혹은 외부인 위치에 있느냐(제3장 참조)에 따라, 체계가 만들어 낸 불안을 개인이 흡수하는 정도가 달라진다.

실제 또는 가상의 스트레스 요인으로 인해 고통받는 구성원이 반드시 체계가 만들어 낸 만성불안을 흡수한 사람은 아닐 수 있다는 점을 이해하는 것이 중요하다. 불안 흡수는 불안에 대처하기 위해 작동되는 특정 정서적 기능 패턴과 관계가 있다. 예를 들어, 한 어머니는 남편이 직장문제로 인해 불안해하며 거리두기로 반사반응을 보이자, 이에 대한 반사반응으로 자녀에게 불안하게 초점을 두었다. 그날 밤, 자녀는 '이유 없이' 침대에 오줌을 쌌다. 반면, 처음에 자신의 불안으로 가족체계를 흔들었던 아버지는 그날 밤 평화롭게 잠을 잘 수 있었다. 이러한 과정은, 사람들이 뜨거운 감자를 손에 쥐고 있다가 화상을 입지 않기 위해 재빨리 넘기는 상황으로 은유해 볼 수 있다. 보통 이를 의식적으로 느끼지는 못하지만, 이론적으로 이해하면 알아차릴 수 있고, 자신이 이 과정에서 하는 역할을 조절하는 방법을 익힐 수도 있다.

만성불안을 주로 관계 체계의 문제와 관련이 있는 것으로 본다 해도, 개인의 태도가 만성불안을 촉발할 수 있다는 사실을 무시하는 것은 아니다. 예를 들어, 끊임없이 불공평함을 느끼는 사람은 다양한 생활 상황에서 쉽게 불안한 감정반사를 보이며, 이러한 반응이 만성화되어 있다. 매큐언은 "만약 우리가 스스로를 재앙화하여 괴롭히고, 맹독성 두려움에 빠지게 내버려 둔다면, 포식자나 적을 실제로 만나지 않더라도, 심지어 집 밖을 나가지 않고 집 안에만 머물러 있더라도 우리 몸의 생체적응 체계는 고갈될 수 있다."(2002, p. 10)고 말했다. (생체적응allostasis은 변화에 직면했을 때 신체가 안정을 유지할 수 있는 신체 과정을 설명하는 개념으로, 제23장에서 더 자세히 설명하겠다). 이러한 태도를 지닌 사람은 과거에 다른 사람들과의 상호작용에서 이와 같은 프로그래밍을 경험했고, 현재에도 동일한 사람이나 다른 사람들과의 관계에서 그 프로그래밍을 재현한다. 내가 가족 문제로 코칭을 했던 한 남자는 자기비판을 매우 쉽게 하는 경향이 있었다. 코칭을 진행하던 중, 그의 아내가 평소 가지 않던 외부 출장을 가게 되었다. 아내가 없는 동안 그의 자기비판 강박은 현저히 줄었지만, 아내가 돌아오자 다시 나타났다. 그는 자신의 자기비판, 즉 '맹독성 불안'이 아내가 자신을 어떻게 생각할지에 대한 걱정과 많은 연관이 있음을 알아차리지 못했다. 그의 강박은 직장이라는 정서적 장보다는 부부관계라는 정서적 장에서 훨씬 더 강렬하게 나타났다.

만성불안을 관계 문제로 개념화하는 것은 적절하다. 남편은 비난받는 것으로 느껴지는 아내의 얼굴 표정에 얼마나 반사적으로 반응했는지를 알아차리는 등, 부부관계과정의 일면을 좀 더 명확하게 이해하게 되었다. 그 결과, 맹독성 불안 상태에 빠져 있는 시간이 줄어들었다. 그는 아내에 대한 자신의 두려움과 과민함이 그녀의 반감을 사는 역할을 했다는 것을 깨달았다. 이를 통해, 그는 아내에게 그렇게 반사적으로 반응하지 않을 용기와 자신감을 얻었다. 이 남자는 또한 어머니와의 관계에서도 비슷한 역동이 있었다는 사실을 깨달았다. 보웬은 "관계에서 만들어진 것[어머니와의 관계에서의 정서적 프로그래밍]을 관계[아내와의 관계]에서 고칠 수 있다"고 말하곤 했다(여러 차례의 사적 대화에서). 정신분석에서의 성공은 분석가와의 전이 해결에 근거한다. 하지만 보웬이론을 기반으로 하는 접근법의 성공은 현실 세계의 중요한 타인과의 관계가 변화할 수 있는지에 달려 있다. 이 남자의 어머니는 그가 결혼에 대한 통찰을 얻기 전에 돌아가셨다. 어머니가 살아 계셨다면, 그는 어머니와의 관계에서도 변화를 이끌어 낼 수 있었을 것이다.

만성불안이 관계에서 어떻게 발생하는지를 이해하는 데는 두 가지 관점이 특히 중요하다. 하나는 관계 상호작용의 구체적인 세부 사항을 파악하는 미시적 관점이고, 다른 하나는 특정 관계가 포함된 관계의 전체 네트워크를 살펴보는 거시적 관점이다. 두 가지 관점을 모두 확보하는 것은 정서적 기능을 향상시키는 데 필요한 객관성을 얻을 수 있다.

미시적 관점은 두 사람의 체계에서 무엇이 일어나는지를 탐색한다. (이인관계에서 무엇이 일어나는지는 삼각관계와, 그 삼각관계가 포함되어 맞물려 있는 삼각관계와 복잡하게 연결되어 있다는 점을 항상 염두에 두어야 한다.) 두 사람의 상호작용을 탐색하는 데 있어서 중요한 요소 중 하나가 제1장에서 언급한 사회적 신호이다.

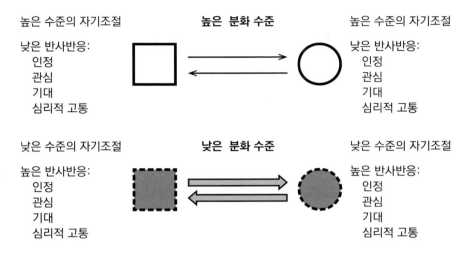

[그림 10-1][2] 덜 분화된 관계가 더 분화된 관계보다 만성불안과 그로 인한 불안정성의 증가에 더 취약해지는 과정을 요약한 것이다. 아랫부분의 도형에서 남자와 여자를 나타내는 부호의 음영과 두 사람 사이의 호환적 화살표는 불안을 상징한다.

[그림 10-1]은 이 과정의 핵심적인 요소들을 도형화한 것이다. 그림 아랫부분에 있는 부호들은 낮은 분화 수준의 관계를 나타내며, 두 사람 사이에 불안을 동반한 상호작용(화살표에 음영 처리함)으로 인해 남자와 여자 모두에게 만성불안이 누적(음영으로 표현됨)됨을 보여 준다. 각 사람의 만성불안과 두 사람 사이의 불안한 상호작용은 서로 긴밀하게 연결되어 있다. 이 그림이 전하려는 핵심은 각 사람의 만성불안이 관계과정과 연결되어 있어서, 개인의 관리할 수 있는 불안이 관리하기 어려운 불안으로 바뀔 수 있다는 점이다. 두 사람을 나타내는 부호가 파선으로 표시된 것은 낮은 자기분화 수준과 관련된 투과성이 높은 정서적 경계를 의미한다. 이러한 투과성이 높은 경계는 주요한 사회적 신호에 강렬하게 반사반응하도록 만든다.

그림에서 각 사람 옆에 제시된 용어들은 해당 사람이 관계를 안정시키거나 불안하게 만

---

2) 역주: 제10장에서 그림의 음영은 만성불안의 누적 수준을 기준으로 한다. 즉, 만성불안이 높을수록 음영은 진해지며, 만성불안이 낮을수록 음영은 연해진다.

들 수 있는 가장 기본적인 반사반응들이다. 안토니오 다마지오는 이러한 반사반응을 촉 발하는 요인을 '정서유발자극emotionally competent stimuli'이라고 부른다(Damasio & Brooks, 2009). 이러한 촉발요인에는 다양한 언어적·비언어적 의사소통이 포함된다. 예를 들어, 못마땅한 표정이나 실망을 전하는 것은 상대방에게 위협으로 느껴질 수 있다. 반복된 임상 관찰에 따르면, 사람들이 가장 자주 경험하는 위협은 인정받을 수 있는지, 관심받을 수 있 는지, 기대를 충족할 수 있는지, 그리고 심리적 고통과 관련이 있다. 이 관계 도형에서 두 사람은 성장 과정에서 이런 위협들에 강렬하게 반사반응하도록 정서적으로 동일하게 프로 그래밍되었다. 이러한 반사반응들은, 예를 들어 정서유발자극이 인정을 받는 것으로 느껴 지는지 혹은 거부되는 것으로 느껴지는지, 관심을 받는 것으로 느껴지는지 혹은 무시당하 는 것으로 느껴지는지, 또는 기대가 충족되는지 혹은 충족되지 않는지, 그리고 상대방이 불 안해하는지 혹은 평온해하는지에 따라, 각 사람은 다양한 정서를 유발한다. 또한, 이러한 자극의 발생 여부와 그 시기가 불확실할 때, 이 과정은 더욱 강화된다.

인정은 정서적 행복감을 증진시키고, 거부는 불안을 유발한다. 인정은 행복감과 연관 될 수 있지만, 거부는 불편감이나 수치심과 연관될 수 있다. 타인의 적절한 관심을 받는 다고 느끼면, 평정심과 연결감이 유지되며, 투쟁-도피 체계가 호환적으로 완화될 수 있다 (Moberg, 2011). 반대로, 부적절한 관심을 받는다고 느끼면, 거부당함, 공포, 정서적 고립감 이 유발될 수 있다.

[그림 10-1]의 반사반응 촉발요인 목록 위에는 '낮은 수준의 자기조절'이라는 문구가 있 다. 기본 분화 수준이 낮은 증거 중 하나가 자신의 정서적 반사반응성을 스스로 조절하기 어려운 것이다. 네 가지 사회적 신호(및 기타 신호들)에 의해 과도하게 자극된 강렬한 반사 반응성이 고등 두뇌의 자기조절 능력 부족과 결합되면, 관계에서 만성불안이 증가하고, 이 는 관계 불안정을 초래한다. 이러한 상황에서는 한 사람이 상대방을 화나게 하는 것이 아니 라, 두 사람이 서로를 화나게 만든다. 반복된 임상 연구를 통해, 정서적으로 중요한 관계에 서 일어나는 문제가 근본적으로 만성불안에 의해 촉발된다는 점이 확인되었다. 이러한 결 과는 만성불안을 형성하는 데 사회적 상호작용이 중요한 역할을 한다는 헨리의 결론과 일 치한다. 분화 수준이 낮은 관계는 이상적인 상황에서나 최소한의 스트레스 상황에서는 평 온하고 안정된 상태를 유지할 수 있지만, 문제가 발생하면 매우 쉽게 불안정해진다. 관계의 불안정성은 앞서 설명된 과정의 결과로 나타난다.

[그림 10-1]의 윗부분은 잘 분화된 관계를 부호화한 것이다. 각 사람을 표시한 실선은 양

호한 기본 분화 수준과 관련이 있는, 명료한 정서적 경계를 보여 준다. 이 관계에 있는 두 사람은 성장기 동안 나열된 네 가지 사회적 신호의 위협에 반사반응하도록 프로그래밍되지 않았다. 이들은 이러한 신호에 감정반사적으로 반응하는 것이 아니라, 적절한 수준으로 반응함으로써 사람들과의 관계에서 원활한 상호작용을 유지할 수 있다. 이들은 언어적·비언어적 신호를 통해 상대방에게서 거부당했다고 느낄 수는 있지만, 좀 더 정확하게 인식하고 덜 반사적으로 반응하는 경향이 있다. 하지만 이는 분화 수준이 낮은 사람들과의 양적 차이일 뿐, 질적 차이는 아니다. 정서적 기능의 최고 수준과 최저 수준 사이에는 다양한 정도의 차이가 존재한다. 이들은 또한 자신의 반사반응을 더 잘 성찰할 수 있으며, 정서유발 자극에 대한 자신의 인식이 정확한지를 확인하면서 보다 현실적으로 반응할 수 있다. 이 도형은 두 사람 모두 불안에 의한 상호작용이 적고, 누적된 만성불안이 적다는 것을 보여 준다. 결과적으로 두 사람의 관계는 외부로부터 오는 힘든 스트레스 요인에도 불구하고 안정적이다.

거시적 관점은, 자신의 가까운 관계에서 주고받는 영향을 확대가족과 더 큰 사회적 관계망이라는 더 넓은 맥락에서 바라보는 것을 의미한다. 관계의 넓은 맥락은 그 안에 있는 관계를 안정시킬 수도 있고, 불안하게 만들 수도 있다. 개방적인 관계는 관계하는 사람들의 행복감과 정서적 기능을 유지하는 데 이상적이다. 그러나 현실적으로 완벽하게 분화된 사람은 존재하지 않는다. 모든 인간관계에는 (개방성이 낮아지면서) 어느 정도의 정서적 거리가 자연스럽게 스며들기 때문이다. 그런데 이는 시간이 지나면서 형성되는 만성불안을 조절하는 기능을 한다. 이러한 과정에서 두 사람은 개방적인 관계만으로 해결되지 않는 만성불안을 관리하려는 욕구를 느끼게 되며, 이를 해소하기 위해 다른 관계를 형성하거나, 불안을 완화할 수 있는 활동을 찾게 된다.

관계와 불안을 완화하는 활동은 상당 기간 동안 체계를 안정시키는 역할을 할 수 있다. 특히, 관계과정에서 서로 맞물린 삼각관계는 체계의 안정화에 기여할 수 있다. 한 사례로, 결혼 15년 차에 접어든 세 명의 성인 자녀를 둔 한 부부가 있다. 남편은 4형제 중 장남이었고, 아내는 자매 중 막내였다. 남편의 부모와 네 명의 성인 자녀는 모두 워싱턴 D.C. 지역에 거주하고 있었으며, 남편의 아버지는 가족 내에서 권위를 가진 가장이었다. 아내는 뉴잉글랜드 출신으로, 친정 부모는 내가 이 가족을 치료하기 몇 년 전에 사망했다. 이 가족은 부모의 죽음에 상당히 잘 대처했다. 그러나 아내는 친정 부모를 잃은 후에, 시댁에 대한 정서적 의존도가 높아졌다.

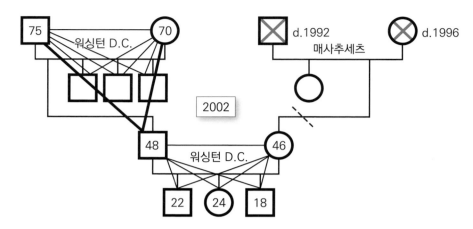

[그림 10-2] 이 3세대 가족도형은, 나와 가족치료를 시작하기 4년 전에 가족의 정서적 상태를 보여 준다. 이 가족도형에서 주목할 점은, 도형의 아래쪽에 위치한 내담자 가족이 남편의 확대가족과 함께 살면서 수년 동안 가족 구성원들과 빈번하게 교류했다는 것이다. 반면, 내담자 아내와 아내의 원가족 사이에는 상당한 단절이 있으며, 이를 파선으로 표시하였다.[3]

    [그림 10-2]는 이 부부가 2006년에 나에게 가족치료를 받기 4년 전의 핵가족과 확대가족 체계를 개략적으로 나타낸 가계도이다. 이 가계도에서 남편의 부모는 2002년에는 생존해 있었음을 알 수 있다. 이후 내담자로 만난 이 부부 가족의 관계선들(가족도형의 아랫부분)은 2002년과 그 이전 수년 동안의 것으로, 상당히 평온하고 안정된 관계를 보여 준다. 남편의 부모와 네 자녀 각각의 핵가족을 연결한 선들은 상당히 관여된 관계를 유지해 왔음을 나타낸다. 이를 통해 남편의 부모가 자녀들의 개별 핵가족에 불안을 감소시키고 안정화를 도모했음을 의미한다. 특히, 장남 가족과 연결된 선이 더 굵게 표시된 이유는 부모가 다른 형제들의 가족보다 장남 가족에게 더 많은 시간, 에너지와 돈을 쏟았기 때문이다. 이 가족은 분화가 잘된 가족은 아니지만, 2002년 기준으로 퇴행이 나타나지 않은 비교적 균형 잡힌 상태라고 볼 수 있다.

---

3) 역주: 아내의 원가족에 표시된 d(death date)는 사망 연도를 의미한다.

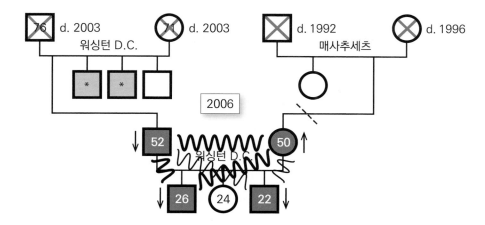

[그림 10-3] 이 가계도는 치료가 시작되었을 당시의 가족의 정서적 상태를 보여 준다. 내담자 가족의 남편과 아내, 두 아들, 그리고 남편의 남동생 두 명의 가족을 나타내는 부호가 진한 음영으로 처리된 것은 해당 가족 구성원들의 만성불안 수준이 높다는 것을 의미한다. 또한 내담자 남편과 두 아들 옆의 하향 화살표는 이들이 상당히 과소기능하고 있음을 상징하며, 아내 옆의 상향 화살표는 불안에 의한 과대기능을 하고 있음을 의미한다.

[그림 10-3]은 이 부부가 가족치료를 받기 시작한 2006년의 가족체계의 변화를 시각적으로 부호화한 것이다. 내가 이 부부를 만나기 3년 전, 즉 2003년에 남편의 부모는 6개월 이내에 차례로 사망하였고, 이때부터 가족의 상황은 극적으로 변했다. 내담자 남편은 "부모님이 돌아가시고 성이 무너졌습니다!"라고 말했다. 남편의 두 동생은 부모의 사망 후 2년 내에 이혼했다(별표 표시). 내담자 부부 역시 이혼 위기에 처해 있었고, 세 자녀 중 두 아들은 기능 저하(하향 화살표)와 관련된 심각한 임상적 문제를 겪고 있었다. 남편의 조카들 중 몇 명도 문제가 있었는데, 이들은 별표로 표시된 남편의 두 동생의 자녀들이었다. 내담자 남편은 기능이 저하되어, 로펌에서 해고 위기에 처해 있었다. 남편 옆의 굵은 과소기능 화살표는 그의 주요 기능상의 문제를 상징한다. 아내는 불안으로 인해 과대기능을 보이는 상태였다. 가족도형에 표시된 갈등선은 이들 가족관계에 영향을 미치는 높은 수준의 만성불안을 상징하며, 특히 큰아들에게서 더 심각했다. 그는 조부모가 사망하기 전에 대학을 중퇴하였고, 부모와 함께 살기 위해 집으로 돌아왔다. 여러 가지 단순 노동일을 했지만, 조부모가 사망한 후로는 아예 일을 그만두었다. 반대로, 가족의 불안한 초점을 덜 받았던 딸은 대학을 졸업하고 뉴욕으로 이주하여 좋은 직장에 취직했다.

남편은 "부모님이 저와 형제들 가족의 안정에 얼마나 중요한 존재인지 미처 깨닫지 못했습니다."라고 말했다. 그의 부모의 존재는 전체 가족체계를 평온하게 유지시키는 데 영향을 미쳤다. 이는 알파 수컷이 갑자기 죽을 때 많은 동물 사회집단에서 발생하는 혼란을 연상시킨다. 이 사례는 남편의 원가족에 잠재되어 있던 많은 만성불안이 부모라는 존재에 의해 완화되었던 경우이다. 부모에 대한 형제들의 깊은 정서적 의존은 부모가 살아 있는 동안에는 드러나지 않았다. 형제들의 기능적 분화 수준은 부모의 존재로 인해 유지되었으나, 부모 사망 후에 네 형제 핵가족의 만성불안은 급격히 증가했다. 각 핵가족에서 나타나는 불안정성은 이 장의 앞부분에서 설명한 대로, 인정, 관심, 기대 충족 여부, 그리고 심리적 고통에 대한 과민반응을 통해 형성된 불안을 촉발하는 상호작용과 관련이 있다.

핵가족의 상호작용 과정을 인식하는 것은 미시적 관점에 해당하며, 해당 핵가족에서 일어나는 일이 확대가족체계의 사건과 관련이 있다는 것을 인식하는 것은 거시적 관점이다. 이 두 관점을 구분하는 것이 중요한 이유는, 핵가족 구성원들이 이러한 연관성을 이해하면, 현재 상황을 더 차분하고 객관적으로 볼 수 있기 때문이다. 가족 구성원이 반사반응을 일으키는 이슈(내용)가 문제가 아니라, 더 큰 관계 체계와 관련된 가족 구성원의 불안에 의한 감정반사적 반응 수준(과정)이 문제이다.

보웬이론은 부모가 사망한 후 일어난 일을 정서적 충격파emotional shock wave라고 말한다 (Bowen, 1976). 내가 만났던 이 내담자 가족은 이러한 충격파에서 회복되지 않았다. 내담자 부부는 이혼했고, 남편은 직장을 잃었으며, 당뇨병이 악화되어 몇 년 후 사망했다. 20년 이상 균형을 유지해 왔던 낮은 분화 수준의 가족체계가 불균형적으로 되었고, 정서 퇴행은 더욱 심해졌다.

만성불안을 이해하는 또 다른 중요한 시각은, 시간이 지남에 따라 불안이 어떻게 변동하는지를 살펴보는 것이다. 이에 대해서 나는 에필로그에서 나의 원가족 사례를 통해, 조현병 진단을 받은 형의 정서적 기능과 증상의 기복이 가족 전체에서 일어나는 일을 어떻게 반영했는지를 설명하겠다. 가족체계에서 만성불안 수준의 증가가 특정 개인의 책임이 아니라는 관점을 갖는 것은, 사람들이 타인을 비난하고 자신을 자책하는 데서 벗어나도록 도울 수 있다.

첫째 아이가 태어나고 약 6개월 후에 남편이 바람을 피운 한 부부는 체계에서 만성불안의 전개 과정을 볼 수 있는 매우 흥미로운 사례였다. 당시 뉴욕에 살던 이 부부는 아내가 남편의 외도 사실을 알게 된 후 그곳에서 가족치료를 시작했다. 부부가 만났던 상담사는 아내가 남편의 외도에 어느 정도 관여했을 수 있다는 의견을 제시했다. 아내는 자신이 남편의 외도에 일조한 부분이 무엇인지 파악하기 위해 노력했지만, 명확한 답을 찾지 못했다. 아내는 상담을 받고 있음에도 불구하고, 외도로 인한 심각한 고통을 계속해서 호소했다. 남편의 회사는 남편을 워싱턴 D.C. 사무실로 발령했다. 부부는 상의 끝에 이사를 가기로 합의했다.

워싱턴에 도착한 후, 부부는 외도 관계에서 벗어나기 위한 노력을 지속할 수 있도록 도울 가족치료사를 찾았다. 그 시점에서 나를 만나 부부상담을 시작했다. 남편은 처음 몇 회기 동안, 부부가 다 아기를 원했지만 자녀의 출산이 결혼 관계에 부정적인 영향을 미쳤으며, 이것이 자신이 외도하게 된 중요한 요인일 수 있다고 말했다. 아내는 남편의 주장을 이해하려고 노력했지만, 납득이 되지 않았다. 약 4, 5회기 후, 내가 아내에게 던진 질문에 대한 반응으로, 아내는 아기가 태어난 후 자신에게 일어난 두 가지 중요한 변화를 깨닫기 시작했다. 한 가지 변화는, 아기를 돌보는 데 집중하게 되었던 것이다. 또 다른 변화는, 남편의 양육 참여 가능성과 지원 여부에 대한 불안으로 인해 남편의 양육 참여 수준을 지나치게 모니터링하게 되었다는 점이다. 그 시기를 되돌아보면서, 아내는 자신이 남편에게 관심을 덜 기울였었다는 사실을 깨달았다. 그러나 그녀는 "그 기간 동안 제 삶은 정말 지옥과 같았어요!"라고 말했다.

아내는 새로운 통찰을 통해 결혼생활에서 불안과 정서적 거리감이 형성되는 과정에서 자신이 어떤 역할을 했는지를 처음으로 구체적으로 이해할 수 있었다. 그녀는 여전히 남편에게 외도의 책임이 있다고 생각했지만, 외도 사실을 알게 된 직후에 보였던 반응에 비해 훨씬 더 차분해졌다. 그녀는 "남편도 한 역할을 했고, 저도 한 역할을 했다는 사실을 객관적으로 볼 수 있다는 데 놀랐어요. 이제야 제대로 알겠어요."라고 말했다. 그녀는 그때까지 자신이 외도에 일정 부분 영향을 미쳤다는 사실을 지적으로는 받아들였지만, 구체적인 부분들을 이해하기 전까지는 수용하기 어려웠다고 강조했다. 그녀에게 도움이 되었던 것은, 내가 그 시점의 상황에 대해 던졌던 구체적인 질문들이었다. 이 임상 경험을 통해, 나는 누군가에게 어떤 과정에서든 책임은 동일하다고 말하는 것이, 그 사람이 그 과정의 모든 구체적인 내용을 충분히 이해하기 전까지는 큰 도움이 되지 않는다는 것을 다시 한 번 깨달았다. 사람들은 이 부분에 대한 도움이 필요하다. 체계론적 사고에 기반한 질문을 하는 것과, 때때로 임상 사례를 들어 설명하는 것이 정서적 과정에 대한 이해를 돕는 가장 효과적인 방법이다.

이 짧은 임상 사례는 만성불안과 중요한 관계에서의 갈등이, 외도와 같은 임상 증상의 형성에 결정적 역할을 한다는 점을 강조한다. 보웬이론은 정신 질환, 신체 질환, 사회적 질환 등 모든 유형의 임상 증상이 발달하는 과정에서 불안 수준의 증가와 지속이 핵심적인 역할을 한다고 본다. 이 주장이 시간이 지나도 유효한지는 후속 연구를 통해 밝혀질 것이다. 또한, 만성불안의 증가만으로 질병을 유발하는 것은 아니지만, 임상 증상이 언제 나타나는지를 설명하는 데 있어 가장 중요한 변수 중 하나가 될 수 있다.

증상 발달과정에서 만성불안의 역할을 이해하는 데 가장 큰 걸림돌 중 하나는 불안을 정신장애로 보는 것이다. 몇 년 전, 나는 피부과 교수진에게 건선이라는 피부 질환을 설명하는 슬라이드를 구할 수 있는지 물어본 적이 있다. 그러자 내가 정신건강의학과 의사라는 사실을 알고 있던 한 교수가 나에게 "건선 환자에게 정신장애가 있다고 생각하시나요?"라고 물었다. 이 질문을 들은 순간, 나는 만성불안이 신체적 증상으로 나타날 수 있다는 점을 보고할 필요가 있음을 깨달았다. 나는 그 교수에게 "아니요, 건선 환자들이 정신장애를 가진 게 아니라, 그들의 불안이 신체적 증상으로 나타난 것입니다. 정신장애가 있는 사람들은 불안을 정신적 과정으로 표출합니다."라고 대답했다. 그 후 나는 이 주제에 관한 논문을 발표했다(Kerr, 1992). 앞서 언급했듯이, 만성불안 자체가 신체적 증상이나 기타 증상을 직접적으로 유발하지는 않지만, 증상이 나타날 가능성을 높인다. 이를 개념화하는 한 가지 방법은, 만성불안이 신체의 항상성을 교란시켜 사람들을 질병과 심지어 죽음에 더 취약하게 만들 수 있다는 것이다. 따라서 불안을 단순히 정신장애로 한정하는 것은, 모든 인간에게 영향을 미치는 강력한 자연 발생적 과정을 지나치게 협소하게 해석하는 것이다.

제11장

다세대 가족 유기체

과거를 기억하지 못하는 사람은 과거를 반복할 수밖에 없다.
– 조지 산타야나(George Santayana)

산타야나에게 전할 말이 있다. 우리는 어떻게 살든 과거를 반복할 수밖에 없다.
살아 있는 게 바로 그런 거니까.
– 커트 보니것(Kurt Vonnegut), 『푸른 수염(Bluebeard)』

이 장에서 설명하려는 개념은 다세대 전수과정이다. 이 장의 제목을 '다세대 가족 유기체'로 정한 이유는, 보웬이론이 다세대 인간 가족을 살아 있고 진화하는 유기체로 본다는 점을 강조하기 위함이다. 다세대 과정을 개념화하는 데에는 자연체계론적 사고가 필요하다. 자연체계론적 사고는 새로운 종을 낳는다는 의미의 진화를 말하는 것이 아니다. 그것은 여러 힘 중 하나이며, 진화된 패턴들을 통해 여러 세대에 걸쳐 가족의 정서적 기능에 점점 더 다양한 변이가 나타날 것임을 예측할 수 있게 해 준다. 다세대 가족의 정서체계를 이해하지 않고는 한 개인이나 핵가족의 정서적 기능을 제대로 이해하기 어렵다. 현재의 진화이론은 종들 간에 적응적 기능의 변이가 어떻게 진화하는지를 설명한다. 반면, 보웬이론은 인간 종 내에서 개인과 가족이 삶의 도전에 적응하는 능력이 어떻게 진화하는지를 설명한다.

가족도형은 다세대 가족에 대한 데이터를 기록하는 데 사용된다. 전체적으로 볼 때, 이 데이터는 가족의 현재와 과거 세대의 정서적 기능 수준을 평가하는 데 유용하다. 많은 가족치료사는 가족도형이라는 용어 대신 가계도genogram라는 용어를 사용하기도 한다(McGoldrick, Gerson, & Shellenberger, 1985). 그러나 보웬이론은 가족도형family diagram이라는 용어를 유지해 왔다. 실제로 어떤 용어를 사용하느냐보다는 치료사와 연구자가 도형의 데이터를 해석하기 위해 사용하는 이론이 더 중요하다. 많은 가족치료사는 가족을 하나의 독립된 전체로 보며, 그 의미를 전달하기 위해 유기체organism라는 용어를 사용한다. 그러나 보웬이론은 가족을 단순히 독립된 유기체로 보는 것을 넘어, 우리의 특별한 종種인 호모 사피엔스Homo sapiens로 이어진 수백만 년의 진화의 산물일 뿐만 아니라, 호모Homo 속屬의 출현으로 이어진 수십억 년의 계통 발생의 결과물로 본다.

보웬이론은 정서의 개념을 가장 초기 형태의 생명체로까지 확장해서 생각한다. 정서라는 용어를 광범위하게 사용하는 보웬이론과 맥을 같이하는 다마지오(Damasio & Brooks, 2009)는 진화 초기의 생명체에 '정서적 속성emotional flavor'을 지닌 과정이 발달했다고 본다. 보상과 처벌 체계, 충동, 동기부여 및 기본적인 생명 조절과 같은 과정들은 원시 생물의 생존과 번식을 증진하는 행동 프로그램을 유발하는 일종의 자동 지능 역할을 했다. 오래된 진화론적 기원과 정서의 근본적인 중요성을 감안할 때, 정서가 우리 종의 행동을 지배하는 힘이라는 것은 충분히 이해할 만하다.

특히 강렬한 정서적 반사반응성을 조절하려 할 때, 과하거나 부족한 정서와 관련된 문제는 정서 자체의 문제가 아니라, 사람들이 불안하게 과잉반응하거나 과소반응(정서표현을 자동적으로 억제한다는 의미에서)하도록 학습된 내적 및 외적 정서유발자극과 관련이 있다는 점이다. 문제의 핵심은 반사반응 현상 자체가 아니라, 정서적 반사반응성이 불안에 의해 촉발된다는 점이다. 정서적 속성을 지닌 과정은 원시 유기체의 생명을 유지하는 데 기여했고, 또한 그 과정에서 진화된 정서는 더 복잡한 유기체의 생존을 돕는 역할을 한다.

다세대 전수과정은 보웬이론의 확장된 개념이다. 수십억 년에 걸친 진화를 이해하면 현재 지구상에 서식하는 동식물이 어떻게 생겨났는지를 알 수 있듯이, 이전 세대의 정서적 기능을 알면 핵가족의 현재 정서적 기능 수준을 이해할 수 있다. 이러한 관점은 다른 방법으로는 얻기 어려운 인간의 삶에 대한 정서적 중립성을 확보하는 데 도움이 된다.

다세대 가족에 대한 면밀한 연구는 가족의 차이점보다는 유사성이 더 많다는 사실적 근거를 제공한다. 그러나 다양한 가족 및 문화적 맥락에 따라 어떤 사람들은 다른 사람들보다 정서적 성숙도가 더 높게 발달할 수 있다. 정서적 성숙도의 다양한 차이는 모든 문화에 존재한다. 중립적 태도는 인간의 본성에 대해 비판적이지 않고 더 관대해질 수 있는 기반이 되며, 불안한 상황에서 필요하다고 생각되면 사려 깊고 확고한 입장을 취할 수 있도록 해준다. 이 두 가지 능력은 서로 관련이 없어 보이지만, 둘 다 사실에 집중할 수 있고 강렬한 정서적 상황에서도 합리적으로 사고할 수 있게 해 준다. 무엇보다 진화에 대한 이해는 우리가 다른 형태의 생명체와 얼마나 많은 공통점을 갖고 있는지를 알게 해 주므로 관점의 깊이를 더해 준다. 이는 오랫동안 인간의 정신을 지배해 온 왜곡된 인간 중심주의에 대한 해독

제 역할을 한다.

　이 장 서두에 소개된 산타야나와 보니것의 인용문은 보웬이론의 관점에서 중요하다. 한편으로, 이전 세대의 정서적 기능을 아는 것은 사람들이 인과론적 사고에 기반한 비난과 자책에서 벗어나도록 돕는 데 매우 중요하다. 다세대 이해는 많은 변수들이 더해지면서 현재를 보는 관점을 확장하고, 현재의 부모와의 관계, 배우자와의 관계, 자녀와의 관계를 더 잘 이해할 수 있게 해 준다. 이러한 지식의 확장은 사람들이 체계론적 사고로 나아가는 데 도움이 된다. 반면에 보니것은 다세대에 걸쳐 내려오는 자동화된 정서과정을 수정하는 것이 매우 어렵다고 말한다. 강렬한 정서적 반사반응성을 의식적으로 통제하려는 노력은 자유의지를 시험에 들게 한다! 그러나 보웬이론은 사람들이 과거에 대해 더 객관적이 되도록 도와, 세상을 어떻게 보는가에서 세상이 실제로 어떤 모습인가로, 어느 정도까지는 관점을 전환할 수 있게 해 준다.

　다세대 가족에 대한 연구는, 모든 가족에는 기능을 잘 하는 부분과 기능상 어려움을 가진 부분이 모두 포함되어 있음을 보여 준다. 보웬이론은 이러한 차이가 무작위로 발생하는 것이 아니라, 세대를 거쳐 내려오는 정서적 힘과 패턴이 차이를 만든다고 본다. 개인 간의 정서적 기능의 차이와 가족 간의 정서적 기능의 차이는 다세대 정서과정를 통해 예측 가능하다. 정서적 기능 수준의 변화 속도도 다양하다. 이러한 현상을 자신의 가족에서 경험하면, 정서적으로 깊은 영향을 받을 수 있다. 보웬은 다세대 전수과정 개념을 입증하는 데 있어 윌리엄 W. 마이스너(William W. Meissner)에게 그 공을 돌렸다(Kerr & Bowen, 1988). 1960년대 초 그의 연구에는 300년 전으로 거슬러 올라가는 세 명의 '환자' 가족의 각 세대에 대한 가족도형과 설명이 기록되어 있다.

　요약하면, 모든 다세대 가족의 정서적 기능이 다양하게 발달하는 것은 다세대 가족 구성원이 관여하는 체계론적 과정 때문이다. 모든 가족 구성원은 진화하는 정서적 힘의 네트워크 속에서 서로 영향을 주고받으며, 자신의 발달과 성인기의 삶을 형성한다.

　가족도형은 데이터를 기록하는 방법으로, 데이터를 전체적으로 보면서 현재와 과거 세대의 핵가족 정서적 기능에 대한 결론을 도출할 수 있다. 보웬이론에서 사용되는 가족도형은 유전학자들이 세대 간에 유전적으로 전달되는 특질이나 임상 상태를 알아보기 위해 사용했던 유전 가계도를 수정한 것이다. 유전자는 가족 구성원의 특성이나 상태 발현에 영향을 미칠 수 있지만, 건강 문제와 관련해서 단독 원인으로 작용하는 경우가 드물다. 다세대 가족의 정서과정은 유전자 외에도 무수히 많은 변수로 이루어진다. 정서적 과정을 판단하기 위해 필요한 모든 정보를 도형에 기록하려면, 전형적인 유전 가계도에서 제공하는 공간보다 더 넓은 공간이 필요하다. 이러한 이유로, 가족도형은 기본 정보를 포함해서 기록할 수 있도록 수정되었다.

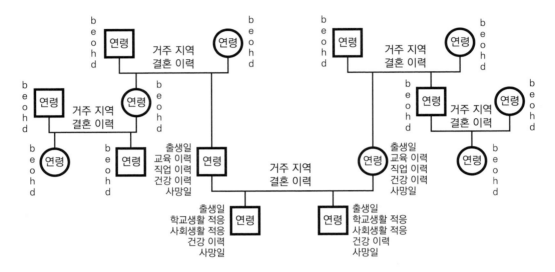

[그림 11-1] 이 도형은 가족도형을 그리는 기본 모델로, 수집된 가족 관련 데이터를 배치하는 방법을 나타낸다.[1]

3세대 가족도형의 예는 [그림 11-1]에 제시되어 있다. 도형의 중앙 아래에 있는 핵가족(아버지, 어머니, 두 아들)에서 시작하여, 아버지와 어머니의 출생일, 교육 이력, 직업 이력, 건강 이력, 사망일 등의 데이터가 기록된다. 각 부모의 연령은 네모 혹은 원 안에 기록한다. 부모가 만나서 약혼하고, 결혼한 날짜도 기록한다. 결혼기간 동안 부모가 살았던 지역도 기록한다. 사망일 외에도, 사망 당시의 연령과 함께 네모 혹은 원에 × 표시를 한다. 부모의 부모와 각 부모의 형제자매 및 그들의 배우자에 대해서도 동일한 데이터를 기록한다. 부양 자녀와 부모의 형제자매의 자녀에 대해 기록하는 데이터는 출생일, 학교생활 적응, 사회생활 적응, 건강 이력, 사망일(약자로 bsshd[2]라고 표시)을 기록한다. 입양된 경우에는 입양된 자

---

1) 역주: b(birth date) 출생일, e(education) 교육 이력, o(occupation) 직업 이력, h(health) 건강 이력, d(death date) 사망일

2) 역주: b(birth date) 출생일, s(school functioning) 학교생활 적응, s(social functioning) 사회생활 적응, h(health) 건강 이력, d(death date) 사망일

녀의 출생일과 함께, 문자 a[3]와 입양일을 기록한다. 이 데이터를 정확히 기록하는 정해진 규칙은 없으며, 가능한 한 명확하고 사실에 입각하여 기록하는 것이 가장 중요하다.

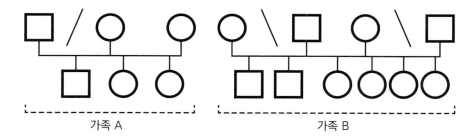

[그림 11-2] 이 두 도형은 이혼, 재혼, 재혼 후 자녀들을 부호화하는 방법을 보여 준다. 남편과 아내 사이의 사선은 이혼을 나타낸다. 사선이 오른쪽으로 기울어져 있으면, 이혼 후 자녀가 어머니와 함께 살았다는 것을, 왼쪽으로 기울어져 있으면, 자녀가 아버지와 함께 살았다는 것을 나타낸다. 가족 A의 경우, 아버지는 첫 번째 결혼에서 낳은 아들이 한 명 있었다. 아들은 이혼 후 어머니와 함께 살았다. 아버지는 이후 재혼하여 두 명의 딸을 두었다. 가족 B는 도형의 중앙에 있는 남자와 여자가 내담자 부부로, 이 부부 사이에 딸이 한 명 있다. 아버지는 이전 결혼에서 두 명의 아들이 있었고, 아내 역시 이전 결혼에서 세 딸을 두었다. 이혼 선이 기울어진 방향으로 볼 때, 네 명의 딸은 내담자 부부와 함께 살고 있거나 함께 살았다.

[그림 11-2]는 이혼과 재혼을 기록하는 방법을 보여 준다. 앞서 제시한 예에서 보여 준 데이터는 부모와 부양 자녀를 기록하는 데 사용된 예시이다. 가족 A의 도형은 남편이 이전에 결혼했다가 이혼한 적이 있고, 그 결혼에서 아들이 한 명 있음을 보여 준다. 이혼 부호가 이혼 전 아내 쪽으로 기울어진 것은, 아들이 어머니와 함께 살고 있음을 나타낸다. 부모의 별거와 이혼 날짜는 이혼 부호 위에 기록한다. 남편이 재혼한 초혼인 현재 아내와의 사이에는 딸 둘이 있다. 가족 B의 도형은 소위 혼합 가족이라고 불린다. 도형의 중앙에 현재의 부부를 배치한다. 남편은 첫 번째 결혼에서 아들 둘이 있고, 이 두 아들은 이혼한 전 아내와 함께 살고 있다. 이혼한 전 아내는 재혼하지 않았지만, 만약 재혼을 했다면 두 번째 남편은 도형의 맨 왼쪽에 표시한다. 참고로, 이 도형은 복잡해질 수 있으므로 모든 관련 데이터를 기록하기 위해서는 약간의 창의성이 필요하다. 남편의 현재 아내도 이혼한 적이 있으며, 첫 번째 결혼에서 딸 셋을 두었고, 이 딸들은 재혼한 부부와 함께 살고 있다. 이 부부에게는 재혼에서 얻은 딸이 한 명 더 있다.

---

3) 역주: a(adoption) 입양

가족도형과 여기에 기록된 정보는 임상 작업에 충분히 활용될 수 있다. 치료가 진행되는 동안 부모 중 한 명 또는 둘 다 자신의 가족을 좀 더 자세히 조사해 오면, 추가 정보를 기록할 수 있다. 이러한 데이터는 각 개인의 기능적 분화 수준을 평가하는 데 사용될 수 있으며, 모든 구성원의 데이터를 종합하여 핵가족의 기능 수준을 평가할 수도 있다.

기본 분화 수준을 추정하려면 가능한 한 다세대에 대한 데이터가 필요하다. 정서적으로 친밀한 여러 사람을 측정하는 이유는, 한 가족 구성원의 기능이 다른 가족 구성원과의 호환적 상호작용에 따라 강화되거나 약화될 수 있기 때문이다. 예를 들어, 한 배우자의 기능적 사실은 양호한 기본 분화 수준을 보일 수 있지만, 상대 배우자의 기능적 사실은 낮은 기본 분화 수준을 보일 수 있다. 이러한 차이는 부부관계에서 과대기능-과소기능의 호환성 때문에 발생하며, 이는 두 사람의 기본 수준이 비슷하고 중간 범위에 있음을 의미한다.

기능 수준이 높은 부모가 심각한 문제를 지닌 자녀를 한 명 이상 둔 경우도 마찬가지이다. 부모는 자녀를 희생시키면서 자기도 모르게 자신의 기능을 강화할 수 있다. 또한 다른 형제자매에 비해 기능 수준이 상당히 높은 형제자매라고 해서 그의 기본 수준이 반드시 높은 것은 아니다. 이는 형제자매 간의 호환적 기능 수준에 따라 달라질 수 있기 때문이다. 예를 들어, 한 자녀는 그의 형제자매의 문제행동에 반사적으로 반응하여, 부모의 인정을 얻기 위해 모든 일을 올바르게 하려는 기능을 할 수 있다. 이 둘은 모두 똑같이 관계 지향적이며 "자기"의 기본 수준이 매우 비슷할 수 있다. 이 사례에서 형제자매의 기능적 차이는 진짜 자기가 아닌, 유사-자기를 반영한 것이다. 매우 성공한 한 기업가는 자신의 사업이 성공한 이유 중 일부가 쌍둥이 형이 스물한 살에 사망했기 때문이라고 말했다. 그는 어린 시절에 지배적인 쌍둥이 형의 그늘에서 살았기 때문에 성취도가 낮았다며, 쌍둥이 형의 죽음은 그의 그늘에서 벗어날 수 있게 해 줬다고 말했다.

내담자 가족의 임상 평가나 연구목적으로 특정 데이터를 수집할 때는 개별 구성원의 정서적 기능이 그 데이터에 크게 영향을 미칠 수 있음을 고려해야 한다. 예를 들어, 두 형제자매가 각각 대학에 진학할 기회가 있는데, 한 명은 그 기회를 최대한 활용하지만, 다른 한 명은 그 기회를 놓칠 수 있다. 이는 형제자매의 기본 분화 수준 차이의 증거가 될 수 있지만, 단 하나만의 데이터 조각을 결정적인 증거로 삼을 수는 없다.

정서는 병리적인 것이 아니다. 사람이 생활하고 일하는 관계 맥락에 지나치게 감정반사하게 되는 것은 가족체계 내에서 특정 시점에 존재하는 만성불안의 수준, 그 체계에서 그 사람이 기능하는 위치, 그리고 발달과정에서 형성된 정서적 프로그래밍에 의해 영향을 받기 때문이다. 이러할 때, 최적의 수준에서 작동하면 고등 두뇌과정의 효율성을 향상시킬 수 있는 감정체계가 고등 두뇌 회로에 과부하를 주어 판단력, 성찰적 의사결정 및 기타 자기조절 기능을 방해하게 되며, 이로 인해 도덕적 판단 또한 왜곡될 수 있다. 이러한 과정을 통해 대학 진학 기회를 놓친 형제자매의 기능은 약화되었을 수 있다. 적어도 그 시점에서 그의 기능은 정서적으로 손상되었음을 의미한다. 이처럼 개인과 가족이 이런 불운에 어떻게 대응하느냐는 정서적 기능의 지표가 될 수 있다. 겉으로는 침착하게 행동하는 사람도 내적으로 매우 감정적으로 반사반응할 수 있다는 점을 인식하는 것이 중요하다.

정서적 기능 수준은 진단을 위한 범주가 아니며, 모든 진단 범주를 넘어서는 포괄적 개념이다. 특정 시점에서 정서적 기능 수준이 낮을수록, 그 낮은 기능 수준은 만성불안과 연관이 있어서 강박 성향이 있는 사람의 강박을 강화하거나, 반사회적 성향이 있는 사람의 반사회적 행동을 더욱 촉진할 수 있다. 제5장에서 설명한 대로, 기본 분화 수준이 낮을수록 정서적 기능이 크게 변동하기 쉽고, 이는 기능적 분화 수준의 변화를 초래한다.

직업 경험에 대한 데이터는 잘못 해석될 여지가 있을 수 있다. 직업적 성취가 높다는 것은 기본 분화 수준이 상당히 높을 수 있지만, 반드시 그런 것은 아니다. 그러나 그 반대는 예측할 수 있어서, 분화 수준이 높은 사람은 인생에서 큰 불운을 제외하고는 어떤 삶을 선택하든지, 책임감 있고 생산적인 삶의 여정을 경험할 가능성이 매우 높다.

보웬이론에서는 정서적 기능 수준이 건강에 큰 영향을 미친다고 가정하기 때문에, 건강 이력에 대한 데이터는 매우 중요하게 여겨진다. 또한 개인과 가족이 어떤 건강 문제를 겪더라도 성공적으로 적응하는 능력을 고려하는 것도 중요하다. 건강 문제에 책임감 있고 사려 깊게 적응할 수 있는 능력은 그 반대의 경우보다 정서적 기능 수준이 높다는 것을 시사한다. 예를 들어, 청소년과 그 가족이 소아당뇨 진단을 받았을 때, 적응방식에는 상당한 차이가 있을 수 있다. 임상 관찰에 따르면, 건강 문제에 성공적으로 적응하는 경우에는 보다 안정적인 임상 경과를 보이는 경향이 있다.

장수는 정서적 기능 수준의 영향을 받는 것으로 보이지만, 오래 산다고 해서 반드시 기본 분화 수준이 높은 것은 아니다. 조부모는 장수하고 원활하게 기능할 수 있지만, 그들의 자녀나 손자녀는 심각한 기능적 문제를 겪을 수 있다. 이러한 불일치는 조부모와 자녀 사이에 강한 투사과정이 일어났고, 이 과정이 손자녀에게도 동일하게 작용했다는 것을 시사한다.

연애, 결혼 및 결혼 안정성에 관한 데이터는 개인의 분화 수준이 친밀한 관계의 안정성에 어떻게 반영되는지를 평가하는 데 도움을 준다. 연애 기간이 지나치게 길거나 지나치게 짧은 경우는 각각 "자기"를 유지하는 데 어려움이 있어서 결혼으로 이어지기 어렵거나, 결혼을 통해 안정감을 얻고자 하는 강한 욕구로 인해 서둘러 결혼하려는 경향을 보이는 경우들이 이에 해당된다. 예를 들어, 두 자녀를 둔 이혼한 어머니는 10년 넘게 연애한 남자와의 결혼을 자녀가 집을 떠날 때까지 미루었다. 그녀는 자신에 대한 확신이 부족했고, 배우자와 자녀 간의 경쟁적인 정서적 욕구를 감당할 수 없다고 생각했기 때문이었다.

단 하나의 질문이나 데이터 조각만으로는 개인의 기본 분화 수준을 정확하게 평가하기 어렵다. 분화라는 변수는 어떤 사람이 다른 사람보다 삶의 적응 문제와 역기능 문제에 더 취약할 수 있는지, 또는 더 건강하고 안정적이며 생산적인 삶을 살 가능성이 높은지를 이해하는 데 중요한 역할을 한다. 아직까지 개인의 기본 분화 수준을 충분히 정확하게 추정할 수 있는 컴퓨터 프로그램이나 설문지가 존재하지 않는다. 현재로서는 3세대, 4세대, 5세대에 걸친 가족도형을 사용하여 기본 분화 수준을 추정하는 것이 가장 정확한 방법이다. 국립 암 연구소에서 가족 내 발병률이 높은 암을 연구했던 의학 유전학자인 존 멀비힐(John Mulvihill)은 가족의 암 발생 과정을 잘 이해하기 위해서는 데이터 차트의 숫자를 보는 것보다 유전 가계도 전체를 보는 것이 더 신뢰할 만하다고 말했다(1976년 사적 대화). 이 말은 다세대 가족도형에서 세대 간의 정서적 흐름을 들여다보는 것이 중요하다는 것과 일맥상통한다. 정서적 흐름은 볼 수는 있지만 수치화하기는 어렵기 때문이다. 현재 보웬이론 교육원Bowen Theory Academy의 후원으로, 특정 코호트의 다세대 가족연구 데

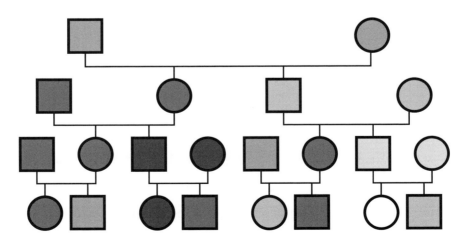

[그림 11-3] 이 가족도형은 다세대 가족의 정서과정을 설명하는 네 가지 도형 중 첫 번째이다. 이 도형은 가족 구성원들의 삶의 기능 변화를 보여 준다. 음영이 진할수록 기능 수준이 높고, 음영이 연할수록 낮은 기능 수준을 나타낸다.

이터를 수집하고 검증하여 이 데이터를 컴퓨터화하는 연구가 진행 중이다(http://www.bowentheoryacademy.org 참조). 아마도 이 연구는 앞으로 기본 분화 수준을 보다 정밀하게 평가하는 방법을 개발하는 데 기여할 것으로 기대된다.

[그림 11-3]에서 다세대 가족 구성원들의 음영 변화는 모든 가족에서 나타나는 적응적 삶의 차이를 보여 준다. 모든 가족에는 성자, 죄인, 그리고 집안의 숨기고 싶은 비밀 같은 구성원이 존재한다. 이러한 차이는 가족 구성원들의 정서적 성숙 수준이 각기 다름을 나타내며, 이는 피할 수 없는 삶의 스트레스, 긴장, 도전에 성공적으로 적응하는 데 큰 영향을 미친다. 대부분의 사람들은 정서적 성숙을 유전적 요인보다는 성장 과정에서 발달하는 것으로 생각한다. 사람은 생물학적ㆍ심리적 측면 모두에서 성숙해 간다.

사회학자 달튼 콘리(Dalton Conley, 2004)는 다양한 다세대 가족을 대상으로 형제자매 간의 학력, 소득, 순자산의 변이를 연구했다. 그는 같은 형제자매 간에도 성인이 된 후의 사회경제적 지위가 상승하거나 하락하는 데 큰 차이가 있는 일이 다반사임을 발견했다. 가족 구성원들은 잘 성장한 형제자매를 다음과 같은 용어로 설명했다. 책임감이 있고, 자기훈련이 잘 되었으며, 인내심이 있고, 높은 동기부여와 목표 지향적이며, 계획성이 있다. 반면에, 가족 내 성장 과정에서 어려움이 있었던 형제자매에 대해서는 대조적인 용어로 설명했다. 태도가 나쁘고, 정서적ㆍ정신적 건강상태가 안 좋고, 결단력이 부족하다. 이러한 특성들은 정서적 성숙도와 밀접한 관계가 있다. 특히, 형제자매 간의 변이가 성장 과정에서의 원가족 사회경제적 지위보다 성인이 된 후의 사회경제적 지위의 상승이나 하락을 더 정확하게 예측할 수 있다는 사실은 매우 흥미롭다. 적응을 잘 못하는 형제자매를 둔 사람이 성공할 확률은 세 배나 더 높다! 이는 가족투사과정이 여러 형제자매들보다는 한 자녀의 기능을 더 많이 손상시킨다는 콘리의 연구 결과와 일치한다. 이러한 현상은 나의 원가족에서도 발생했으며, 대부분의 가족에서 어느 정도는 일어난다.

높은 지능 수준이 반드시 정서적 성숙과 일치하는 것은 아니다. 성장기의 인간관계, 특히 가족관계는 정서적 성숙에 큰 영향을 미친다. 일반적으로 정서적 성숙에는 책임감 수용, 의사결정 능력, 팀원으로서 기능하는 능력, 안정적이고 지속적인 관계의 발전, 그리고 현실적인 자기가치감 등이 포함된다. 성숙한 사람은 다양한 상황에서 큰 그림을 보고, 자신과 타인의 장기적인 최선의 이익을 고려해 의사결정을 할 수 있다. 반면, 성숙도가 떨어지는 사람일수록, 즉각적인 만족을 추구하고 순간의 불안을 해소하기 위한 행동을 하는 경향이 크다.

보웬(1966)은 정서적 성숙과 기본 분화 수준이 동일한 현상을 설명한다고 보았다. 그러나 분화는 몇 가지 이유로 더 넓은 개념으로 이해된다. 첫째, 자기분화는 진화론적으로 깊은 뿌리를 가진 생명력으로, 심리적 성숙뿐만 아니라 정서체계와 관련된 생리적 프로그래밍도 포함한다. 둘째, 보웬이론은 분화나 분화 부족이 관계에서 구체적으로 어떻게 나타나는지를 설명하며, 불안으로 인한 과대기능과 같은 정서적 미성숙을 구성하는 요소에 대한 이해를 확장시켜 준다. 일반적으로 따돌리는 아이bully를 미성숙하다고 보지만, 너무 불안해서 아이를 지나치게 보호하려는 부모도 마찬가지로 미성숙한 행동을 할 수 있다. 셋째, 기본 분화 수준을 원가족에 대한 미해결 애착의 정도와 연관시키는 것은, 아동과 성인의 정서 문제의 핵심 원인으로서 성장기에 경험한 학대, 방임, 트라우마 등 대중적으로 각인된 인식과는 다른 이해의 틀을 제공한다.

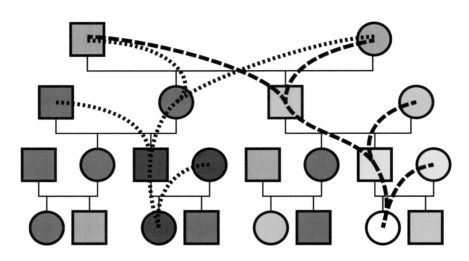

[그림 11-4] 이 도형의 굵은 점선은 4세대에 걸쳐 향상되는 삶의 기능 수준을 추적하는 선이며, 굵은 파선은 삶의 기능 저하를 추적하는 선이다. 주목할 점은, 각 가족에서 핵가족 정서과정으로 인해 형제자매 간에 미묘한 음영 차이가 나타나며, 동일한 기본 분화 수준을 가진 배우자와 결혼한다는 사실이다.

[그림 11-4]는 보웬이론의 중요한 통찰을 부호화한 것으로, 보웬이론은 다세대 가족 구성원의 기본 분화 수준을 근거로 가족 구성원들의 생활 적응상의 차이를 이해한다. 또한 세대에 걸쳐 나타나는 변화는 무작위로 발생한 것이 아니라, 서로 연결되어 있다고 본다. 4세대 구성원들을 가로지르는 굵은 파선과 굵은 점선은 양적으로 다른 두 가지 과정을 상징한다. 굵은 파선은 1세대에서 2세대로, 2세대에서 3세대로, 그리고 3세대에서 4세대로 이어지는 과정에서 미해결 정서적 애착의 강도가 점차 줄고 있음을 나타낸다. 특히 진짜 자기의 정도

를 나타내는 음영이 4세대에 걸쳐 더 진해지거나 더 연해지는 변화를 볼 수 있는데, 마지막 세대의 딸은 증조부모보다 "자기"가 상대적으로 더 빈약한 것을 보여 준다. 반면, 그녀의 남동생은 가족투사과정을 덜 받은 덕분에 부모보다도 "자기"가 더 발달했고, 조부모의 수준으로 회복된 모습을 보여 준다. 굵은 점선은 4세대에 걸쳐 부모에 대한 정서적 애착이 점점 더 해결되면서, 진짜 자기의 수준이 높아지는 과정을 보여 준다. 부호들이 보여 주는 것 중에서 주목할 점은, 부모들이 동일한 기본 분화 수준을 가진 배우자들과 결혼했다는 사실이다. 분화 수준이 양호한 부모는 중간 수준의 배우자를 선택하고, 그런 다음에 자녀가 그 중간 어딘가의 분화 수준을 갖게 되는 것이 아니다. 분화 수준이 양호한 사람은 같은 수준의 배우자를 선택하며, 자녀의 기본 수준은 부모보다 조금 더 높거나 더 낮거나 부모와 동일할 수 있다.

여기서 중요한 점은, 자기분화 수준이 매우 높은 수준에서 매우 낮은 수준으로 내려가는 데는 한 세대 이상이 걸린다는 점이다. 8~10세대가 걸릴 수 있고, 적게는 3~4세대가 걸릴 수도 있다. 이러한 변화는 자녀의 기본 분화 수준이 부모의 기본 분화 수준에 의해 어느 정도 제한을 받기 때문이다. 마치 사과가 나무에서 멀리 떨어지는 법은 일어날 수 없는 것처럼, 자녀의 정서적 성숙도는 그들 부모의 정서적 성숙도에 의해 크게 영향을 받는다. 그러나 보웬이론에 따르면, 같은 형제자매이더라도 일부는 다른 형제자매보다 성숙해지는 데 더 유리한 위치에 있을 수 있다. 나의 원가족의 경우에도, 둘째 형은 강렬한 가족투사과정의 대상이었고, 부모는 그들의 미성숙을 정서적 거리두기로 대처했으며, 우리 핵가족은 양쪽 확대가족으로부터 적당히 고립되어 있었다. 이로 인해 형의 기본 분화 수준은 부모님에 비해 상당히 낮았지만, 다른 형제들이나 나의 분화 수준은 부모와 크게 차이가 나지는 않았다.

보웬이론의 다세대 전수과정의 개념에 대해 운명론적이라는 반응을 보이는 사람들이 있다. 이 개념을 이해하는 가장 좋은 방법은 자신의 다세대 가족을 연구하여, 스스로 증명하거나 반박하는 것이다. 이 개념을 타당하게 보는 이유 중 하나는, 전체 체계의 안정성을 유지하기 위해 긴장이나 불안을 체계의 한 부분으로 분리하려는 것이 생명체계의 본성이기 때문이다. 가족 유기체에서 항상성은 일정 부분의 희생을 통해 유지될 수 있다. 이 과정은 의식적인 것이 아닌 자동적으로 일어나는 과정으로, 관련된 심리적 요소를 포함한다. 사람들은 서로에게 미치는 강력한 정서적 영향을 이해할 수 있어야만, 이 개념을 제대로 받아들일 수 있다.

이 과정에서 고려할 또 다른 점은, 모든 부모에게는 정서적인 강점과 취약점이 있다는 것

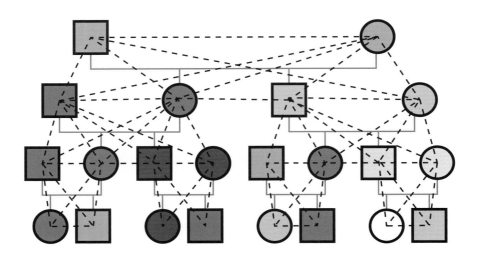

[그림 11-5] 이 도형의 점들은 보웬이론을 배우는 학생들이 유전적 전수를 넘어 더 넓은 관점에서 사고하도록 돕기 위한 시도이다. 점들은 세대를 이어 흐르는 정서적 과정 혹은 정서적 장을 상징한다. 이 도형에서 강조하는 주요 요지는 한 개인의 특정 기본 분화 수준(높거나 낮음)이 이전 다세대의 결과라는 점이다.

이다. 하지만 어떤 자녀는 부모의 강점을 더 많이 물려받은 반면, 다른 자녀는 부모의 취약점을 더 많이 닮았을 수 있다. 중요한 점은 부모의 취약점을 더 많이 물려받은 자녀가 증상을 나타낼 때, 가족은 이 문제를 개인의 문제가 아닌 체계의 문제로 바라보고 접근할 수 있다는 것이다.

　[그림 11-5]는 다세대 가족의 정서체계 구성원들의 다양한 상호 연결을 부호화한 것이다. 이 도형에서 모든 가족 구성원들은 생존 여부와 상관없이, 진화하는 다세대 가족 유기체나 정서적 장 혹은 체계에 기여했거나 기여하고 있다. 사망한 가족 구성원들도 그들이 상호작용했던 구성원들과의 관계를 통해 정서적 프로그래밍을 전수함으로써, 그 체계에 기여한다. 도형을 너무 복잡하게 만들지 않기 위해 고조부모와 증손자 및 고손자 사이의 상호작용은 표시하지 않았지만, 이것 역시도 중요하다. 또한, 2세대 가족 구성원과 그들의 형제자매의 자녀, 손자녀, 3세대 구성원과 그들의 사촌 및 사촌의 자녀와 손자녀 간의 상호작용도 표시하지 않았지만, 이것 역시 진화하는 가족 유기체를 형성하는 중요한 요소이다. 예를 들어, 이 도형은 같은 세대 가족 구성원 중에서 "자기"가 가장 덜 분화된 것으로 나타나는 4세대 여자가, 단순히 부모와의 미해결 애착의 결과로만 형성된 것이 아님을 보여 준다. 그녀의 부모 역시 그 윗세대의 부모와의 관계에서 미해결 애착을 계속 이어 왔으며, 이러한 과정이 그녀의 '자기분화' 수준을 낮추는 데 영향을 미친 것이다. 이미 강조했듯이, 다세대에

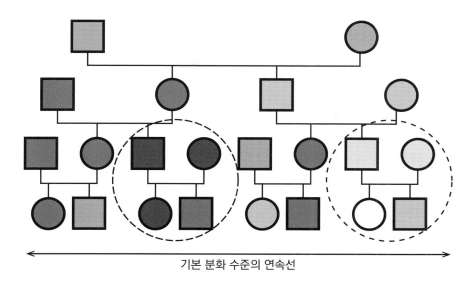

기본 분화 수준의 연속선

[그림 11-6] 이 도형은 다세대 전수과정으로 인해 인간 집단에 기본 분화 수준이 연속적으로 형성된다는 것을 보여 준다. 왼쪽의 파선으로 된 원 안의 진한 음영으로 표시된 구성원들은 분화가 잘된 핵가족을 의미하며, 오른쪽의 점선으로 된 원 안의 연한 음영으로 표시된 구성원들은 분화가 잘 되지 않은 핵가족을 나타낸다.

걸친 영향을 이해하는 것은 비난을 넘어 문제를 이해하는 중요한 열쇠이다. 많은 사람들이 영향을 미쳤을 뿐, 그 누구도 직접적인 원인은 아니다.

　에필로그에서는 세대에 걸친 정서과정의 전수에 대한 예를 더 자세히 설명하려 한다. 나의 어머니는 외할머니의 긴장과 고통에 강렬하게 집중했고, 어떻게든 그것을 해결하고자 했다. 외할머니도 어머니에게 극도로 집중했다. 이에 대한 어머니의 설명을 들으면서, 나는 두 분 사이의 정서적으로 강렬한 상호작용 과정이 어머니에게 남긴 유산은, 타인의 감정에 과민해지고, 타인의 고통을 덜어 줄 방법을 찾지 못할 때 죄책감을 느끼도록 정서적으로 프로그래밍되었다는 것을 알게 되었다. 이러한 정서는 어머니의 모든 자녀들에게, 특히 어머니와 가장 융합되어 있었던 조현병이 있는 나의 형에게 강력한 영향을 미쳤다. 이로 인해 형은 자신의 감정 상태를 관리하려고 어머니에게 강하게 의존하게 되었다. 이러한 프로그래밍은 "자기"를 훼손시키는 데 일부 영향을 미쳤다. 이 예는 세대에 걸친 복잡한 정서적 프로그래밍 과정을 단순화시킨 것이지만, 그중 일부를 설명해 준다.

　[그림 11-6]은 두 가지 개념을 전달한다. ① 모든 다세대 가족은 기본 분화 수준의 전체 범위를 점진적으로 만들어 간다는 것, ② 흔히 기능 문제가 있는 것으로 묘사되는 가족은 다세대 가족의 한 흐름에서 나온 결과물이라는 것이다. 더 기능적인 가족 구성원들은 알게

모르게 덜 기능적인 가족을 형성하는 데 영향을 미친 것이다. 이 가상의 다세대 가족에서, 오른쪽 점선 원 안에 표시된 가족은 기능 문제가 있는 가족을 나타낸다. 이 가족의 장녀는 가장 잠재적 문제가 큰 사람으로, "자기"가 거의 없음을 나타내기 위해 음영 처리를 하지 않았다. 이 가족은 다른 핵가족들에 비해 정서적 융합이 양적으로 증가했으며, 정서적 상호의 존성이 더 높다. 즉, 오른쪽의 가족은 왼쪽의 가족에서 작동하는 것과 동일한 정서적 힘과 정서적 기능 패턴을 보이지만, 그 과정은 더 강렬하다. 이렇게 강렬해진 이유는, 오른쪽 핵가족체계가 왼쪽 핵가족에 비해 현저한 미분화로 인해 발생한 높은 만성불안을 묶어 둘 필요가 있었기 때문이다.

4세대의 여덟 명을 포함하는 수평 화살표는 다세대 과정이 생성한 연속선을 나타낸다. 4세대에서 나타나는 음영의 뚜렷한 차이는 2세대에서 두 남매 간의 변이보다 더 큰 변이를 보여 준다. 다세대 전수과정 개념의 핵심은 이러한 변이를 만들어 내는 자연스러운 과정을 설명하는 데 있다. 연속선의 한쪽 끝인 '자기 없음no-self'에는 멸종이나 심각한 가족 분열이 포함될 수 있다. 연속선의 다른 쪽 끝에는 '분화된 자기'가 있으며, "자기"가 발달할 수 있는 양은 지금까지 이뤄진 생물학적·문화적 진화에 의해 결정된다.

제12장

형제자매 위치

그는 시대를 앞서간 체계론적 사상가로서, 비전과 체계적인 연구를 통해 가족 구성의 모순되고 부분적인 사실들을 정확한 체계론적 지식 체계로 구축했다. 이 지식 체계는 가족체계 치료에 바로 사용할 수 있을 만큼 정확했다. 덕분에 '모든 조건이 동일한' 조건하에서 미래를 예측할 수 있게 되었고, 다세대 가족 개념의 문을 여는 데 기여했다. 인간 조건에 대한 체계론적 관점을 열망하는 모든 사람들을 위해, 그의 구조화된 접근 방식은 세상을 변화시키는 데 도움을 주어, 이에 감사를 표한다.

– 머레이 보웬과 조지타운 가족 센터가 월터 토먼(Walter Toman)에게 수여한 상패

형제자매 위치는 보웬이론의 개념 중 하나이지만, 이에 대해 보웬이론가들이 쓴 글은 많지 않다. 보웬(1966)은 그의 가족 초기 연구에서 형제자매 위치를 다루는 새로운 개념이 필요하다고 생각했다. 그는 월터 토먼의 저서인 『가족 별자리(Family Constellation)』(1961)를 읽은 후, 다양한 형제자매 위치의 프로파일이 놀라울 정도로 정확하다는 것을 깨달았고, 이 개념을 자신의 이론 발전을 위해 포함시켰다.

나는 1969년에 보웬이론에 대한 진지한 연구를 시작하면서, 처음으로 토먼의 책을 접했다. 그 책을 읽으면서 나는 여동생이 있는 장녀의 프로파일에 크게 공감했다. 내 아내를 만나 본 적이 없는 사람이 아내에 대해 너무 많이 아는 것이 불공평하게 느껴졌다! 또한 그는 형들을 둔 막내인 내 형제 위치가 누나가 있는 남동생에 비해 내 아내의 결혼 상대자로 최적은 아니지만 '어울릴 수 있다'고 제안했다.

조지타운 대학교 가족 센터의 한 교수는 보웬이 자신의 이론에 토먼의 개념을 포함시키는 것에 대해, 개인 중심적인 이론의 개념이라며 반대했다. 이 장의 서두에 있는 인용문은 보웬이 쓴 것으로, 토먼의 연구에 대한 존경을 표하며 체계론에 맞지 않는다는 그 교수의 의견에 동의하지 않음을 전하고 있다. 또한 이 인용문은 토먼의 개념이 임상적으로 유용하게 적용될 수 있음을 언급하고 있다.

토먼은 3,000가족 이상의 연구를 바탕으로 11가지 형제자매 프로파일을 설명했다. 그의 생각에는, 자신이 설명하는 특성의 예측 가능성이 가족을 하나의 전체 단위로 보는 구성과 관계가 있다는 개념을 내포하고 있다. 토먼은 체계론을 몰랐지만, 그가 발견한 사실은 보웬의 가족체계이론과 일치했다. 가족 구성원들의 기능이 다양한 것은 개인 내부의 힘뿐만 아니라, 가족 구성원들 간의 호환적 기능에 의해 결정된다. 예를 들어, 맏이는 성장 과정에서 주변 사람들로부터 맏이로서의 공통된 특성을 부여받고 이를 지속적으로 강화한다. 결혼 이후에도, 이러한 특성은 배우자, 자녀 및 확대가족체계의 다른 사람들과의 상호작용에 따라 강화되거나 줄어들 것이다.

많은 임상가와 연구자들은 형제자매 위치가 개인의 발달과 성인기 삶의 기능에 미치는 영향에 대해 논쟁을 벌이고 있다. 이들 중 일부는 형제자매 위치가 특별히 중요하지 않다고 생각하는 반면, 다른 사람들은 토먼처럼 형제자매 위치가 특정 성격의 10~25%를 설명한다고 추정한다. 보웬이론은 그 정도로 추정하는 것은 아니지만, 형제자매 위치가 개인의 기능에 영향을 미친다는 점을 인정한다. 반대로 형제자매 위치의 중요성을 뒷받침할 연구가 충분하지 않다고 주장하는 사람들도 있다.

자신의 가족을 연구하며 보웬이론을 기반으로 치료하는 사람들이 형제자매 위치의 중요성을 쉽게 받아들이는 이유 중 하나는, 가족을 관찰해 보면 그것이 매우 분명하고 유용하기 때문이다. 예를 들어, 여동생을 둔 오빠와 오빠가 있는 여동생이 결혼한 경우의 상호작용은 남동생을 둔 장남과 여동생을 둔 장녀 간의 결혼 상호작용과 비교될 수 있다. 이러한 관찰을 통해 관계의 호환성을 이해하면, 두 배우자의 기능이 관계과정에서 어떻게 강화되는지 명확히 알 수 있다.

토먼은 여동생이 있는 장남과 오빠가 있는 막내 여동생이 결혼할 때, 남편은 어린(지위) 여동생(성 차이)과 함께 자랐고, 아내는 오빠와 함께 자랐기 때문에, 이들 관계는 지위와 성별에 의한 상보성을 갖는다고 주장한다. 반면, 남동생을 둔 장남이 여동생을 둔 장녀와 결혼한 경우에는, 지위나 성별 상보성이 없다. 지위와 성 차이에 의한 상보성을 갖는 부부가 상보성이 없는 부부보다 서로 더 원만한 관계를 유지하는 경향이 있다. 하지만 상보성이 있는 부부가 상보성이 없는 부부보다 더 성숙하다는 의미는 아니다. 이 지점에서 상패에 적힌 '모든 조건이 동일하다'는 문구가 적용된다. 보웬이론은 조건이 동일하지 않은 상황에 기본 분화 수준을 추가한다. 예를 들어, 가족투사과정이 장남의 기능을 손상시킬 때, 동생이 장남보다 더 형처럼 기능할 수 있다. 이런 경우, 동생은 '기능적 장남'이 된다. 반면, 막내아들이 너무 아기 같고 보호받으며 길러질 경우에, 그는 무력해지고 우유부단해지기 쉽다. 하지만 이것이 모든 막내의 특징은 아니다.

토먼과 보웬이론은 형제자매 위치에 있어서 절대적으로 최고나 최악의 위치는 없다고 주장한다. 각 위치에는 장점과 취약점이 있다. 예를 들어, 남동생을 둔 미성숙한 장남이 수동적이고 우유부단한 아내와 결혼하면, 상호 반대 방식으로 기능하여 그 장남은 지나치게 통제적이고 독단적일 가능성이 높다. 그러나 남동생을 둔 성숙한 장남은 매우 유능하고 책임감 있는 리더가 될 수 있으며, 다른 사람의 정서적 경계와 정체성을 존중할 수 있다.

토먼의 책을 읽고 그가 설명한 형제자매의 프로파일을 배우면, 항상 일정하게 유지되는 특성과 정서적 성숙 수준에 따라 쉽게 변하는 특성을 구분할 수 있게 된다. 워싱턴 D.C.를 여러 번 방문한 토먼과 많은 시간을 함께 보내면서, 나는 그가 가족 구성에 대해 내가 따라갈 수 없을 정도의 지식 기반을 갖고 있다는 것을 깨달았다. 보웬은 토먼의 프로파일이 자기분화의 연속선상에서 중간 범위에 있는 사람들을 정확하게 설명한다며, 그 프로파일에 대한 자신의 생각을 보완했다.

토먼이 제시한 11가지 형제자매 프로파일에 대한 흥미로운 정보는 다음과 같다(Toman, 1961).

- 형제(들) 중 장남: 책임감과 리더십이 있다. 동생을 책임지고 이끌어야 한다고 느끼며 성장하는 것은 장남에게 당연한 기대이다. 그는 일을 잘하고, 실용적이며, 재산을 모으고, 자신과 가족의 미래를 위해 장기 계획을 세우는 경향이 있다. 가장 잘 어울리는 동성 친구는 형제 중 막내이다. 최적의 결혼 배우자는 오빠가 있는 막내 여동생으로, 그녀는 남자를 동경하며 성장하는 경향이 있다. 한편, 최악의 배우자감은 자매 중 장녀로, 이 둘의 결혼생활은 주도권 다툼이 일어나기 쉽다. 보웬과 나는 아주 잘 맞았다. 그는 남동생과 두 명의 여동생을 둔 장남이었고, 내가 4형제 중 막내라는 사실이 우리 관계에 어느 정도 영향을 미쳤다.

- 형제(들) 중 막내: 타고난 리더는 아니지만, 리더십을 배우는 것은 가능하다. 때때로 다른 사람들에게 반발하고 반항하는 태도를 보인다. 돈이나 재산을 모으고 관리하는 데 큰 관심이 없다. 여자들은 그를 챙겨 주고 돌봐 주고 싶어 한다. 최적의 결혼 배우자감은 남동생을 둔 큰누나이다. 최악의 배우자감은 자매 중 막내 여동생이다. 정치적으로는 자유방임주의적 성향을 띤다.

- 여동생(들)이 있는 큰오빠: 여자들에게 매우 다정하고 애정이 많다. 그는 남자들과도 잘 어울리지만, 여자들과 가장 잘 소통한다. 여자들은 그가 성실하고 책임감 있는 일꾼이 될 수 있도록 도와준다. 권위적인 위치에서, 그는 남동생을 둔 장남보다 더 편안하게 역할을 수행한다. 재산을 잘 관리하지만, 무조건 모으려 하지는 않는다. 이상적인 배우자감은 오빠(들)를 둔 막내 여동생이다. 그는 남동생이 있는 장남과 달리, '남자들 사이에서 잘 어울리는' 유형은 아니다.

- 누나(들)가 있는 막내 남동생: 여자들로부터 사랑과 관심을 많이 받는다. 그는 형들이 있는 막내 남동생보다 감정반사가 적고, 경쟁심도 적다. 재산 관리가 서투르고, 낭비하는 경향도 있다. 자신과 자녀를 위해 구체적인 계획보다는 원대한 계획을 세우는 경향이 있다. 여자와 잘 지내지만, 여자의 필요와 관심사를 간과할 수 있다. 최적의 결혼 상대는 남동생을 둔 장녀이다. 반면, 남자에게는 인기가 없는 편이다. 정치에 관해서는 의견이 없거나 제한된 견해를 가질 가능성이 있다.

- 자매(들) 중 장녀: 다른 사람을 돌보면서도 스스로는 자립적이며, 어느 정도 다른 사람들을 이끄는 능력이 있다. 남을 괴롭히지는 않지만, 배운 대로 일을 잘 수행한다. 책임지는 것을 좋아하고, 책임감이 강하며 꼼꼼하고 유능한 일꾼이다. 사람들은 그녀가 책임자가 되는 것을 선호하지 않을 수도 있지만, 또 쉽게 따르는 경향이 있다. 진실하고 충성스럽다. 실제보다 더 강하고 독립적으로 보일 수 있다. 지시를 잘 따르는 남자와 잘 어울리며, 그럴 때 그녀의 부드럽고 어머니 같은 면모가 드러난다. 최적의 배우자감은 누나가 있는 막내 남동생이지만, 그는 논쟁에서 물러서지 않는 그녀의 태도에 어려움을 느낄 수 있다.

- 자매(들) 중 막내: 모험심이 강하고 다채로운 성격을 가지고 있으며, 오락과 새로운 경험을 즐긴다. 매력적이지만 변덕스러우며, 속기 쉽고 결단과 꾸준함이 부족하다. 고분고분해서 남자들의 호감을 얻을 수 있다. 성실한 일꾼이 될 수도 있지만, 변덕스럽게 굴 수도 있으며, 뒷말이 퍼지는 분위기를 부추기는 경향이 있다. 좋은 리더감은 아닐 수 있는데, 많은 일을 잘 처리하지만, 방향 설정에 어려움이 있을 수 있기 때문이다. 남자들은 그녀에게 매력을 느끼지만, 그녀는 감정적으로 과장되게 반응하는 경향이 있다. 이상적인 배우자감은 여동생을 둔 큰오빠이다. 자녀가 생기면, 자녀에게 쉽게 압도될 수 있다.

- 남동생(들)을 둔 큰누나: 남자를 잘 돌보면서도, 독립적이고 강인한 특성이 있다. 그녀에게 남자보다 더 중요한 것은 없으며, 당연히 남자들에게 인기가 좋다. 직장에서 업무에

도움이 되는 협력적인 분위기를 조성하는 데 능하며, 맡은 일을 잘 성사시킨다. 합리적이고 책임감이 있는 사람으로 보인다. 리더를 맡을 때도 재치 있고 불쾌하지 않게 사람들을 대하면서 일을 잘 하지만, 아랫사람 대하듯이 행동하기 쉽다. 다른 사람들에게서 인정받고 존경받는 것을 매우 중요하게 여기며, 그러할 때 성장하는 경향이 있다. 최적의 배우자감은 누나가 있는 막내 남동생이며, 이들은 대체로 아이를 갖고 싶어 하는 경향이 강하다.

- 오빠가 있는 막내 여동생: 남자들에게 매우 매력적인 존재이다. 여성스럽고 상냥하며 친절하고 민감하며 재치 있으며, 주체성을 잃지 않고도 고분고분한 태도를 보인다. 남자에게는 좋은 친구이자, 경쟁 상황에서도 유연하게 대처하는 매력을 갖고 있다. 직장에서는 이상적인 직원으로, 자기주도적으로 일을 처리한다. 그러나 최고가 되려는 열정은 부족하다. 상보성에 따라, 그녀에게 최선의 배우자감은 여동생(들)이 있는 큰오빠이다.

- 중간 형제자매 위치: 이들은 형제와 자매가 모두 있는 사람의 특성을 갖고 있다. 이 때문에 남동생과 여동생을 둔 장자와 같은 특징들을 모두 보이는 혼합된 프로파일을 지닌다. 이 경우, 형제자매의 나이를 고려해야 한다. 예를 들어, 셋째 아들이 나이 차이가 거의 나지 않는 두 형과 네다섯 살 어린 여동생이 있다고 가정해 보면, 그는 여동생의 오빠로서보다는 형들의 막내 동생으로서의 특성을 더 많이 발달시킬 가능성이 높다. 또한, 부모의 형제자매 위치도 자녀의 형제자매 프로파일에 영향을 미칠 수 있다.

- 외동이: 외동아들은 혼자 부모의 사랑을 독차지하며 자라기 때문에, 칭찬과 지지를 기대하며, 부모뿐만 아니라 다른 사람들에게도 이러한 기대를 한다. 그는 또래관계를 맺는 데는 익숙하지 않지만, 대신 또래관계에서 부모 같은 역할 모델을 찾으려 한다. 형제자매 위치의 특성은 대부분 아버지에게서 배운다. 외동딸은 다른 여자들보다 변덕스럽고, 사치스럽고, 이기적인 경향을 보일 수 있다. 그러나 자라면서 조숙하고 세련된 것처럼 보이는 동시에, 아이 같은 면모를 여전히 갖고 있다. 그녀는 또래보다 어른들의 심리를 더 잘 이해한다. 외동아들과 그의 아버지의 관계처럼, 남자와 관계를 맺는 방법과 같은 것들을 어머니의 형제자매 위치에서 배울 수 있다. 외동이는 형제자매가 있는 아이들보다 부모의 형제자매 위치가 성격 형성에 더 큰 영향을 미친다는 점이 중요하다. 마지막으로 한 가지 더 강조하자면, 형제자매 간 나이 차이가 여섯 살 이상 나면, 이들은 외동이처럼 자라는 경향이 있다.

● 쌍둥이: 남자 쌍둥이는 형제 중 장남과 막내 남동생의 특성이 혼합된 프로파일을 갖는 경향을 보인다. 여자 쌍둥이도 자매 중 장녀와 막내 여동생의 프로파일이 섞여 있다. 일란성 쌍둥이는 이란성 쌍둥이보다 외부 친구 관계나 결혼을 위해 분리되는 과정에서 큰 어려움을 겪을 수 있다. 일란성 쌍둥이는 다른 형제자매가 이해할 수 없을 정도로 높은 수준의 공감을 하는 특징이 있다. 만일 쌍둥이에게 다른 형제자매가 있고, 그들이 동성이거나 일란성 쌍둥이이고 게다가 어린 동생이라면, 이들은 맏이 프로파일의 특징을 보일 것이다. 반면, 손위 형제자매가 있다면, 이들은 막내 프로파일의 특징을 보일 것이다. 쌍둥이들은 쌍둥이가 아닌 형제자매보다 서로 더 끈끈한 관계를 유지하는 경향이 있어서, 평생 동안 서로 가까운 관계를 유지할 가능성이 높다.

형제자매의 프로파일은 다른 모든 조건들이 동일하지 않기 때문에 항상 수정 가능하며, 때로는 크게 변경될 수도 있다. 특히, 기본 분화 수준의 차이가 수정에 가장 큰 영향을 미친다. 분화 수준이 적절한, 남동생을 둔 장남은 리더 역할을 할 수 있지만, 불안할 때는 독선적으로 되기 쉽다. 반면, 분화 수준이 낮은 장남은 장남 프로파일의 특징을 거의 보이지 않을 수 있으며, 특정 상황을 제외하고는 그 특징이 분명하게 드러나지 않을 수 있다. 예를 들어, 내가 해군 정신건강의학과 의사로 근무하던 당시, 급성 조현병 진단을 받은 젊은 남자 환자들이 있는 병동을 담당하고 있었다. 어느 날 오후 병동 뒤편에서 작은 화재가 발생했다. 나는 즉시 병동으로 호출을 받고 병동 복도를 빠르게 이동하면서 환자들에게 무슨 일이 일어나고 있는지를 알리고 도움을 요청했다. 불이 난 곳에 도착했을 때는 이미 한 군인이 불을 끄고 있었고, 환자 대여섯 명이 내 주위에 서서 도와줄 준비를 하고 있는 것을 보았다. 나중에 알고 보니, 그 환자들은 모두 장남들이었다! 반면, 성별에 관계없이 분화 수준이 낮은 막내들은 항상 의사결정을 다른 사람에게 의존하며, 비정상적으로 무기력하고 어린아이 같은 특징을 보일 가능성이 있다.

또한, 형제자매의 위치는 사람들의 정치적 견해에도 흥미로운 영향을 미친다. 맏이는 기존 체제를 지지하는 경향이 있으며, 막내는 반체제적 견해를 가지거나 심지어 과격하게 저항하는 경향이 크다. 그러나 각 개인의 성숙 수준에 따라 정치적 견해를 독단적으로 고수할 수도 있고, 다른 견해를 수용할 수도 있다. 정서체계가 투표 결정에 얼마나 많은 영향을 미치는지를 살펴보는 것은 흥미롭다.

기본 분화 수준이 형제자매 프로파일에 영향을 미치더라도, 형제자매 위치의 가장 기본적인 특성은 여전히 존재하는 것 같다. 맏이는 전형적으로 책임감이 있고 책임지는 자리에 있는 것을 선호한다. 내가 보웬 센터의 소장으로 일할 때, 어느 날 교수진 회의에서 테이블에 둘러앉은 열두 명의 교수들을 바라보며 각자의 형제자매 위치에 대해 생각해 본 적이 있다. 모든 교수들은 여러 해 동안 자신의 가족에 대해 여러 차례 발표를 했기 때문에 다른 구성원들의 형제자매 위치를 알고 있었다. 그들을 바라보면서, 거기에는 장남 여덟 명과 막내 네 명이 포함되어 있다는 사실을 떠올렸다. 맏이들이 책임감을 갖고 일을 끝까지 완수하는 모습을 보면서, 내가 그들을 얼마나 의지할 수 있었는지를 깨달았다. 또한 막내들이 없었다면 조직이 매우 달라질 수 있었다는 점도 깨달았다. 막내들은 주도권을 잡는 데는 서툴렀지만, 다양한 프로젝트를 완수하는 데 항상 기여했다. 보웬 센터에는 이 두 그룹이 모두 필요했다. 한 쪽은 약간 밀어붙이는 경향이 있었고, 다른 쪽은 부드럽고 느슨하게 풀어 주는 경향이 있었다.

형제자매 위치에 대한 치료사의 지식은 치료에 매우 유용할 수 있다. 형제자매 위치의 특성과 더불어 그들을 지지하는 가족의 호환적 상호작용의 중요성을 이해하면, 정서적 중립을 유지하는 데 도움이 될 수 있다. 장남과 막내의 상호작용을 관찰하면서, 그 과정이 서로를 어떻게 강화하는지를 이해하는 것은 치료사가 인과론적 사고에 빠지지 않도록 돕는다.

내가 임상 초기에 치료했던 한 내담자 사례는 남동생 한 명과 여동생 둘을 둔 장남이 외동딸과 결혼한 핵가족이었다. 당시 나는 아내가 안쓰럽게 느껴졌고, 결혼생활의 문제에 대해 지나치게 통제적인 남편을 탓하고 싶은 유혹을 느꼈다. 아내는 상당히 우울하고 우유부단했으며, 자존감도 무너져 있었다. 더욱이, 시댁 식구들과 함께 살면서 친정 식구들과는 떨어져 사는 것이 상황을 더욱 악화시켰다. 주도권을 쥐고 의사결정하기를 좋아하는 남편과, 나서거나 의사결정하지 않아도 되어 안도감을 느끼는 아내의 호환성을 보면서, 나는 중립적 태도를 유지할 수 있었다. 아내는 외동딸이었지만, 오빠들이 있는 막내 여동생의 프로파일과 정확히 일치했다. 그녀는 오빠가 있는 막내 여동생으로서 기능 문제가 있었던 어머니의 편에 서서 지나치게 지배적인 장남인 아버지에게 맞섰고, 그 결과 체계 내에서 자신의 기능적 위치와 관련된 "자기"를 충분히 발달시키지 못했다. 내담자 남편은 의사이자 가족에서 일종의 슈퍼스타였으며, 부모의 강력한 정서적 지지를 받았다. 부모는 그가 아내를 대할 때, 유사-자기에 의한 힘을 발휘하도록 부추겼다.

정서적으로 중립적 태도를 유지할 수 있었던 것은, 즉 어느 쪽도 편을 들지 않고 양쪽을 모두 볼 수 있는 능력은 내담자 부부가 가족치료에 계속 참여하는 데 도움이 되었다. 각자의 확대가족의 역동과 그 역동이 결혼생활에서 어떻게 작동하는지, 또한 일부 역동은 부부의 형제자매 위치와 연관되어 있음을 이해하는 것은, 내가 객관적이고 중립적인 태도를 유지하는 데 도움을 주었다. 아내는 자신의 가족과 원만하게 지내기 시작했고, 반복되는 정서적 과정을 이해하게 되었다. 그 결과, 그녀는 남편뿐 아니라 다른 사람들과의 관계에서 더 단호해지고 덜 무기력해졌다. 이로 인해 과대기능-과소기능하던 부부의 호환성은 한동안 더 많은 부부 갈등 패턴으로 바뀌었지만, 부부는 이를 극복했고 아내의 기능은 크게 향상되었다. 처음에 남편은 아내의 변화로 인해 다른 가족치료사를 만나고 싶다는 반응을 보였다. 그러자 아내는 "그렇게 해요! 저는 이 선생님과 계속 치료를 받을 거예요."라고 말했다. 남편은 한발 물러서서 아내와 함께 치료를 계속 받기로 결정했다. 아내가 남편에게 이런 입장을 취했다는 것은 그녀가 결혼생활에서 더 많은 "자기"로 기능할 수 있게 되었음을 보여준다.

형제자매 위치와 자기분화의 관계에 대해 설명하고 싶은 또 다른 예는 1971년, 월터 토먼이 참석했던 워싱턴 D.C.의 한 회의에서 내가 했던 발표에서 가져오겠다. 당시 나는 원가족에서 자기를 더 많이 분화시키기 위해 2년간 노력했던 경험을 논문으로 발표했다. 내 논문에 대한 토먼의 피드백은 막내가 자신의 가족에 대해 공개 발표를 할 가능성이 더 높다는 것이었다. 이에 나는 "저는 이전과 같은 막내가 아닙니다."라고 대답했다. 내가 전하고 싶었던 것은, 원가족에서 더 '분화된 자기'로 존재하면서 성숙하게 기능하려고 노력했던 경험이 남자형제 중 막내 프로파일을 어느 정도 바꾸었다는 점이다. 나는 조금 더 성숙한 막내가 되었던 것이다. 나의 발표는 원가족에서 더 '분화된 자기'로 기능하려는 노력에 대한 최초의 공개 발표물 중 하나였다. 더 성숙해지기 위한 노력의 일환으로, 나는 보웬이론에 관심이 있는 사람들의 네트워크에서 리더를 맡았다. 막내의 성향상 발표를 통해 선배들을 감동시키려는 의도는 없었다. 적어도 그것이 나의 주된 목적은 아니었다.

토먼은 또한 부모의 형제자매 위치가 형제자매 프로파일의 수정에 영향을 미친다고 강조했다. 에필로그에서 나의 원가족에 대해 설명하겠지만, 아버지는 누나 두 명을 둔 막내였고, 훨씬 나이가 많은 이복형도 있었다. 어머니는 바로 아래에 남동생과 그다음으로 여동생 두 명을 둔 장녀였다. 어머니는 스트레스가 심해지면 감당하지 못하고 무기력해지곤 했다. 기능이 저하된 상황에서도 여전히 핵가족의 정서적 리더 역할을 계속했다. 어머니가 정서적 분위기를 조성하면, 아버지는 이를 따랐다. 아버지의 바로 위 누나는 친할머니처럼 아버지를 극진히 보호했다. 어머니는 외할머니의 감정 변화에 예민했고, 손아래 남동생에 대한 강한 보호 본능을 물려받았다. 부모님은 부부관계에서 각자의 미성숙함을 정서적 거리두기로 대처했다. 아버지는 술에 의존하며 거리를 두었고, 자녀 양육의 대부분을 어머니에게 맡겼다. 남동생의 누나로 기능하는 어머니의 위치, 두 누나가 있는 막내로 기능하는 아버지의 위치, 부모님의 결혼생활에서의 거리감, 그리고 어머니의 강렬한 자녀 초점과 과잉보호로 프로그래밍된 것이 모두, 어머니와 둘째 형의 강렬한 공생관계를 형성했고, 그 결과 형의 기능을 손상시켰다. 이러한 가족역동으로 인해 나는 막내임에도 불구하고 어느 정도 기능적 장남의 특성을 갖게 되었다. 이 과정을 이해한 뒤로는 가족 상황을 탓하지 않게 되었다.

결론적으로, 몇몇 사람들은 토먼의 형제자매 프로파일이 운명론적이라고 생각해서 이를 거부하기도 한다. 하지만 운명론적으로 보기보다는, 프로파일의 예측 가능성이 가족을 정서적 단위로 보는 관점의 가치를 입증한다고 할 수 있다. 토먼은 자신의 책 제목을 '형제자매 위치'라고 할 수도 있었지만,『가족 별자리』라고 했다. 그가 이 제목을 어떻게 정했는지는 모르지만, 특정 형제자매 프로파일의 예측 가능성을 이해하는 것이 가족을 전체로 보는 관점과 관계가 있음을 시사한다고 본다. 예를 들어, 손아래 동생이 있는 것과 부모의 형제자매 위치는 모두 형의 프로파일 발달에 영향을 미친다. 보웬이론은 누구나 자신의 가족에서 기능하는 특정 위치를 갖고 있다고 말한다. 기능하는 위치는 자녀의 발달과 성인으로서의 특성에 영향을 미친다. 관계과정이 이러한 기능하는 위치를 만들고 유지한다. 체계론적 사고로 가족을 하나의 단위로 보면, 프로파일의 예측 가능성을 설명할 수 있다. 그러나 이러한 예측 가능성은 인간의 자유 의지를 어느 정도 제한할 수 있다. 사람들이 토먼의 형제자매 프로파일을 거부하는 중요한 이유는, 자신이 실제보다 더 자율적으로 정서적 기능을 발휘한다고 믿고 싶기 때문이다.

나는 토먼 이론과 같은 아이디어에 대한 사람들의 반응이, 정서와 그 진화적 뿌리에 대한 최근의 지식에서 비롯된 것이라고 생각한다. 이 분야의 연구가 더욱 진행될수록, 정서가 인간행동을 지배하는 가장 큰 힘이라는 사실이 더 분명해질 것이다. 그러나 이러한 개념은 아직 대중의 의식에 깊이 침투하지 못했으며, 이를 제대로 이해하는 사람은 여전히 극소수에 불과하다.

1930년대까지만 해도 정서는 비과학적으로 여겨졌다는 사실을 생각하면, 정서가 중요하다는 사실을 충분히 인식하지 못하는 것은 그리 놀라운 일이 아니다. 당시에는 정서, 스트레스 반응, 그리고 뇌 사이의 연관성이 입증되지 않았기 때문이다(McEwen, 2002). 제임스 파페즈(James Papez, 1937)가 뇌의 정서 메커니즘을 제안했지만, 1952년 폴 맥클린이 이를 확장하기 전까지는 뇌가 정서를 담당하는 기관으로 간주되지 않았다(McEwen, 2002). 게다가, 정서에 대한 신경과학 연구의 편수가 인지과정에 대한 신경과학 연구와 같거나 이를 초과하게 된 것은 불과 최근 몇 십 년 사이의 일이다. 이러한 변화로 인해 과학계는 정서가 인간 기능의 모든 측면에 광범위한 영향을 미친다는 사실을 더욱 인식하게 되었다. 신경과학자들은 이제 피질하 정서과정과 피질 인지과정 간의 호환적 상호작용이 감정과 주관성을 이해하는 데 중요하다는 사실을 깨닫기 시작했다(LeDoux & Pine, 2016).

아리스토텔레스의 사상은 인간을 '이성적 동물'로 보는 관점을 낳았다. 하지만 인간은 이 관점을 아리스토텔레스가 의도했던 것보다 훨씬 더 극단적으로 받아들인 것 같다. 경제학자 번트 스티굼(Bernt Stigum, 2003)은 아리스토텔레스의 관점은 인간이 항상 합리적으로 선택한다는 의미가 아니라, 단지 그런 선택을 할 수 있는 능력이 있다는 것을 의미한다고 지적했다. 토먼 이론과 같은 아이디어는 이성과 자유 의지가 인간 기능의 지배적 요소라는 생각에 도전을 한다. 정서가 인지과정에 강력한 영향을 미친다는 것을 인식하기 어려운 이유 중 하나는, 신념이나 태도, 의사결정이 우리가 의식하지 못하는 정서에 의해 크게 영향을 받을 수 있기 때문이다. 하이트(2012)는 이러한 과정을 인지의 일종인 직관이라고 불렀다. 정서는 인지의 일종이지만, 우리는 정서를 느낌으로써 경험할 수 없기 때문에 그 영향을 파악하기가 어렵다. 정서가 영향을 미치는 직관은 우리의 자동적 반응 중 하나이다. 이러한 자동적 정서 반응 중 하나가, 비록 그렇게 하는 사람에게는 합리적으로 보일 수 있지만, 사실은 이미 가진 생각을 확증하기 위해 증거를 찾는 확증편향이다.

보웬이론은 가족 및 기타 사회집단에서 정서체계가 인간의 정서적 기능을 강력하게 조절한다는 사실을 인식하기에, 이를 훨씬 더 강조한다. 하나 됨, 동일함, 그리고 동의를 추구하는 연합력은 모든 인간이, 특히 분화 수준이 낮을수록 더욱더 다른 사람이 믿는 것을 쉽게 받아들이거나 혹은 자동적으로 거부하게 만든다. 사람들이 분노하면 비이성적으로 행동할 수 있다는 것은 누구나 알 수 있지만, 정서가 정신과정에 미치는 영향은 보통 이보다 더 미묘하게 작용한다. 가족 구성에 의해 형성된 형제자매 프로파일의 개념과 다세대 전수과정은 이러한 기본적인 자동적 반응 수준에서 많은 공통점을 갖고 있다. 호모 사피엔스는 아마도 의사결정에 이성을 적용할 수 있는 잠재력을 지닌 정서적 동물로 가장 잘 정의될 수 있을 것이다. 보웬은 인류가 자신의 진화를 '어쩌면 약간' 통제할 수 있을지도 모른다고 생각했다. 이는 자연체계론적 사고가 대중적으로 확산된다면, 문화가 인간 행동을 조성하는 데 훨씬 더 큰 영향을 미칠 수 있음을 의미한다.

제13장

정서단절

　보웬은 1975년에 보웬이론에 정서단절이라는 개념을 추가했다. 이는 그가 마지막으로 추가한 개념 중 하나이다(Bowen, 1976). 이 개념은 성인 자녀가 집을 떠나는 과정과 이후에 미해결된 정서적 애착을 처리하는 방식을 설명한다. 정서적 거리두기와 정서단절은 모두 제3장에서 설명한 관계의 근본적인 딜레마인 정서적 밀착에 대한 욕구와 지나친 밀착에 대한 혐오로 인해 발생하는 만성불안을 처리하는 기능을 한다. 정서적 거리두기와 정서적 단절을 구분하자면, 단절은 특히 세대 간에 거리감이 어떻게 나타나게 되는지에 초점을 둔 개념이다. 단절은 흔히 말하는 '세대 차이'의 주요 원인이다. 반면, 거리두기는 일반적으로 핵가족 정서과정을 설명하는 데 사용된다. 그러나 거리두기와 단절에서 작동되는 정서과정은 본질적으로 동일하다.

　정서단절을 이해하고 인식하는 것이 중요한 이유 중 하나는, 성공적 가족치료 과정과 실패한 과정의 차이를 만들 수 있기 때문이다. 원가족과 상당한 정서단절을 경험한 사람들은 배우자나 자녀와의 현재 관계를 이해하고 인식하는 데 어려움을 겪을 수 있다. 흔히 말하는 단절을 연결하기bridging the cutoff를 통해 현재 관계의 강렬함을 완화하면, 어느 정도 객관성을 유지하면서 진전을 이룰 수 있다. 사람들이 행복한 결혼생활과 훌륭한 부모 역할에 대하여 '당연히 이러저러해야 한다'고 생각하는 것이 잘못된 가정이라는 것을 깨닫기 어려운 이유는, 그들이 꼭 쥐고 있는 가정의 뿌리가 자신들의 직계 원가족과 다세대 가족에 있다는 것을 들여다보려고 하지 않기 때문이다. 하지만 여러분이 날마다 그런 가정 속에서 살고 있지 않다면, 그러한 과정을 이해하는 것이 좀 더 쉬울 수 있다. 원가족에서 그러한 가정이 어떻게 형성되었는지 살펴보는 것은 핵가족에서 유사한 정서과정이 어떻게 일어나고 있는지를 이해하고 분별하는 데 큰 도움이 된다.

　체계론을 적용하는 많은 분야에서처럼, 과정을 있는 그대로 인식하는 것, 즉 실제로 무엇이 일어나고 있는지를 인식하는 것이 과정을 다루는 첫 번째 단계이다. 나는 1969년에 보웬이 정서단절 개념에 대해 강의하는 것을 들으면서 문득 "아! 내가 지금 하고 있는 것이 바로 원가족과의 정서단절이구나."라는 것을 깨달았다. 그동안 내가 단절을 하고 있다는 사실을 몰랐기 때문에, 즉시 무언가 조치를 취해야겠다고 결심했다. 이 경험은 관계 체계과정에 대한 객관적인 설명을 듣고, 그것을 내가 기존에 상황을 이해하던 방식의 대안으로 받아들인 첫 번째 사례 중 하나였다. 이것은 나에게 큰 발견이었다. 물론 그 당시 나는 단절을 초래한 태도, 반사반응성, 그리고 행동의 세부적인 부분에 대해서는 거의 알지 못했지만, 적어도 단절이 일어나고 있었고, 중요한 문제였고, 내가 이에 대해 무언가를 할 수 있다는 확신이 있었다. 사실 나는 수년 동안 어머니와 조현병을 앓는 형 사이의 강렬한 관계에서 벗어나 있었고, 나의 단절이 그들의 상황을 더 어렵게 만들 수 있다는 것도 깨달았다. 에필로그에서 어떻게 그런 일이 벌어졌는지 설명하겠다.

우리 모두는 원가족에 대한 미해결 애착을 어느 정도 갖고 있으며, 이는 인간 본성의 일부이다. 미해결 애착은 성장기 동안 가족과의 정서적 융합을 의미하며, 단순히 가족을 떠나 새로운 친밀한 관계를 형성한다고 해서 해결되는 것은 아니다. 사람들은 미해결 애착을 가지고 있으면, 새로운 관계에서 어떤 형태로든 이를 재현하게 된다. 어느 회의에서 한 참석자가 정서적 강도와 단절이 어떤 상태인지 질문했을 때, 나는 테러범 테드 카진스키가 동생에게 보낸 편지 내용 중 다음과 같은 진술을 인용했다. 이 편지는 테드가 체포되기 5년 전인 1991년 여름, 몬타나에 있는 그의 오두막에서 쓴 것이다. "이 지긋지긋한 가족과 나를 이어 주는 모든 연결고리가 영원히 끊어졌다는 것을 알아야 해, 알아야 해, 알아야 해, 알아야 해. 그리고 너희 중 누구와도 다시는, 절대 연락할 필요가 없다는 것을 알아야 해, 알아야 해, 알아야 해……. 지금 당장 해야만 해. 내가 얼마나 절박한지 말할 수 없어……. 죽고 싶어"(Kovaleski, 1997에서 인용).

보웬이론은 사람들이 가족과 단절해서는 안 된다고 주장하지 않는다. 대신, 단절은 사람들이 선택할 수 있는 행동이며, 장단점이 모두 있다고 설명한다. 단절의 주요 장점은 가족과의 어렵고 고통스러운 상호작용에서 어느 정도 평화를 얻을 수 있다는 점이다. 그러나 단절은 앞으로의 관계에서 훨씬 더 불안에 의한 융합과 연관된 문제들을 일으킬 수 있는 단점도 있다. 제19장에서 자세히 설명하겠지만, 테드 카진스키는 가족관계가 지나치게 융합되어 문제가 많았으며, 그 책임을 가족에게 돌렸다.

집을 떠날 때까지 가족과의 정서적 애착에서 "자기"가 덜 발달한 사람은 이후 가족관계에서 만성불안을 유발할 가능성이 더 높다. 불안은 두 가지 기본적인 방법으로 관리하거나 대처할 수 있다. 한 가지 방법은 물리적 분리를 통해 부모에 대한 의존과 자신에 대한 부모의 의존을 위협받지 않도록 하는 것이다. 이것을 '독립 실패' 증후군이라고 부른다. 부모와 가까이 지내면서 독립에 대한 불안을 피할 수 있으려면, 집안의 특정 공간으로 피하거나 부모 및 다른 가족 구성원과의 상호작용을 최소화하여 스스로를 고립시킴으로써 불안을 관리할 수 있다. 또한 우울이나 정신병을 겪거나, 심지어 스스로 문제가 있다고 믿으려 할 수도 있다. 이런 상황은 부모가 이를 수용하고 변화를 요구하지 않는 한, 수년 동안 지속될 수도 있다. 그러나 제21장에서 자세히 설명하겠지만, 샌디훅 총기 난사 사건의 범인인 아담 란자와 그의 어머니의 사례처럼, 매우 위험한 경우도 있다.

만성불안에 대처하는 두 번째 기본적인 방법은 가족으로부터 물리적으로 멀리 떨어져 다시는 돌아오지 않는 것이다. 극단적인 경우에는 유목민, 방랑자 혹은 은둔자가 될 수 있다. 이러한 유형의 정서단절을 극적으로 잘 묘사한 영화가 1970년에 개봉한 잭 니콜슨(Jack Nicholson) 주연의 〈잃어버린 전주곡(Five Easy Pieces)〉이다. 이 영화는 주인공 바비 듀피어(Bobby Dupea)의 원가족에 대한 미해결 애착의 강도를 잘 묘사한 것으로, 그가 원가족에 대한 애착을 해결하지 못한 채 집으로 돌아왔을 때 어떤 일이 벌어지는지, 그리고 그의 정서적 과민함이 성인 관계, 특히 여성과의 관계에서 어떻게 작용하는지를 보여 준다. 듀피어는 문제가 아주 심각해질 때까지는 한 관계에 머물다가 새로운 장소와 새로운 관계로 이동하는 관계 유목민처럼 행동했다. 중요한 점은, 모든 가족 구성원, 특히 부모와 가출한 자녀가 정서단절에 기여한다는 것이다. 이러한 상황은 비난과 자책에 의해 심화된다. 가출한 사람들은 때때로 사이비 종교 집단이나 대체 가족에 합류하여 삶의 안정성을 찾으려 한다. 그러나 대체 가족은 일반적으로 자신의 가족보다 지지 체계로서 신뢰하기 어려운 경우가 많다.

앞에서 설명한 두 가지 극단의 대처 전략 사이에는 다양한 형태의 정서단절이 존재한다. 많은 사람들은 보통 이 두 가지 기본적 대처 전략을 병행하기도 한다. 예를 들어, 가족과 물리적으로 접촉하면서도 정서적으로 부담이 되는 상황은 피하고, 피상적인 상호작용만 유지하려는 경우이다. 제2장에서 소개한 사례의 남성은 어린애 취급을 받는다고 느껴서 원가족 방문을 꺼려 한 경우로, 그는 중간 범위의 분화 수준에서 미해결 정서적 애착문제를 가지고 있었다. 그는 본가와 물리적으로 멀리 떨어진 도시에서 살기로 했고, 본가를 방문할 때 느끼는 강한 정서적 불편감을 피하기 위해 내적 메커니즘을 사용했다. 그는 본가 방문을 짧고 즐겁게 유지하려고 했다. 이 사례에서도 부모가 단절에 동일하게 기여한 것이 분명하다.

집을 떠날 때까지 적정 수준의 "자기"를 발달시키고 부모-자녀 간의 정서적 애착문제를 해결할 수 있었던 사람들은 가족과 단절하기보다는 서서히 독립해 나간다. 이 경우, 부모와 성인 자녀는 같은 지역에 살든, 수천 킬로미터 떨어진 곳에 살든 간에 원활한 의사소통을 유지하고 서로에게 지속적인 자원이 될 수 있다.

때때로 피상적인 상호작용이 상황을 정상적으로 보이게 해서 놀랄 때가 있다. 예를 들어, 10대 시절에 부모와 갈등이 심했던 사람들이 결혼하고 자녀를 낳으면 상황이 꽤 순조로워 보일 수 있다. 하지만 문제는 부모와의 갈등적 상호작용이 자신의 자녀나 부부관계에서도 반복될 수 있다는 점이다. 이러한 반복은 대부분 정상적으로 보일 수 있지만, 이는 이전 세대와의 애착문제가 여전히 해결되지 않았음을 나타낸다. 남편이나 아내는 배우자보다 배우자의 미해결 애착을 더 잘 알아차릴 수 있는 경우가 많다. 예를 들어, 배우자가 본가 가족들의 분노에 얼마나 예민하게 반응하며, 이를 줄이기 위해 자동적 행동을 얼마나 하는지를 관찰하게 되면, 이를 알 수 있다. 이러한 배우자의 자동적 행동은 너무 오래돼서 당연한 것으로 보일 수 있지만, 자녀들과의 관계에서도 나타날 가능성이 높고 때로는 훨씬 더 심각하게 나타날 수도 있다. 또 다른 사례는 한 배우자가 자신의 가족과는 단절하고 상대 배우자의 가족에 합류하는 경우이다. 또 다른 예는 부모 중 한 명 혹은 양쪽 모두 사망한 후에 형제자매 간의 단절이 발생하는 경우이다. 이러한 단절은 부모 생전에 형제자매와 부모 사이에 존재했던 삼각관계를 이해함으로써 해결할 수 있다.

보웬이론을 공부하는 많은 학생들이 정서단절을 연속선의 한쪽 끝으로, 정서적 융합을 다른 쪽 끝으로 오해하기도 한다. 이는 잘못된 개념화이다. 부모에게 정서적으로 의존하는 사람들도 재정적 의존 여부와 관계없이, 물리적으로 거리를 두는 사람들만큼 미해결 애착문제가 많을 수 있다. 보웬이론의 모든 측면과 마찬가지로, 이 두 가지 대처 전략이 실천되는 데 있어서도 해결되지 않은 정도가 다양하다. 이상적인 상태는 현 호모 사피엔스Homo sapiens의 진화 수준이 허용하는 만큼 정서적 애착이 최대한 해결되는 것이다. 사람들은 가벼운 정도의 정서적 융합이 있는 관계에서도 상당한 정서적 행복감을 느낄 수 있다.

또 다른 중요하게 구분해야 할 점은, 목표를 향해 나아가는 것과 문제에서 도망치는 것의 차이이다. 이를 구별하는 것이 항상 쉽지는 않지만, 여전히 중요하다. 어떤 결정에는 이 두 가지가 모두 포함될 수도 있다. 목표를 향해 나아가는 것은 자기분화의 일부인 반면, 불안한 가족 상황에서 단절하는 것은 불안으로 인한 연합성 과정의 일부일 수 있다. 사람들이 성장하고 가족을 떠나 정서적으로 중요한 새로운 관계를 형성하는 것은 정상적인 과정이다. 이 과정에서 물리적으로 지구 반 바퀴를 돌기도 한다. 이러한 행동은 성숙한 목표 지향적 행동일 수 있지만, 가족으로부터 벗어나고 싶은 강렬한 열망을 반영한 것일 수 있다. 마찬가지로, 어떤 사람들은 자신이 자란 지역에서 계속 살기로 결정할 수도 있다. 이것도 역시 성숙한 목표 지향적 행동일 수 있고, 가업을 잇기로 한 결정일 수 있다. 그러나 계속 머무르는 것은 안전망을 떠나는 것에 대한 불안감을 나타내는 것일 수도 있다. 따라서 지리적 이동을 검토하는 것도 중요하지만, 섣불리 결론을 내리지 않는 것도 중요하다.

보웬이론에 기반한 가족치료의 초기 접근법은 배우자와 자녀와의 관계에서 자기를 분화시키는 데 초점을 두었다. 이 접근법은 1960년대에 지배적이었다. 그 시기 동안 보웬은 연구를 통해 가족에 대해 배운 내용을 자신의 원가족에 적용하려고 노력했다. 그는 1967년에 '가족연구학회Family Research Conference'에서 이러한 노력을 발표했다. 이 발표는 나중에 가족치료사 짐 프라모(Jim Framo)가 편집한 학회 자료집에 실려 출판되었다(미상, 1972). 이를 계기로 치료사와 내담자 가족은 원가족에서 자기분화 작업을 직접 하는 것으로 초점을 전환하기 시작했다. 이는 보웬이 초기에 생각했던 것보다 훨씬 더 중요한 것으로 밝혀졌다.

사람들은 원가족에 대한 미해결 애착을 해결하기 위해, 단절을 원가족에서의 자기분화로 전환하려고 했다. 비록 자동적으로 이루어지지는 않았지만, 원가족에서의 진전이 현재 가족체계에서도 진전을 가져오기 시작했다. 그들은 현재 가족에서 자신도 모르게 작동하고 있던 과정을 인식하기 시작했다. 이 과정에 대한 자세한 내용은 책의 제2부에서 다룰 예정이다. 이러한 변화는 전통적 이론 기반의 심리치료에서 오랫동안 신뢰받아 온 치료관계에 대한 생각, 즉 치료사와 내담자 사이에 일어나는 일을 바탕으로 진전이 일어난다는 생각을, 가족 구성원과 원가족 사이에서 일어난 일을 바탕으로 진전이 일어난다는 새로운 관점으로 바꾸어 놓았다.

정신분석에서는 치료에서의 전이 관계에 크게 의존해 왔지만, 이제는 전이 관계가 그렇게 중요하지 않은 것으로 밝혀졌다. 치료사는 전이를 조장하는 상호작용에 초점을 두거나, 이를 무시함으로써 전이 관계에서 벗어날 수 있다. 가족관계를 객관적으로 이해하는 동기와 이론적 기반을 갖추면, 부모가 사망했더라도 부모와의 초기 전이 작업을 할 수 있다. 부모가 사망한 경우에는 이모나 삼촌 등 부모와 가까웠던 사람들과의 관계를 개선함으로써 진전을 이룰 수도 있다.

치료사나 '코치'는 가족 구성원과 함께 보웬이론을 실제 관계에 적용하도록 돕는 역할을 한다. 코칭 회기에서 가족 구성원이 코치에게 실망하거나 화가 난 감정을 표현하고 이러한 감정에 대해 논의하는 것은 금지되지 않지만, 코칭의 주요 초점은 아니다. 코치는 가족 구성원과의 상담에서 분화를 유지하는 방법을, 주로 가족 구성원이 자신의 핵가족 및 확대가족에서 자기분화를 이루는 과정을 통해 배우게 된다. 이러한 임상 경험도 중요하지만, 그것만으로는 충분하지 않다. 유능한 코치는 다른 사람들이 가도록 도우려는 길을 자신도 걸어본 경험이 있어야 한다.

이 장에서는 정서단절에 대해 다루었는데, 보웬이 원가족과의 정서단절을 독립된 개념으로 강조한 이유를 설명하는 데 도움이 되었길 바란다. 이 장을 마무리하며 다시 한번 강조하고 싶은 점은, 정서단절이 병적인 과정은 아니지만, 그것이 자신과 타인에게 미칠 수 있는 결과를 이해하는 것이 중요하다는 점이다.

제14장

사회적 정서과정

정서적 퇴행은 가족관계 수준에서 다루어져 왔지만, 사회적 정서과정이라는 개념은 그것이 전체 사회와 같은 큰 집단으로 확대 적용된 것이다. 보웬은 1976년에 발표한 논문에서 정서적 퇴행을 보웬이론의 개념에 포함시켰다(그 명칭은 사회적 퇴행에서 사회적 정서과정으로 바뀌었는데, 이것은 사회가 퇴행은 물론이거니와 진보의 기간도 겪기 때문이다). 그 개념을 개발하는 데 자극이 된 일은 1972년에 일어났는데, 그때 '미국 환경보호협회'는 보웬에게 환경문제에 대한 인간의 반작용이라는 주제로 논문을 발표해 달라고 초청했다. 가족의 정서체계가 시간이 지나면서 만성불안이 오르고 내림에 따라 진보와 퇴행을 거듭한다는 아이디어가 더 큰 사회적 영역의 현상에도 확장 적용될 수 있다는 것이다.

사회적 퇴행은 정서과정 그 이상이다. 심리적 과정도 그것을 추동하는 핵심 요소이다. 증오에 찬 선전 선동은 집단 구성원들의 감정반사행동을 흔들기 위해 이용된다. 그것은 그 구성원들을 결속을 다지게 하며(정서적 융합) '다른' 종족 집단 사회를 거부하고 심지어 제거해 버리도록 선동한다. 정서과정은 가족과정의 이면뿐만 아니라 정치적 과정과 경제적 과정의 이면에도 숨어 있다.

많은 사람들은 퇴행을 추동하는 이면에 정서가 깔려 있다는 것을 알면서도 정서를 촉발시키는 과장된 수사적 표현에 쉽게 유혹당한다. 만성불안이 높아지면, 불안한 정서로 인해 정치체계와 경제체계가 무너지고 역기능 상태에 이르게 된다. 이러한 관점이 대중 의식에 지금보다 더 굳건하게 자리 잡도록 하는 것은 가치 있는 일일 것이다. 인간이라는 종이 얼마나 비이성적으로 사고하기 쉬운가를 고려해 볼 때, 나는 우리 인간이라는 종을 가리키는 학명을 호모 사피엔스Homo sapiens(지혜로운 사람)에서 호모 뒤스라티오날리스Homo dysrationalis[1]로 바꾸는 것을 제안한다. 우리는 제5장에서 심리학자 키스 스타노비치의 작업을 인용한

---

1) 역주: '지혜가 부족한 사람'이라는 뜻이다.

바 있는데, 그는 '뒤스라티오날리아dysrationalia'라는 용어를 처음 사용했는데, 그 의미는 지혜로울 수 있는 능력은 있지만 흔히 거기에 못 미친다는 의미이다(1993). 우리 자신을 이성적인 종으로 미화하는 것은 우리가 지구와 거기에 살고 있는 것들, 식물들, 그리고 동물들을 지배할 만한 가치가 있다는, 터무니없이 만연해 있는 이 개념을 영속화하는 하나의 요인이 되고 있다.

보웬이론가들을 포함한 많은 사람은 보웬이 사회의 상태를 서술하기 위해 1970년대 초에 사회의 퇴행이라는 아이디어를 도입했을 때 그것에 부정적이었다. 비평가들은 잔인하고 끔찍한 일들이 인간 역사 전체에 걸쳐서 발생해 왔던 것이며 현대 사회는 퇴행하는 것이 아니라 진보한다고 주장하는 것으로 반응했다. 이 개념은 전체적인 퇴행의 시기에도 진보의 요소들이 나타날 수 있다는 것과 역사 전체에 걸쳐서 다른 퇴행의 시기가 있었다는 것을 수용하는 입장을 취한다.

역사가 자크 바르준(Jacques Barzun)의 저서인 『새벽에서 타락까지(From Dawn to Decadence)』(2000)는 현대 사회가 실제로 '타락'의 시기에 있다는 생각과 보웬이론이 정서적 퇴행이라고 칭하는 것을 지지한다. 바르준은 타락의 시기에 문화가 얼마나 변화하는지를 강조하고 있으나 정서적 퇴행에 관해서는 분명하게 언급하고 있지는 않다. 다음의 인용은 타락을 나타내는, 만연해 있는 사회의 변화들에 대한 바르준의 평가를 요약한 것이다.

> 중세 이후로 사람들은 그토록 폭넓게 이루어진 품행의 일반적인 완화에 대해 불평했다. 권위에 대한 공격, 기성의 모든 것들에 대한 냉소, 언어와 대상에 대한 왜곡, 명확한 의미에 대한 냉담, 인간의 형태에 대한 폭력, 감각의 원시적 요소들로의 회귀, 모든 장르에 반대(anti)를 표방하는 것들의 증가 …(중략)… 그리고 이것들 모두는 서구 사회를 흔들었던 1960년대의 도덕적, 성적, 그리고 정치적 반항들 훨씬 이전에 이미 진행되고 있었다(p. 727).

그는 우리가 기술적 역량의 위대한 진보에도 불구하고 문화적 황혼, 에너지 고갈, 그리고 더 큰 혼란의 시대에 살고 있다고 현재의 사태를 요약해서 말하고 있다. 그것은 무언가를 당연히 누릴 자격이 있다고 여기는 권리의 문화이다. 그 책에서 저자는 1500년부터 현재에 이르는 서양의 역사를 조사하면서 사회가 결국에는 그것으로부터 빠져나온 타락한 과거 시대들에 관해 서술한다. 그는 우리도 마찬가지로 현재의 시기로부터 마침내는 빠져나오리라고 예견한다.

　바르준은 역사에 대한 꼼꼼한 조사를 통하여 자신의 관점에 이르렀다. 보웬은 매우 다른 방식으로 자신의 관점에 도달했다. 곧 그는 대략 15년 주기가 지나면서 미국의 사법 체계가 미성년 범죄자를 구성원으로 둔 가족들에서 작동됐던 정서적 기능의 특징인 퇴행의 패턴과 점점 더 유사한 방식으로 청소년 비행의 문제를 다루고 있었다는 것을 관찰했다 (Bowen, 1978). 그는 1950년대 초와 1970년대 초 사이에 비행 사건 발생이 증가한 정도에도 주목했다. 청소년 비행 사건의 경우에서처럼, 가족이 내재화된 문제를 패턴화하여 외현화하고 문제행동으로 발전시켰던 가족의 패턴을 사회도 따르고 있다는 것을 보았다. 더 자유방임적인 사회는 신경증의 발생을 넘어 (잠시 전통적인 정신의학의 용어를 빌리자면) 성격장애의 발생을 조장하기 쉽다. 이것은 일탈 행동이 신경증적 행동보다 더 퇴행적이라는 사실을 말하는 것이 아니고, 그러한 양쪽 모두의 변화들이 사회의 불안 수준에서 발생했으며 그것이 나타났던 방식에서만 차이가 있음을 말한다.

　비행의 발생이 나타나기 쉬운 지나치게 자유방임적인 가족 패턴은 지나치게 헌신적인 부모들에서 비롯한다. 그 패턴은 1950년대 동안 더 많은 가족에게서 뚜렷하게 나타났다. 최근에는, 이러한 가족 패턴과 관련하여 헬리콥터 부모나 제설차 부모라는 용어들이 사용되었다.[2]

　그 패턴은 [그림 14-1]에서 예시된 것 같이 시작한다. 부모에게서 10대의 아들에게로 향하는 제법 두꺼운 선의 화살표가 상징하다시피, 이 도형은 지나치게 헌신적인 두 사람의 부모를 나타내고 있다. 일반적으로, 어머니는 아버지가 하는 것보다 더 많이 아들에게 집중하지만, 제3장에서 삼각관계와 관련하여 설명된 바와 같이, 아버지는 어머니만큼이나 삼각관계에 융합돼 있다. 어머니의 기능하기는 아버지의 기능하기에 영향을 미치게 마련이고 그 반대도 마찬가지이다. 그리고 자녀의 기능하기는 양쪽 부모 모두의 기능하기에 영향을 미치고 그 반대도 마찬가지이다. 부모와 자녀 양쪽 모두 과장된 융합 과정을 조성한다. 아들을 표시하는 부호 안의 타원형 음영은 어느 부분 불행감이나 고통을 느끼고 있다는 사실을 나타낸다.

　[그림 14-2]는 그 가족의 정서과정의 다음 국면을 상징한다. 어머니가 자녀의 고통을 지각함으로써 보여 주는 반응은 불안으로 추동되는 그녀의 감정반응으로, 자녀의 삶 초기 이후로 그녀가 해 왔던 것 그 이상을 하는 것이다. 이것은 그녀가 불안에 의해 자녀에게 더 많은 사랑, 더 많은 관심, 그리고 더 많은 도움을 줌으로써 그녀의 속상함을 완화하려는 것이

---

2) 역주: 두 용어 모두 과도한 보호와 지나친 개입으로 자녀의 삶을 밀착하여 감시하는 양육 태도를 가리킨다.

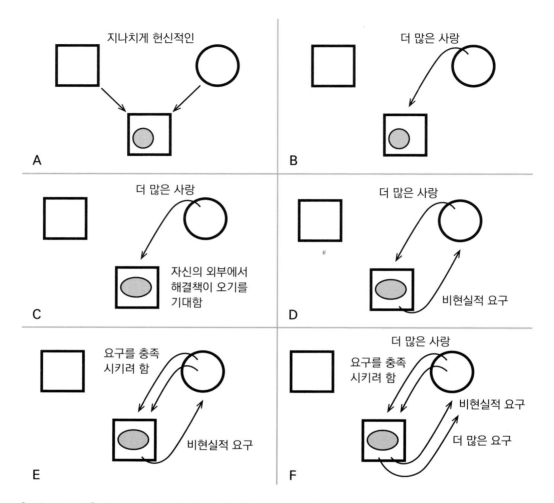

[그림 14-1 (A)] 부모들로부터 아들에게로 향하는 화살표들은 지나치게 헌신적인 자유방임의 부모들이 아들에게 불안해하며 집중하는 것을 상징한다. 아들을 표시하는 부호 안에 음영으로 처리된 동그라미는 자녀에게 초점두기 과정에서 형성된 만성불안에 대해 높아진 그의 취약성을 나타낸다.

[그림 14-2 (B)] 그것이 무엇이든 간에 어떤 불만족에 대한 아들의 언어적 그리고 비언어적 표현들이 아들에게 더 많은 사랑이 필요하다는 어머니의 느낌을 자극한다. 그리하여 어머니는 아들에게 더 많은 사랑의 세례를 퍼붓는다.

[그림 14-3 (C)] 이러한 유형의 모-자 상호작용은 정서적으로 아들이 자신의 괴로움을 해소하기 위한 해결책을 그 자신의 외부로부터 기대하도록 설정한다.

[그림 14-4 (D)] 아들을 표시하는 부호에서 확대된 원은 더 높은 그의 불안을 나타낸다. 그 불안은 자신의 고통을 해소하기 위해 어머니에게 향하는 더 많아진 비현실적 요구를 동반함으로써 자신의 고통을 줄여 주기 위한 어머니의 불안으로 추동되는 노력에 대한 아들의 반응으로 나타나는 것이다.

[그림 14-5 (E)] 모-자 관계에서 오가는 화살표들은 아들의 기대에 대한 어머니의 굴복하기와 아들의 기대에 맞추기의 상승적 순환을 나타낸다.

[그림 14-6 (F)] 자유방임이 커지면서 비현실적 요구는 심화된다.

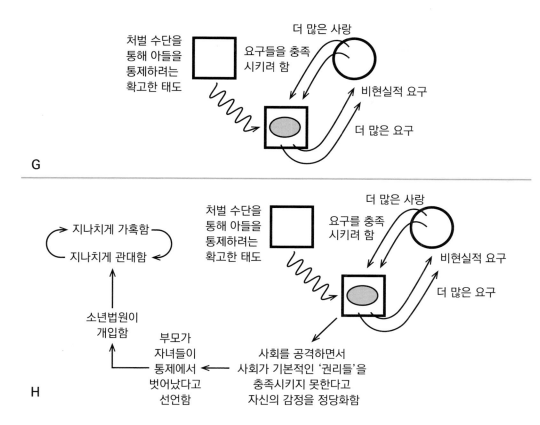

[그림 14-7 (G)] 아버지는 처벌적인 위협을 포함하는, 10대 아들을 대하는 확고한 태도를 걱정스레 그리고 가혹하게 시도함으로써 그의 아내와 아들 사이의 불안해하는 상호작용에 대응한다.

[그림 14-8 (H)] 아들이 10대 중후반으로 성장함에 따라, 그는 자신의 '기본적인 권리들'을 충족시킬 수 있는 더 큰 사회를 기대하면서 자신의 요구를 독선적으로 확대한다. 부모는 마침내 아들이 통제 불능임을 선언하는데, 그렇게 통제에서 벗어나는 어느 시점에서 소년법원이 아들이 사회에서 저지른 파괴적인 위반행동을 처벌하기 위해 개입한다. 그러나 법원이 내리는 의사결정은, 아무런 효과도 없는 지나치게 관대한 접근과 지나치게 가혹한, 분노가 추동하는 처벌 사이를 오락가락함으로써 '소년 범죄자'를 둔 가족의 부모들이 하는 것과 비슷해진다. 그러한 패턴의 의사결정은 아들이 부모와 사회에 대해 가지는 분노가 더욱 정당하다고 느끼게 한다.

다. 10대 자녀의 고통은 자신이 뭔가를 충분히 하지 못했다는 그녀의 두려움을 촉발한다.

[그림 14-3]은 이러한 강렬한 융합 과정의 다음 국면과 그 국면이 공헌하는 정서적 프로그래밍의 특정 형식을 보여 준다. 그 아들의 고통과 좌절감은 증가한다(음영으로 처리된 타원형이 증가하는 그의 고통을 나타내기 위해 확대되었다). 그는 자신의 삶에서 길을 평탄하게 만들려는 어머니의 계속되는 노력으로 그러한 어머니-아들 관계에서 설계되었으며 그의 고통에 대한 해결책을 그 자신의 외부로부터 기대하도록 학습했기 때문이다.

다음 국면([그림 14-4] 참조)에서, 그 아들은 자신의 고통을 완화하기 위해 어머니에게 한층 더 많이 요구하는 것을 정당하게 느낌으로써 그의 어머니가 불안해하며 그에게 더 집중하는 것에 반응한다. 그는 문제에 대하여 어머니를 비난하도록 배웠는데 그것은 어머니가 자신도 모르는 사이에 조성한 결과이다. 어머니는 불확실성과 아들이 잘못될 수도 있을 것이라는 두려움 속에서도 아들의 요구를 들어줌으로써 그의 비현실적 기대를 충족시키려 애쓴다([그림 14-5] 참조). 이것은 자신의 불행과 관련해서 다른 사람들을 자동반사적으로 비난하고 자신의 권리를 주장하는 당당한 태도를 강화시킨다. 비록 그 어머니가 화를 내게 될 수도 있고 계속해서 아들을 거부할 수도 있지만, 그녀의 전체적인 메시지는 "네가 무엇을 하든지 나는 널 사랑할 거야."이다. [그림 14-6]은 그 과정의 다음 측면을 나타낸다. 아들은 다음과 같이 어머니의 화냄과 거절이 약속의 위반이라고 느끼기 시작한다. "어머니는 내 문제를 해결할 수 있다고 내게 약속했으면서도 그렇게 하지 않았다." 부모는 일반적으로 이러한 상호작용의 과정을 자세히 서술할 수 있으나 아들의 문제가 잘못되었다고 느낀다. 이러한 문제를 해결하는 것과 관련해서 그들이 아는 유일한 것은 아들을 변화시키는 것이다.

다음의 상황 악화에서([그림 14-7] 참조), 아버지는 마침내 아내와 그녀의 계속되는 행위를 조정하려는 아들의 노력에 대해 충분히 파악하게 되면서, 그는 아들을 통제하려고 가혹하게 벌을 주게 된다. 그런 다음 자유방임의 분위기는 부모가 설계하는 지나치게 가혹한 책략들, 이를테면 외출 금지, 자동차 사용 금지, 엄격한 귀가 시간, 또는 군사학교에 보내 버리기와 같은 처벌의 위협들로 이동한다. 아들은 시달리고 부당하게 다루어지며 오해받는다고 느낀다. 아들은 일반적으로 더 많은 통제를 행사하려는 부모의 노력을 피하는 데 능숙하다. 이 국면의 양상은 긴 자유방임의 기간이 짧은 기간의 위협과 가혹함으로 막을 내리는, 결과적으로 잘못 강화된 결과이다. 문제행동을 만들어 내는 또 다른 패턴은 아버지가 10대 아들의 편을 들면서 현상을 유지하려는 어머니의 노력을 약화시키는 것이다. 그녀에게는 자신의 남편에 대해 효과적인 태도를 보일 만큼 충분한 "자기"가 없다.

아들의 비행은 점점 더 심각해진다. 아들의 비행을 지원하는, 아들과 생각이 비슷한 또래 집단은 아들의 문제를 강화시키기는 하지만 그들이 아들이 저지르는 비행의 원인인 것은 아니다—문제의 핵심은 부모와의 삼각관계에 있다. 아들은 진짜 자기를 거의 성장시키지 못하였으며, 부모는 그와의 관계에서 진짜 자기를 거의 가지지 못한 상태에서 기능하고 있다. 아들은 마치 자신이 당연히 모든 권리를 가지고 있다고 생각하면서 세상 밖으로 나간다. 그런 다음 그는 자신의 혼란을 사회를 공격하는 것으로 확대하며 그의 비행은 더 심각해진다. 부모는 감정에 압도되어 아들이 통제에서 벗어났다고 선언하고 소년법원이 개입한다.

보웬이 사회적 퇴행에 관한 단서를 얻은 것은 그가 1970년대 초 이전의 15년 남짓한 기간 동안 이뤄진 소년법원의 판결을 재검토하는 과정에서였다. 그 판결들은 지나치게 관대한 법적 판결과 지나치게 가혹한 법적 판결 사이에서 오락가락하는 패턴이 증가하고 있음을 보여 주었다. 그는 그 과정이 비행 청소년을 둔 가족들에서 벌어졌던 것과 비슷하다는 사실을 주목했다. [그림 14-8]은 가족에서 사회로 이어지는 전반적인 과정의 흐름을 요약한다. 더 큰 사회에서 일어나는 퇴행은 청소년 비행이라는 증상과 씨름하는 가족의 불확실성을 강화한다. 가족은 사회에 영향을 미치고 사회는 가족에 영향을 미친다.

선을 넘는 행동을 하는 모든 10대가 잘못된 권리의식에 의해 지배되는 것은 아니다. 일부는 자신들이 누구이고 자신들이 무엇을 하는지와 관련해서 고통을 느끼는데 그러한 태도의 대부분은 문제에 대한 부모들의 관점을 받아들이는 것에서 비롯한다. 이것은 그들이 권리의 태도를 가진 다른 아이들처럼 기만이나 거짓말, 착취나 부모의 불확실성을 조종하는 행동을 하지 않는다는 것이 아니다.

'엄한 사랑tough love' 접근법은 이러한 상황에서 많은 가족의 관심을 끌고 일부 젊은 사람들은 그러한 접근법에 부응하지만, 그것의 폐해는 문제가 그들의 자녀에게 있다는 부모의 관점을 이 접근이 지지한다는 점이다. 엄한 사랑 접근법은 부모가 더 엄격해지도록 가르치지만, 그 접근법은 가족 문제의 피상적인 측면만을 다룰 뿐이다.

법원은 퇴행에 참여하고 영향을 받는 유일한 제도가 아니다. 1960년대 대학가의 학원 시위를 회상하면서, 바르준(2000)은 이러한 과정이 더 높은 교육 수준에서도 진행되고 있다고 말하고 있다.

반항아들이 여전히 그들이 다니는 단과 대학과 종합대학교에 있었을 때, 그들의 시위 방식은 건물 점거하기, 특히 총장 집무실을 점거하는 것이었고, 연구 자료들과 장비들을 가리지 않고 공공 기물을 되는 대로 부수는 것이었다. 그들의 편에서 보자면, 행정가들은 최악의 수준으로 비겁하게 행동했다. 그들은 협상 불가의 쟁점들을 논의하기 위해 반항아들의 소환에 따랐고 모든 굴욕감을 속으로 삼켜 버렸다(p. 765).

앞의 인용문에서 바르준은 행정가들이나 시위자들을 비난하고 있지 않다. 그는 행정가들의 자신 없는 대응으로 대학생들의 비현실적 요구가 충족되었다는 사실을 서술하고 있다. 이것은 일탈 행동을 하는 자식을 둔 가족들에게서 작동하는 것과 꼭 같은 역동이다. 동시에, 대학 당국은 학생들에 대하여 지나칠 정도로 관대하고 지나칠 정도로 보호하라는 요청을 받고 있었다. 과거에는 부모와 같은 입장에서 행동하라는 것이 교사들과 행정가들을 위한 유용한 지도 원리였지만 바르준은 확신이 없는 행정가들이 학생들의 비현실적 요구에 굴복하는 것을 관찰한 것이다. 가치가 있을 수도 있는 요구의 내용과 그것을 얻기 위해 학생들이 밟았던 과정, 즉 다른 사람들의 합법적인 권리를 침해하는 행동 간에 구별하는 것이 중요하다.

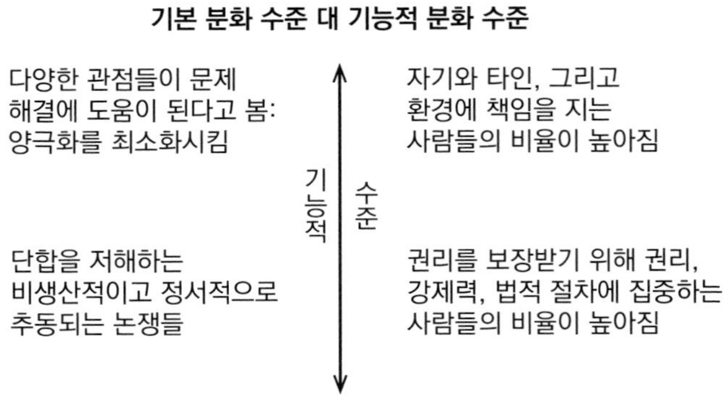

기본 분화 수준 대 기능적 분화 수준

다양한 관점들이 문제 해결에 도움이 된다고 봄: 양극화를 최소화시킴	자기와 타인, 그리고 환경에 책임을 지는 사람들의 비율이 높아짐
기능적 수준 ↕	
단합을 저해하는 비생산적이고 정서적으로 추동되는 논쟁들	권리를 보장받기 위해 권리, 강제력, 법적 절차에 집중하는 사람들의 비율이 높아짐

[그림 14-9] 이 도표는 사회에서 불안으로 추동되는 연합 과정의 증가가 사회의 기능적 분화 수준의 감소로 귀결될 때 벌어지는 것을 요약한다. 눈에 띄는 변화는 책임보다는 권리에 대한 강조의 증가와 문제 해결을 방해하는 사회의 대립 수준이다.

[그림 14-9]는 퇴행한 사회와 더 높은 수준에서 기능하는 사회 사이에 있는, 보웬이론에 근거한 차이들의 가장 근본적인 측면들을 요약한다. 가족과 사회에서의 정서적 퇴행은 불안으로 추동된 기능적 분화 수준의 하강을 반영한다. 어떤 사회가 더 낮은 수준의 퇴행으로 떠내려감에 따라, 어떤 류의 사람들의 비율이 높아지는지가 도식의 오른쪽 하단에 묘사되어 있고, 공동작업의 어려움은 도식의 왼쪽 하단에 묘사되어 있다. 이러한 퇴행의 특징이 현재에 나타나는 명백한 장소들 가운데 하나가 국회의사당 안이다. 유권자들은 극단적인 입장을 변호하는 국회의원을 더 많이 지지한다. 대립하는 의견들 가운데 어느 쪽도 반드시 옳지는 않지만, 대립은 사려 깊은 절충과 문제 해결을 방해한다. 어떤 사회가 퇴행에서 벗

어날 때, 기능적 수준은 상승하고 사람들과 그들의 소통에서 발생하는 변화들은 도식의 왼쪽과 오른쪽 상단에 서술돼 있다.

정서적 퇴행에서 작동하는 근본적인 과정은 원칙에 근거한 의사결정과 행동이 감정 지향적으로 바뀌는 것이다. 이것은 가족에서 일어나며 더 큰 규모의 사회에서도 일어난다. 원칙에서 감정으로의 이러한 이동의 다른 징후는 그 대부분이 가정폭력인 그런 폭력의 발생 정도가 증가한다는 것이다. 그뿐만 아니라 극단적인 독선이라는 특징을 띠는 더 많은 내편-네 편 파벌 싸움, 관습의 급속한 변화(이러한 변화는 더 감정중심적 강압적 과정이 더 합리적이고 사려 깊은 과정을 대체하기 때문에 퇴행적이라 여겨진다), 전반적으로 높은 이혼율에 동반된 덜 안정적인 친밀 관계(이것은 시간이 지남에 따라 오락가락할 수 있다), 책임보다 권리에 더 많이 집중하기, 더 많은 범죄와 소송, 약물남용, 10대 임신의 증가, 자유방임, 급진적인 독단적 근본주의, 더욱더 만연하는 누리고자 하는 권리 주장의 태도, 환경 문제와 관련한 낮은 책임성, 불안을 잠시 완화하려는 임시방편의 입법, 음모론의 편재, 그리고 테러 행위의 증가가 그런 징후들이다. 사람들은 펼쳐지는 상황에 대해 자신들의 책임을 받아들이기보다는 문제를 다른 사람들의 탓으로 돌린다. 어떤 문화가 불안정해짐에 따라, 그것은 가족들, 특히 덜 분화된 가족들에게 강력한 영향을 미친다. 안정된 문화는 유사-자기와 그 안정감과 연결된 평온함을 북돋우며 이것은 우리 모두에게 중요한 것이다. 사람들은 그들이 일반적으로 인식하고 있는 것보다 그들의 사회적 맥락에 더 많이 취약하다. 어떤 사회에서 소수의 더 잘 분화된 사람들은 그들을 둘러싸고 있는 퇴행의 대홍수에도 노아의 방주처럼 물 위에 떠 있을 수 있다. 그들은 사회에서 벌어지는 일들에 대해 사실에 근거한 사고와 아이디어를 제공하지만, 그들의 공헌은 일반적으로 무시되고 퇴행하는 대다수에 의해 압도된다.

퇴행의 종결은 기능적 분화 수준의 증가를 반영한다. 이것은 몇 가지 방식으로 가족들에게서 발생한다. 그 가운데 한 가지 방식은 어떤 가족의 형편이 너무 나빠지고 자원이 고갈되어 한 가족원이 "더 이상은 못하겠다, 우리는 지금까지의 방식으로는 더 이상 안 된다."라고 말할 정도가 되는 것이다. 즉, 자포자기에서 취해지는 자기-입장I-position에 이른다. 제6장에서 기술한 제임스 매디슨 가족의 경우에, 그 가족은 절대로 퇴행에서 벗어나지 못한다. 아무짝에도 쓸모없는 그들의 어른-아이 관계과정에서 이루어진 결정들은 절대로 그에게 마지못해 동의하는 수준을 넘지 못한다. 그 가족의 경우 자신들의 금융 자원이 완전히 고갈되면서 단순히 자원이 더는 없었기 때문에, 제임스나 돌리는 페인이 재원을 빼내 가고 있는 정도에 어쩔 수 없이 선을 그을 수밖에 없었던 것이다.

가족이 퇴행에서 벗어나는 다른 방식은, 앞서 언급했던 것보다 더 선호되는, 다음의 방식이다. 그것은 특정 가족 대표자가 그 체계에서 더 많은 "자기"를 가진 사람으로 기능하도록 조직적인 노력을 기울이는 것인데, 이 방식은 퇴행을 역전시킬 수 있다. 이것은 한 가족 구성원이 퇴행에 대해 체계론적 이해를 얻어서 더 많은 "자기"와 함께 기능하려는 용기와 동기를 가질 때 발생한다. 이것은 일반적으로 가족치료가 가장 추구하는 것이다. 유감스럽게도, 모든 사람이 그렇게 행동하도록 동기가 부여되지는 않는다.

대체로 퇴행이 종결되는 가장 흔한 방식은 만성불안의 수준이 떨어지는 것이다. 이것이 발생하는 이유는 대개 분명하지 않다. 가족치료에서의 불안 감소는 일반적인데, 이는 가족이 약간의 도움을 얻는 단계를 밟아 왔고, 더 중립적인 환경에서 이야기할 수 있기 때문이다. 이것은 기본 분화 수준의 증가라기보다는 불안의 감소와 기능적 분화의 증가로 이루어진 것으로 볼 수 있다. 이것은 가족에서 전개되는 정서과정과 그것에 연관된 정서적 중립성에 대해 이론적으로 이해하는 치료사가 차이를 만들어 내는 지점이다. 가족들은 보통 그들이 상호작용을 할 수 있는 누군가와 소통할 때 더 잘 기능한다.

한 사람이 이론을 잘 이해함으로써 동기부여가 되어 사회에 영향력을 끼친다는 것은 훨씬 더 어려운 일임에 틀림없다. 어떤 사람이 직장이나 지역사회 조직과 같이 더 작은 체계에서 차이를 만들어 내는 것은 가능하다. 민주주의 사회에서, 퇴행이 아주 심각해지고 대부분의 인구가 원칙에서 멀어지고 감정에 근거한 즉각적인 해결책을 찾을 때, 지도자의 위치로 추대된 사람들은 일반적으로 그러한 지향을 반영하는 사람들이다. 그것은 시각장애인이 시각장애인을 인도하는 것과 같은 상황이 된다. 비민주적 사회에서는, 무자비한 독재적 지도자가 질서 비슷한 것을 회복하겠다고 나서면 대중들은 그를 따른다. 그러한 전개에는 분명히 덜 긍정적인 측면이 있다.

현재 미국에서의 정서적 퇴행과 연관된 보웬의 예측은, 손쉬운 탈출구를 택할 때 경험하는 고통이 원칙에 입각한 장기적인 방향을 택할 때의 고통을 능가할 때 비로소 퇴행이 역전되리라는 것이다. 그런 일이 발생한다고 하더라도, 그것이 일어나는 데에는 몇십 년 이상이 걸릴 것이라 예상된다. 보웬은 퇴행에서 벗어난 유형의 인간이 인간 행동과 관련해서 체계론적 사고를 더 잘할 수 있는 능력이 있고 자연과 함께 조화를 이루고 살아갈 능력이 있다고 보았다.

바르준(2000)은 유럽에서의 퇴행이 콜럼버스의 신대륙 발견 시기까지 지속되었다는 사실을 관찰했다. 그 퇴행은 신대륙 발견 이후에 곧 진정되었다. 그는 그런 종류의 발견이 말 그대로 그리고 상징적으로 인간의 정신을 고양시키고 그 지평을 확대했다는 생각을 함축적으로 표현했다. 어떤 사람들은 인간의 독창성과 기술이 우리를 현재의 문제에서 꺼내 줄 수 있을 것이라고 생각한다.

무엇이 사회에서 현재의 퇴행을 끝낼 수 있을지 이해하려면 무엇이 그것을 움직이게 하는지를 이해함으로써 가능하다. 보웬은 퇴행이 현재도 진행되고 있고 제2차 세계대전 직후부터 계속되었다고 확신했으나 퇴행에 연료를 공급하는 만성불안을 추동하는 것이 무엇인지에 대해서는 확신이 덜 했다. 그러나 그는 현재의 퇴행을 추동하는 것의 특징이 인간 역사에서 있었던 이전의 퇴행과 비교되는 독특한 점이지 않을까 추측한다. 그는 현재의 퇴행에서 작동하는 기본적인 과정이 인간과 자연 사이의 어긋남이라고 믿었다. 그는 적어도 다음과 같은 세 가지 조건이 그러한 어긋남에 이바지한다고 시사했다. 곧 그것은 ① 자연 자원의 빠른 격감, ② 인구의 폭발적 증가, 그리고 ③ 새로운 미개척 분야의 부재이다. 어떤 퇴행이 악화하고 그것과 연관된 징후들이 나타남에 따라, 그것은 만성불안을 증가시킨다. 이러한 과정의 역설적인 점은, 그 상태는 문제들을 해결하기 위해 사람들이 더 사려 깊게 되고 협력하도록 요구하는데, 기능적 분화 수준이 낮아질 때 그런 협력이 성취되기가 매우 어려워진다는 것이다.

사회적 정서과정에 보웬이론을 적용하기 위한 마지막 한 가지 측면은 개별성-연합성 생명력에서의 균형이다. 이러한 생각은 가족에서 시작해서 사회적 수준까지 확대될 수 있다. 보웬이론에서 사회를 위한 최적의 기능을 하는 것은 양쪽 작용력 가운데 어느 쪽도 다른 쪽보다 더 중요하지 않은 50-50의 균형 상태이다. 이러한 일정한 균형 상태는 변화에 적응하기 위한 융통성을 뜻한다. 그 각각의 작용력들은 당면한 상황마다 어느 정도의 시간 동안 다소 영향력이 클 수 있다. 퇴행을 추동하는 불안의 장에서는, 집단을 위한 본능적인 기본 모드가 불안을 완화하기 위해 연합성 쪽으로 더 많이 향한다. 불안이 지속되면, 새로운 균형 상태가, 이를테면 연합성 쪽에서는 55나 60이 되고 그것과 호환적으로 작용하는 개별성 쪽에서는 45나 40이 되는 균형 상태가 발생할 수 있다. 이것은 기능적 분화 수준에서의 저하를 나타내는데, 이러한 저하는 어떤 사회가 당면한 도전들에 어느 정도는 덜 적응적이게 만들 수 있게 한다. 이것은 사회가 당면한 도전들에 대해 개별성을 통해 유도되는 해결책보다는 연합성을 통한 해결책을 지지하는 쏠림현상으로 나타난다. 다음은 그 등식의 양변이 가지는 특징들이다.

- 개별성

  원칙에 주의를 기울임

  자율성을 가진 자기

  불안할 때에도 예정된 과정을 유지하기

  자신의 생애과정을 결정하기 위한 개인들의 권리

- 연합성

  조화

  다른 사람들을 돌보기

  (당연시되는) 더 많은 권리

  인도주의

  반응성

  민감성

목록을 살펴보면, 균형 상태의 양 측면의 경향들에는 분명히 그 각각의 장점들이 있다. 이러한 묘사들은 정치적 정당들과는 무관하다. 중요한 것은 당면한 상황에 가장 잘 적응할 수 있는 방식으로 전후로 움직이는 융통성이다. 퇴행에서, 이러한 융통성은 어느 정도는 줄어든다. 그 입장들은 불안이 증가하고 퇴행이 악화함에 따라 대립과 갈등이 점점 증가하게 된다. 더 사려 깊은 인구 집단은 적응의 융통성을 유지하지만, 상대적으로 감정을 향하는 편인 사람들은 다른 사람의 의견을 잘 듣지 않는 경향이 있다. 그 과정은 만성불안이 높아지면서 정서체계가 지적 체계의 기능하기를 압도하여 그것을 손상시키는 것과 비슷하다. 사람들은 연합성과 관련해서 독단적일 수 있는 것과 마찬가지로 자기를 위한 자율성과 관련해서도 독단적일 수 있다.

퇴행의 다른 측면은 권력자들이 많은 규칙과 규정들을 사람들에게 부과한다는 것이다. 사람들은 그 규칙과 규정들에 부담을 느끼고 반발하고 저항한다. 그 뜻은 그것의 일정 정도가 안전하고 질서 있는 사회를 유지하는 데 필요하다는 것이지만, 퇴행에서 나타나는 연합성은 그것에 연관된 어떤 양극화를 초래할 만한 지나친 움직임을 만든다. 한 가지 예는 비만에 대한 세계적인 관심이다. 사람들은 비만이 가지는 건강상의 위험에 대해 거의 날마다 경고받는다. 그러한 경고는 타당하지만, 그것은 부모가 약물남용의 위험에 관해 아이들에게 계속해서 경고하는 것과 비슷하다. 사람들은 실제로 존재하는 진짜 위험들을 인용함으로써 그들의 경고를 정당화하지만, 이것은 어느 정도는 불안으로 추동되는 정서과정이 일어나게 한다. 즉, 부모나 정부가 좋은 부모 역할, 훌륭한 통치라고 생각하면서 과대기능을 하는 수준으로 쉽게 전락한다. 나는 약물남용의 중독적 속성을 무시하는 것이 아니며, 단지 그것이 근본적으로 정서과정의 문제임을 말하는 것이다. 사회가 점점 더 악화된 퇴행의 수준으로 이동함에 따라, 예측할 수 있다시피 점점 더 많은 수의 사람들이 이러저러한 방식으로 삶의 광란에 빠지는 것에 무감각해질 것이다. 그들에게 그것을 하지 말라고 하는 것은 아마도 그렇게 크게 도움이 되지 않을 것이다. 사람들은 흔히 그러한 주장에 대해 "그래 맞아, 우리는 뭔가를 할 필요가 있어!"라는 말로 반응할 것이다. 가족에게서 진행되는 것과 유사하게, 그와 같은 말들은 사회의 불안으로 추동되는 징후적 과정의 한 부분이다.

이 장을 마무리하기 전에 나는, 1982~1983년에 갈라파고스 제도의 핀치새에게 일어난 정서적 퇴행과 그것이 우리 인간이라는 종에게 있었던 2007~2008년의 금융 위기가 가지는 기분 나쁜 유사성에 대한 짧은 서술을 제시함으로써, 정서적 퇴행의 깊은 생물학적 뿌리를 다시 강조하고자 한다. 프린스턴 대학에 재직하는 진화 생물학자들인 피터 그랜트와 로즈메리 그랜트(Peter Grant & Rosemary Grant, 1985)는 1973년에 갈라파고스 제도의 한 섬에서 서식하는 핀치새들을 연구하기 시작했다. 그들은 해마다 갈라파고스 제도로 돌아와서 다윈의 자연도태에 의한 진화론의 이해를 높였던 몇 가지 매우 중요한 연구를 수행했다. 내가 여기에 기술한 그들 작업의 작은 부분은 1983년에 유난히 강력한 엘니뇨가 발생했을 때 시작되었다. 그 섬들에 영향을 미친 것은 보기 드문 강우량이었다. 이것은 핀치새들을 위한 믿을 수 없을 정도로 풍부한 식량 자원으로 귀결되었다. 그 새들의 주식인 씨앗과 애벌레들이 기하급수적으로 증가했다. 그런 풍부함은 그 새들에게 매우 흥미로운 영향을 미쳤다.

초기의 연구는 핀치새들의 정상적인 사회구조를 조사했다. 수컷들은 영토를 위해 다투고, 영토를 지배할 수컷이 가려지면 암-수 짝짓기가 시작된다. 하나의 짝짓기 관계가 형성되면, 그 짝들은 새끼들을 기르는 과정에서 광범위하게 협력한다. 암컷 새끼는 두 살이 되기까지는 새끼를 낳지 않는다. 엘니뇨가 발생하지 않은 몇 해에는, 날씨가 상당히 건조해질 수 있으며 이것은 식량 자원이 더 적어지고 그에 따라 그 새들 대부분에게 생식이 부족해지는 결과를 낳는다―그 새들은 생식보다는 생존에 전념한다. 비가 많은 기간에는 생식 과정은 앞에서 서술된 정연한 방식으로 다시 시작된다.

그러나 보기 드물게 비가 많이 내렸던 1983년에는 특이한 일이 일어났다. 남아도는 자원들 한가운데서, 그 새들은 광란의 교미를 하기 시작했다. 몇몇 새들은 일곱 번의 산란에 스물아홉 개에 이르는 알들을 낳았고 스무 마리의 새끼들을 길렀다! 그러한 생식의 수준은 첫 번째 연구 관찰이 이루어졌던 10년 동안에는 일어나지 않았다. 보통은 한 수컷하고만 짝짓기하는 어미들은 두 수컷과 짝짓기를 하게 되었고 심지어 여러 수컷과 짝짓기를 하게 되었다. 암컷들은 애걸하는 어린 새끼들을 버리는 경우가 많았다. 게다가, 생애 첫해를 맞이한 어린 암컷들은 수컷들과 짝짓기를 하였다. 수컷들에 대해 말하자면, 그것들은 빈약한 영역들을 자신들의 영역으로 표시할 뿐이었으나 여전히 어떻게든 짝짓기를 해냈다. 놀랄 것도 없이, 이러한 모든 광란의 생식이 계속되면서, 개체 수가 폭발적으로 증가했다. 모든 새가 먹을 수 있는 충분한 양이 있었다. 그러나 마침내 비가 멈추었고 자원들이 갑작스럽게 떨어졌다. 엄청난 수로 늘어난 개체들이 죽었다.

보웬이론이 이 새들에게 벌어진 것에 개념을 부여하는 방식은, 보기 드물게 풍부한 자원에 직면하여 광분하면서 새들의 정연한 사회적 구조가 퇴행했다는 것이다. 안정된 가족들은 사라졌다. 자원이 풍부한 기간의 개체 증가는 자연에서 보기 드문 일이 아니지만, 그것이 사회적 구조의 쇠퇴와 병행되는 것은 대단히 흥미롭다. 이것을 불안으로 추동되는 정서적 과정이라고 언급하는 것은 무리가 아니다. 새들이 느낌을 경험하는지 확신하기는 어렵지만, 새들은 정서체계를 소유하는데, 그런 체계의 퇴행은 새들의 관계 체계에서 나타난다.

자, 이제 2007~2008년의 금융 위기와 갈라파고스의 핀치새들에게 발생한 정서적 과정과 매우 비슷해 보이는 과정을 고려해 보자. 첫째, 내 결론은 금융 위기는 사회적 퇴행을 반영했다는 것과 핀치새들처럼 인간도 과잉에 대처를 잘하지 못한 것처럼 보인다는 것이다. 인간에게서 작동하는 그리고 핀치새들에게서 거의 똑같이 작동하는 핵심 생물학은 두뇌의 쾌락과 보상체계를 포함한다. 인간 과정의 일부인 인식의 과정이 새들에게서도 역할을 하는지 식별하는 일은 어렵다. 양쪽 종들 모두에서, 두뇌의 쾌락과 보상체계에서의 최적의 자극은 본질적인 동기부여 체계이다. 그러나 높은 수준의 자극은 충동 억제를 방해한다.

정상적인 사회적 상호작용을 방해하지 않기 위해 자신들의 행동을 조절하는 핀치새들의 능력이 그들이 거주하는 환경의 맥락에 아주 많이 의존적이라는 사실은 전혀 놀랄 일이 아니다. 환경 조건들의 의미 있는 변화가 그 지역에 서식하는 동식물들에게 강력하게 영향을 미치는 많은 예들이 있다. 그 새들에게 일어난 것에 관해 생각하는 한 가지 방식은, 새들에게 주어진 환경에서의 평상시 자원 범위가, 자원의 제약이 사라진다면 스스로를 파괴적으로 충족시키게 되는 그들의 무능력을 가리고 있었다고 보는 것이다. 진화는 그 새들에게 적응할 수 있는 그 정도의 행동 수준을 부여하지 않았다. 아마도 자원 과잉에 직면하여 많은 수의 인간이 취할 즉각적 만족 추구 행동 또한 인간 행동을 추동하는 정서적 힘의 영향력에 대하여 생각해 볼 단서를 제공해 준다. 호모 뒤스라티오날리스는 자기조절과 그에 따른 안정된 사회 조직을 위해 사람들이 알고 있는 것보다 환경적 맥락에 훨씬 더 의존적일 수 있다. 자신의 정서체계로 인해 통제력을 상실했을 때 좋은 해독 수단은 다른 사람들의 비합리성을 비난하는 것이다. 실제로 퇴행의 시기에는 비난이 난무한다.

금융 위기의 몇 가지 기본 요소는 주택 거품의 파괴, 그에 따른 서브프라임 주택 담보대출 부문의 높은 채무 불이행률, 그리고 그에 따른 거대 금융 기관들의 위협적인 붕괴였다. 그것은 월가에서 일했던 많은 사람이 자신들의 활동 윤리에 대해 한 번도 질문하지 않았고, 그들의 회사가 거액의 상여금을 지급하게 했던 막대한 보상에 너무 지나치게 집중했던 것과 비슷하다. 반면에, 대출과 은행 업무를 보는 기업들은 한 가정의 신용 평점을 가지고—심지어 그것 없이도—거의 모든 사람에게 집을 마련해 주는 방법을 찾았다. 투자 은행들, 융자 기업, 신용 평가 기구, 그리고 투자자들은 그 당시 발생한 1조 달러의 손실에 모두 연루돼 있다. 대통령, 의회, 행정부, 연방 준비제도 이사회, 증권거래위원회, 그리고 그 밖의 모두가 적절한 감시 역할을 다하지 못하였다. 연방 정부의 지출은 역설적으로 경제에 동력을 공급했다. 우리는 연방 준비제도 이사회가 사람들에게 고통 주기를 거부했다는 인상을 받는다![3] 시 정부, 지역 정부, 그리고 주 정부도 역시 참여했다. 그들 역시 급증하는 사업체들을 보호하기를 원했으나 세금을 올리지 않았다—그들은 재정 부족을 메우기 위해 돈을 빌렸다.

그 단체들은 그저 그들의 역할을 했을 뿐이라고 말했지만 1980년 이후로 미국인들은 그들이 생산한 것보다도 더 많이 소비하고 있었고 상당한 대출을 통해 그것을 벌충해야 했다 (Federal Reserve, 2015). 가계부채는 개인의 실질 소득과 함께 1970년 초에 늘어나기 시작했지만, 2000년대 초에는 부채 증가가 수입 증가를 뛰어넘었다. 수십 년의 금융 완화와 혁신적인 금융 상품들은 사실상 누구든지 어떤 목적으로든 얼마든지 빌릴 수 있는 상황을 낳았다. 그러한 추세는 금융 위기가 닥칠 때까지 계속되었다.

---

3) 역주: 미국의 연방 준비제도 이사회는 연방 준비은행의 12개 지점을 감독하고 국가통화정책을 관리하기 위해 발족한 기관이다. 이 문장은 미국의 전반적인 은행제도를 감독하고 규제하는 역할을 하는 이 기관이 감독과 규제의 역할을 적절하게 하지 못했음을 꼬집는 표현으로 보인다.

대출금을 체납했던 사람들이 가진 즉각적 만족을 향한 충동은 문제의 다른 절반이다. 사람들은 신뢰할 수 있는 기관들이 벌어진 사태에 최대의 책임을 져야 한다고 말할 수도 있지만, 호모 뒤스라티오날리스 역시 월가에서 일한다. 감정과 주관성을 이성, 심사숙고, 그리고 장기적인 관점보다 더 중요하도록 몰아가는 것은 지성과 연관성이 없고 광분한 정서적 상태와 연관된다. 이것들은 정서적 퇴행의 특징들이다. 폭풍우를 대비하는 동안 사회의 기능적 분화 수준이 더 높아졌다면, 금융 위기에 대한 취약성은 덜해졌을 것이다. 감정체계는 원칙에 따른 의사결정을 압도했다.

사회적 퇴행을 간결하게 요약하자면, 작동하는 주요 과정들은 다음과 같다. ① 더 많은 결정이 순간의 불안을 가라앉히는 데 집중하기, ② 더 많은 인과론적 사고하기, ③ 책임을 배제하고 권리에 더 많이 집중하기, 그리고 ④ 전체적인 책임 수준 감소시키기 등이다. 우리는 '공짜' 같은 것은 없다는 사실을 알아차리지 못한 핀치새들을 용서할 수 있다. 호모 뒤스라티오날리스는 더 잘할 수 있을까? 시간이 말해 줄 것이다.

분화과정

Bowen Theory's Secrets
보웬이론의 비밀

제15장

분화과정에 관여되는 주요 요소들

가족치료사도 자신의 가족에서 내담자 가족들과 같은 문제를 가지고 있는 경우가 많다. 그래서 나는 치료사로서 적절하게 기능하기 위해서는 자신의 가족 안에서 자기정의를 명확히 할 책임이 있다고 믿으며 또 학생들에게 그렇게 가르친다.

– 머레이 보웬, 『가족치료의 임상 실제(Family Therapy in Clinical Practice)』

앞에 인용한 보웬의 말을 읽노라면 시선을 끄는 부분이 있는데 그것은 책임이라는 표현이다. 가족치료사가 임상에서 가족들을 잘 돕기 위해서는 반드시 자신의 문제를 다루어야한다. 자신의 문제를 다루기 위해 보웬이 제안하는 이론과 방법은 프로이트의 이론이나 방법과 너무도 다르다. 그러나 이 두 선구자들의 공통점은, 치료사가 자신의 문제를 다루는 것이 필수라고 보는 점이다. 치료 기법 배우기에 열심인 치료사들은 자신의 문제를 다루는 것이 중요하다는 점을 지나치기 쉽다. 자신의 정서적 기능하기를 돌아보고 이에 대해 작업하는 것은 좋은 치료사가 지녀야 할 금과옥조라고 할 수 있다.

이런 보웬의 생각은 다음과 같이 확장될 수 있다. 가족치료사만이 가족 안에서 자신을 정립할 책임이 있는 것이 아니고, 가족이 정서적으로 상호의존적인 체계이기 때문에 각 가족원의 정서적 기능하기가 다른 가족원의 건강과 안녕에 심대한 영향을 미친다는 것을 알고 있는 모든 사람에게 이런 책임이 있다. 자기분화는 그 사람의 건강과 안녕, 생산성을 증진하며, 다른 가족원의 건강과 안녕, 생산성을 높이기도 한다. 분화가 되지 않으면 그와는 반대로 악화시킬 수 있는데, 불안한 가족체계에서는 더욱 그렇다.

책임에 대한 나의 이런 생각은 한 개인의 기본 분화 수준을 향상시키는 것이 중요하다는 점을 강조하면서 생겨났다. 이 생각은 찰스 다윈(Charles Darwin)의 도덕에 대한 사고로부터 영향을 받았다(Keynes, 2001). 다윈은 인류의 지적 능력이 점차 진화하면서 자신의 행동에서 보다 장기적 결과를 볼 수 있게 되었고, 이로 인해 자신의 주위 인류의 안녕과 행복에 대한 관심이 증가되고, 더 나아가 인류보다 하등한 동물들에 대한 관심까지로 나아갔다고 보고 있다. 숲 전문가 페터 볼레벤의 『나무의 숨겨진 삶』에서는 다윈의 생각을 식물군群과 동물군으로 더 확장시키고 있다. "식물군의 능력이 알려지게 된다면 우리는 식물들의 정서적 삶과 필요를 알 수 있고, 그렇게 되면 우리가 식물을 취급하는 방식도 점차 변할 것으로 본다"(2015, p. 244). 다윈과 볼레벤은 인류가 자기 행동의 장기적 혹은 이면적 결과를 더 잘 볼 수 있게 되면서 도덕적 기준이 점차 높아지게 된 것으로 보고 있다. 그들의 가설은 이미 현실 사회에서 어느 정도 검증이 된 바 있다. 하지만 인간이 서로 간에 그리고 자연 세계와 더욱 조화롭게 살 수 있도록 돕기 위해 무엇이 필요한지에 대해 우리는 여전히 잘 모르고 있다.

다윈과 볼레벤의 가설을 참고할 때, 보웬이론의 렌즈를 인간 행동에 대입하여 보는 것은 인간이 자기 행동의 결과를 보는 능력을 향상시킨다. 치료사로서 나는 사람들이 '자기분화'가 결핍된 결과로 인해 자신의 행동이 초래한 파괴적 결과를 마주하게 되는 순간, 누구도 그 사람에게 '분화'해야 한다고 말해 주지 않아도 스스로 그 방향으로 나아가는 것을 보면 감동스럽기까지 하다. 그건 마치 본능적인 도덕성의 일종 같다.

보웬의 이론은 사람들에게 '해야 할 것'을 처방해 주지 않는다. 오히려 사람들이 하고 있는 것을 기술하는 것에 가깝다. 이 이론은 인간 행동을 과학으로 접근하려는 시도이며 검증 가능한 기능적 사실들에 근거하여 인간 행동을 예측할 수 있게 해 준다. 보웬의 이론이 처방적 접근보다는 서술적 접근을 취하기 때문에, "자기"로서 기능하는 능력을 증진시킬 필요성과 도덕 간에 구분이 모호해지게 되었다. 보웬의 이론은 윌슨이 그의 저서『통섭: 지식의 연합(Consilience: The Unity of Knowledge)』(1998)에서 주장한 바와 같은 입장이다. 즉, 자기분화는 윌슨이 장려하는 과학과 인문학의 통섭을 위한 가교 역할을 한다. 인간 행동의 과학은 개인과 집단의 정서적 기능하기를 향상시키는 데 무엇이 필요한지에 대한 기술적 연구를 문화적 가치와 도덕성 및 윤리의 발달에 통합시킬 수 있다

자기분화과정에 대한 이 장의 집필을 준비하면서 나는『가족치료의 임상 실제』(1978, pp. 467-528)에서 보웬이 자신의 원가족으로부터 자기분화를 하기 위해 했던 노력에 대해 쓴 부분을 다시 읽어 보았다. 그의 자기분화의 대전환은, 그가 부모님과 가족이 살고 있는 고향을 다시 방문했을 때 가족체계에 정서적 융합 없이 친밀한 접촉을 유지할 수 있는 모습으로 나타났는데, 이는 12년간의 점진적 깨달음과 노력의 결과였다. 그는 이 이야기를 1967년 필라델피아에서 열린 가족연구학회에서 짧게 발표하였고 7년 후 책으로 집필했다.

내가 서론에서 언급한 그 학회다. 그 장은 보웬이론을 공부하는 사람이라면 반드시 읽어야한다. 성인으로서 자신의 원가족으로부터 '분화'를 이루어 갈 수 있다는 가능성을 열어 준점이 보웬이론이 기여한 매우 중요한 부분이다.

그 장을 읽고 나서, 그리고 이후에도 여러 번 그 장을 다시 읽을 때마다 나는, 보웬이 자신은 가족의 정서체계의 장 외부에 남아 있으면서, 불안이 상당히 높은 가족체계와의 접촉을 위해 준비를 하고, 마침내 자신의 계획을 성공적으로 실행에 옮긴 것에 감동하곤 한다. 그는 다른 사람들이 이전에 해 본 적이 없던 일을 했다. 그의 이론이 안내서가 되었는데, 특히 정서체계의 외부에 있으면서 접촉을 하는 것, 삼각관계, 만성불안 등과 같은 개념이 그것이다. 사람들은 자신의 노력을 안내해 줄 이론적 틀을 가지지 못했기 때문에 그때까지 그런 노력을 아무도 할 수 없었다. 보웬은 가족연구를 통해 그 이론적 틀을 만들어 냈고 그것을 자신의 가족에게 적용할 수 있는 용기와 확신이 있었다. 그리고 원가족을 방문한 이후 그 가족에게 나타난 뚜렷한 기능적 향상을 통해 자신의 이론이 옳음을 확신하게 되었다.

2015년 8월, 나는 내가 2011년부터 거주하고 있던 메인주의 한 섬에서 열린 하계 주례 포럼에서 보웬이론에 대해 발표하게 되었다. 나는 보웬이론을 잘 모르는 정신건강 비전문가 청중들이 이해하기 쉽게 핵심 개념들을 전달하기 위해 몇 달간 작업을 해 왔다. 그 개념들이 청중들에게 반향을 일으키기를 원했기 때문이다. 나는 그 발표에서 일방적으로 이론의 정확성이나 유용성을 보여 주는 방식이 아니라, 이론에 동의하지 못하는 사람의 경우 이론에서 자신들이 거부하고 있는 부분이 무엇인지를 명확히 볼 수 있도록 하는 데 초점을 두었다. 그로부터 1년 후 나는 그 섬에서 열린 한 회합에서 당시의 발표를 들었던 한 여성과 동석하게 되었다. 그녀는 그때의 발표가 너무 좋았으며, 자신은 이전에 여러 종류의 치료를 받은 바 있다고 했다. 그러면서 "이론 자체는 매우 흥미롭고 해 보고 싶지만 우리 가족에게 적용해 보지는 못할 것 같아요."라고 했다. 나는 "조력자가 있으면 하실 수 있습니다."라고 했다. 내가 그 이야기를 한 이유는, 사람들이 대체로 보웬이론에 긍정적으로 반응하는 것은, 실천은 다 하지 못하더라도 최소한 그 생각에 공감한다는 표시인 것을 알기 때문이다. 사람들은 이론의 내용이 자신들의 경험과 일치하는 것을 조금만이라도 볼 수 있게 되면 이론을 배우려는 마음이 일어나고 자신의 삶에 이론을 성공적으로 적용하려고 노력한다.

이론에 대해 공감하게 되었다고 할지라도 처음에는 자신의 가족체계에서 자신을 분화시키는 일이 너무 어려운 것처럼 보인다. 많은 사람들이 이론을 읽고 자기 가족에 적용해 보려 시도했다가 시작한 초입에서 막혀 버리기 일쑤이다. 사람들이 자기 가족의 정서체계 안에서 감정반사적으로 되는 건 상당히 일반적 현상이다. 감정반사행동은 가족을 이상화시키거나 평가절하시키거나 하는 양극단 사이에서 다양하게 나타난다. 그러므로 그런 노력이 성공적이기 위해서는 자신의 가족에서 분화의 경험을 한 치료자나 코치의 도움이 필요하다. 나는 머레이 보웬은 내가 만나 본 사람 중 '코치 없이 코치가 된' 유일한 사람이라고 가끔 말하곤 한다. 나는 치료사 혹은 '코치'가 어떻게 도움이 되는지에 대해 다음에서 약간 과장해서 쓰려고 한다.

　나는 보웬이 자신의 가족에 대해 발표할 때를 회상하면서, 테이블에서 만난 그 여성의 말을 다시 떠올렸다. 많은 사람들이 보웬의 논문을 읽은 후, 자신들은 보웬이 그 자신의 가족에서 했던 것처럼 결코 할 수 없을 것이라고 생각한다. 많은 사람이 놓치고 있는 점이 있는데, 이 이론은 모든 가족에게 적용되지만 모든 사람이 보웬처럼 해야 하는 것은 아니다. 어떤 가족도 다른 가족과 완전히 똑같을 수 없다. 사람들이 이 이론을 자신의 가족에 적용하려 할 때 부딪히는 문제의 가장 큰 배경에는, 가족 현상을 설명하는 자연체계의 틀에 대한 충분한 이해 없이 자신의 가족을 대하기 때문이다. 만일 사람들이 가족 상호작용을 체계로 볼 수 있고, 가족을 정서적 단위로 보게 된다면, 비로소 가족을 대하는 새로운 선택지들이 보일 것이다. 그 사람의 선택지는 다른 사람의 선택지와 매우 다를 수 있다.

　가족을 정서적 단위로 보는 것은 개인 심리이론과 완전히 다른 관점이다. 개인 심리이론은 가족원의 기능에 영향을 미치는 체계 속의 정서적 힘의 흐름을 보려고 하기보다 가족원 개인을 진단하려는 경향이 있다. 보웬이론의 치료 목표는 가족을 고치는 데 있는 것이 아니며, 체계 속에서 정서적 융합이 되지 않을 수 있는 능력을 이전보다 더욱 키우고, "자기"를 지키면서도 가족과 친밀한 정서적 접촉을 하게 되는 것임을 명심해야 한다. 이 목표를 달성하는 것이 가족원 한 명이 할 수 있는 어떤 것보다도 가족에게 더 유용하다. 체계 외부에 머무른다는 것은, 지지적이고 이해심 많은 모습으로 이기적 욕망을 잠재워 가면서 가족에게 맞추려고 오랜 시간 많은 노력을 해 온 사람들에게는 매우 납득하기 어려울 수 있다. 분화 노력을 저지하려는 가족의 즉각적이고 자동적인 반응에 맞닥뜨리는데도 불구하고, 가족에게 자기분화라는 말은 정서적 중립성의 의미를 띠기 때문에 매력적으로 들린다. 잘 분화되어 기능하는 것은 다른 사람을 판단하거나 비난하지 않으며 다른 사람을 바꾸려고 하지도 않으면서 자신의 신념대로 확신을 가지고 나아가는 것을 말한다. 그렇게 했을 때 다른 사람들도 역시 사려 깊게 된다.

　이제 가족 안에서 '분화된 자기'로 더 잘 기능하는 데 필수적인 여섯 가지 요소를 설명하도록 하겠다.

정서과정을 관찰하고 정서과정에 대해 사고하기

　이 과정은 자신과 자신의 관계 체계를 관찰하여 관계 체계 안에서의 자신의 역할, 다른 사람의 역할, 그들 간의 호환성, 삼각관계, 그 외 정서적 기능하기의 패턴 등에 대해 지식을 얻는 것이다. 보웬이론은 중요한 부분에 초점을 맞추어 주는 렌즈와 같은 것이다. 사람들은 관계 체계 안에서 상호작용을 하면서, 자신이 타인의 정서적 기능하기에 어떤 영향을 미치는지, 타인은 자신에게 어떤 영향을 미치는지를 관찰하는 것이 어떻게 가능한지 모르겠다고 하는 경우가 있다. 그러나 실제로 사람들은 자신이 어떻게 체계를 변화시키는지, 그리고 체계가 어떻게 자신을 변화시키는지를 추측할 수 있다. 예를 들어, 형의 자살 이후 어느 시점에 어머니와 나의 전화 통화를 생각해 볼 수 있다. 그 통화는 어머니를 걱정하던 이모네 부부가 어머니가 필라델피아 외곽의 아파트를 떠나서 서부 펜실베이니아에 있는 자신의 집에 와서 살아야 한다는 강한 주장을 한 지 몇 주 후였다. 형이 세상을 뜬 지 몇 달이 지난 시점이었다.

　그전까지 어머니와 나의 관계는 그럭저럭 괜찮았고 갈등도 없었다. 하지만 전화 통화에서 어머니는 전에 없이 내게 부정적이고 비난조였다. 나는 처음에는 상당히 방어적인 감정을 느꼈지만, 곧 깨닫게 된 것은, 그 순간 우리 관계에서 발생한 긴장은 어머니와 내가 한 변을 이루고 둘째 이모와 얽혀 있는 삼각관계의 한 부분이라는 점이었다.

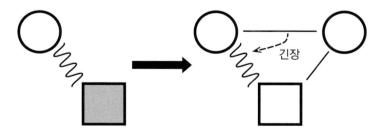

[그림 15-1] 이 그림은 어머니와의 뜻밖의 긴장된 상호작용과, 어머니의 비난에 대한 나의 감정반사행동을 감소시킬 수 있게 한 삼각관계 개념의 가치를 보여 주고 있다. 그림의 왼쪽에 있는 갈등선은 어머니의 비난을 나타낸다. 오른쪽 그림은 내가 생각한 삼각관계에 대한 개념화를 나타낸다. 어머니와 이모 사이의 긴장이 생겨 어머니와의 관계에 영향을 미치고 있다.

이 과정이 [그림 15-1]에 묘사되어 있다. 이 그림이 당시의 내 마음이었다고 정확하게 말할 수는 없지만, 그때를 떠올리면 이렇게 정리할 수 있다. 나의 지적 체계로 인해 나는 이전에 보웬의 이론을 공부하면서 습득한 삼각관계라는 개념에 접속할 수 있었다. 왼쪽 그림은 내가 그 갈등 상황을 단지 어머니와 나 사이의 문제라고 생각하면서 어머니의 비난에 불안한 방어적 반응(음영)을 하는 초기의 상태를 묘사한다. 오른쪽 그림에서 오른쪽 끝의 제3의 인물이 이모이다. 오른쪽 그림은 어머니와 나 사이의 상호작용이 삼각관계 속에서 일어난다고 묘사하고 있다. 삼각관계에 대한 사고를 시작하면서부터 나는 침착해지고 있다(음영 없음). 그것은 나에 대한 비난이 아니고 삼각관계 법칙이 적용된 것이다. 불안한 삼각관계는 대체로 다른 한 변을 부정적으로 만든다. 어머니와 이모 사이에 표현되지 못하고 다루어지지 못한 긴장은 나와 어머니 사이의 갈등으로 드러났다. 나는 삼각관계 안에서의 정서의 흐름을 볼 수 있었고(과정에 대한 사고), 어머니의 비난에 초점을 두지 않을 수 있었다(내용에 대한 사고).

내가 삼각관계에 관한 생각을 할 수 있었던 이유 중의 하나는, 이모의 염려가 얼마나 크든, 그에 대한 어머니의 감정반사행동이 얼마나 강렬하든 상관없이, 오랫동안 어머니와 이모가 완벽한 조화를 유지해 왔던 그런 관계 경험 때문이기도 했다. 그분들은 서로 갈등을 피하려고 자동반사적으로 말하고 행동해 왔으며, 그들 사이의 관계 문제는 결코 겉으로 드러나지 않았다. 이모는 과대기능자로서 형제자매의 어머니 역할을 해 왔고, 어머니는 내가 에필로그에서 언급하고 있는 것처럼, 증상(우울증과 어린애 같이 징징대기)을 나타내면서 과소기능자의 자리로 점점 떠밀려 갔다.

어머니와 내가 삼각관계의 부정적인 한 변에 위치하고 있다는 것을 깨닫는 순간 내가 느끼던 위협감은 급격히 없어졌다. 나의 불안감이 이렇게 급격히 감소한 데에는 '체계의 기적'이 일어나는 것을 객관적인 관점에서 보았기 때문이다. 인과론적 관점에서 체계론적 사고로의 전환은 어떤 일을 개인적인 일로 받아들이지 않게 한다. 그건 마치 뇌 속에 새로운 정보처리의 고속도로가 기적적으로 개통된 것과 같은 것이다.

나는 삼각관계의 개념을 염두에 두고 어머니에게 이모와 정말 친했었는지를 슬쩍 물어봤다. 질문의 내용 자체도 그랬지만 나의 침착하고 따뜻한 목소리 톤은 내가 삼각관계에 사로잡혀 있지 않다는 것을 나타내 주었다. 만일 내가 어머니의 비난에 계속 감정반사적으로 반응했다면 나는 삼각관계에 사로잡혔을 것이다. 어머니는 그 질문에 대답하지는 않으셨지만 그 후로 비난조의 말은 사라졌다. 나는 어머니에게서 나타나는 변화를 통해 내가 성공적으로 탈삼각화했다는 것을 알 수 있었다. 즉, 내가 그 시간에 늦지 않게 삼각관계 정서과정의 외부로 나와 상호작용할 수 있었다는 말이다. 탈삼각화를 하기 위해 가족에게 보웬의 이론을 꼭 설명해 주어야 하는 건 아니었다. 탈삼각화를 함으로써 내가 얻은 이익은 어머니가 어떻게 지내고 계신지, 나는 어떻게 지내는지 등과 같은 편안한 대화를 이어 나갈 수 있었다는 점이다. 그 대화는 어머니를 차분하게 만들었는데, 어머니는 삼각관계 바깥에 있는 나와 접촉하여 도움을 받은 것 같다. 하지만 이후에도 어머니와 이모 사이의 상호작용은 변하지 않았는데, 이는 서부 펜실베이니아에 사는 많은 가족원들이 이모가 어머니에 대해 하는 걱정이 당연하다고 이모의 편을 들어 주고 있었기 때문이다.

사고와 감정을 구분하기

어머니의 목소리와 말의 내용에 대한 나의 초기 반응은 주관적인 감정반사행동이었고 나는 그것을 인식하고 있었다. 나는 삼각관계 개념을 활용할 수 있었기 때문에 당시 펼쳐지던 과정에 대해 객관성을 유지할 수 있었다. 그로 인해 나는 벌어지는 일에 대해 감정을 느끼는 동시에 사고할 수 있었다. 이자二者 관계로만 사고할 경우 어머니가 싸움을 걸어 오고 있고 나는 거기에 말려들지 않는 것처럼 보일 것이다. 삼각관계라는 개념으로 사고하지 않을 때 이모가 어머니와 나 사이의 긴장 상황에 영향을 준다는 것을 보지 못하게 된다. 그렇게 되면 내 쪽에서 하게 되는 어떤 종류의 감정반사행동도 그 삼각관계를 더 심화시키게 될 뿐이다. 내가 삼각관계를 인식하게 됨으로써, 어머니가 싸움을 걸어 온다고 생각할 때는 결코 가능하지 않았던 진정성 있는 중립을 취할 수 있었다. 이자관계로만 사고할 경우 나는 어머니가 왜 싸움을 걸어 오는지에 집중하면서 쉽게 그 틀에 갇혀 버리게 된다(예: 발끈해지는 것). 즉, 과정적 사고를 하지 못하고 내용에 갇혀 버리는 것이다.

보웬이론은 사람들 간에, 그리고 한 개인 내에서도 시간에 따라 나타나는 능력의 변동성이 있음을 이야기한다. 여기서 능력이란 감정과 사고를 구분할 줄 알고, 주관적 사고와 객관적 사고를 구분할 줄 아는 능력을 말한다. 지금으로서는 뇌가 어떻게 이런 일을 하는지 정확하게 알지 못한다. 그러나 보웬이론은 지적 체계라는 개념을 상정하고 그 지적 체계의 기능에 의해 이것이 가능한 것으로 보고 있다. (거듭 말하건대, 이 능력은 지능이 작동하는 것과는 다른, 뇌의 작동에 의한 것이다.) 자신이 포함되어 있는 관계 체계를 관찰하고 그 관계 체계와 내적 경험과의 호환적 상호작용을 봄으로써 체계론적 사고가 확장되면 사람들은 인과론적 사고와 강렬한 감정 상태에서 벗어날 수 있게 된다. 인과론적 사고가 인간 행동에 적용되면 강렬한 감정 상태를 동반하여 사실에 근거해 사고하는 기능을 모호하게 만들기도 한다.

불안이 기능에 미치는 영향을 인식하기

불안은 사고, 감정, 행동에 강력한 영향을 미친다. 급성불안은 즉각적이거나 임박한 실제적 위협에 대한 반응으로 유발된다. 사람들은 급성불안에 대해 바로 알아차린다. 신경과학자 조셉 르두(Joseph LeDoux)는 보웬이론의 급성불안 개념을 두려움과 동일한 개념으로 보았다(LeDoux & Pine, 2016). 두려움은 싸우거나 도망가거나, 얼어붙는 행동 및 이러한 행동들을 유발하는 생리적 변화가 수반되는 감정이다. 만성불안은 불확실하고 시공간적으로 멀리 떨어져 있는 위협에 대하여 일어난다. 그런 위협이란 대체로 관계의 속성과 관련이 있으며 실재하기보다는 상상 속의 위협인 경우가 많다. 르두는 보웬이론의 만성불안 개념을 단순히 불안이라고 불렀다.

나는 임상 경험과 개인적 관찰을 통해 인간이 급성불안에 비해 만성불안에 대해서는 의식을 잘 못한다는 것을 알게 되었다. 그렇게 보는 하나의 근거로는, 사람들이 만성불안과 관련된 임상 증상이 심해질 경우, 보통은 증상이 발달되기 시작한 시기에 대해서만 생각을 하게 되어 증상이 뚜렷해지기 전의 며칠, 몇 주 혹은 몇 달 동안 받은 스트레스만을 인식한다는 것이다.

만일 사람들이 급성불안에 비해 만성불안에 대한 주관적 인식이 약하다는 나의 임상적 판단이 맞다면 조셉 르두와 다니엘 파인(Joseph LeDoux & Daniel Pine, 2016)의 연구에서 그에 대한 답을 얻을 수 있다. 그들의 연구는 급성불안을 관장하는 피질하 회로subcortical circuits가 만성불안을 관장하는 곳과는 다르다는 선행 연구(Walker, Toufexis, & Davis, 2003)를 뒷받침하고 있다. 또한 그들은 불안과 관련된 피질하 회로가 불안에 대한 행동과 생리적 반응을 유발하지만 불안에 대한 주관적인 경험에 영향을 주지는 않는다고 결론 내렸다.

오늘날 르두를 포함한 몇몇 신경과학자들은 피질하 회로가 피질 회로cortical circuits에 영향을 주어, 피질 회로가 불안에 대한 정서적 경험을 이끌어 낸다고 생각하고 있다. 또한 르두와 파인(2016)은 의식에 대한 정서적 혹은 비정서적 상태가 의식을 매개하는 피질 네크워크로부터 생성된다고 본다. 이러한 의식 네트워크에 대해서는 아직 잘 알려진 바 없지만, 급성불안에 관련된 피질하 회로가 만성불안과 관련된 회로보다 더 강렬할 가능성이 있다. 다른 가능성도 있는데, 급성불안과 만성불안이 정서적으로 느껴지는 것을 관장하는 피질 회로의 부위가 각각 다를 수 있다.

자신의 내부에서 그리고 관계 체계 안에서 만성불안을 알아채는 것은 중요하다. 예를 들어, 니콜 파월과 그 동료들(Powell et al., 2013)은 최근 연구에서 사회적 스트레스가 만성염증을 유발시키는 중요한 요인임을 밝혔는데, 이 만성염증은 광범위한 임상 증상에서 중요한 역할을 한다. 에피네프린이나 노르에피네프린과 같은 스트레스 반응 호르몬이 증가하고, 골수 전구세포에 영향을 주어 혈액에 친 염증성 백혈구가 증가하게 된다. 과도한 긴장과 마찬가지로 만성불안도 언젠가는 '조용한 살인자'라는 이름으로 불릴 수 있을 것이다.

사람들은 중요한 관계 체계에서 타협하는 방식으로 살면서 그렇게 하는 것이 어떤 대가를 치르고 있는지 의식하지 못할 수 있다. 보웬이론의 관점에서는 불안한 관계 체계와 그 안에서 하는 불안한 감정반사행동은 몸 어딘가에 만성염증 수치를 높이는 만성 스트레스 반응을 유발하기 쉽다. 신체의 어떤 부위에서 염증반응이 나타날지에 대해서는 그 외 생물학적·심리적 변수가 관여될 것이다. 만성 스트레스 반응 그리고 뇌와 신체 간의 연결 기제는 면역 체계뿐 아니라 생리적 체계에도 영향을 주어 신체 기관과 조직의 역기능에 영향을 주는 것으로 짐작된다. 보웬이론은 특정 인간관계에서의 상호작용이 가족 및 여타 주요 사회적 관계 체계에 영향을 주어 어떻게 만성불안을 유발하는지를 보여 준다는 점에서 특별하다. 이러한 점들을 알게 되면 만성불안을 보다 잘 알아채고(어머니-이모와 연결된 삼각관계의 예시처럼), 그에 대처하여 뭔가를 하는 데 도움이 된다. 가장 친밀한 인간관계가 치유를 가져오기도 하고(편안한 상호작용일 경우), 임상적 역기능을 가져오기도 한다는 점(불안에 전염된 상호작용일 경우)은 참 이상한 역설이다.

건선乾癬에 대한 나의 연구는 사람들이 알아채기 어려운 만성불안의 수준을 설명하는 데 도움이 되었다. 나는 1970년대에 건선의 임상 징후와 그 증상 발현에 관련된 생물학적 과정에 관심을 가지고 논문을 발표한 바 있다(Kerr, 1992). 건선 증상에 관련된 생물학적 과정은 다른 질병들을 만들어 내는 과정과 비슷했는데, 이런 측면이 내가 보웬이론에서 단일질병unidisease(제23장에서 자세히 설명함)이라 부르는 새로운 개념을 만들어 내는 데 도움이 되었다. 단일질병 개념은, 여러 다른 종류의 질병이라 할지라도 그 생리적 과정에는, 예를 들어 염증반응과 닮은 과정이 많고, 그 과정을 보면 신체 기관이나 조직에 나타나는 증상(병리) 자체보다 임상 예후를 더 잘 예측하게 해 준다는 생각을 내포하고 있다. 이런 생각을 보웬이론의 개념으로 포함시키는 것이 적절한 이유는, 그 생각이 가족의 정서과정에 의해 유발되는 만성불안과, 만성불안으로 인해 유발된 만성 스트레스 반응, 그리고 그 스트레스 반응이 질병 상태에 영향을 주는 생리적 과정에 영향을 미치는 것 간에 연결고리를 만들어 주기 때문이다. 더 나아가 이런 생각은 가족 구성원 간의 상호작용이 건강과 안녕에 영향을 미친다는 생각을 재확인시켜 준다.

어머니의 건선은 처음에는 무릎 관절 염증(건선성 관절염)으로 나타났다. 이후에는 판상형 건선이라는 이름으로 피부에 나타났다. 스트레스를 받으면 건선이 번져 나갈 수 있다는 생각을 내게 처음으로 알려 준 사람이 어머니였다. 어머니는 그런 말을 여러 번 했었다. 아무런 증상이 없던 시기도 있었는데 그 시기는 어머니의 인생에서 상대적으로 평온한 시기와 맞물린다. 스트레스의 역할에 대한 어머니의 말씀은 20대 후반에 나도 건선을 앓게 되었을 때 도움이 되었다.

나에게 있어 건선은 생물학적 근거를 가진 바이오피드백 체계라고 할 수 있었다. 내가 나의 만성불안 상태에 대해 알아채지 못하는 사이 플라크가 팔꿈치에서 나타나는 일이 반복되었다. 내가 그것을 바이오피드백이라 부르는 이유는 내가 주관적으로 불안을 느끼는 정도보다 플라크의 출현이 나의 만성불안 수준을 더 잘 나타내 주는, 보다 신뢰할 만한 지표라고 믿게 되었기 때문이다. 플라크가 나타나면 나는 내가 인식한 것보다 더 긴 시간 동안, 더 힘들게, 더 심한 스트레스 속에서 더 긴장하며 살았다는 것을 자각하게 되었다.

내가 의대 인턴이었을 때 나의 상관은, "건강의 비결은 만성질병을 얻어 그 병과 함께 사는 법을 익히는 것"이라고 말했다. 그의 말은 당장 목숨이 위협받는 질병이 아닌 경우 사람들에게 만성질병의 악화와 완화에 영향을 줄 수 있는 많은 요인들을 찾아서 더 잘 관리할 수 있도록 동기부여를 할 수 있을 것이라는 의미였다. 이 중요한 영향 요소 중 하나가 만성 스트레스이다. 만성불안을 다루는 첫걸음은 그것의 존재를 인식하는 것이다.

인터넷에는 만성 스트레스를 어떻게 알아차릴지에 대한 조언이 넘쳐난다. 사람들은 그런 조언을 들으면 신체적 현상을 살펴보는 경향이 있다. 예를 들면, 근육의 긴장, 경련, 배탈, 비염, 이 갈기, 반복적인 꿈, 월경주기 변화, 탈모 같은 신체적 증상 말이다. 이런 신체적 증상은 강렬한 감정 상태와 관련이 없어 보인다. 이 경우 감정 상태는 심한 두려움 수준으로 상승하지 않는다.

만성불안 수준을 보여 주는 강력하고도 유용한 지표에는 감정에 의해 유발된 태도나 환상이 있다. 예를 들어, 삶의 불공정성에 생각이 꽂힌 사람, 딴 여자에 대한 환상에 사로잡힌 남편 같은 것이 만성불안이 높아진 지표이다. 그것을 통해 사람들은 만성불안이 커질 때 그들의 마음을 사로잡고 있는 것이 어떤 변화를 만들어 내는지를 잘 관찰할 수 있게 된다. 친밀한 인간관계라는 것이 어렵다는 것을 감안하면 어느 정도의 만성불안은 우리에게 불가피하게 존재한다. 하지만 사람들은 만성불안이 사람의 마음과 몸, 그리고 행동에 미치는 영향에 대해 너무 소홀하게 취급하는 경향이 있다.

보웬이론에 대해 명확히 하기 위해 잠시 설명을 하자면, 사람들이 흔히 문제의 원인이라고 일컫는 어린 시절 폭력이나 트라우마·방임 등은 그러한 문제(만성불안)와 관련성은 있을 수 있지만 그 문제를 유발하는 원인이라고 할 수는 없다. 보웬이론에서는 불안으로 인해 야기된 증상을 현재 관계 체계에서 중요한 어려움이 존재하는 증거로 본다. 이 점을 짚어 두는 것이 중요한 이유는, 심지어 보웬이론을 접한 사람들도 이 구분을 잘 못하기 때문이다. 나는 보웬이론의 관점이 더 정확한 것이라고 주장하려는 것이 아니다. 보웬이론은 전통적인 관점에 대한 중요한 대안적 관점이라는 말을 하는 것이다. 사람들은 과거를 바꿀 수는 없지만 현재 진행되는 것에서 더 나아질 수 있으며, 그 결과 증상을 만들어 내는 만성불안을 줄일 수 있기 때문이다.

보웬이론에 따르면 어린 시절의 트라우마 등 나쁜 경험에 노출된다는 것은 분화 수준이 낮은 가족에서 자라는 것이라 볼 수 있다. 트라우마·학대·방임 등은 만성불안이 높은 가족체계에서 볼 수 있는 지표들이다. 어린 시절 불안에 의해 유발된 강력한 정서적 프로그래밍과 분화된 "자기" 발달의 제한성은 분화 수준이 낮은 가족에게서 흔히 나타나는 현상이다. 그런 가족에서는 한 명 이상의 자녀들이 성인기에 관계적 불안정성과 그와 관련된 만성불안을 경험할 가능성이 상대적으로 높다.

정서적 기능에서의 형제간 차이는 분화 수준이 낮은 가족뿐 아니라 분화가 잘된 가족 안에서도 나타난다. 이것은 트라우마·방임·학대 같은 환경에 동일하게 노출된 형제자매인데도 성인이 되었을 때 안정적이고 생산적인 삶을 사는 측면에서 뚜렷하게 다르게 나타나는 현상을 설명할 수 있다. 이는 학대나 트라우마·방임의 흔적이 없는 가족에서 자란 두 형제자매가 이후 성인으로서의 삶에서 상당한 차이를 나타내는 것과도 같은 이치이다. 분화 수준이 낮은 가족이라고 해서 학대·트라우마·방임 등이 반드시 나타나는 것은 아니다.

만성불안을 낮출 수 있는 가장 좋은 방법은 정서적 객관성과 정서적 중립성이다. 나는 사람들이 자신의 삶에 체계론적 사고를 적용하여 객관적이고 중립적인 자세로 행동하는 것이 스트레스 감소를 위한 다양한 기법보다 훨씬 효과적이라고 본다. 또한 그것은 사람을 차분하게 만들거나 사실적 근거가 빈약한 가상의 신념체계를 가지게 하는 개입보다 더 효과적이다. 나는 스트레스 감소 기법이나 차분하게 만드는 신념체계에 반대하지는 않는다. 하지만 그러한 기법은 그 자체로는 친밀 관계의 문제와 같은 인생의 가장 힘든 도전들과 얽혀 있는 만성불안을 해결해 주지는 못하는 것 같다. 스트레스 감소 기법을 사용하여 자신을 차분하게 만드는 능력을 키우는 것도 하나의 방법이다. 하지만 자신의 정서적 환경에 있는 특정한 불안 유발 요인과 자신이 타인에게 불안을 유발하는 요인이 되고 있는지를 파악하는 것은 완전히 다른 일이다. 정서적 중립성과 객관성을 더 많이 확보하는 것은 관계 체계 안에 분화된 "자기"로 기능하기 위한 핵심 부분이다.

정서적으로 힘든 상황에 관여하기

내가 아동 정신병리과 전임의를 하고 있을 때 나를 높게 평가하던 지역사회 기반 슈퍼바이저 지도 아래 있은 적이 있다. 나에 대한 그의 그런 평가는 전임의의 수행을 검토하기 위한 기말 정신병리과 교수회의에 출석하기 전까지는 유지되었다. 이 회의는 1970년 1월에 있었는데 그때는 형의 자살이 있은 지 두 달이 지난 시점이었다.

교수들은 내가 잠재력은 있지만 열정이 부족하고 수련에서 배우려는 자세가 부족하다고 보았다. 어떤 교수들은 당시 나의 또 다른 슈퍼바이저이기도 했던 머레이 보웬이 내가 정신분석적 사고로부터 멀어지도록 과도하게 영향을 주고 있는 건 아닌지 의심하기도 했다. 그러나 상당수는 내가 형의 자살 때문에 우울하다고 보고 내가 개인 심리치료를 받기를 원했다. 그 회의 이후 그 슈퍼바이저와의 정례 미팅에서 만났을 때 그는 그 회의에서 나온 말을 듣고 정말 놀랐다고 말했다. 그러면서 형의 죽음에 대한 반응을 다루기 위해 개인치료를 받는 게 어떻겠느냐고 설득했다. 그다음에 일어난 일이 나를 놀라게 했다.

나는 나의 슈퍼바이저인 머레이 보웬이 형의 죽음 이후 나의 가족들과의 문제를 다루도록 코치해 주고 있으며 그게 도움이 되고 있다고 말했다. 그 슈퍼바이저는 갑자기 의자에서 일어나 책상 쪽에서 나를 향해 서더니 힘주어 말했다. "마이크, 가족을 직접 대하게 되면 어려움을 풀어낼 수 없어요. 그건 너무 힘들어요. 그 일은 치료실이라는 안전한 피난처에서만 가능한 일이에요!" 그 순간 나는 용감한 선구자 머레이 보웬이 자신의 가족에 대하여 어떻게 작업했는지 그리고 다른 사람들이 같은 일을 하도록 어떻게 돕고 있는지를 더욱 분명히 알게 되었다. 그는 정신병리 전문직 안에서 강력한 저항의 물결을 일으켰다. 그 슈퍼바이저의 의견은 정신병리과에서는 내가 생각했던 것보다 훨씬 지배적인 의견임을 깨달았다. 그가 보여 준 태도는 가족이 개인의 정서적 문제의 원인이므로 그 문제를 해결하기 위해 가족은 최대한 피해야 한다는 뜻이었다. 그런 태도는 가족과의 단절을 부추기게 된다.

나는 "너무 힘들다."라는 그 슈퍼바이저의 말에 주목했다. 이후 나는 자신을 인도해 줄 이론이 없다면 그건 물론 너무 힘들 것이라는 생각을 했다. 보웬은 이론으로 무장하였기에 정서적인 어려움을 다룰 용기가 있었고 그것이 자신에 대해 가장 많은 것을 알게 해 주는 것이었기 때문에 그렇게 했던 것이다. 이러한 접근은 사람들이 심리 내적 문제를 해결하기 위해 치료사와 전이 관계를 발전시켜야 할 필요가 없다는 것을 말한다. 성인기의 관계에서 나타나는 원가족관계의 전이(보웬은 호환성을 강조하기 위해 전이보다 융합이라는 용어를 사용한다)를 변화시키게 되면 관계과정의 변화와 함께 심리 내적인 변화도 가져올 수 있다. 가족운동의 초창기에 사람들은 관계가 좀 더 분화를 이루고 기능적인 방향으로 변화되면, 결과적으로 생물학적 변화와 심리 내적 변화를 이루게 된다는 이런 사고를 받아들이지 않았다. 치료적 관계가 아닌 현실 속 실제 관계에서 문제를 이런 방식으로 다룰 수 있게 되면 치료적 진전에 소요되는 회기 수를 현저히 줄여 줄 수 있을 것이다.

타인과의 관계에서 더 '분화된 자기'를 유지하기

이것은 우리가 관계 체계 안에 머무르면서 책임성을 가지지만 필요할 때는 정서과정 바깥(외부)에 머무르는 것을 말한다. '분화된 자기'를 유지하지 못하는 행동이란, 예를 들면 타인의 정서적 공간을 침범하는 행동, 내가 원하는 방식으로 타인이 행동하도록 압력을 넣는 행동, 자신의 정서적 공간 안에 타인의 침범을 허용하는 행동, 다른 사람들과의 좋은 정서적 접촉을 회피하는 행동 등이다. 우리는 삼각관계의 일부가 됨으로써 "자기"를 상실하게끔 하는 순간을 매일 만나게 된다. 그런 순간들은 언어적이고 비언어적인 다양한 단서를 가지고 있다. 다른 사람에 대해 이야기하는 사람, 즉 제3자에게 특정인에 대한 정보를 전달하는 사람은 관계 속에 나를 엮으려고 하는 것이다.

유발 하라리(Yubal Harari)는 삼각관계가 나쁜 것 혹은 병리적인 것이라는 사고에 빠져들지 않도록 중요한 관점을 제공하고 있다. 그는 그의 저서 『사피엔스』에서 "모든 유인원은…… 사회적 정보에 지대한 관심을 나타낸다. 하지만 그들은 뒷담화를 효과적으로 하는 데 어려움을 겪는다. 네안데르탈인과 고대 호모 사피엔스도 아마 뒷담화를 하는 데 어려움을 겪었을 것인데, 뒷담화라는 좋지 않은 능력은 사실 다수의 협력을 이끌어 내는 데 필수적이다"(2015, p. 23). 뒷담화 체계는 삼각관계가 드러나는 장 중의 하나이다. 하라리는 뒷담화뿐 아니라, 근대 호모 사피엔스가 7만 년 전 쯤에 획득하기 시작한 새로운 언어적 기술(문장과 신화)이, 보이는 실재뿐 아니라 상상의 실재를 가능하게 만들었고, 그들로 하여금 몇 시간이고 뒷담화가 가능하도록 만들었다고 보았다. 하라리는 6만 년 정도 지속된 이 시기를 인지적 혁명기라고 불렀다. 뒷담화 체계는 누가 신뢰할 만한 사람인지에 대한 정보를 제공했는데, 그로 인해 작은 집단은 더 큰 집단으로 확장될 수 있었고, 보다 정교한 협력을 조성해 나갈 수 있었다. 그는 오늘날 수많은 형태의 인간 소통방식의 대다수는 뒷담화라는 생각도 덧붙인다. 많은 뒷담화는 다른 사람에 대한 소문이나 사생활, 치부 등에 대한 것이다. 인터넷은 어마어마하게 팽창했고 뒷담화 네트워크를 강화시켰다. 다른 사람의 소문을 듣게 되면 그것은 그 사람에 대한 나의 생각이나 행동방식에 강력한 영향을 미치게 된다.

보웬이론은 삼각관계에 대하여 호모 사피엔스에게만 유일하게 있는 언어적 기술에 그치지 않고 그 정서적인 뿌리가 아주 오래되었다는 진화론적인 입장을 취하고 있다. 프란스 드 왈(Frans de Waal, 2007)과 같은 동물학자들은 그들이 연구하는 종들에게서 연대가 형성되는 방식에 대해 관찰해 왔다. 드 왈은 삼인군 인식triadic awareness이라는 용어를 사용하여 침팬지의 능력에 대해 묘사하고 있는데, 그것은 다른 두 침팬지의 상호작용 방식이 자신에게 어떤 영향을 미치는지를 침팬지가 인식하는 능력을 말한다. 예를 들어, 침팬지는 특정 다른 침팬지와 선택적으로 시간을 가져서 연대를 형성하게 되고 그러면서 특정 침팬지는 집단 안에서 더 높은 지위로 올라갈 수가 있는 것이다. 그러한 행동은 침팬지의 지능 때문에 가능하다. 하지만 이 과정이 진화론적으로 더 오래된 피질하 과정 없이 일어나는 것은 아니다. 피질하 과정은 개인이 원하는 것을 얻는 데 도움이 되는 연대 형성과정에 중요한 역할을 한다.

현재로서는 언제부터 삼각관계가 인류에게서 작동하게 되었는지 진화론적인 뿌리에 대해서는 알려진 것이 없다. 제3장에서 언급한 바와 같이 보웬이론은 삼각관계를 '정서체계의 분자分子'라고 개념화한다. 즉, 삼각관계는 가장 작고 비교적 안정적인 관계 체계라는 것이다. 그러한 관점은 다른 유인원이나 포유류의 연대와 동맹에서 관찰되는 것 이상의 의미를 함축하고 있다. 보웬이론의 삼각관계는 체계의 한 부분에서 일어나고, 체계에서 유발된 불안과 결합된 패턴이며, 전체로서의 체계를 안정화시키는 데 도움을 준다. 삼각관계는 연합을 이루는 것 이상의 역할을 하지만 그 진화론적 뿌리에 대해 현재로서는 많이 밝혀지지 못했다.

세 사람이 삼각관계를 만들지 않고 상호작용할 수도 있다고 말하는 사람도 있을 것이다. 그 자리에 없는 다른 사람에 대한 이야기를 하는 것이, 하라리가 말한 것처럼 꼭 '나쁜 것'은 아니다. 정서와 지능은 서로 조정하고 협력하면서 집단 형성과 부족주의의 형성과정을 돕는다. 유용한 소문을 다른 사람에게 해악을 끼치는 험담으로 바꾸는 것은 불안에 의해 유발된 정서적 반사행동이다. 불안한 정서적 장에서는 불안이 '서로 뒤얽힌 삼각관계'를 따라 흐른다는 점을 인식하는 것이 '자기분화' 능력을 향상시키는 데 필수적이다. 서로 뒤얽혀 있는 삼각관계와, 불안이 그 삼각관계들에 미치는 영향을 아는 것이 '자기분화'를 유지하고 자신이 정서체계 속에 융합되지 않도록 만드는 열쇠이다.

이론적 사고와 과학적 질문

자신의 가족 안에서 '분화된 자기'가 될 수 있는 능력을 키우다 보면 이론을 단순히 책에 있는 이야기가 아닌 자신의 것으로 소화시키게 된다. 어떤 한 관계에서 '분화된 자기'가 될 수 있게 되면 다른 관계에서도 성공할 가능성이 높아진다. '자기분화' 능력을 향상시키기 위한 또 다른 노력은 이론적 사고 능력을 향상시키는 것이다. 그러한 노력에 대해 나는 생물학자 조지 윌리엄스(George C. Williams, 1966)가 쓴 과학적 질문scientific inquiry이라는 용어를 차용하고자 한다.

윌리엄스는 과학적 질문을 이론적 사고, 경험주의, 그리고 연구자들의 직관의 조합으로 만들어지는 것으로 정의한다. 나는 연구research라는 개념보다 윌리엄스의 용어(과학적 질문)를 더 선호하는데 이는 보웬이론의 현 발달 수준에서 과학의 표준을 준수하는 연구 과제를 수행하기 어렵기 때문이다. 이렇게 하는 이유 중 하나는, 정서과정의 기능적 사실들을 관찰하는 것이 가능하고, 연관성이 있어 보이는 사건들의 큰 연결망을 기술하는 것이 가능하기는 하나, 그것을 수량화하기 어렵고, 그러한 관찰을 입증할 방법을 찾기도 어렵기 때문이다. 전술한 바와 같이 사람들은 보웬이론을 삶에 성공적으로 적용해 보고 예측된 결과를 얻음으로써 그것을 입증하고 있다.

　윌리엄스가 앞에서 말한 과학적 질문과 관련하여, 수량화할 수 없는 부분에 대한 일반적이고 유용한 접근법은, 우수한 과학적 연구로 간주되는 연구 결과와 보웬이론 간에 불일치한 부분을 찾아보는 것이다. 예를 들어, 나는 수많은 암환자들과 그 가족들을 면접해 왔으며 암의 생물학적인 면도 탐구해 왔다. 연구 결과, 나의 결론은 정서과정이 암의 발병과 임상 변화에 어떤 역할을 한다는 것이다. 그러나 암에 대한 나의 연구 결과를 다른 사람에게 입증하지 못했고, 내가 체계론적으로 '질문해 온' 많은 다른 임상 증상, 예를 들면 자폐, 소시오패스, 조현병, 우울증, 중독과 같은 것들에 대해서도 마찬가지이다. 그러나 과학적으로 받아들여지는 암 연구와 암에 대한 보웬이론 관점 간에 불일치점을 찾지 못한다는 점이, 암에 대한 그리고 다른 임상 증상에 대한 보웬이론 관점의 정확성과 유용성을 확신하는 데 도움이 된다. 중요한 것은, 당신이 어디쯤 와 있는지 아는 동시에, 같은 주제에 대해 다른 방법론으로 연구하며, 결과에 대해 다른 관점으로 해석하는 사람들은 어디쯤 와 있는지를 아는 것이다. 다른 사람들의 관점을 이해하고 그들의 연구 결과가 보웬이론과 모순적이지 않음을 보는 것은 전문가로서의 삶에서 '분화된 자기'를 지키는 데 도움이 된다.

제16장

나의 분화과정 이야기

자기 원가족에 대한 탐구

이 장에서 나는 기본적 자기분화 수준을 높이기 위해 제15장에서 기술한 분화과정에 관여하는 주요 요소들을 대부분 활용했던 나 자신의 노력에 대해 쓰고자 한다. 사실 그 과정은 기본적 자기의 구성요소인 진짜 자기solid self를 성장시키는 과정이라고 부르는 것이 더 정확할 것이다. 원가족과정에서 이룬 진보는 핵가족관계에 자동적으로 이전되지 않는다. 하지만 그 노력의 상당 부분은 핵가족에서의 노력에 도움이 된다. 자동적인 이전이 안 되는 이유 중 하나는 자기 부모 및 형제와의 관계의 많은 중요한 측면이 배우자나 자녀와의 관계에서 반복되지만, 그렇다고 배우자가 부모와 동일한 사람은 아니기 때문이다. 배우자는 자신의 원가족 안에서 미해결된 애착문제를 가지고 오며, 그 부분이 관찰되고 다루어져야 한다. 원가족에서의 진보가 핵가족으로 자동적으로 이전이 안 되는 또 다른 이유는, 핵가족은 매일같이 삶을 함께하기 때문에 객관적 관찰을 하기에는 정서과정이 보다 강렬하고 어려운 경향이 있기 때문이다.

나는 여기서 핵가족 이야기는 쓰지 않으려고 하는데, 가족원 모두가 생존해 있기에 그들의 사생활을 보호하기 위함이다. 여기 언급되는 나의 원가족원은 둘째 형만을 제외하고는 모두 고인이 되었다. 나는 둘째 형과 관련된 이야기 또한 그의 사생활 보호를 위해 이야기에서 언급하지 않을 것이다. 다만 자신의 이야기를 쓰는 것을 허락한 내 아내 캐시(Kathy)는 예외로 한다.

자기 가족에 대한 탐구는 기본적 자기분화 수준을 향상시키는 데 독특한 기여를 한다. 제11장에서 다세대 전수과정과 그 관점의 특성에 대하여 기술하였다. 하지만 사람들이 그 관점을 얻기 위해서는 자신의 가족에 대해 탐구해야 한다. 그러한 노력은 가족의 정서과정을 거시적으로 볼 수 있게 한다. 어떤 사람들은 다세대적 탐구를 많이 하지 않고도 분화에 진보를 보이기도 한다. 하지만 다세대적 탐구는 '분화된 자기'를 발달시키는 노력에서 독특한 기여를 한다. 인간의 정서체계가 수십억 년의 진화를 통해 형성되어 왔다는 진화에 대한 충분한 지식을 가지고 가족의 다세대 정서체계를 연구하는 것은, 인과론적 사고로부터 체계론적 사고로의 전환에 크게 도움이 된다.

나는 내 가족에 대한 다세대적 탐구를 보웬이론을 배우는 과정 중에 시작하였다. 다양한 출처로부터 가족에 대한 최대한의 객관적인 정보들, 예를 들면 족보 기록, 출생증명서, 사망증명서, 신문에 난 부고, 센서스 기록, 신문 기사, 부동산 관련 서류, 오래된 편지들, 가족 성경 같은 것을 모았다. 특별히 중요한 과정으로는 생존한 여러 친척(부모, 형제, 이모나 숙모, 삼촌, 이모할머니, 작은할아버지, 조부모, 가깝거나 먼 사촌들, 가족원의 지인 등)으로부터 돌아가신 친척분들에 대한 기억을 모으는 것이 있었다. 그러한 노력은 대부분의 사람에게 이전보다 더 많은 가족원과 더 자주 연락하게 되는 결과를 낳는다. 예를 들어, 사촌, 이모할머니, 작은할아버지 같은 분들이 어떻게 살고 있는지를 알게 되면, 자신이 어떤 틀에서 조형되어 왔는지에 대한 감을 잡을 수 있다. 이 탐구의 목적은 합리적이고 사실적인 정보를 충분히 얻어서, 자신의 원가족을 그 가족이 형성된 최소 4세대의 다세대 정서과정의 맥락에서 볼 수 있게 하기 위함이다. 아버지 쪽과 어머니 쪽 가족에 대한 탐구로부터 얻어진 가장 적절한 사실들은 제11장에 설명한 가족도형에 기록되어 있다.

나는 부계와 모계 친척들을 많이 접하면서 성장했다. 하지만 가족에 대한 나의 지식은 틀린 게 많았는데 특히 3~4대 위쪽으로 올라가면 그랬다. 네 분의 조부모(내가 성장할 당시 한 명을 제외하고 모두 사망한 상태였다), 그분들의 형제자매, 여러 명의 증조부모, 또 그들의 자손들 등에 대해서는 별로 아는 게 없었다. 머레이 보웬은 만일 사람들이 확대가족의 모든 사람과 '일대일' 관계를 맺을 수 있다면 그 과정에서 성장할 수 있을 것이라고 말하곤 했다. 그러한 노력은 자신의 관점을 넘어서 다른 사람들의 관점에 대해 생각해 보게 함으로써 자기중심적 태도의 해독제가 된다.

자기 가족을 다른 방계가족들과 비교해 보면 어떤 가족은 자기 가족보다 안정적이고 생산적인 기능을 하는 경우도 있고 그렇지 못한 경우도 있는데, 그것을 통해 다세대 정서과정이 자기의 원가족에 어떤 영향을 미쳤는지 알 수 있다. 그런 비교를 하는 과정에서 어떤 가족이든 다양한 관계선에서 불가피하게 나타나는 정서적 의존(융합)의 증가와 감소 현상을 볼 수 있다. 안정성과 생산성이 낮은 방계가족은 정서적 의존성의 정도가 세대를 거듭할수록 증가하였고 평균 이상의 만성불안 수준을 나타낸다. 보다 안정적이고 생산적인 가족은 정서적 의존성의 감소와 평균 이하의 만성불안 수준을 나타낸다. 가족의 정서적 기능하기의 차이를 이해하는 핵심 요소인 정서적 의존성 수준의 변화에 대해 사고할 수 있는 것이, 인간의 조건에 대해 보다 관용적인 관점을 갖게 해 주는 첫걸음이다. 모든 사람이 그 과정에 참여하고 있었지만 그 과정이 어떤 작용을 하는지에 대해 누구도 통제하지 못했던 것이다.

사람들은 그들이 성장해 온 가족 상황이 특별히 어려웠던 부분에 대해 슬퍼하거나 혹은 분노하기도 한다. 하지만 그 상황이 어떻게 하여 그렇게 되었는지를 거의 알아채지 못한다. 이런 좁은 시각 때문에 사람들은 자신이 경험한 어려움이 무엇이든지 간에 자기 가족을 비난하기 쉽다. 어떤 이들은 자신의 어려움의 이유를 찾아 자기비난을 하기도 한다. 몇 세대에 걸쳐 어떤 일이 일어나고 있었는지에 대해 어느 정도 안다고 해서 어려웠던 성장기 환경에 대한 감정이 완전히 해소되지는 않으나, 그것이 조금의 평정심을 주기는 한다. 이러한 평정심으로의 변화는 자신도 부모가 했던 것과 유사한 일을 죄책감이나 분노 없이 많이 하고 있음을 알게 될 때 일어난다. 가족을 좋아하든 아니든, 사람들은 가족을 떠나지 못하며 가족을 품고 다닌다. 방계가족 중 심하게 역기능적인 가족은 특별히 못난 가족이라기보다는 단지 적응력이 없는 가족이라는 점을 기억해야 한다. 만성불안에 의해 유발된 정서적 반사행동과 주관성은 가족의 개인적 자율성을 약화시키고 흔들리는 배가 되게 한다.

가족 탐색을 시작하면서 나는 가족에 대해 여러 친척들에게 질문을 하기 시작했는데, 가족원들마다 말하는 가족의 역사가 조금씩 다르다는 점에 놀랐다. 각 사람에 대한 평판에 있어서는 특히 더 그랬다. 이 부분이 독자들에게 놀라운 부분은 아니겠지만, 나는 그런 현상에 대해 체계론적 연구를 하기 전까지는 생각해 보지 못했다. 사람마다 다른 이야기를 한다면 어떻게 가족에 대한 객관적인 정보를 얻을 수 있다는 것일까?

정서과정을 풀어 가는 데 필요한 사실들은 한두 종류의 기록을 통해서도 쉽게 얻어진다. 하지만 가족의 정서 역사에 대한 정보는 생존한 가족원들의 기억에 의해 상당 부분 부풀려져 있다. 그러므로 합리적 사고를 하기 위해서는 결론에 이르기 전에 다양한 관점의 이야기를 들어 본다는 원칙을 가져야 한다. 나는 충분한 수의 사람과 여러 번 이야기를 나누고 그들의 다양한 기억에 대해 다시 생각해 보면서, 사실과 의견 사이의 구분을 지음으로써, 가족역사에 대한 나 자신의 관점을 만들어 갈 수 있다는 것을 알게 되었다. 나는 단정하지는 않으면서도 나의 관점을 만들어 갔다. 이것이 가족 안에서 좀 더 '분화된 자기'가 되기 위한 중요한 첫걸음이었다. 그런 변화는, 가족원 중 한 명이 내게 다른 가족원에 대해 어떤 말을 해도 나의 관점이 과거에 비해 쉽게 흔들리지 않는 것으로 나타났다. 과거에 나는 어떤 사람이 다른 사람에 대해 하는 말이 그 제3자에 대한 나의 관점에 얼마나 영향을 주는지를 거의 인식하지 못했었다. 이제 나는 사실과 의견을 구분할 수 있다. 나는 가족에 대해 보다 많이 알아 가기 위해 여러 친척들에게 관심을 가지고 그들과 시간을 많이 갖게 되면서, 친척들이 나를 내 부모님의 막내아들로서가 아니라 고유한 권리를 가진 한 개인으로 생각하기 시작하는 부가적 이익을 얻었다.

나는 이 책에서, 사람들이 자신의 신념에 대한 도전을 받을 때 강한 정서적 반응이 생겨 신념을 잘 바꾸지 못하고 열린 마음을 가지지 못하게 된다는 점을 여러 번 언급하였다. 최근의 뇌과학 연구를 통해서도, 사람이 강하게 붙들고 있는 신념에 도전을 받으면 뇌의 기본 네트워크가 활성화될 뿐 아니라 그로 인해 뇌섬엽과 편도체가 강한 신호를 받게 된다는 흥미로운 점이 밝혀졌다(Kaplan, Gimbel, & Harris, 2016). 과학자들은 이러한 현상이 사람들의 신념이 도전받을 때 정서적 저항이 큰 역할을 한다는 점을 보여 주는 것이라고 해석했다. 다세대 가족을 탐색하고 그로 인해 관점이 확장되면 모든 가족원에게 정서적 기능하기에서 변화가 생긴다. 그와 더불어 모든 가족은 정도의 차이가 있지만 같은 과정을 거친다는 것을 인식하게 되면서 자신의 가족과 보편적인 인간의 삶에 대한 흥미가 더욱 증가하게 된다. 흥미가 생긴다는 건 두려움에 대한 해독제가 된다. 두려움은 자기 가족에 대해 부정적(비판적)이거나 지나치게 이상화된(방어적인) 감정을 만들어 낸다. 두려움에서 흥미로 감정 상태가 변화하면 사람은 열린 마음을 갖게 된다.

모계 친척들과의 교류가 늘어나면서 나타난 변화를 통해 원근 친척 여러 사람과 이야기를 해 보는 것이 중요하다는 점이 분명해졌다. 내가 걸음마 뗄 무렵에 돌아가신 외할머니에 대한 정보를 구했을 때 어머니를 포함하여 어느 누구도 그분이 중년기부터 음주 문제가 있었고 우울증을 앓았다는 점을 말하지 않았다. 어머니와 같은 세대의 숙모 한 분과 이야기하면서 마침내 그 문제를 알게 되었다. 내가 어머니에게 그것을 알게 되었다고 말했을 때 어머니는 기분이 상한 얼굴로 그게 사실이라고 하셨다. 어머니의 말을 그대로 옮기면, "할머니는 정말 세상없이 착하신 분이지만 술이 문제였어!" 아마도 어머니가 할머니의 음주 문제를 말하지 않았던 것은 내가 그분에 대해 좋게 생각하기를 원해서 할머니를 보호하려는 마음이 아니었을까 생각된다.

외할머니의 기능이 저하되게 된 것은 넷째 아이 출산과 관련된 감당하기 힘든 마음 때문이 아니었을까 싶다. 나는 학생들을 가르치면서 사용자가 너무 과하게 작동시키는 바람에 뒤틀린 핀볼 기계를 가족과정에다 비유하곤 한다. 가족이 적응해 낼 만큼의 자녀 수가 있는

데 거기에 또 한 자녀가 더해지면 그 기능은 현저히 떨어지게 될 수 있다. 즉, 그 부담의 정도가 가족 유기체가 유의미한 증상의 발달 없이 버틸 수 있는 수준을 넘어선다는 것이다. 그때가 어머니가 청소년기로 진입하던 시기였다. 나는 이 이야기를 듣고 타인의 불행과 어려움에 대해 가진 어머니의 예민함이 외할머니의 어려움을 보면서 더 강화되었음을 이해하게 되었다. 그 역동은 어머니와 나의 작은형[1]과의 관계에서 분명하게 재연되었다. 이런 통찰로 인해 나는 어머니의 그런 모습에 대해 덜 비판적이고 보다 수용적으로 되었으며, 그 변화는 나의 성숙에 긍정적 영향을 미쳤다. 어머니의 경우 자신의 정서적 프로그래밍과 관련하여 어떤 선택을 했던 걸까? 내가 어머니를 나의 어머니로서가 아니라 자기 어머니(외할머니)의 어린 딸로서 보는 것에 사고 전환의 열쇠가 있었다. 아버지 쪽과 관련해서도 비슷한 경험이 있는데 이에 대해서는 제16장과 에필로그에 써 놓았다.

자기 가족에 대한 탐색은, '뿌리 찾기' 경험의 속성을 가지기도 하지만 그 이상의 경험이다. 뿌리 찾기 경험 현상이 사람들에게 좀 더 부각된 것은 알렉스 헤일리(Alex Haley)가 1976년에 자기 선조들에 대해 쓴 소설 『뿌리(Roots)』가 나오면서이다. 자기 선조들의 삶의 모습을 알아 가는 것은 한 사람의 정체성을 확립하는 데 분명히 가치 있는 일이다. 사람들은 자신의 과거와 연결되는 것에 대해 강력한 정서적 반응을 한다. 자기 가족을 찾아가면서 얻는 또 다른 정서적 이득은 가깝거나 혹은 먼 친척들과 정서적 접촉을 하면서 마음이 평정 상태가 되는 특별한 경험을 하는 것이다. 나는 그 경험을 특별하다고 표현하는데, 그 경험은 가족 이외의 사람과는 그 정도 수준으로 경험되기 힘든 그 무엇이 있기 때문이다. 이런 접촉을 할 때 사람들은 그 사람을 가족집단의 일원으로 대한다. 성장기에 정서체계상 얽히지 않은 약간 먼 친척과 접촉을 할 경우 그들은 대체로 당신의 관심사를 좋아하고 자기 가족 내부의 일들을 말해 줄 준비가 되어 있다. 원가족보다 더 먼 친척에 대해서는 객관적이기가 쉽다.

정서단절을 다룬 제13장에서 언급한 바와 같이, 원가족과의 관계에서 문제가 너무 많아 원가족과 상당한 거리를 두고자 하는 사람들이 많다. 어떤 이는 가족과 좀 더 가깝게 접촉하면 더 나아질 거라는 제안을 듣고 오히려 움츠러든 사람도 있다. 가족치료 중에 만난 한 남성은 이렇게 말했다. "내가 가족을 만나는 유일한 이유가 있다면 그건 그들을 회복시키

---

1) 역주: 저자의 어머니는 전혼에서 자녀가 있었고, 재혼하여 저자의 아버지와의 사이에 세 아들을 낳았다. 전혼 자녀는 '맏형'으로, 저자와 같은 아버지 밑에서 태어난 첫 아들인 형은 '작은형'으로 구분하여 번역하였다.

기 위해서입니다." '분화된 자기'가 되지 못한 사람들은 자기 가족과 가까운 접촉을 유지하기가 상당히 어렵다. 이것은 그들이 가족에 대해 매우 강한 부정적 견해를 가지고 있음을 보여 준다. 머레이 보웬이 가족들과 조금 더 관계를 가져 보라고 권했던 어떤 사람은 다음과 같이 말했다. "가족을 보러 갔다 왔더니 그 후에 바로 당뇨 진단을 받았어요!" 보웬은 그에 대해 "좋아요, 좋아! 당뇨병을 얻지 않을 때까지 계속 집에 가 보도록 하세요."(1979년 7월 보웬과의 사적 대화, 보웬은 구어체를 좋아했음)라고 했다. 그의 대답에는 자신의 임상에서 수없이 관찰된 다음과 같은 점들이 녹아 있다. 즉, 사람들은 이론과 코칭의 도움을 받으면서, 가족을 변화시키려는 노력을 멈추고 다른 사람이 아닌 자신을 변화시키는 데 초점을 두게 되면 비로소 가족에게 덜 반사적일 수 있게 된다는 것이다. 사람들은 다른 사람이 뭐가 잘못되었는지에 너무 관심을 기울이다 보니 자신이 그들을 얼마나 변화시키고 싶어 하는지에 대해 거의 자각하지 못한다.

원가족은 다세대 확대가족의 한 부분이다. 만일 어떤 사람이 자기 부모나 형제와 같은 원가족에게 매우 감정반사적이라면 조부모의 형제자매나 그들의 자손들과 같은 조금 먼 방계가족과는 좀 더 편안하게 대할 수 있기 때문에 그들과 좋은 관계를 만들어 가면서 좀 더 객관성을 가질 수 있다. 이런 큰 확대가족의 맥락 속에서 자기 원가족을 보기 시작하면 부모 및 형제와의 접촉에서 긴장을 완화시킬 수 있다.

나의 가족에 대해 탐구하면서 나의 관점에 큰 영향을 준 특별히 기억나는 경험이 있는데 그건 1972년 4월, 아버지 쪽 가족들이 많이 묻혀 있는 미니애폴리스의 한 묘지에서 일어난 일이다. 내가 묘지를 방문했을 때는 보름달이 낮처럼 밝았다. 땅에는 잔설이 남아 있었고 남자들이 달빛을 밟으며 걷고 있었다. 묘지를 방문할 무렵, 이미 나는 아버지의 조부모와 부모 및 형제에 대해 많은 정보를 얻고 있었다. 어떤 정보는 출생 및 사망 증명서와 오래된 신문과 같은 기록들로부터 나왔다. 어떤 정보는 고모(아버지는 1962년에 돌아가심), 숙모 혹은 숙모의 딸, 그리고 먼 사촌지간 친척 등 조부모님의 가족을 기억할 만큼 나이가 있으시거나, 그 이야기를 부모에게서 들은 적이 있는 분들, 그리고 전혀 모르던 다른 친척들에게서 들은 여러 이야기에서 나왔다. 나는 묘지에서 아버지 쪽 가족이 겪었던 삶의 많은 어려움에 대해 생각해 보았다. 나는 내가 그들과 정말 다른지 자문해 보았고, 우리는 다른 점보다 같은 점이 훨씬 많다는 결론을 얻었다. 그들과 함께한다는 편안한 느낌이 들었다.

1975년 무렵, 어머니의 고향 부근으로 함께 차를 타고 가면서 비슷한 경험이 있었다. 어머니와는 달리 외가 쪽 가까운 친척들은 고향 부근에서 가족을 이루어 살고 있었다. 어머니의 셋째 여동생(이모)과 이모의 자녀, 손자녀들은 모두 그 지역에 살고 있었다. 이때 우리는 서부 펜실베이니아 지역에서 많은 외가 쪽 친척들을 만났었다. 돌아오는 길에 차 안에서 그 만남을 떠올리고 있을 때 어머니는 이렇게 말했다. "이제 보니 나는 이곳을 벗어나기 바빴고 여기서는 불가능할 것 같던 좋은 기회들을 얻게 하려고 아이들의 등을 떠민 것 같네. 여동생 자식들과 손주들을 보니 정말 잘들 지내고 있더라고. 좀 더 진득하게 있는 게 나았던 것 같아." 그 말을 할 때 어머니가 조현병이 있던 형을 떠올렸는지는 모르겠지만, 아마 그랬을 가능성이 크다. 나는 어머니의 그런 성찰을 듣는 것이 매우 좋았고 내가 보웬이론으로 인해 가족에 대해 좀 더 관심을 가지게 되어, 그 과정에서 일부 역할을 감당했다는 점이 기뻤다. 어머니와 어머니의 가족에 대해 더 알게 되기 전까지 어머니에 대해 내가 알고 있는 것 중 얼마나 많은 것이 편견과 감정반사적 사고에 물들어 있었는지를 깨닫게 된 것도 놀라웠다. 이 경험은 어머니에 대한 나의 미해결된 애착을 해결하는 데 큰 도움이 되었다.

우리는 가족이 어떠해야 한다는 기대, 그리고 그 기대가 충족되지 못했을 때 나타나는 실망을 자주 접한다. 가족 문제의 보편성을 드러내는 가족연구 결과들은 "원래 그런 거야(It is what it is)."라는 격언이 맞는 말임을 알려 준다. 이 깨달음이 불안 때문에 하게 되는 비생산적 노력, 즉 본인 생각에 이래야 한다고 믿는 방향으로 일을 바로잡고자 하는 노력을 줄이도록 해 준다. 그런 변화는 가족의 불안을 낮추고 가족원 각자가 조금 더 분별력이 있도록 만든다. 이런 변화는 포기하는 것giving up이 아니고 성장하는 것growing up이라 할 수 있다. 좀 더 '분화된 자기'가 됨으로써 다른 사람의 최선의 모습을 끌어낼 수 있음을 기억하는 것이 필요하다.

사람들이 만성불안 때문에 자신과 다른 사람에게 하는 비현실적인 기대는 현실적인 기대 수준을 훨씬 뛰어넘는다고 생각하며, 특히 친밀한 관계에서는 그 정도가 더 심하다. 자신이 그 안에 살고 있을 때는 그게 잘 안 보인다. 하지만 이론의 도움으로 그것을 볼 수 있게 된다. 나는 가족연구를 통해 부모님의 원가족에서 일어난 일이 내 삶의 형성에 강력한 영향을 미쳤다는 것을 알게 되었다. 나의 그런 깨달음은 인지적이었지만, 내가 묘지를 방문했을 때 경험한 바와 같이, 인지적 앎이 존재의 정서적 경험과 연결되는 부분도 있는데 이 부분이 중요하다. 부모들이 그들의 최선을 다했었다는 것을 알게 되었다고 말하는 사람들이 많다. 그런 말 속에 용서의 마음이 담겨 있는 경우가 종종 있다. 다세대 정서과정에 대한 인식은 용서라는 감정을 넘어 부모가 할 수 있는 최선을 다했다는 것을 객관적으로 볼 수 있는 분명한 근거를 만들어 준다. 이것은 지나친 낙관주의적 사고에 의한 것이 아니라 다세대 정서과정이 인간의 정서적 자율성에 끼친 영향을 인식함으로써 얻은 결론이다. 그리고 이것이 인간의 자기 행동에 대한 책임성을 면하게 해 주는 것이 아님은 물론이다.

자신들의 출생지인 서부 펜실베이니아 가까운 곳에 여전히 생존해 계시는 외할머니의 자매 몇 분과 시간을 보내면서 알게 된 사실은, 외할머니의 네 명의 남자 형제(자녀가 열 명이었고 그중 남자아이가 다섯이었음)가 40대까지도 결혼을 하지 않고 있었고 그들의 어머니가 돌아가신 후에야 결혼했다는 것이다. 성인이 된 아들들이 어머니와 긴밀하게 관계를 맺으며 살아가는 모습이 어머니의 원가족에서는 특이한 일이 아니었다. 그들은 재정적으로는 독립적이었지만 정서적으로는 의존적이었다. 그렇게 아들들이 매우 천천히 둥지를 떠나는 것이 어머니의 가족에서는 일상적 정서 상황이었다는 것이 내게는 충격이었다. 그 외할머니 남자 형제분들의 상황은 나의 작은형의 경우만큼 극단적이지는 않지만 내가 생각했던 것보다 더 일상적인 것이었다. 이런 사실을 알게 되면서 나는 서로 간에 풀리지 않는 의존성으로 엮인 어머니나 친형을 비난하지 않게 되었다. 에필로그에서 서술하는 바와 같이 나는 처음에는 어머니와 조현병을 앓고 있는 형의 관계가 '그래서는 안 된다'는 태도를 가지고 있었다. 하지만 내가 다세대 가족에 대해 좀 더 알게 되면서 그런 태도를 버렸다. 사람들은 나의 형이 조현병 때문에 그랬던 것이라고 말한다. 그러나 보웬이론의 관점에서 보면 형의 "자기" 발달을 저해하고 질병에 취약하게 만든 데에는 보다 근본적이고 다세대적인 부분이 있었던 것을 알 수 있다.

분화과정에서 코칭의 중요성

코칭과 관련된 중요한 경험은 1969년 내가 머레이 보웬과 코칭 회기를 시작한 직후에 일어났다. 당시 나는 아내와 첫딸과 함께 워싱턴 D.C.에 살고 있었다. 어머니와 작은형은 필라델피아 시내의 아파트에 함께 살고 있었다. 나는 주말에 그곳을 방문하려고 계획하고 있었다. 엄마의 첫 번째 결혼에서 태어난 이부형인 맏형과 그의 가족도 함께 가려고 계획했다. 보웬과의 코칭 회기는 그 주말 방문을 예정하고 있던 주의 월요일에 열렸다. 보웬은 내가 불안 수준이 높은 정서적 장으로 입장하는 것과 그것의 잠재적 영향력에 대해 생각할 수 있게 해 주었다. 나는 내가 그 상황을 잘 다루어 나갈 수 있을 것이라고 자신감을 내비쳤던 것으로 기억한다.

그러나 실제로 방문을 하는 동안 나는 정신을 차릴 수 없을 정도로 정서체계 속으로 융합되었다. 비로소 내가 정신을 차리고 무슨 일이 일어났었는지를 헤아릴 수 있게 된 건 그 주말 직후 월요일 아침 보웬과의 정례 미팅 때가 되어서였다. 나는 그 미팅을 시작하면서 나의 주말 방문에 대한 이야기를 길게 말하게 되었다. 아마 한 30분은 족히 되는 시간 동안 말을 했다. 보웬의 얼굴에 엷은 미소가 어려 있는 것을 눈치 채면서 나의 이야기는 비로소 끝났다. 그의 표정을 보면서 나오는 나의 반사적 행동은, '왜 웃으시는 거지? 이건 재미있는 얘기가 아닌데?'라는 생각이었다. 그렇다. 그 순간 내 머릿속 생각이 맑게 정리가 되었다. 나는 그 순간까지도 내가 나의 주말 방문을 설명하면서 얼마나 불안이 올라오고 있으며, 주말 방문 동안 나와 가족들이 얼마나 불안하였는지를 깨닫지 못하고 있었던 것이다. 또한 주말 방문을 앞두고 내가 인지한 것보다 더 높은 만성불안 상태에 있었다는 것도 그제서야 깨닫게 되었다. 나는 방문 기간뿐 아니라 방문을 앞둔 시간 동안에도 내가 인식한 것보다 더 많이 체계에 정서적으로 융합되어 있었다.

주말 동안 내가 얼마나 불안하였는지, 보웬과의 그 회기 초반부에 얼마나 내가 불안하였는지를 알아차린 경험은 나에게 가족의 정서적 장 외부에서 그것과 접촉한다는 것이 무엇인지를 어렴풋이 알게 해 주었다. 그것은 멋지고 새로운 경험이었는데 왜냐하면 그전까지 나는 그게 어떤 것인지에 대한 감이 없었기 때문이다. 과거를 돌이켜 보면, 나는 꽤 수년 동안 나의 만성불안 수준을 지나치게 과소평가해 왔었다.

결코 잊지 못하는 부분은, 보웬이 나에게 내가 체계 안에 갇혔던 것이라고 말해 줄 필요가 없었다는 점이다. 그는 나의 불안에 얽혀들지 않는 입장을 취했고 그것만으로도 나는 불안으로부터 빠져나올 수 있었다. 그는 정서적으로 중립적 위치를 유지하면서 회기 내내 나와 함께해 주었다. 이러한 경험이 거듭되어 가면서 나는 만성불안이 활성화될 때의 내 모습과 가족 안에서의 불안한 내 모습에 대해 더 잘 알게 되었다. 나와 상대방의 만성불안 관련 행동을 더 잘 식별하게 된 것은 나에게는 중요한 진전이 되었다.

어머니에 대한 나의 미해결된 애착이 부부관계에서 재연되는 것을 보다

나는 제8장에서 계단과 관련된 사건을 이야기하며, 어머니와 나 사이의 상호작용을 정서적 객관성을 가지고 보는 것에 대해 예를 들어 설명한 바가 있다. 어머니와의 상호작용을 보는 정서적 객관성이 커진 후에 얻게 된 이득은 몇 주 후에 아내와의 관계에서 나타났다.

나는 아내와 함께 거실 소파에 앉아 있었는데 아내는 뭔가로 스트레스를 받고 있었다. 무슨 일 때문이었는지는 생각나지 않는데 그건 사실 중요하지 않다. 나는 아내의 말에 응대하고 있었는데, 그때 갑자기 어머니와 나 사이에 벌어졌던 일이 아내와 나 사이에 벌어지고 있다는 깨달음이 왔다. 아내는 스트레스를 느끼고 있는 그 상황을 해결하기 위해 내가 도움을 주었으면 하는 기대를 보여 주고 있었다. 나는 불안해지고 죄책감이 들면서 가만히 앉아 듣는 것 외에 무얼 할 수 있을지 몰랐다. 당시 나는 진행되고 있던 상호작용에 대해 자각하면서 15분 내지 20분 정도 경청한 후에 아내에게 이렇게 말했다. "당신 스트레스 많이 받은 것 같아 내가 기분 좀 풀어 줘야 하는데 나는 지금 2층에서 할 일이 있어요." 그리고 나는 소파에서 일어나 계단을 올라갔다. 전 같으면 그런 말을 하려면 한두 시간이 걸렸고 정서적 분위기는 심지어 며칠을 가기도 했다. 다리가 천근만근 무거웠지만 계단 끝까지 오르는 데 성공했고 나는 내가 해야 한다던 그 일을 할 수 있었다.

이게 사소한 사건처럼 보이지만 우리 부부의 상당히 근본적인 패턴을 보여 주는 것이었다. 아내는 매사에 스트레스를 받는 편이었고 나는 수동적 입장에서 뭐라도 말을 해서 상황이 완화되기를 바라곤 하면서 어쨌든 정서적 거리를 두고자 했다. 어머니와 나 사이의 패턴을 보게 되면서 나는 그 패턴이 아내와 나 사이의 상호작용과 똑같다는 것을 알게 되었다. 내가 계단 올라가는 것을 선택하였을 때 나는 아내를 비난하는 마음도 정서적 거리를 두는 마음도 없었다. 어머니에 대한 미해결된 애착문제에 대해 약간의 해결이 되면서 나는 우리 부부 사이에 나타나는 유사한 문제를 볼 수 있게 되었다. 후에 아내는 나에게 "당신이 계단을 올라가는 것을 보면서 기분이 좋지는 않았지만 드디어 당신이 당신 자신이 되었구나 하는 생각을 했어요."라고 말했다. 이런 것들이 어머니나 아내와의 관계에서 나타난 초창기의 진보였다.

형의 죽음의 여파

나의 자기분화 작업에서 매우 중요한 시기는 1969년 11월, 조현병을 앓던 작은형의 자살 이후의 시기였다. 나는 이 책의 에필로그에 나의 원가족의 정서과정에 대해 썼지만 형의 자살과 그 이후의 3개월까지의 이야기까지만 썼다. 나는 여기서 그 이후의 겨울과 1970년 봄에 대해 쓰려 한다. 그 기간 동안 '분화된 자기'를 지키려는 나의 노력이 어머니의 생명을 살렸다.

형의 자살 후 처음 석 달 동안, 어머니를 서부 펜실베이니아에 있는 자신들의 집으로 모시려고 설득하는 키티 이모와 그 남편 딕의 노력에도 불구하고, 어머니는 스워스모어에 있는 본인 아파트에 머무르기를 고집했다. 우리 모두 정서적으로 매우 힘들었으며 물론 어머니의 고통이 가장 컸다. 어머니는 그 고통이 어떠한지에 대해 전화로 내게 말했다. 나는 그 말을 듣는 게 힘들었지만 들어 드렸다. 나는 어머니가 그 아파트에 살고 있어야만 이 일을 이겨 낼 수 있다고 생각하는 것 같아서 다시 한번 충격을 받았다. 키티 이모는 걱정이 되어 어머니와 자주 통화했지만 어머니의 결정을 수용할 수밖에 없었다.

1970년 2월 중순에 이르러 상황은 더 나빠졌다. 장례식 이후 처음으로 키티 이모 부부가 어머니와 함께 시간을 보내기 위해 스워스모어로 차를 몰고 왔다. 그분들의 엄청난 설득 끝에 결국 어머니는 자신이 성장한 곳이며 키티 이모 부부가 살고 있는 서부 펜실베이니아 시드먼으로 가는 것에 동의하였다. 키티 이모 부부는 어머니가 거기에 계속 머무르기를 원했다. 그러나 불행히도 어머니는 시드먼에 도착하면서 상태가 확연히 나빠졌다. 어머니는 어린아이처럼 되어 버렸는데, 그건 몇 년 전 부모님이 메릴랜드의 이스턴 쇼어에서 몇 년간 살았을 때, 내가 에필로그에서 묘사한 어머니의 기능저하 시기에 나타났던 급격한 기능저하와 다르지 않았다. 키티 이모 부부와 인근에 살고 있던 이모네 다섯 자녀 모두가 어머니를 불안하게 지켜보고 있었다. 나는 그 넉 달 동안 그곳을 몇 차례 방문했는데, 그때 키티 이모네 가족들은 나를 부엌 구석으로 데리고 가서 어머니가 듣지 못하게 하면서 걱정을 털어놓았다. "마이클, 어머니 상태가 안 좋으셔, 상당히." 그들의 불안감이 생생히 느껴졌다.

가족 주치의 한 분이 어머니의 일에 깊이 관여하고 있었다. 그 의사는 어머니를 자주 진료하면서 신경안정제, 항우울제, 수면제 등을 처방해 주었다. 어머니는 약에 취해 있었고 무기력했다. 그 의사와 키티 이모네 가족들은 어머니의 정서 상태는 빌리의 죽음 때문에 생긴 우울증이라고 생각했다.

나는 체계이론을 통해 다른 관점을 가질 수 있었다. 그때는 어머니에게 힘든 시기였고 어머니는 극도로 약해져 있었다. 나는 어머니의 기능저하가 시드먼의 불안한 정서적 장의 한가운데에서 사는 것과 관련이 있다고 보았다. 그분들의 의도는 좋았지만 그분들은, 보웬의 개념으로 이야기하자면, 과대기능하고 있었고 어머니는 과소기능을 하고 있었다. 어머니는 무기력하고 넋이 나간 모양을 하고 있었고 그분들은 약 복용과 시간의 흐름만이 어머니를 회복시킬 수 있다고 생각하고 어머니를 대했다.

메릴랜드에 있을 당시 우리는, 어머니가 키티 이모와 몇 주 지내다 보면 회복이 되지 않을까 하는 마음으로 어머니를 시드먼으로 모시고 가곤 했다. 어머니를 메릴랜드의 불안한 환경에서 당시 시드먼의 더 차분한 치유 환경으로 이동시키는 것에는 일관된 효과가 있었다. 문제는 어머니가 메릴랜드로 돌아온 후 몇 달 안에 불가피하게 다시 상태가 안 좋아졌다는 것이었다. 빌리의 자살 후 석 달이 되었을 때 어머니는 자신이 꾸려 나갈 수 있었던 스워스모어의 환경으로부터 시드먼의 불안 수준이 높은 환경으로 옮겨졌고 거기서 어머니의 기능은 저하되었다. 그 두 시기에 대해서 돌이켜 보면 어머니가 관심의 초점이 되는 불안한 환경에서의 어머니의 기능저하는 어머니의 미약한 분화 수준을 말해 준다.

이 상황이 복잡했던 것 중의 하나는, 어머니가 집으로 돌아가는 것에 대한 결정을 할 힘이 없음에도 불구하고, 필라델피아 지역에 사는 어머니의 첫 번째 결혼에서 태어난 맏형 밥과 그의 아내 마죠리에게 전화를 걸어 자신의 아파트로 돌아가고 싶다고 말했다는 것이다. 이것이 밥의 가족에게 패닉을 가져왔는데, 시드먼에 있는 가족들로부터 들리는 이야기와 어머니가 전화로 하는 힘든 이야기를 들으면서 밥은 어머니가 이런 정서 상태이면 어머니를 보살필 수 없겠다고 느꼈다. 마죠리는 이런 밥을 보면서 불안해졌다. 밥은 3월 초에 팔에 생긴 검은 점이 점점 커지고 짙어지는 증상이 있었다. 5월에 밥의 의사가 진찰을 하였고 악성 흑색종 2기가 의심되어 즉시 생체검사로 의뢰되었다. 6월 초에 밥의 수술이 잡혀 있었다. 나는 5월에 이 소식을 들었고 별로 놀라지 않았다. 이건 가장 좋은 시간이 아니었을 뿐 아니라 가장 나쁜 시간이었다.

현충일 주말 동안 나는 혼자 시드먼으로 갔다. 나는 일련의 사건들에 대해 보웬이론을 가지고 사고하면서 내가 거기 가서 어떻게 처신할지 생각해 보았다. 이 상황 안에 계속 있으면 어머니가 죽을 수도 있다고 생각했고 밥의 암 진단에 대한 이야기도 무겁게 다가왔다. 나는 밥의 암은 가족의 정서적 불안정 상태와 관련이 있는 것 같다고 생각했다. 상황이 점점 나빠지고 있었다.

나는 금요일 밤에 시드먼에 도착했는데 어머니는 약에 취해서 의미 있는 대화가 불가능한 상태였다. 나는 "어머니, 그렇게 약을 많이 드시니 대화가 어렵네요. 그 약 복용하는 거, 어떻게 좀 해 보세요."라고 말할 수 있었다. 어머니는 약을 더 이상 복용하지 않으셨고 다음 날에는 한결 대화가 수월해졌다. 우리는 마을을 거닐면서 이야기를 나눴다. 어머니는 자신의 문제가 키티 이모에게 미칠 영향을 걱정하면서, 집으로 돌아가고 싶은데 그런 말을 꺼낼 자신이 없다고 말했다. 나는 경청은 했지만 대신 결정해 주지는 않았다. 대신 "어머니, 집에 가시고 싶은 거죠."라고 답했다. 나는 시드먼에 가기 전에 결심한 게 있는데 그건 부근에 살고 있는 키티 이모네 세 자녀들을 혼자 방문해 보는 것이었다. 키티 이모네 자녀들은 내가 어머니의 문제를 심각하게 받아들이지 않고 있다고 생각했다. 그들은 이모 내외로부터 나에 대한 그런 말들을 듣고 있었다. 나는 내가 그곳에 있고 어머니의 상황과 그것을 다루는 키티 이모 내외의 딜레마에 대해 걱정할 만큼 하고 있다는 것을 나의 존재로 소통하고 싶었다. 사촌들은 나를 반겨 주었고 나의 방문으로 인해 안심하는 눈치였다.

오후 늦게 나는 이모에게 드라이브나 하자고 권했다. 이모와 나 사이의 어색함이 없어질 때까지 한참 동안 운전만 하였다. 시간이 한참 흘렀다. 이모가 말했다. "마이클, 나는 너희 엄마가 너무 걱정된다. 너희 엄마가 집으로 돌아가고 싶어 하는 건 알지만 그렇게 못할 것 같아 걱정이 돼." 물론 이모는 할 말이 무척 많았겠지만—우리는 근 한 시간을 드라이브했다—나는 이렇게 대답했다. "이모는 이 상황이 마무리되고 나면 이 이야기로 책 한 권은 쓰실 거예요!" 이모는 웃었고 이모와의 사이도 좀 편안해졌다. 이모는 내가 와 준 것에 대해 고마워하였다.

그날 저녁 이모는, 공휴일이 끼여 있는 긴 주말이면 늘 해 오던 대로, 자신의 집 저녁식사에 나를 초대했다. 부근에 사는 사촌들과 그 자녀들이 모두 와서 스무 명 정도나 되었다. 식탁에는 한 번에 열 명 정도씩 식사를 했다. 나는 먼저 식사하는 팀에 속해 있었는데, 어머니가 내 맞은편에 앉았다. 키티 이모와 남편 딕도 함께였고 사촌들 몇도 같이 있었다. 식사가 시작되고 얼마 지나지 않아 나는 오후에 한 키티 이모와의 드라이브에 대해 이야기하기 시작했다. 내가 이야기를 꺼낼 때 이모는 당황하는 눈치였지만 아무 말도 하지 않았다. 나는 "이모가 어머니 걱정이 많이 된다고 하시면서 어머니를 어떻게 도와야 할지 모르겠다고 하시네요."라고 말했다. 그 말에 어머니는 일어나서 식탁을 떠났다. 어머니는 거실을 한참 돌아다니다가 식탁에서 나누는 다른 사람들의 대화를 듣고 마침내 식탁으로 돌아왔다. 사촌 중 두 사람은 이 상황에 대해 할 말이 많았는데, 어머니도 어머니지만 이모 내외분이 너무 고생을 하고 있다는 점에 동의하였다. 대화에서 긴장은 흐르지 않았는데, 이런 종류의 대화가 직접 관련된 당사자들의 귀에 들리지 않게 비공개로 되는 경향이 있었던 과거를 생각할 때 이건 충격적인 것이었다. 대화는 30분 이상 계속되었고, 마침내 그 가족의 장점인 농담이나 즐거운 것들로 전환되었다. 어머니는 아무 말도 하지 않았지만 대화에 귀를 기울이고 있었다.

나의 사전 계획은 그들과 함께 있을 때 침착하고 사무적인 방식으로 어머니에 대한 이야기를 꺼내는 것이었다. 나는 사람들이 반응하기를 바랐고 그들은 그렇게 했으며 나는 매우 기뻤다. 나는 그것이 어떤 영향을 미칠지 확신할 수 없었지만 내가 거기에 존재하면서, 누구에게도 비판적이지 않으며, 특정 해결책을 추진하지 않는 것이 도움이 될 수 있다고 생각했다. 나는 어머니와 이모 사이의 불안한 상호작용이 두 사람 모두를 묶어 두는 호환적 상호작용이라고 보았다.

다음 날인 일요일은 야외 소프트볼을 하고, 시드먼에서 어머니가 좋아하는 장소로 나들이를 가고, 어머니가 첫 번째 결혼 전에 교사 일을 했던 학교를 가 보는 즐거운 일들로 채워졌다. 나는 월요일에 워싱턴 D.C.로 돌아왔다.

나는 화요일과 수요일 밤에 어머니와 전화 통화를 했는데, 어머니는 '약을 변기에 모두 버렸고' 집으로 돌아올 것이라고 말했다. 어머니의 목소리는 맑고 단호했다. 이모 내외가 그 주 후반에 어머니를 차로 데려다주시기로 했다. 어머니는 밥에게 전화했고, 무기력이나 애원하는 말투가 전혀 없이 자신의 결정과 계획에 대해 알려 주었다. 밥은 그 주 후반에 수술을 받을 예정이었다. 어머니는 "걱정 마라, 모든 게 잘될 거다."라고 하며 밥에게 사랑과 관심을 표현하였다. 정말 그랬다.

나는 밥의 수술 전날 밤 스워스모어 부근에 있는 병원으로 가서 밥과 그 가족과 함께 있어 주었다. 악성종은 쉽게 제거되었고 주변으로의 전이는 없었으며 피부이식도 순조롭게 진행되었다. 나는 그다음 주 초, 그 병원 정신병리과 문을 열고 나오는 머레이 보웬을 만났다. 나는 밥이 회복 중이라고 말했다. 머레이는 빙그레 웃으며 "예상한 대로!"라고 말했다. 그 말은 가족의 긴장이 해체된 것이 밥에게 좋은 예후를 보여 준다는 뜻이었다. 밥은 이후 38년을 더 살고 다른 원인으로 사망했다.

어머니는 자신의 집인 아파트로 돌아온 후 16년을 훌륭하게 적응하며 사셨다. 자살한 형 빌리와 아버지가 묻힌 곳에 어머니의 묘지도 있을 예정이었다. 거기엔 출생 직후 사망한 부모님의 어린 딸도 묻혀 있었다.

나는 어머니 생전에 어머니와 함께 그 묘지를 여러 차례 방문했고 아버지, 어머니, 빌리 형 모두가 사망한 후에도 가끔 방문했다. 매번 방문할 때마다 그 세 사람 사이의 상호작용이 갖는 엄청난 정서적 영향력에 대해 생각하게 되고 빌리 형과 얽힌 가족의 불안으로부터 내가 받은 영향이 얼마나 컸는지에 대해 생각해 본다. (독자들은 아마 이 책의 헌정자 중 한 사람이 오스카 윌리엄(빌리) 커 3세라는 것을 눈치 챘을 것이다.) 머레이 보웬은 가끔 이런 말을 했다. "우리 모두는 조현병의 뒤에서 성장합니다." 이 말은 빌리가 가족의 연약함을 유산으로 물려받았었기에 나 같은 다른 형제는 가족의 강점을 물려받을 수 있는 자유가 주어졌다는 말이다. 이것은 정도의 차이는 있지만 모든 가족에게서 나타나는 현상이다.

주요 삼각관계를 보다

내가 파악한 또 다른 삼각관계는 나의 맏형과 그의 아내, 그리고 어머니 사이에서 나타났는데, 아버지와 나머지 형제자매들이 그 삼각관계의 영향을 받았다. 그 삼각관계는 1940년대 후반, 맏형이 한 여성과 약혼하면서 형성되었으며, 형은 1950년에 결혼했다. 나는 이 문제가 종교적 편향성과 관련되었다는 것 말고 자세한 내용은 말하지 않으려 한다. 어머니는 형이 이 여성과 결혼하지 않았으면 했다. 그럴 경우 결혼식에 참석하지 않을 것이라고 했고 유산상속도 하지 않을 것이라고 위협했다. 아버지는 아들의 결혼에 크게 반대하지는 않았지만 어머니 편에 서 있었다. 형은 이에 굴하지 않고 이 여성과 결혼하였다. 어머니는 그전에 했던 모든 위협에서 물러서게 되었다. 형의 아내에 대한 어머니의 부정적인 태도는 이들의 결혼 이후에도 지속되었다. 형수와 어머니 사이에 드러난 갈등은 없었지만 어머니는 뒤에서 형수에 대해 안 좋은 평가를 하곤 했다. 아버지는 드러내 놓고 어머니 편에 서 있었고, 나를 포함한 세 명의 남동생들은 그 상황을 어머니의 시각에서 보게 되었다.

[그림 16-1]은 내가 보웬이론을 알게 된 후 이해하게 된 삼각관계를 표현한 것이다. 그림의 윗부분에는 어머니의 첫 번째 남편, 부모님, 그리고 두 번째 결혼에서 얻은 세 명의 아들들이 있다. 맏형(아버지가 다른 형)과 그의 아내, 그리고 그 부부의 두 아들은 아래쪽에 표시되어 있다. 형수와 나의 원가족 사이의 갈등선은 그녀와 우리 가족 사이의 부정적인 관계를 나타낸다. 우리 가족과 맏형 사이에는 갈등이 표시되지 않았다. 왜냐하면 가족들은 맏형에 대해서는 긍정적인 입장을 유지하고 있었고 그 여성과 결혼한 상황 자체를 비난하는 편이었다. 나의 원가족을 둘러싼 점선으로 된 원은 우리가 형의 아내가 문제라고 생각하는 점에서 대체로 같은 입장이었음을 나타낸다.

나는 이 가족과정을 간단한 도형으로 나타냈는데, 삼각관계 개념을 아는 것이 상황을 관찰하는 데 얼마나 중요한지를 보여 주기 위해서이다. 이 방법은 내게 완전히 다른 방식의 관점을 제공해 주었다. 보웬이 우리 가족의 이런 부분에 대해 그것이 삼각관계라고 지적해 주었는지 아니면 나 스스로 파악했는지는 잘 기억이 나지 않지만 후자였을 것으로 생각한다. 어쨌든 나는 보웬의 개념을 적용한 것이다.

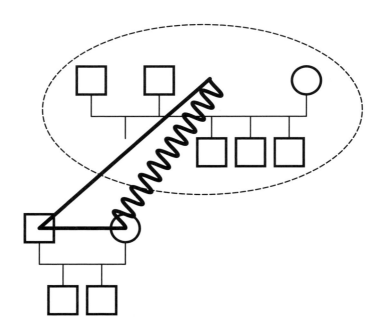

[그림 16-1] 이 그림은 삼각관계 개념이 나의 맏형과 그 아내와 원가족관계에 어떻게 적용되는지를 보여 준다. 그 삼각관계는 부정적인 측면을 보여 주는데, 나의 원가족집단이 삼각형의 한 꼭짓점을 이루고, 형수가 외부인 위치에 있고, 우리 가족은 그녀의 뒤에서 부정적 평가를 하고, 형과 우리 가족은 긍정적인 관계를 가지고 있다. 가족들은 형의 부부관계에서 형의 편을 들고 있었다.

　이렇게 새로운 방식의 사고를 하면서 얻게 된 첫 번째 이득은 내가 가족을 다시 방문했을 때 맏형이 자기 아내에 대해 미묘한 방식으로 부정적인 평가를 많이 하고 있음을 관찰한 것이다. 나는 그것을 전에는 전혀 알아채지 못했었다. 그중 많은 것들이 비언어적인 방식의 표현들이었는데 가족 중 누구도 그의 그러한 평가에 토를 달지 않는다는 것도 관찰되었다. 형은 자기 아내 앞에서보다는 아내가 없을 때에 주로 그렇게 했다. 그제서야 나는 맏형이 어떻게 이 삼각관계를 만들어 내고 유지하는지 알아채게 되었다. 독자들은 내가 이 삼각관계를 다루기 위해 가족에게 이 부분을 설명하였는지가 궁금할 것이다. 나의 경험상 자기 가족에게 이성적 언어로 정서과정을 설명하는 것은 사람들을 방어적으로 만들기 때문에 별로 도움이 되지 않는다. 그런 설명을 자기 가족에게 하려고 하는 것은 자신의 불안 때문이다.

　나는 워싱턴 D.C.에 사는 동안 꽤 자주 부모님 집을 방문했는데, 맏형과 형수와의 관계에 형성된 삼각관계가 나와 형수와의 관계에 영향을 주고 있다는 것을 깨달으면서 가족을 방문할 때마다 형수와의 개인적인 관계를 더 잘하기 위해 노력했다. 또한 어머니와 형과 가족들이 사는 인근 지역에 살고 계시는 형수의 어머니를 만나 봐야겠다는 생각을 했다. 당연히 형수는 이에 대해 고마워했다. 형수의 어머니는 후에 내가 중서부에 살면서 해군에서 복무할 당시 돌아가셨다. 아내와 나, 그리고 두 딸은 그분의 장례식 참석을 위해 동부로 갔다. 이것은 내가 내 원가족에게 형수에 대한 모든 부정적인 평가를 수용하지 않았다는 것을 분명하게 보여 주는 것이었다. 장례식 같은 가족행사에 참석하는 것은 관계 체계를 개방하는 데 매우 유용하다. 그것은 맏형과 어머니에게 내가 그들이 가졌던 형수에 대한 부정적 관점을 공유하지 않는다는 것을 확실하게 보여 주는 것이었다. 나의 노력은 맏형 부부의 관계를 변화시켰을 뿐 아니라 어머니와 형수와의 관계도 변화시켰다. 양측 모두에서 서로에 대한 반응이 부드러워졌고 형수는 그 후 어머니의 노쇠가 진행되어 가면서 어머니의 오른팔 역할을 하였다.

이 사례는 내가 탈삼각화를 말로 하지 않고 장례식에 참석하는 것을 통해 행동으로 했던 경우이다. 탈삼각화를 언어적으로 표현했던 사소하고 재미있는 일이 있었는데, 그것은 내가 어머니를 방문해서 어머니와 함께 맏형 집에 방문하게 된 어느 저녁의 일이다. 대화 중에 어머니는 맏형이 아내에게 식기세척기를 사 주지 않은 것을 나무랐다. 나는 어머니가 형에게 그런 문제로 얼마나 잔소리를 할 수 있는지 이전에 생각해 보지 않았기 때문에 그 상황에 흥미를 느꼈다. 형은 눈에 띄게 긴장하면서 어머니에게 대답을 하지 않고 있었다. 나는 미소를 띠고 형에게 말했다. "어머니가 방금 말씀하신 거 못 들었어?" 나는 형과 어머니의 상호작용에 대해 완전 중립적 입장을 취하면서 감정반사적이지 않은 태도로 말했다. 형은 나의 미소를 보면서 긴장이 풀렸다.

아버지 사망 수년 후 아버지가 포함된 서로 맞물린 삼각관계들을 보게 되다

이 장의 앞부분에서 나는, 외할머니의 노년에 나타나는 기능저하와 그런 현상을 통해 친정어머니와의 관계에서 어머니에게 만들어진 정서적 프로그래밍에 대한 통찰을 얻었음을 언급한 바 있다. 아버지의 정서적 프로그래밍에 대해서는 매우 다른 상황을 통해 통찰을 얻게 되었다. 아버지의 둘째 누나는 그 세대 중 가장 오래 생존한 사람으로 아버지보다 30년 가까이 더 사셨다. 그녀는 워싱턴 D.C.에 사셨고 나와 아내는 그분을 우리 집에 초대하거나, 그분의 아파트로 초대받아 자주 함께 저녁 식사를 하곤 했다. 저녁 식사를 함께하고 난 어느 날 밤, 그분과 이야기를 나누게 되었다. 그녀는 몇 달 전까지만 해도 내가 알지 못했던 어떤 주제, 어머니가 내게 처음으로 말해 준 그 주제에 대해 말을 꺼냈다. 어머니는 고해성사를 하는 분위기로 내게 1939년도 초반에 인공유산을 한 것에 대해 말했다. 그때는 나의 바로 손위 형이 태어난 지 1년이 지난 시점이었다. 어머니는 그 유산에 대해 매우 큰 죄책감을 가지고 있었는데 어떤 이유에서인지 그것을 내게 말하기로 마음을 정하셨다. 어머니는 그런 일을 행한 것에 대해 깊이 사과하였다. 그 유산 이후 어머니는 아버지에게 아이 하나를 더 갖자고 강력하게 주장하였다. 어머니는 결국 그렇게 했고 내가 태어난 것이다. 물론 나는 어머니에게 그 유산을 하지 않으셨다면 내가 태어나지 못했을 터이니 사과하실 필요 없다고 말씀드렸다. 그게 유산에 대해 어머니가 말씀하신 전부였다.

그날 식사 후 저녁에 왜 고모가 그 주제를 꺼냈는지는 기억나지 않는다. 하지만 고모의 이야기는 내게 너무나도 유용했다. 아버지는 내가 보웬이론을 공부하기 7년 전에 돌아가셨고, 나는 어머니와 가진 기회만큼 아버지를 이해할 수 있는 기회를 갖지 못했다. 그러나 고모의 그날 이야기가 도움이 되었다. 고모는 어머니가 나의 바로 위의 형을 낳고 1년 만에 다시 임신했다는 소식을 듣고 매우 놀랐다고 했다. 고모는 "내가 너희 엄마에게 내 어린 동생이 이미 세 아이로 인해 어깨가 무거우니 그 아기는 유산시키라고 했다."라고 말했다.

나는 그때까지도 고모가 아버지를 얼마나 보호하고 있는지를 깨닫지 못했다. 조각들이 맞춰진 것 같았다. 고모는 아버지와 연대하여 어머니에게 유산하도록 종용했던 것이다. 더 충격적인 것은 어머니가 그 압력에 순응했다는 것이었다. 어머니가 얼마나 보호적인 사람인지 언급한 바가 있는데, 나는 어머니와 아버지가 완벽하게 서로 잘 맞아떨어지는 한 쌍이었다는 것을 깨달았다. 아버지의 원가족 안에서의 기능적 위치는 그를 과도하게 보호하는 고모를 포함한 세 명의 여성에 의해 둘러싸인 왕자님 같은 것이었다. 아버지는 남성을 과도한 책임으로부터 보호하려는 강렬한 본능을 가진 여성과 결혼한 것이었다.

후에 고모와 나눈 대화를 다시 돌아보면, 나는 그때까지도 부모님의 관계에 대해 내가 생각했던 만큼 정서적 중립이 아니었던 것 같다. 아버지가 어머니와의 관계에서 과소기능자였던 것에 대한 비난을 어느 정도는 하고 있었던 것 같다. 나는 어머니의 유산과 관련된 이 두 번의 대화를 통해 그런 감정으로부터 자유롭게 되었다. 나는 어머니와 아버지가 정서적으로 완벽한 한 쌍이라는 것을 비로소 이해하게 되었다. 즉, 그 패턴을 유지하기 위해 쌍방이 동등한 기여를 하고, 각자는 어린 시절부터 그런 역할을 하도록 프로그램되었다는 것이다. 만일 내가 가족관계에 대한 작업을 통해 중요한 감정들을 알아채고 해결하는 데 조금이라도 미심쩍은 것이 있었다면 이 경험은 그런 의심을 씻어 주기에 충분했다.

어머니와 나의 핵가족이 포함된 맞물린 삼각관계

나는 서론에서 어머니와의 정서적 애착문제를 해결하기 위해 했던 작업에 대해 대략 소개한 바 있다. 그 작업의 과정은 내가 어머니를 '연약하다'고 보는 나의 관점을 자각하고, 내가 중요 사항에 대해 어머니에게 동의하지 않으면 어머니와의 관계가 무너질지도 모른다는 두려움이 어머니와 나의 관계에서 중요한 장애물이었다는 것도 알게 되었을 때 중요한 전환점을 맞게 되었다. 여기서 나는 그러한 깨달음에 이르게 된 3년간의 과정과 그러면서 내가 어머니를 대하는 행동이 어떻게 바뀌었는지를 쓰고자 한다. 제8장에서 기술한 어머니에 대한 나의 감정반사행동은, 1970년대 초반 워싱턴 D.C.로 어머니가 나를 방문했을 때 그 정점에 달했다. 지금부터 이야기하려는 과정은 1975년에서 1978년 사이의 일이다.

1975년 초, 아내와 나는 입양을 통해 셋째 아이를 얻기로 결정했다. 나는 결정을 내린 직후에 이것을 어머니에게 말씀드렸는데, 놀랍게도 어머니는 매우 화를 내셨다. 어머니가 임신했을 때 유산하라고 확고한 어조로 말했던 고모처럼 어머니는 내게 "너는 이미 책임이 무거워, 아이를 더 키워서는 안 돼!"라고 확고하게 말했다. 그리고 "너는 아내 말에 무조건 따르는구나."라는 말을 덧붙였다.

나의 결정에 대한 어머니의 최초의 감정반사행동과 1978년 말 우리가 아들을 입양한 시기 사이에 나는 3단계의 과정을 경험했다. 첫 단계는 1년 정도 지속되었는데, 그때 나는 그 결정에 대한 어머니의 비난에 매우 감정반사적이었고 어머니에게 논쟁하듯이 응수하였다. 그 시기는 아무 결실 없이 끝났는데, 나는 어머니에게 그렇게 반응하는 것이 아무 의미가 없다는 것을 알게 되었다. 두 번째 단계에 나는 조금 덜 방어적으로 되었고 어머니의 마음을 바꾸려고 애쓰지 않았다. 기억나는 사건이 있는데 어머니와 내가 어머니 자매의 딸인 한 사촌의 집에 주말에 방문한 일이다. 어머니와 나는 그 집으로 가면서 입양에 관해 대화하지 않았다. 하지만 그 방문 기간 나는 일찍 잠자리에 들기 위해 침실로 가는 중 어머니가 사촌과 그의 가족에게 나와 아내에 대해 험담하는 것을 우연히 듣게 되었다.

침대에 누워서 그 소리를 들으면서 나는 어머니에게 화가 나기보다는, 어머니가 자신의 불안 상태에서 이 가족과 삼각화하고 있다는 것을 알게 되었다. 또한 나는 사촌과 그의 가족이 어머니의 말을 듣고 나에 대해 부정적인 생각을 가지지 않도록 해야겠다고 생각했다. 이 경험은 두 번째 단계 동안에 어머니에 대한 나의 감정반사행동을 줄이기 위해 이론을 활용한 수많은 예 중 하나이다.

세 번째 단계는 내가 서론에서 썼던 그 사건으로 시작된다. 그 사건은 입양 몇 달 전에 발생했다. 어머니는 우리 가족과 함께 시간을 보내기 위해 D.C.로 오시곤 했는데 오는 길에 고모의 집에 들르셨다. 나는 고모의 집에서 어머니를 모시고 우리 집으로 왔다. 우리 집까지는 10분에서 15분 정도 걸리는 거리였는데, 어머니는 차에 타자마자 비아냥거리면서, 입양이라는 말도 안 되는 결정을 한 것을 비난하며 그게 아내가 나에 대해 지배적이기 때문이라고 말하기 시작했다. 나는 어머니의 강한 감정을 대하면서 매우 침착하였고 이렇게 말했다. "어머니 생각은 이해하겠어요." 어머니는 이렇게 대답했다. "글쎄다. 네가 정말 이해했다면 지금처럼 하지는 않겠지." 나는 그때 어머니가 나에게 아내가 원하는 것이 아닌 어머니가 원하는 것을 하기를 원한다고 생각했던 것으로 기억한다.

어머니가 연약한 사람이라는 나의 인식에 대한 자각이 집으로 가는 길에 어머니의 말을 들으면서 떠올랐는지, 아니면 내가 그것을 돌이켜 생각하면서 인식하고 있었는지는 잘 모르겠다. 그러나 나는 감정반사행동을 하지 않는 것만으로는 어머니에 대한 반응이 충분치 않다는 것을 알게 되었다. 어머니에게 화가 나지는 않았지만 5~10분 후에 나는 갓길에 차를 세우고 매우 분명한 목소리로 말했다. "어머니, 난 내 결정에 대한 어머니의 비난이나, 이 결정으로 인해 아내를 비난하는 것을 더 이상 듣지 않을 거예요. 인제 그만하시죠!" 만일 내가 화가 난 것처럼 보였다면 그건 다분히 나의 입장을 잘 전달하기 위해 분노를 활용한 것이었고 그건 통제된 분노였다. 어머니는 입을 다물었고 그 이후로 집까지는 침묵이 흘렀다.

집에 돌아와 나는 잠을 자기로 마음을 먹었다. 당시 나는 어머니가 위스키에 취해서 다음날 엉망이 될까 봐 염려했지만, 계단을 올라가 침실로 갔고 꽤 빨리 잠이 들었던 것으로 기억한다. 그때 이런 생각을 했던 게 기억난다. "어머니는 자기감정을 잘 보살필 수 있을 거야."

나는 다음 날 어머니보다 일찍 일어나서 어머니가 잠에서 깨어 계단을 내려오실 때 인사를 드렸다. 어머니는 먼저 말을 걸어 왔다. "마이클, 아직도 나한테 화가 나 있니?" 나는 대답했다. "그럴 이유가 있나요?" 그 말에 어머니는 "결국 너는 네 생각을 말했구나."라고 말했다. 남자아이가 태어났고 우리는 이틀 후에 그 아이를 집으로 데리고 왔다. 나는 어머니에게 전화를 걸어 이 사실을 알렸다. 며칠이 지나지 않아 우리는 소포를 받았는데 그 안에는 "할머니는 너를 사랑해."라는 글씨가 새겨져 있는 아기 옷이 들어 있었다.

보웬이론에 대한 흔한 비평 중 하나는 어머니와의 관계에 너무 많은 초점을 두는 것 같다는 점이다. 아버지는 어떤가? 나는 이미 아버지 또한 부모가 각 자녀와 만든 삼각관계에서 동등한 기여를 하고 있음을 강조한 바 있다. 어머니와 나의 관계의 강도는 부모님 사이의 관계 속성이나 아버지와의 관계 속성을 고려하지 않고는 충분히 설명되지 않는다. 아버지는 내가 보웬이론을 전혀 알지 못할 때 돌아가셨다. 하지만 내가 이 장의 초반에서 언급했듯이 나는 아버지에 대한 미해결된 애착에 대한 단서를 유산을 강요하던 고모의 이야기를 통해 얻게 되었다. 나의 개인적 이야기의 마지막으로, 나와 아내와의 상호작용의 중심에 어머니와의 미해결된 융합이 반복되고 있었음을 보여 주고자 한다.

부부관계에서 정서적 분리성을 더 확보하기

이 장의 초반부에서 언급한 부부관계에서의 호환적 상호작용을 보여 주는 예는 1969년 초가을에 일어났던 일이다. 지금 제시하는 예는 세월이 흘러 1990년대 중·후반에 일어난 일이다. 부부관계에서의 자기분화를 위한 우리 두 사람의 여러 다른 노력이 그 두 시기 사이에 일어났다. 그러나 내가 이 장의 서두에서 언급했듯이, 그 노력 모두에는 우리 아이들과의 삼각관계가 포함되어 있다. 따라서 나는 아이들의 사생활 보호를 위해 이것들에 대한 언급을 피하려 한다.

아내는 다음에 언급되는 사건이 일어나기 전 거의 6주 동안 외유 중이었다. 아내는 탄자니아의 곰베 스트림 국립공원에서 침팬지를 관찰하고 있었다. 우리는 이 시기 동안에 편지 왕래를 하였고, 우리 결혼생활 중 물리적으로 떨어져 있기로는 최장 기간이었던 이 시기의 경험은 매우 도움이 되었다. 아내가 돌아온 후 우리 부부의 상호작용에 나타난 변화에 있어서 이 떨어져 있던 시기가 어떤 영향을 주었는지를 구체적으로 말하기는 어렵다. 하지만 분명히 어떤 역할을 했던 것 같다.

아내와 내가 집에 단둘이 있었고, 그때 무슨 이야기를 나누고 있었는지는 기억하지 못한다. 그러나 그 상호작용의 과정은 생생히 기억된다. 우리의 상호작용에는 팽팽한 긴장감이 있었다. 그러던 어느 순간 나는 아내의 강렬한 감정을 직면하면서 내가 입을 다물어 버리고 거리를 두고 있다는 것을 매우 분명하게 볼 수 있었다. 이 부분은 긴 시간 동안의 상호작용 역사를 통해 우리 둘에게 매우 친숙한 부분이다. 그러나 이번엔 달랐던 부분이 있었는데, 나는 갑자기 그녀의 강렬한 감정이 나의 거리두기와 무시하는 듯한 느낌에 대한 그녀의 감정반사행동이라고 생각하게 되었다. 그때까지 나는 아내의 강렬한 감정 때문에 나의 거리두기가 시작되는 것이라고 정당화해 왔다. 그녀의 강렬한 감정의 50%를 내가 만들고 있고, 나의 후퇴의 50%를 그녀가 만들고 있다는 것을 그때까지 깨닫지 못했다. 그 당시 나는 보웬이론의 학습자들에게 공동창조cocreation라는 개념을 25년 이상 가르쳐 오고 있던 터였지만 그것을 나의 부부관계에서 온전히 식별하지 못했다.

또 다른 중요한 것은, 내가 아내와의 이 상호작용을 통해서 어머니와의 미해결된 관계가 부부관계에서 재연되는 것을 보았는데, 그게 너무 분명하게 보였다. 어머니와의 강렬한 융합관계로 인한 한 가지 유산은 내가 인생에서 정서적으로 중요한 여성으로부터의 관심과 수용에 대해 보통 이상의 욕구를 가진다는 점이었다. 또 다른 유산은 그 중요한 타인의 나에 대한 기대로부터 압도당하지 않기 위해 도망가고 싶어 하는 강렬한 열망이었다. 그 두 가지 생각을 함께 고려하면서 나는 혼자 생각했다. "신께서 이 여성을 세상에 두신 것은 어머니와의 미해결된 애착문제를 풀도록 돕게 하시려는 것이다!" 물론 나는 신이 그렇게 하지 않았다는 것을 안다. 하지만 그런 생각은, 이것이 아내가 나에게 어떻게 하고 있는가의 문제가 아니며 더 복잡한 과정의 반영이라는 자각을 하게 돕는 생각이다. 나는 이런 과정을 정서적 객관성을 더 얻게 되는 것이라고 개념화하고자 한다.

이렇게 관찰할 수 있는 눈이 생긴 이후로 아내와의 상호작용에서 나의 정서적 중립성이 확연히 증가되었다. 행동적인 면에서는 철회하는 대신에 평정심을 유지했고, 이에 따라 아내의 정서적 강렬함이 놀랍도록 짧은 시간에 감소되는 것을 관찰할 수 있었다. 내가 어머니와의 관계에서 성취한 것이 우리 부부관계의 동일한 과정을 보게 하는 데 중요한 역할을 했다. 하나의 노력이 다른 변화를 견인하지만 그게 자동적으로 되는 것은 아니다. 여전히 우리 부부관계를 지속적으로 관찰하면서, 새로운 사고방식에 기초하여 아내와의 새로운 존재방식을 발전시켜 나가게 되었다.

이 사건에서는 내가 주도적 역할을 했지만 수년간 일어난 여러 다른 사건에서는 아내가 주도적 역할을 했다. 아내는 내가 보웬이론에 관심을 가진 지 얼마 되지 않아 본인도 관심을 가지고 자신을 위한 여러 번의 코칭 회기를 머레이 보웬과 가진 바 있다. 아내는 그 이론을 자신의 원가족과 우리의 핵가족에 적용하기 위해 노력했다. 내가 보지 못했던 정서과정이 우리 핵가족 안에서, 즉 우리 둘 사이 혹은 아이들과의 삼각관계 속에서 일어나는 것을 아내가 파악해 내는 것을 보면 내가 작아질 정도이다. 어떨 때는 이 사람이 주도하고 다른 때는 다른 사람이 주도하면서 나머지가 따라가는 형태, 이것이 가족 안에서 자기분화의 전형적인 모습이다. 한 사람의 노력도 많은 것을 이룰 수 있으나 배우자가 함께 노력할 수 있다면 그것은 대단한 성과를 가져다준다.

많은 사람이 미해결된 정서적 애착이 무엇인지 그리고 그것을 해결한다는 것은 무엇인지 물어본다. 아마 그런 질문에 답을 할 때 가장 중요한 포인트는 어떤 사람도 미해결된 애착을 완전히 해결하지는 못한다는 점이다. 해결이 되지 않는 이유는 연합성의 힘togetherness force의 영향을 받는 정서적 융합이 인간 본성의 핵심에 존재하기 때문이다. 우리 인간이라는 종이 사회적인 이유는 단지 문화적인 힘 때문만이 아니다. 우리의 사회성은 생물학에 기초해 있다. 가족의 정서체계는 융합이 가장 최대치에 이르게 하는 장이라는 점에 대해 이의를 제기할 사람은 없을 것이다. 하지만 융합은 모든 사회관계에서 어느 정도 나타난다.

보웬이론의 관점에서 볼 때 중요한 점은, 형제 집단의 구성원들이 성장하여 집을 떠나는 시점에, 가족 유기체에 대한 정서적 애착의 해결 정도가 다양하다는 것이다. 이것은 주로 각 형제의 발달 경험의 차이에서 비롯되는 것으로 보인다. 나의 작은형이 그랬던 것처럼, 한 형제는 다른 형제보다 부모와의 더 강한 삼각관계하에서 성장하게 된다. 각 형제자매는 다른 형제자매의 부모와의 삼각관계와 서로 맞물려 있고 투사과정이 가족 안에서 일어난다.

어떤 사람이 자신의 기본 분화 수준을 높이기 위해 구조적이고 장기적인 노력을 하게 된다면 어느 정도나 해결이 가능할까? 확신 있게 말할 수 있는 유일한 답은, 그 해결의 수준은 변화를 만들기에 충분하고, 그 노력을 가치 있게 만들기에 충분한 정도라는 것이다. 우리 가족의 정서체계는 나의 작은형과 내가 우리보다 더 분화된 가정에서 자란 보통의 형제자매보다 더 많은 관심과 인정을 필요로 하도록 정서적으로 프로그래밍했다. 관심과 인정에 대한 작은형의 필요는 나의 필요보다 더 컸다. 원가족과 핵가족에서의 분화를 위한 나의 노력은 분화 수준의 연속선상에서 볼 때 대단한 도약적 결과를 얻지는 못했다. 그러나 이 변화가 대단한 수준이 아니라 할지라도, 노력의 결과로 중요한 관계 영역이 보다 안정적으로 변하며 다양한 영역에서 생산성이 향상되는 변화가 있었다.

나는 1971년에서 1973년, 해군에서 복무하면서 중서부 지역에 살고 있을 때 머레이 보웬에게 편지를 썼다. 그 편지에서 나는 이미 나의 정서적 기능하기에 많은 기여를 한 이론을 개발해 준 그에게 감사했다. 그는 이렇게 답신했다. "정신분석학으로 더 이상의 성과를 거둘 수 없었다는 것을 어떻게 알았나요?" 그것은 전형적인 보웬의 반응이었고 내게 도움이 되었다. 지금 그 시기를 돌이켜 보면, 당시 나는 나의 정서적 기능하기를 더 잘 관리하기 위해 얼마나 많은 것을 더 배워야 하는지 알지 못했다는 것을 알게 된다. 많은 사람이 나를 이 주제에 대한 전문가로 생각하게 된 때에도, 그때 이후 40여 년 동안 나의 삶에는 여전히 자기분화에 대해 얼마나 더 배워야 하는지를 깨닫게 할 만한 많은 도전이 놓여 있었다. 더 분화된 사람이 되기 위한 노력을 할수록 내가 얼마나 분화되지 않았는지를 보게 되는데, 그것이 반드시 나쁜 것은 아니다.

제17장

분화과정을 보여 주는 임상 사례

[그림 17-1]은 가상의 임상 사례에 대한 가계도로서, 분화과정이 임상 가족 사례에서 수년에 걸쳐 어떻게 진행되는지를 보여 준다. 나는 이 사례를 다음의 세 가지 이유, 즉 ① 한쪽 배우자가 '분화된 자기'가 되는 과정을 이끄는 역할을 하는 예를 보여 주며, ② 분화과정이 예상한 대로 진행되거나 단계별로 진행되는 과정이 아니라는 것을 보여 주며, ③ 어떻게 가족을 이끄는 한 사람의 노력이 전체 가족에게 유익을 주는지를 보여 주기 때문에 선택하였다.

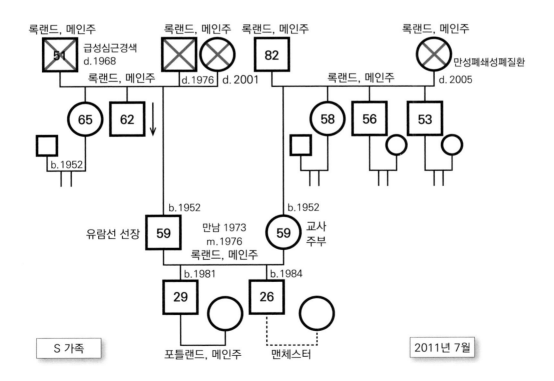

[그림 17-1] 가상의 임상 사례 가족인 S 가족의 가계도. 남편 형 옆의 아래쪽을 향한 화살표는 그의 평생 동안의 극단적 과소기능을 나타낸다. 그는 조현병으로 진단받았다.

일반적으로 내담자들의 분화과정은, 그 개념을 소개해 준 사람(코치)에 의해 그 개념에 노출되고, 일정 기간 그런 노력을 의도적으로 하기로 결심한 사람에 의해 시작되지만, 그 시작점에서 어느 정도의 망설임이 있는 게 대부분이다. 이 기간에 코치는 가족 구성원들이 인과론적 사고 대 체계론적 사고로 생각하는 정도를 잘 파악해야 한다. 인과론적 사고에 익숙한 사람들은 코치의 도움을 받아 점차 체계론적 사고로 나아갈 수 있다. 코치는 정서적 중립성과 내담자에 관한 관심을 통해서, 그리고 가장 중요하게는 가족원이 심리적 사고와 체계론적 사고를 구분할 수 있도록 돕는다. 이를 위해 코치는 질문과 설명을 사용한다. 이것은 기본적으로 교육적인 과정이지만, 코치와 가족원의 관계에서 정서적으로 일어날 수 있는 부분에 대해 인식하면서 진행되어야 한다. 코치 자신이 사고하는 방식을 보여 주는 것은 중요하지만 그 사고를 강요하려 하지 않는 것이 중요하다.

가족원들은 오랫동안 코칭을 받으면서 그 과정에서 무언가를 얻고 있지만 여전히 기존의 개인심리치료 접근법에서 얻을 수 있는 것 이상의 것을 얻지 못하고 있다고 믿을 수 있다. 예를 들어, 한 가족 성원이 관계에서 자신을 잘 관리하고 있으면서도 관계 체계의 관점을 파악하지 못하고 있을 수 있다. 보웬이론을 활용하는 코칭은 가족 성원이 관계과정과 그 과정에서 자신의 역할을 관찰할 수 있을 때에야 그 효과를 얻었다고 볼 수 있다. 그것은 근본적으로 자신의 바로 앞에서 항상 일어나고 있던 것들을 보지 못하는 실명 상태를 극복해 가는 연습과도 같다.

사람이 체계론적 사고에 익숙해지고 거기에 진지한 관심을 두게 되면 체계과정의 흐름을 관찰할 수 있게 된다. 그 관찰이 배우자 또는 부모와의 일상적인 상호작용에서 이루어질 수도 있고, 가족 내 급격한 변화가 일어나는 시기에 더욱 뚜렷하게 드러날 수 있다. 다른 임상 사례를 예를 들면, 한 어머니는 수년 동안 핵가족에서 체계론적 사고를 적용하려고 노력했지만, 대학교에 다니는 자녀 하나가 음주 문제로 보호관찰을 받게 되었을 때에야 그 과정을 명확하게 볼 수 있었다. 그런 관찰이 일어날 수 있는 계기가 언제 만들어질지 예측하기 어렵고, 누구도 스스로를 '분화된 자기'가 되도록 인위적으로 만들 수 없기에 코치는 인내심을 가지고 기다려야 한다. 그것은 코치가 잘 돕고 있고 가족 성원이 이에 대해 동기부여되어 있으며, 적절한 상황이 발생할 때 가능해진다.

이 임상 사례의 치료는 남편인 S 씨에 의해 시작되었다. 그는 가계도에 나와 있는 59세의 유람선 선장이다. 그가 참여한 명상그룹의 동료 한 명이 그에게 치료를 권했다. 그는 오랫동안 그의 정서 기능을 향상시키기 위해 명상을 해 왔다. 그의 주된 호소문제는 부부관계의 불만족이었다. 이 문제는 수년간 계속됐으나 그는 이혼을 원하지 않았다. 그는 아내에게 부부가 함께하는 활동에 더 적극적이기를 바랐고 자신에게 더 친절하기를 원했다. 명상은 그에게 다양한 방식으로 유용했지만 부부관계에 진전을 이루는 데는 도움이 되지 않았다.

이들 부부는 몇 대째 살아온 메인주 록랜드에서 성장했고 거기서 살고 있었다([그림 17-1] 참조). S 부인은 4남매 중 장녀이다. 그녀의 아버지는 아직 살아 있지만, 어머니는 2005년 폐기종 합병증으로 사망했다. 그녀의 형제들은 모두 록랜드 지역에 살고 있다. 그녀의 가족은 자주 모이며 노쇠한 아버지를 돌보는 데 집중하고 있다. S 부인은 동일 세대원 중에서 어머니 같은 역할을 하는 인물이다. S 씨는 원가족에서 3남매 중 막내이다. 바로 위의 형은 10대 후반부터 상당한 기능장애가 있었는데, 조현병 진단을 받고 록랜드에 있는 그룹홈에서 살고 있다. 형은 결혼하지 않았으며 최근 몇 년 사이 형제간에는 연락이 별로 없었다. 그의 누나도 록랜드에 살고 있고 결혼했으며 두 명의 장성한 자녀가 있고 그중 한 명은 결혼했다. S 씨는 누나와 밀접한 접촉을 유지하고 있다. S 씨의 아버지는 S 씨가 열여섯 살밖에 되지 않았을 때 심장마비로 사망했다. 그의 어머니는 몇 년 후 재혼했지만, 두 번째 남편은 재혼 후 몇 년 만에 사망했다. S 씨의 어머니는 2001년에 사망했다.

S 씨의 호소문제와 가계도에 대한 자료를 모은 후, 부부관계가 그의 주된 관심사였기 때문에 나는 S 씨에게 아내와 함께 다음 회기에 올 것을 제안했다. 그는 동의했고 아내가 기꺼이 올 것이라고 했다. 첫 번째 합동 회기에서 그녀는 남편이 불행하다고 해서 온 것이고, 치료 받으러 함께 오는 것이 도움이 된다면 그렇게 할 것이라고 했다. 그녀는 그것 외에 자신을 위한 특별한 호소문제가 없었다. 남편이 그녀에게 기대하는 것을 해 주는 것, 그리고 그를 실망하게 하지 않는 것이 그녀에게는 가장 중요해 보였다. 그녀는 뭐든 혼자서 하고 싶지만 남편은 모든 것을 둘이서 함께하고 싶어 한다고 말했다. 그녀는 남편이 몇 년 후에 은퇴할 것인데, 은퇴 후에 부부관계에서 긴장이 높아질까 봐 걱정했다. S 씨는 아내가 자신에게 더 다정하고 열려 있기를 원한다는 점을 반복해서 말했다. 그는 "아내는 더 이상 나를 인정하지 않아요."라고 말했고, 1년 이상 성관계를 하지 않았다고 덧붙였다.

그다음 몇 주 동안 몇 번의 부부 회기가 더 있었다. S 부인은 자신이 친정아버지와 형제자매들과 너무 자주 모였기 때문에 그게 남편에게 문제였다고 말했다. 그녀는 원가족 부모와의 삼각관계에서 자신의 입장을 '아빠에 의해 자신이 엄마를 돕는 자로 고용되었다'고 설명했다. S 부인은 또한 그녀의 여동생이 많은 부부문제를 가지고 있었기에 여동생을 도울 의무를 느껐다고 말했다. 그녀는 자신의 결혼에 대해 다음과 같은 몇 가지 간결한 설명을 하였다. "나는 그가 원하는 것을 하길 원하지만, 그는 나를 다른 사람으로 만들고 싶어 해요. 우리는 각자가 옳다고 생각하죠!" "내가 자신이 원하는 것을 하지 않으면 남편은 화를 내고, 그러면 나는 입을 다물어 버리죠."라고 덧붙였다.

S 씨는 자기 부부가 과거에는 매우 가깝게 지냈지만 지금은 다르다고 말했다. 그는 "나는 변화를 원하지만 그게 가능할지는 의문입니다."라고 말했다. 그는 혼자서 독립적으로 행동할 수 있지만 그것은 그가 진정으로 원하는 것이 아니다. 본질적으로 그는 아내와 더 자주 함께 하기를 원했고 그녀는 그게 매우 부담스러웠다.

이후 대여섯 번의 부부 회기는 부부간의 긴장을 어느 정도 낮추는 데 도움이 되었다. 이 시기 동안 알게 된 중요한 사실은 아내가 자신보다 친정 가족들을 선택한다는 S 씨의 생각이 그를 화나게 한다는 것이다. 이즈음 S 부인은 자신은 성관계에 관심이 없으나 남편은 욕구가 더 있다는 점을 인정했다.

그 이후 몇 달 동안, 간헐적인 부부 회기와 더불어, S 씨 혼자 여러 번의 회기를 가졌다. 아내보다 남편이 치료를 더 원한다는 것은 그 자신뿐 아니라 치료사인 내게도 분명해 보였다. 어떤 개별 회기에서 그는 자신이 미숙아로 태어나서 몇 달 동안 신생아 집중치료실에 있었다고 말하면서 "그런 경험 때문에 아내에게 그렇게 매달리는 것 같습니다. 내가 필요로 하는 사랑과 관심을 받지 못했기 때문에요."라고 덧붙였다. 나는 자기갈망의 핵심에 그런 경험이 있다는 그의 관점에 도전하였으나 그는 설득되지 않았다.

얼마 지나지 않아 아내는 더 이상 상담에 오지 않았다. 흥미로운 점은, 그가 외래로 수술을 받게 되었을 때 이런 말을 했다. "아내는 나를 보살피는 것을 좋아하죠. 나는 그 관심을 좋아하구요." 나는 그의 그런 말은 자신이 자신의 필요를 충족시키는 데 최적으로 보이는 여성과 결혼했지만 긴장된 상호작용 속에서 길을 잃게 되었다는 것을 보여 준다고 말했다. 그는 귀를 기울였지만 역시 내 말에 설득되지는 않았다. 나는 S 씨가 자신을 열심히 들여다보려고 하지만, 그게 부부관계에 있어서는 도움이 되지 않았다는 것을 알았다.

외래 수술 후 얼마 지나지 않은 시점의 한 회기 중, 우리는 신생아 집중치료실 경험과 관련된 그만의 트라우마 이론을 다룰 기회가 있었다. 나는 대안적 관점으로 보웬이론 기반의 관점을 제시하면서, 그가 성장기에 어머니와의 관계를 아내와 되풀이하고 있을 수 있다고 했다. 이 회기와 그 이후 회기들에서 그는, 형에게 모든 주의를 쏟고 있는 어머니에게 얼마나 분노했었는지에 대해 말했다. 어머니에게는 자신을 위한 여력이 남아 있는 게 없다고 느꼈다는 것이다. 그는 어머니가 형에게 과몰입했다는 것을 볼 수 있게 되었지만, 어머니가 자신에게도 얼마나 많은 관심을 기울였는지는 보지 못했다. 나는 그에게 이렇게 말했다. "당신은 형과의 삼각관계에서 외부인이었지만, 감사하게도 어머니는 형에게만큼은 아니어도 당신에게도 매우 많은 관심을 기울이고 있었어요." 나는 그의 어머니가 그의 불행감에 대해 그의 아내가 가지는 것과 유사한 약간의 죄책감을 가지고 있을 것이라 생각했다. 이즈음 나는 형에게 연락을 다시 해 보라고 그에게 권했고 그는 마침내 연락했다. 그는 형이 자신과 함께하는 정기적인 점심 만남을 그렇게 좋아하리라 생각지 못했다. 그러나 형과 시간을 보내고 이야기를 나누면서 그는 어린 시절을 생생히 떠올렸고 그것이 상담에 도움이 되었다. 그는 자신이 어머니의 과도한 보살핌의 대상이 되지 않은 것을 다행으로 여기는 쪽으로 생각이 바뀌기 시작했다.

그해 말, 6개월간의 격주 상담을 끝냈을 무렵 그는 과민성 대장증상의 재발을 경험했다. 그는 불안이 증상에 중요한 역할을 했을 거라는 생각을 잘 받아들였다. 그는 자신의 필요를 충족하도록 아내를 압박하는 것이 이기적인지에 대해 내게 질문했다. 그는 현재 성인으로 잘살고 있는 두 아들을 양육할 때 아내와 더 가까웠다고 회상했다. 아이들의 영향을 고려하는 것은 자신의 부부관계를 이해하는 데 유용했다. 그는 아내에게 부부 회기로 돌아오라고 압박하고 있었지만 아내에게서 두려움을 보았다고 말했다. 그의 작은아들은 아빠에게 "엄마는 따뜻하고 사랑스러운 사람이지만 자기표현을 하지 않아."라고 말했다.

2012년 봄, 아내 여동생의 부부관계 문제 때문에 그의 처가는 혼란에 휩싸였다. 또한 S 부인은 그 시점에 약간의 신체 증상이 발생하고 있었다. 의학적 소견은 그녀가 소염제를 너무 많이 사용하고 있다는 것이었다. S 씨는 아내의 어머니와 할머니가 결국 병환 중에 회복되지 못하고 삶을 마감한 것을 알고 있었다. 그는 아내의 운명도 그렇게 될까 봐 두려웠다.

의학적으로 S 씨 부인의 상황은 훨씬 더 악화하였고, 2012년 봄, 의사는 그녀를 입원시켰다. 그녀의 상태는 매우 안 좋았다. 그녀는 급성 세뇨관 괴사가 있었고 그로 인해 신부전이 발생했다는 진단을 받았으며 중환자실에서 치료를 받아야 했다. 생존 가능성도 확실치 않았다. S 씨와 처가 사이에 긴장이 고조되었다. 처가 식구들은 그에게 꽤 비판적이었다. 몇 주간의 입원 후 S 씨 부인의 증상이 약간 호전되기 시작했다. 그러나 S 씨는 그녀가 "왜 나를 살렸어? 나는 지쳤어, 너무 힘들어!"라고 외치는 것을 듣고 소름이 끼쳤다.

그녀는 3개월간의 입원 후 재활 시설로 퇴원했지만, 주치의가 진단한 스트레스성 심근병증이라는 추가적인 문제가 더해졌다. S 씨 부인은 초여름에 집으로 돌아올 수 있었지만 완전히 회복되지는 않았다. S 씨는 아내의 입원 기간 동안 쉬었던 직장으로 복귀했고 명상 클래스에 정기적으로 참석했다. S 씨는 이 모든 병원 경험이 그들의 부부관계와 처가와의 관계를 변화시키기를 기대했다. 그러나 이전의 패턴이 빠르게 회복되었다. 이 기간에 나는 파워포인트로 그 가족의 가족역동을 도식화시켜 그에게 이메일로 보냈다([그림 17-2] 참조).

나는 S 씨가 삼각관계의 법칙에 대해 생각하고 인과론적 사고를 사용하지 않도록 하기 위해 이것을 보냈다. 그는 이것에서 큰 도움을 받지는 못했지만, 그가 그 과정을 개념화하려고 노력하는 것은 내겐 흥미로운 일이었다. 나는 예전에 그에게 책 하나를 추천했는데 그것은 조너선 하이트의 『바른 마음』(2012)이다. 나는 사람들에게 이 책을 읽으라고 강요하지는 않지만, 보웬이론과 관련이 있을 때 이 책에서 읽었던 내용을 종종 인용한다. 그리고 관심을 표하는 사람에게는 출처를 제공한다. S 씨는 특히 기수騎手(이성적인 마음)와 코끼리(자동적 정서과정; 제5장 참조)에 대한 하이트의 은유를 높이 평가했다. 아내의 매우 심각한 병과 관련된 최근의 사건들과 그것을 둘러싼 가족의 긴장은 그에게 정서의 힘에 대한 새로운 관점을 주었고, 그것은 기수가 코끼리에 비해 다소 약하다는 표현과 일맥상통했다.

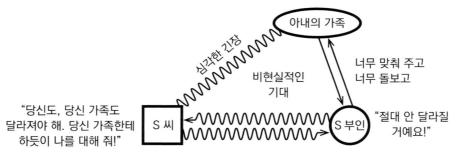

[그림 17-2] 나는 S 씨와의 가족 코칭 회기에서 S 씨가 문제의 내용에 감정반사하기보다는 정서과정에 대해 생각할 수 있도록 돕기 위해 그의 아내와 그녀의 원가족이 관련된 삼각관계를 나타내는 이 도형을 그렸다. S 씨와 아내 사이의 갈등선은 처가 가족과의 관계에서의 높은 긴장이나 갈등과 관련된다. S 씨와 처가 가족 사이의 갈등선은 그와 대부분의 처가 가족 간에 있는 상당 수준의 지속적 긴장을 나타낸다.

S 씨는 아내에게 일어난 일이 자신을 겸손하게 했다고 했다. 그는 예전에는 자신을 '옳은 사람'이라고 생각하는 경향이 있었지만, 이제는 자신을 고집스러운 사람이라고 보게 되었다. 그의 측면에서 보면 통찰력이 커진 것이지만 그런 것은 개인치료에서도 얻을 수 있는 것이었다. 그는 아직 체계론적 사고에 도달하지 못했다.

2013년 초 S 씨는, 아내가 아프지 않았다면 그녀와 헤어졌을 것이라는 결론에 도달했다. 그는 아내에 대한 기대를 낮추면 결혼이 더 원만해질 것을 알았지만, 그 태도가 자신의 부부관계를 사망에 이르게 했고 고립감을 느끼게 했다고 생각했다. 그는 여전히 인과론적 사고에 갇혀 있었고, 관계에서의 호환성을 실제로 보지 못했다. 자신이 아내의 태도와 행동에 대해 어떤 반응을 보였는지 더 깊이 인식하게 되었지만 말이다. 그는 아내를 판단하지 않는다는 자신의 '규칙'을 만들었지만, 그것은 체계론적 사고가 만들어 내는 정서적 중립성에 기반한 것이 아니었다. 아내에 대한 자신의 접근 방식과 그의 기대에 반응하는 아내에 대해, 자신들이 '숨겨진 의제'를 가지고 있음을 보게 되었다는 점에서 약간의 호환적 사고가 있었지만, 거기에는 아내가 더욱더 자신이 원하는 방식으로 행동하기를 바라는 갈망이 주로 작용했다.

이 기간에 나타난 그의 또 다른 생각 중에는 아내의 병이 깊어지는 것을 이해하려는 노력도 포함되어 있다. 그는 아내가 건강을 회복하기 위해 최선을 다하지 않는 것 같아 괴로워했다. 그의 위장 증상은 계속되었고, 그는 여전히 그것을 자신의 불안 때문에 나타나는 '반응'으로 보았다.

2013년 가을, 그는 아내가 매우 분명하게 한 말에 관해 이야기했다. "나는 누군가가 내 삶을 어떻게 살아야 할지 말해 주기를 원치 않아요!" 이 부부는 이제 각방을 쓰게 되었다. 어떤 이유에서든 S 씨 아내는 의사들의 조언을 따라 자신의 몸에 신경을 더 쓰기 시작했다. S 씨는 다른 사람들을 바꾸려고 노력하는 자신의 성향을 더 잘 인식하게 되면서 그런 변화가 자신의 성향을 조절하는 데 도움이 된다고 말했다. 그는 자신의 분노에 대해서도 더 잘 인식하게 되었다. "나는 어머니가 형을 더 사랑하는 것에 대해 화가 나요." 이런 모든 것들은 값진 통찰이지만, 그는 이런 것들을 자신의 '나쁜' 성격 때문이라 보고 그것을 체계론적 관점으로 보지 못했다.

2013년 말, 그는 자신이 아내의 가족에 대해 감정반사반응이 약간 줄었으며 자신과 아내가 서로 애정을 가지려고 노력하고 있다고 보고했다. 그는 이제 자신을 '공손한 심통이'라고 묘사하고 있었다. 그는 또한 아내가 회복하고 있을 때 더 행복하다고 언급했다. 그는 그것을 어떻게 해석해야 할지 몰랐지만 그런 변화를 중요하게 생각했다. 나는 그 이유에 대해 추측하지 않았으나 흥미롭다고 생각했다.

2014년 봄, 가족은 평온했지만 그는 여전히 공허함을 느꼈다. 그는 자신과 형이 고집스럽고 냉소적이며 늘 '뭐든지 즉각적으로 채워지기를 바라는' 결핍감을 느끼는 점에서 비슷하다고 했다. S 씨는 분명히 자신의 바람직하지 않은 특성들을 직시하고 있었지만, 그의 부부관계는 여전히 어려움이 있었다. 그 기간에 그는 관계에 대한 통찰력에 있어서, 어머니가 돌아가신 후 어머니에 대한 자신의 부정적인 감정을 아내에게로 옮긴 것이 아닌지 스스로 질문했다. 그는 또한 장모의 죽음이 자신의 결혼에 얼마나 영향을 주었는지에 대해서도 생각했다. "(장모의 죽음으로 인해) 우리의 부부관계를 지탱해 준 두 개의 삼각관계를 잃어버렸어요."라고 그는 말했다. 그런 생각은 체계론적 사고에 의해 만들어진 설득력 있고 유용한 관점 같았다.

S 씨가 그의 관점을 유용한 방식으로 확장하기 시작한 것은 분명했다. 그는 큰 그림으로는 체계론적으로 생각하고 있었지만, 부부의 일상적인 상호작용에 그 사고를 끌어들이지는 못했음을 곧 알게 될 것이다. 그의 큰아들은 "아빠는 전보다 반대를 덜 하는 것 같고, 전과는 다르게 생각하시는 것 같아요."라고 말했다. S 씨는 "한번도 생각해 보지 못했던 일들이 나를 덮쳤어요."라고 하면서 지난 몇 년간의 혼란에 대해 회고했다.

S 씨의 형은 2014년 4월에 사망했다. 그는 폐암과 폐기종을 앓았다. 2014년 6월, 그는 아내가 2012년 늦겨울과 봄에 일어난 여러 사건 이전처럼, 거의 정상적인 건강으로 돌아왔다고 말했다. 그는 자기 어머니와 장모의 죽음이 그들의 결혼생활에 긴장을 높였다는 점을 훨씬 더 확신하게 되었다. 그는 2014년 초여름에 했던 상담 회기 중에 매우 흥미로운 말을 했다. "저는 보웬이론을 인정하지만 그것을 경험적으로 느낄 수가 없어요." 그는 자신이 "왜 아내는 내 편이 될 수 없을까?"라는 생각에서 "왜 아내는 이렇게 반응할까?"라는 생각으로 바뀌었다고 덧붙였다. 이 모든 것은 체계론적 사고를 향한 매우 명백한 진전처럼 보였지만 아직 완전해진 것이라고 볼 수는 없었다. 나는 보웬이론을 인정한다는 그의 언급에 대해 그 이론을 지적知的으로 받아들이고 있는 것이라 해석했고, 그는 정서적으로는 바뀌지 않은 것으로 보였다.

S 씨의 장 증상은 2014년 여름 동안 심해졌고, 그 덕분에 그는 자신에 대한 아내의 깊은 우려를 보게 되었고, 아내가 정말 자신을 보살펴 준다고 느끼기 시작했다. 또한 그와 그의 아내는 아내 가족에 대해 흥미로운 대화를 나눴는데, 그것은 처제부부가 별거를 시작한 후에도 S 씨가 처제의 남편과 지속적으로 만나고 있었던 일에서 시작되었다. 처가 가족들은 그가 그런 행동을 한 것에 대해 매우 분노했는데, 아내는 이에 대해 "우리 가족은 자기 편이 안 되어 주면 큰일나."라고 아무렇지도 않게 말했다. 그것은 그들이 아내의 가족에 대해 했던 대화에서 가장 객관적인 것 중 하나였는데, 이때 S 씨는 방어적이지 않았고, S 씨 아내는 공격적이지 않았다.

체계론적 사고를 하려는 그의 노력을 보여 주는 S 씨의 또 다른 흥미로운 모습은, 그의 작은아들이 그의 어머니 쪽 가족에게 화를 냈을 때 이 아들의 반응을 아들이 어머니 편을 드는 삼각화로 보았다는 점이다. S 씨가 체계론적 사고를 한다는 또 다른 증거는 그의 누나가 사위의 잘못된 행동 때문에 딸 부부가 최근에 별거하게 되었으며, 그로 인해 자신이 얼마나 사위에게 화가 났는지 S 씨에게 여러 번 전화할 때 나타났다. 처음에 S 씨는 누나에게, 누나가 딸 부부와 삼각화되어 딸의 편을 들면서 그들 부부의 문제를 사위에게서 찾고 있다고 하면서 보웬이론의 관점으로 설명해 주려고 노력했다. 그의 누나는 이 관점을 쉽게 받아들이지 않았고, 이 때문에 S 씨는 정서적으로 힘든 상태의 누나에게 보웬이론을 설명하려고 노력하는 것이 무의미하다는 것을 알게 되었다. 그는 자신이, 누나에게 누나가 딸 부부와 삼각관계에 있다고 설명함으로써, 누나와 그 딸과 자신이 만들게 될 삼각관계에서 벗어나려고 한다는 것을 알았다. 이 사건은 가까운 가족원에게, 특히 그들이 감정적일 때는, 보웬이론을 가르치는 것보다는 실제로 행동으로 보여 주는 것이 그것을 이해시킬 수 있는 더 나은 방법임을 S 씨가 깨닫게 해 주었다. 2014년 10월, S 씨는 아내가 자신이 오래 사는 것에 대해 별 관심이 없다고 한 말이 촉발 원인이 되어 다시 낙담하게 되었다.

같은 시기에 S 씨는 자신이 10대일 때 어머니가 했던 말을 떠올리게 되었다. 그 말은 그때 이후로 한 번도 떠올려 보지 않던 것이었다. 그는 어머니가 "엄마는 너를 사랑하지만 네 형이 나를 더 필요로 한단다."라는 말로 자신을 안심시키려 했던 것을 떠올렸다. 보웬이론에 비추어 그는 이제 이 말이 이해되었다. 그는 어머니와 형과 만든 삼각관계의 외부에 있었고, 그의 어머니가 그를 거부한 것이 아니라 형에게 강렬하게 융합되어 있었다는 것을 알 수 있었다. 이런 새로운 관점은 어머니에 대한 그의 분노를 해소하는 데 도움이 되었다. S 씨의 경험은 체계론적/관계적 사고와 인과론적/개인심리적 사고 사이의 중요한 차이를 보여 준다. 어머니에 대한 그의 분노는 어머니가 형에게만큼 자신에게 관심을 기울이지 않았고 그것이 자기정서 문제의 중요한 원인이 된다는 편견과 관련이 있었다. 그렇게 느끼게 됨으로써 그는 그런 감정에 사로잡혀 인생을 살았고, 그것은 그가 자신을 향한 부인의 행동을 해석하는 방식에 영향을 미쳤다. 어머니가 자신보다는 형에게 더 융합되었고 그랬기 때문에 오히려 자신은 이득을 보았다는 생각이 삼각관계의 법칙에 대한 새로운 이해와 결합되자, 그는 자신의 분노가 삼각관계의 외부자 위치와 관련되었다는 것을 알게 되었다. 그가 말한 트라우마는 그 서운함의 감정을 기반으로 한 그의 상황 해석에서 기인하는 것이었고, 그는 이제 그것을 간단명료하게 볼 수 있게 되었다. 그는 새로운 사고방식을 얻게 되었고 그것은 그의 새로운 존재 방식을 가능하게 했다.

중요한 사건이 2015년 1월 초에 발생했다. 그는 전립선암 진단을 받았다. 그 소식은 그 자신뿐 아니라 그의 아내에게도 동일한 영향을 미쳤다. 그는 방사선, 방사선 삽입물, 그리고 항테스토스테론 치료에 대한 결정을 내려야 했다. 그는 자신이 얼마나 침착하게 그 소식을 받아들였는지에 대해 스스로도 놀랐다. 그는 살면서 받은 스트레스가 암으로 발전했다고 믿으면서, "불안이 온 세상을 돌아다니네."라고 농담을 했다. 한 친구가 그의 암 소식에 충격을 받았다고 말하자 S 씨는 "나는 예전 그대로야."라고 답을 했다.

2015년 2월에 진행된 회기에서 S 씨는 매우 흥미로운 것을 말했는데 나는 이것이 그가 암을 대하는 자세에 있어 놀라운 침착함을 가져다주었다고 생각했다. 바로 전 크리스마스 연휴 동안, 그의 큰아들 부부와 작은아들 커플이 집에 와 있었다. 그는 온 가족이 함께 있을 것으로 기대하고, 아들과 그들의 파트너뿐 아니라 아내도 참여하는 외출을 계획했다. 그는 아내와 이 부분에 대해 동의했다고 말했다. 계획된 외출 며칠 전에 그의 아내는 여동생으로부터 전화를 받았다. 여동생은 처가 가족이 아버지와 함께하는 중요한 행사를 계획했다고 말했다. 이 행사의 날짜가 S 씨가 계획했던 날과 겹치게 되었다. 아내는 S 씨에게 친정아버지와 처가 가족과 함께하는 그 행사에 참석해야 할 것 같다고 말했다. S 씨는 아내에게 엄청나게 화가 났다. 사실, 자신의 강렬한 감정에 그 자신도 두려움을 느낄 정도였다. 그는 그때까지 자기분노의 깊이를 깨닫지 못했다. 아내는 그가 계획했던 외출에 동의했었고, 아내가 한 행동에 대해 화를 낼 정당한 이유가 있긴 했지만, 그의 반응은 자신이 예상했던 것을 훨씬 뛰어넘었다.

S 씨는 다음 몇 주 동안 이것에 대해 생각하면서, 암 진단을 받는 중이기도 했던 그 시기에, 자신이 느꼈던 분노가 아내와 융합된 깊이 만큼이라고 결론지었다. "나는 아내에게 매우 화가 났고 마음이 쓰라렸어요. 무엇이 나에게 그렇게 할 권리를 주었을까요?" 그 융합으로 인해 그는 지금까지 아내가 자신이 원하는 것을 해야만 하는 사람인 것처럼 행동해 왔다. 아내는 별개의 개인이 아닌 그 자신의 연장선이었다. 그는 자신의 이런 모습에 소름이 끼쳤다. 그게 정말 터무니없는 생각인 것을 깨달았다. 자기 어머니와 형과 이룬 삼각관계에 대한 통찰이 그를 이런 생각에 이르도록 도와주었지만, 암 진단도 이런 생각에 이르는 데 중요한 역할을 했다고 생각했다. 그것은 그가 지금까지 살아온 방식을 바꿔야 한다는 것을 알리는 경종이었다. 그의 아내는 이미 그 대가를 치뤘고, 그는 대가를 치르는 중이었다. 그는 융합이 무엇인지 보았다. "내 분노의 핵심은 융합과 관련이 있다는 걸 압니다."라고 그는 말했다.

나는 그가 그런 말을 하게 된 것에 매료되었고 감명받았다. 나는 그가 거의 4년의 노력 끝에 마침내 체계론적 사고에 도달했다고 생각했다. 이 경험은 이후 몇 달에 걸쳐서 이루어진 체계론적 관찰을 예고하는 것이었다. 대부분의 경우가 부부간 상호작용에 관한 것들이었다. 나는 앞서 이것의 예를 든 바 있다. 그중 하나는 그가 자신의 집 부엌에서 아내와 이야기하고 있을 때 한 관찰이다. 그들은 어떤 주제에 대해 약간의 긴장된 토론을 하고 있었다. 갑자기 그는 아내 얼굴의 긴장된 표정에 자신의 표정과 목소리 톤이 반영되어 있으며, 자신의 표정과 목소리 톤은 다시 자신이 아내의 표정을 보면서 강화되고 있었다는 것을 깨달았다. 그 지점에서 그의 생각은 근본적으로 변화했는데, "당신은 나를 이해 못해."에서 "우리는 관점의 차이가 있을 뿐이야."로 옮겨 갔다. 그는 긴장을 풀었고 부부는 생산적인 교류를 하게 되었다. 그는 곧 관계 문제를 "'당신'이 아니라 '우리'의 문제!"라고 생각하게 되었다. 이러한 사고의 변화는 S 씨의 정서적인 변화를 반영하는 것이었다. 체계론적 관점과 호환적 상호작용에 대한 명확한 관점 덕분에 그의 정서는 아내에 대한 그의 태도와 분리되었다. 그는 계속해서 그간의 시간 동안 무언가 숨겨져 있는 것이 관계를 지배하고 있음을 깨달았다고 말했다. 그것은 정서체계와 결합된 주관적 태도였다.

그의 질병 관련 어려움은 여기서 끝나지 않았다. 2015년 6월, 그는 장에 발암성 종양이 있다는 진단을 받았다. 의사들은 종양이 오래되었을 가능성이 있고 그것이 장 증상의 원인일 수도 있다고 생각했다. 그는 아내가 자신을 위해 곁에 있다는 것을 알아차렸고 그것은 그에게 매우 위로가 되었다. 그는 나에게(그리고 자신에게) "융합하고자 하는 나의 요구도가 다른 사람들보다 더 큰가요?"라고 질문을 던졌다. 나는 대답했다. "그런 건 아닙니다. 융합은 우리 모두의 한 부분이죠." 자신의 질병, 장 장애, 암, 그리고 새로 발견된 종양을 생각해 볼 때, 그는 자신의 병이 3년 전 아내가 병원에 입원했을 때 시작되었거나 악화된 것이라고 결론 내렸다. 그는 "내가 암에 걸린 것은 우연만은 아닌 것 같아요."라고 덧붙였다. 그는 자신이 이러한 모든 도전에 잘 적응하고 있는 것에 대해 기뻐하였다.

이 모든 과정에서 그는 상담자로서의 내가 처음부터 막연하게 인식하고는 있었지만 나 자신이 충분히 알아내지 못한 또 다른 중요한 역동을 인식하도록 도와주었다. 2012년 봄 그는 아내의 질병에 자신이 중요한 역할을 했다고 결론 내렸다. "아내에게 내가 필요로 하는 사람이 되도록 만들기 위해 가하는 강한 압력과, 내 기대에 대한 아내의 매우 높은 민감성과 실망이 아내를 파괴했어요."라고 그는 말했다. 나는 이 과정에 내가 공모하고 있었음을 보게 되었다. 그가 아내를 변화시키려고 노력하는 동안 나는 그와 함께 있었고, 그 노력이 그녀에게 강한 영향을 미친다는 것을 알고 있었지만, 그 과정에서 그에게 '분화된 자기'에 대해 정의하지 못했다. 즉, 나는 다른 사람을 바꾸려고 노력하는 것이 자기분화가 아니라는 것을 가능한 한 명확하게 그에게 전달했어야 했다. 그에게 그러한 분화과정에 대하여 강력하게 제시했더라면 그 아내의 병을 예방할 수 있었을 것이라고 쉽게 말할 수는 없지만, 혹시나 그랬을 수도 있다.

그는 이제 자신은 아내에게 의료적 치료에 대한 아내 자신의 결정을 존중하고 있다고 덧붙였다. 자신이 그런 부분에서의 과대기능을 그만둔 이후로 아내가 자신을 더 잘 돌보고 있음도 관찰했다.

2015년 9월 즈음, 그의 질병들은 통제되고 있는 것처럼 보였다. 그는 "우리 결혼생활은 멋져요."라고 말했다. 나는 더 많이 함께하기 위해 파트너를 압박하거나, 관계에서 '분화된 자기'가 되려고 노력하는 것을 친밀감을 포기하거나 거리두기하는 것으로 흔히 인식하는 사람들에게 자기분화가 좀 더 이루어지면 정서적으로 좀 더 친밀감을 느끼게 되지만 사람들이 기대하는 그런 모습과는 다르다고 말해 준다. 나는 이것이 S 씨가 의미하는 '멋지다'는 뜻이라고 생각한다. 만약 그가 지금 부부관계에서 거리를 두는 쪽이라면 그의 아내는 추적하는 쪽이다. 그것은 큰 변화였다. 분명한 것은, 아내는 그가 그녀와 함께 있고 싶은 만큼 그와 함께하고 싶어 한다는 것이다.

그는 아마도 2년 전쯤 내가 그에게 한 말, "당신은 삶에서 당신의 행복을 위해 헌신한 두 여자, 아내와 어머니를 가질 수 있는 특권을 누렸습니다."에 대해 그것이 전적으로 사실임을 인정했다. 그는 현명하게도 낭만적 사랑은 높은 불안감으로 가득 차 있다는 것을 관찰할 줄 알았다. 보웬이론의 관점에서 정서적 융합의 강도는 관계를 불만족스럽게 만드는 만성불안을 발생시킨다. 그의 말이 맞는 것 같다. 이제 그들의 부부관계에서는 융합의 수준이 조금 낮춰졌다.

2016년 6월, 종양들은 모두 비활동성으로 보고되었다. 그는 의견 차이가 있음에도 불구하고 아내와 계속 연결될 수 있었다고 말했다. 그는 처가 가족에 대해 비판하는 마음이 훨씬 덜 느껴졌고, "처가 가족들이 연로한 아버지 말에 따르고자 하는 걸 내가 어쩌겠어요?"라고 말할 수 있게 되었다. 그는 내가 여기서 일일이 설명할 수 없는 훨씬 더 많은 개인적인 통찰력을 가지고 있었다. 그의 아내의 변화는, 그가 얼마간 집에 없을 때 그녀가 그를 그리워한다는 것과 그녀가 가끔씩 불안한 행동을 한 것에 대해 그에게 미안해하는 데서 알아챌 수 있었다. 그의 아들은 "아빠는 완전히 변했어요."라고 말했고 그 가족의 지인은 "당신 아내가 예전처럼 눈에 생기가 되살아났어요."라고 말했다. 그의 아내도 그에게 "당신은 예전처럼 행동하지 않아요."라고 말했다.

이 가상 사례에 등장한 사람들 같은 이들에게서 주목할 만한 점은 치료를 원하는 사람 자신이 가족 문제의 일부분일 수 있다는 가능성을 받아들이고 참여하는 그들의 강한 동기와

의지이다. 이것은 다른 사람들을 비난하는 내담자나 스스로를 비난하는 내담자 모두에게 해당된다. 체계론적 사고는 경비행기 조종사가 대기 상승을 하면서 시야가 넓어지는 것과 유사한 패러다임의 변화에 비유될 수 있다. 사람들은 감정적 장으로부터 벗어나 상승하여 새롭고 유리한 지점에서 볼 수 있게 된다. 이것은 사람들이 상황이 개선되는 것을 포기하지 않으면서 타인을 변화시키려는 노력으로부터 휴식을 취할 수 있게 해 준다. 또한 체계와 정서적으로 접촉을 하면서도 동시에 그 체계 밖에 머무를 수 있게 됨으로써 사고방식의 실질적인 변화가 가능해진다. 이것은 호모 사피엔스의 복잡한 사회적 세계를 바라보는 새로운 사고의 틀이다.

제18장

분화의 과정:
이론, 방법, 그리고 기법

나는 이 장에서 보웬이론에 기초한 가족치료 접근법이 1950년대 국립정신건강연구소 NIMH의 가족연구 프로젝트에서 시작된 이후 수년 동안 어떻게 변화해 왔는지를 간략히 검토하고자 한다. 가족을 치료하는 대부분의 접근법들은 이론, 방법, 그리고 기법을 포함한다. 생물학자 존 타일러 보너(John Tyler Bonner)는 "과학은 사물에 관한 것이다. 그것은 돌, 별, 원자, 그리고 살아 있는 존재에 관한 것이다. …… 그것은 사물의 관계에 관한 것이다. 과학은 질서에 관한 것이다. …… 이런 것들을 다루는 한 가지 방법은 이론, 법칙, 또는 원칙의 형태로 일반화하는 것이다."(1969, 서론)라고 말했다. 보웬이론은 사람들의 가족 내 상호작용을 관찰하여 발견된 기능적 사실fact로부터 파생되었다. 그 사실들로부터 정서적 힘에 대한 개념화가 이루어졌는데 그것은 연합성, 정서적 기능하기의 패턴, 삼각관계와 같은 것들이다. 이 이론은 가족치료에 사용되는 방법, 즉 분화과정을 촉진하는 방법의 기반이 된다. 이 방법을 적용하기 위해 많은 기법이 시간을 두고 개발되었다. 이 장에서는 그 기법을 살펴볼 것이다.

첫 번째 기법은 NIMH 가족집단치료family group therapy에서 개발되었다. 이 접근 방식은 가족 전체, 즉 부모 및 자녀와 함께 만나는 것이다. 가족원 중 한 사람이 '분화된 자기'로 기능하게 되면 건설적인 영향을 가져오는 것이 가족집단 회기 동안 자주 발견되었다. 하지만 그것이 자기분화를 촉진하기 위한 최선의 접근은 아니었다. 가족집단치료는 가족의 만성불안을 감소시키는 데 도움이 되어 기능적 분화 수준을 향상시킬 수는 있었지만 기본 분화 수준을 향상시키는 것은 별개의 문제였다. 문제는 온 가족이 치료에 참여하기 때문에 본연의 목표에서 벗어나 버리는 것이었다. 중요한 목표는 가족의 진보가 부모 중 한 명 또는 모두가 지도력을 발휘하는 것과 '분화된 자기'로 기능하는 능력을 발전시키는 것에 달려 있다는 것을 부모가 인식하도록 하는 것이다. 부모에게 초점을 두는 이유는 가족을 하나의 체계로 보고 만약 가족원 중 한 사람이 '분화된 자기'로 기능할 수 있게 되면, 다른 가족원들도 자신들의 기능을 끌어올릴 수 있을 것이라고 예측하기 때문이다. 자녀들도 가족집단치료 기간에 종종 중요한 역할을 하지만, 그들은 정서적으로 또 재정적으로 가족에게 너무 의존되어 있어서 지도력을 발휘하지 못한다. 그들에게 그것을 기대하는 것은 비현실적이다.

두 번째 기법은 부모와 증상이 있는 자녀를 포함하는 치료 회기이다. 이 접근법은 산만하지 않기 때문에 아이와 관련된 부모의 삼각관계에 초점을 두도록 하는 데 도움이 된다. 그러나 정신병적 수준의 가족과정이 있는 경우 감정 강도가 너무 세기 때문에 이 작업을 수행하는 것은 어렵다. 회기 중에 이런 정신병적 증상이 악화되는 일이 적지 않다. 많은 보웬 치료사는 청소년의 행동문제와 같이 긴장도가 상대적으로 낮은 문제를 가지고 이 기법을 시도했다. 그러나 세 명의 가족 구성원이 회기에 함께 앉아 있게 되면, 부모들은 가족치료의 결과로 청소년 자녀가 변화하기를 기다리며 뒤로 물러앉는 결과가 종종 초래되었다. 이 기법은 부모가 자신에 대한 작업을 하지 않도록 만드는 경향이 있다. 이 기법의 변형으로, 부모와 청소년을 따로 만나는 경우가 있는데, 이 경우에도 부모들은 치료사가 아이를 고쳐 주기를 바란다는 동일한 문제가 발생하는 경향이 있다. 이때는 부모에게 약간의 압력을 넣어 변화를 촉진하도록 해야 할 필요가 있다. 이 기법은 부모와 아이 모두의 불안을 감소시켜 기능적 분화 수준을 향상시키는 데 도움이 될 수 있다. 부모와 아이를 따로 만나는 것은 위기 상황에서 불안을 줄이는 데 유용한 단기 접근법이 될 수 있다.

1960년대에 보웬이론 학습자들이 사용한 가장 일반적인 기법은, 현재의 문제가 부부관계 문제이든 아이의 문제이든 관계없이, 부모가 함께 공동 회기에서 작업하는 것이었다. 치료사들의 질문은 부모가 그들의 관계에서 호환적 상호작용을 볼 수 있도록 돕는 것을 목표로 했고, 인과론적 사고보다는 체계론적 사고를 사용하는 것을 목표로 했다. 아내, 친정어머니, 그리고 남편이 포함된 삼각관계와 같이 그들의 관계에 영향을 주는 관계 너머의 요소들을 끌어내기 위한 노력도 있었다. 다양한 기법이 사용되었지만, 기본적인 목표는 부와 모가 두 사람의 관계에서 상대방에 대한 자신의 관계상의 역할을 다룸으로써 부모 각자의 자기분화 수준을 향상시키는 것이었다.

보웬이론을 활용하지 않는 가족치료사들은 부부 공동치료를 할 때에도 다른 이론과 방법에 기초한 기법을 사용하고 있다. 이때 부부는 보통 서로에게 직접 말하도록 권장된다. 목표는 각 배우자가 다른 배우자에게 생각과 감정에 대해 깊은 이야기를 하는 것이다. 이런 것은 종종 관계를 진정시키는 효과를 준다. 다만 고도로 복잡한 관계 문제는 예외인데, 이 경우 서로에게 직접 말하는 것이 일반적으로 갈등을 악화시킨다. 부부가 서로에게 직접 말하는 방식의 부부치료를 하는 많은 치료사는 자신의 감정을 인식하고 표현하는 것의 중요성을 강조하는 정신분석학적 사고로부터 그 영향을 받고 있다.

보웬이론가들은 자기분화 촉진이라는 목표를 가지고 기법을 사용한다는 점에서 다르다. 자기분화를 이해하지 못한 많은 치료사들은 보웬이론 접근법에 대해, 감정을 억제하도록 장려하는 이론이며 너무 지적이라고 생각했다. 부부를 다루는 데 있어 보웬이론 기법은, 강렬한 감정이 사실에 기반한 사고를 뒤덮어 버릴 수 있으며, 이것이 관계과정에 대한 정서적 객관성을 얻는 것을 방해하고, 호환적 상호성과 같은 패턴을 보는 것을 방해한다는 점에 기반하고 있다.

[그림 18-1]은 보웬이론 접근법과 여타 가족치료 접근법을 비교하고 있다. '그림 a'는 치료사가 부부에게 서로 직접 대화하도록 독려하는 것을 나타낸다. 남편은 아내에게 말을 하고(아내를 향한 직선 화살표로 표시), 아내는 남편의 말에 방어적으로 반응하는데 그것은 갈등선으로 표시되어 있다. 두 사람은 치료사 앞에서 그들을 치료에 오게 한 문제를 드러내는데, 서로에게 너무 감정반사적이어서 효과적으로 대화하기가 힘들다. 치료사는 그것을 관찰한 후 대개 그들의 상호작용의 문제를 말해 주게 된다. 보웬이론의 관점에서 이 감정반사 행동 과정은 정서적 융합의 일부이며, 융합 상태에서 사람들이 상호작용하면 '분화된 자기'가 된다는 것이 어떤 것인지 생각하기 어렵다. 다른 모델에 기초한 이 접근법과 보웬 모델

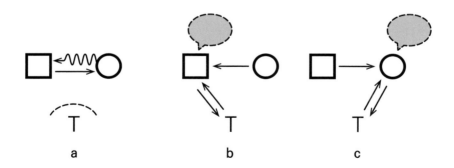

[그림 18-1] '그림 a'의 남편에서 아내로 가는 화살표는 남편이 아내에게 직접 말하는 것을 나타낸다. 아내에서 남편으로 가는 갈등선 화살표는 남편이 한 말에 대한 아내의 감정반사적인 대응을 나타낸다. '그림 b'에서 쌍방향 화살표는 남편과 대화하는 가족치료사를 나타낸다. 남편 위의 생각 주머니는 치료사가 한 질문에 대한 남편의 생각을 말한다. 아내에게서 남편으로 가는 화살표는 아내가 남편의 말을 감정반사 없이 듣고 있는 것을 나타낸다. 치료사와 남편 사이의 몇 분간의 사려 깊은 대화 후, 치료사는 아내와도 비슷한 유형의 교류를 시작한다. 이 기법의 목표는 내담자들이 정서과정에 대한 논의에 감정반사행동을 하기보다는, 정서과정에 대해 생각할 수 있게 하는 것이다.

간의 한 가지 공통 요소는 각 배우자가 상대방의 필요와 민감성을 더 잘 이해하고, 상대의 필요를 충족시키고 민감성을 존중하도록 개입을 통해 돕는다는 점이다.

부부치료에서 사용되는 이런 기법은 일부 장점이 있지만, 두 사람의 상호작용 방식으로 인해 만성불안이 증가되는 중요한 과정을 다루지 않고 있다. 불안은 각 배우자의 관심과 인정에 대한 욕구, 비난에 대한 민감성과 같은 것들을 더 강렬하게 만든다. 각 배우자의 욕구나 민감성은 처음에는 서로에게 매력적이었던 경우가 많다. 그러나 그것이 만성불안에 의해 강렬해지면서 문제가 될 만한 수준으로 발전한다. 전체가 부분의 합보다 커지게 된 것이다.

내가 언급한 보웬이론이 아닌 접근법은 한 명 혹은 쌍방 배우자가 특정 신경증이나 정신장애(예를 들면, 애착장애)를 가지고 있다고 생각하고 그 질환이 부부관계 문제의 원인이라고 본다. 그것은 근본적으로 관계 체계의 문제를 치료하는 데 개인심리적 사고를 활용하려는 것이다. 모델을 사용하는 치료사가 불안을 인식하지 못해서가 아니고 불안에 대한 관점이 다르기 때문이다. 그들은 불안을 충족되지 못한 욕구와 과도한 민감성으로 촉발된 상호작용으로부터 기인한다고 보지 않고, 충족되지 못한 욕구에서 기인한다고 보기 때문이다. 한 배우자의 어떤 특성이 부부문제의 원인이 아니다. 부부문제는 '분화된 자기'를 유지하는 데 똑같은 어려움이 있는 양쪽 배우자에 의해 공동창조되는 것이다.

[그림 18-1]의 '그림 b'와 '그림 c'에 보웬이론의 기법이 나타나 있다. b에서 치료사는 남편과 상호작용한다(두 사람 사이에 쌍방향으로 화살표가 있음). 그리고 남편은 치료사에게 반응한다. 치료사는 "김 선생님, 아내 표정이 지난번에 말씀하신 것처럼 그렇게 변하면 어떤 마음이 되세요? 한번 생각해 보세요."와 같은 질문을 할 수 있다. 남편 머리 위의 생각 주머니는 그가 치료사의 질문에 어떻게 대답할지 생각하면서 마음에 떠오르는 내용이다. 남편은 치료사의 질문에 대해 아내가 아닌 치료사에게 답을 하는데, 아내에서 남편으로 가는 직선 화살표는 그녀가 듣고 있으며 덜 방어적으로 반응한다는 것을 나타낸다. 남편이 아내에게 직접 말하지 않기 때문에 아내는 더 잘 들을 수 있고 적게 감정반사할 수 있다. 남편도 정서적 어려움이 있는 주제에 대해 중립적 입장인 치료사와 이야기를 나누기 때문에 덜 감정반사적이 된다. 이후 치료사는 아내 쪽으로 방향을 전환하여 같은 작업을 하게 되는데, 이것이 '그림 c'에 나타나 있다. 전체 회기를 양쪽 배우자 사이를 이런 식으로 왔다 갔다 하면서 진행할 수 있다.

양쪽 배우자가 덜 감정반사적으로 서로를 경청하게 되면 객관적 관점을 가질 수 있게 되고 상호작용의 호환적 패턴을 볼 수 있는 능력을 갖게 된다. 예를 들어, 남편은 아내의 표정이 저렇게 변했을 때 그것을 비난이라고 생각하고 입을 다물어 버린다고 말할 수 있다. 아내는 그가 중립적인 제3의 사람에게 하는 그런 말을 들으면서, 남편의 그 행동을 자신으로부터 거리두기하는 것으로 느끼고 자신에게 강렬한 감정이 일어난다는 것을 깨닫게 된다. 그리고 그런 쌍방의 감정반사행동이 호환적으로 서로에게 영향을 미친다는 것을 알게 된다. 이렇게 되면 상대의 잘못에 초점을 맞추기보다는 각자 자신의 감정반사행동을 관리해야겠다는 생각에 이르게 된다. 자신의 감정반사행동에 책임성을 가지고 좀 더 잘 대처할 수 있도록 하는 것이 '분화된 자기'가 되는 중요한 부분이다.

보웬은 커플 가족치료에서 사용된 보웬이론의 기법을 좀 더 정교화해서 1967년에서 1976년 사이 버지니아 의대의 임상 교육 콘퍼런스에서 발표했다. 대부분 정신건강 전문가들인 그 콘퍼런스 참석자들은 매달 대형 회의실에 모여 보웬이 커플을 면담하는 것을 폐쇄회로 텔레비전을 통해 지켜보았다. 그 회기는 그 커플과 원래 진행해 오던 회기 중의 한 회기였다. 콘퍼런스의 처음 몇 년 동안 그 커플은 면담이 끝나면 자리를 떴고 보웬은 회의실로 가서 면담에 대해 논의한 후 질문에 답변했다.

이런 방식을 몇 년 한 후 보웬은 그 커플에게 화상 중계와 녹화가 이루어지는 공개 회기를 마치면 회의실에서의 논의의 장에 나와 달라고 요청했다. 그래서 그 커플은 참석자들이 그들의 면담에 대해 논의하는 것을 들을 수 있었고, 커플 중 누구라도 원하면 토론에 참여할 수 있도록 했다. 이런 방식으로 했을 때 나타난 놀라운 결과는 이 방식이 의사-환자의 장벽을 무너뜨리고, 치료사는 정상이고 내담자는 그렇지 않다는 생각을 깨뜨렸다는 것이었다.

그러나 이런 새로운 형식으로 인한 문제가 곧 나타났다. 많은 콘퍼런스 참가자들이 면담에서 나온 이야기에 대해 커플 쌍방 중 한쪽 편을 드는 형태의 강한 감정반사를 나타냈다. 그 가족의 정서과정에 융합된 참석자 몇몇은 콘퍼런스 중에 의견을 냈으며, 자신이 직접 커플을 상대해 보고자 했다. 이것은 보웬의 면담 방식과는 대조가 되었다. 보웬은 부부문제에 대한 양쪽 입장을 다 살피면서 해석과 중립적 입장에서 반응을 하고 질문을 하면서 커플과 탈삼각화 상태를 유지하고 있었다. 다른 커플들과 마찬가지로 이 커플도 청중들의 편향이나 열정적인 반응으로부터 영향을 많이 받을 수밖에 없는 상태였다. 만일 당신이 누군가와 긴장된 관계에 있고 제3자가 당신 편을 든다면 그 때문에 대담해지기가 쉽다. 물론 이것은 커플의 치료적 진전에 악영향을 미치는 것이다.

[그림 18-2]는 보웬이 콘퍼런스에서 그 과정을 어떻게 다루기로 했는지를 보여 준다. 이 그림은 콘퍼런스가 열리고 있는 회의실이다. ×는 50~60명의 청중이다. 보웬이 면담한 커

플(사각형과 원)은 청중들과 함께 앉아 있다. 보웬(MB)은 회의실 정면에 앉아 있다. 왼쪽 그림은 보웬이 즉각적으로 파악한 당시의 문제를 나타낸다. 특정 청중에서 커플을 향해 있는 화살표는 커플에게 직접 질문을 던지는 사람을 나타낸다. 이때 그 커플은 질문자를 쳐다보게 된다. 이때 해당 청중과 커플 사이에는 감정반사반응을 유발할 수도 있는 시청각적 교류가 일어나게 된다. 도형 안의 어두운 색은 치료면담에 대해 무슨 이유에서건 감정반사적으로 된 특정 청중으로부터의 질문에 대한 커플의 감정반사반응을 나타낸다. 이 감정반사반응이 꼭 겉으로 표현되는 것은 아니다.

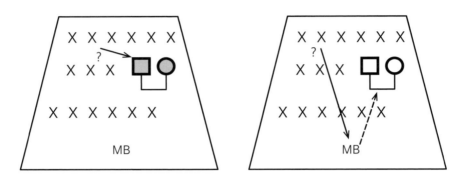

[그림18-2] 이 그림은 처음에는 커플과의 가족치료에서 사용되었던 기법이 어떤 방식으로 콘퍼런스의 정서과정을 관리하는 데 확장되고 있는지를 보여 준다. MB는 앞에서 콘퍼런스를 이끌고 있는 치료사이다. 바로 옆의 방송 스튜디오에서 방금 그 치료사와의 면담을 마친 커플은 극장식으로 된 회의실의 오른쪽 뒤편에 앉아 있다. 청중들은 회의실에 앉아 실시간 폐쇄회로 TV로 면담을 지켜보았다. 청중 중의 한 사람에게서 나오는 화살표와 물음표는 그 청중이 커플에게 직접 질문하는 것을 나타낸다. 이때 커플은 질문자를 향해 몸을 돌려 정면으로 쳐다보게 된다. 커플을 나타내는 기호 안의 어두운 색은 정서적으로 격앙된 질문에 대한 감정반사반응을 나타낸다. 오른쪽 그림은 콘퍼런스 리더가 이런 종류의 감정반사반응을 어떻게 가라앉히고 있는지를 보여 준다. 오른쪽 그림에서 질문자의 화살표는 콘퍼런스 리더에게로 향해 있고 그는 커플이 아니라 리더에게 질문을 던진다. 그러면 리더는 커플이 그 질문에 답할지 여부를 결정하도록 기회를 준다.

　보웬이 문제를 다루는 방식이 오른쪽 그림에 나타나 있다. 보웬은 청중들에게 질문이나 의견 제시를 자신에게 직접 하라고 요청한다. 그러고 나서 보웬은 커플에게 그 질문에 답할지 말지 결정하라고 말해 준다. 보웬은 지나치게 감정적으로 격앙된 편들기식의 질문에 대해서는 질문자에게 직접 응답해 준다. 보웬은 더 사려 깊은 질문을 커플에게 전달하면서 그들이 질문에 답할지를 선택하도록 한다. 커플도 질문한 청중이 아닌 보웬과 직접 소통한다.

어떤 청중은 커플에게 매우 감정반사적이 되어 휴식 시간이나 점심 시간에 면담 내용에 대해 그들에게 직접 의견을 제시함으로써 정서적 경계를 침범하기 일쑤였다. 보웬은 그런 행동이 이 가족에게 얼마나 해가 되는지를 거듭 강조하였는데, 특히 부부문제에서 청중들이 편을 드는 것이 그러하다고 했다. 청중들은 자신의 감정을 잘 견제하도록 해야 하며 그것으로 커플을 괴롭히지 않아야 한다는 것에 대해 여러 번 주의를 들었다. 이 말은 청중들이 이 커플과 이야기를 하면 절대로 안 된다는 말이 아니다. 콘퍼런스의 토론과정에서 이론을 이해하고 사려 깊게 해 주는 질문을 던지는 경향이 있는 청중들은 정서적 경계를 잘 지켰다. 나는 그 콘퍼런스에 여러 번 참석하면서, 콘퍼런스 자체에도 정서과정이 있으며, 그러한 접근법이 효과적이라면 그런 식으로 콘퍼런스의 정서과정이 관리되어야 함을 인식하게 되어 감사했다.

버지니아 의대의 프로젝트에 대한 논의를 마치기 전에, 그 프로젝트로부터 얻게 된 또 하나의 수확에 대해 언급하겠다. 그것은 특정 시점에 한 개인이 자신의 사고와 태도에서 감정반사행동의 영향을 인식하는 것이 얼마나 어려운지에 대해 보웬이론이 인정하고 있다는 점이었다. 4~5년에 걸친 프로젝트가 끝난 후 보웬은 면담 후 최소 6개월이 지난 시점에 그 커플에게 회기가 녹화된 비디오 테이프를 시청해 보도록 권했다. 이때 이 커플은 예전의 회기들을 처음으로 보게 되었다. 그들은 이것을 매달 1회씩 진행되는 새로운 녹화 회기들 사이 시점에 시청하였는데 그 자리에는 보웬과 몇몇 동료 치료사들도 함께했다. 이 방식은 당시 대부분의 치료사들이 자신의 상담실에서 녹화를 하고 가족들과 '즉시 재생'해 보면서 문제가 있는 상호작용을 언급해 주던 방식과는 다른 것이었다. 보웬은 그들이 녹화 몇 달 후에 테이프를 보는 것이 도움이 될 것이라고 생각했다. 이런 방식의 근저에는 그 가족이 시간이 지나면서 정서적으로 다른 상태에 있게 되면 녹화내용을 보다 객관성을 가지고 볼 수 있을 거라는 생각이 깔려 있었다. 시간이 지난 녹화영상을 본 커플은 녹화 당시 자신들이 얼마나 감정적 반응을 했는지 볼 수 있게 되면서 많은 것을 배울 수 있었다. 당연히 이러한 점은 더 많이 리뷰되었던 회기에서가 그렇지 못했던 경우보다 더욱 확실했다. '시차를 둔 녹화 재생' 방법은 즉시 재생 방법보다 가족들이 자신의 감정반사를 인식하는 데 더 유용한 방법임이 증명되었다.

수년 전에 머레이 보웬은 자신이 한 가족과 진행했던 면담의 녹화영상을 보여 주었다. 영상 시청 후의 논의 시간에 청중들은 이런 말을 했다. "저 면담은 치료가 아니고 잘 준비된 두 사람 사이에서 벌어지는 사려 깊은 대화네요!" 이 말은 내가 제시하려고 하는 보웬이론에 기반한 기법과 다른 이론에 기반한 기법 간의 차이를 잘 보여 준다. 보웬이론을 길잡이 삼는 치료사는 가족을 교정하기 위해 말이나 행동으로 개입하려 하지 않고, 치료사가 지금까지 기술한 방식으로 가족원과 관계를 맺으려고 노력하면서, 가족 스스로 교정할 것이 무엇이며 어떻게 교정해야 하는지를 알아내도록 한다. 치료사가 정서적으로 중립적이고, 가족의 정서과정 외부에서 가족과 좋은 접촉을 유지하면서 질문을 하고 그것을 반영한 의견을 내게 되면, 가족은 거기에 맞추어 공감적이고 유용한 방식으로 자신들의 이야기를 할 것이다. 내담자들은 어떻게 변하라고 지도받을 필요가 없다. 오히려 그들은 변화시켜야 할 걸림돌이 무엇인지를 알고 그것에 대해 성찰할 수 있어야 한다. 이것은 한 인간이 '분화된 자기'로 존재하는 능력이 증진되는 과정의 일부이다.

나는 '시차를 둔 녹화 재생'을 통해 나의 발전 과정의 주요 장애물 중 하나를 볼 수 있었던 개인적 경험이 있다. 나의 아내는 버지니아 의대MCV에서 보웬에게 우리 부부를 면담하고 녹화해 달라고 요청한 바 있다. 당시 우리는 보웬이론을 몇 년간 공부하고 있었다. 아마 아내는 그 녹화를 통해 우리 부부의 진전 상황을 볼 수 있을 것이라고 생각한 것 같다. MCV 콘퍼런스 청중들은 그 회기를 시청하고 늘 하듯이 토론을 이어 갔다. 토론 이후 점심을 먹으러 가는 길에 워싱턴 D.C. 소재 가족센터Family Center에서 온 동료 한 명이 내 팔을 슬쩍 치면서, 우리 부부의 긴장 상태에 대해 아내에게 책임이 있다는 식으로, 자신이 내 편임을 알리는 듯했다. 그녀의 그런 행동과 표정은 그녀가 나에게 동정심을 가지고 있는 것으로 해석되었다. 나는 정서과정이 얼마나 교활할 수 있는지 깨달았다. 다행히도 나는 당시 보웬이론과 더불어 겪은 개인적 경험이 충분했기 때문에 누군가가 부부문제에서 편을 든다는 것이 우리에게 아무 도움이 되지 않는다는 것을 잘 알았다. 누군가가 당신의 관점을 지지할 때 우리는 자신이 옳다는 생각을 너무 쉽게 강화하게 된다.

더 중요한 것은, 나는 그 테이프를 1년 동안 보지 않고 있었는데, 마침내 그것을 보게 되었을 때 녹화된 나의 말을 들으면서 이런 생각을 했다. "저 사람 왜 저렇게 진지하지 못하지?" 그 경험을 통해 나의 정서적인 면이 나의 행동과 말에 어떤 영향을 주는지를 깨닫게 되면서 나는 겸손해졌다. 그 테이프에서 나는 잘 보이려고 애를 쓰고 있었다. 면담 직후에 그 테이프를 보았다면 나는 그런 깨달음을 얻지 못했을 것이다. 이전에도 언급한 바와 같이 내가 얼마나 미분화되어 있는지를 헤아려 보는 것도 분화과정의 한 부분이다.

1960년대 중반, 보웬은 한 가족을 여러 가족으로 이루어진 집단 안에서 치료하는 기법을 사용하기 시작했다(Bowen, 1971). 그는 이것을 다중가족치료multiple family therapy라고 불렀다. 앞에서 이미 소개한 기법들이 다중가족에게로 적용되었다. 보웬이론 기법에서는 3~4가족을 집단으로 만나지만 가족 간의 상호작용은 최소화한다. 이 상황에서 참여 커플들의 남편과 아내들은 다른 커플의 문제에 대해 감정반사반응을 하는 일이 늘 발생한다. 이 기법은 참여 커플들이 다른 커플들과 직접 상호작용하도록 하는 집단치료 모델이 아니다. 이 기법은 각 커플마다 한 커플씩 개별적으로 개입하는데, 예를 들면 커플당 각각 30분 정도씩 하는 방식으로 시행된다. 이렇게 하는 이유는 각 커플이 다른 커플들이 하는 이야기를 듣고, 치료사가 각 커플과 상호작용하는 것을 관찰하는 기회를 가지도록 하려는 것이다. 그것이 자기 가족의 정서과정에 대한 참여자들의 이해를 보다 빠르게 할 것이라고 생각하기 때문이다. 커플들 간의 상호작용은 제한되는데, 한 커플의 정서 상태가 집단 안의 다른 커플에게 전염되거나 전체 커플 모두에게 문제가 되는 것을 막기 위해서이다. 이것은 MCV 프로젝트에서 청중과 커플 사이의 교류에 적용되었던 것과 같은 이치이다.

다중가족치료는 핵가족의 자기분화를 촉진하는 과정에 뭔가를 추가한 것같이 보인다. 하지만 다중가족의 회기 시간 배분을 조정하는 데 드는 노력 때문에 보웬이론가들이 이 기법을 점차 덜 쓰게 되었다. 이 기법 자체는 안정적인 접근법으로 여전히 남아 있다.

또 다른 기법은 한 명의 내담자와 가족치료를 하는 것이다. 이 기법은 보웬이론 기반 가족치료 실천에서 상당히 초반부터 등장했고 시간이 흐르면서 상당한 변화가 있었던 기법이다. 제17장에서 제시한 임상 사례는 이 과정을 잘 보여 준다. 이 사례에서 상당수의 회기는 남편과만 진행되었다. 자기 가족 안에서 자기분화를 잘 이루어 낸 치료사는 한 사람과 가족치료를 할 때 부딪히는 주요 어려움을 잘 극복해 낼 수 있다. 그 어려움이란 한 사람의 이야기만을 들으면서 전체 관계 체계의 관점에서 생각하는 것을 말한다.

내 임상 경험을 통해 보더라도, 한 사람의 이야기만을 들으면서 전체 가족과정에 대해 객관성을 견지하는 것은 매우 어려운 일이다. 한쪽 배우자를 한 번 따로 만난 후에 다른 쪽 배우자가 치료에 합류하거나 혹은 혼자 오거나 하면, 가족의 정서과정에 대해 약간 다른 관점을 얻게 되는 경우가 대부분이다. 이 말은 내가 한 사람의 말을 들으며 가족과정에 대한 적절한 그림을 그려 내지 못하고 있었음을 의미한다. 관점의 변화가 극적인 경우는 흔치 않았지만, 나는 한 사람만 보면서 더 큰 체계과정을 사정하는 능력이 시간이 지남에 따라 나아졌다. 이론을 자신의 삶에 적용해 봄으로써 이론에 대해 사고하는 능력이 좋아질수록, 한 명의 가족원을 다루면서도 체계론적 관점을 유지하는 것을 더 잘하게 된다. 물론 이것은 한 사람을 원가족으로부터 분화하도록 코칭하는 데 결정적으로 중요하다. 코칭은 자기분화를 높이기 위해 가장 최근에 개발된 기법이다.

한 명과 가족치료를 할 때 생기는 또 다른 어려움은 그 사람이 당신을 자기 편이라 생각하면서 치료에 오고, 그 생각으로 인해 잘못된 힘을 얻거나 유사-자기를 형성할 가능성이 있다는 것이다. 정신분석이나 다른 여러 개인심리치료에서 내담자의 배우자들은 자신의 배우자와 치료사 사이에서 외부인이 되는 느낌을 받는다. 자신들이 내담자의 옹호자가 되어야 한다고 생각하는 개인치료 치료사들이 이런 문제에 자주 봉착한다. 보웬이론에서는 치료사가 한 사람과만 작업할지라도, 만일 그가 체계론적 사고에 능숙하다면, 그들은 가족의 옹호자가 될 것이다. 감정적 차원에서 사람들은 치료사가 자기 편이 되어 주기를 원하는 것이 분명하다. 그러나 대부분의 내담자들은 치료사가 내담자 자신과 그 가족에 대해 객관적일 수 있어야 도움이 될 것이라는 생각을 어느 정도는 한다.

나는 이미 나의 원가족 안에서의 자기분화에 대해, 그리고 그 과정에서 코치의 역할에 대해 상세하게 논의하였다. 코칭은 아마도 지금까지의 기법 중 가장 혁신적인 것이 아닐까 싶다. 코치가 자신과 같은 작업을 하는 다른 사람을 잘 돕기 위해서는 반드시 자신의 가족에서 그 과정을 걸어 본 경험자여야 한다는 점이 중요하다. 지난 수십 년간 숙련된 보웬이론가들의 여러 임상 경험들은 분화과정을 더욱 잘 이해하는 데 도움이 되었다. 분화과정에 대해 내가 깨달은 가장 중요한 것은 그 과정을 다 밟아 나간 사람은 이론들을 혼합해서 사용하지 않는다는 것이다. 그들은 수고 끝에 얻게 된 확고한 신념을 가지고 있으므로 매우 불안한 상황에서도 오락가락하지 않을 수 있다. 오락가락한다는 것은 개인심리적이고 인과론적인 설명과 접근법을 체계론적 설명이나 접근과 혼합하는 것을 말한다.

그러면 이런 질문을 할 수 있다. 신념과 폐쇄적인 독단과의 차이가 무엇일까? 우리는 신념을 가지면서 동시에 개방적 마음을 가지고 보웬이론의 정확성에 도전하는 새로운 정보에 민감하게 귀를 기울이고 있을 수 있다. 보웬이론은 아직 미완성이다. 보웬이 보웬이론가들에게 자주 하는 말이 있는데, 이론은 개인적 의견에 의해서가 아니라 사실에 근거해서만 변화될 수 있다는 말이다. 이것이 인간 행동과학을 향해 계속 나아가게 하는 힘이다.

자기분화는 아마 보웬이론이 인류에게 제공한 가장 중요한 개념이 아닐까 한다. 자기분화를 반反직관적이라고 보는 사람이 많은데 나도 그것에 동의한다. 뇌에서 감정체계는 인지과정을 돕지만, '분화된 자기'가 된다는 것이 어떤 모습인지를 분별하고 그것을 행동으로 옮기는 데 있어 감정체계가 주요 장애물이 된다는 것은 역설적인 것 같다.

자기분화는 가족으로부터 사회적 차원까지 모든 인간관계 체계에서 중요하다. 그러나 임상에서 관찰되는 바는, 일단 자기 가족 안에서 분화가 이루어져야 직장이나 사회체계와 같은 가족 밖의 관계 체계에서 그것을 효과적으로 적용할 수 있게 된다는 점이다. 내 생각에 그 이유는, 자기분화를 하려면 열심히 끈질기게 그것을 위해 노력하고자 하는 상당한 동기가 필요하기 때문인 것 같다. 사람들은 가족이 아닌 관계에서보다 가족 안에서의 관계를 개선하는 것에 대해 동기가 높다.

　가족치료는 치료실에 몇 명의 가족원이 참여하는가에 의해 정의되는 것이 아닌, 사고하는 방법에 의해 정의된다. 만일 치료사가 체계론적 사고를 사용한다면 그들은 가족치료를 하는 것이다. 내가 이 장에서 보웬이론과 자기분화를 중심으로 설명한 모든 기법은 다 장점이 있다. 한 명의 내담자와 하는 가족치료는 나의 원가족에서의 자기분화의 경험 이래로 더욱 자주 활용되고 있다. 이 말은 이 기법이 모든 치료사가 쓸 수 있는 것이 아니라는 뜻이다. 보웬치료에 대한 가장 큰 오해는 시간이 오래 걸린다는 것이다. 만일 치료사가 가족 정서과정의 외부에서 가족체계와 접촉한다는 것이 무슨 뜻인지를 이해하고 있다면, 이 치료는 단기 위기 개입에서도 매우 효과적인 접근이다. 만일 치료사가 핵가족과 확대가족 안에서의 자기분화를 위해 장기간의 노력을 기울이려고 하는 누군가를 만날 경우에는 물론 긴 시간이 걸릴 것이다. 이 이론의 주요 혁신은 여러 다른 상황에서 여러 다양한 형태로 적용 가능한 인간 행동에 대한 새 이론을 제공했다는 데 있다.『월간 대서양(The Atlantic Monthly)』(1988년 9월호, pp. 35-58)은 머레이 보웬과 내가 공저한『가족평가(Family Evaluation)』를 발췌하여 실었다. 그 편집자는 왜 그 책을 발췌할 만한 가치가 있다고 생각했는지에 대해 이렇게 말했다. "자기분화 개념은 프로이트 이후 나타난 혁신적 개념으로 보인다."

　이 책에서 분화과정에 대한 이 부분을 마무리하기 전에 하나 주의할 것이 있다. 논문이나 강의는 사람들에게 체계론적 사고와 보웬이론 개념에 대한 지식을 제공하지만, 그것만으로는 그 개념들을 삶에서 활용하는 데에 충분치 않다. 내담자 가족의 보이지 않는 삶을 보는 것은 내가 제2부에서 분화과정에 대해 설명한 것과 같은 개인적 경험을 필요로 한다. 이 길을 자신의 가족 안에서 걸어갔었던 코치의 도움을 받을 때 이 노력은 훨씬 수월해진다. 이 때의 과업은, 예를 들어 "저 사람이 어떻게 당신을 이렇게 대할 수가 있어!"와 같은 말에 대해, 그 내용으로부터 과정을 구분해 내기 위해 관계의 호환성이나 삼각관계와 같은 체계론적 사고를 사용하는 것이다. 이론에 대해 읽고 강의를 듣는 것이 중요하지 않다고 말하는 것이 아니다. 많은 사람이 그것을 통해 보웬이론을 배웠고 그것을 자신의 개인적 삶보다는 정서적으로 덜 강렬한 장면, 예를 들면 직장이나 사회집단 같은 곳에서 유용하게 활용하였다. 이론에 대하여 읽고 강의를 듣는 것은 사람들에게 그 이론에 대해 더 알고 싶은 동기를 부여할 수 있다. 그리고 보웬이론을 장기적으로 학습하는 사람들에게는 이론에 대한 자신의 생각을 좀 더 명료화하는 데 도움을 줄 수 있고, 적게는 인과론적 사고의 세상에서 체계론적 사고에 접촉하는 기회가 될 수도 있을 것이다.

제3부

세간의 주목을 받는 사례와
보웬이론의 적용

인간으로서 끔찍하고 화가 나는 일은 한 인간에게 선함과 부드러움도 있고 그와 함께 생명 경시와 극도의 타락성도 공존하고 있다는 것이며 그것도 끔찍할 정도로 매우 가깝게 자리 잡고 있다는 점이다. ……

선한 하나님이여, 이런 일이 어떻게 일어날 수 있다는 말인가요. 살인자들이 우리와 전혀 다른 종이었더라면, 그들이 우리처럼 말하고 관계 맺고 이해하는 행동을 할 수 없는 짐승들이었더라면, 그들이 사랑할 줄도 모르는 존재였더라면—그러면 우리 마음이 훨씬 더 편했을 텐데. 그렇지가 않다니요. 우리처럼 결점도 있고 선하기도 하며 연약하기도 하며 용기 있는 행동을 할 수도 있고 끔찍한 실수를 할 수도 있는 우리와 똑같은 인간이라니요.

– 데이브 이거스(Dave Eagers), 노만 메일러(Norman Mailer)의
『사형집행인의 노래(The Executioner's Song)』서문에서

나는 제3부를 인간의 본성에 최선과 최악이 공존하는 것과 서로 조화를 이루지 못하는 이 인간 본성의 극단적인 모순에 대하여 언급하는 것으로 시작하였는데, 이는 앞으로 제시될 사례들과 관련이 있다. 네 사례 중 세 사례는 살인과 관련 있는 사례들이다. 유나바머Unabomber로 알려진 테드 카진스키, 샌디훅(Sandy Hook) 총격사건의 아담 란자, 그리고 유타주에서 두 명의 남자를 아무런 이유 없이 살해하고 1977년에 사형집행이 된 개리 길모어(Gary Gilmore), 이 세 사람이다. 네 번째 사례는 『뷰티풀 마인드(A Beautiful Mind)』(Nasar, 1998)라는 책의 주인공이었던 존 내쉬(John Nash)로서 2001년에 같은 제목으로 영화화된 적이 있다. 내쉬는 천재적인 수학자였고 범죄를 저지르지는 않았지만 수십 년 동안 제대로 일을 할 수 없을 정도로 조현병 증상을 가지고 있다가 놀랄 만하게 완전히 회복된 사람이다. 그가 약물치료 또는 정신치료가 없이 이룬 성과는 사람들의 주목을 받았다.

한 사람이 아무런 의미 없이 다른 사람에게 심각하게 해를 끼치는 비극적 사건들이 뉴스에 등장하지 않는 날이 거의 없다. 사람이 왜 그렇게 극악무도한 행동을 하는지에 대한 의문이 우리를 혼란스럽게 한다. 그런 경우 흔히 아동기 트라우마를 경험했거나 심각한 정신질환을 가지고 있다든지 '나쁜 피를 타고 나서' 그럴 것이라고 생각하기도 하고 최근에는 테러리즘 탓을 하기도 한다. 사람들은 가해자의 가족배경이 상대적으로 정상적으로 보이는 것에 특별히 혼란스러워한다. 이러한 것에 대한 의문은 유전이냐 환경이냐의 논쟁을 불러일으킨다.

내가 제3부에서 이러한 사례들을 다룰 수 있는 것은 상세하게 연구된 책이나 기사들을 통해 그들에 대한 정보를 자유롭게 접할 수 있어서 그들 문제에 연루된 사람들의 정서적 기능에 대한 합리적인 결론을 이끌어 낼 수 있었기 때문이다. 그리고 보웬이론의 렌즈를 통하여 이 사례들을 보았을 때 이제까지 일어난 사실들에 이 이론이 잘 적용되었기 때문이다. 각각의 과정이 매우 복잡성을 띄고 있어서 이론이 전적으로 완벽하게 설명하지는 못하지만, 이 이론을 통하여 보면 가족의 알려지지 않은 삶과 그것이 가족원들에게 끼친 영향에 대하여 많은 부분을 조망해 볼 수 있게 해 준다. 기자들이 쓴 기사에 이런 숨겨진 과정에 대하여 서술되어 있기는 하지만 개념적 틀이 부족함으로 인해 그 중요성을 밝히는 데 한계가 있었다.

제3부를 쓰는 또 다른 목적은 정신과적 낙인을 최소화할 것을 강조하기 위함이다. 그들에게 나타난 증상을 범주화하는 사람들은 그들의 행동과 전 생애의 기능에 현재와 과거에 걸쳐 복합적으로 영향력을 끼치는 힘에 대하여서는 거의 말해 주지 못하고 있다.

제19장

유나바머[1] 가족

미연방수사국FBI이 시어도어 존 카진스키를 연쇄 폭탄테러 범죄로 체포한 지 두 달 후 『워싱턴 포스트(Washington Post)』에 실린 유나바머와 그의 가족이라는 장문의 기사는 나의 흥미를 끌었다(Kovaleski, 1996). (미연방수사국은 수년에 걸쳐 폭탄테러를 한 이 가해자의 이름을 '유나바머'라고 이름 붙였는데, 테러의 표적이 된 희생자들 모두 대학이나 항공사와 관련된 사람들이기 때문이었다). 그 기사에는 그의 가족관계에 대한 중요한 내용이 자세히 소개되어 있었는데, 그 내용은 보웬이론과 일치하는 가족 상호작용에 대한 중요한 기록이었고 흔히 정상적이라고 볼 수 있는 가족에서 매우 역기능적인 자녀들이 나타나는 것에 관한 것이었다.

나는 신문기사와 그 외 다른 출판물을 참고하여 어느 전문가 회의에서 그의 가족에 대한 발표를 한 적이 있다. 유나바머의 고향인 시카고에서도 한 번 발표를 한 적이 있는데 그 일을 계기로 그의 어머니 완다와 남동생 데이비드, 그리고 데이비드의 아내 린다를 만날 기회가 있었다. 그 만남은 1997년 9월 어느 주말에 이루어졌다. 나는 테드 카진스키를 직접 만날 기회는 없었지만 그가 수감된 이후에 몇 차례 서신을 주고받은 적이 있다. 우리가 주고받은 편지에는 가족생활에 대한 그의 생각이 포함되어 있고 그가 설명한 가족 패턴에 대하여 보웬이론을 적용한 나의 생각이 포함되어 있다.

테드 카진스키는 그가 체포되기 여러 해 전부터 체포된 이후까지도 가족을 만나는 것을 거부했다. 그의 혐의점이 드러났을 때 당연히 테드의 가족은 충격을 받았다. 1995년 초가을에 『워싱턴 포스트』와 『뉴욕 타임스』에 유나바머 성명서Unabomber Manifesto가 실리기 전까지 그의 가족 중 어느 누구도 테드가 폭탄테러와 관련이 있을 것이라고 생각하지 않았다. 데이비드의 아내인 린다는 그 성명서를 읽고 전체적인 주제와 문장 형식이 테드가 이전

---

1) 역주: 1978년 5월부터 1995년 4월까지 16건의 우편물폭발사건을 일으켜 세 명을 사망하게 하고 스물세 명에게 부상을 입힌 연쇄 폭탄테러범에게 미연방수사국에서 사용한 호칭이다.

에 가족들에게 썼던 편지 내용과 같다는 확신이 들어서 남편에게 그 성명서를 읽어 보도록 했다. 데이비드는 린다와 그의 어머니의 동의를 받아 미연방수사국에 그들의 의혹에 대하여 알렸다. 이것은 가족들에게는 어려운 결정이었는데 왜냐하면 비록 테드의 사춘기 이후로 테드와의 관계에 높은 수준의 긴장 상태가 계속되었고 테드의 고집 때문에 최근까지도 상당한 거리두기가 지속되었다고는 해도 가족에게는 그가 사랑하는 가족원이었기 때문이었다.

테드는 1978년부터 1995년 사이에 표적으로 삼은 희생자들에게 우편물로 폭발물 장치를 만들어서 보냈다. 그로 인해 세 명이 죽고 스물세 명이 부상을 당했다. 나는 무엇이 그로 하여금 그런 행동을 하게 했는지 알고 싶었고, 그리고 그런 엄청난 결과를 가져오는 데 가족관계(다세대 가족을 포함하여)가 아무도 모르는 사이에 어떤 역할을 했는지를 보웬이론을 통하여 설명할 수 있을지 알고 싶었다. 보웬이론은 나에게 나의 형의 심각한 역기능이 겉으로 보기에 정상적으로 보이는 가족에서 나타날 수도 있다는 것을 이해할 수 있게 해 주었다. 그리고 나는 이 이론이 테드의 범죄행동에 대해서도 똑같이 적용될 수 있을 것이라고 생각했다. 전에도 강조했듯이 가족의 정서과정은 문제의 직접적인 원인이 되지는 않더라도 엄

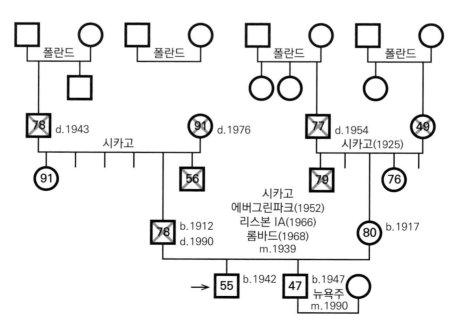

[그림 19-1] 유나바머 체포 당시 카진스키-돔벡 가족의 가족도형. 아랫부분의 화살표는 테드 카진스키를 가리킨다.

청난 결과를 가져올 수도 있는 취약성을 심화시키는 데 중요한 역할을 한다.

테드가 체포된 후로 가족들은 오로지 그가 사형선고를 받을까 봐 걱정하였다. 그들은 테드에게 정신적인 문제가 있다고 하면 테드의 행동에 대한 책임이 경감될 수 있을 것이라고 기대했다. 미연방수사국이 수집한 방대한 분량의 증거물로 인해 그의 유죄가 확실해졌을 때 가족들은 테드가 잘해야 무기징역을 선고받을 것이라는 것을 알았다.

[그림 19-1]에 제시된 가족도형이 충분하지는 않지만 여기에서부터 그의 가족 이야기를 시작하려고 한다. 왼쪽 아래 진한 색 화살표는 테드를 가리킨다. 그는 1942년에 태어났고 1997년 당시에는 55세였다. 그의 남동생 데이비드는 테드의 출생 후 거의 8년이 지난 1949년에 태어났다. 데이비드는 1990년에 린다 패트릭과 결혼해서 스키넥터디에서 살았다. 린다와 데이비드는 아이를 갖지 않았다. 데이비드는 사회복지사였고 린다는 유니언 대학교의 철학교수였다. 이 두 형제의 어머니인 완다 돔벡 카진스키는 1917년생이고 시어도어 리처드 카진스키와 1939년에 결혼했다. 이들은 시카고에서 만나서 거의 대부분의 결혼생활을 시카고 지역에서 보냈다. 테드의 아버지는 자신의 몸에 암이 퍼졌다는 사실을 안 지 한 달 만에 자살하였다.

가장 주목할 만한 점은 카진스키 부인의 확대가족에 관한 것이다. 완다는 다섯 남매 중 셋째였고 그녀의 어머니는 몸이 약했으며 중독문제를 가지고 있어서 가족체계에서 완다의 기능적 위치에 크게 영향을 주었다. 가족체계는 매우 혼란스러웠고 완다는 아주 어린 나이였음에도 불구하고 가족을 위해 매우 열심히 일을 해야 했다. 그녀의 어머니는 완다가 열일곱 살이었을 때 뇌졸중으로 사망하였다.

완다는 기능적으로 맏이의 위치에서 기능하도록 정서적으로 프로그래밍되었고, 결혼하여 자신의 가족을 가졌을 때, 그녀가 성장기에 경험했던 것과는 전혀 다른 가족을 만들기 위해 전적으로 모든 헌신적인 노력을 다했고 자녀들을 위해서라면 모든 것을 해 주려고 하였다. 물론 이런 점은 모든 어머니들에게서 드물지 않게 볼 수 있는 부분이지만 완다는 특별히 더 높은 에너지를 가지고 애를 썼다. 확대가족에 대한 제한된 자료만 가지고 가족 전체의 분화 수준을 평가하기는 어렵지만 중간 이하의 낮은 수준이었을 것으로 보인다. 이 장에서 내가 설명하려는 테드의 아주 낮은 '자기분화' 수준은 겉으로 볼 때는 잘 드러나지 않지만 다세대 가족을 살펴보면 적어도 그 중요한 점을 찾아볼 수 있다. 테드에게 매우 강렬한 불안이 집중됨으로써 데이비드에게는 그의 형보다는 "자기"를 더 잘 발달시킬 수 있는 여지를 갖게 된 셈이 되었다.

완다와 그녀의 남편인 테드의 아버지는 가족을 위해 매우 열심히 일했다. 카진스키 씨는 유럽스타일 소시지를 생산하는 회사를 운영했고 그 이후 몇 가지 다른 직업을 거쳐서 단열재를 자르는 공장에서 매니저로 일했다. 그들은 처음에는 시카고에 살았고 나중에는 시카고 교외지역의 에버그린파크의 안락한 집에서 살았다. 1950년대 이웃 사람들이 본 카진스키 가족에 대한 인상은 아주 지적이고 생산적이었으며 시민의식이 높은 가족으로 보였다고 한다. 아이들의 아버지는 사교적이었고 늘 행복해 보였고 외부 활동을 좋아했으며 아들들과 함께 야외 활동을 하기도 했다. 완다는 가족 중심적이었으며 데이비드가 열한 살이 되어서 직장을 갖기 전까지는 가끔씩 시간제 일만 했다고 한다. 그녀는 나중에 교사 자격을 얻어서 짧은 기간 동안이었지만 학교에서 학생들을 가르치기도 했다. 테드와 데이비드는 둘 다 열여섯 살에 대학에 들어갔고 테드는 하버드에서, 데이비드는 컬럼비아에서 대학생활을 했다. 두 아들이 부모의 헌신 덕분에 교육에 있어서 혜택을 받은 것은 분명하다.

테드와 그의 가족에 대하여 보웬의 이론을 적용해 보기 위해 〈표 19-1〉과 같이 연대기를 활용하여 사건들을 상세히 들여다보기로 한다. 에필로그에서 나의 가족에 대하여 설명한 것처럼 보웬이론은 시간의 흐름에 따른 사회적 맥락의 변화와 개별 가족원들의 정서적 기능의 변화 사이에 어떤 연관성이 있는지를 개념화하는 데 도움이 된다. 이와 같은 개념을 카진스키 가족에게도 적용해 보고자 한다.

〈표 19-1〉 테드 카진스키 가족의 주요 사건 관련 연대기

날짜	사건
1942년 5월 22일	시어도어 존 카진스키 출생
1943년 3월 1일	테드, 소아과 병동에 6일간 고립됨
1949년 10월 3일	데이비드 리처드 카진스키 출생
1952년 6월	시카고 교외 에버그린파크로 이사
1953년 가을	테드, 공립초등학교에서 6학년 과정 월반
1957년 가을	테드, 공립고등학교 11학년 과정 월반
1958년 가을	테드, 하버드 대학교 장학금 받고 입학
1962년 6월	테드, 하버드 대학교 졸업
1962년 가을	테드, 미시간 대학교 대학원 시작
1967년 봄	테드, 미시간 대학교 수학과 박사학위 수여
1967년 9월	테드, U.C. 버클리 대학교 수학과 조교수

날짜	사건
1969년 1월	테드, U.C. 버클리 대학교 사임
1971년 6월	테드와 데이비드가 함께 몬태나주에 1.4에이커의 땅 매입, 테드가 그 땅에 오두막을 지음
1972년 1월	테드, 롬바드에서 몬태나의 오두막으로 이사
1973년 1월	테드, 유타와 아이다호에서 살면서 일을 함
1973년 6월	테드, 몬태나의 오두막으로 돌아옴
1978년 5월	테드, 시카고 지역에서 직장을 찾기 위해 돌아와 부모와 함께 생활
1978년 5월 25일	테드, 노스웨스턴 대학교에 첫 폭탄테러 시도
1978년 6월	테드, 아버지와 동생의 직장에 취업
1978년 8월	테드, 직장에서 해고됨
1978년 9월	테드, 시카고 지역의 다른 직장에 취업
1979년 3월	테드, 직장 사임
1979년 5월	테드, 노스웨스턴에 두 번째 폭탄테러 시도
1979년 6월	테드, 몬태나의 링컨 근처 오두막으로 돌아옴
1979년 11월 ~1995년 4월	1979년 11월부터 1987년 2월 사이에 12회의 폭탄테러 시도, 한 명 사망 1987년 2월부터 1993년 6월 사이에는 폭탄테러 없음 1993년 6월부터 1995년 4월 사이에 4회의 폭탄테러 시도 중 두 명 사망
1990년 7월	데이비드와 린다 패트릭 결혼
1990년 9월	테드의 아버지가 전이성 폐암 진단받음
1990년 10월	테드의 아버지가 머리에 총을 쏴 자살
1988년 5월 ~1991년 9월	테드, 여성과의 성공적인 관계 형성에 대한 도움을 받기 위해 다수의 치료자를 만나 치료 시도
1995년 9월	유나바머 성명서 발표

　테드의 일생 중 첫 번째 중대한 사건은 출생한 지 9개월 되었을 때 병원에 입원한 사건이다. 이 사건은 테드에게보다는 그의 어머니에게 더 지속적인 영향을 끼쳤던 것으로 보인다. 테드는 몸 전체에 아주 심한 알레르기를 일으키는 심각한 증상을 보였고 그래서 소아과 병동에 6일 동안 격리되어 있었다. 그것은 어떤 아이라도 견디기에 매우 고통스런 상황이었을 텐데 카진스키 부인은 오늘날까지도 테드가 그로 인해 장기적인 심리적 트라우마를 경험했을 것이라고 믿었다. 그녀는 그로 인해 테드가 정신병에 걸렸다고 생각했다. 그녀는

아들이 정상적 생활을 하기를 간절하게 원했지만 트라우마에 관한 그녀의 생각을 확인시켜 줄 어떤 징후도 나타나지 않았다. 테드가 아동기에 분노를 표출하거나 심리적 문제가 있는 것처럼 보이거나 또는 상당 기간 사회적인 철수를 하여 말수가 없어지고 눈맞춤을 하지 못하거나 하면 테드의 어머니의 두려움은 되살아나곤 했다. 그녀는 후에 테드가 친구가 없고 이성친구를 전혀 사귀지 못한 것을 트라우마와 연관 지어 생각했다. 그녀는 테드를 밖으로 이끌어 내려고 애를 쓰면서 테드에게 뭐가 문제인지에 대하여 알아내기 위해 애를 썼다. 테드를 이해하려고 했던 어머니의 투쟁은 수년에 걸쳐 진행되었다. 그녀는 테드가 친구를 만들 수 있기를 기대하면서 이웃의 자녀들을 집으로 불러들이는 노력도 했다. 완다는 테드의 정서적 행복감을 위해 매우 헌신적으로 노력했다. 그녀는 때로 테드에게 매우 비판적이 되기도 했는데 특히 그의 사춘기 시기에 더욱 심했다.

이 가족의 삶에 대하여 알려진 정보에 의하면 완다와 테드 사이에는 매우 강력한 정서적 융합이 이루어지고 있었음을 알 수 있는데, 여기에는 두 사람의 서로에 대한 매우 긍정적 태도와 매우 부정적 태도가 모두 포함되어 있다. 이 가족투사과정은 테드의 사춘기 시기에 매우 긍정적인 부분에서 매우 부정적인 쪽으로 바뀌었다. 물론 아버지 테드[2]와 데이비드는 그 잠재적인 결과가 어떨지 알아채지 못한 채 완다의 불안한 초점두기를 적극적으로 지지해 주었다. 테드는 자라면서 자신이 가족에서 가장 중요한 존재라고 생각했고 우월감과 자신이 특별한 존재라는 것을 느끼면서 성장했고 가족의 정서적 삶에 영향을 끼쳤다. 테드는 체포된 이후 인터뷰에서 자신이 데이비드보다 더 많이 부모의 관심을 받고 자랐다고 말했다(Follett, 1999). 완다는 테드가 다섯 살도 채 되기 전부터 테드에게 『미국 과학잡지(Scientific American)』에 나온 기사를 포함하여 많은 글을 끊임없이 읽어 주었다. 테드의 명석함은 완다의 헌신으로 더욱 강화되었다. 완다는 테드의 삶에 대하여 매우 꼼꼼하게 일지를 썼다. 이것은 아동에 초점두기가 명백하며 두려움의 형태를 한 강한 불안에 의한 것이었고, 그로 인해 테드의 사회적 발달이 심하게 지체되었다. 완다는 데이비드의 삶에도 관여했지만 그녀의 데이비드를 향한 행동은 불안에 의한 것이 덜했다.

에필로그에서 설명했듯이 카진스키 가족의 정서과정은 나의 원가족과 비슷한 점이 많다. 그것은 내가 그의 가족에 대하여 흥미를 갖게 된 이유이기도 했다. 두 가족은 모두 자녀 중 한 사람이 역기능적이고, 하나 이상의 자녀들이 정상적인 것처럼 보이는 점에서는 같지만

---

2) 역주: 테드의 아버지도 같은 이름인 테드(Ted Sr.)였다.

임상 증상은 전혀 다르게 나타났다. 나의 형은 조현병 진단을 받았고 결국 자살을 했지만 테드 카진스키는 재판과정에서 조현병 진단을 받았고 다른 사람들을 살해했다. 보웬이론은 삶의 과정에서 심각한 역기능을 초래하는 취약성에 대해서 예측 가능한 새로운 변수들을 제시하고 있지만 역기능이 구체적으로 어떤 형태로 나타날지 예측하기는 어렵다. 이것은 우주가 되었든지, 지구상의 삶이 되었든지 또는 가족이 되었든지 체계가 가지는 복잡성 때문이라고 생각된다.

어떤 기사는 테드가 열 살에서 열한 살 무렵까지는 가족의 삶이 좋았다고 쓰기도 했다. 이모(완다의 여동생)가 했던 말 중에 흥미로운 점은 데이비드가 태어날 무렵에 테드에게 어떤 변화가 있었다는 것이다. 테드는 그전에는 이모에게 늘 들러붙곤 했는데 그 이후로는 위축된 모습을 보였다고 했다. 이모는 아마도 가족들이 새로 태어난 아기에게 너무 많은 관심을 주었기 때문이라고 생각했다(Thomas, 1996). 동생이 태어났을 때 테드의 나이는 일곱 살 반이었다.

보웬의 관점에서 보면 동생이 태어나기 전에 아이에게 부모가 강하게 정서적으로 개입되면 될수록 아이는 더욱 감정반사적이 되고, 부모의 관심이 새로운 아기에게 집중되면 관심에 대한 강한 정서적 욕구를 갖게 되는 정서적 프로그래밍이 이루어진다. 더욱이 부모는 둘째 아이의 요구에 맞춰야 하기 때문에 계속해서 첫 아이의 욕구에 맞춰 주는 데 대하여 불안을 갖게 된다. 두 자녀의 정서적 욕구에 적절히 맞춰 줘야 한다는 걱정 때문에 둘째 아이를 가질 결정을 미루는 어머니들이 드물지 않다. 둘째 아이가 태어났을 때 테드가 보였던 강한 감정반사에도 불구하고 데이비드는 테드에게 매우 중요한 존재가 되었고 성장하면서 형을 사랑하고 마치 '그림자처럼' 그를 따랐다(Thomas, 1996).

대개의 부모들의 전형적인 모습은 과거에 뭔가 나쁜 일이 있었다고 생각하면 그 트라우마의 나쁜 결과를 지우려는 보상심리에 의해 사랑과 관심을 쏟아붓는 일이 흔히 있게 되는데, 테드가 트라우마를 경험했을 거라는 생각에 불안했던 완다도 그랬다. 그러한 행동은 융합된 관계를 더욱 강화시키게 되고 아이는 내적 스트레스를 경험할 때마다 그것을 통제하기 위해 다른 사람에게 의존하게 된다. 이러한 상호작용 과정은 자녀를 삶의 과정에 적응하게 하기 위해 필요 이상의 관심과 수용을 요구하는 상태로 프로그램화시킨다.

보웬이론의 관점에서 보면 테드에게 형성된 이 정서적 프로그래밍은 트라우마 자체보다는 실제 또는 상상에 의한 거부에 대하여 매우 강한 민감성을 갖게 하고 수용에 대한 강한 욕구가 형성되어 여성과의 장기적인 관계를 형성하는 데 어려움을 주었을 것이라고 생각된다. 테드는 이성관계를 성공적으로 하는 데 필요한 사회적 기술을 가르쳐 주지 않은 데 대하여 어머니에게 매우 격렬한 분노를 나타냈다. 흥미롭게도 그는 어머니에 대한 애착이 전혀 없다고 말했고 실제로도 그녀에 대한 애착을 전혀 느끼지 않는 것처럼 보였는데 그가 가진 진짜 문제는 미해결된 애착문제였다. 많은 사람들은 자신의 어머니와 정서적으로 강하게 융합된 관계에 있으면서 그것이 성인기의 관계에 끼치는 영향에 대해서는 잘 알지 못한다. 사람들은 성인기 연애관계에서 나타나는 놀라운 감수성을 인정하면서도 그 감수성의 원천에 대해서는 잘 알지 못한다. 문제는 어떤 면에서는 사람들이 실제 자신의 모습보다 자신이 더 자율적인 사람이라고 믿고 싶어 한다는 점이다. 테드는 자율성을 경험하기 위해 자신을 고립시켜야 했다. 그는 한 여성과 연애관계가 시작되면 쉽게 자신을 잃고 뭔가 잘못된 것처럼 느끼곤 했다.

앞서 언급했듯이 미해결된 정서적 애착문제는 부모와의 삼각관계에서 나타난다. 테드의 아버지가 테드에 대한 완다의 불안한 관심 집중을 지원해 주고 테드의 사춘기 시절의 긴장 상황에서 완다의 편을 들어준 것 외에도 테드의 아버지가 테드의 불만에 과민반응을 한 것도 문제에 기여한 또 다른 부분이라고 할 수 있다. 예를 들어, 테드의 아버지는 사냥을 갈 때 테드를 데리고 다녔는데 아버지가 토끼를 잡으면 테드는 아버지에게 사냥 스포츠를 그만두라고 매우 격렬하게 반응했고 아버지는 그런 테드 때문에 스포츠로 하는 사냥을 포기한 적도 있었다. 성인기 초기에 테드는 소음을 매우 싫어했다. 그로 인해 테드의 아버지는 아들이 집에 있을 때면 텔레비전 뉴스 보는 것도 포기했다. 이런 식으로 얻은 평화는 문제의 해결책이 되는 것이 아니라 문제의 한 부분이 된다. 관심의 초점이 된 자녀의 기분과 행동은 다른 가족원들을 당황스럽게 만들고 점점 더 그에 대하여 수동적으로 반응하게 한다. 이렇게 쉬운 길을 택하는 방식은 자녀로 하여금 비현실적인 기대를 갖게 하여 다른 사람들이 자신을 위해 맞춰 줘야만 하고 자신의 행복에 대하여 다른 사람들이 책임을 져야 하는 것처럼 프로그램화될 수 있다. 이러한 과정을 통하여 가족은 테드의 어긋난 행동을 정상화시키면서 가족이라는 씨실 날실로 된 직물을 엮어 가는 것이다. 이것이 바로 겉으로 드러나지 않게 보이지 않는 곳에서 막대한 영향력을 끼치는 정서과정이다.

테드가 열한 살이 되었을 때 가족 내에 정서적 퇴행이 시작되었다. 의심할 여지없이 여러 과정이 하나로 엮이면서 테드에게 직접적인 영향을 주기도 하고 가족원들에게 직접 영향을 끼치기도 했다(정서적 퇴행을 이해하는 데 중요한 것은 개인이 가지고 있는 특정 스트레스 사건을 개인의 문제로 보는 것이 아니라 가족원들이 서로의 불안에 대하여 어떻게 상호작용하는가를 이해하는 것이다). 아이들은 초등학교에서 중학교로 올라가는 과정에서 특별히 더 사회적으로 불안감을 느끼게 되는데 학교생활의 전체 과정이 바뀌게 되면서 경험하는 변화는 매우 힘든 경험이 될 수도 있고 고립감을 경험하기도 한다.

테드는 그의 분노가 시작된 시기를 사춘기 초기 시절부터라고 했다. 그는 1991년 여름에 어머니에게 보낸 편지에서 사춘기 시절에 가족 내에서 그리고 학교에서 그가 경험했던 거부와 굴욕감, 그리고 그 외 고통스런 경험들이 그의 고통의 원인이었다고 주장했다(Kovleski, 1997). 또래관계가 어린아이의 발달과정에서 강력한 영향을 주는 것은 분명하다. 그러나 가족과의 관계에서 미해결된 정서적 융합이 강하면 강할수록 또래관계에서 감정반사행동은 더욱 커진다. 테드의 분노는 부모와의 삼각관계의 산물이지 그 자신만의 개인적인 문제가 아니다. 삼각관계에 있는 세 사람 모두가 "자기"를 유지할 수 없게 되면 분노는 주로 한 사람에게서 나타난다. 만약 한쪽 부모가 부모-자녀 삼각관계에서 자신의 역할을 좀 더 분화된 "자기"로서 기능하도록 변화시킬 수 있다면 10대 자녀의 분노는 감소될 수 있을 것이라고 짐작해 볼 수 있다.

테드는 지능검사 결과, 천재 수준으로 나왔고 5학년 내내 뛰어난 수준을 보였다. 교사들의 추천으로 부모는 6학년 단계를 건너뛰는 데 동의했다. 그러나 7학년이 되면서 상황이 변하기 시작했다. 청소년기 동안 테드는 많은 시간을 그의 다락방에서 보냈고 특별히 친구들이 집에 놀러 오는 날에는 더욱 심했다. 데이비드는 테드가 아주 어릴 때부터 매우 엄격하고 독단적이었다고 했다. 재판과 연관되어 테드를 검사했던 법 정신의학자는 테드의 말을 이렇게 전했다. "내가 고등학교를 졸업할 때까지(16세에 중학 과정을 건너뜀) 나는 대부분의 학생들로부터 괴짜 취급을 받았다"(Chase, 2000, 인터넷 검색자료). 테드는 매우 낮은 사회적 존중감을 가지고 졸업했다(그는 자신의 사회적 자신감이 고등학교 때 파괴되었다고 생각했다). 그러나 다른 부분에서는 높은 자기존중감을 가지고 있었다. 그는 사람들과는 반대로 사물을 다루는 자신의 능력에는 자신감이 있었으나 사람들로부터 자신이 수용받을 수 있도록 하는 데는 자신이 없었다.

테드의 청소년기 시절, 가족 정서과정의 변화는 [그림 19-2]에 나타나 있다. 도형의 왼쪽 부분은 테드의 청소년기 이전을 나타낸다. 가족체계 내의 만성불안은 삼각관계에 결합되어서 비교적 낮게 나타나 있다. 완다와 테드 사이에 있는 네 개의 선은 이 시기에 두 사람의 관계가 조화를 이룬 강한 정서적 융합 상태를 나타낸다. 완다와 데이비드 사이에 표시된 세 개의 선은 서로 조화를 이루고 있지만 좀 더 낮은 정서적 융합을 나타낸다. 두 아들과 아버지 사이의 +표시가 있는 선은 그들의 관계가 그런대로 조화를 이루고 있음을 나타내고 있다. 부부 사이의 단절된 표시의 선은 부부관계에 정서적 거리두기가 있음을 나타낸다. 부모의 부부관계에 대한 정보는 거의 없지만 임상 경험에 비추어 볼 때 자녀에 대하여 뚜렷한 초점두기가 있다는 것은 부부관계에 정서적 거리두기가 있다는 것을 의미한다. 부모들은 대개 부부관계에서의 미성숙함을 감소시키기 위해 정서적 거리두기를 한다. 이러한 거리두기를 부부 자신들은 인식하지 못하는데 다른 사람들도 알아채지 못할 수 있다. 거리두기에 있어서 근본적으로 부모가 불안이 있을 때 불안을 서로에게 투사하기보다는 주로 하나 이상의 자녀에게 초점두기를 한다는 것을 알아둘 필요가 있다. 나는 미성숙이라는 용어를 사용하는 것을 선호하는데, 이것은 비판적인 입장을 취하지 않는다는 의미이며, 인간의 삶에는 통제하기 어려운 부분들이 있으며 누구도 거기에서 벗어날 수 없고 사람들이 정서적 기능을 다루는 정도도 제각기 다르다는 것을 인정하기 때문이다.

[그림 19-2]의 오른쪽 그림은 청소년기 가족체계의 정서적 퇴행을 도형화한 것이다. 완다와 테드 사이의 융합은 이제 서로 마찰과 짜증, 갈등의 연속이었다. 그와 함께 정서적 거리두기도 빈번해졌다(그림에는 융합 표시 위에 갈등선이 더해져 있다).

청소년기 이전   또래관계   청소년기

[그림 19-2] 이 그림은 테드의 청소년기 이전과 청소년기에 있었던 카진스키의 핵가족 정서과정의 차이를 보여 준다. 왼쪽의 청소년기 이전의 그림을 보면 어머니와 테드 사이에 강렬한 정서적 융합을 의미하는 네 개의 선이 그려져 있다. 부모의 부부관계 선은 정서적 거리두기를 나타낸다. 동생 데이비드와 어머니 사이에는 정서적 융합이 덜 강렬한 세 개의 선으로 표시되어 있다. 아버지와 두 아들과의 관계와 아들들 간의 관계는 안정적이고 긍정적이다. 테드의 사춘기 시기를 나타낸 오른쪽의 핵가족도형에서 테드와 어머니의 관계는 매우 긴장되고 갈등이 자주 일어나는 융합된 관계를 나타내고 있다. 아버지와 테드 사이에는 갈등을 표시하는 선이 그려져 있다. 가족원 네 명 모두 어두운 색으로 표시되어 있는 것은 체계 내에 고조되어 있는 만성불안을 나타낸 것이다. 데이비드는 부모와 테드에 비해 불안이 덜한 것으로 나타나 있다. 데이비드와 테드의 관계는 안정적이고 갈등이 없는 것으로 나타나 있다. 점선으로 그려진 원 안의 네 개의 부호가 테드와 쌍방향 화살표로 연결되어 있는 것은 테드가 또래관계에서 자주 느꼈던 고립감과 약한 관계를 나타낸 것이다.

테드의 아버지와 테드 사이에 상당한 갈등이 있었는데 아버지는 테드가 가족을 힘들게 하는 것에 대하여 아내 편이 되어 테드를 비난했다. 테드와 그의 아버지와 어머니 모두 만성불안이 높아진 상태로 각각 어두운 색으로 표시되어 있다. 각자가 가진 불안으로 인해 가족 간 상호작용이 복잡해지고 문제를 일으키는 상호작용은 다시 각자의 불안을 높이면서 가족관계과정은 밀물과 썰물처럼 시간이 지나면서 더욱 강렬해졌다. 가족 문제와 결합된 또래관계의 어려움은 청소년기 도형의 왼편에 표시되어 있다. 데이비드는 가족과정에서 덜 반사적이어서 좀 덜 어두운 색으로 표시되어 있다. 두 아들은 한 가족에서 성장했지만 각기 다른 삼각관계 양상을 보이고 있다. 그 결과 두 사람은 형제이면서도 가족관계에 대한 인식은 서로 매우 다르게 된다.

테드는 1958년 가을에 하버드로 떠났다. 그때 나이가 열여섯 살이었다. 1996년에 서지 코발레스키(Serge F. Kovaleski)와 로레인 아담(Lorraine Adam)이 『워싱턴 포스트』에 쓴 기사를 보면 테드가 하버드 대학교에 입학허가를 받았을 때 테드의 부모는 자랑스러워하기보다는 그가 집을 떠나 멀리서 그의 변덕스런 기분을 잘 조절할 수 없을까 봐 매우 걱정했다고 한다. 그들은 아마도 테드가 자신의 감정을 통제하는 데 있어서 부모에게 의존되어 있었던 것을 알고 있었던 것 같다. 테드는 아버지와 함께 여러 학교를 돌아보는 내내 아버지의 표현을 빌자면 '우울하고 위축된' 태도를 보였고 그 때문에 부모는 아들에 대하여 더욱 염려하게 되었다.

테드는 대학 공부를 위해 집을 떠나는 것을 주저했을 수도 있다. 그는 대학에 대해 특별한 목적의식을 가지고 있지 않았다. 그는 부모의 뜻에 따라 대학에 갔을 것이고 그 외 달리 무엇을 해야 할지에 대해서도 알지 못했다. 그는 멀리 떠나서 혼자 지내는 것에 대한 환상을 가졌겠지만 그가 마주한 것은 빈약한 "자기"였다.

그럼에도 불구하고 테드는 하버드에 그런대로 잘 적응했다. 테드를 재판 전에 검사한 법정신의학자 샐리 존슨(Sally Johnson)의 말이 『월간 애틀랜틱(Atlantic Monthly)』 잡지의 기사에 인용되어 있는데, "테드는 두 가지 신념체계가 서로 뒤얽혀 있었다. 하나는 이 사회는 나쁘기 때문에 그것에 대항하여 저항해야 한다는 것과 또 하나는 가족으로부터 느꼈던 부당함에 대한 강렬한 분노였다"(Chase, 2000, 인터넷 검색자료). 존슨은 이 두 가지 신념체계가 뒤얽히게 된 시기가 하버드 시절에 시작되었다고 보았다. 그는 하버드 대학 시절에 격렬한 양극단적인 논리적 갈등에 직면하게 되는데, 하나는 과학과 기술이 서구 사회의 가치와 인간의 생존에 위협이 되고 있다는 것이고 다른 하나는 과학이 인간을 미신으로부터 해방시

컸고 발전을 향한 길이 된다는 것이었다. 이러한 태도를 정서적으로 취약한 사람이 접하게 되면서 나중에 과학과 기술 분야에 종사하는 사람들에게 복수를 하는 행동으로 나타나게 되었을 것이다.

테드는 1962년 6월에 하버드 대학교를 졸업했고 그해 가을에 미시간 대학교 대학원 과정을 시작했다. 그리고 1967년 봄에 수학 박사학위를 취득했다. 그가 깊은 절망 속에서 사람들을 죽이기로 결심한 시기가 아마도 미시간에 있을 때였던 것 같다. 그러한 결심은 그 후에 했을 수도 있지만 그는 이러한 생각을 1978년까지는 행동으로 옮기지 않았다. 데이비드 존슨(David Johnston, 1998)은 테드가 체포된 이후 『뉴욕 타임스』에 쓴 기사에서 범죄를 저지른 것이 그의 기분을 나아지게 했다는 말을 인용했다. 테드는 그가 생각하는 부당성에 대하여 고통과 분노를 느꼈지만 그때까지는 어느 정도는 극복할 수 있었다.

테드는 캘리포니아의 버클리 대학교에 1967년 9월에 수학과 조교수가 되었다. 그는 1969년 1월에 사임하고 1969년 6월에 버클리를 떠났다. 그는 분명히 수학을 가르치는 데 흥미를 느끼지 못한 것 같다. 그가 인기 있는 선생이 아니었다는 것은 분명하다. 그가 열심히 노력해서 성취했던 것에서 흥미를 잃어버린 것은 놀라운 일이 아니다. 왜냐하면 빈약한 자기분화 수준으로 인하여 자신만의 명확하고 잘 정리된 사고의 결과로 만들어진 삶의 방향이 아닌 타인들에 대한 감정반사로 삶의 방향을 선택한 것이기 때문이다. 그는 버클리에서의 시간을 혼자서 고립되어 보냈다.

테드는 버클리를 떠나 시카고의 부모에게로 이사했다. 그 시기에 데이비드는 컬럼비아 대학교 졸업반으로 집에 돌아와 있었다. 테드는 2년 동안 집에 있으면서 또래 젊은이들이 사는 방식으로 살았다. 그의 그런 삶은 박사학위와 학문적 활동 기간 동안 유예되었던 것이다. 테드가 그의 부모와 같이 살게 되면서 세 사람 사이에 커다란 불안이 만들어지고 있었다. 테드는 혼자서 시간을 보내는 일이 많았고 걱정과 좌절감에 싸인 그의 부모는 직장을 구하라고 계속 다그쳤다. 그는 부모에게는 말을 하지 않고 몇 가지 소소한 직업을 가졌다가 얼마 못 가 그만두는 일을 반복했다. 그는 어디론가 멀리 떠나서 살고 싶은 환상을 가지고 있었고 캐나다에 땅을 사려는 시도를 여러 번 했지만 성공하지 못했다. 마침내 그는 부모에게 어디로 간다는 아무런 말도 없이 작별 인사도 하지 않고 갑작스럽게 집을 떠났다.

1971년 6월에 데이비드와 테드는 몬태나주 링컨 지역에 1.4에이커의 땅을 함께 샀다. 1972년 1월에 테드는 그 땅에 작은 오두막집을 짓고 이사했다. 그 집은 수도도 없고 전기도 들어오지 않는 집이었다. 그는 그 집에서 은둔자처럼 자급자족하는 생존 기술을 배우면서 살았다. 그는 거의 5년 동안 거기에서 평화롭게 살았던 것으로 보인다. 거기에서 그는 그의 부모와 동생이 보내 준 돈으로 기본적인 생계를 해결했다. 코발레스키는 1991년에 테드가 그의 어머니에게 보낸 편지를 검토하면서 1997년 『워싱턴 포스트』에 이렇게 썼다. 그는 그가 오랫동안 살면서 알았던 사람들을 제외하고는 다른 사람들과 함께 있을 때면 항상 스트레스를 경험했다. 그 이유는 사람들이 자신을 받아 주지 않는 것 같은 느낌을 받기 때문이었다. "집에서나 학교에서 겪었던 거부당함에 대한 두려움이 나의 삶을 망쳐 놓았다. 내가 숲속에서 혼자서 보냈던 몇 년 동안 사람들과의 접촉이 거의 없이 지냈던 시기를 빼놓고는." 그는 1970년대 중반의 이 기간 동안 상당한 평정심을 가지고 훌륭한 생존 기술을 발휘하면서 살았다고 했다.

그 시기에 그의 부모와 동생은 여름이면 몬태나로 그를 방문했다. 그러나 만족스런 시기는 오래가지 않았다. 머리 위로 날아다니는 비행기, 벌목 트럭들, 그로 인해 생긴 길, 점점 늘어나는 사람들은 과학과 기술이 망쳐 버린 미치광이 같은 사회로부터 영원히 도망치고자 했던 그의 의지를 점점 꺾어 버렸다. 어디로도 도망칠 수 없고 숨을 곳도 없는 것처럼 보였다. 이러한 생각과 감정이 그로 하여금 마침내 사람들을 살해함으로써 복수를 하게끔 만든 것으로 보인다. 그는 마음속으로 문명을 파괴시키고 있는 이러한 사람들을 살해할 행동 원리를 갖고 있었다. 카진스키는 동의하지 않을 수도 있지만 나의 의견으로는 분노와 증오심을 표출하는 것이 그의 지배적인 동기였을 것이고 도덕적 금기를 깨뜨리고 자유로워지고 싶었던 것, 그리고 그가 받았던 나쁜 짓들에 대한 복수가 동기였을 것이다.

이 시기쯤 해서 테드는 가족들에게 더 많은 돈을 보내 달라고 요구했던 것으로 보인다. 가족들은 그에게 시카고 지역으로 돌아와 직장을 구해서 가족과 함께 살 것을 주장했다. 그는 시카고로 돌아와서 결국 아버지가 운영하는 공장에서 데이비드의 바로 밑에서 일하게 되었다. 그가 노스웨스턴 대학교에 시도했던 실패로 끝난 첫 폭탄테러는 그가 시카고 지역으로 돌아온 뒤 얼마 되지 않아 일어난 일이었다. 거기서 그는 1년 가까이 지냈다.

그의 아버지와 데이비드와 함께 일한 지 몇 달 되지 않았을 때 같은 회사에서 일했던 여성과의 사이에서 일어났던 일 때문에 그는 직장을 그만두게 되었다. 그 일은 테드가 가진 주요 취약성이 드러난 사건이었다. 그와의 몇 차례 데이트 끝에 그 여성은 테드에게 만남을 거절했다. 거부당함에 대한 테드의 민감성 때문에 생긴 분노는 타인을 비난하는 패턴으로 나타났고 테드는 직장 여러 곳에 그 여성을 비판하는 글을 써 붙였다. 데이비드는 어쩔 수 없이 자신의 형을 해고할 수밖에 없었고 테드가 동생에게 격분했을 것은 뻔한 일이었다.

그의 두 번째 폭탄테러 시도는 이 일이 있고 난 후 몇 달 뒤에 일어났고 역시 실패했다. 테드는 1979년 6월에 몬태나의 오두막집으로 돌아갔고 1979년 11월부터 1995년 4월 사이에 14번의 폭탄테러를 시도해서 세 사람이 죽음을 당했다. 그의 우편 폭탄은 점점 더 정교해졌다. 그의 부모와 동생은 의도치 않게 그의 범죄를 지원해 준 셈이 되었다.

1980년대에 테드와 가족 사이에는 접촉이나 의사소통이 거의 없었다. 그 후로 가족에는 세 가지 중요한 사건이 일어나는데 데이비드가 1990년에 결혼했고 아버지는 1990년 9월에 폐암이 몸 전체로 전이되었다는 진단을 받았다. 그리고 한 달 후 테드의 아버지는 스스로 권총을 쏘아 자살하였다. 테드는 데이비드의 결혼식에도, 그의 아버지의 장례식에도 참석하지 않았다. 데이비드의 결혼으로 인해 테드는 데이비드와 더욱 거리를 두게 되었다. 1980년대 후반과 1990년대 초반 사이에 은둔자로 살았던 테드의 삶은 더욱 암울해졌다. 테드는 금전적으로 매우 힘들어졌고 특히 겨울에는 그가 할 일이 더욱 없어져서 상황은 더 나빠졌다. 이 시기에는 폭탄테러 시도가 없었다는 것이 흥미롭다. 이 시기의 테드에 대한 대부분의 정보는 데이비드도 알고 있는, 테드의 친구라는 사람에게 쓴 편지에 있는 내용들이다. 그의 편지를 보면 테드가 이 사람에게 커다란 이해심과 온정을 보이고 있는데 테드의 또 다른 면이 엿보인다. 이 시기에 그는 심리치료를 받았고 주로 여성과의 관계를 잘 이어갈 수 있는 방법을 찾았던 것 같다. 그가 시도했던 어떤 치료적 관계도 길게 이어지지 않았고 때로는 치료자를 구할 수 없을 때도 있었다.

테드는 1987년부터 1993년 사이에 폭탄테러를 시도하지 않았다. 내 생각에는 테드가 그 시기 동안 더욱 절망적이었을지도 모른다는 생각이 든다. 그러나 테드는 1993년 6월에 다시 폭탄테러를 시작하는데 두 번을 시도했고 체포 당시에도 또 하나를 계획하고 있었다. 유나바머 성명서는 1995년 9월에 발표되었고 그는 그 뒤 6개월 후에 체포되었다.

테드의 국선변호인들은 그의 재판에서 그가 정신질환이 있다는 것을 활용하고 싶어 했지만 테드는 그러한 시도를 거부했다. 법원의 요구에 따라 실시된 평가에서 샐리 존슨은 그를 편집증적 조현병이 있다고 진단했지만 테드는 1998년 1월 자신의 죄를 인정함으로써 그러한 시도를 하지 않았다. 그는 가석방이 금지된 무기징역을 선고받았다.

보웬이론의 관점에서 보면 이 사례에서 얻을 수 있는 교훈은 테드의 낮은 기본 분화 수준이 가족과의 관계에서 형성된 강한 미해결 애착문제와 관련이 있고 그를 취약하게 만든 중대한 요인이 되고 연쇄 살인이라는 심각한 정서적 역기능이 나타난 것으로 볼 수 있다. 그의 결핍된 자기분화 수준은 불안에 의해 홍수처럼 밀려오는 감정반사를 통제할 수 없게 만들었고 여성과의 애정관계를 유지하는 데 어려움을 겪는 것과 무고한 사람들을 살해하려는 충동, 이 두 가지 측면으로 나타났다고 본다. 그가 데이트 상대 여성에게 지나치게 집착하는 것과 거부당했다고 느꼈을 때 악의적인 감정반사행동, 그리고 여성들과의 관계에서 나타난 파괴적인 비난 행동, 이 모든 행동은 그의 발달과정에서 형성된 강렬한 정서적 융합에 의해 만들어진 정서적 프로그램인 것이다. 그가 가지고 있었던 강한 분노와 부모에 대한 비난, 그리고 과정 속의 자신의 역할에 대하여 인정하지 못하는 것은 해결되지 못한 융합의 문제를 반영하는 행동이다.

법 정신의학자 샐리 존슨은 그에게 편집성 조현병이 있는 것으로 진단하였는데 내가 보기에는 이러한 진단이 테드의 역기능을 이해하는 데 어떤 도움도 되지 않는 것 같다. 샐리 존슨이 초기에 언급했던 바, 테드와 결합된 두 가지 신념체계, 즉 이 사회는 악하고 자신이 그것에 대항하여 싸워야 한다는 것과 가족에게서 느꼈던 부당함에 대한 악성 분노 수준이 핵심이다. 보웬이론의 관점에서 보면 그러한 결합은 질병이라기보다는 그의 정서체계와 지적 체계 사이에 형성된 분노에 의해 만들어진 융합된 상태이다. 두 체계가 융합되면 비합리적 행동과 여러 가지 증상으로 나타나게 된다. 이 세상에는 과학과 기술이 우리 사회와 지구상에 재난 같은 결과는 아니더라도 악영향을 끼치고 있다고 생각하는 사람들이 많다. 그런 측면에서 보면 테드의 신념을 편집증적 망상이라고 낙인찍기는 어렵다. 그의 신념과 격렬한 분노가 결합되었을 때 위험스러운 일이 되는 것이다. 격렬한 분노는 복수를 추구하는 연료가 되었고 신념은 그러한 복수의 목표가 되었다. 여기에서 중요한 요점은 격렬한 분노는 신념 자체로부터 기인하는 것이 아니라 가족이나 가족 외의 타인과의 관계 맥락에 뿌리를 두고 있다는 것이다.

다른 사람들을 죽이려는 시도를 함으로써 복수를 하는 것은 그가 불안에 의한 절망을 누그러뜨리는 방법이었다. 그가 자신에게 부정적인 영향을 줄 수 있는 타인들과 접촉해야 하는 위협을 감소시킬 수 있었을 때, 아마도 그에게는 1970년대 중반 그 시기에 비교적 평온한 상태로 지냈을 때는 사람들을 죽이려는 시도를 하지 않았다는 점이 흥미롭다. 내 생각에는 그 시기 동안에 그의 살인 충동은 잠복기 상태였을 것으로 생각된다. 살인에 대한 그의 생각은 그가 행동으로 옮기기 훨씬 이전부터 시작되었을 것이지만 그가 반항심을 가졌던 사회적 사건들로부터 더 이상 도망칠 수 없다고 느끼기 전까지는 실제 행동으로 옮겨지지 않았다.

만약 이러한 살인이 일어나기 전에 어떤 치료적 개입이 이루어졌다면 미리 예방할 수 있지 않았을까? 완다와 데이비드, 그리고 린다가 1998년 1월 11일 CBS 뉴스에서 마이크 월러스(Mike Wallace)와 가진 인터뷰에서 월러스는 카진스키 부인에게 테드가 자랄 때 테드에게서 이러한 문제의 심각성을 암시하는 어떤 사인을 보지는 않았는지 질문을 했다. 그녀는 대답하기를, "그렇게 크게 느껴지는 것은 없었어요."라고 했다. 그녀의 대답은 나에게 있어서는 그다지 놀라운 것이 아니다. 왜냐하면 가족들은 상당히 높은 불안이 있을 때에도 자신들이 그것을 잘 해결할 수 있을 것이라고 믿는 경향이 있기 때문이다. 테드의 사회적 철수와 부모와의 갈등은 겉으로 볼 때 그들이 감당할 수 없다고 생각할 만한 수준은 아니었다. 여러분은 에필로그에서 나의 가족들도 내 형이 성장할 때에 도움을 찾지 않은 이유에 대하여 썼던 것이 기억날 것이다.

또 한 가지 생각은 카진스키 부인이 했던 말과 같이 "그렇게 크게 느낄 만한 것은 없었어요."라는 것이다. 아마도 더 중요한 이유는 나의 어머니가 아들의 10대 초기에 치료를 받아보라는 권고를 받아들이지 않았던 것은 자신이 아들의 자존감을 손상시킬까 봐 두려워했었기 때문인 것으로 보인다. 사람들은 어머니의 태도가 지혜롭지 못하다고 비난할지 모르지만 이것은 감정체계가 객관적 판단을 무력화시킨다는 것을 설명해 주는 부분이다.

가족치료가 유용했을 시기는 테드가 버클리를 그만두고 집으로 돌아왔을 때이다. 나는 어디에서도 그들이 그 시기에 도움을 요청했다는 기록을 보지 못했다. 그러나 만약에 도움을 구했다면 치료사 중 적어도 한 사람만은 세 사람이 형성한 삼각관계가 매우 불안이 높은 것에 대하여 볼 수 있게 했을 것이고 어느 정도는 안정화시킬 수도 있었을 것이다. 그러나 그러한 시기에 가족들은 가족의 불안에 대하여 서로를 비난하느라고 바빠서 어떤 사람도 불안을 낮추기 위해 무엇을 해야 할지를 모른다. 치료사가 체계론적 사고를 활용하여 잘 접근할 수 있다면 인내심을 가지고 사람들이 서로의 잘못에 초점을 두는 대신, 자신들이 필요로 하는 변화를 위해 자신들에게서 그 답을 찾아낼 수 있도록 도왔을 것이다. 만성불안이 높고 감정반사가 지배적이 되면 이 분화 수준에서는 누구도 객관성을 얻기가 지극히 어렵다. 치료사가 정서적 중립성을 유지하고 가족이 관심을 가지고 지속적으로 올 수 있도록 도우면서 중립적 부분과 지속적 접촉을 할 수 있게 하면 비록 가족원들이 체계론적 사고를 이해하지 못한다 해도 가족의 불안을 낮추는 데 도움이 된다.

제20장

개리 길모어 가족

정신병 환자는 자신이 다른 세계에서 온 혼령들과 접촉했다고 생각한다. 자신이 망자의 혼령들에게 희생되었다고 믿으며 자신이 사악한 힘의 세계에 살고 있다고 생각하고 공포에 휩싸인다. 사이코패스도 그러한 곳에 살면서 스스로 강한 것처럼 느낄 뿐이다. 사이코패스는 자신이 마치 그런 힘의 세계에서 강력한 힘을 가지고 있다고 생각한다. 가끔은 자신이 그러한 힘들에 대항하여 전쟁도 할 수 있고 전쟁을 하면 이길 수 있다고 믿기까지 한다. 그래서 현실 세계에서 실패하면 거의 무너져 버린 상태가 되고 정신병자처럼 귀신에 씌인 것처럼 된다. …… (아마도 이것은) 사이코패스를 정신병자와 연결시켜 보려는 시도인 듯하다.

-유타주립병원 법의학과장 존 C. 우즈(John C. Woods), 노만 메일러의 『사형집행인의 노래』에서 인용

개리 길모어와 그의 가족 이야기는 단순히 돈과 관련된 미숙함의 문제라고 보기보다는 정서적으로 미성숙한 인간성의 문제라고 생각해 볼 수 있다. 나는 수십 년 전에 마이캘 길모어(Mikal Gilmore)가 쓴 책 『가슴에 총을 맞고(Shot in the Heart)』(1995)를 처음 읽고 관심을 갖게 되었다. 그 책은 길모어 가족에서 성장하면서 경험했던 마이캘의 삶에 관한 이야기이다. 그 가족에는 네 명의 아들이 있었는데, 개리는 둘째 아들이었고 마이캘은 막내였다. 마이캘의 책을 읽고 난 직후 나는 노만 메일러의 『사형집행인의 노래』(1979)를 읽었다. 메일러의 책은 개리의 마지막 여덟 달 동안의 삶을 집중적으로 쓴 책으로 개리와 니콜의 관계에 대하여 상세하게 설명되어 있는 중요한 책이었다. 이 두 책을 읽고 나는 개리의 살인행위에 대하여 보웬이론을 적용해서 설명할 수 있는 충분한 정보를 얻을 수 있었다. 나는 가족 정서과정이 가족 내 자녀들에게 미치는 장기적 영향을 탁월하게 설명해 주는 책이라고 생각하여 이 두 권의 책을 추천을 하기 시작했다. 개리의 아버지와 어머니, 그리고 개리와의 사이에 만들어진 부모-자녀 삼각관계에서 반복되는 관계는 개리처럼 심각한 문제행동을 발전시키는 사람들의 부모들에서 볼 수 있는 모습으로 보웬의 연구는 이를 잘 설명하고 있다. 이 부모들은 자녀들에게 "나는 네가 무슨 짓을 해도 너를 사랑한다."는 메시지를 끊

임없이 전달한다(Bowen, 1970). 아이에게 아무리 심한 체벌을 한다고 해도 부모로부터 받은 이 기본적 메시지를 녹여 없애지는 못한다. 보웬이론의 관점에서 보면 마이캘은 개리의 발달과정에서 아버지가 어머니에게 주었던 영향을 지나치게 강조하고 있는데, 그러나 책 속에 있는 가족관계에 대한 풍부한 내용들에 보웬이론을 적용하면 그와는 다른 관점에서 잘 설명될 수 있다.

메일러의 책을 읽으면서 나는 이 책 서두에서 인용한 우즈 박사의 말에 특별히 관심이 갔는데 "사이코패스에서 정신병자로"라는 말이 암시해 주는 부분이었다. 이 장을 준비하면서 이 두 권의 책을 다시 읽는 중에 나는 이런 의문이 들기 시작했다. 정신병으로 확진된 사람들이 살인을 저지르는 것보다 극단의 사이코패스라고 규정된 사람들이 살인행동을 더 잘 통제할 수 있을까 하는 의문이다. 정신병이나 반사회적 행동을 하는 사람들은 모두 전 생애에 걸쳐 역기능의 연속선상의 모든 지점에서 광범위하게 존재한다. 개리는 이 연속선상에서 가장 극단의 역기능 행동을 한 것이다. 보웬이론에서는 심각한 수준의 정신병적 증상과 반사회적 행동은 둘 다 심각한 수준의 정서적 역기능을 나타내는 것이라고 본다. 두 가지 모두 정서체계에 장애가 있음을 보여 주는 것이며 이는 개리와 그 가족의 정서체계에서도 마찬가지이다. 두 가지를 모두 정서체계의 장애라고 개념화하는 것은 우즈가 생각한 사이코패스와 정신병을 하나로 연결해 주는 다리와 같은 것이다. 보웬이론의 관점에서는 정신병자들은 그들의 불안을 망상이나 환각(때로는 누군가를 죽이라고 지시하기도 하는)으로 내재화시킨다고 본다. 그리고 사회적으로 문제행동을 하는 사람들은 그들의 불안을 관계 체계(때로 다른 사람에게 폭력을 하는 형태)에 습관적으로 외현화시킨다고 보는 입장이다.

통제의 수준을 어떻게 정하는지에 대한 질문에 답을 찾는 것은 그다지 어렵지는 않다. 왜냐하면 현대 법체계에서는 정신병 상태에서 살인을 저지르는 사람들을 사이코패스보다는 책임을 덜 져도 되는 것으로 보고, 그들이 자신의 행동을 사회적으로 용인되는 기준을 적용하여 도덕적으로 나쁜 것으로 인식하는지에 따라 판단한다. 개리 길모어의 살인사건을 재판하는 동안 정신의학자들은 그가 정신병자라는 증거가 없다고 평가했기 때문에 그의 행동에 대하여 그에게 전적으로 책임이 있다고 판단하였다. 그러나 이 사례의 경우 설명하기 어려울 정도의 강렬한 정서적 힘을 생각할 때 나는 이 판별에 적용된 기준이 의학과 법체계가 생각하는 것처럼 명확하지 않다고 생각한다.

길모어-브라운 가족의 가족도형을 보면서 이야기를 시작하겠다([그림 20-1] 참조). 나는 이 장에서 가족도형에 관한 몇 가지 부분들을 강조하려고 한다. 개리의 아버지인 프랭크 길모어가 베시 브라운을 만나기 전에 짧은 기간의 결혼 후 이혼을 한 적이 적어도 여섯 번이 있었고 베시와 결혼하기 이전 그의 마지막 결혼 관계 이후, 그리고 프랭크의 자녀들 다음 부분에 물음표가 있는 것은 매우 놀라운 일이다(다른 사람들이 존재했는지는 알려져 있지 않다). 프랭크의 첫아이는 결혼하지 않은 상태에서 출생한 혼외자였다(점선으로 표시되었음). 그는 두 번째 결혼에서 아들을 하나 낳았는데 이 아이는 프랭크의 어머니가 양육했다. 그는 아내가 다른 남자와 침대에 함께 있는 것을 보고서 아이를 아이의 어머니에게서 떼어 내 자신의 어머니에게 데려다 놓은 이후로 18년 동안이나 그의 아들 로버트와 아이의 어머니를 돌아보지 않았다. 프랭크는 그의 성인기 동안 어머니와 떨어져 지냈고 어떤 확대가족과도 중요한 관계를 맺지 않고 지냈다. 로버트의 어머니를 떠난 후 1938년 베시와 결혼하기 이전까지 마치 방랑자와 같은 관계를 계속했다. 베시와의 결혼은 끔찍한 갈등과 학대 속에서 프랭크가 1962년에 사망하기까지 지속되었다. 이 프랭크에 관한 정보와 다음에 기술한 베시에 관한 정보를 보면 두 사람의 분화 수준이 낮았던 것을 알 수 있다. 베시는 프랭크보다는 확대가족과의 관계를 조금 더 이루고 있기는 했지만 그녀도 확실히 가족과의 관계에서 정서적으로 단절되어 있었다.

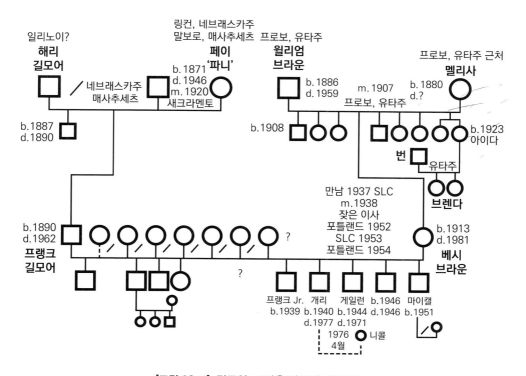

[그림 20-1] 길모어-브라운 가족의 가족도형

이 가족의 가족도형에서 또 다른 놀라운 것은 보웬이론가인 로버타 홀트(Roberta Holt, 2011)의 말을 인용하면 "소멸하는 가족family of extinction"이라는 점이다. 프랭크와 베시 길모어 가족은 후손이 전혀 없다(개리가 아이를 가졌는지는 확실하지 않다. 그러나 그는 자녀를 실제로 가졌다 해도 아이를 보거나 부양하거나 하지 않았다). 홀트의 논문에서 그녀는 보웬(1976)을 인용하면서, "(소멸해 가는 가족들)은 출산율이 낮은 패턴을 보이고 극도로 낮은 기능 수준을 보이면서 가족원들 중 많은 사람들이 신체적 · 사회적 · 정서적 역기능을 보인다"(2011, p. 144). 이러한 설명은 길모어 가족에게도 부합된다. 보웬이론에서는 낮은 기능이 낮은 분화 수준과 관련이 있다고 본다. "자기"의 분화 수준이 아주 낮고 정서적 의존성은 아주 극단적이어서 대부분의 가족관계가 심하게 불안정하고 자녀들과 분화하기보다는 심하게 미분화된 프로그램을 가지고 있다. 마이캘은 이 가족의 형제 중에서 가장 분화된 "자기"를 발달시켰다고 평가되는 자녀로서 생산적인 생애과정에 가까운 삶을 살았는데 그는 자신이 지속적인 친밀관계를 유지하는 데 매우 무능하다는 것을 인정한 첫 번째 자녀였다. [그림 20-1]에 제시된 가족도형은 그가 한 번 결혼했었다는 것을 보여 주고 있는데 몇 년 살지 못했으며 자녀가 없는 것으로 나타나 있다.

베시의 원가족에서 막내형제가 쌍둥이였는데 그중 아이다와 베시는 특별히 가깝게 지냈다. 아이다는 번과 결혼해서 두 딸이 있는 것으로 나타나 있다. 베시의 다른 형제들은 모두 자녀들이 있었지만, 여기에 아이다와 번의 가족만 표시한 것은 이 가족이 개리 길모어 이야기에서 중요한 부분을 차지하고 있기 때문이다. 그들의 큰딸인 브렌다는 부모의 적극적 지원을 받아 1976년 4월에 개리를 가석방하는 데 역할을 했다. 개리는 아이다와 번과 함께 살기도 했고 브렌다 부부와 함께 그의 어머니가 자랐던 프로보에서 잠깐 살기도 했다. 개리가 이 가족들의 환영을 받은 것은 아주 잠깐에 불과했다.

가족도형에서 마지막으로 관심을 둘 사람은 니콜 베이커 배럿이다. 개리와 니콜 사이에는 점선으로 표시되어 있는데 그들이 결혼하지 않고 동거하였다는 것을 나타낸다. 그들의 관계는 개리가 가석방된 몇 주 후에 시작되었던 매우 거칠고 강렬한 관계였다. 개리는 니콜이 임대한 집으로 이사 들어갔지만 그들의 관계는 두 달 남짓에 불과했다. 니콜은 개리로부터 위협감을 느끼기 시작했고 그를 떠나 버렸다. 메일러의 표현에 의하면 그들의 관계의 강도와 열정은 유별났다고 표현했다. 두 사람의 관계에서 필연적이었던 이별은 결핍된 두 사람이 서로에 대해 비현실적인 기대를 하다가 관계가 깨지게 되고 결국 니콜이 그를 떠난 지 일주일 만에 개리가 살인을 저지르게 되는 중대한 요인이 되기도 한다.

개리 길모어의 일생에서 의미 있는 사건들을 요약해서 살펴보는 것이 이야기를 시작하는 데 유용하다. 이러한 사건들은 그의 삶이 어떻게 해서 만신창이가 되었는지를 보여 주는 것들이다.

- 개리, 1940년 12월 7일 텍사스에서 태어나 아버지의 이름을 가명으로 받음. 그 이름은 나중에 가족이 텍사스를 떠날 무렵 베시의 주장으로 바뀌게 됨
- 개리가 13세 때, 가족이 솔트레이크시티에서 살고 있었는데 사회적으로 문제가 된 첫 심각한 행동문제 발생
- 1953년 가족들이 오리건주 포틀랜드로 돌아왔을 때 몇 차례의 반복된 좀도둑질로 인해 개리가 처음으로 교도소에 수감됨
- 중학교 시절, 기름 바른 머리 스타일을 하고 오토바이 재킷 차림으로 흡연, 음주, 무단결석, 오토바이 폭주, 여자아이들과 문제 일으키기 등 유난스럽고 파괴적인 행동을 함
- 14세에 개리는 학교 중단
- 1954년 개리는 도둑질과 자동차 절도사건으로 소년원에 보내짐. 15개월 동안 수감 중 네 번 탈출을 시도함. 행동이 바뀌어야 자유롭게 된다는 것을 알게 됨. 소년원에서 개리가 높은 지능을 가졌으며 예술적 재능이 있음을 알게 됨
- 소년원을 나온 뒤 더욱 상습적 범죄자가 되었고 조직폭력배가 되고자 함. 주거 침입으로 특별히 총기류를 훔침. 소년원에서 나온 뒤 8개월 이상 자유로웠던 적이 없었음
- 무장강도 범죄로 1961년 오리건 주립 교정원OSCI에 수감되어 1년 가까이 지냄
- 교정원에서 석방된 후 무면허 음주운전 혐의로 오리건주 포틀랜드의 로키 버트 감옥에 수감됨. 1962년에 석방됨. 수감 중 1962년 6월에 아버지의 사망 소식을 듣고 팔목을 그음
- 로키 버트에서 나온 이후 바로 포틀랜드의 범죄적 요소가 됨
- 1964년, 더 많은 범죄를 저지르고 오리건주 교도소에 15년 징역형을 선고받음. 그곳에서 당국자들에게 끊임없이 반항 행동을 하여 교도소장의 최악의 골치덩이가 되었음. 그는 장기간 독방수감을 자주 즐겨 했는데 독방에 있을 때는 눈에 띄게 평온하고 잘 행동함
- 1975년 오리건 주립 교도소장이 개리의 이감을 원하여 그를 일리노이의 매리온 연방교도소로 보냄. 그는 거기에서 유순하게 행동하여 아이다와 번, 브렌다의 협조로 1976년 4월 가석방됨

- 개리의 이모와 이모부가 유타주의 프로보에 올 수 있도록 비용을 지불해 줘서 그들과 함께 살게 됨
- 개리는 이모부의 구두수선 가게에서 몇 주 동안 일을 하다가 같은 직장의 다른 직원을 신체적으로 공격한 사건이 있고 난 후 다른 직장에서 일을 하게 됨
- 지속적으로 불안정한 행동을 하고, 끊임없이 이모부에게서 돈을 빌리는 행동으로 개리는 아이다와 번, 브렌다의 신망을 잃게 됨. 그 시기쯤 교도소에서 나온 지 한 달쯤 되었을 때 니콜 베이커 배럿을 만났고 개리는 곧장 그녀의 집으로 이사 들어감
- 개리는 가석방 조건을 지키지 않고 가게에서 일상적으로 물건을 훔침. 니콜은 그 사실을 알고 있었고 담당자들은 그것을 모른 척했음
- 2개월쯤 지나서 니콜은 악화되는 관계를 떠나 서둘러서 개리가 찾을 수 없는 곳으로 가 버림. 일주일 후 유타주 오렘에서 아무 이유 없이 맥스 젠슨과 벤 부쉬넬을 살해함. 약간의 현금만이 도난당했음
- 개리는 즉각 체포되어 중범죄 혐의로 유타주 교도소에 수감됨
- 개리는 1976년 10월 유죄로 인정되어 사형선고를 받음. 개리는 교수형을 선택함
- 니콜이 개리의 수감 중에 찾아와 만남. 두 사람의 강렬한 관계가 교도소 면회라는 제약 속에서 다시 시작됨
- 미국시민자유연맹ACLU의 변호인단이 개리의 의사에 반해서 사형집행을 지연시키고자 시도함. 개리의 반대에도 불구하고 여러 차례 형 집행정지가 있었음
- 개리와 니콜은 동반자살을 합의하고 1976년 11월 16일 동시에 자살을 시도함. 둘 다 살아났으나 니콜은 정신과 병동에 입원되었고 더 이상 개리를 만날 수 없었음. 두 사람은 많은 편지를 주고받았음
- 판사가 또다시 사형집행을 정지하는 결정을 하자 12월 16일에 또다시 자살을 시도함
- 1977년 1월 17일 마침내 개리의 사형이 집행됨
- 니콜은 실제로는 시도하지 않은 자살 유서에서 자신을 화장시켜서 개리의 뼈와 함께 언덕 위에서 뿌려 달라는 내용을 써 놓음

길모어 가족에 대하여 앞으로 상세하게 서술하고자 하는데, 기억할 것은 이 책에서 제시하는 네 사례를 통하여 보웬이론이 인간 발달을 형성하는 힘에 대한 개념적 구조를 제시해 주고 있으며 가족이 정서적 단위로서 기능한다는 것을 발견한 유일한 이론이라는 것을 강

조하기 위한 것이라는 점이다. 대부분의 정신건강 전문가들은 트라우마, 학대, 방임을 아동의 발달단계에서 경험하면 나중에 성장하여 성인이 되었을 때 심리적·행동적·신체적 질병 문제를 일으킬 취약성을 증가시키는 주원인이 된다는 전통적 사고를 훈련받는다. 보웬이론을 배우는 대부분의 학생들은 이전의 훈련과정이나 문화 속에서 학습한 전통적 관점에 익숙해져서 트라우마, 학대, 방임이 잘 분화되지 않은 가족에게서 흔히 발견되며 낮은 분화 수준과 그로 인한 만성불안이 임상 증상의 발달에 있어서 가장 중요하다고 강조하는 보웬이론의 관점으로 옮겨 가는 데 어려움을 겪는다.

보웬이론의 발달상 이해를 돕기 위한 핵심 내용들은 제9장에 소개되었다. 이러한 이해는 분화와 융합이라는 서로 상반되는 힘의 상호작용에 근거한다. 융합의 과정은 만성불안에 의해 가족원들의 의사소통과 행동으로 나타나는데, 한편으로는 다른 사람의 행동을 통제하는 것으로, 다른 한편으로는 지나치게 허용적이 되는 것으로 나타난다. 스펙트럼의 한쪽 끝, 통제적인 행동을 하는 쪽에 위치한 사람은 자신의 불안을 다른 사람이 말하고 행동하는 것을 통제하는 데 사용한다. 스펙트럼의 다른 쪽 끝, 허용적인 위치에 있는 사람은 자신에 대한 타인의 비현실적 기대를 만족시키기 위해 자신의 불안을 통제하고 타인에게 맞추려고 한다. 통제적 행동의 한쪽 끝에 위치한 사람들은 자신이 다른 사람을 더욱더 통제함으로써 더 잘 기능하게 할 수 있을 거라고 굳게 믿는다. 허용적 행동의 끝에 위치한 사람들은 다른 사람을 더 많이 사랑하고 이해하면 그들을 고칠 수 있다고 강하게 믿는다.

분화 수준이 낮은 가족은 불안에 의한 부정적 정서와 행동의 소용돌이 속에서 심각한 정서적 의존성을 인식하지 못한다. 우리 모두는 서로 아주 사랑하는 사람들이 시간이 지나면서 서로 미워하는 데까지 이른 것을 보아 왔다. 증오의 표현 속에는 사랑의 표현이 숨어 있다. 정반대로 분화의 꼭대기 정점에 위치한 사람들은 그들의 의사소통과 행동이 중요한 타인들과의 관계에서 친밀하게 연결될 수 있는 능력이 있음을 보여 주고 있으며 평정심과 사려 깊은 태도를 유지할 수 있어서 타인을 통제하려 하지 않고 상대방이 자신을 통제하도록 내버려 두지도 않는다. 분화 수준이 높은 사람이 만들어 내는 '정서적 여유'는 질 좋은 의사소통을 할 수 있게 하고 서로 협조적이 되게 하며, 긍정적인 감정표현을 할 수 있도록 해 준다.

이제 다시 개리의 이야기로 돌아가서 주인공과 그들의 관계에 대하여 좀 더 명확한 그림을 얻기 위해 개리의 부모님으로부터 이야기를 시작해 보자. 베시 브라운은 아홉 자녀 중 다섯째로서 유타주 프로보에서 살고 있었던 엄격한 몰몬교 가정에서 성장하였다. 베시는 청소년기에 자신의 권리를 주장하는 반항적인 아이였지만 나중에 태어난 자신의 아들들에 비하면 그다지 심하지는 않은 편이었다. 베시는 부모님이 정해 놓은 통금시간을 항상 어겼고 나쁜 아이들과 어울려 다니는 것에 대하여 자주 야단을 맞았다. 베시는 가족으로부터 늘 굴욕감을 느꼈고 지옥살이처럼 느꼈다. 베시는 몰몬교 가정에서 성장한 다른 아이들처럼 행동하지 않았다. 그녀의 성장기에 그녀에게 남겨진 것은 깊은 불안과 자책감뿐이었다. 베시와 그녀의 가족 간에는 정서단절 패턴이 형성되었고 베시는 20대 초반에 일찍 프로보를 떠나 솔트레이크시티에서 살았다. 그리고 캘리포니아에서도 잠깐 산 적이 있다. 거기에서 관계에 실패를 하고 다시 솔트레이크시티로 돌아와 청소부와 보석 모델 일을 하면서 살았다. 그녀는 가족들로부터 비판당하고 멸시당한다고 느꼈고 특히 잠시 동안 집을 방문하러 갔을 때 더욱 그랬다.

베시가 프랭크 길모어를 만났을 때는 24세 때 솔트레이크시티에 살고 있었을 때였다. 그의 나이는 47세였고 그는 자신이 『유타 매거진(Utah Magazine)』에서 일하는 광고 세일즈맨이라고 말했다. 베시는 그에게 푹 빠졌다. 그는 술 마실 때 외에는 별로 말이 없었고 그 자신의 배경에 대해서는 더욱 말이 없었다. 그는 이전에 서커스 공연을 한 적도 있었고 영화의 스턴트맨으로도 일한 적이 있었다. 며칠이 지나서 프랭크는 베시에게 그다음 날 결혼할 예정이라고 말을 했고 그 후로 1년 동안 서로 연락이 없었다. 그 후 우연히 다시 만났을 때 프랭크는 짧은 기간의 결혼생활이 끝난 뒤였다. 며칠 동안 만난 후 프랭크는 베시에게 결혼하자고 했고 베시는 그의 청혼을 수락하고 프랭크와 함께 그가 18년 동안 만나지 않고 지냈던 새크라멘토에 살고 있는 그의 어머니를 만나러 갔다. 자격증이 있는 목회자였고 심령술사였으며 점술가였던 프랭크의 어머니 파니는 베시와 프랭크를 결혼시켰다. 프랭크는 새크라멘토에 베시와 그의 어머니와 함께 살기 위한 집을 샀다. 그러고서는 갑자기 수 주 동안 사업차 출장을 떠났다. 갑작스런 출장 통고와 출장 기간의 연장에 대한 통고 방식은 프랭크와 베시의 관계에서 수년 동안 반복된 패턴이었다. 프랭크의 아들 로버트는 파니가 양육을 맡고 있었는데 역시 새크라멘토에 살고 있었고 베시가 그 사실을 알게 되었다. 베시는 나중에 자신의 아들들에게 말하기를 로버트가 그녀의 첫아이의 아버지라고 했다. 맨처음 프랭크가 집을 떠난 사이에 베시는 그동안 전혀 알 수가 없었던 프랭크에 대한 여러 가지 사실을 알게 되었고 그가 여러 번 결혼을 했던 사실도 알게 되었다. 파니는 베시가 프랭크에 대하여 아무것도 알지 못한 채 결혼한 것을 알게 되었다.

그다음 2년 동안은 자주 이사를 하기는 했지만 그 후의 결혼생활에 비해서 그들의 관계가 그래도 나은 편이었다. 자녀들이 없을 때 그들은 서로 잘 협조했다. 그러나 베시는 프랭크가 잘못된 거래를 하면서 돈을 벌고 있다는 것을 알아챘다. 그는 사기꾼이었고 광고를 판 돈을 모두 다 자신의 것으로 가로챘다. 그는 체포되지 않으려고 자주 이사를 했고 이름도 자주 바꿨다. 베시까지도 『유타 매거진』에서 일하는 것처럼 위장하고 사기질에 가담했다. 그리고 호텔에 방을 얻어 전화로 고객들을 상대했다.

그들의 관계는 그들 사이에 첫아이 프랭크 주니어가 태어났을 때 크게 바뀌었다. 프랭크 시니어는 베시보다도 더 아이들을 갖고 싶어 했고 아이를 돌보는 일을 돕기도 했지만 그들의 관계는 갈수록 더욱 긴장과 갈등이 심해졌다. 개리는 1년쯤 지나서 가족의 긴장이 심하게 높아졌을 때 태어났다. 아버지 프랭크는 더욱 거칠어지고 베시는 극도로 고립감을 느꼈다. 프랭크의 술 마시는 버릇은 더욱 심해졌고 베시에게 폭력을 휘둘렀으며 둘째 아이에게는 별로 관심을 보이지 않았다. 베시는 폭력에 대하여 자신을 자책했고 프랭크는 여기에서 다 열거할 수 없을 정도로 이상한 행동들을 많이 했다. 가장 중요한 것은 개리가 이렇게 불안이 높은 가족체계에서 태어났다는 것이다.

1941년 12월 프랭크는 캘리포니아에서 부도수표 발행 문제로 체포되어 감옥에 수감되었다. 베시는 아들 프랭크 주니어와 개리를 데리고 재판에 참석했다. 재판에 참여하면서 베시는 남편의 모든 범죄기록을 알게 되었다. 프랭크는 산 쿠엔틴 교도소에서 10년간 복역해야 하는 징역형을 선고받았지만 2년이 지나 교도소에서의 착실한 행동으로 가석방이 되었다. 베시는 프랭크가 이미 죄에 대한 대가를 다 치뤘다고 생각하고 그 시기 동안에는 남편에 대한 연민을 가졌다. 그러나 시간이 지나면서 연민은 분노로 점점 바뀌게 되었다.

프랭크가 교도소에서 복역하고 있는 동안 베시는 캘리포니아에서 지내기보다는 아이들을 데리고 친정 부모와 함께 살기 위해 프로보로 갔다. 그녀의 부모는 프랭크를 이미 만난 적이 있어서 매우 심하게 그를 싫어했다. 그녀는 부모의 집 뒷마당에 있는 비좁은 움막 같은 곳에서 살면서 부모와 자신의 상황에 대한 분노가 점점 더 커져 갔다. 흥미롭게도 베시는 개리를 돌보는 일을 프랭크 주니어에게 점점 더 의지하게 되었다. 이것은 손위 형의 삶에 확고한 패턴을 형성하게 한다. 맏이의 위치에 있는 아들은 어머니가 죽을 때까지 어머니를 돌보는 역할을 하게 되는 일이 많다. 베시는 가끔 감정이 격해지면 아이들에게 분노를 표출하곤 했다. 그녀의 어머니가 아이들의 양육권을 빼앗아 버리겠다고 협박하는 지경에까지 이르기도 하였지만 그런 일은 전혀 일어나지 않았다. 1943년 7월에 프랭크는 가석방이 되어 프로보로 갔지만 그다지 잘 지내지 못했고 베시의 아버지는 결국 이 식구들을 내쫓아 버렸다.

프랭크는 캘리포니아에 있는 조선소와 강철공장에서 합법적인 일을 얻을 수 있었지만 전쟁 같은 삶은 계속되었다. 1945년 프랭크의 가석방 기간이 종결되자 다시 사소한 범죄행위를 계속했고 가족은 방랑생활을 계속했다. 이 부부의 세 번째 아들인 게일런이 1944년에 태어났다. 가족은 경제적으로 매우 힘들어졌고 노동자들을 위한 간이 숙박시설에서 살기도 하고 구세군의 도움을 받기도 했다. 프랭크는 여전히 갑자기 사라져 버리는 패턴을 계속했고 베시는 세 아이들과 함께 힘들게 살아가야 했다. 베시는 이 가족들을 연결해 주는 접착제 같은 존재였다.

1946년에 프랭크의 어머니가 죽었을 때 프랭크의 감정반사행동은 매우 심해졌다. 그는 일을 그만두고 심하게 울었고 폭음을 했다. 이런 방식은 어머니가 살아 있을 때는 어머니에게 관심과 사랑을 거의 보이지 않았던 남자들의 행동이다. 그때 그는 자신이 심한 간 손상이 있고 술을 끊어야 한다는 말을 들었다. 그는 술을 끊었지만 그것은 좋기만 한 것은 아니었다. 그의 분노는 더욱 심해졌고 베시를 구타하고 자녀들을 더욱 폭력적이고 비열하게 대하는 일이 심해졌다.

프랭크가 술을 끊고 가족에게는 중요한 전환점이 되는 시기가 왔다. 프랭크가 이사하는 것에 대한 부담감이 줄면서 1948년에 오리건주 포틀랜드로 이주했다. 프랭크가 그 지역의 건물들을 안내하는 책을 제작하는 합법적인 일을 시작했고 그 일로 광고 수입이 좋았다. 이 일이 성공적이자 프랭크는 다시 이사하자고 베시를 졸랐지만 베시는 거절했다. 그들은 포틀랜드에 작은 집을 샀고 가족들은 좀 더 정상적으로 보이는 삶을 살기 시작했다. 베시가 다시 아이를 가졌지만 아기는 태어난 지 며칠 되지 않아 사망했다. 그들의 마지막 자녀인 마이캘이 1951년 2월에 태어났다. 감정이 다시 극단적으로 힘들어진 베시가 새로 태어난 아이를 질식시켜 죽이려고 한 일이 발생했다. 프랭크가 나서서 말렸고 모든 일은 다시 나아졌다.

베시의 반대에도 불구하고 프랭크는 1950년 초에 다시 이사할 것을 고집했는데, 이번에는 솔트레이크시티로 가자고 했다. 거기에서 프랭크는 역시 같은 유형의 합법적인 일을 계속했다. 프랭크와 베시는 유타에서 법적인 부부가 되었다. 그들은 거기에서 집을 샀는데 베시는 그 집에서 유령이 나온다고 믿었다. 이제 열세 살이 된 개리는 솔트레이크에서 처음 행동문제를 일으키기 시작했다. 거친 행동을 하는 사람들과 어울렸고 훔치고 비행을 저질렀다. 개리는 악몽에 시달리면서 깨어나기도 했고 그럴 때마다 어머니를 불렀다. 베시는 아이의 마음속에 귀신이 들려 있는 것 같다는 생각을 했다. 개리는 훔친 물건을 차고에 넣어두고 사용하지 않았지만 개리의 아버지가 결국 그것들을 발견하고 개리에게 그것을 모두 되돌려 주도록 했다. 베시는 집안에 유령이 돌아다닌다고 우기면서 이사할 것을 주장했다. 그들은 다시 포틀랜드로 되돌아가서 거기에 집을 샀다.

흥미롭게도 베시는 수년 전부터 개리가 언젠가는 사형이 집행될 거라는 두려움을 가지고 있었다.

> 개리는 본래 사랑스런 아이였으나 그녀는 아이가 세 살 되었을 때부터 그런 두려움을 가지고 있었다. 그때부터 개리는 어머니가 가까이 갈 수 없는 모습을 보여 주기 시작했다. 한번은 아버지 프랭크가 감옥에 가 있었던 해의 연말쯤(베시는 프로보에서 그녀의 부모와 함께 살고 있었다), "그녀는 집에 앉아서 개리가 뜰에서 놀고 있는 것을 지켜보고 있었다. 거기에는 그녀가 개리에게 가지 말라고 한 진흙 웅덩이가 있었다. 2분쯤 지나서 그녀가 집안으로 들어가자 개리는 그 웅덩이 속에 들어가 앉았다. 그 일로 베시는 두려움을 갖게 되었다. 개리는 늘 그렇게 반항적이 될 아이였던 것일까?"(『사형집행인의 노래』, p. 514)

베시 길모어는 개리가 반항적인 아이가 되는 데 자신이 어떤 역할도 하지 않았다고 생각했다. 어떤 사람들은 아이가 태어날 때부터 그렇게 태어난다고 믿는 사람들도 있다. 아이의 유전자에 '나쁜 씨앗'이 심겨져 있다고 생각한다. 길모어와 브라운 가족과 연관된 사실들을 알게 되면 이 잘 분화되지 못한 가족들의 문화에서 다음과 같은 규칙을 찾아볼 수 있다. 보웬이론은 개리의 성격 특성인 반항심이 발달과정에서 아버지로부터 받았던 폭력의 영향일 것이라는 점에 대하여 무시하는 입장은 아니지만, 개리가 자신의 감정을 적절하게 통제하는 방법을 학습하지 못한 것은 부모의 지나친 관여와 지나치게 허용적인 부모 역할 태도에 의한 것이라는 데 더 큰 의미를 둔다. 보웬이론의 관점에서 보면 가족 내 상호작용에서 일어나는 정서적 프로그래밍이 그의 반항심과 도덕률 발달 실패에 중심 역할을 했다고 본다. 개리는 아동에게 초점두기가 매우 강한 가정의 자녀였다.

개리는 포틀랜드에서 학교를 다니기 시작했지만 열네 살 때 학교를 중단했다. 개리는 이제 자동차를 훔치는 아이가 되었다. 아버지 프랭크와 어머니와 개리의 삼각관계는 개리의 행동이 나빠지면서 더욱 불안이 심해졌다. 이런 경우에 가장 흔한 패턴이 [그림 20-2]에 제시되어 있다. 왼쪽의 그림은 개리가 반항적인 행동을 하면 아버지와 개리 사이에 갈등이 일

[그림 20-2] 이 도형은 아버지와 어머니, 개리 사이에 형성된 부모-자녀 삼각관계 패턴을 보여 주고 있다. 갈등선은 매우 높은 불안에 의한 정서적 갈등을 나타낸다. 가운데 그림에서 개리의 어머니와 아버지 사이에 표시된 화살표는 어머니가 남편에게 아이를 때리는 것을 멈추도록 압박하는 것을 표시한다.

어나고 아버지는 자녀의 훈육을 위해 더욱 엄하고 강압적이 되었다. 그는 아이들이 제멋대로 행동하면 매우 싫어했다. 그는 아이들을 때릴 때 면도칼을 가는 가죽끈이나 벨트를 사용하기도 하고 주먹질을 하기도 했다. 그러면 개리는 소리를 지르곤 했는데 그럴수록 아버지의 구타는 더욱 심해졌다. 개리의 형 프랭크의 말에 의하면 개리는 그러한 부당함에 대하여 격분을 하곤 했다고 한다. 어느 시점이 되면 베시가 끼어들어서 남편에게 구타를 멈추라고 했다. 이것은 두 번째 그림에 표시되어 있다. 아들 프랭크는 베시가 이 사이에 끼어들게 되면 두 사람 사이의 갈등은 세 번째 그림처럼 이제 부모 사이로 옮겨 간다는 것을 알았다 (Mailer, 1979). 아버지 프랭크는 아내 베시를 구타하기 시작했고 그러면 베시가 비명을 지르고 소리를 질렀다. 아들 프랭크는 진짜 문제는 부모님이 서로 상대방의 관심을 원하고 있는 것 때문에 일어난다고 생각했다. 이것은 항상 심하게 다투는 부모 사이에서 강렬한 정서적 융합이 끊임없이 일어나고 있음을 보여 주는 것이다.

또 하나 이 가족 시나리오에서 관심을 끄는 반전은 개리가 체포되고 형 집행을 받게 되면 그의 아버지는 변호사를 사서 그를 변호하는 일에 열성적이었다는 점이다. 아버지 프랭크는 개리에게 "아무것도 인정하지 마라."고 충고했다. 이런 법적 대응은 종종 개리의 책임을 모면하게 해 주기도 했다. 베시는 남편의 이러한 노력을 옆에서 동조했다. 두 사람이 한 행동은 모두 개리에게 "나는 네가 무슨 짓을 해도 사랑한다."는 메시지로 전달되었다. 아버지 프랭크는 이러한 허용적인 태도와 가혹한 통제적인 행동을 번갈아서 사용하였다. 이러한 패턴은 개리가 성장하는 기간 내내 이어졌다.

10대가 되었을 때 개리는 포틀랜드에서 브로드웨이라는 이름의 갱단에 연루되었다. 그 때문에 개리가 체포되는 일이 자주 있었다. 한번은 개리가 학교 창문에 돌을 던져서 중대한 해를 끼친 일로 법적 처분을 받게 되었다. 아버지 프랭크는 그의 아들이 그 시간에 마을

밖에 있었다는 것을 증명하기 위해 사설탐정을 고용해서 개리를 풀려나게 한 적도 있었다. 1954년 5월에 개리가 자동차를 훔쳤을 때 아버지 프랭크는 변호사를 고용해서 개리가 자신도 모르는 사이에 공범자가 된 것으로 조작해서 아들이 죄가 없다는 것을 법정에서 강하게 주장했다. 개리는 바로 석방되었는데 2주 후에 개리는 다시 자동차를 훔친 일로 기소가 되었다. 판사는 개리에게 이번에는 소년원에 수감되도록 판결했다. 프랭크는 판사에게 욕을 퍼부었고 그로 인해 법정에서 쫓겨났다. 법원의 입장은 개리의 부모가 개리의 있는 모습 그대로를 보지 않으려 한다고 보았다.

소년원은 개리에게 아무런 도움이 되지 않았다. 그는 거기에서 범죄자와 동일시되었다. 아버지 프랭크와 베시는 가족들 보기에 개리에게 책임이 없다고 하면서 아들이 석방되어야 한다고 주장했다. 부모 모두가 개리가 잘못된 처벌을 받고 있다고 생각했다. 개리는 소년원에서 여러 번 도망을 했는데 어떤 때는 베시가 개리를 보호하려고 당국에 거짓말을 했던 적도 있었다. 개리는 결국 소년원에서 가석방되었고 부모들의 보호관리를 받게 되었다. 개리가 소년원에 수감되었던 기간 중에 가족의 긴장이 눈에 띄게 감소한 것은 놀라운 일이 아니다. 가족 중에서는 오직 베시만이 개리가 돌아오기를 고대했다. 베시는 개리에게 "나의 특별한 아들, 내가 가장 사랑해야 할 아이"라고 불렀다. 형제들 중에서 어머니에게 '특별한' 아이가 가장 역기능적이 되는 일은 흔히 볼 수 있다. 어머니는 그 자녀가 다른 자녀들보다 자신의 사랑을 더 필요로 한다고 인식하고 있는 것이다.

개리가 집으로 돌아오면 며칠 지나지 않아 가족의 평화는 깨졌다. 가족의 평화가 깨지는 데 기여한 또 다른 흥미로운 반전은 개리가 형성하고 있는 부모와의 삼각관계 패턴이다. 마이캘이 『가슴에 총을 맞고』(1995)에서 서술한 내용에 보면 개리의 형 프랭크는 다음과 같이 말하고 있다. 베시가 가족을 위해 맛있는 저녁식사를 준비하고 아버지 프랭크와 베시, 프랭크 형, 게일런, 마이캘이 식탁에 둘러앉아 식사가 시작되면 베시는 "개리는 지금 어디에 있는 거냐?"라고 말했다. 개리도 식사를 함께 했으면 하는 기대를 갖고 있었던 것이다. 아버지 프랭크는 그녀의 말에 마치 자신이 문제를 해결해야 할 것 같은 느낌을 가진 듯 눈에 띌 정도로 감정반사적이 되었다. 개리가 결국 식탁 앞에 도착하면 아버지 프랭크는 그에게 소리를 고래고래 질렀다. 그러면 베시가 크게 화를 내며 남편과 격렬한 다툼이 시작되었다. 싸우던 중에 베시가 식탁을 뒤집으면 기껏 준비해 둔 음식들이 마룻바닥에 흩어져 버렸다. 이런 과정이 아버지 프랭크가 베시의 상한 감정에 얼마나 민감하게 반응하는지를 보여 주는 부분이다. 그가 차분한 태도를 유지하여 개리에게 강하게 반응하지 않았다면 가족들은 식사를 맛있게 끝낼 수도 있었다. 중요한 점은 부모-자녀 삼각관계에 포함된 세 사람의 내면에 있는 불안은 항상 확산될 수 있다는 것이다. 사람들은 서로에 대하여 매우 민감하게 반응하기 때문에 어디에서 시작되는지를 알기가 어려울 때가 많다. 아들 프랭크는 이러한 가족의 정신적 혼란상태를 두려워하면서 살았다.

개리는 소년원에서 석방된 이후에 도둑질, 가택침입, 마리화나 흡입, 풍기문란 행위, 여자문제 등 그의 이전의 범죄 습관으로 곧바로 되돌아갔다. 매번 체포될 때마다 아버지 프랭크는 여전히 변호사들을 고용해서 개리를 빼내 주었다. 제14장 사회적 정서과정에서 머레이 보웬이 1950년대부터 1970년대 초까지의 법정 기록을 검토한 적이 있었다고 하였는데, 그 결과를 보면 1960년대 중반은 법원이 지나치게 허용적인 결정을 주로 내리던 시기였다. 이것은 청소년 범죄자의 부모들이 했던 결정과도 유사하다.

그러는 동안 게일런의 비행행동도 역시 증가하고 있었지만 개리에 비해서는 상대적으로 덜한 편이었다. 게일런은 매력적이고 재미있고 영리한데다가 재능이 있어서 그의 친구들의 아내들과 여러 번에 걸친 외도사건을 일으켰다. 게일런은 장기적인 관계를 맺는 것에 항상 실패했다. 아버지 프랭크는 개리와 마찬가지로 게일런도 두들겨 팼다. 형 프랭크는 개리가 해야 할 일을 해 놓지 않으면 항상 대신해 주었다. 프랭크 형의 "자기"는 가족 중 다른 사람을 돌보는 기능적 위치에 있으면서 자신의 삶을 손상시키는 쪽으로 형성되었다. 이 시기에 개리는 주기적으로 교도소에 들락거렸고 아버지 프랭크가 고용한 변호사들은 그를 교도소에 가지 못하도록 막지는 못했다. 아버지 프랭크는 개리에게 자동차를 사 주면서까지 그를 바로잡으려고 했지만 아무 소용이 없었다.

마이캘의 가족 내 위치는 다른 사람들과는 달랐다. 그는 아버지에게 맞은 적이 오직 한 번뿐이었는데 베시가 아버지 프랭크에게 이 아이만큼은 때리지 말라고 매우 강하게 말하여 아이를 보호하였다. 마이캘은 다른 사람에 비해 가족 문제로부터 영향을 덜 받았지만 그의 가족 내력인 강한 감정적 관여로 인해 성인으로서 여성과의 관계를 유지하는 데 어려움을 가졌다. 가족 삼각관계 속에서의 마이캘의 위치로 인해 그는 성공적인 관계를 형성하는 데 어려움을 갖는 감정반사 유형을 갖게 되었다.

1950년 말 개리는 캘리포니아의 샌디에이고로 가서 여러 가지 문제를 일으켰다. 그의 아버지처럼 이름을 바꾸고 그전에 사귀고 있었던 여자친구를 데리고 가서 살다가 여러 가지 죄목으로 다섯 차례나 체포되었다. 결국 강간죄를 지어서 오리건주 주립교정원에 수감되었다.

개리가 수감 중에 아버지 프랭크의 새로운 사업은 성공적이어서 가족들은 포틀랜드의 고급주택가에 아주 좋은 새집으로 이사하게 되었다. 베시는 새집을 꾸미기 위해 매우 열심이어서 그녀가 바라는 대로 되지 않으면 크게 화를 내곤 했다. 이 시기에 베시는 남편에게 격분하곤 했다. 그녀는 개리에게 멋지고 안락한 집을 준비해 놓으면 그가 교정원에서 돌아왔을 때 새로운 삶을 살 수 있을 거라는 꿈을 가지고 있었다.

베시가 새집을 꾸미는 일에 강박적으로 매달리고 있었을 때 마이캘은 그의 아버지가 변하고 있는 것으로 보게 되었다. 마이캘은 아버지의 얼굴에서 지치고 떠나고 싶은 마음, 슬픔을 보았다. 마이캘은 아버지 프랭크가 새집을 갖게 되면 아내 베시와의 관계에 평화가 올 것으로 기대했던 것 같지만 결국 뜻대로 되지 않았던 것 같다고 생각했다. 아내가 격분할 때마다 그는 그냥 뒤로 물러서서 밖으로 나가 버리곤 했다. 마이캘의 눈에는 아버지가 무기력하고 진이 빠진 것처럼 보였다. 아버지의 소망은 화목한 가정이었지만 베시의 깊은 슬픔과 분노가 장애물이 되었다. 부부관계는 점점 더 죽어 가고 있었고 그것은 앞으로 나쁜 일이 일어날 전조와 같았다.

교정원에 개리를 면회 온 사람은 아버지 프랭크와 베시뿐이었다. 그들은 올 때마다 변명하고 용서하고 개리가 제멋대로 하도록 다 받아주었다. 개리가 교정원에서 나오면 하고 싶은 일은 오직 집에 가서 부모에게 기대어 사는 것이었다. 1961년 크리스마스에 그는 교정원에서 석방되어 집으로 갔다. 개리와 그의 아버지는 대단히 잘 지냈다. 개리는 그의 아버지에게 자신이 얼마나 아버지의 노력에 감사하고 있는지, 그리고 얼마나 사랑하는지 말하기까지 했다. 그러나 평화로운 시간은 잠깐에 불과했다.

1962년 초 마이캘이 이미 걱정스럽게 예감하고 있었던 아버지의 정서 상태가 나타났다. 프랭크 시니어는 목에 덩어리를 발견했고, 진단 결과 광범위하게 전이가 된 대장암이었다. 개리는 이 소식을 매우 힘들게 받아들였고 베시는 남편을 증오했던 것을 인정했다.

그러나 개리는 다시 심하게 약물을 하고 아버지에게 돈을 요구했다. 이 일로 아버지와 아들 사이에 심하게 소리 지르며 다투는 일이 벌어졌다. 개리는 눈에 띄게 무기력한 아버지에게 펄펄 화를 냈고 형 프랭크가 개리를 멈추기 위해 사이에 끼어들었다. 두 형제의 싸움이 시작되었고 베시가 경찰을 부르자 개리는 집을 떠났다. 그는 나중에 형에게 사과를 하면서 "나는 다시 감옥에 가게 될 거야. 나는 이미 구제불능의 범죄자야."라고 말했다. 개리는 워싱턴주 밴쿠버에서 체포되어 포틀랜드의 교도소에 다시 수감되었다. 아버지 프랭크는 다시 예전처럼 눈먼 사람이 되어 경찰과 법원에서 "왜 당신들은 자꾸 내 아들을 못살게 구는 거요?"라고 말했다.

아버지 프랭크는 개리가 교도소에 있을 때 사망했다. 개리는 그 소식을 듣고 자신의 팔목을 그었지만 자살하지는 않았다. 마이캘은 아버지의 죽음에 대한 개리와 베시의 강한 감정 반사행동에 깜짝 놀랐다. 그는 부모님의 관계를 회상하면서 "어머니는 과대망상을 가지고 있었고 아버지는 그 망상을 먹여 살렸다."(『가슴에 총을 맞고』, p. 241)라고 표현했다. 그들은 둘 다 각기 다른 방식으로 통제 불능 상태였다. 베시가 후회스럽게 생각한 것 중 하나는 남편을 떠나는 것보다 불행을 선택한 것이었다.

개리의 범죄행위는 계속 이어졌고 그것은 1964년 3월에 오리건 주립교도소에서 15년형을 선고받음으로서 막을 내렸다. 재판 중 실시된 심리평가에서 간헐적 정신병적 쇠약을 동반한 소시오패스로 결과가 나왔다. 게일런도 그 시기에 감옥에 있었다. 그는 알코올과 관련된 경미한 범죄로 인한 것이었다. 베시는 개리의 경우에 했던 것과 마찬가지로 게일런을 석방시키기 위해 똑같은 유형의 노력을 시도했다. 이들의 인생 과정을 두고 평가를 하자면 개리와 게일런은 기본 분화 수준이 아주 유사하지만 그들의 불안이 나타난 방식은 달랐다고 할 수 있다. 게일런은 알코올과 여자 문제를 일으키는 데서 위안을 찾았다. 그는 언젠가 자신을 구원해 줄 여자를 찾고 있었던 것 같다는 얘기를 한 적이 있다. 개리는 범죄행위를 하면서 위로를 찾았다. 이들 두 사람은 모두 자신의 행동에 대한 자긍심이 없이 감정의 지배를 받았다. 길모어의 아들들은 모두 다 스스로에 대하여 좋은 감정을 갖지 못했던 것이다.

개리와 게일런이 감옥에 있는 동안 형 프랭크는 군대에 입대했다. 마이캘은 포틀랜드에 있는 대학교에 들어갔고 혼자서 살아가고 있었다. 그래서 베시는 결혼한 이후 처음으로 혼자 남겨졌다. 형 프랭크는 군대 간 지 얼마 되지 않아 종교적인 이유로 명령을 거부해서 영창에 수용되었다. 몇 달이 지나서 그는 명예제대 후 포틀랜드로 돌아가서 어머니와 함께 시간을 보낼 수 있게 되었다. 그 후로 그는 17년 동안 어머니가 돌아가실 때까지 어머니와 함께 살았다. 어떤 때 베시는 프랭크가 여성과 좋은 관계를 이루는 것을 방해하는 듯한 행동을 할 때도 있었다. 무절제한 소비 때문에 베시는 결국 집을 잃게 되었다. 베시와 프랭크는 이동식 주택으로 이사했다. 게일런은 1971년 수술 중에 사망했다. 그는 그가 불륜을 저지른 여성의 남편으로부터 심하게 구타당하고 흉기에 찔려서 복부에 상해를 입고 수술을 받다가 사망하였다.

개리의 오리건 주립교도소에서의 생활은 전에 언급한 대로 교도소장의 골칫거리였다. 그는 습관적으로 나쁜 행동을 하거나 규칙을 어겨서 독방에 갇혀 있곤 했다. 교도소에서 골칫거리였던 그는 1975년에 일리노이주 매리온에 있는 미연방교도소로 옮겨졌다. 매리온에 온 이후로는 어떤 이유에서인지 개리가 오리건에서보다 행동문제를 훨씬 덜 일으켰다. 이와 함께 프로보에 사는 번 삼촌과 아이다 숙모와 사촌 브렌다의 도움으로 그들과 함께 살아야한다는 조건으로 1976년 4월에 석방되었다.

번 삼촌과 아이다 숙모, 브렌다는 개리를 진심으로 염려하여 그가 삶의 전환점을 찾을 기회를 얻을 수 있다고 믿었다. 그들은 개리가 이미 사회에 대한 빚을 갚았다고 생각했다. 얼마 지나지 않아 이들 희망에 부풀었던 세 사람은 개리를 감당하기에는 너무나 벅차다는 것을 알게 되었다. 개리의 말에 의하면 그들은 그가 얼마나 비열한 인간인지를 알게 되었다. 그는 책임감도 없었고 삼촌의 구두수선 가게에서 일할 만한 재능도 없었다. 그리고 끊임없이 번 삼촌에게 손을 내밀었다. 그는 쉽게 화를 폭발했다. 그의 어두운 면이 점점 겉으로 드러나기 시작했다.

개리가 번 삼촌과 아이다 이모와 함께 사는 것도, 브렌다와 그녀의 남편과 함께 사는 것도 어렵게 되었을 때쯤 개리는 니콜 베이커 배럿을 만났다. 니콜은 스무살 초반이었는데 두 번 이혼을 해서 두 어린아이들을 기르면서 프로보 근처의 월세 집에서 살고 있었다. 니콜의 가족은 가까운 지역에 살고 있었다. 그녀의 부모들도 개리가 니콜을 만났을 때쯤 별거 중이었다. 개리는 그녀와 만난 지 며칠 되지 않았을 때 그녀와 함께 그의 집으로 들어갔다. 뛰어나게 매력적이었던 그녀는 10대 초부터 성적으로 문란하게 살았으며 결혼한 이후에도, 다른 사람과 동거 중에도 성적으로 문란하게 살았다. 그녀는 자기 자신에 대하여 '실패자들'에게 마음을 주고 그런 남자들을 동정하고 도우려고 하는 성격이라고 말했다. 니콜은 "남자들과의 관계에서 그 사람을 떠나기보다는 그냥 관계에서 무슨 일이 일어나도록 내버려두는 게 더 쉬웠다."고 말했다(『사형집행인의 노래』, p. 368). 브렌다는 니콜을 '멍청이'라고 표현했다(『사형집행인의 노래』, p. 67). 보웬이론의 관점에서 보면 니콜이나 개리 모두 "자기"가 결핍되었다고 본다. 개리는 다른 사람들의 정서적 경계를 침범하는 경향이 있고 니콜은 다른 사람들이 자신의 경계를 침범하도록 내버려 두는 사람이었다. 두 사람 모두 자신들을 지탱하기 위해 연애 관계/성적 관계에 대한 심각한 굶주림 상태에서 문제행동을 함으로써 그들의 패턴을 더욱 강화시키는 사람들이었다.

개리와 니콜은 믿을 수 없을 정도로 서로에게 집착했다. 니콜은 관계 초기에 개리의 범죄적 성향과 형편없는 모습에 대해서 이미 분명하게 알고 있었다. 그러나 개리가 번 삼촌의 가게에서 동료 직원을 구타해서 그 사람이 개리를 법원에 신고하겠다고 위협하여 개리의 가석방이 취소될 위험이 있었을 때도 니콜이 그 남자에게 신고를 하면 죽어 버리겠다고 협박할 정도로 개리와 니콜은 강하게 연결되어 있었다. 그 남자는 그녀가 정말로 그렇게 할 것이라고 믿었다. 사촌 브렌다의 표현에 의하면 니콜은 개리를 만족시키기 위해서라면 뭐든지 할 사람이었다. 개리는 자주 일어나는 편두통 때문에 엄청난 양의 진통제를 복용하고 있었고 수면장애로 고통스러워했다. 그는 또한 늘 맥주를 마셨는데 맥주는 주로 가게에서 훔친 것이었다. 나는 개리가 '심하게 상처받은' 인간의 전형적인 모습을 보이고 있다고 생각한다.

개리는 니콜과 꾸준한 성생활을 원했다. 니콜이 개리가 원하는 어떤 성적 행동을 싫어하는 표현을 하면 그는 주먹으로 그녀의 얼굴을 쳤다. 니콜은 그들의 관계를 서로 없으면 못 사는 관계로 표현했다. 개리는 이렇게 표현했다. "니콜을 만난 것은 우리 둘 다에게 서로 한동안 잃어버렸던 자신의 일부분을 다시 찾은 것과 같다"(『사형집행인의 노래』, p. 762). 가끔 이렇게 말하는 연인들을 볼 수 있는데 이 두 사람은 그 극단에 있는 사람들이었다. 개리는 두 개의 타투를 하고 있었는데 왼쪽 어깨에는 '엄마'를, 왼쪽 팔에는 '니콜'을 문신했다. 베시처럼 니콜도 '개리를 도울 수 있는 단 하나의 방법은 사랑뿐'이라고 믿었다.

두 달 정도 함께 살았을 때 두 사람의 관계는 점점 더 갈등이 심해졌고 니콜은 두 사람의 관계의 지속 가능성에 대해 의심이 들기 시작했다. 니콜은 개리가 어떤 짓을 할지 몰라서 점점 더 개리가 두려워졌다. 그녀는 여러 번의 실패 끝에 개리가 찾아낼 수 없는 곳으로 떠나 버렸다. 개리는 미친 듯이 펄펄 뛰었고 "이것은 내가 견딜 수 없는 고통이다."고 하면서 "체포되기 일주일 전에 겪었던 고통은 내 인생의 최악이었다. 너무나 아팠고 신체적으로도 거의 걸을 수도, 잠을 잘 수도 없었고, 먹을 수도 없을 정도였다. 아무리 술을 마셔도 소용없었고 증세는 점점 더 심해졌다. 날마다 분노가 스멀스멀 차올라 왔고 나는 문을 열고 그걸 내보내기를 계속했다"(『사형집행인의 노래』, p. 717). 그는 자신이 체포되지 않았다면 더 많은 사람을 살해했을 거라고 말했다.

니콜이 떠나 버린 지 일주일쯤 지난 1976년 7월 19일 밤, 개리는 유타주의 오렘에 있는 주유소에 걸어 들어가 총기를 들이대고 현금을 강탈한 뒤 혼자서 일하고 있던 직원 맥스 젠슨에게 바닥에 얼굴을 대고 엎드리라고 했다. 그리고는 그의 머리 뒤를 향해 총을 두 발 쏘면서 "한 발은 내 몫이고 한 발은 니콜 몫이다."라고 말했다(『사형집행인의 노래』, p. 232). 그 다음 날 그는 프로보에서 모텔에 총을 들고 가 혼자 일하고 있는 벤 부쉬넬에게 총을 쐈다. 그는 잡히지 않으려고 몇 번 시도했지만 바로 체포되었다.

　　처음에 그는 범죄를 자백하지 않았지만 곧 자신의 유죄를 인정했다. 그는 몇 가지 흥미로운 진술을 했다. "전부 다 사실이다. 내가 그것을 했다는 것을 알고 있다. …… 하지만 나는 내가 책임이 있다고 느껴지는 않는다. 나는 그것을 꼭 해야 하는 것처럼 강박적으로 느꼈다. 나는 어떤 계획도 세우지 않았고 그냥 행동으로 나왔을 뿐이다. 내가 그를 쏘기 전까지 나는 내가 그에게 총을 쏠 것이라는 것을 알지 못했다. 나는 나의 행동을 통제할 수 없었던 것 같다. 나는 돈 때문에 사람을 죽인 것은 아니다. 그냥 멈출 수 없었을 뿐이다"(『사형집행인의 노래』, p. 397). 그의 삼촌 번은 이렇게 말하기도 했다. "개리는 남에게 지고 싶어 하지 않았다. 만약에 지는 일이 있으면 그 애는 절대로 그것을 잊지 않고 기어이 복수를 하려고 했다"(『사형집행인의 노래』, p. 396). 개리는 사형집행을 기다리면서 감옥에서 니콜에게 쓴 편지에 다음과 같이 적었다. "나는 평생 외로운 좌절감을 느꼈다. 나는 내가 악한 놈이 되도록 만들어 버린 약한 습관을 나 스스로에게 허용했다. 나는 악하고 싶지 않다. 나는 더 이상 악해지고 싶지 않다"(『사형집행인의 노래』, p. 493).

　　앞에서 개리의 삶의 연대기에서 언급한 바와 같이, 니콜은 개리가 감옥에 수감되어 있을 때 그와 접촉을 했다. 그녀는 한동안 그를 직접 대면하여 면회했다. 그를 면회 온 사람들은 번, 아이다, 그리고 브렌다와 형 프랭크와 마이캘이었다. 번과 아이다가 살인자로 수감된 개리를 만났을 때 보인 태도는 그에 대하여 화를 내지 않고 여전히 그를 돕고 싶어 했다. 번은 개리가 정말로 원했던 것은 가족으로부터 사랑을 받는 것이었다고 말했다. 개리가 도피를 도와 달라고 했을 때 브렌다가 단호하게 선을 그은 것은 주목할 만하다.

　　니콜은 개리와 서로 의논하여 동반자살을 시도하려고 의사에게 거짓말로 약을 처방받아 몰래 약을 감옥에 넣어 주었다. 둘 다 살아났지만 니콜은 회복된 후에 정신과 병원에 입원하게 되었고 다시는 개리를 볼 수 없도록 금지되었다. 둘은 매우 열정적인 편지를 주고받았고 그 내용은 『사형집행인의 노래』에 소개되어 있다. 그들의 편지를 보면 그들이 얼마나 정서적으로 융합되었는지를 볼 수 있다. 한 편지에서 개리는 자신과 베시와의 관계를 다음과 같이 썼다. "어머니는 항상 변함없는 사랑을 보여 주셨어. 항상 좋은 관계였지. 우리는 친구 같았지"(Mailer, 1979). 보웬이론에서는 개리와 니콜의 관계를 개리와 베시의 관계처럼 정서적으로 융합된 관계라고 가정한다.

　　개리가 했던 말 중에 또 하나 흥미로운 것으로 메일러가 면담 중 개리에게 했던 질문 중 정서에 관한 질문에 그는 이렇게 답하고 있다. "나는 살인의 능력을 가지고 있다. 나는 다른 사람들에 대한 감정을 전적으로 느끼지 않을 수 있다. 전혀 감정을 느끼지 않는다. 내가 뭔가 잘못된 행동을 하고 있다는 것은 안다. 그러나 나는 그냥 그렇게 할 뿐이다"(『사형집행인의 노래』, p. 965). 이 말은 개리가 다른 사람에 대한 감정을 가질 수 있다는 것을 암시하는 말이다. 보웬이론의 관점에서 볼 때 개리의 행동은 정서적 힘에 의해서 이루어지지만 희생자에 대한 감정은 전혀 무딘 상태에서 이루어진다. 뇌 연구자인 폴 맥클린(1990)은 뇌의 신피질은 차가운 이성과 같은 면이 있어서 감정이 없는 컴퓨터와 같다고 말한다. 이것은 컴퓨터와 같아서 원숭이들이 다른 종에 대하여 폭력적인 행동을 하게 하고 우두머리 수컷을 죽이기도 하고 화를 내는 어미 원숭이에게 아기 같은 행동을 하게도 한다. 아마도 앞으로 신경과학이 발달하게 되면 인간에게서, 원숭이에게서 어떻게 이런 일들이 일어날 수 있는지에 대한 설명을 찾을 수 있게 될 것이다.

개리가 형 집행을 기다리는 동안 했던 '선한' 부분은 그의 눈을 이식 수술을 위해 기부했고 사촌 브렌다의 딸을 위해 송과선[1]을 기부한 것이다. 개리가 지난 십 년간 미국에서 집행된 사형의 첫 사례였던 점, 그가 자신의 사형선고에 대하여 항소를 거부했던 점, 그리고 널리 알려진 개리와 니콜의 관계 등으로 인해 언론에 떠들썩하게 알려지면서 형이 집행되었다. 개리는 감옥에서 시간을 보내느니 죽음을 택하겠다고 말했다. 그는 베시와 마이캘이 형 집행정지 소송을 하지 않도록 설득했다. 그들은 그의 뜻을 존중하는 것으로 생각을 바꾸었다.

개리는 사면위원회에서 어떤 것도 원하지 않으며 그럴 가치도 없다고 담담하게 말했다. 그는 존엄사를 원했다. 총살형 집행대에 묶였을 때 그가 한 말은 "집행하세요."였다.

보웬이론은 개리 길모어와 그의 가족에 대하여 독특한 방식으로 설명한다. 보웬이론은 이 사례에 대하여 마치 주조된 틀에 꼭 맞춘 듯이 완벽하게 적용된다. 주조된 틀은 보웬이론이 설명하는 정서적 기능의 패턴과 생명력에 대한 은유로 볼 수 있다. 이 책 전체에서 설명했듯이 관찰자의 눈이 틀과 주조물이 꼭 맞는 것을 보게 되면 그들은 반드시 내용보다는 과정에 초점을 두게 되고 개인 중심적 사고나 인과론적 사고로부터 벗어나 체계론적 사고를 적용하게 되어 가족을 정서적으로 지배되는 관계 체계로 이해할 수 있게 된다.

---

1) 역주: 좌우 대뇌 반구 사이 제3뇌실의 후부에 있는 작은 공모양의 내분비기관이다.

[그림 20-3] 개리의 부모와의 삼각관계에서 기본적 정서과정, 니콜과의 초기 관계, 그리고 니콜과의 관계가 깨졌을 때의 영향. 그림에서 남자와 여자의 도형의 점선은 매우 낮은 수준의 분화를 나타낸다. 왼쪽의 두 개의 끊긴 직선과 갈등선은 부모 사이의 갈등과 학대적 관계를 나타낸다. 베시 길모어와 개리 사이에 그려진 네 개의 선은 둘 사이의 매우 높은 수준의 정서적 융합을 나타낸다. 그리고 개리와 그의 아버지 사이의 세 개의 선은 둘 사이의 조금 덜한 정서적 융합을 보여 주는데, 아버지는 부모-자녀 삼각관계에서 대부분 외부인의 위치에 있다. 개리를 나타내는 부호의 진한 음영은 그의 높은 만성불안이 고조된 극도의 취약한 상태를 나타낸다. 중앙의 도형은 개리의 부모가 개리가 감옥에 들어가게 되어 집을 떠나 있었던 시기에 둘 사이에 강한 상호의존적인 관계가 형성되었던 것을 나타낸다. 중앙의 도형에서 아래쪽에는 개리와 니콜 사이에 초기에 형성되었던 매우 강하고 긍정적인 정서적 융합을 나타내고 있다. 개리와 니콜의 부호에 음영이 없는 것은 두 사람의 관계가 평온한 상태에 있었음을 나타내고 있다. 오른쪽 그림의 위쪽에는 개리와 니콜의 매우 강렬하게 융합되었던 관계가 깨진 상태를 나타내고 있다. 개리를 표시하는 부호의 진한 음영은 두 사람이 헤어지면서 감정반사적이 되어 심한 고통 속에 있는 것을 나타낸다. 개리로부터 두 명의 ×(사망) 표시가 있는 남자들을 향해 진한 지그재그 화살표가 표시되어 있는 것은 개리가 두 남자를 살해한 것을 나타낸다.

[그림 20-3]은 길모어 가족에서 일어났던 정서적 기능 패턴과 생명력이 어떻게 작용했는지를 상징화하여 보여 주고 있다. 왼쪽의 그림은 개리가 포함된 길모어 가족에 형성된 부모-자녀 삼각관계를 보여 준다. 이 그림에서 부모는 그들의 정서적 갈등 패턴을 통하여 미분화된 정서를 다루는 것을 보여 준다(각 배우자의 정서적 경계선이 매우 결핍되어 있는 점선으로 표시되어 있다). 갈등 패턴은 배우자들이 거리두기와 접촉하기를 유지하는 방식이다. 아버지 프랭크와 베시 사이에 있는 중간이 끊긴 두 개의 선은 그들이 만성불안이 높고 강한 정서적 융합에 대처하기 위해 거리두기를 사용한 것을 나타내고 있다. 그리고 부부 사이의 지그재그 선은 갈등 패턴의 접촉방식이다. 개리의 부호는 그의 자기분화 수준이 부모의 수준보다도 낮은 것을 나타내고 있으며 그의 부모들보다도 더 허술한 정서적 경계선을 가지고 있고, 그래서 현실에서나 상상 속에서나 타인과의 관계에서 높은 수준의 만성불안이 형성될 수 있음을 의미한다. 베시와 개리 사이의 네 개의 선은 극도의 정서적 융합의 정도를 나타내고 있다. 아버지 프랭크와 개리 사이의 세 개의 선은 프랭크의 정서적 융합의 정도를 나타내는데 프랭크의 정서적 융합은 베시와의 관계에 의해 발생되는 성향이 있기 때문이다.

개리의 부모들은 확실히 불안이 높았지만 그들은 자신들에게서 문제를 찾는 것보다 개리에게서 문제를 찾음으로써 불안을 완화시켰다. 그들은 그들이 겪는 긴장과 고통의 원인이 개리라고 생각했다. 삼각관계는 자녀들이 문제행동을 일으키는 가정에서 흔히 볼 수 있듯이 반복적으로 일어난다. 개리의 불안은 청소년기에 이르러 낮은 수준의 진짜 자기와 높은 수준의 유사-자기로 무장된 채 세상으로 내동댕이쳐졌다. 그의 반항적인 성격은 일종의 그 자신에 대한 불안을 해소시키는 방법이기도 했다. 그것은 분화된 행동이 아니라 그와는 정반대인 감정반사행동이었다.

나는 이제 다시 관찰자가 개인 중심의 인과론적 사고에 갇히게 되면 관계 체계의 영향과 패턴, 생명력의 용어를 활용하여 생각하는 것이 불가능하다는 점을 강조하고 싶다. 만약에 관찰자가 각 가족 성원의 결정과 행동이 각자가 가진 독특한 신경증이나 성격 장애 등을 반영하는 것이라고 설명하려고 한다면 관계 패턴과 그것이 각자를 통제하는 방식은 그림에서 사라져 버린다. 관계 패턴은 인과론적 사고의 관점에서 접근하면 마치 안개와 같이 정확하게 무슨 일이 일어나고 있는지를 알 수 없게 해 버린다. 개리와 그의 부모가 했던 패턴은 빈약한 분화 수준의 세 사람이 하나가 되어 서로 감정반사적이 되고 이로써 하나의 전체처럼 작동하고 있는 것이다. 따라서 어느 한 사람도 비난할 수 없는 것이다.

개리의 문제행동은 그가 수감되었던 여러 해 동안 지속되었다. [그림 20-3]의 중앙에 있는 그림은 개리와 니콜 사이에 강렬한 정서적 융합 또는 분화의 부재를 나타내고 있다(네모와 원이 겹쳐져 있는 위쪽 그림과 아래쪽 그림에서 네 개의 선이 그려져 있는 것). 그가 니콜을 만났을 때 개리는 매우 강하게 정서적으로 행복감을 느꼈을 정도로 처음에는 안정된 관계를 형성했다. 그는 감옥의 독방에 있는 기간 동안 처음에는 그가 다른 사람들과의 관계에서 만들었던 불안으로부터 해방되어 안정감을 얻었다. 그러나 어디에서도 니콜과의 관계에서 얻었던 만족감과 같은 것을 얻을 수 없었다.

불행하게도 개리와 니콜은 그들의 관계를 안정적으로 이끌어 갈 수 있는 능력을 가지고 있지는 못했다. 그래서 금방 관계가 악화되었다. 개리는 니콜이 자신을 위해 거기에 와 줄 것을 열망했고 니콜은 개리를 그의 불안으로부터 구해 주려고 잘못된 방식으로 개리에게 지나치게 맞춰 주는 행동을 했다. 만약에 니콜보다 더 '분화된 자기'를 가지고 있는 여성이었다면 절대로 그에게 그렇게 행동하지 않았을 것이고 혹시 그렇다 해도 재빨리 그 방식을 바꾸었을 것이다.

[그림 20-3]의 오른편에 있는 도형은 니콜이 그를 떠나 버렸을 때 그의 불안과 고통이 극도에 달했음을 나타내고 있다(진한 검은색). 그가 말했듯이 그의 최악의 수준의 감정적 고통은 두 남자를 살해하는 것으로 나타났다. 그는 그의 불안을 관계 체계로 외현화했다. 개리는 거의 '분화된 자기'를 갖고 있지 않았기 때문에 정상적인 궤도를 벗어나지 않은 합리적이고 독립된 인간으로서 기능을 할 수 없었던 것이다.

나는 이제 복잡한 가족의 삶을 두 개의 기본적인 생명력과 네 개의 정서적 기능 패턴으로 축소시킬 수 있을까라는 질문을 제기하면서 결론을 맺고자 한다. 나는 보웬이론을 연구했던 지난 50년 가까운 세월 동안 반복적으로 스스로에게 질문을 던지곤 했다. 지난 수십 년에 걸쳐 많은 연구자들은 수많은 개인적 요인을 수집해 왔고 이러한 개인적 요인들이 다양한 임상 문제를 발달시키는 데 상관관계가 있다는 것을 알아냈다. 즉, 흡연이 암과 상관관계가 있다는 것과 같은 이치인데 이것을 아는 것은 중요하다. 그러나 그것만으로는 완전한 그림을 그려 내지는 못한다. 길모어 가족의 이야기는 통제할 수 없는 힘이 분명히 있으며 그것이 각 가족원에게 주는 강력한 영향력은 절대로 무시할 수 없다는 것을 보여 준다. 보웬이론이 제시하는 변수를 포함시키면 인간문제를 이해하는 데 보다 더 완성된 그림을 그릴 수 있게 된다.

이 책을 통하여 새로운 사고를 처음 접하는 독자들은 보웬이론을 자신의 가족이나 다른 사회적 네트워크에 구체적으로 적용할 수 있을지 의문을 가질 수도 있다. 사람들이 보웬이론을 적용하는 데 부딪히는 어려움들은 사람들의 태도와 타인과의 상호작용 방식에 매우 강력한 영향력을 발휘하는 정서에서 비롯되며 가끔은 인식으로 인해 생겨나기도 한다. 조너선 하이트(2012)는 이러한 것을 정서와 연결된 직관으로부터 나오는 반응이며 이성이라기보다는 그와는 다른 인식의 유형이라고 언급했다. 그는 합리적 사고는 일반적으로 다른 사람의 판단과 정서적으로 연결되어 있으며, 그에 따라 자신의 태도와 행동을 사후 합리화시키는 행위라고 덧붙여 설명했다.

제21장

아담 란자와 그 가족

아담 란자는 2012년 12월 14일에 코네티컷주 뉴타운에 있는 샌디훅 초등학교 스무 명의 아이들과 여섯 명의 교직원들을 살해하고 두 명의 성인을 다치게 한 후 자신은 총으로 자살한 사람이다. 그는 학교로 차를 몰고 가기 전 뉴타운에 있는 자신의 집에서 어머니를 총으로 살해했다. 2013년 11월 코네티컷 주립 변호사 사무실은 보고서를 발행하고 그가 혼자서 계획을 세우고 행동했으며 무슨 이유에서 그러한 행동을 했는지에 대한 증거는 아무것도 없다고 발표했다.

미국에서 집단총격사건이 처음으로 일어난 것은 1966년 찰스 휘트먼이 텍사스 대학교 탑에 올라가 아래쪽에 있는 사람들을 향해 총을 쐈던 사건으로 알려져 있다. 그 이후로 100건 이상의 총격사건이 일어났는데 대부분의 경우 코네티컷 변호사 사무실이 결론지었던 것처럼 범인이 그러한 행동을 한 이유에 대해서는 충분한 증거를 찾아낼 수 없었다. 인간의 삶의 과정이나 결과에 대해서 설명하는 것은 불가능하다기보다는 항상 설명하기가 어렵다. 대개 수많은 변수가 있어서 어떤 결과에 대하여 특정 원인을 찾아내는 것을 어렵게 만든다. 보웬의 가족체계이론도 왜라는 질문에 답을 주지는 못하지만, 좀 더 완전한 설명을 짜 맞추는 데 중요한 변수를 더해 줄 수는 있다.

란자 가족의 정서과정은 이 사례에 관심을 가진 사람들이 굉장히 열정적으로 많은 정보들을 수집해 놓았기 때문에 이례적으로 투명하게 드러나 있다. 나는 이 많은 정보들을 활용하여 보웬이론이라는 렌즈를 통하여 이 가족의 이야기를 그려 보려고 한다. 그중 중요하게 참고가 되었던 두 개의 자료는 매튜 리지악(Mathew Lysiak, 2013)이 쓴『뉴타운(New Town)』이라는 책과 앤드류 솔로몬(Andrew Solomon)이『뉴요커(New Yorker)』에 기고한「심판(The Reckoning)」(2014)이라는 기사이다. 리지악은『뉴욕 데일리뉴스(New York Daily News)』의 기자로서 살인이 일어났던 처음부터 전체 이야기를 썼다. 이 책을 쓰기 위해서 그는 뉴타운에 몇 달 동안 머물면서 많은 곳에서 엄청난 양의 정보를 수집했다. 솔로몬은 아담 란자의 아버지 피터를 마침내 처음으로 인터뷰했던 사람이다. 솔로몬은 피터 란자(Peter Lanza)의 허락하에 수백 개의 이메일을 읽고 함께 논의하면서 오랜 시간에 걸친 그의 가족생활에 대하여 쓸 수 있었다.

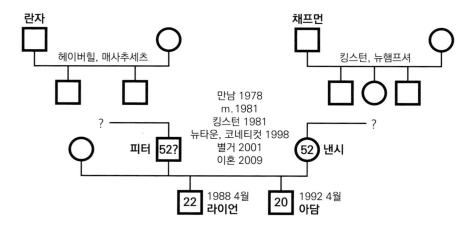

[그림 21-1] 란자-채프먼의 가족도형. 피터와 낸시와 원가족 사이에 표시된 물음표는 그들의 가족에 대한 정보가 거의 없는 것을 나타내고 있다. 아담 란자의 아버지의 왼쪽에 그려진 원은 그의 두 번째 결혼, 즉 현재의 혼인상태를 나타낸다.

나는 이 이야기가 죽음의 관계에 대한 이야기라고 생각한다. 그들의 죽음은 정말 끔찍스럽게 고통스러웠고 스물여섯 명의 사람들에게 말로 다 할 수 없는 비극적 결과를 가져다준 사건이었다. 여기에서도 가족도형을 보면서 이야기를 시작하고자 한다. 불행하게도 아담의 부모님의 확대가족에 대한 정보는 매우 부족하다. [그림 21-1]이 내가 찾아낼 수 있었던 정보의 전부다. 가족도형에 제시된 나이들은 총격이 있었던 시간을 기준으로 한 것이다. 낸시 채프먼 란자(Nancy Chapman Lanza)는 4남매 중 하나였지만 형제 순위에 관해서는 알려진 바가 없다. 낸시는 뉴햄프셔 킹스턴에서 자랐다. 피터 란자는 3형제였지만 그의 형제 순위도 알려진 바가 없다. 그는 매사추세츠주의 헤이버힐에서 태어났고 어린 시절을 킹스턴 지역에서 자랐다. 피터와 낸시는 킹스턴에 있는 고등학교에서 만나서 사귀게 되었고 1981년에 결혼해서 17년 동안 낸시의 확대가족 가까이 그녀가 어린 시절을 보냈던 지역 근처에서 살았다. 이 부부는 1998년에 코네티컷주 뉴타운으로 이사했다. 피터는 제네럴 일레트릭 회사의 재무담당 부사장으로서 주중에는 일에 파묻혀 지냈다. 낸시는 1992년까지 존 핸콕의 증권중개사로 일했다. 그때 아담이 태어났다. 낸시는 아이가 태어난 후 바로 직장으로 돌아갈 계획이었지만 그렇게 할 수 없었다. 그때 큰아들 라이언이 네 살이었다. 부부는 2001년에 별거했고 다시 결합하려고 노력했지만 결국 2009년에 이혼했다. 낸시는 뉴타운에 있는 집에서 그대로 살았다. 그들은 아이들을 공동 양육하기로 했지만 아이들은 낸시와 함께 살았다. 2010년까지 피터는 아이들과 자주 접촉하고 소통하려는 노력을 했지만 2010년이 되었을 때 아담은 아버지 보기를 거부했다. 피터는 이혼 후 곧바로 재혼했다.

매튜 리지악이 사건을 기술해 놓은 것에 의거하여 아담의 발달단계에서 낸시와 아담 사이에 있었던 많은 상호작용의 성격에 대하여 이야기해 보기로 한다. 아담이 열네 살이 되었을 때 뉴타운 중학교 8학년이 되었다. 어느 날 아침에 아담은 불안장애 증상을 보이면서 어머니에게 고함을 질러 댔다. 이유는 아담이 학교에 가고 싶지 않다는 것으로 시작되었다. 그는 학교 건물에 들어서면 마주치는 많은 학생들이 내는 소음을 매우 싫어했다. 낸시는 아담에게 괜찮아질 거라고 하면서 설득하려고 애를 썼다. 그러나 이런 힘 싸움에서 아담이 주로 이기곤 했다. 아담은 집에 머무르면서 비디오게임을 하거나 컴퓨터를 가지고 놀았다. 그녀는 아들에게 일어난 일을 이해하려고 애를 썼다. 아담은 다섯 살 때 아스퍼거 증상을 진단받았고 가족들의 스트레스는 피터와 낸시가 함께 살려는 또 한 번의 시도가 실패했을 때 최고조에 달했다.

앤드류 솔로몬(2014)은 이와 같은 상황에 대하여 다음과 같이 썼다. 이것은 매우 예리한 통찰이었다.

> 모든 부모는 특정 날짜(내가 왜 그날 저녁 식사 시간에 말다툼을 다시 했을까?)나 특정 연도(어렸을 때 아이에게 야채 먹는 법을 가르쳤어야 했어)를 찾아내려고 애를 쓴다. 낸시의 실수는 과민하고 통제적이며 점점 더 적대적인 모습이 되어 가는 아들과 평화롭게 지내기 위해 항상 이렇게 과거의 어느 시간에 맞추어 끊임없는 탐색을 하면서 지낸 것이다. 그녀는 날마다 좋은 날을 만들려고 노력하면 파국은 면할 수 있을 것이라고 생각했다. 그러나 그녀가 할 수 있는 한, 아들을 혼자 있게 해 주려는 노력은 문제를 개선시키기는커녕 오히려 문제를 더욱 악화시켰던 것 같다(온라인 자료).

내가 임상 현장에서 반복적으로 관찰한 바는 낸시의 부모 역할에서 보이는 일종의 수동성과 함께 아이의 어머니와 다른 가족들이 아이를 둘러싸고 하나의 순환궤도를 형성하고 있는 점이다. 정신건강의학과 의사인 로버트 킹(Robert King)은 아담이 열네 살 때 진단평가를 실시한 적이 있는데 그는 낸시에 대하여 아담의 계속된 질책과 혹평으로 자신의 집안에 갇혀 버린 죄수 같다고 표현했다. 나는 그녀가 아담 앞에서 보인 순응성을 수동성이라고 보았다. 반대로 그녀는 선생님들 앞에서는 호랑이가 되어 압박을 하면서 아담의 별난 행동에 대한 또 다른 순환궤도를 형성하였다.

가족의 정서적 기능에서 흔히 볼 수 있는 것처럼 형 라이언이 사회적으로 잘 적용하였고 뉴타운 고등학교에서 매우 인기가 좋았다는 점은 놀랍지 않은 일이다. 아담이 분노발작을 일으키던 시기에 그의 부모들은 라이언에게 자동차를 사 주었고 라이언은 집 밖에서 친구들과 더 많은 시간을 보냈다. 그리고 고등학교를 졸업하고 곧바로 대학에 진학한 이후로는 집을 떠나 주로 캠퍼스에서 생활하였다. 이로써 아담과 낸시 둘만이 집에 남겨지게 되었다.

아담이 폭발하던 그날 아침에 낸시는 아들의 폭발이 점점 더 극에 달해 간다고 판단했다. 아담은 점점 더 날뛰기 시작했고 낸시는 겁에 질렸다. 낸시는 아들이 신경쇠약에 걸렸다고 생각하고 두려워서 아담을 차에 태우고 댄버리 병원으로 갔다. 그녀는 의사에게 아들에게 뭔가 심상찮은 일이 일어난 것 같다고 말했다. 아들의 정신건강에 대한 의사의 관심 수준이 자신의 생각과 다르자 낸시는 이전에 학교상담사나 가정의, 그 외 전문가들 모두가 아무도 그녀에게 뭐가 잘못되었는지 답을 주지 않았으며 더구나 자신의 걱정을 심각하게 받아들이지도 않는 것 같다는 생각이 들었다. 낸시는 의사에게 아담의 행동이 정상적이지 않다고 주장했다. 응급실을 나오면서 그녀는 아담이 8학년의 나머지 학기를 집에서 보내면서 마칠 수 있도록 허락받기 위해 의사에게 학교에 제출할 서류를 만들어 달라고 요청했다. 낸시는 아들이 고등학교에 들어갈 수 있도록 준비해 줄 수 있는 최적의 사람은 자신이라고 생각했다. 그러나 의사는 낸시의 요구를 들어주지 않았다.

이 글을 읽는 많은 사람은 낸시가 정신적으로 문제가 있는 아들을 위해 적절한 도움을 받는 과정에서 엄마로서 충분히 당황하고 신경과민이 될 수밖에 없었을 것이라고 정당화할 수도 있을 것이다. 보웬이론은 낸시의 불안이 아들에게 집중되고 이러한 행동이 아들의 불안과 정서적 기능에 주된 역할을 하고 있는 것에 치료사들이 관심을 가져야 한다고 본다. 앞서 앤드류 솔로몬이 언급한 내용을 아담과 낸시 사이의 관계과정에 적용하면 불안은 관계과정을 통해 전달될 수 있다는 것이다. 그녀가 아담의 고통을 완화시키기 위해서 아담을 감싸고 돌게 되면 아담은 자신의 정서를 어떻게 다루어야 할지를 배울 수 없게 된다. 이것은 아담의 주된 관계, 즉 어머니와의 관계를 과도하게 중요한 것으로 만들고 그렇게 되면 그 관계에서 일어나는 일에 아담은 매우 지나치게 민감하게 된다. 바로 그 속에 아담의 불안의 주된 근원이 자리 잡게 된다.

아담의 경우와 같은 문제의 근원을 세 가지 방식으로 생각해 볼 수 있다. 하나는 아담이 생물학적으로 증상 관련 정신질환이 나타날 수 있는 기질적 특성을 가지고 태어났다고 보는 것이다. 즉, 아담에게 있는 생물학적 과정이 증상을 일으키는 데 기여하는 부분이 있다는 것을 의미한다. 두 번째 생각은 가족관계과정에서 관련된 불안이 상호작용 과정을 통해 아담의 내면에 들어와 자리 잡게 되고 그의 내면에 있는 취약성으로 인해 생물학적 또는 심리적으로 특정 유형의 증상이 활성화된 것이라고 보는 것이다. 이것은 가족환경과 관련된 만성불안이 증상을 나타나게 한다는 것을 의미한다(아담도 물론 가족환경의 한 부분이다). 세 번째 생각은 아담에게 있는 신체적 성향(병리적 측면)과 가족과정 두 가지가 함께 병리적인 증상에 기여한다고 보는 생각이다. 이것은 아담의 내면에 있는 병리적 측면과 가족 스트레스 이 두 가지가 함께 증상으로 몰아넣는다는 것을 의미한다. 이 세 가지 모델 중 어느 것이 더 현실적으로 근접하게 설명하고 있는가는 우리가 아는 지식으로는 증명하기 어렵다. 이 세 가지 개념을 좀 더 명확히 표현하자면 첫 번째 모델은 고전적인 개인심리중심 모델이다. 두 번째 모델은 보웬의 체계론적 모델이고 세 번째 모델은 다중원인 모델이다. 물론 어느 가족이나 확대가족의 스트레스 상황에서 영향을 받지 않을 수 없다. 그리고 가족을 둘러싼 기타 다른 사회적 지지망도 상황에 영향을 준다.

아담은 세 살이 될 때까지 말을 하지 않았다는 점에 있어서 다른 아이들과 달랐다. 아담은 몸에 무엇이 닿는 것에 매우 민감해서 옷을 입을 때면 옷에 붙어 있는 상표를 모두 떼어 내야 했다. 어린이집에 다닐 때나 샌디훅 초등학교에 다닐 때 아담은 실제로는 그 자리에 없는 물건의 냄새가 난다고 한다든지 과도할 정도로 손을 씻는다든지 하는 행동을 보였다. 의사가 감각통합장애라고 진단해서 아담은 유치원에 다닐 때와 초등학교 1학년 때까지 언어치료와 작업치료를 받기도 했다. 사람에게 있는 어떤 기질들은 그 사람이 성장하는 가족의 불안 정도에 따라 자산이 되기도 하고 부채가 되기도 한다.

아담은 네 살이 되었을 때 눈에 띄게 사회적 활동을 싫어했다. 다른 아이들과 어울려 노는 것을 즐거워하지 않았고 스카우트 모임에 갈 때에도 형에게 붙어 따라갔고 거기에 가서도 아이들과 함께 어울리지 않고 혼자 떨어져 지내려고 했다. 아담은 모든 집단활동에 참여하기를 거부했고 다른 아이가 그를 만지기라도 하면 어머니의 팔 뒤에 숨곤 했다. 낸시는 아담을 심하게 보호하려고 했다. 아이가 위험에 처하게 되었다고 느끼기라도 하면 그녀의 보호의식은 겉으로 드러났다. 솔로몬이 앞서 인용문에서 말한 것처럼 부모가 이런 수준으로 대처하는 것은 아이의 정서적 성장을 저하시킨다. 내가 보기에 낸시가 아담의 행동에 대한 자신의 불안을 다루는 데 그 정도 수준의 대처를 했고 그것은 아담에게 그만큼 흥분을 진정시키는 역할을 한 것으로 보인다. 어머니는 자신의 불안을 보지 못하고 불안이 외적 요인에 의해 발생한다고 생각한다. 그녀 자신의 불안과 아담의 불안을 분리시켜 볼 수 없었던 것이 낸시의 잘못은 아니지만 부분적으로는 그녀 자신의 성장기에 형성된 정서적 프로그램의 유산인 것이다.

이와는 정반대로, 큰형 라이언은 오랜 시간을 돌보는 이 없이 혼자서 숲속에서 뛰어놀았다. 그러나 아담이 잠시라도 눈앞에 보이지 않으면 그녀의 내면 스위치가 찰칵 켜진 것처럼 즉각적인 반응을 보였다. 낸시의 오랜 친구가 보기에 아담은 마치 낸시의 한 부분인 것처럼 보였고 낸시는 아담의 일이라면 매우 빠르게 흥분했다. 아담이 어려움에 처하면 낸시는 즉각적으로 반응을 했지만 라이언에 대해서는 그렇지 않았다. 또 다른 친구는 낸시가 농구 게임에서 아담을 바로 찾아내지 못하면 극도로 발작적이 되어 소리를 지르곤 했다고 말했다. 낸시는 극심한 공포에 휩싸인 모습을 보였다. 가족이 뉴타운으로 이사했을 때 아담은 샌디훅 학교에 들어갔고 거기에서 낸시는 아들을 집착적으로 돌보는 행동으로 사람들에게 알려지게 되었다.

아담이 여섯 살이 되었을 때 낸시는 아담의 상태가 더 악화되었다고 느꼈다. 아담에 대한 그녀의 과잉보호적인 행동으로 인해 다른 학부모들은 그녀가 매우 지나치고 고압적이라고 생각했다. 그녀는 다른 아이들이 아담을 따돌리고 있다고 '편집증적'으로 생각했지만 다른 부모들과 학우들은 아무도 아담을 따돌리지 않았다고 말했다. 그들은 그냥 아담을 내버려 뒀을 뿐이었다.

아담은 성장하면서 핵가족 외에는 어떤 사람들과도 관계를 맺는 데 무관심했다. 집에서 조차 그가 진심으로 편안하게 느끼는 사람은 어머니뿐이었다. 그는 항상 어머니가 그의 곁에 있어 주기를, 그것도 손끝에 닿을 정도의 거리에 있어 주기를 원했다. 그것은 마치 정서적으로는 밀착되고 싶으면서도 너무나 가까워지는 것을 경계하는 불안에 의한 행동이다.

여기에서 사랑의 결핍이나 트라우마, 학대, 방임 같은 것을 찾아볼 수 없다. 보이는 것은 강한 수준의 정서적 융합이며 해결되지 않은 극단적인 공생관계이다. 어느 날 저녁 아담이 열감기를 앓았을 때 낸시는 아담의 침실문 밖 마루 위에서 잠이 든 적이 있는데, 아담은 시간 간격을 두고 반복적으로 "엄마 거기 있는 거야? 거기 있어?"라고 소리를 질러 댔다. 낸시의 한 친구는 낸시가 학교 선생님들이 아이를 마치 경호원처럼 보호해 주지 않는다고 화를 냈다고 말한 적이 있다. 그녀는 점점 더 선생님들의 행동을 감시하는 데 시간을 보냈다.

이후의 학교 경험에 비해 샌디훅 초등학교에서 아들이 보인 전체적인 과정은 낸시에게는 만족할 만했다. 아담은 뉴타운의 리드 학교에서 5학년과 6학년을 보낸 뒤 뉴타운 중학교에 7학년으로 입학했다. 중학교에서 아담은 정서적으로 훨씬 더 많은 어려움을 겪었다. 많은 아이가 이 과정에서 어려움을 경험하는데, 아담은 특별히 더 크게 어려움을 겪었다. 아담은 두려움에 떠는 것처럼 보였다. 한 친구는 아담이 복도를 걸어올 때 항상 겁에 질린 것처럼 보였다고 했다. 어깨는 축 처지고 벽 쪽에 꼭 붙어서 걷곤 했다. "마치 누가 자신을 치려고 한다고 생각하는 것처럼 보였어요." 흥미롭게도 아담의 아버지 피터는 아담을 '항상 생각하는 것이 남달랐고 그냥 정상적인데 조금 별난 아이'라고 생각했다는 점이다. 이러한 그의 관점은 아담의 행동이 점점 나빠지면서 달라졌다. 중학교에 다니면서 아담의 불안은 가족 생활에도 영향을 주었다. 그가 한 번씩 폭발할 때면 더욱 폭력적이 되었고 학교에 가는 것에 점점 더 반항적이 되었다.

피터는 아담에 대하여 덜 걱정했지만 그것은 낸시에게 전혀 도움이 되지 않았다. 피터는 상황을 낸시만큼 똑같은 경계심을 가지고 보지 않았던 것 같지만 끊임없이 아들에 대한 그녀의 노력을 지지해 주었다. 피터는 다른 많은 아동 중심적 아버지들처럼 아내를 불안이 지나치게 심한 어머니라고 보기보다는 아내가 상황을 잘 알면서 행동하고 있을 거라고 생각했다. 아담의 아버지는 어머니처럼 상황을 똑같이 보지는 않았지만 아내에게 '분화된 자기'로서 기능하지 못했다. 더 잘 분화된 부부관계에서는 아담과 같은 상황을 다르게 보고 건설적인 방식으로 그 차이에 대하여 의사소통한다. 예를 들면, 아내의 행동에 맹목적으로 지지적인 행동을 하는 대신에 비판적이지 않은 태도로 아내보다는 아들에 대하여 덜 걱정한다고 말할 수 있을 것이다. 이러한 남편의 대처는 아내에게 아들에 대한 의사결정을 하는 데 불안이 어떤 영향을 끼치는지를 볼 수 있게 해 줄 것이다. 개리 길모어의 아버지는 아들을 훈육하기 위하여 공격적이고 권위적인 태도를 취했지만 피터는 개리 길모어의 아버지 프랭크와는 아주 다르게 행동했다. 내 생각으로는 개리와 베시 사이의 정서적 융합 정도 그리고 낸시와 아담 사이의 정서적 융합 정도는 매우 유사하다고 생각한다.

낸시는 아들의 감각 과부하 문제를 치료하기 위해 한층 더 노력했다. 아들이 색깔 있는 도표를 읽기 어려워하자 많은 시간을 들여 교과서를 흑백 색깔로 바꾸는 작업을 했다. 10대 초반에 아담은 색소폰 연주를 그만두었고 나무에 오르는 것도, 눈맞춤도 하지 않았다. 그리고 뻣뻣한 걸음걸이로 걸었다. 가끔 아담이 공황발작을 할 때면 낸시는 아들을 진정시키기 위해 학교로 달려갔다. 아담의 정서 기능은 점점 더 악화되었고 어머니에 대한 그의 의존성은 점점 더 증가되었다. 피터조차도 아담에게 뭔가 문제가 있다는 것을 믿기 시작했다.

냇시는 아담의 학교생활에 매우 깊이 관여하고 있어서 '예민하고, 까다로우며, 호들갑스러운' 사람으로 평판이 자자했다. 냇시는 아담이 열세 살 되었을 때 다니던 중학교를 중단시키고 뉴타운에 있는 가톨릭 학교에 전학시켰다. 그녀는 아담이 소규모의 학급에 다니면 그녀가 간절히 원했던 방식의 관심을 받을 수 있을 것이라고 믿었다. 그러나 그것은 그다지 효과가 없었고 오래가지 않았다. 아담의 행동문제 외에도 선생님들은 아담이 그려 놓은 그림들이 문제가 있다는 것을 알게 되었다. 아담이 그려 놓은 그림에는 사람들이 여러 가지 모양으로 죽어 있는 모습들이 그려져 있었다. 그의 그림들은 학교 담당자들의 관심을 끌었고 걱정이 된 그들은 냇시에게 학부모-교사 회의에 참석하도록 했다. 냇시는 아담이 아스퍼거 증후군을 앓고 있으며 그것에 적응하느라고 애쓰고 있는 중이라는 말로 그림의 심각성을 축소시켰다.

그 시기쯤 해서 피터와 냇시는 아담을 다른 정신건강의학과 의사에게 진단받게 했다. 그 정신건강의학과 의사는 아스퍼거 증후군이 맞기는 하지만 이제는 나이가 든 아담이 그것을 받아들이지를 않고 있다고 하였다. 정신건강의학과 의사는 아담에게 홈스쿨링을 추천했고 냇시도 이에 동의하였다. 8학년 동안 냇시는 아담에게 인문학을 가르쳤고 그 당시 코네티컷주 스탬퍼드에 살고 있었던 피터는 아담을 일주일에 두 번씩 만나 과학을 가르쳤다. 피터와 냇시가 함께 살았을 때는 피터가 주말마다 아들들을 데리고 함께 시간을 잘 보냈다는 점은 주목할 만한 중요한 부분이다. 아들 라이언은 피터와 아담이 너무나 친밀하다고 농담을 하곤 했다. 아담이 나중에 뉴타운 고등학교에 갈 수 있기를 기대했던 냇시는 아담이 그냥 고등학교 학력 인증서를 받기보다는 고등학교 졸업장을 받을 수 있게 하기 위해서 학교 교육과정에 맞추기로 하였다. 피터는 "냇시는 모든 중요한 결정을 나에게 아무런 상의도 없이 혼자 내렸다."라고 했다.

[그림 21-2]는 냇시와 아담과 피터 사이에 부모-자녀 삼각관계가 어떻게 이루어져 있는지를 보여 주는 그림이다. 왼쪽의 그림은 각 부모의 정서적 경계가 매우 빈약함을 나타내고 있고(점선), 냇시가 피터의 위에 겹쳐져 있는 것은 피터의 말대로 지배적인 의사결정자임을 나타내고 있다. 아담은 "자기"가 부모보다 훨씬 더 낮게 형성되어 있으며 깊이 융합되어 있고 부모의 불안한 정서적 융합에 의해 영향을 받는 것을 나타내고 있다. 오른쪽의 그

림은 부모 사이의 정서적 거리두기를 나타내고 낸시가 아담에게 매우 강한 불안으로 초점 두기를 하고 있고 아담도 그에 부응하고 있는 것을 보여 준다. 또한 피터는 아담에게 정서 적으로 많이 관여하고 있지만 아담은 그렇지 않은 것이 점선 화살표로 표시되어 있다. 아담 은 어머니와는 매우 강한 관계를 맺고 있지만 아버지와는 훨씬 덜한 것을 보여 주고 있다. 라이언과 부모와의 관계는 아담과의 관계와는 매우 다르다. 라이언은 양쪽 부모와 모두 같 은 수준으로 관계를 맺고 있으며 그들과 정서적으로 덜 융합되어 있다. 그래서 부모들의 강 점으로부터 좋은 영향을 받고 부모의 약점으로부터 영향은 덜 받을 것으로 보인다.

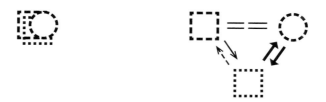

[그림 21-2] 이 그림은 란자 가족에서 일어나고 있는 가장 기본적인 정서과정을 도형으로 나타내 주고 있다. 왼쪽 그림에 부모가 점선으로 표시되어 있는데 분화 수준이 중간 이하의 범주에 속하는 사람들에게서 볼 수 있 는 정서적 경계선이 많이 열려 있는 점선으로 그려져 있다. 아들 아담의 도형이 부모와 겹쳐 있는 것은 삼각관 계에 정서적으로 강하게 융합되어 있는 것을 나타낸다. 아담을 표시하는 네모가 점선으로 나타나 있는 것은 분 화 수준의 연속선상에서 가장 낮은 쪽 20%에 해당하는 수준을 나타내고 있고 이것은 그의 부모보다 더 낮은 수준이다. 오른쪽 그림에서 부모 사이의 공간에 있는 선은 둘 사이에 중대한 정서적 거리두기가 있는 것을 나 타낸다. 아담과 그의 어머니 사이에 있는 진한 화살표는 두 사람 사이에 매우 높은 수준의 정서적/심리적 에너 지가 교환되고 있는 것을 나타낸다. 아담에 대한 아버지의 정서적 투자는 더 적지만 대체로 긍정적인 것을 나 타낸다. 아담으로부터 아버지를 향한 점선은 부모-자녀 삼각관계에서 늘 외부인의 위치에 있는 아버지에 대한 낮은 수준의 정서적 투자를 의미한다.

　앤드류 솔로몬은 아담이 홈스쿨링 이후의 시기에 아담과 부모와의 관계에서 불균형이 심 해졌다고 쓰고 있다. 피터는 낸시와 아담의 관계가 매우 강렬해서 자신이 거리감을 느끼기 는 했지만 낸시가 아담에게 깊이 관여하는 것을 문제시하지는 않았다고 말했다. 피터의 부 모 역할 방식은 낸시와 마찬가지로 부드러운 편이었고 수용적이었다. 피터는 낸시가 아담 의 충동을 다 받아 줬다고 말했다. "아내는 아담 주변에 보호막을 만들어 놓았어요"(2014, 온라인 자료). 예를 들면, 낸시는 아담이 스스로 운동화 끈을 매도록 하지 않았기 때문에 나 중에 피터가 아담과 함께 하이킹을 갔을 때 처음으로 스스로 끈을 매는 것을 봤다고 했다.

아담이 가톨릭 학교에서 계속해서 문제를 일으켰을 때 낸시는 다시 정신건강 전문가를 찾아가 상담을 했다. 매튜 리지악은 그날의 상담에 대한 낸시의 반응을 이렇게 썼다. "아담이 괜찮아질 거라고 한 사람이라도 더 말한다면 나는 미쳐 버릴 것 같아요. 내 아들은 지금 병을 앓고 있고 아무도 어떤 도움도 주려고 하지 않아요"(2013, p. 39). 개인 중심이론에 기반한 정신건강 상담사는 두 가지 입장 중 하나를 취하기 쉽다. 하나는 아이를 너무 과보호하거나 아이를 과도하게 응석받이로 키워서 그렇다고 아이 어머니를 비난하든지 아니면 아이에게 일차적으로 문제가 있다고 보든지 할 수 있다. 체계론은 치료사에게 아이의 기능에 영향을 끼치는 부모의 불안의 역할을 볼 수 있도록 해서 아이가 "자기"를 발달시키지 못하고 있음을 인식할 수 있도록 해 준다. 불안한 융합이 있으면 아이는 성장할 수가 없게 된다. 그들이 고치기를 원하는 문제에 부모와 자녀 모두가 똑같이 기여하는 것이다. 물론 숙련된 보웬이론 치료사라 할지라도 치료사가 문제는 아이에게만 있는 것이 아니라 부모에게도 있다는 것을 부모에게 제시했을 때 제대로 이해받지 못할 수 있다. 부모들은 종종 문제에 대한 관점에 있어서 자신들이 생각하는 바에 대해 치료사로부터 동의받기를 바라는 경우도 있다. 즉, 문제는 아이에게 있고 부모들에게 있지 않다는 것이다. 치료사는 비판적이지 않은 태도를 가지고 이론에 대한 확고한 신념과 기술을 갖추어야 한다. 때로는 치료사가 아무리 비판적이지 않은 태도를 유지했다 해도 어떤 부모들은 치료사의 말을 들으려 하지 않고 다른 치료사를 찾아 나서기도 한다. 비판적이지 않은 태도는 기법이 아니고 가족과정에 대한 확고한 이론적 이해가 있어야만 가능하다.

아담의 부모가 2006년에 아담을 뉴타운 고등학교에 보냈을 때 흥미로운 일이 있었는데 교사이면서 행정담당자였던 분이 아담을 품어 주었던 일이 있었다. 그는 아담의 영특함에 감동했고 낸시와의 관계에서도 낸시의 신뢰를 받았다. 그가 가족과 했던 관계방식이 모든 것을 기적적으로 바꾸어 놓지는 않았지만 몇 가지 작은 진전이 보이는 신호가 나타났다. 그 선생님은 아담과의 관계에서 평정심을 유지하면서 인내심을 발휘했고 아담이 좀 더 잘 기능할 수 있으리라고 믿어 주었다. 그는 필요할 때는 낸시의 도움을 종종 요청하기도 했다. 아담은 여전히 어머니가 가까이 있다는 것을 확인하려고 했다. 낸시는 아담의 교실 옆 빈 교실에서 늘 대기하고 있곤 했다. 그 선생님은 말하기를, "그보다 더 헌신적인 어머니는 없을 거예요. 아담의 어머니는 아들의 삶에 온통 몰두해 있었어요"(2013, p. 44). 그 선생님은 가끔 낸시에게 떠나 있기를 격려했지만 낸시는 아들이 눈앞에 없는 것을 견딜 수 없어 했다. 학교는 아담에게 필요한 지원을 기꺼이 제공했다. 아담이 복도나 강당을 지날 때는 인도자가 함께하도록 했고 많은 선생님들은 낸시의 전화번호를 가지고 있으면서 언제라도 낸시의 도움이 필요할 때 사용할 수 있도록 했다. 그녀의 삶은 전적으로 아담에 매여 있었다.

아담을 감싸 주었던 선생님은 아담이 조개껍데기 밖으로 나오는 것을 보기 시작했다. 그러는 동안 아담은 사격에 흥미를 갖기 시작했다. 낸시는 총을 안전하게 사용하는 환경에서 자라서 총에 대해서 편안하게 생각했다. 그녀는 함께하는 활동을 하는 것이 아들과 더 잘 연결될 수 있게 해 줄 것이라고 생각하면서 아들을 주기적으로 사격장에 데리고 갔다.

그러나 아담은 학교에서는 변화하기 시작했지만 집에서는 잘 되지 않았다. 그의 불안 발작과 짜증은 점점 더 심해졌고 이상한 그림을 더 자주 그리기 시작했다. 낸시는 두 달에 한 번씩 아들을 이발소에 데리고 가곤 했는데 이발소에서의 상호작용은 항상 똑같았다. 낸시가 이발소에 걸어 들어올 때 아담은 어머니 뒤에 꼭 붙어 있곤 했다. 낸시가 아들에게 어느 의자에 앉을 것인지 가리키면 아담은 순순히 따랐다. 이발사가 아담에게 대화를 시도했지만 한 번도 성공한 적이 없었다. 이발사가 머리를 다 자르고 나서 "아담, 다 끝났다."라고 말해도 아담은 의자에서 일어날 줄 몰랐고 어머니가 아들에게 지시를 해야만 아담은 그 말에 따랐다. 이렇게 강렬한 꼭두각시 인형과 같은 수준의 융합은 자주 관찰되었다. 그러나 꼭두각시 인형은 인형대로 또 다른 측면에서 상대방을 거꾸로 조종한다는 점도 주목해야 한다. 아담은 자기주체성도, '분화된 자기'도 없었다. 나중에 그 그림자는 자신과 자신 주변의 모든 것을 파괴하는 형태로 나타났다. 그것은 자기거부였다.

불행하게도 아담이 천천히 뉴타운 고등학교에 적응해 가기 시작할 무렵, 2학년이 시작되는 바로 직전 무렵에 아담의 진전에 중요한 역할을 했던 그 선생님이 새로운 직장을 위해 다른 데로 떠난다는 얘기를 해 주었다. 낸시는 또다시 아담을 학교에서 데리고 나오는 감정 반사행동을 했다. 그 선생님은 그녀의 행동이 아담을 촉발시킬 것이라고 예상했고 그 예상은 맞아떨어졌다. 그는 낸시에게 그렇게 하지 말도록 조언했지만 낸시는 학교의 어느 누구도 믿지 않았다. 그녀는 아담의 문제에 대하여 학교를 비난했고 아담도 학교를 탓했다.

그리고 나서 낸시는 아담을 웨스턴 코네티컷 주립대학교에 등록시켰다. 그녀는 아들이 성인들이 모여 있는 환경에서 더 잘 적응하기를 희망했다. 아담은 학력인정시험에 합격했고 그가 그 학교에 다니는 동안 공부는 잘했다. 늘 그렇듯이 아담은 다른 학생들과는 거의 관계를 맺지 않았다.

피터와 낸시의 이혼 과정은 2009년 9월에 결말이 났다. 그다음 해 초에 아담과 피터와의 관계도 끊어졌고 라이언과도 관계가 단절되었고 어렸을 때부터 가까웠던 외삼촌과의 관계도 단절되었다. 전개되는 상황이 낸시와 아담의 관계를 점점 더 고립시키는 쪽으로 흘러갔다.

피터는 2010년에 재혼했지만 낸시는 어떤 사람과도 애착관계를 맺지 않고 지냈다. 그녀는 한 친구에게 자신은 항상 아담이 필요로 하면 그 자리에 있어 줘야 하기 때문에 다른 사람들과 진지한 관계를 맺을 시간이 없다고 말한 적이 있었다. 그러는 사이에 아담은 점점 더 컴퓨터에 몰입하였고 인터넷으로 무기, 전쟁, 군대 등을 검색하였다. 아담은 해군이 되는 환상을 가지고 있었다. 낸시는 아담이 성공할 거라고 믿고는 있었지만 해군에서의 성공을 바라지는 않았다.

아담은 새로운 온라인 페르소나를 개발하여 '카인브레드Kaynbred'[1]라는 가명을 가지고 폭력과 집단 살인에 고착된 사고를 점점 더 늘려 가기 시작하고 있었다. 그가 창조한 또 다른 세계 속에서, 비쩍 마르고 연약하게 생긴 10대 아이는 군복과 위장을 한 위압적인 근육질의 병사가 되어 있었다. 2010년 내내 이러한 활동을 하면서 학업 활동에는 흥미를 잃고 집안에 점점 더 고립되어 살았다. 낸시는 아들을 이러한 고립으로부터 끌어내려고 노력했지만 오히려 상황을 더욱 악화시킬 뿐이었다.

또 다른 아주 중요한 진전은 낸시의 활동에 변화가 생긴 것이다. 그녀는 집에서 좀 떨어져 있는 시간이 필요하다고 생각했다. 동시에 그녀는 아담을 데리고 태평양 연안 북서부로 이사하는 것을 고려하고 있었는데 아마도 아담을 그곳에 있는 학교에 등록시킬 생각이었던 것 같다. 그녀는 이사할 작정으로 심지어 아끼던 레드삭스[2] 티켓을 팔려고 내어놓기도 했다. 이웃 사람들은 낸시의 집이 조용하고 사람들의 출입이 없는 낯선 사람들이 사는 집이라고 생각했다. 낸시는 점차 아들을 도울 수 있는 자신의 능력에 대하여 자신감을 잃어 가기 시작했다. 그녀는 런던이나 뉴올리언즈, 그리고 뉴욕과 같이 먼 곳으로 여행을 했다. 그녀는 항상 아담과 함께 가기를 원했지만 아담은 절대로 함께 가고 싶어 하지 않았다. 여행을 떠날 때마다 그녀는 아담이 그녀가 없는 동안에 먹을 음식들을 준비해서 냉동시켜 놓았다.

그녀의 여행은 2012년 동안 자주 있었다. 그녀는 그해 추수감사절을 위해 뉴햄프셔 집으로 돌아왔다. 그녀는 아담이 그녀와 함께 갈 거라는 희망을 버리고 아담을 냉동식품과 함께

집에 남겨 두고 떠났다. 그녀는 자신만의 삶을 위해 에너지를 더 사용해야 한다고 느꼈다. 그녀는 자가면역질환에 걸렸다고 진단받았고 그것에 대한 걱정이 컸다. 그녀의 소중한 바람은 자신이 스스로의 삶에 좀 더 에너지를 사용하게 되면 아담이 좀 더 독립적이 되는 데 도움이 될 것이라는 것이었다.

그러나 아담의 행동은 점점 더 악화되었다. 아담은 미래에 대한 얘기만 꺼내도 매우 심하게 짜증을 부렸다. 일상적인 행동에서 벗어나는 어떤 것에도 과도하게 난폭한 반응을 보였다. 그는 발을 구르며 소리를 지르고 며칠씩 낸시에게 말을 하지 않곤 했다. 아담이 해군 입대 가능성을 입에 올렸을 때 낸시는 아담이 해군에 적합할 것 같지 않다고 말했다. 그녀의 말에 아담은 매우 화가 나서 바깥 출입을 거의 하지 않으면서 방에만 틀어박혀 밤새 비디오게임을 하고 낮에는 잠만 잤다. 비디오게임의 대부분은 폭력적인 것이었다. 낸시는 더 폭력적인 그림들을 발견하곤 했는데 그중에는 풀밭에 어린아이들의 시체가 뒹굴고 있는 그림도 있었다. 아담은 더 이상 낸시가 그에게 관여하지 못하게 했다. 더욱더 놀라운 것은 아담의 친구가 말하기를 아담이 어머니가 자신을 떠나려고 하고 있으며 그로부터 벗어나고 싶어 한다고 말했다는 것이었다. 아담의 이런 생각에 낸시가 멀리 여행을 하고 이사하려는 생각을 했던 것이 얼마나 영향을 주었는지는 명확하지 않다. 그러나 이 말이 사실이라고 느꼈다면 고립에 대한 극단적인 절망감을 보여 주는 것이 된다.

낸시의 마지막 여행은 뉴햄프셔의 호화로운 스파리조트에서 이틀 밤을 보낸 것이었다. 그녀는 2012년 12월 13일 저녁에 집에 돌아왔다. 그것은 지난달로는 두 번째 여행이었고 그해 1년 동안 한 여행으로는 열네 번째 여행이었다. 그녀는 다시 아담에게 함께 가자고 했지만 아담은 특유의 방식으로 거절했다. 여행을 떠나기 전 그녀는 한 친구에게 이것이 아담을 현실감을 갖게 하고 아담 혼자서 살아갈 수 있도록 그녀가 할 수 있는 유일한 방법인 것 같다고 말했다. 낸시가 떠나기 전 두 사람은 3일 동안 아무 말 없이 지냈다. 그녀는 돌아온 날 저녁에 아들을 보지도 않았고 말을 걸지도 않았다. 아담은 그다음 날 아침 침대에 누워 있는 낸시를 향해 총을 쐈고 그리고 나서 샌디훅 초등학교로 향했다. 그가 사용했던 총들은 집에 있던 것들이었다.

아담은 아마도 어머니를 잃을까 봐 두려웠던 것 같다. 그러나 그녀는 그런 생각을 꿈에도 하지 않았다. 그녀는 한 친구에게 자신은 아담과 오래오래 함께 살기를 원한다고 말했던 적이 있다. 피터는 낸시가 아들이 얼마나 위험스런 존재인지를 전혀 몰랐던 것 같다고 생각했다. 낸시는 자신이 아들을 잃어 가고 있다고 느꼈지만 그것을 사회적 철수로만 생각했지 폭력이라고는 생각하지 못했던 것 같다. 앤드류 솔로몬은 낸시가 아담을 걱정한 것이지 아들을 무서워하지는 않았던 것 같다고 말했다.

피터는 앤드류 솔로몬에게 말하기를, 2012년 당시에 아담은 피터 자신에게 어떤 애정도 가지고 있지 않았던 것 같다고 했다. "나중에 생각해 보니 아담은 기회가 있었다면 순식간에 나를 죽였을 것이라는 생각이 들어요. 의심할 여지가 없어요. 아담이 낸시를 네 번이나 쏜 이유는 우리 각자 한 사람 한 사람을 향해, 즉 낸시, 아담, 라이언 그리고 나를 향한 거였을 거예요"(2014, 온라인 자료). 아담의 컴퓨터에서 발견한 자료에는 왜 여성들은 본질적으로 이기적인지에 대해 써 놓은 것이 있었다. 솔로몬은 아담이 한 여성이 온갖 방법을 다해서 그의 편의를 맞춰 주는 것에 대하여 적어 놓은 글이 있었다고 했다.

라이언은 그의 어머니가 총격을 받은 후 일주일 뒤 그 유해 수령을 요청하여 화장했다. 그다음 날 매우 적은 수의 친구들과 가족이 킹스턴에 있는 집에 모였다. 라이언은 어머니에 대하여 애정이 깃든 말로 추도사를 하였다. 어머니는 학교 운동회에 한 번도 빠진 적이 없었으며 항상 강당의 맨 첫 줄에 앉아서 그를 응원해 주었다고 했다. 어머니는 뉴욕시와 수도 워싱턴에 있는 박물관에 데리고 다니면서 문화적 경험을 통해 그의 삶을 풍성하게 해 주었고 레드삭스 야구 게임을 볼 수 있도록 펜웨이 파크에도 수없이 많이 함께 가 주었다고 했다. 그는 어머니가 뉴타운에서 그가 살고 있는 뉴저지주 호보켄까지 두 시간이나 운전해 와서 한 시간 동안 점심을 함께 먹고 다시 두 시간을 걸려 돌아갈 정도로 항상 함께해 주는 분이었다고 했다. 이것은 아들을 위해 옳은 일을 하기 위해서라면 그 먼 거리를 갈 정도로 엄청나게 불안이 높고 헌신적이며 사랑이 많은 어머니가 충분히 받을 만한 찬사였다. 강렬한 정서적 융합은 짙은 안개와 같아서 낸시는 그 속에서 길을 잃었던 셈이다. 피터도 마찬가지였지만 그는 배의 방향을 바로잡느라 최선을 다했던 것이다.

이 이야기를 하는 목적은 독자들이 왜 낸시와 아담의 관계를 죽음의 관계라고 하는지에 대한 나의 의도를 이해할 수 있도록 상세하게 전달하는 것이다. 아담의 행동은 그의 가족관계 체계 맥락, 특히 그의 어머니와의 관계 맥락을 빼놓고는 단순하게 이해되기 어렵다. 낸시는 그녀 자신이나 다른 어느 누구도 아담을 도울 수 없을 거라는 절망감에 가까운 지점에 이르렀다. 그러나 아들의 곁을 지키려고 하는 그녀의 결심은 줄어들지 않았다. 동시에 그녀는 점점 더 상황에 압도당하면서 자신을 돌보는 데 에너지를 더 사용하기 시작했다.

관계에 있어 쉽게 설명되지 않는 점은 아담이 자신의 삶에서 전적으로 의존했던 한 사람으로부터 점점 더 철수하게 되는 부분이다. 그들의 관계와 같은 많은 관계들은 수십 년에 걸쳐 지속되고 어머니와 자녀는 함께 살아가다가 어머니가 죽음으로서 끝이 난다. 아마도 아담은 어머니가 자신을 집에서 내쫓으려고 한다고 확신했을 수 있다. 아담은 정서적으로 극단적인 고립상태에 있었다. 그의 내면세계에 대한 정보가 매우 빈약하기 때문에 나는 그의 고립과 관련된 정서에 대하여 일부분만 짐작해서 말할 수밖에 없다. 피터 란자가 아담이 낸시에게 총 네 발을 발사한 것에 대하여 얘기한 것이 전부다. 어쩌면 그의 행동을 분노나 복수라기보다는 자기거부의 행동으로 보는 것이 진실에 가까운 것인지도 모른다. 물론 자기거부와 분노는 서로 배타적이지 않은 개념이다. 그는 자기 자신과 자신의 어머니, 설명되지 않은 어떤 이유에서인지 모르지만 샌디훅의 사람들을 파괴하였다. 사람들은 그가 어떤 생각과 정서 상태에서 그 모든 사람을 죽이게 되었는지에 대한 추측을 할 수 있겠지만 보웬 이론은 아담이 했던 행동과 중대한 변화가 일어났던 맥락을 볼 것을 강조한다. 맥락 차원에서 보면 좀 더 확실하게 설명될 수 있을 것이다. 그러한 변화와 함께 아담은 다시는 돌아오지 못할 지점에 이른 것이다.

존 내쉬:
뷰티풀 마인드

가족과 사회적 맥락에서 본 조현병의 임상적 진행과정

이 장에서는 존 내쉬(John Forbes Nash)가 자신의 정신병적 망상을 합리적 추론 능력이 없는 것이라고 표현한 것에 대하여 생각해 볼 것이다. 내쉬의 주장은 유진 블로일러(Eugen Bleuler)의 주장과 일치하는데, 그는 조현병의 특성을 합리적으로 사고하는 것에 어려움을 가진 사고장애라고 정의 내리고 조현병이라고 이름 붙였다(Colman, 2001). 아직까지 어떤 과정이 합리적 추론을 할 수 있는 능력을 산산조각 내어 버리는지에 대한 질문에 명쾌한 답을 얻지 못하고 있는데 이에 대한 답을 보웬의 이론에서 찾으려고 한다.

보웬이론에서는 조현병을 두 가지 관점, 즉 개인 중심적 관점과 가족 중심적 관점에서 개념화하고 있다. 개인의 증상 차원에서 보면 정서적 역기능으로 볼 수 있고, 증상이 일어난 가족 관점에서 보면 가족관계 체계에 의해 정서적으로 형성된 장애로 생각해 볼 수 있다. 정신증상을 가진 사람은 확실히 합리적 사고가 파괴되어 있다. 그러나 보웬이론에서는 높은 수준의 감정반사가 피질하부에 지속적으로 영향을 주어 증상이 생기는 것으로 생각한다. 모든 사람들과 마찬가지로 정신증상을 가진 사람도 정서를 가지고 있지만 "자기"가 잘 발달하지 못하여 자기규제 능력에 어려움을 갖는다. 이것이 높은 감정반사와 그와 연관된 생리적 변화를 조절하는 데 어려움을 갖게 하고 정상적인 인지기능에 지장을 준다고 본다.

"자기"가 중대하게 결핍되면 성인기에 세 가지 유형의 유아기적 열망이 나타난다. 이 세 가지 유아기적 열망에는 돌봄을 받고자 하는 것(상징적인 돌봄), 책임지지 않으려 하는 것, 항상 전폭적인 사랑과 모든 것을 주고 요구적이지 않은 존재가 되어 줄 사람이 곁에 있어 줄 것이 포함된다. 대부분의 사람들은 장기간에 걸쳐서 부모로부터 돌봄을 받으면서 때로 이러한 열망에 빠질 때가 있다. 그러나 그 열망이 적절하게 억제되지 않으면 삶의 과정에서 생산적인 방향으로 나아가는 데 장애가 된다. 정신증상을 가진 사람들도 다른 사람들과 똑같은 정서를 가지고 있다는 관점을 갖게 되면 정신병에 대한 낙인을 줄일 수 있다. 즉, 사람들을 볼 때 다른 부류로 낙인을 찍어 분류해 버리지 않고 정도의 차이로 보는 관점을 갖는 것이다.

나는 존 내쉬에 관한 자료를 실비아 네이서(Sylvia Nasar)가 상세하게 연구해서 발표한 『뷰티풀 마인드(A Beautiful Mind)』(1998)[1]라는 훌륭한 작품으로부터 얻었다. 그 책으로부터 얻은 상세한 자료를 활용하여 내쉬가 조현병을 앓고 회복하는 과정을 보웬이론을 활용하여 맥락적 차원에서 설명하려고 한다. 또 하나 중요한 자료로서 2002년에 방영된 내쉬에 관한 다큐멘타리 프로그램 〈위대한 광인(A Brilliant Madness)〉도 포함되었다. 그 외에도 내쉬와 그의 아내 알리시아, 그리고 그의 아들 존 찰스와 함께 마이크 월러스가 진행했던 60분짜리 인터뷰(CBS, 2002)도 활용했다.

존 내쉬의 사례를 제시하는 중요한 이유는 조현병을 뇌의 구조적인 장애로 보는 입장과는 달리 보웬이론은 조현병을 왜 뇌의 기능적 장애, 즉 '기능상 역기능'으로 보는지를 설명하기 위해서이다. 보웬의 이론에 의하면 기능상 역기능에 이르게 하는 힘은 만성불안이다. 이것은 뇌의 병리가 증상을 일으키는 주된 과정에 영향을 끼친다고 보는 전통적인 관점과 매우 극명한 대조를 이룬다. 유전에 의한 뇌의 구조적 결함이 높은 만성불안 상황에서 정신증상에 이르게 하는 역할을 한다고 보는 이론과는 달리 보웬이론은 결함 자체만으로는 증상의 원인이 되지 않는다는 입장이다. 대부분의 역기능 증상에서 사회적 맥락을 사정하는 것은 증상의 시작과 과정을 평가하는 데 매우 중요한 부분이다.

[그림 22-1]은 보웬이론의 관점에서 내쉬의 사례로부터 얻은 사실 정보를 그림으로 나타낸 것이다. 그래프의 선은 내쉬가 그의 관계 체계, 특히 가족체계로부터 영향을 주고받은 불안의 정도가 시간의 흐름에 따라 변화된 것을 나타내고 있다. 이 장에서는 시간의 경과에 따른 맥락의 변화가 만성불안을 조성하고 강화하는 데 어떻게 영향을 주는지를 설명하고자 한다.

---

1) 역주: 1994년 노벨 경제학상을 받은 천재 수학자 존 내쉬의 삶에 관한 전기로, 한국에는 〈뷰티풀 마인드〉라는 제목으로 영화가 소개된 적이 있다.

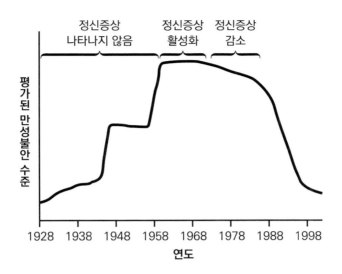

[그림 22-1] 이 그림은 존 내쉬의 출생 시부터 정신증상이 완전히 회복되었을 때까지 만성불안 수준의 변화를 그림으로 나타낸 것이다. (내쉬는 1958년 말까지는 정신증상이 나타나지 않았다. 그의 정신증상은 1959년 초에 양성으로 나타났으며 1970년대 초까지 지속되었다. 그의 정신증상은 1970년대 초에 감소되기 시작했고 1980년대 중반부터 그해 말에 걸쳐 지속적으로 감소되었다.)

[그림 22-1]은 만성불안 수준의 변화를 그림으로 나타낸 것이다. 존 포브스 내쉬는 1928년에 태어났다. 그는 1958~1959년 겨울까지는 정신증상이 나타나지 않았다. 그 이후 10년 동안 그에게는 입원과 정신치료약 복용, 그리고 개인치료가 이루어졌다. 1970년대 초부터 그의 증상은 점차 감소되었다. 1980년대 중반에는 증상이 많이 개선되었고 1990년에는 이성적 사고능력이 상당히 회복되었다. 그의 불안한 행동 수준은 1970년대 초반에 눈에 띄게 감소했지만 '합리적 사고를 할 수 없는' 상황은 더 천천히 개선되었다.

[그림 22-2]는 존 내쉬의 원가족을 도표로 나타낸 것이다. 존 포브스 내쉬 주니어(John Forbes Nash Jr.; 도표에는 JFN, Jr.로 표시됨)는 1928년 6월 13일에 웨스트 버지니아의 블루필드에서 태어났다. 존은 석탄과 철도산업이 주 산업이며 인구 2만 명 정도의 이 도시에서 자랐다. 그의 아버지 존 포브스 내쉬 시니어는 텍사스 출신의 가정에서 3남매 중 장남이었으며 전기기술자였다. 블루필드로 이사 온 것도 바로 직업 때문이었다. 존의 어머니의 가족은 1890년대에 노스캐롤라이나주에서 블루필드로 이사 왔다. 존의 어머니 버지니아는 7남매 중 둘째로 만딸이었으며, 교사였다. 존에게는 세 살 차이의 여동생 마사가 있었다.

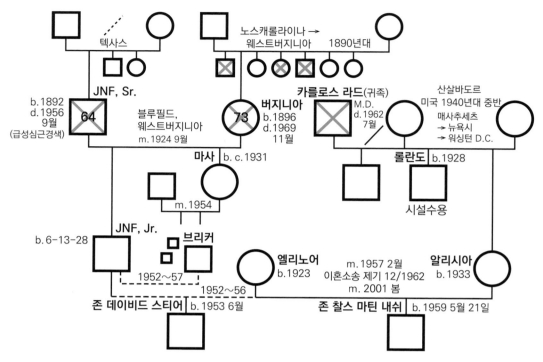

[그림 22-2] 내쉬와 라드 가족의 가족도형. 같은 세대의 사람들 사이에 점선 표시가 되어 있는 것을 볼 수 있다(내쉬와 브리커, 내쉬와 엘리노어 사이). 내쉬와 브리커 사이의 점선은 두 사람이 연인관계였음을 나타내고 내쉬와 엘리노어 사이의 점선은 결혼이 아닌 동거관계를 나타낸다. 점선 위에 표시된 숫자는 두 사람이 관계를 맺었던 시기를 나타낸다. 점선 아래에 연결된 남자는 동거 중 출생한 자녀임을 의미한다. 존의 할아버지와 할머니 사이에 그려진 점선 표시의 사선은 그들이 별거했음을 나타낸다.

2001년까지에 걸쳐 존의 사생활에서 가장 중요했던 사람들과 관련된 날짜들이 가족도형에 제시되어 있다. 존은 남자들과도, 그리고 여자들과도 매우 강력한 성적 애착관계를 형성하고 있다. 존은 엘리노어 스티어(Eleanor Stier)와 1952년부터 1956년까지 관계를 맺고 있었으며 엘리노어는 존과 만난 지 두 달 정도 되었을 때 임신을 하게 되었다. 존 데이비드 스티어(John David Stier)는 1953년 6월에 태어났다. 존 내쉬는 엘리노어와 관계를 맺고 있는 중에도 브리커라는 남성과 동시에 연인관계였다. 브리커와의 관계는 1952년부터 1957년까지 이어졌다. 브리커는 존의 아들이 태어나기 직전, 존이 자신과 엘리노어와의 관계를 말해줄 때까지 두 사람의 관계를 모르고 있었다. 존과 엘리노어, 브리커와의 사이에는 많은 교류가 있었다. 브리커의 왼쪽 위에 그려진 두 개의 작은 네모는 존과 짧지만 열정적인 연인관계였던 두 명의 남자를 나타낸다.

존이 결혼한 알리시아 라드(Alicia Larde)와 아들은 도형의 오른쪽 아래에 제시되어 있다. 그들은 알리시아가 MIT 대학에서 존의 미적분학 과목을 수강하면서 만나게 되었다. 그들은 1956년에 연애를 시작해서 1957년에 결혼을 하였다. 알리시아는 1962년 12월에 이혼소송을 제기하였고 1963년 5월에 승인받았다. 이 부부는 2001년 봄에 재결합했다.

알리시아는 산살바도르의 귀족 가문에서 태어났다. 그녀의 아버지는 의사였고 나중에 미국으로 이주했다. 그의 첫 결혼은 이혼으로 끝났고 그 결혼에서 아들이 하나 있다. 두 번째 결혼에서 아들이 태어났고 5년 후에 알리시아가 태어났다. 그녀의 친오빠 롤란도는 어떤 이유에서인지 알 수 없는 이유로 시설에서 살고 있었다.

존과 알리시아의 이야기는 존의 정신건강과 그 결핍에 관계가 얼마나 중요한 역할을 하는지를 보여 주는 사례이다. 매우 길고 자세한 이야기가 되겠지만, 그러나 그가 조현병 증상을 나타내기 이전의 삶의 상세한 내용을 보면 그의 증상이 나타나기 이전에 "자기"를 유지하는 데 어려움이 있었던 여러 가지 상황이 나타나 있다. 정신증상이 활성화되었던 시기에 대한 상세한 이야기 속에는 존 내쉬가 생각했던 정신병적 상태에 대한 의미 있는 통찰이 포함되어 있고, 그러한 통찰이 스트레스가 매우 높았던 시기에도 어떻게 그의 신체적 항상성을 어느 정도 유지할 수 있도록 해 주었는지에 대한 내용들이 포함되어 있다.

존은 건강한 아이였지만 외롭고 내향적인 작은 아이였다. 책을 좋아했고 사회적 관계에서 소심했으며 몽상가였다. 그는 타고난 재능과 어머니의 노력 덕분에 네 살 무렵부터 글자를 읽을 수 있었다. 그는 또래들과 놀이하는 것을 좋아하기는 했지만 친밀하게 지내지는 않았다. 고등학교에 다닐 때에도 여자아이들과 데이트도 하지 않았다. 그의 부모는 그를 그의 세상 밖으로 끌어내려고 끊임없이 노력했지만 그는 그것에 저항했다. 그는 문제풀이에 뛰어났고 그 때문에 우월감을 가지고 있었다. 버지니아는 여동생 마사보다는 존에게 훨씬 더 불안과 관심을 집중했다. 그의 어머니는 그에게 고등학교 수업 외에도 지역 대학교의 수업을 듣게 했다. 버지니아는 종종 존을 사회화시키기 위해 마사의 도움을 구하기도 했다. 그녀는 마사의 사회적 활동에 존을 끼워 넣었고, 그러면 마사는 오빠가 하는 이상한 행동 때문에 당혹스러울 때가 많아서 그다지 내켜 하지 않았다. 버지니아와 마사, 존 사이에는 매우 강한 삼각관계가 형성되었다. 존의 아버지는 약간 바깥 위치에 있으면서(부모-자녀 삼각관계에서 외부인의 위치) 존을 도왔다. 부모님은 존에 대하여 걱정을 많이 했지만 그의 발달기에 어떤 형태의 정신치료도 받게 하려는 노력을 하지 않았다.

존은 블루필드에서 고등학교를 마치고 1945년에 피츠버그에 있는 카네기 공과대학에 진학했다. 그는 아버지와 같은 전기기술자가 되려는 마음으로 거기에 입학했지만 곧 수학으로 전공을 바꿨다. 세계대전으로 인해 대학이 교과과정을 조정했기 때문에 1948년에 3년 만에 졸업했다.

[그림 22-1]은 존이 카네기 대학을 성공적으로 마친 후에 만성불안이 증가된 것을 보여주고 있다. 그는 놀림을 당하고 외면당하면서 거의 친구를 사귀지 못하였다. 그는 눈에 띌 정도로 다른 남학생들에게서 성적 매력을 느꼈고 그것 때문에 그의 별명은 '호모'로 불렸다. 그는 학업 면에서는 뛰어났지만 사회집단에서는 소외되었다. 그는 자주 동급생들을 "멍청한 자식들"이라며 큰 소리로 경멸하기도 했다. 그는 학업 면에서는 매우 경쟁적이었고 스스로에게 매우 높은 기대를 가지고 있었다. 그는 자신의 지적 능력을 인정받기 위해 매우 열심이었다. 이러한 그의 특성과 행동은 매우 높은 만성불안에서 기인한다고 본다. 나는 그가 동성에게 끌린 것은 성적인 부분도 있지만 정서적인 부분도 포함되어 있다고 본다. 성욕은 연인관계에서 나타나는 유일한 정서다. 존의 행동에서 많은 부분이 타인으로부터 관심과 인정을 얻고자 하는 강한 욕구를 보이고 있으며 그것은 그의 어머니와 다른 가족원들과의 융합의 결과이다. 남성을 쫓아다닌다는 것은 그에게는 광기 어린 모험으로 보인다. 전 생애에 걸쳐 자신의 영리함을 인정받고 싶어 하는 그의 사회적 인정욕구는 만성불안의 심각한 수준을 나타내 준다.

존은 1948년 9월에 프린스턴 대학교에서 수학전공으로 박사과정을 시작하였다. 그는 다른 대학원생들보다 자만심에 차 있었고 자신의 '영리함'을 인정받고 싶어 했다. 그는 항상 생각에 잠겨 있었고 지적으로 아주 심하게 독립적이었다. 많은 교수들이 내쉬의 태도를 좋아하지 않았지만 어떤 교수들은 그의 수학능력에 경의를 표하면서 관대하게 대했다. 프린스턴에서의 초기 연구에서 그는 경제학에 적용될 수 있는 합리적 행동에 대한 체계적 이론 개발에 관심을 보였다. 그의 박사학위논문은 그가 1994년에 경제학으로 노벨상을 수상했던 내쉬균형Nash equilibrium이라고 알려진 것에 대한 것이었다.

그의 일생 중 이 시기에 그는 사랑이나 우정, 타인에 대한 동정심 같은 것에는 관심도 없고 오로지 머리로만 사는 것처럼 보였다. 그의 삶에서 얻는 주된 기쁨은 타인과의 정서적 친밀성보다는 창조적인 작업으로부터 오는 것이었다. 프린스턴에서도 그의 동성애적 취향은 계속되었고 남성들의 관심을 얻기 위해 지나치게 행동했다. 그의 심한 추적행동 때문에 관계는 늘 불안정했고 지속 기간이 짧았다. 그는 비현실적이었고 어린아이 같았으며 일상생활의 관심에서 동떨어져 있었다. 이러한 그의 특징은 전문직업인으로서의 그의 행동 방식과는 매우 뚜렷한 대조를 이루었다. 그는 수학과 관련된 것이나 다른 수학자들과 문제를 풀어 가는 일에 있어서는 더 성숙하게 행동했다. 그는 일에 몰두해 있을 때는 방어적이지도 않았고 불평하지도 않았으며 인정받지 못한다고 느끼지도 않았다. 보웬이론에서는 이렇게 일과 사생활에 있어서 대조를 이루는 것에 대하여 개념화하기를 일에 있어서는 강한 확신과 낮은 만성불안의 결과로 매우 높은 기능적 분화 수준을 이루면서 사적인 영역에서와 대조적인 모습을 보인다고 설명하고 있다. 테드 카진스키, 개리 길모어, 아담 란자와 마찬가지로 존의 아킬레스건은 사회적 상호작용이었다.

프린스턴에서, 그리고 후에 MIT에서도 여름이면 그는 산타 모니카에 있는 랜드 연구소 Rand Corporation에서 수학자로서 일을 했다. 1954년 여름에 그는 화장실에서 남자를 성적으로 유혹한 일로 체포되었다. 이로 인해서 그는 보안등급을 상실하여 랜드 연구소에서 파면당했다. 그는 이 사실을 가족에게 절대로 말하지 않았다. 흥미롭게도 내쉬 자신은 스스로를 동성애자라고 생각하지 않았다.

프린스턴에서 박사학위를 마친 후에 다수의 교수들의 동의를 얻지 못해 교수직에 임명을 받지 못하고 1951년에 MIT에서 수학 강사로 임명받았다. MIT에서는 프린스턴에서와는 달리 좀 더 관계를 잘할 수 있었지만 가르치는 일은 그다지 잘하지 못했다. 보스턴에 있는 동안 그의 어머니가 계속해서 그에게 생활비를 보내 주었고 그에게 좀 더 사회성이 있어야 한다고 잔소리를 그치지 않았다.

내쉬가 엘리노어 스티어를 만난 것은 1952년이었다. 그가 간단한 수술을 받기 위해 병원에 찾아갔을 때 그녀는 그 병원의 간호사였다. 그는 거의 같은 시기에 MIT 대학원생인 브리커를 만났다. 실비아 네이서는 브리커와의 관계가 내쉬로 하여금 처음으로 사람들과의 강한 유대감을 느끼게 해 준 것이라고 보았다. 그는 브리커와의 특별한 관계가 없었다면 세상에서 자신이 엄청나게 방황했을 것이라는 것을 깨닫기 시작했다.

존과 엘리노어의 관계는 여러 가지 면에서 그와 어머니와의 관계처럼 정서적 융합이 반복되는 관계였다. 그는 엘리노어와 일종의 정서적 거리두기를 했다. 그녀는 지나가는 행인에게 자신의 코트를 벗어 줄 정도로 마음이 부드러운 여자였고 존에게 과도하게 보호적이었다. 그녀는 자신감이 부족한 여성이었다. 존은 그녀에게 매우 비판적으로 대했고 그녀를 자주 깔아뭉개는 행동을 했다. 네이서는 그들의 관계에 대해서 존을 이기주의적이고 어린아이 같은 사람으로, 엘리노어를 자기희생적이고 모성애적인 여성으로 멋지게 표현했다. 존은 그의 가족에게 엘리노어에 대한 얘기를 하지 않았고 그의 동료들에게 소개하지도 않았으며 그녀에 대하여 한마디도 언급하지 않았다. 그들 사이에 아이가 태어났을 때 관계는 더욱 악화되었다. 존은 그녀와의 결혼을 거부하였고, 출생증명서에 서명하지도 않으려 했고, 재정적으로 어떤 도움도 주지 않았다. 엘리노어는 미혼모 시설에 들어갔다. 그리고 그녀는 나중에 아들을 5년 이상이나 위탁모에게 맡겨야 했다. 존은 엘리노어에게 아들을 입양시키도록 압박을 했지만 그녀는 그것을 거절했다. 존의 이러한 태도와 엘리노어의 고통에도 불구하고 둘의 관계는 계속되었다. 그녀는 존을 위해 계속 변명을 늘어놓았으며 끝까지 좋아질 것이라는 희망을 버리지 않았다. 그녀는 그의 탁월함에 현혹된 채로 살았다.

[그림 22-3] 네 개의 부호가 모두 점선으로 되어 있는 것은 네 사람 모두가 똑같이 기본 분화 수준이 낮은 것을 나타낸다. 그리고 두 개의 부호의 많은 부분이 겹쳐진 것은 정서적으로 융합되어 있음을 나타낸다. 뒤쪽의 부호가 앞쪽의 부호에 의해 경계선 부분이 그려지지 않은 것은 뒤쪽 부호의 사람이 관계 속에서 더 순응적(복종적인) 배우자임을 나타낸다.

내쉬와 브리커와의 관계는 존과 엘리노어의 관계와 유사하다. 브리커는 아주 불안이 높은 사람으로 존을 숭배하였다. 그는 부적절감을 느끼면서도 존의 주변을 맴돌았다. 존은 브리커에게 점점 더 비판적이 되었고 그러면서도 그를 심하게 질투했다. 브리커는 대학원을 중단하면서 결국 내쉬와의 관계를 끝냈다.

[그림 22-3]에서 왼쪽 그림은 존과 엘리노어의 관계를 보여 주고 있고 오른쪽 그림은 브리커와 존의 관계를 보여 주고 있다. 각 사람이 점선으로 표시된 것은 상당히 낮은 분화 수준임을 나타낸 것이다. 두 개의 그림 모두 존 내쉬가 관계에 의존적인 모습을 하고 있는 것을 볼 수 있다. 엘리노어 스티어와 브리커는 자기가 확립되지 않은 복종적 또는 순응적 사람들이었다. 네이서는 이 관계에 대해서 존이 두 관계 중 어느 쪽도 선택하지 않는 방식으로 자신을 향한 상대방의 의존성과 부담을 최소화하고 있었다고 보았다. 사람들이 내쉬와 가까워져서 내쉬에게 더 많이 기대게 되면 내쉬는 그로 인해 엄청난 압박감을 느꼈다. 그는 사람들이 그의 천재성에만 만족해 주기를 바랐다. 그가 매우 이기적이라고 비난하기 쉽겠지만 그의 연인들의 태도와 행동은 그의 미숙함을 더욱 강화시켜 준 셈이다.

알리시아 라드와 존 내쉬는 1956년에 만났다. 그녀는 존보다 다섯 살 아래였고 MIT에서

에서 보냈다. 많은 동료는 이러한 그의 행동을 보고 놀랐다. 1959년 1월 초에 존은 론오크에 가서 버지니아와 마사와 함께 지냈다. 그들도 존이 정서적으로 불안한 것을 보고 매우 놀랐다.

　알리시아는 존이 점점 더 불안정해지는 것을 MIT 동료들에게 숨기려고 했다. 그녀는 존을 살필 수 있는 시간을 더 가질 수 있고 존에게 문제가 일어나면 곧바로 도울 수 있도록 캠퍼스 내에 일자리를 얻었다. 낮에 일이 끝나면 바로 존을 데리러 갔고 자주 밖에서 식사를 했다. 알리시아는 다른 사람들을 식사에 초대하는 일을 그만두었다. MIT의 동료들은 그의 정서 상태가 악화되고 있는 것을 알아채고 있었다. 그가 신경쇠약에 걸린 것이 분명한데도 존은 1월 말에 MIT에서 전임 교수가 되었다. 그의 학과에서는 그의 스트레스 수준을 감소시켜 주기 위해 그에게 가르치는 임무를 모두 면제시켜 주었다. 존은 충동적으로 워싱턴 D.C.까지 차를 몰고 가서 거기에 있는 대사관에 편지를 전달하려고 했다. 그는 여러 외국의 고관들에게 그가 세계정부를 만들고 이끌어 갈 사명을 가지고 있다는 것을 알리고자 했다. 그는 세계의 군사 지도자들이 세계를 전복시킬 음모를 하고 있으며 그것을 멈추게 해야 한다고 생각했다. 알리시아는 그를 보호할 목적으로 그의 여행에 동행했다.

　알리시아는 존의 상태에 너무 놀라서 MIT의 정신건강의학과 의사와 그에 대해 의논했다. 그녀는 의사에게 부탁해서 정신과 병동에 입원을 할 수 있도록 했다. 의사는 전기충격요법이 필요할 것이라고 보았다. 알리시아는 충격요법이나 약물이 존의 정신에 해를 끼칠까 봐 두려워했다. 알리시아는 버지니아와 마사에게 보스턴으로 와서 존을 입원시키려는 계획을 도와주기를 부탁했다. 그들은 1959년 4월에 매사추세츠주 벨몬트 근처 맥클린 병원에 그를 입원시켰다. 존은 의사들에게 자신이 평화의 왕자이며 세계평화를 위한 운동의 지도자라고 말했다. 그는 자신이 병원에 입원할 필요가 없다고 생각했고 알리시아에게 그 일에 대하여 맹렬하게 화를 냈다. 그는 그녀에게 이혼하겠다고 위협했다. 버지니아는 맥클린으로 아들을 면회하러 갔을 때 존이 자신을 면회하러 온 동료들에게 매우 정상적으로 행동하는 것처럼 보였는데도 엄청나게 충격을 받았다.

　의사들은 그가 편집증적 조현병이라고 진단하였고 '태아 선망'이나 '동성애 성향' 때문에 생겨난 것이라고 보았다. 이런 사고방식은 그 당시 정신과에서는 보편적인 것이었다. 그의 정신증은 몇 주가 지나면서 사라졌다. 그리고 그는 그 병동에서 모범적인 환자가 되었다. 그는 의사들에게 자신이 망상적이라는 것을 알고 있었다고 말했다. 그는 여전히 계속해서 알리시아에게 이혼하자고 위협했다. 그는 50일 후에 퇴원하였다. 그때가 1959년 5월, 그의 아들이 태어난 지 일주일이 되었을 때였다. 알리시아는 존이 계속해서 이혼하자, 해치겠다, 가진 돈을 전부 다 가지고 유럽으로 가 버리겠다고 위협할 때 겉으로는 침착한 체했다.

그가 보인 증상들은 임신 중인 부부 사이에 다양하게 일어날 수 있는 문제로 흔히 잘 알려진 현상이다. 남편에게서 정신증과 같은 종류의 증상이 나타나면 흔히 태아에 대한 질투라거나 자궁선망이라는 개념으로 증상의 원인을 설명하려고 한다. 자궁선망이라는 개념은 카렌 호니(Karen Horney, 1942)의 여권주의 심리학으로부터 나온 개념이다. 그녀는 이러한 현상이 문화적으로 또는 심리사회적으로 형성된 것이지 남성들의 내면으로부터 나오는 것은 아니라고 보았다. 그와 같은 생각은 여성성이라는 생물학적 기능을 수행할 수 없음으로 해서 남성들이 경험하는 질투와 분노라고 설명하고 있다.

이와는 대조적으로, 보웬이론은 존 내쉬를 조현병으로 이끈 것이 인간이나 다른 여러 형태의 생명체에 내재되어 있는 정서체계로부터 나오는 힘이라고 보았다. 배우자의 임신기간 동안에 나타나는 증상에 대한 보웬이론의 입장은 제7장과 제9장에서 개념화되고 설명되어 있다. 관계는 개별성과 연합성이라는 두 개의 상반된 생명력에 의해 기능한다고 보았고 이 두 가지 힘은 정서체계에 기반하기 때문에 그 뿌리가 문화적인 것이 아니라 선천적인 것이라는 입장이다. 문화는 이러한 힘이 나타나는 부분에 일부 기여하고 있지만 기본적으로 그 힘은 본능적인 것이다.

관계는 연합성의 힘에 의해 영향을 받는 정도에 따라 연속선상에서 다양하게 나타난다. 낮은 분화 수준의 사람들은 정서적으로 융합된 관계를 형성하면서 연합성의 힘에 의해 지배된다. 연속선상에서 이와는 정반대에 위치한 잘 분화된 관계에서는 개별성과 연합성이 서로 협력적 관계를 유지하면서 지배적이지 않고 융통성 있게 영향력을 주고받는다. 나는 존과 알리시아의 관계에서 정서적 융합이 중간 범위에서도 매우 낮은 수준에 위치해 있고 분화 수준의 연속선상의 매우 낮은 20% 수준보다는 약간 덜 융합된 수준이라고 보았다.

정서적 융합의 수준이 어떠하든지 부부는 서로 정서적으로 균형을 이룬다는 점을 기억하는 것은 중요하다. 사람들은 데이트 기간 중이거나 결혼 초기에는 일반적으로 관계가 균형을 이룬다. 이때는 아이가 태어나거나 다른 책임이 부가되는 때에 비해서 관계에 대한 요구가 낮은 경향이 있는 시기이기 때문이다. 부부관계 초기에 중대한 임상 증상이 발생한 것이 전혀 보고되지 않는 것은 아니지만 그 이후의 시기에 비해 훨씬 적게 발생한다.

이미 언급된 자료에 따르면 내쉬 부부는 데이트 기간이나 신혼 초 첫 18개월 동안에 이미 만성불안 증상이 나타난 것으로 보인다. 내쉬는 그의 수학 연구 프로젝트에 집착하고 있었고 그래서 정서적 거리두기가 형성되었을 수 있다. 알리시아는 그들 사이에 거리두기가 생기자 마음이 불안정해졌을 것으로 보인다. 그러나 이러한 수준의 불안은 두 사람 모두에게 임상 증상이 만들어지기에는 충분하지는 않다.

만성불안의 급상승은 알리시아가 임신하게 되면서 일어났다. 이러한 불안의 급격한 상승으로 내쉬에게는 제3자에 대한 연애 감정이 나타나고 알리시아에게는 고립감과 정서적 혼란이 나타났다. 만성불안이 증가되면서 그들 사이에 그동안 균형을 이루던 편안함이 크게 손상되었다. 제1장에서 설명했듯이 관계의 변화는 각각의 배우자를 변화시키고 각각의 배우자는 관계를 변화시키게 된다. 이러한 호환적 상호작용은 만성불안을 증가시키는 역할을 하게 된다. 결과적으로 이 만성불안의 수준은 내쉬의 기능에 영향을 주게 되고 정신증상이 나타나는 과정에 이르게 되었다. 그들의 부부관계에서 반복적으로 나타난 것과 같이 알리시아가 남편을 숭배하는 입장이었음에도 불구하고 알리시아는 점점 더 지배적인 배우자가 되었다. 내쉬의 삶에서 중요한 타인으로서 여성에 대한 의존성은 점점 더 분명해지게 되었다.

보웬이론에 의하면 자궁선망과 같은 주관적인 개념과 관련 있는 것이 아니라 연합성에 대한 본능적 욕구가 일차적으로 위협당했을 때 임신으로 인해 관계의 균형이 깨지면서 이러한 위협감이 수면 위로 떠오른 것이라고 볼 수 있다. 그러한 위협감은 모든 사람에게 매우 강력한 것이지만 나의 형의 자살에서도 설명했듯이 과도한 의존성이나 융합이 있는 관계에서 경험되는 위협감의 정도는 한 사람 또는 두 사람 모두를 매우 위험한 수준에까지 이르게 할 수 있다. 나는 운이 좋아서 나의 형보다 좀 더 높은 수준의 기본 분화 수준을 가질 수 있었고 나의 형이나 존 내쉬가 느꼈던 수준만큼의 위협감을 경험하지 않았기 때문에 내가 그 위협감의 깊이를 얼마나 적절하게 헤아릴 수 있을지에 대해서는 잘 알 수 없다.

이러한 위협감의 영향력에 대한 이해를 위한 실마리를 감정신경과학자 자크 판크세프 (2010)의 연구에서 찾을 수 있다. 그는 서로 별개이면서도 긴밀하게 상호 연결되어 있는 정서체계가 뇌의 원시피질의 여러 부분에 위치해 있는 것을 발견했다. 그 체계들은 해부학적으로, 신경화학적으로 그리고 기능적으로 모든 포유동물에서 상동한 것으로 연구되었다. 이러한 체계들은 정서적 감정(정동)을 만들어 내는 데 개입하여 동물들이 생존을 위해 어떻게 행동해야 하는지를 알려 준다. 이 피질하부의 활동을 정서적 감정으로 변환시키는 데 작용하는 신경기전에 대해서는 아직까지 알려진 바가 없다. 정서적 분리와 관련된 고통과 절망을 통합하는 두 개의 정서체계는 공포/슬픔 체계를 과도하게 활성화시키고 네트워크 추구 욕구를 감소시킨다. 판크세프는 이러한 체계들을 '조상으로부터 물려받은 생존 수단'이라고 보았다. 이것들이 분명하게 생존에 중요한 영향을 끼친다는 점은 생존을 중대하게 위협받았을 때 보이는 두 가지 감정반사행동인 자살이나 정신증과 같은 현상에서 주된 역할을 한다는 것을 의미한다. 인간에게는 정서적으로 밀착되고자 하는 매우 강한 욕구가 있어서 과도하게 의존적인 사람이 현실적으로 또는 가상적으로 관계에 위협을 느꼈을 때 생존에 대한 위협을 느끼게 된다.

다시 존 내쉬의 사례로 돌아가서 [그림 22-4]는 내쉬가 정신증에 취약하게 된 가족과정이나 가족 맥락을 보웬이론에 따라 개념화한 것을 도형으로 나타낸 것이다. 첫 번째 도형은 데이트 기간과 신혼기의 관계과정을 나타낸 것이다. 두 사람의 정서적 에너지가 상대방을 향해 매우 강하게 투입되고 있고(상대방을 향한 화살표가 진하고 두껍게 그려져 있다) 관계는 균형을 이루고 있는 것으로 보인다. 결혼 이후 부부 사이에 정서적 거리두기와 불안이 증가되고 있다(화살표가 끊어져 있고 각자의 상징이 연한 색을 띠고 있다). 이 단계에서 각자는 관계로부터 불편함보다는 위로를 더 얻고 있다.

두 번째 도형은 보웬이론의 틀에서 본 임신 중에 일어나는 정서과정을 나타내는 그림이다. 존과 알리시아 사이에 세 가지 변화가 일어나는데 부부관계에 정서적 거리두기가 뚜렷하게 증가하고 알리시아가 아직 태어나지 않은 아이에게 강한 정서적 투자를 하게 되고(알리시아와 아이 사이의 화살표), 존이 점점 더 불안이 높아지면서 증상을 나타내고 있다(망상과 비정상적 행동). 두 번째 도형의 알리시아로부터 존에게 향하는 화살표는 불안과 존을 향한 낮은 관심을 나타낸다(옅은 색으로 표시). 존에게로 가는 관심이 줄어든 것은 아직 태어나지 않은 아이에게로 그녀의 정서적 관심이 쏠렸기 때문이다. 분화 수준에 따라서 아이의 출산을 앞둔 어떤 어머니들은 자신에게 과도하게 의존된 두 사람의 욕구를 동시에 충족시켜야 하는 것을 매우 힘들어하며 취약한 상태가 되기도 한다. 이러한 현상은 아이 어머니가 아이 아버지에 대하여 헌신하는데도 불구하고 일어날 수 있다. 존의 경우 알리시아의 정서적 관여가 적어졌다고 느끼는 그의 감정 경험은 부분적으로는 그의 감정반사적 경험일 수도 있는데 그는 실제가 되었든 상상에 의한 것이든 자신이 아내로부터 관심을 덜 받는 데 대하여 쉽게 위협감을 느끼는 사람이었다. 이러한 역동은 그들의 부부관계에서 호환적 상호작용(서로의 감정반사행동에 대하여 감정반사를 주고받음으로써)에 의하여 더욱 강화될 수 있다.

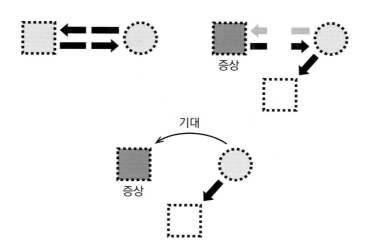

[그림 22-4] 이 도형은 아이가 태어난 이후 불안정해진 부부관계의 정서과정을 그림으로 나타낸 것이다. 첫 번째 도형은 임신 초기에 있었던 정서적 거리두기를 나타낸 것인데 옅은 색으로 표시된 것은 부부 각자에게 만성불안이 증가된 것을 나타낸다. 점선 표시는 낮은 분화 수준을 나타낸 것이다. 두 번째 그림은 임신 말기와 아들이 태어난 이후 부부 사이에 정서적 거리두기가 눈에 띄게 증가된 것을 나타낸다. 아내의 남편에 대한 정서적 투자는 남편이 아내에게 한 것에 비해 더 적은 것으로 나타나 있다(실제로도 적을 수 있지만 남편의 불안 때문에 아내의 정서적 투자가 더 적다고 인지할 수 있다). 아이의 엄마로부터 아들에게로 향한 진한 색의 화살표는 그녀가 아들에 대해서 남편에게보다 더 정서적 에너지를 투자하고 있는 것을 나타낸다. 남편을 가리키는 네모가 진한 색깔로 표시된 것은 관계가 불균형해지면서 그의 만성불안이 높아진 것을 의미한다. 아내의 불안도 높아졌지만 남편에 비해서는 낮다. 아기가 점선으로 표시된 것은 아직은 어리기 때문에 "자기"를 형성하지 못한 것을 나타낸다. 세 번째 도형은 또 다른 정서과정을 나타내는 그림이다. 아이 엄마로부터 남편에게로 향하는 화살표는 아이가 새로 태어난 현실로 인해 엄마 역할로 인한 그녀의 불안이 높아지면서 남편에 대한 기대가 높아진 것을 나타낸다.

　세 번째 도형은 보웬이론에서 말하는 또 다른 과정을 나타낸 것이다. 현실적 기대 수준이나 상상 속의 기대 수준은 체계의 복잡성을 증가시킨다. 이론에 의하면 존에게 있는 돌봄을 받고자 하는 유아기적 열망과 무책임성은 실제적이든 상상에 의한 것이든 정서적 고립을 매우 강하게 느끼게 한다. 그는 불안정한 체계 속에서 만성불안에 빠져서 결국 정서적으로 불안정하게 되었고 그로 인해 생리적인 변화에까지 이르러 결국에는 합리적 추론과정에 심각한 장애를 가져오게 되었다. 알리시아도 남편과 똑같은 열망을 가지고 있지만 그녀는 부부관계에서 과대기능하는 위치에 있음으로 인해 그것이 극복된다.

　엘리노어와 브리커와의 강렬한 관계를 생각할 때 엘리노어의 임신 상황에서 존이 정신증을 나타내지 않았던 것은 존의 두 사람에 대한 정서적 몰입의 수준이 그렇게까지 크지 않았고 그들이 서로 의존되어 있으면서도 어느 정도 거리두기가 있었기 때문이라고 생각된다. 이것은 실비아 네이서의 생각과 일치되는 부분인데 그들의 관계 맥락이 변화하면서 정서 단절이 있었고 그래서 그러한 정서적 맥락의 변화에도 그가 정신증을 일으키지 않고 성공적으로 적응할 수 있었다는 것을 시사해 준다.

병원에서 퇴원한 이후에도 존은 여전히 알리시아에게 엄청난 분노를 느꼈다. 그는 직장으로 복귀할 수 있었다. 버지니아가 아이를 돌봐 주기 위해 왔는데 그녀는 마치 아기를 존으로부터 보호할 필요가 있다는 듯이 행동했다. 그는 MIT 동료들이 공모해서 자신을 병원에 입원시켰다고 생각했고 갑작스럽게 MIT를 사직했다. 학교에서는 그의 사임을 받아들이지 않았지만 그는 자신의 뜻을 굽히지 않았고 대학으로부터 자신이 적립해 놓은 연금까지 모두 인출해 버렸다. 그는 이미 유럽으로 돌아갈 생각을 하고 있었다. 맥클린 병원에서 퇴원한 직후의 존은 실제로 병이 회복된 것이 아니었다.

1959년 7월에 존은 퀸 메리호를 타고 알리시아와 함께 유럽으로 건너갔다. 알리시아는 존을 보호해야 한다고 생각했다. 알리시아의 어머니가 아기를 워싱턴에서 데리고 있으면서 알리시아와 존이 파리에서 안정되면 아기를 파리로 보낼 계획이었다. 존은 여전히 망상 증상을 보였다. 그는 여권을 버리고 세계시민권을 갖겠다고 했다. 그는 세계시민권을 얻지 못했지만 자신의 여권을 찢어 버렸다. 알리시아는 존이 자신의 이전 정체성을 모두 버리려 하고 있다고 생각했다. 존으로부터 거부당한 버지니아는 음주문제가 심각해졌고 1959년 9월에 신경쇠약으로 정신과 병동에 입원하게 되었다.

존의 망상은 새로운 삶에 대한 사명감으로 매우 고양되었다. 이것은 망상적 상태가 절망감을 끌어올려서 불안과 어떻게 결합되는지를 보여 주는 것이다. 불안은 두려움과 같은 감정보다는 망상으로 나타났다. 그는 파리를 떠나 스위스로 향했다. 같은 시기에 알리시아는 사촌과 함께 지내기 위해 이탈리아로 갔다. 스위스 사람들은 존의 이상한 행동과 요구에 부응하지 않았고 그를 강제로 추방하려고 했다. 알리시아는 즉시 제네바로 가서 남편의 상황을 수습했다. 알리시아의 어머니는 아기와 함께 크리스마스에 파리에 도착했다.

내쉬의 불안한 행동과 유럽을 여기저기 떠돌아다니는 행동은 계속되었다. 알리시아는 미국으로 돌아가고 싶어 했지만 존은 반대했다. 결국 버지니아의 재정적 지원으로 미 국무부는 존을 1960년 4월에 미국으로 불러들였다. 내쉬는 프린스턴에 가서 살기를 원했지만 알리시아는 아들을 데리고 그녀의 부모님과 함께 살기 위해 워싱턴으로 갔다. 그들은 몇 달 동안 서로 떨어져서 지내다가 결국 알리시아가 프린스턴으로 와 달라는 존의 간청에 굴복했다. 그들은 아파트에서 함께 살았고 알리시아는 다시 존에게 매우 신경을 쓰게 되었다. 내쉬의 상태는 점점 더 악화되었다. 그는 수염을 덥수룩하게 길렀고 그의 눈빛은 거의 죽은 사람 같았으며 가끔씩 동네 주변을 맨발로 걷는 모습이 눈에 띄었다. 그는 프린스턴 대학교 캠퍼스에서 많은 시간을 보냈다. 그는 프린스턴에서 자주 기이한 행동을 했지만 대학은 그의 사정을 많이 봐주었다. 거기에는 그가 미치광이 같은 행동을 하고 있었지만 다른 사람을 해치는 행동을 하지 않은 것이 도움이 되었다.

알리시아는 이 시기에 우울해져서 정신건강의학과 의사에게 상담을 받기 시작했다. 정신건강의학과 의사는 이번에는 존을 트렌텐 주립병원에 입원시키도록 했다. 버지니아와 마사의 도움으로 존은 자신의 의지와는 상관없이 1961년 1월부터 6개월 동안 입원해 있었다. 그는 거기에서 인슐린 요법을 처치 받았다. 존은 그것을 매우 싫어했지만 의사는 도움이 될 것이라고 판단했다. 병원에 있는 동안 그의 상태는 수학 논문작업을 할 수 있을 정도로 나아졌다. 차도가 있는 것처럼 보여서 마침내 병원에서 집으로 가도 좋다는 허락을 받았고 1961년 7월에 퇴원을 하였다. 흥미롭게도 존은 병원에 있는 동안 자신의 망상적 가설이 사라졌다고 말하였다. 망상이 사라지면서 상실감이 뒤따랐다. 그는 자신의 변화를 강요된 합리성이라고 표현했는데 이것은 망상적 방식으로 현실을 바라봄으로써 기분이 고양된 상태에 있었던 파리의 상황과 비교했을 때 딱 들어맞는 설명이다.

병원에서 퇴원하고 난 뒤에 동료들의 노력으로 존은 1년간 프린스턴 대학의 IAS 연구소에서 연구를 할 수 있게 되었다. 존은 1961년 내내 아들을 만나지 않았지만 알리시아의 어머니가 결국 당시 두 살짜리였던 존 찰스 내쉬를 데리고 프린스턴으로 왔다. 알리시아의 아버지도 역시 함께 왔고 이들은 모두 같이 살게 되었다. 알리시아는 직장에 다니고 있었고 그녀의 어머니가 '조니'를 돌봤다. 존은 IAS 연구소에서 일하면서 회복되어서 논문을 발표했다. 그는 사람들을 일대일로 만나는 경우에는 이성적으로 행동하면서 유머감각도 발휘할 수 있을 만큼 되었다. 그 시기에 그는 정신건강의학과 의사를 정기적으로 만나는 데 동의했다.

그러나 커다란 변화가 나타나고 있었는데 존이 이번에는 알리시아를 동반하지 않고 프랑스로 돌아간 것이다. 1961년 후반기까지 그들의 부부관계는 마치 파탄 직전이었다. 존은 알리시아를 잃을까 봐 비참할 정도로 의기소침해졌다. 그는 알리시아가 자신을 병원에 입원시킨 일로 매우 화가 나 있었고 그들의 관계는 점점 더 냉담하고 소원해졌지만 그럼에도 불구하고 존은 그녀를 잃고 싶어 하지 않았다. 그는 점점 더 감정반사적이 되어 화를 잘 내고 불안해하고 안절부절못했다. 1962년 6월에 그는 다시 유럽으로 떠났다. 그리고 1962년 7월에 알리시아의 아버지가 사망했다. 유럽에 있는 동안 존은 그의 여동생 마사에게 자신은 이상한 세상에 홀로 남겨져 있는 것 같다는 슬픈 편지를 보냈다.

존은 1962년 여름에 프린스턴으로 돌아왔지만 그의 기능은 나아지지 않았다. 알리시아는 존이 당분간 자신과 함께 살도록 허락은 했지만 이혼수속을 시작했다. 그들은 1963년 5월에 결국 이혼했다. 법원은 알리시아에게 아들의 양육권을 부여했다. 존의 동료들은 존이 치료가 필요한 상태인 것을 알고 미시간 대학교에 있는 연구소에서 2년간 장기적으로 근무하도록 하여 금전적 지원을 받도록 해 주었다. 버지니아도 역시 그러한 노력을 돕기 위해 금전적으로 도왔지만 존은 여전히 프린스턴 캠퍼스를 배회했고 교실의 칠판에 이상한 수학 방정식을 써 놓기도 했다. IAS 연구소에서의 그의 관계는 악화되고 있었지만 미시간으로 가야 한다는 설득에는 존이 강하게 저항했다.

마침내 버지니아와 마사, 그리고 알리시아는 프린스턴 근처에 위치한 정신병 환자 입원실이 있는 캐리어 병원에 그를 강제로 입원시키게 되었다. 내쉬는 여전히 자신은 치료가 필요 없다고 확고하게 믿었고 자신에게는 전기충격요법이 필요 없다고 강하게 주장했지만 다섯 달 동안 폐쇄병동에 갇혀서 지냈다. 그는 항정신성약품을 처방받아 복용했고 거기에서 계속해서 2년 동안 정신건강의학과 의사를 만났다. 그의 정신증상은 병원에 있는 동안 빠르게 개선되었다. IAS 연구소는 그가 캐리어 병원에서 퇴원하자마자 다시 일자리를 제공해 주었다.

존은 여전히 알리시아와 화해하기를 간절히 원했다. 그러한 갈망은 1960년대 내내 지속되었다. 알리시아는 전혀 관심을 보이지 않았다. 그는 프린스턴에 집을 얻었고 줄곧 저자세를 취했지만 매우 외롭게 지냈다. 알리시아는 몇 가지 사회적 모임에 존과 함께 동행했지만 그녀도 이 1960년대 중반의 시기에 그다지 행복하지는 않았다. 알리시아는 직장생활에 어려움이 있었고 이제 다섯 살 된 아들 때문에 힘들어했다. 그녀의 어머니는 그녀를 돕기 위해 조니를 데리고 엘살바도르에 몇 달 동안 가 있기도 했지만 그동안 알리시아는 아들을 몹시 보고 싶어 했다. 그녀는 우울 때문에 정신건강의학과 의사를 정기적으로 만나기 시작했다.

존은 어느 정도 좀 나아진 것처럼 보였다. 그는 약물을 처방받기 위해 정신건강의학과에 외래진료를 받으러 다니고 있었지만 향상될 듯하다가 다시 심해졌다. 그의 마음은 알리시아와 관계를 회복하고 싶은 마음으로 가득했다. 그는 다시 유럽으로 여행을 떠났지만 망상과 환청이 심해서 그의 기분상태는 엉망이 되었다. 1964년 말에 고향에 돌아왔을 때 그는 다시 캐리어 병원에 입원하였다. 그는 항정신성약물로 치료를 받았고 정신증상은 완화되었지만 그의 정서적 고통은 여전했다. 그는 1965년 7월에 캐리어 병원에서 퇴원했다.

내쉬 이야기의 다음 여정은 보스턴으로 이어진다. 동료들의 도움으로 그는 브랜다이스의 수학과에서 일하게 되었다. 그는 알리시아와 아들을 보고 싶어서 상심이 컸고 여전히 외로움에 빠져 있었다. 그는 그럭저럭 몇 개의 논문을 발표했다. 그는 보스턴에서 정신건강의학과 의사에게 매주 치료를 받았고 그의 요구로 항정신성약물도 용량을 낮춰서 복용했다. 엘리노어와 존 데이비드는 여전히 보스턴 지역에서 살고 있었고 존은 그들을 정기적으로 방문하기 시작했다. 존과 엘리노어 사이에 긴장이 급상승했고 아들과의 관계도 마찬가지였다. 특히 엘리노어는 행복하지 않았다. 존은 아들에 대하여 매우 비판적이었지만 대학교 학비를 지불해 주겠다는 약속도 했고 아들의 학업을 지원했다. 이것이 데이비드에게는 도움이 되었던 것으로 보인다. 이들은 존이 사회적 접촉이 거의 없었던 그 시절에 만났던 몇 안 되는 사람들이었다. 존은 알리시아와 화해를 하고자 하는 노력을 하지 않았고 당시 알리시아도 존을 만나려고 하지 않았다. 보스턴에서 존은 활동의 대부분을 혼자서 보냈다.

존은 브랜다이스에 있었던 첫해에 시간이 지나면서 점점 더 자신감을 갖기 시작했고 동료들도 그가 '멀쩡한 정신' 상태라고 생각했다. 겉으로 보기에 그는 교만하거나 냉담한 인상을 풍기지 않았다. 그렇지만 또다시 그것은 오래가지 않았다. 그는 마사에게 망상적인 것이 분명해 보이는 편지를 쓰기 시작했고 1966년 말에는 확실히 편집증상을 보였다. 그는 프린스턴에서처럼 하버드 광장을 이리저리 배회하고 다녔다. 몇 차례 충동적으로 론오크의 어머니를 방문한 뒤 어머니의 집에서 1년 넘게 함께 지냈다. 존의 여동생네 가족도 그 근처에 살고 있었다.

그의 정서 상태가 매우 형편없었는데도 그는 버지니아, 마사, 알리시아가 자신을 다시 입원시킬까 봐 두려워했던 것 같다. 버지니아와의 관계는 매우 악화되었다. 그녀는 1969년 11월에 사망하였다. 존은 자신이 그녀의 죽음을 재촉하지 않았나 걱정했다. 그녀가 사망한 이후 존은 마사와 함께 살려고 했지만 그녀는 그런 방식으로 사는 것을 감당하지 못했다. 1969년 크리스마스가 지난 후 그녀는 존을 다시 가까운 버지니아주 스톤튼의 정신과 병동에 다시 입원시키기로 결정했다. 그는 1970년 2월에 입원했다. 자신을 입원시킨 마사에게 매우 격분한 존은 그녀와의 관계를 끊어 버렸다. 알리시아는 또다시 입원을 해야 할 만한 가치가 있는지 그 필요성을 느끼지 못하고 포기한 상태에서 이 과정에 어떤 역할도 하지 않았다. 스톤튼 병원은 존의 남은 생애 동안 치료와 관련해서는 마지막 입원이자 약물치료였다.

병원에서 퇴원한 후 존은 프린스턴으로 돌아갔다. 존은 나중에 회상하기를 망상은 혼돈 상태에서 벗어나려는 절망적인 시도였다고 표현했다. 그의 사려 깊은 진술과는 반대로 존은 프린스턴 캠퍼스와 칠판 여기저기에 이전에 했던 별난 행동을 계속했다. 그러나 프린스턴에 돌아간 이후 존의 이야기에 아주 중요한 진전이 일어나는데 알리시아는 존이 점점 더 악화되어서 노숙자가 되거나 심지어 죽기까지 할까 봐 걱정한 나머지, 존에게 그녀의 집에서 '하숙인'처럼 무기한으로 지낼 것을 제안했다. 그녀와 아들과 함께 살게 된 것이 그의 불안 수준을 감소시키는 데 매우 중대한 영향을 준 것이 틀림없다. 1970년대 초기에 만성불안이 감소되었던 상황은 [그림 22-1]에 나타나 있다. 불안은 개선되었지만 비합리적인 사고는 여전히 계속되었다는 점이 흥미롭다. 그렇지만 이것을 기점으로 정신증상은 점차 감소되기 시작했다. 알리시아가 존을 받아들인 것이 변화를 가져왔고 결과적으로 그가 완전히 회복되는 데 역할을 한 것은 의심할 여지가 없는 것 같다. 존에 대한 프린스턴의 관용적 정책도 아주 중요한 역할을 했다. 그에게 있어서 그것은 치료적 지지망 역할을 한 셈이었다. 그곳에 있는 수학자들도 그들이 존을 좋아했든지 그렇지 않았든지 간에 그의 수학적 천재성에 경의를 표했고 '아름다운 마음beautiful mind'이 지켜지기를 원했던 것이다.

알리시아는 존을 전적으로 지지했고 그에 대한 대가를 전혀 바라지 않았다. 그는 여전히 망상 증상을 보이고 있었지만 그러는 중에도 자신의 행동을 완화시킬 수 있었다. 이런 부분이 그에게 입원과 정신과 치료를 피할 수 있도록 해 주었다. 그의 행동은 늘 조심스럽고 순하고 수줍어했다. 내쉬는 자신에게 필요했던 것은 안전감, 자유, 우정이었다고 말했다. 알리시아는 자신이 이혼 후 경험했던 우울 덕분에 존의 곤경을 더 잘 이해하게 되었다고 말했다. 그녀는 오랫동안 직장문제로 어려움을 겪어야 했고 아들과 존, 그리고 자신을 위해 연금과 복지 혜택에 의존해야 했다. 그녀의 재정 상황은 매우 심각해져서 결국 프린스턴에 있는 그녀의 집을 팔고 프린스턴 외곽지역의 더 싼 집을 사서 이사를 할 수밖에 없었다.

환경적 맥락에서 또 다른 중요한 변화는 아들 조니가 10대에 들어서면서 점점 더 힘들어했다는 점이다. 조니의 문제가 증가하면서 존은 점점 더 부모 역할에 중요한 역할을 담당하게 되었다. 그는 조니에게 '나쁜 경찰관'이었고 알리시아는 '부드러운 솜털' 같았다. 아들에게 끔찍할 정도로 과보호적이었던 그녀는 남편 앞에서 자주 아들을 옹호했다. 그녀는 가족에서 주도적이 되었고 존은 무엇이든지 그녀와 상의 없이는 아무것도 할 수 없었다.

1973년 동안에는 알리시아가 보기에 모든 것이 순조로워 전망이 밝아 보였다. 그녀는 프로그래머로서 좋은 직장을 얻었지만 출퇴근에 긴 시간이 소요되었다. 존은 그의 어머니가 남겨 준 돈으로 조니를 근처에 있는 사립학교에 다닐 수 있도록 해 주었다. 조니는 집에 있는 동안에는 말썽을 부리고 우울해했지만 학교 성적은 뛰어났고 특히 수학에 재능을 보였다. 조니의 문제는 점점 더 나빠져서 이제 열일곱 살밖에 되지 않은 나이로 캐리어 병원에 입원하게 되었다. 그는 망상을 가지고 있었고 그전 학기에는 학교에 무단결석하는 일이 많았다. 그는 방에 틀어박혀서 점점 더 분노가 심해졌다. 그는 성경 읽기에 몰입하기도 하고 저주스런 말을 퍼붓거나 구세주 같은 말을 뱉기도 하고 환청을 듣기도 했다. 그는 아버지가 했던 것보다 더 심하게 치료적 개입에 저항했다. 존은 반대는 했지만 반항하지는 않았는데 조니는 반항 그 이상의 행동을 했다. 그는 3주에 한 번 정도 자주 도망을 쳤다. 캐리어 병원에서 조니는 편집적 조현병이라는 진단을 받았지만 거기에서 곧바로 증상이 개선되었다. 그러나 그는 3년 내내 학교에 복귀하지 않으려고 했다. 알리시아에게 아들은 그녀의 남편과 어머니와의 관계에서 그랬던 것처럼 남들에게는 들키고 싶지 않은 '혼자만의 슬픔'이었다.

고등학교와 대학교 성적이 부진하였음에도 불구하고 라이더 대학의 수학교수의 도움으로 조니는 럿거스 대학교의 수학박사 과정에 입학이 허락되었고 1985년에 수학박사 학위를 취득했다. 자신의 성공에도 불구하고 조니는 자신의 능력에 회의적이었고 무엇인가를 해야 하는 것에 대하여 이해하지 못했다. 결국 조니의 아버지는 모든 것을 포기했고 어머니만이 그를 지지해 주었다. 학위를 마침으로써 조니와 가족에게는 희망이 보이는 것 같았다. 조니는 마샬 대학교에 강사 자리를 얻었고 알리시아는 뉴워크에서 좋은 직장을 구할 수 있었다. 존의 기능도 점점 더 개선되어 가고 있었고 그의 정신증도 더 나아졌다. 그는 여전히 약간의 편집증적 사고를 계속했고 환청을 듣기도 했지만 그 '소음의 강도'가 점점 줄어들었다. 그는 자신의 편집증적 사고를 알아채고 지적으로 그것을 거부할 수 있게 되었다.

그러나 조니의 모습은 그와는 달랐다. 마샬에서의 그의 행동은 엉망이었다. 그는 집으로 돌아와서 다시는 떠나려 하지 않았다. 일을 하지 않았고 여러 차례 병원에 입원을 반복했다. 그는 병원 밖에서는 약을 복용하려 하지 않았다. 약을 복용하면 퇴원을 할 수는 있지만 약이 삶을 만들어 줄 수는 없었다. 여기에서 핵심 문제는 역시 기본적으로 '자기분화'의 결핍인 것이다. 조니는 이전에 했던 체스나 독서와 같은 많은 활동을 포기했다. 그는 가끔씩 화를 내고 폭력적이 되기도 했고 그의 일탈행동에 존과 알리시아는 공포를 느끼기도 했다. 이제 존의 삶의 에너지의 상당 부분은 아들에게로 집중되고 있었다. 보웬이론에 따라 조니에게 집중되는 부모-자녀 삼각관계는 상황을 둘러싼 높은 불안에도 불구하고 존의 기능이 개선되는 데는 도움이 되는 것 같았다.

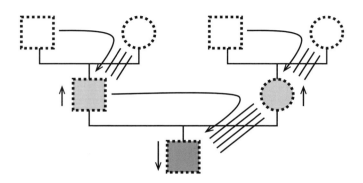

[그림 22-5] 이 그림은 존과 알리시아의 아들 조니에게로 이어지는 다세대 전수과정(3세대)을 나타낸 것이다. 2세대와 3세대에 이를수록 도형의 색깔이 점점 더 짙어진 것은 만성불안이 점점 더 심해지고 있는 것을 나타낸다. 세대 간에 그어진 선들은 2세대에서보다 3세대에서 미해결된 애착의 양이 더 증가된 것을 보여 준다. 조니의 양쪽 부모의 원가족 할아버지로부터 그려진 곡선은 2세대에게 투사과정을 나타내 주고 있다. 남자와 여자 도형의 옆에 그려진 화살표는 2세대와 3세대 간에 형성된 과대기능-과소기능의 호환성을 보여 주는 것이다.

앞서 언급한 조니의 유아기적 열망은 아버지의 유아기적 열망보다 훨씬 더 뚜렷하게 나타났다. 그는 마샬 대학교를 떠나 집으로 돌아와서 부모가 2015년 자동차 사고로 비참하게 죽기 전까지 그들과 함께 살았다. [그림 22-5]는 다세대 전수과정을 간단하게 보여 주는 그림이며 조니의 기본 분화 수준이 아버지 존보다 더 낮아져 있는 상태를 보여 주고 있다. 도형의 맨 위쪽에 그려진 두 가족 중 왼쪽 가족은 존의 부모님이고 오른쪽은 알리시아의 부모님이다. 각 부호가 점선으로 되어 있는 것은 그들의 기본 분화 수준이 자녀들에 비해 조금 더 높은 것을 나타내고 있다. 두 번째 세대는 존과 알리시아를 나타내고 있다. 간략하게 그려진 원가족의 두 번째 세대의 그림은 존과 알리시아가 각각 원가족 어머니와의 관계에 융합되어 있고 그 결과 부모보다 더 낮은 분화 수준인 것이 세 개의 선으로 표시되어 있다. 성인인 알리시아는 정서적으로 그녀의 어머니에게 의존되어 있고 그녀의 어머니는 알리시아에게 과대기능적이었다. 알리시아는 매우 불안하게 조니에게 향하고 있다. 아버지들로부터 자녀들에게 향하는 곡선 화살표는 자녀들을 향한 정서적 융합과 불안을 나타내고 있다. 3세대에 이르러서 조니는 부모들보다 만성불안이 더 심한 것으로 나타나 있다. 그리고 존과 알리시아와 조니 사이에 형성된 삼각관계는 부모의 과대기능(위를 향한 화살표)과 조니의 과소기능(아래로 향한 화살표)을 나타내고 있다.

이 장의 결론을 맺기 전에 잠시 2015년 5월 갑작스런 자동차 사고로 부모가 사망하는 사건이 있었던 이후의 조니의 정서적 기능에 관하여 언급하고자 한다. 조니의 부모가 사망한 지 2년 지난 후 그를 면담했던 수잔 리비오(Susan K. Livio, 2017)에 의하면 부모가 사망한 이후로 조니는 그의 가족에 대하여 잘 알고 있었던 대부분의 사람들이 예상했던 것보다 훨씬 더 잘 기능했고 병원에 입원한 적도 없었다. 그가 10대가 되면서 나타났던 환청과 환시는 사라졌다. 정신과 병원에 입원하지도 않았고 그가 10대였을 때부터 살고 있었던 그 집에서 계속 살고 있었다. 그는 체스도 다시 시작했다. 그의 치료팀은 계속해서 그를 주의 깊게 관찰하면서 사회적 활동에 참여하도록 이끌었다. 그는 또한 그 팀의 관리를 받아 정기적으로 정신활성약물을 복용했다.

보웬이론의 관점에서 보면 조니의 만성불안은 그의 부모 사망 이후에 감소되었다(그의 증상 개선은 나의 형이 부모님의 기능이 저하되었을 때 보였던 의미 있는 증상 개선을 연상시킨다). 조니는 증상을 앓던 오랜 기간 동안 만성불안이 활성화되어 부모와 삼각관계가 형성되었고 그의 부모는 불안에 휩싸여 그에게 초점두기를 하며 과대기능을 하였고 조니는 그에 대하여 역으로 과소기능을 하게 되었던 것이다. 조니의 상태가 개선된 것은 기본 분화 수준이 아닌 기능적 분화 수준이 향상된 것을 나타내고 부모님의 사망이라는 환경요인이 극적인 영향을 준 것이다. 리비오는 알리시아가 자기 부부의 죽음 후에 아들이 어떻게 될까 크게 걱정을 했는데 아들이 잘 적응하고 있다는 것을 알게 된다면 너무 기뻐할 것이라고 적었다.

2001년 존과 알리시아가 재결합했을 당시를 되돌아보면 존은 프린스턴 대학교의 수학 연구팀에 수석연구원으로 임명받고 그가 사망할 때까지 날마다 연구에 매진했다. 존은 또한 그의 여동생과 형, 그리고 그동안 소원했던 오랜 동료들과도 접촉을 다시 시도했다. 1994년 존은 노벨상을 수상했고 2015년에는 아벨상Abel Prize도 수상했으며 탁월한 그의 수학 연구에 대하여 노르웨이 정부로부터 해마다 상을 받았다. 존과 알리시아는 아벨상을 수상하고 집으로 돌아가는 길에 사고로 사망했다.

[그림 22-6]은 이 장의 주요 목표를 그림으로 나타낸 것이다. 즉, 조현병과 같은 증상은 만성불안에 의해 형성된 기능상 역기능 문제이며 만성불안의 수준은 증상을 가진 개인의 중요한 관계 체계, 특히 가족체계에 생긴 어려움의 정도와 관련이 있다는 것을 나타낸다.

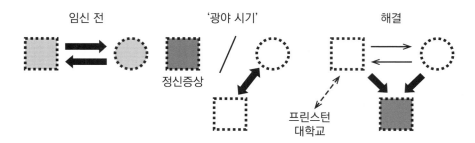

[그림 22-6] 이 도형은 이 장의 기본 주제를 요약하여 나타낸 그림이다. 왼쪽 그림은 결혼 초기에 균형을 이루고 살았던 시기의 낮은 수준의 불안을 보여 주고 있으며 그런대로 편안한 상태를 나타낸다. 중간의 도형에서 사선 표시는 부부의 별거와 이혼 초기 상태를 나타낸다. 존을 표시하는 도형의 진한 색은 그가 매우 심한 불안 상태에 있었던 것을 나타낸다. 알리시아와 아들 조니 사이에 있는 두꺼운 쌍방 화살표는 매우 강한 정서적 융합 상태를 나타낸다. 마지막 도형은 존이 다시 알리시아와 살게 되면서 점진적으로 영향을 받아 결과적으로 관계가 균형을 이루고 그의 만성불안과 정서적 고립과 증상이 감소된 것을 나타낸다. 두 사람으로부터 아들을 향한 화살표는 부부관계에서 형성되어 잠재되어 있었던 만성불안을 감소시키기 위해 아이에게 과도한 초점두기가 이루어진 것을 나타낸다. 존과 프린스턴 대학교 사이에 표시된 쌍방향 점선 화살표는 그에게 이루어진 교수진과 행정적 지원의 중요성을 상징화한 것이다.

크게 봤을 때 존 내쉬의 증상은 사회적 맥락의 변화와 서로 맞물려 작용한 것이라고 볼 수 있다. 왼쪽의 그림은 존과 알리시아의 부부관계에서 임신 이전 시기의 맥락을 그림으로 나타낸 것이다. 두 사람 사이에 긴장이 있기는 하지만 관계에서 개별성과 연합성을 심각하게 손상시킬 만한 수준은 아니었다. 따라서 각 배우자에게 있는 만성불안의 수준은 보통 수준이다(옅은 색 표시).

중앙에 있는 도형은 알리시아가 1958년 초가을에 임신하면서부터 존과 알리시아 사이에 형성된 심각한 불화의 시기에 관한 도형으로 소위 '광야 시기'의 상황이다. 윈스턴 처칠이 1920년대부터 1930년대에 걸친 약 10년 동안 권력으로부터 물러나 사람들의 관심에서 멀어졌던 '광야 시기'를 경험한 것처럼 존 내쉬도 고통스럽고 악화된 고립의 시기를 10년 동안 보냈다. 그는 사람들로 가득한 세상에 살면서도 고립되어 알리시아에게 연합하여 싸우기도 하고 간절히 원하기도 하면서 광야와 같은 삶을 살았다. 그의 정신증상 및 관련된 불안은 그 시기에 극대화되었다. 그들 사이의 벌어진 틈은 알리시아가 먼저 그들 사이의 틈을 연결하려는 시도를 하기까지 10년 이상 지속되었다.

오른쪽의 도형은 해결된 상황을 나타낸다. 해결이라는 말은 그들의 정서적 융합이 해결되었다는 뜻이 아니라 새롭게 알리시아와 연결된 것을 말하며 이로 인해 존은 매우 평온해졌다. 그의 정신증상은 그녀가 그에게 '하숙인'으로 그녀의 집에 들어와 살도록 허락한 이후부터 점차 감소되기 시작했다. 이 도형은 그들의 관계가 어느 정도 좋은 균형을 이루고 있고 서로를 대하는 데 만성불안이 거의 형성되지 않고 있음을 말해 준다. 그들의 불안은 점점 더 역기능적이 되어 가는 아들에게 초점을 두면서 아들을 어떻게 대할 것인가에 대한 의견 차이로 인한 갈등으로 국한되었고 그들의 관계는 안정화되었다. 존은 아들이 더 이상 앞으로 나아갈 힘을 잃고 모든 것을 멈추고 집으로 돌아온 1986년 즈음에 증상이 많이 호전되어 있었다. 그의 존재 자체로도 집안에 많은 긴장을 일으켰지만 조니는 그의 부모 사이의 그 어떤 것보다도 더 큰 긴장의 원천이 되었다. 그들은 조니를 고치기 위해 서로 긴밀하게 도왔다. 도형에는 프린스턴 대학교가 존을 지원해 주었던 것도 매우 중요한 역할을 했다는 것도 포함되어 있다.

많은 사람은 아버지의 문제가 그의 둘째 아들에게로 유전된 것이라고 쉽게 생각할 수 있다. 이 책에서 이미 여러 차례에 걸쳐 언급했듯이 보웬이론은 조현병(기타 다른 증상도 마찬가지)의 다세대 전수과정에서 유전학적인 것을 배제하지는 않는다. 그 외의 다른 요인들에 대해서는 아직 확인된 바가 없다. 그러나 만성불안이 다른 증상이 아닌 조현병으로 나타나는 데는 어쩌면 유전자의 어떤 역할이 있을 수도 있을 것이다. 여기에서 중요한 것은 만성불안이 중요한 역할을 한다는 점이다. 많은 치료사들과 연구자들에 의하면 조현병 진단을 받은 환자들이 나이가 들면서 증상이 감소되는 것을 경험하는데, 그것은 스트레스의 감소 때문이라고 생각하고 있다.

유전학적인 논의가 있기는 하지만, 다세대 전수과정의 역할은 내쉬의 사례에서 특별히 명확하게 드러난다. 알리시아와 남편과의 관계는 과대기능하는 어머니와 지나치게 의존적이고 과소기능하는 자녀와의 관계 특성과 많은 점이 닮아 있다. 알리시아와 그녀의 아들 조니와의 관계는 똑같은 과정이 더 심화된 것이다. 알리시아와 그녀의 아들과의 강한 융합은 처음에는 1960년대 그녀의 남편이 부재한 상황에서 강화되었다가 1970년대 초부터 2015년에 사망하기까지의 기간 동안 남편이 아들과의 관계에서 적극적으로 과대기능을 하면서 형성된 부모-자녀 삼각관계 속에서 더욱 심화되었다.

알리시아와 남편, 그리고 아들과의 관계에서 과대기능하는 강렬한 어머니 역할을 이해하기 위한 중요한 열쇠는 그녀와 그녀의 어머니, 그리고 후에 시설에 수용되어 살았던 오빠와의 사이에 형성된 삼각관계에 있다. 그녀는 어머니에게 조용하게 순응함으로써 어머니로부터 인정과 관심을 받았고 이 때문에 오빠의 문제의 원인이 오빠 자신에게 있다는 것을 무언으로 인정한 셈이 되었다. 그녀의 아버지도 그러한 관점을 전적으로 받아들이는 입장이었다. 나는 그들의 삼각관계에 대한 직접적인 정보를 얻지는 못했지만 만약 내쉬 가족을 돕는 가족치료사였다면 알리시아에게 그런 삼각관계에 대한 기억이 있는지 물었을 것이다. 어떤 부모들은 그런 질문에 답하고 싶어 하지 않지만 또 어떤 사람들은 그런 작업에 참여한다. 부모들이 좀 더 확장된 다세대 관점에 대하여 알게 되면 어머니는 스스로를 덜 비난하게 되고 자녀에게 문제의 근본 원인이 있다고 확신하는 데서 벗어나게 해 준다. 관계상의 문제에서 자신의 역할 부분을 이해하고 받아들임으로써 평정 상태에 이르게 되는 효과를 나는 '체계론의 기적'이라고 말한다.

보웬이론의 특별한 적용

Bowen Theory's Secrets

보웬이론의 비밀

제23장

단일질병:
보웬이론이 제안하는 새로운 개념

보웬이론이 제안하는 새로운 개념

우리는 모두 같은 질병을 연구하고 있다.

– 피터 리비(Peter Libby), 『염증과 죽상동맥경화증: 새로운 이야기
(Inflammation and Atherosclerosis: A Translational Tale)』

이 장에서는 보웬이론과 관련하여 과학자들의 여러 연구보고서에 대하여 소개하려고 한다. 과학은 이론의 미래를 위해 매우 중요하다. 사람들은 대개 인간의 정서적 기능과 행동에 대하여 인과론적 입장에서 벗어나 자연체계론적 사고를 적용하는 데 어려움을 갖는다. 그러나 사회과학이나 생물학으로부터 얻은 연구 결과물들이 보웬이론과 일치되는 것을 알면 사람들은 체계론적 사고로 옮겨 갈 수 있는 지혜를 얻게 된다.

이 장의 서두에 소개된 리비는 죽상동맥경화증을 연구하는 심장병 전문의이다. 그는 내가 보웬이론에 포함되어 있다고 생각하는 단일질병이라는 개념과 일치하는 사고를 가지고 있다. 리비(2018)는 죽상동맥경화증의 발병 과정이 모든 질병에서도 반복해서 일어나고 있는 것에 주목하였다. 이 과정은 서로 영향을 주고받으면서 일어나는데 세포증식(세포의 증가), 섬유증(흉터 형성), 백혈구세포 집합(염증), 혈관 생성(혈관의 성장) 과정이며 이 모든 것들은 인체의 상피세포(내부와 외부 표면)와 중간엽세포(조직의 연결)에 염증이 생긴 결과로 발생한다.

보웬은 가족 내 만성불안이 고조되면 가족원 한 사람에게 신체적, 정서적 또는 사회적 증상이 발생하게 된다고 본다. 단일질병 개념에 따르면 이러한 증상들의 많은 부분은 리비가 말하는 발병 수준의 생물학적 과정이 심화됨으로써 발생한다. 나는 불안에 의하여 추동된 정서적 반사반응이 각 범주의 증상들을 일으키게 하는 힘이라고 생각되어서 정서적 증상

범주에 대한 용어를 '마음의' 증상 또는 '정신적' 증상으로 표현하는 것이 더 나은 표현이라고 생각한다. 왜냐하면 증상은 대뇌피질의 과정에서 벗어난 것을 의미하는데 증상을 만들어 내는 힘의 핵심은 대뇌피질 하부의 정서체계에 있기 때문이다. 신체적 증상이라는 말은 신장이나, 간, 대장, 피부 등과 같은 신체기관에 장애가 생긴 것을 말한다. 정신적·신체적 증상은 만성불안이 내재화되어 나타난 것이고 강박적 도박, 좀도둑질, 약물중독과 같은 사회적 증상은 불안이 행동으로 외현화된 것을 나타낸다. 높은 만성불안은 증상이 아닌 가족 갈등을 고조시키는 것으로 나타나기도 한다.

케빈 스트럴(Kevin Struhl, 2010)의 연구에 의하면 다양한 질병들은 공통적으로 활성화된 유전자 네트워크를 가지고 있다고 한다. 스트럴은 이러한 공통의 네트워크가 만들어 내는 것을 '병든 세포상태'라고 이름 지었다. 제각기 다른 질병 속에 있는 세포들은 모두가 똑같은 활동적인 유전자를 갖고 있다(활동적이라는 말은 단백질을 생산하고 있다는 뜻이다). 또한, 각기 다른 질병 속에는 간세포나 신장세포처럼 세포의 유형에 따라 서로 다른 활성화된 유전자도 포함되어 있다. 예를 들어, 당뇨병, 죽상동맥경화증, 그리고 암과 같은 질병들은 동일하게 병든 세포상태를 나타내는 유전자를 가지고 있지만 동시에 서로 다른 조직에 기반한 각기 다른 유전자도 가지고 있다. 병든 세포상태에 대한 생각은 단일질병 개념과도 일치한다.

단일질병 개념은 모든 질병에는 공통적인 생리학적 과정이 있다는 것을 말하는데, 이것은 전통적인 병리학 개념보다 더 중요하다고 할 수는 없을지라도 치료를 위해서는 그만큼 중요한 개념이다. 이것은, 예를 들어 류마티스 관절염 환자에게 가족 내에 있는 만성불안을 감소시키는 가족치료가 도움이 될 수 있다는 것을 의미한다.

단일질병 개념은 유사한 질병을 발생시키는 생물학적 과정이 어떤 특정 기관을 표적으로 해서 일어나는가를 말하는 것이 아니다. 그에 대한 답은 유전자학, 병원성 미생물학, 독소 등과 같은 여러 요인들이 고려되어야 한다. 병리학이라는 용어는 관절염이나 종양처럼 조직에 나타나는 역기능의 유형을 기술할 때에 한해서 사용되는 말이다. 병리학이라는 말에는 증상을 일으키는 원인이나 주된 추동력에 대한 것은 포함되어 있지 않다. 체계론적 관점에서 보면 병리학은 과정의 일부분이지 원인과는 무관하다. 이러한 관점은 아직까지는 입증되지 않고 있다.

단일질병 개념과 일치하는 연구

암과 동맥경화증에 대한 공통적인 병리적 기제를 발견한 다수의 연구들이 있다. 그중에는 최근 수십 년 동안 많은 관심을 받았던 만성염증의 생리학적 과정도 포함되어 있다. 그중 두 개의 논문과 하나의 평론이 단일질병 개념과 일치한다. 폴 리드커(Paul Ridker, 2017a)는 브리검 여성병원에서 최근에 심장마비를 겪은 환자들에게 항염제를 투약한 뒤 4년간 추적 관찰하여 그 기간 동안 심장마비 재발의 의미 있는 감소를 발견했다. 리드커, 맥페이든(McFayden, J.), 에버렛(Everett, B.), 리비, 토렌(Thoren, T.), 그리고 캔토스 실험집단 대표(CANTOS Trial Group, 2017b)는 이전에 심장마비를 앓았던 환자들에 대한 두 번째 연구를 실시하였는데, 피험자들은 연구가 시작될 당시를 기준으로 과거에 폐암 진단을 받았지만 실험 당시에는 폐암 증상이 없는 사람들이었다. 치료집단에 참여한 환자들은 첫 연구 때에 사용되었던 항염제와 같은 약을 처방받았다. 이 환자들은 3년에서 7년에 걸친 후속 연구에서 위약placebo 처방을 받은 집단보다 더 낮은 심장마비 발생률을 보였고 과거에 진단받았던 폐암으로 인한 사망률도 의미 있게 감소된 것으로 나타났다. 연구자들은 항염제를 사용한 치료가 심장마비 발생을 낮추었을 뿐만 아니라 이전에 폐암 진단을 받았던 사람들의 사망률도 감소시켰다고 보고하였다.

컬럼비아 대학교 종양학 교수 싯달타 머커지(Siddhartha Mukherjee, 2017)는 『뉴욕 타임스』에 리드커와 동료들의 두 개의 연구에 대하여 쓴 평론에서 항염제가 심장마비 재발과 폐암 사망률에 의미 있는 감소를 가져온 것은 "이 연구가 공통적인 병리학적 기제, 즉 염증이라는 개념으로 전혀 다른 의학 영역을 서로 연결해 주었다."고 평했다. 이러한 결론은 단일질병 개념과 정확하게 일치한다. 이 연구들은 염증을 일으키는 것이 무엇인지에 대한 답을 내놓지는 않았다. 지난 수십 년 동안 염증은 악성 종양이 만들어 내는 것으로서 알 수 없는 물질에 의해서 만들어지고 유지되는 것으로 가정되어 왔다. 그러나 암이 그러한 물질을 배출하는 것이 사실이라 하더라도 단일질병 개념은 염증이 환자의 만성적인 스트레스가 높아졌을 때 그에 대한 반응으로 심하게 증폭되어 나타난 결과일 수도 있다는 것을 암시해 준다.

소외나 극심한 감정적 어려움과 같은 심리적 요인을 스트레스에 대한 반응과 연결 지어 보려는 연구도 중요한 노력 중 하나이다. 한스 세일(Hans Seyle, 1956)은 1930년대에 비특이성 스트레스 반응이나 일반적 적응 증상이라는 용어를 처음 사용하였다. 그는 생물학적 과정이 스트레스 반응을 활성화시킬 것이라는 점에 주목했다(Gerson & Bishop, 2010). 내분비학자 존 메이슨(John W. Mason)은 심리적 위협이 스트레스 반응을 활성화시킨다는 것을 입증하였는데(Mason, 1959), 이 연구는 스트레스 연구에 있어서 중요한 전환점이 되었다. 그는 심리적 위협과 정서, 그리고 시상하부 뇌하수체 부신 축이 스트레스 반응과 매우 중요하게 연결되어 있음을 확증하였다.

이 외에 심리적 요인과 스트레스 반응, 그리고 염증과의 연관성을 입증하는 연구도 있다. 콜, 호클리, 아레발로, 성, 로우즈, 그리고 카치오포(Cole, Hawkley, Arevalo, Sung, Rose, & Cacioppo, 2007)는 사회적으로 고립되고 외롭다고 평가된 사람들의 집단과 사회적으로 잘 통합되었다고 평가된 집단을 비교 연구하였다. 이 연구자들은 사회적으로 통합되었다고 평가된 사람들보다 고립된 사람들의 내분비와 교감신경계의 활동이 스트레스 반응으로 크게 확장되는 것을 발견했다. 스트레스에 대한 반응 활동이 증가되면 염증반응에서 중요한 역할을 하는 백혈구 세포에 전혀 다른 유전자가 나타나서 염증을 증가시킨다. 반대로 사회적으로 통합된 집단에서 나타나거나 활성화된 유전자는 염증을 증가시키지도 않으며 인체의 기관과 조직에 인터페론을 생성시켜 바이러스의 감염에 저항하게 하는 것으로 나타났다. 이 두 집단의 차이를 보았을 때 고립된 집단이 사회적으로 통합된 집단보다 만성염증으로 인한 질병에 더 취약하다는 것을 보여 주고 있다.

니콜 파월과 동료들(2013)의 연구에 의하면(제15장 참조), 심리적 위협을 마음에서 지각하게 되면 신경계를 자극하여 스트레스 호르몬을 분비하게 함으로써 골수에서 전 염증성 백혈구 세포를 생성하도록 영향을 준다. 이것 역시 콜 등의 연구와도 일치한다. 콜 등의 연구와 파월 등의 연구를 보웬이론과 연결시켜 보면 정서적으로 중요한 관계가 스트레스가 심한지 편안한지에 따라 유전자의 건강성 유지나 질병 유발에 관여하는 통로가 될 수 있다는 것을 보여 준다.

황 등(Huang et al., 2011)의 연구도 감염 질병과 관련된 유사한 과정에 대하여 설명하고 있다. 대다수의 사람들은 흔히 면역체계가 질병을 일으키는 박테리아나 바이러스로부터 우리를 보호하고 있다고 생각하고 있지만 그것은 부분적인 이야기에 불과하다는 것이 분명하다. 이 연구자들은 열일곱 명의 자원자들에게 인플루엔자 바이러스를 감염시켰는데 그중 아홉 명은 감염되었고 나머지 여덟 명은 몸 상태가 약간 안 좋을 뿐 임상적으로 뚜렷한 증상을 나타내지는 않았다. 질병에 걸린 사람들은 증상이 나타나기 전에 스트레스 반응과 염증반응이 매우 활성화된 것을 보였다. 임상 증상이 나타나지 않았던 사람들은 매우 다른 면역체계 반응을 보여 주었는데 이 사람들에게서는 스트레스 반응이나 염증반응이 나타나지 않았고 문제에 대처하여 항산화물질과 다른 화합물이 생성되었다. 이 연구에서는 증상이 있는 사람들과 증상이 없는 사람들이 바이러스에 노출된 시간에 그들이 받은 스트레스 정도의 차이에 대해서는 평가하지 않았다. 그들은 두 집단의 반응 차이를 유전학적 부분에만 초점을 두어 설명하였다. 이 연구는 염증이 바이러스의 발병인자를 자극함으로써 더욱 악화시킬 수 있다는 점을 명확히 보여 주고 있다는 점에서 매우 중요하다. 의사 루이스 토머스(Lewis Thomas, 1974)는 「세균(Germs)」이라는 제목의 글에서 염증이 질병을 유발시킨다는 점을 암시하고 있다. "우리는 박테리아에 대항하여 싸우는 매우 강력한 무기를 가지고 있다. 그 속에는 매우 다양한 많은 방어기제가 포함되어 있다. 그리고 그것들은 외부 침입자들보다도 더 위험스럽다. 우리는 매우 폭발 위험이 높은 장치들 속에 살고 있는데 마치 지뢰밭에 갇혀 있는 셈이다"(p. 78).

카네기 멜론 대학교의 셸던 코헨(Sheldon Cohen, 2005) 교수가 주도한 호흡기 바이러스 감염에 대한 연구는 황 등(2011)의 연구와는 달리 증상을 일으키는 염증반응의 영향력이 다양함을 보여 주고 있다. 카네기 팀은 한 개인에게 스트레스 사건이 장기적으로 지속되면 강한 염증반응을 일으키게 된다고 결론지었다. 연구자들에 의하면 심리적 스트레스가 조절 효과를 감소시키는 기제 역할을 하는데 거기에는 코티솔 호르몬이 포함된다고 보았다. 코티솔은 보통 스트레스 반응으로 생성되는데, 곤경에 처했을 때 신체가 적응할 수 있도록 돕는 역할 외에 면역체계를 억제하는 역할을 한다. 코헨은 코티솔로 인해 면역반응이 정상적으로 조절되지 못하게 되는데 그것은 면역세포가 둔감해지거나 그 효과가 억제되기 때문이라고 주장했다. 이 억제력 때문에 염증이 급증하면서 질병이 나타나게 된다는 것이다.

코헨 연구팀은 감기를 활용한 연구에서 감염 활동이 통제되지 못함으로써 감기증상을 유발시킨다는 그의 이론을 입증하였다. 감기 바이러스가 감기를 일으키는 것이 아니라 염증반응의 부작용으로 증상이 나타난다는 것이다. 최근 수년 동안 나는 감기에 걸린 사람들이 내가 감기에 걸린 것을 보고 "제가 감기를 옮겨 준give 것 같은데요?"라고 말하면, "그게 아니고 제가 감기를 가져온take 거지요!"라고 대답한다. 바이러스 자체를 탓하는 것이 아니라 바이러스에 대한 나의 면역체계가 강하게 반응한 결과라는 뜻이다. 코헨은 사람의 염증반응이 클수록 감기 증상에 걸릴 가능성이 더 높아진다는 것을 발견했다.

코헨은 연구를 통해서 장기적으로 높은 스트레스 사건을 경험하면 면역세포에 내성이 생기고 코티솔의 정상적인 활동을 약화시킨다는 것을 알아냈다. 코티솔 저항성은 심혈관질환, 천식, 자가면역질환, 암, 알츠하이머병, 어쩌면 조현병이나 기타 등 모든 질병에 있어서 만성염증이 중요한 역할을 한다는 것에 의미 있는 시사점을 제공한다. 내 경험에 의하면 스트레스는 강박성 게임, 반사회성 행동장애, 과다한 음주와 같은 행동문제에 있어서도 중요한 역할을 한다. 감기 바이러스의 경우 코티솔에 대한 둔감성과 그에 따른 급속한 염증의 증가는 결과적으로 전 염증성 사이토카인(질병을 악화시키는 역할을 하는 신경세포 전달물질)의 분비를 높이게 되고 상기도에 증상을 일으키게 된다.

심리적 위협을 느끼는 상황과 관련해서 코헨 연구팀은 가족이나 친구 관계에서 한 달 이상의 대인관계 문제가 있거나 실업이나 해고와 같은 업무상 관련된 문제에서 가장 흔하게 위협을 경험한다는 것을 발견했다. 스트레스가 심한 생활이 오래 지속될수록 질병이 발생할 위험도는 더욱 커지게 된다. 이 연구자들은 또한 탄탄한 사회적 지지망과 사회적 지원이 심리적 위협감과 그로 인한 스트레스 반응을 완화시켜 준다고 주장했다.

알리 자할카(Ali Zahalka, 2017)는 그의 연구에서 리비가 언급했던 모든 질병의 발병에서 자주 일어나는 네 가지 생물학적 과정 외에도 혈관 형성과정(새로운 혈관의 발달)에 관심을 나타냈다. 1950년대 중반에 병리학자들은 암세포들이 혈관 주변에서 더 많이 발견되는 것에 주목했다(Weinberg, 2007). 종양은 혈관으로부터 0.2mm 이상 떨어진 곳에서는 발견되지 않았고 그보다 더 멀리 있는 곳에서는 종양세포들이 살지 못했다. 이것은 살아 있는 조직에서 0.2mm 이상 떨어진 거리에는 산소가 효과적으로 전달되지 않기 때문이다. 모든 조직에 있는 정상 세포들은 가장 가까운 모세혈관으로부터 세포 몇 개의 지름 이상을 벗어날 수 없다. 혈관 분포는 혈관 형성을 통하여 이루어지는데 정상이든 암이든 모든 조직 형태의 생존과 성장에 매우 중요하다.

신경은 신경전달물질을 분비함으로써 신체의 생리적 기능의 대부분을 조절한다. 이 연구는 다양한 신경 매개 신호가 암의 발달을 통제한다는 것을 보여 주고 있다. 신경전달물질은 암세포와 암세포를 둘러싸고 있는 연결조직에 있는 세포 모두에게 영향을 준다. 노르아드레날린(노르에피네프린이라고도 한다)은 스트레스 반응과 연관되어 있고 암과 관련된 신경으로부터 분비되며 혈관 형성과 암의 진행에 관여한다. 즉, 혈관을 형성하고 있는 내피세포들은 노르아드레날린 수용체를 형성하여 세포분열을 증가시키고 결과적으로 혈관을 성장시킨다. 아드레날린의 작용으로 대사활동에 변화가 일어나고 내피세포는 정상보다 훨씬 더 높은 비율로 빠르게 분열되면서 암의 급속한 성장을 돕는다. 이러한 암세포 관련 내피세포들은 면역세포를 끌어들이는 성장인자와 사이토카인을 분비하여 암 성장을 자극하는 염증 형성에 관여한다.

　암 발생에 있어 염증의 역할에 대한 또 다른 연구로 리치먼드 프렌(Richmond Prehn)과 해럴드 드보락(Harold Dvorak)의 연구가 있다. 프렌(2007)은 면역체계와 암과의 상호작용에 대한 연구에 헌신하였는데 조직 내에서 일어나는 치명적인 면역세포활동이 세포와 세포 사이, 또는 세포와 연결된 조직 사이의 소통을 방해함으로써 암의 성장을 활성화시킨다는 것을 이론화하였다. 정상적인 상태에서는 이러한 소통은 정상 세포들이 암세포가 되는 것을 막아 줌으로써 종양 생성을 방해하는 주된 역할을 한다. 드보락(1986)은 종양학자로서 종양과 그것을 둘러싼 조직의 모양이 치료되지 않은 상처 모양을 하고 있는 것을 관찰하였다. 상처를 치료하는 데는 백혈구 세포 활동과 혈관 형성, 세포 증식, 세포 이동과 같은 생물학적 과정을 재활성화하는 것이 포함되는데 이것은 배아의 정상 발달에 매우 중요하다. 이러한 과정은 필요하지 않을 때는 활동이 중단되지만 상처 치료가 필요할 때는 재활성화될 수 있다. 나는 상처 치료를 위해 정상적으로 활성화된 염증이 만성화되어 종양이 되는 것과 만성불안에 의한 만성 스트레스 반응이 프렌이 주장한 치명적인 염증 활동을 활성화시킨다는 것과 연관성이 있다고 생각한다.

　암을 다양한 체계와 연관 짓는 연구는 암을 전체로서의 신체와 연결 지어 생각했던 캔디스 퍼트(1997)의 주장을 뒷받침해 준다. 퍼트는 암종양을 이해하려면 암이 종양과 뇌, 그리고 면역체계 사이에 정보가 끊임없이 교환되고 있는 네트워크의 한 부분으로서 인식되어야 한다고 주장했다. 이러한 교환은 신체의 체계들이 서로 규제하고 통제하고 증진시키거나 지연시키거나 하면서 이루어진다. 종양세포의 활동을 이해하려면 그 세포가 좀 더 큰 신체 체계의 한 부분으로서 어떻게 연결되어 있는지를 알아야만 설명될 수 있다. 그리고 보웬이론에서 말하는 가족체계도 그렇다. 암은 확실히 체계의 질병이다.

　카밀라 엥블롬(Camilla Engblom, 2017)의 연구는 암을 체계적 관점으로 보는 것을 좀 더 지지해 주는데 폐종양과 뼈 사이에 이루어지는 체계 간 교신이 암을 증식시키는 역할을 한다는 것이다. 폐선암에 대한 연구에 따르면 종양이 뼈로부터 어떤 형태의 백혈구 세포를 동기화시키는 요소를 분비하여 종양결합조직에 있는 염증과 혈관 생성과정에 영향을 주고 그 결과 종양의 증식을 돕는다고 보고하였다. 뼈의 항상성은 파골세포에 의해 재흡수되는 것과 골아세포에 의해 생성되는 뼈 사이에 일정한 균형이 이루어지고 있는가에 달려 있다. 이렇게 긴밀하게 짝을 이루는 과정이 불균형하게 되면 질병이 발생하는 원인이 된다. 이 연구의 발견으로 골아세포가 파골세포의 활동에 비해 과다하게 활성화되면 종양에서 분비되는 요소들이 증가하고 골아세포는 암의 증식을 촉진시키는 백혈구 세포의 형태를 증가시킨다는 것을 알게 되었다. 단일질병 개념은 이러한 교신과정이 호환적 상호작용 과정과 같다는 생각인데 암은 뼈의 반응을 촉발시키고 뼈의 반응은 암을 촉발시키는 것이다. 골아세포와 파골세포의 항상성이 잘 유지되고 있을 때는 이러한 작용은 일어나지 않는다. 스트레스가 암의 신호에 대한 뼈의 반사작용을 더욱 심화시키는 것으로 보이는데 이것은 뼈의 항상성에 생긴 장애가 신체 전체의 항상성 장애로 이어지면서 발생하는 것으로 보인다. 이것은 이 시점에서는 단지 추측에 불과하지만 나는 항상성 개념을 적용하여 그 가능성을 설명하려고 한다. 불안이 가족체계를 갈라 놓는 것처럼 스트레스로 인한 신체적 변화는 항상성에 장애를 일으켜 신체의 어느 한 부분에 영향을 준다.

스트레스와 건강과의 관계에 관심을 둔 연구는 매우 오랫동안 이어져 왔다. 이 장에서 언급하고 있는 몇 가지 예는 이 분야의 긴 역사에 비해 매우 적은 부분이기는 하지만 그 중요성은 항상 일관되게 주장되었다. 만성불안에 대한 보웬이론은 단일질병이라는 개념을 더욱 타당해 보이게 한다.

단일질병 개념의 발달

나는 1976년 여름에 암 진단을 받은 환자의 가족을 임상적으로 연구하기 시작했다. 그 후 5년 이상 125가족을 면담했는데 어떤 가족은 2년 넘게 만나기도 했고, 어떤 가족은 단 몇 시간 정도만 만나기도 했다. 나의 관심은 환자나 가족에게서 어떤 정서적 요인이 암의 발병과 임상 과정에 영향을 주고 있는지를 찾아보는 데 있었다.

처음에는 암의 생물학적 부분과 정서적 과정에 관심을 두었다. 그리고 암에 관하여 생물학적 사실과 정서적 요인은 서로 대립되지 않는다는 결론을 얻을 수 있었다. 단일질병 개념은 이러한 노력의 과정에서 점차 생겨난 것이었다. 정확한 개념을 입증하는 것은 어려워 보였는데 그보다는 이 개념에 일치하는 사실들과 반대되는 사실들을 찾아보기로 했다. 나는 1976년 이후 수십 년에 걸쳐 했던 나의 이러한 노력을 '과학적 탐구'라고 생각한다.

단일질병이라는 사고에 처음 눈뜬 것은 암과 관련된 생물학에 관한 책을 읽으면서 시작되었다. 나는 우연히 1913년에 발표된 미국의 병리학자 알드레드 스콧 워신(Aldred Scott Warthin)의 논문을 접하게 되었는데 그는 암 유전학의 아버지라고 알려진 학자이다. 그의 논문에서 나의 주의를 끈 것은 어떤 가족에게서 상피성 암이 세대 간에 반복적으로 나타나며 다음 세대의 자녀가 어렸을 때 종양이 발생하는 경향이 있고, 더 나아가 이전 세대보다 더 어린 나이에 발병하면 악성종양으로 나타나는 일이 자주 발견된다고 한 것이다. 전형적으로 이러한 과정은 결과적으로 가족의 소멸로 이어진다.

그 시점까지 내 연구는 다세대적 관점에 관심을 두기보다는 암환자의 핵가족 정서과정에 더 초점을 두고 진행했었다. 그러나 정서과정이 암에 있어서 중요한 역할을 한다면 워신의 연구 결과는 보웬이론의 다세대 정서과정 개념과 일치할 수 있는 것이라는 생각이 강하게 머리를 스쳤다. 앞서 제11장에서 언급했듯이 가족의 다세대 과정에서 어떤 가족에서는 가족투사가 세대 간에 이루어지면 "자기"의 분화 수준이 점차 감소된다는 개념을 설명하였다. 암에 있어 정서적 요소가 중요하다는 것을 생각할 때 만성불안의 평균 수준이 높아지고 '자기분화' 수준이 낮아진다는 것과 연관 지어 생각하면서 초기 단계에서 암이 발생하고 점차 심화되는 과정과 일치한다는 점에 주목하게 되었다.

나는 워신이 암환자 가족에게서 발견한 것이 다른 질병의 높은 발생율을 보이는 가족에게서도 나타날 수 있을 것이라고 생각했다. 그래서 1980년까지 특정 질병이 빈발하는 가족들에 관한 논문을 35개에서 40개 정도 수집하였다. 이 가족들은 질병의 초기 발생 시기에는 똑같은 다세대적 패턴을 나타냈다. 즉, 워신의 연구에서처럼 증상이 점차 심화되면서 다세대 과정에서 출산율이 점차 감소되는 것이 나타났다. 이로써 나는 상당히 적응적 수준의 사람이 정서적 기능 수준이 감소하여 '심각한 수준의' 조현병과 같은 증상이 나타나기까지 적어도 3세대 이상의 과정이 걸린다고 했던 보웬의 다세대 정서과정에 대한 생각이 떠올랐다. 그는 이러한 과정이 기타 신체적 · 정신적 · 행동적 상황에서도 광범위하게 일어난다고 하였다. 질병의 종류와 상관없이 발견되는 똑같은 패턴의 다세대 과정은 단일질병의 개념을 확립하게 해 주었다.

워신의 암에 대한 연구와 다른 연구자들의 다른 질병에 대한 연구에서 제시된 다세대적 변화 패턴에는 예측anticipation이라는 용어가 사용되었다. 오랫동안 이러한 현상은 진정한 의미에서 생물학적인 현상이라고 생각되지 않았다. 그러나 최근 들어 그러한 현상은 헌팅턴 질병처럼 유전적 장애, 지배적인 신경장애 같은 것으로 간주되게 되었다(Dayalu, 2015). 헌팅턴 질병은 유전자 증폭gene amplication이라는 생물학적 현상이 세대 간에 이어지며 해로운 단백질이 비정상적으로 생산된 결과, 결국에는 다음 세대에 질병이 조기에 발생하고 세대가 이어질수록 심각한 증상으로 발전하게 되는 증상을 말한다.

이러한 예측 현상이 생물학과 정서과정 사이에 어떻게 연결고리가 되는지를 설명하기에 앞서 나는 125명의 암환자 가정의 면담에서 얻은 결론과 그 과정에 대하여 설명하겠다. 결론부터 말하면 기본 분화 수준과 만성불안이 이 가족들의 대부분의 암 질병 발병과 임상 과정에 중요한 요인이었다는 것이다. 나는 그러한 결론을 가족 면담과정에서 세밀하게 작성된 노트를 검토하면서 얻게 되었다. 나는 각 핵가족의 정서 기능 패턴으로부터 얻은 자료를 제11장에서 설명한 가족도형으로 작성하면서 암으로 진단받기까지 가족이 경험했던 스트레스 사건의 숫자와 강도 및 유형을 기록해 두었다. 나는 또한 암에 대한 스트레스의 역할에 대한 가족원들의 생각에 대해서도 기록하였고 각 가족의 전체적인 기본 분화 수준과 함께 가장 낮은 25% 수준에 해당하는 가족과 가장 높은 25% 수준에 해당하는 가족과 비교하였다. 나는 분화 수준이 낮은 쪽에 해당하는 가족에게서 높은 쪽에 해당하는 가족에 비해 암 발생이 조기에 일어나는 경향이 있고 그 정도도 더 심하다는 결론을 갖게 되었다. 이 평가에 아동기 암 발생 사례는 포함시키지 않았는데 그것은 아동기 암 발생 가족이 열세 가정에 불과했기 때문이다.

암의 생물학적 부분으로 돌아가서 유전자 증폭이 이 예측을 충분히 설명해 준다고 볼 수는 없다. 그 개념은 무엇이 증폭 과정에 영향을 주는지에 대한 설명이 없다. 다세대 정서과정이 그 과정에서 추동력이 될 것이라는 생각은 가능하다. 내가 정서과정을 포함하는 확장된 관점을 고수하는 이유는 클로드 베르나르(Claude Bernard)의 내부환경milieu intérieur 개념 때문이다. 이것은 1800년대 후반에 그가 소개한 개념인데(Bernard, 1974) 월터 캐논(Walter Cannon, 1939)은 베르나르의 생각을 확장시켜 항상성homeostasis이라고 명명하였다.

베르나르와 캐논의 기본적 생각은 단세포나 다세포 유기체들은 어떤 외부환경의 변화에도 일정한 균형과 평형상태를 유지하려고 하는 생리적 과정을 유지한다는 것이다. 변화를 향한 경향성은 자동적으로 변화에 저항하는 요인들과 끊임없이 서로 부딪히게 된다. 단세포나 다세포 유기체들은 적응 능력을 가지고 이러한 평형상태를 유지하려는 시도를 한다. 항상성 개념은 인체에도 적용할 수 있고 가족을 하나의 단위, 하나의 유기체로서 적용한다면 가족도 항상성 체계로 생각하는 것이 가능하게 된다. 예를 들어, 가족관계 체계에 장애가 생기면 자동적으로 균형을 회복하려는 정서적 반사반응이 일어난다. 신체기관에 발생한 역기능은 신체 항상성에 문제가 생긴 것을 반영하듯이 한 가족원에게 생긴 역기능은 가족항상성에 문제가 생긴 것을 반영하는 것이다. 단일질병 개념은 가족항상성에 생긴 문제는 신체 항상성에 영향을 끼치고 그럼으로써 그와 관련된 질병에까지 연관될 수 있다는 것을 시사한다. 유전자 증폭은 바로 이 신체 항상성 차원에 장애가 생긴 것을 반영해 주는 것이라고 생각된다.

영국의 방사선 종양학자로서 50년도 더 전에 질병이 신체 항상성에 장애가 생긴 것을 나타내는 것이라고 주장한 학자가 있다. 데이비드 스미더스 경(Sir David Smithers, 1962)은 그 자신이 인체의 사회과학이라고 명명하고 그 필요성을 강조하는 글을 영국 의학회지『랜싯(Lancet)』에 기고했다. 그 글에서 그는 노버트 위너(Norbert Weiner)가 맨 처음 사용하였던 사이버네틱스 개념을 적용하여 동물과 기계의 통제와 소통을 과학적으로 연구해야 한다고 주장하였다. 스미더스는 대부분의 과학자들이 신체의 단위를 연구할 때 개별 세포 단위로 분리시켜 연구함으로써 신체 기능을 맥락적으로 이해하고 설명하지 못한다고 보았다. 그는 과학자들이 인체의 전체적 기능에 관심을 가져야 한다고 주장하였다. 이러한 관점은 체계론적 사고의 핵심을 이룬다. 그는 정상적인 성장과 분화를 설명하는데도 이러한 접근이 필요할 뿐만 아니라 암과 같은 질병의 과정을 설명하는 데도 필요하다고 제안하였다. 나는 스미더스가 신체에 대한 체계론적 이론을 그런대로 설명하고 있다고 생각한다. 예를 들어, 신체의 한 부분에서 자라고 있는 종양은 신체 전체의 기능이 연결되어 있는 증상 과정이라는 것이다. 이러한 관점은 캔디스 퍼트의 관점과 일치하는데 엥블룸의 폐암 연구와 함께 이 장의 앞부분에서 언급하였다.

윌리엄 플래바한(William Flavahan, 2017)은 염색질과 같은 미세한 세계를 설명하는 데도 항상성 개념을 적용할 것을 주장하였다. 염색질은 세포의 핵에 위치하는데 DNA와 히스톤 단백질, 비히스톤 단백질로 구성되어 있다. 유전자를 품고 있는 DNA의 이중 나선구조의 끝은 히스톤 단백질을 에워싸고 있다. 시간이 흐름에 따라 히스톤과 DNA 끝 사이에 다양한 관계가 이루어지면서 유전자의 활동(겉으로 나타나든 나타나지 않든)을 조절한다. 이것을 후성유전학적 변화epigenetic changes라고 하며 유전자가 구조적(유전학적 돌연변이)으로는 변화하지 않으면서 활동상으로는 변화하는 것을 의미한다. 히스톤-DNA의 상호작용은 유전자 발현과 세포상태의 안정화에 중요한 역할을 하고 발달적 신호와 환경적 신호에 적절하게 반응하도록 촉진시키는 데도 중요한 역할을 한다. 염증은 염색질이 과도하게 부족하거나 넘치거나 하지 않도록 하면서 염색질의 항상성을 방해하는 요인 중 하나가 되기도 하는데 이 부분이 단일질병 개념을 지지하는 중요한 부분이다. 염색질이 지나치게 제한되거나 넘치거나 하는 통제되지 않는 상태가 되면 암과 기타 질병들을 일으킬 수 있다.

이 장의 앞부분에서 노르아드레날린과 같은 스트레스 호르몬이 유전자 조절에 변화를 가져오고 백혈구 세포에 변화를 가져와 전 염증 상태에 이르게 한다고 하였다. 염증이 염색질의 항상성을 방해할 수 있다는 플래바한의 주장은 또한 스트레스가 질병을 유발할 수 있다는 것을 보여 주는 또 다른 방식의 설명이다. 임상적 역기능의 발달과 항상성의 국지적 장애―여기에서는 염색질 항상성의 장애라고 할 수 있는데―와 연결 지어 생각하면 스미더스가 질병의 이면에는 항상성의 장애가 있다고 개념화한 것을 다양한 수준의 유기체에서 나타나는 장애의 성격을 개념화하는 데 확장시켜 적용해 볼 수 있을 것이다.

　나는 병리학자 얼 벤디트(Earl Benditt, 1977)의 논문을 접했을 때 단일질병 개념을 좀 더 확립할 수 있었다. 그는 논문에서 죽상경화판을 동맥혈관 벽에 형성된 평활근세포의 양성 종양과 비교하였다. 벤디트는 초기 암으로 가는 세포를 변형시키는 매개체와 조건들이 죽상동맥경화증에서도 똑같이 나타나고 있는 것 같다고 생각했다. 평활근세포 성장 과정은 알려져 있지 않았지만 암의 발병과 죽상동맥경화증의 발병은 공통된 부분이 있다는 벤디트의 결론이 단일질병 개념을 지지해 준다.

　건선에 관한 연구도 단일질병 개념을 지지해 준다. 앞서 제15장에서 나는 만성불안에 대하여 깨닫게 된 개인적인 경험을 소개하였다. 암에 대한 연구에서와 마찬가지로 건선과 만성불안 사이의 연결점을 찾기 위해서는 생물학적 연구가 중요했다. 건선에는 여러 형태가 있는데 그중에 플라크 건선을 주로 연구했다. 플라크 건선의 피부병변은 약간 솟아오른 피부가 은빛 비늘로 덮힌 붉은 조각들로 둘러싸여 있다. 병변은 피부뿐만 아니라 손톱이나 관절에도 생긴다. 여기서는 피부병변을 만들어 내는 생물학적 과정을 설명하기 위해 피부에 나타난 것에만 초점을 두려고 한다. 흔히 유전학적 요인이 주요인이라고 알려져 있지만 환경적 요인이 촉발시킨다. 그것은 자가면역질환으로 분류되는데 대부분의 모든 증상과 마찬가지로 증상 완화를 자주 반복하는 가벼운 정도에서부터 심각하고 만성적인 증상까지 임상 징후와 과정이 매우 다양하다. 건선의 발병에 영향을 주는 생물학적 과정은 점점 더 잘 정의되고 있기는 하지만 그러한 과정을 이끄는 힘이 무엇인지, 그리고 다양한 임상 증상을 설명하는 데는 여전히 부족하다. 예측 현상은 건선에서도 볼 수 있다.

　피부는 상피조직으로 결합조직, 근육, 그리고 신경조직을 포함하는 동물에게 있는 네 가지 형태의 조직 중 하나이다. [그림 23-1]은 정상 피부의 조직학(신체조직 연구)을 나타낸 것으로 초기의 건선 플라크 형성과정의 변화(조직병리학)와 병변이 진행되면서 전형적으로 나타나는 조직병리학적 변화를 보여 준다. 왼쪽의 그림은 정상 피부의 피부와 상피층을 나타낸다. 피부의 표면에는 각질층이 있고 그것은 더 이상 세포핵이 없는 최종적으로 분화된 세포들로서 케라틴 단백질에 싸여 있다. 케라틴층 바로 아래 상피층이 있는데 다양한 분화

단계에 있는 여러 세포층으로 이루어져 있다. 이 층의 맨 밑에 있는 세포들은 상피줄기세포로부터 분화되어 나온 딸세포들이다. 상피세포의 맨 위층은 케라틴층으로 바뀔 준비가 된 세포들이다. 줄기세포는 완만한 파도 모양의 곡선으로 표시되어 있으며 각각의 세포들이 나란히 위치하면서 상피층의 가장 낮은 부분들을 구성하고 있다. 이 세포들은 아직 분화되지 않고 주기적으로 분열하면서 딸세포들을 생산한다. 그러나 줄기세포 자신은 분화하지 않는다. 진피층은 상피세포층의 바로 아래에 위치하며 산소와 영양분을 피부조직에 공급하는 세동맥과 이산화탄소와 노폐물을 내보내는 세정맥, 세동맥과 세정맥 사이에서 영양분과 노폐물의 교환을 돕는 모세혈관고리가 위치하는 곳이다. 진피층에는 여기에 그려져 있지 않지만 모낭과 신경, 그리고 림프모세관 등이 위치한다.

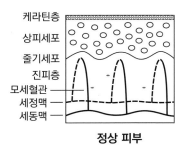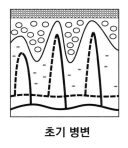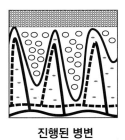

케라틴층
상피세포
줄기세포
진피층
모세혈관
세정맥
세동맥

정상 피부   초기 병변   진행된 병변

[그림 23-1] 이 도형은 정상 피부가 건선으로 진행하는 과정에서 세포의 급증, 혈관 생성, 염증이 일어나는 과정을 나타내 주는 것이다. 왼쪽 그림은 줄기세포층의 세포 사이에 균형이 이루어져 있고 피부의 표면으로부터 자연스럽게 세포들이 떨어져 나가는 것을 보여 주는 그림이다. 초기 병변을 나타내는 가운데 그림에서는 자연스런 손실 대체에 필요 이상으로 세포가 급증하고 있고 동맥으로부터의 공급이 확대되고(혈관 생성) 피부의 진피층에 염증세포들이 쌓이기 시작하는 것을 보여 준다. 피부의 케라틴층이 두꺼워진 것을 볼 수 있다. 맨 오른쪽 그림은 세포 증식이 확대되고 염증과 함께 병변이 좀 더 진행된 것이다.

정상적인 상태에서 피부조직은 항상성과 평형상태를 유지한다. 혈액이 드나들면서 줄기세포가 새로운 세포를 생성하는 데 적합한 수준을 유지할 수 있도록 해 주어서 피부 표면에서 일어나는 정상적인 마모로 인해 손실된 각질층을 대체할 수 있게 해 준다. 이러한 균형이 피부의 두께가 일정하게 적응적인 수준으로 유지될 수 있도록 해 준다.

[그림 23-1]의 중간에 있는 그림은 건선 플라크 병변의 발병 과정에 포함된 세 가지 주요 과정, 즉 혈관 생성, 염증, 세포의 급증이라는 세 과정을 보여 주는 그림이다. 플라크 병변(유전적으로 취약한 사람들에게서)은 이 세 가지 주요 과정의 활동이 활발해지면서 피부의 정

상적인 항상성이 방해를 받아 형성된다. 건선은 다른 많은 질병과 마찬가지로 정상적 과정이 과도하게 활성화되면 그 결과로 발생한다. 초기 병변을 보면 정상 피부와는 달리 세동맥과 세정맥은 두께가 더 두꺼워지고 길이가 길어지면서 염증세포(피부층의 검은 색 반점)가 유입되어 줄기세포가 급증한다. 이 그림에서 줄기세포층의 파도 모양이 더 높아지고 줄기세포층 자체는 한 줄 이상의 세포열을 갖게 된다. 이것은 딸세포 생산능력을 보유한 줄기세포가 분화하기도 전에 여러 차례에 걸쳐 분열함으로써 딸세포를 생산한 결과이다. 파도 모양이 커지면서 줄기세포가 더 많이 자리 잡게 된다. 이렇게 활동이 증가되면서 그 결과 많아진 딸세포가 피부를 훨씬 빠르게 밀어낸다. 그래서 아직 분화된 상태가 아닌데도 피부에 도달하여 각질층을 더 두껍게 만들고 피부는 미숙한 각질세포로 가득 차게 된다. 이것이 건선 플라크 병변이 비정상적으로 나타나게 되는 과정이다. 병변은 마치 염증의 바다 위에 떠 있는 부풀린 장치 같은 모습을 이룬다. 맨 오른쪽의 그림은 똑같은 과정이 더 많이 일어나서 더 크고 두꺼운 건선 플라크가 만들어져 있는 모습을 나타낸 것이다.

건선 플라크 병변을 생물학적으로 연구하는 것은 병리적인 관점과는 다른 가치 있는 관점을 제공해 준다. 실제로 생리체계가 정상적 활동을 과도하게 한 결과라고 생각하는 것은 그리 놀라운 일은 아니다. 즉, 유전자가 개입된 것은 맞지만 유전자의 역할은 단지 피부의 어떤 지점에 염증을 불러들인 것일 수 있다. 유전자는 만성염증이 어디에서 일어나는지를 설명하는 데는 도움이 되지만 무엇이 염증 상태로 몰아가는지를 설명하지는 못한다. 보웬이론의 관점에서 보면 건선 병변은 '불안에 의한' 것이라고 할 수 있는데, 즉 만성불안이 생물학적 과정을 유발해서 건선 플라크라는 눈에 보이는 증상으로 나타난 것이라고 설명할 수 있다. 지난 수십 년 동안 상피층과 진피층에서 일어나고 있는 과정을 병리학적으로 확인하고자 했지만 성공하지 못했던 학자들에 의해 이것의 가능성이 확인되고 있는 것이다. 분명한 것은 상피층과 진피층 사이에 호환적 상호작용이 일어난다는 것과 만성염증이 기타 다른 생리체계의 도움을 받아 그 과정에 중요한 역할을 한다는 것이다. 이 두 층 사이에는 호환적 상호작용을 지원해 주는 정교한 소통체계가 존재한다. 더 나아가 건선이 체계적인 성격을 가지고 있어서 보통 피부의 여러 곳에서 동시에 발생한다는 것이다.

[그림 23-2]는 보웬이론의 변수와 생리적 과정을 요약하여 건선 피부병변의 발달과정을 설명하고 있다. 1980년대에 건선과 함께 기타 다른 임상 상황에 대한 생물학 연구를 하면서 나는 '질병에 대한 체계론적 모델'을 확립할 수 있었는데 바로 그 핵심은 단일질병 개념이다(Kerr, 1992).

신체적 질병, 정신장애, 그리고 행동장애는 가족의 정서적 힘이 겉으로 나타난 것으로 생각된다. 그 힘은 질병을 일으키는 '원인'이 아니다. 어떤 질병이든 그것을 이해하기 위해서는 세포 내부에서 사회적인 수준에 이르기까지 모든 수준의 사실 정보가 적절히 탐색되어야 한다. 어떤 단일요인이나 몇 개의 요인들만으로 원인을 찾는 것이 아닌 모든 요인과 요인들 간의 상호작용까지 점검되어야 한다. 한 가지 사실에서만 원인을 찾지 않고 모든 사실들과 그것들의 상호관계를 통합할 수 있는 모델은 질병의 체계론적 모델이다(p. 102).

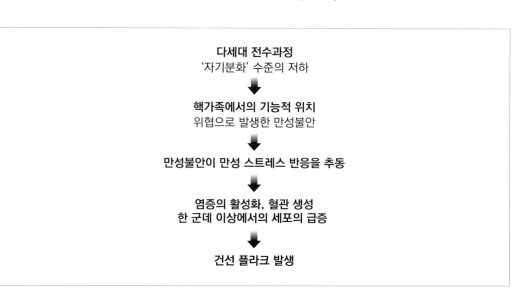

다세대 전수과정
'자기분화' 수준의 저하

↓

핵가족에서의 기능적 위치
위협으로 발생한 만성불안

↓

만성불안이 만성 스트레스 반응을 추동

↓

염증의 활성화, 혈관 생성
한 군데 이상에서의 세포의 급증

↓

건선 플라크 발생

[그림 23-2] 이 도식은 건선의 피부병변 발생 과정을 보웬이론의 변수와 기초생리학적 과정을 활용하여 요약한 것이다.

예외적인 상황으로 심한 방사능 중독이나 대량의 병원체에 노출된 경우, 중대한 유전자 이상, 또는 그 외 불가항력적 상황 등의 이유로 발생한 심한 생물학적 장애가 있는 경우에는 체계론적 모델이 적용되지 않는다.

단일질병모델의 다른 예로 병원성 미생물과 연관된 질병을 들 수 있다. 마샬과 워런(Marshall & Warren, 1984)이 헬리코박터 파일로리균이 위궤양과 위염의 발달에 주된 역할을 한다는 사실을 발견하기 전까지 의학계에서는 일반적으로 스트레스가 위궤양의 주요인이라고 생각해 왔다. 그러나 박테리아의 발견으로 스트레스의 역할은 뒷전으로 물러나게 되었다. 박테리아의 발견이 중요하기는 하지만 대다수의 사람들이 위장에 헬리코박터 파일로리균을 품고 있으면서도 궤양으로 발전하지 않는 이유는 여전히 의문으로 남아 있다.

또한 박테리아의 존재가 궤양의 발생 경향의 감소와 악화에 어떤 영향을 주는지에 대한 설명도 없다.

헬리코박터 파일로리에 관한 리(Lee, 2005)의 논문에 기초해서 단일질병 개념으로 감염병을 설명하는 그림을 구성해 보았다. [그림 23-3]은 그것을 설명하는 네 개의 그림 중 첫 번째 것으로 헬리코박터 파일로리균이 위장 내에 조용히 서식하고 있는 모습이다. 맨 윗부분은 위산과 물이 있는 위장 내부 공간을 나타낸다. 맨 밑바닥은 위장 외부 표면을 덮고 있는 장막이다. 장막 표면에 있는 작은 동그라미는 혈관을 나타낸다. 밑에서 위로 올라가면서 살펴보면 먼저 두 개의 근육층이 있고 거기에 그려진 네 개의 동그라미는 신경이다. 그다음 층은 점막하조직으로 신경과 혈관, 그리고 백혈구 세포가 분포되어 있다. 그다음 층은 속이 얇은 근육층으로 된 점막층이다. 그 상피세포의 위장벽에 위액분비선이 있어서 염산과 효소가 포함된 위액을 분비한다. 점막층을 좀 더 상세하게 그려 보았다.

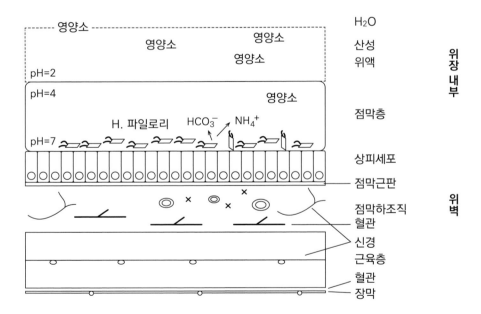

[그림 23-3] 여기에서 앞으로 소개할 네 개의 그림은 리(2005)의 『한국 소화관학회지』 46호 159~165쪽에서 인용했다. 이 그림은 위궤양 발생의 주요인과 과정을 보여 주는 그림이다. 네 개의 그림 중 가장 중요하게 주목할 것은 위장벽의 점막하층에 있는 면역체계세포의 존재(염증반응을 할 가능성이 있는)와 위장 내 점막층에 조용히 살고 있다가 악성으로 변할 가능성이 있는 **헬리코박터 파일로리균**이다.

　　헬리코박터 파일로리균은 점막층에 있는 상피세포 가까이 살거나 때로는 상피세포에 붙어서 살기도 한다. 점막층 바닥의 pH 농도는 7로서 산성이 아닌 중성을 나타낸다. 박테리아는 자신들의 생존을 위해 pH 농도를 중성으로 만드는 물질을 분비한다. 위장의 상부는 pH 농도가 2로서 강한 산성이다. 위산은 음식물의 소화를 돕기 위해 영양소를 잘게 부수는 역할을 한다. 앞에서 이미 언급했듯이 잠재적인 염증을 가진 백혈구가 점막하조직에 존재하고 있는데 이 그림에는 박테리아와 백혈구 세포 사이에 아무런 일도 일어나지 않고 있는 상태이다.

　　[그림 23-4]는 이 긴장이완상태가 끝나고 박테리아와 면역체계 사이에 전쟁이 일어나서 염증이 활성화되고 있는 상태로, 우리가 흔히 질병 발병 과정이라고 생각하는 상황이다. 박테리아는 더욱더 맹렬한 상태가 되어 CagA, LPS(리포다당류)와 VacA와 같은 발병인자를 분비한다.

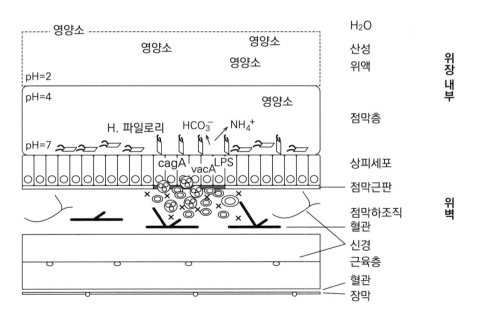

[그림 23-4] 네 개의 그림 중 두 번째 그림. 극도로 활성화된 박테리아와 염증 세포 사이에서 일어나고 있는 맹렬한 싸움을 보여 주는 그림이다.

　　이 싸움이 스트레스에 의해 활성화된 면역체계에 의해 시작되었는지 또는 맹독성의 박테리아가 면역체계를 건드려 방어 활동을 하게 하여 시작되었는지는 알 수 없다. 전통적인 입장에서는 박테리아가 그 원흉이라고 인식되어 왔다. 그러나 루이스 토머스(1974)는 박테리아와 질병을 일으키는 능력 사이에는 진화론적인 의미가 없으며, 더 나아가 박테리아가 독성 유전자를 활성화시키기 위해서는 대사활동에 치러야 할 대가가 너무 크다는 점을 지적하였다. 또한 질병을 일으키는 데 "아마도 면역학적 반응과 관련된 우리로서는 이해할 수 없는 이유들"(p. 77)이 있다고 하였다. 토머스는 염증을 일으키는 스트레스의 역할에 대하여 훨씬 더 잘 알지 못했던 시기였던 1970년대 초에 이러한 주장을 한 것이다. 이 부분이 단일질병 개념과 잘 맞아떨어지는 부분이다. 이러한 사고는 암의 악화와 소멸을 설명하는 데도 도움이 된다. 박테리아가 염증반응을 촉발하지만 이 장에서 입증한 바와 같이 스트레스에 의한 염증반응도 박테리아가 더 극렬한 상태가 되도록 자극하는 것도 분명하다.

　[그림 23-5]는 위장벽이 파괴된 상태를 보여 준다. 세균성 염증 전쟁은 위장벽에 파괴적인 씨앗을 심어 주어 내피세포를 파괴함으로써 염산이 점막층을 파괴하여 궤양이 나타나고 있다.

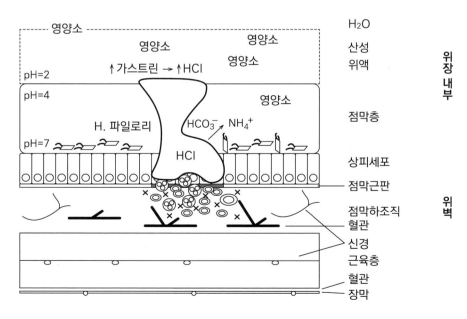

[그림 23-5] 이 세 번째 그림은 이 전투로 인한 '2차 피해'를 보여 주는 그림이다. 위점막의 많은 상피세포가 파괴되고 염산과 염증세포가 지나치게 활성화되어 궤양을 형성하고 있다. 점막하층의 혈관 형성이 이 전투를 지속시키는 데 필요한 것을 끊임없이 공급하고 있다.

  [그림 23-6]은 피터 리비의 생물학적 과정의 네 번째로 흉터와 섬유화가 일어나고 있다. 궤양이 있는 곳의 검은색의 구불구불한 선은 상처를 치료하는 과정에서 생긴 것이다. 섬유아세포라고 이름 지어진 기질세포들이 섬유화를 일으키는 결합조직을 생성한다. 핵심적 면역체계 세포인 대식세포가 섬유조직을 만들어 내는 섬유아세포를 자극하거나 지나치게 자극한다는 점은 흥미롭다.

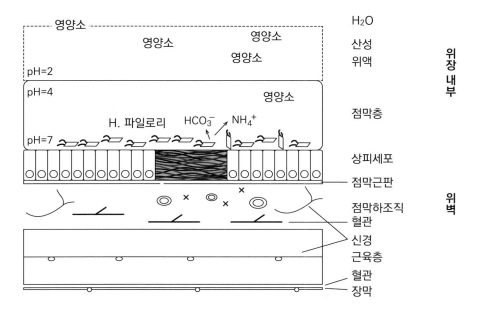

[그림 23-6] 이 네 번째 그림은 영구적인 흉터를 남긴 전투의 마지막을 그린 것이다(궤양 구멍이 짙은 색의 선으로 표시되어 있다).

  나는 개인적으로 수년 전 삶의 전환기에 식도암을 앓은 적이 있어서 암 발생 과정에 관심을 갖게 되었는데, 스트레스가 만성불안과 결합되어 염산의 분비를 증가시키고 면역체계 반응을 강화하는 데 중요한 역할을 하여 암을 발생시킨다고 믿는다. 헬리코박터 파일로리도 역시 식도암과 연관성이 있어서 나는 그 시기에 위장 내에 박테리아가 살고 있었을 것으로 생각한다. 나는 치료를 위해 양성자 펌프 억제제 처방을 받는 데 동의했고 그 효과는 매우 좋았다. 이 약물은 염산의 분비를 방해해서 암이 진전되지 않도록 했다. 암이 회복된 지가 오래되었지만 나는 여전히 약물을 복용하고 있고 이 책이 완성될 때까지도 복용할 것 같다. 이 책을 쓰는 것이 때로 큰 스트레스가 되었지만 그것만이 스트레스의 유일한 근원이 된 것은 아니다. 내가 이러한 개인적 경험을 언급하는 것은 만성불안이 위궤양의 경우 단일질병의 주요 구성요소가 된다는 점을 강조하기 위해서이다. 그러나 만성불안은 높은 책임감을 요구하는 불확실성의 세계에 살고 있는 우리에게는 통제하기 어려운 부분이다. 그런 부분도 감안해야 할 필요가 있다. 약물사용은 식도벽의 천공이 염려될 때 우선적으로 생각해 볼 만하다! 만성불안의 어느 정도는 인간의 삶에서 어쩔 수 없이 생길 수밖에 없는 부분이다.

임상 사례 외에 이론적인 연구로 돌아가서 단일질병과 관련된 또 다른 주제는 생체적응 allostasis이다. 브루스 매큐언(2002)은 이 생각을 발전시킨 데 공헌한 스트레스 연구자이다. 생체적응은 항상성 개념과 연관성이 있는 용어지만 중요한 부분에 있어서 다른 점이 있다. 항상성 개념의 핵심은 어떤 변화라도 유기체의 일관성을 위협하게 되면 평형이나 균형을 유지하기 위해서 자동적으로 변화에 저항을 일으킨다는 것이다. 생체적응은 변화를 통해 안정성(평형)을 유지하는 유기체의 능력에 관한 개념이다. 예를 들어, 여러분이 자신의 거실에서 조용히 앉아 있을 때 항상성은 자동적으로 유지된다. 그러나 여러분이 뭔가를 찾기 위해서 계단의 층계를 올라가야 할 때 여러분의 신체는 거기에 적응을 해야 한다. 올라가는 동안 심장박동이 증가하고 심장은 더욱더 세게 펌프질을 한다. 여러분은 의자에 앉아있었을 때와 같은 수준으로 심장박동을 유지하기 위해서 자동적인 저항 반응을 하려고 하지 않는다. 이러한 조절은 급성 스트레스 반응이며 시상하부 뇌하수체 부신 코티솔 축과 자동적인 신경체계의 활동이다. 계단을 올라가고 나면 여러분의 심장박동은 다시 안정적인 수준으로 돌아가고 심장은 부지런히 펌프질하던 것을 멈춘다. 급성 스트레스 반응은 신체의 기관과 조직에 의해 잘 조절된다. 이렇게 조절하는 것을 항상성 유지를 위해 단기적으로 생리적 활동(심장박동수와 심박출량)이 증가하는 생체적응이라고 한다.

[그림 23-7] 이 그림에서 y축은 스트레스 반응이 활성화된 정도를 나타낸다. x축은 기초선으로 돌아가기 전까지 스트레스 반응에 걸린 시간의 양을 표시한다. 왼쪽 그림은 스트레스 반응이 기초선에 정상적으로 회복되고 있는 생체적응 상태를 보여 준다. 중앙에 있는 그림은 알로스타 부하가 일어나는 만성 스트레스 반응을 보여 주는 그림이다. 맨 오른쪽 그림 위에 있는 구불구불한 화살표는 만성불안이 만성 스트레스 반응의 주 요소가 되고 있음을 보여 주고 있다.

단일질병 개념에 좀 더 연관성이 높은 개념이 알로스타 부하라고 볼 수 있는데 이 말은 생체적응 사이클이 반복되면서 신체가 마모된 상태를 말하는데 그러한 상황은 스트레스가 반복되거나 스트레스 반응체계가 제때에 멈추지 않았을 때 일어난다. [그림 23-7]은 생체적응과 알로스타 부하가 반복적으로 일어난 것을 그림으로 나타낸 것이다. 스트레스 반응이 변화과정에서 안정성을 유지하기 위해 기능하는 것과 그러한 현상을 생체적응이라는 개념으로 설명하고 있다. 휴식 상황에서는 항상성을 유지하기 위한 스트레스 반응이 일어날 필요가 없다. 그래서 분리된 용어를 사용하고 있다. 왼쪽 그래프는 이상적인 상황을 나타낸 것으로 도전이 있을 때 스트레스 반응은 적응적인 수준을 유지하고 있다. 그리고 도전적인 상황이 끝나면 반응은 곧바로 기초선으로 되돌아간다. 회복에 걸리는 시간은 개인에 따라서 유전자나 발달상 요인에 의해 차이가 있을 수 있는데 보웬이론에서는 좀 다르게 본다. 중간의 그래프는 매우 높은 알로스타 부하가 일어나고 있는 모습인데 반응이 계속 지속되고 있다. 오른쪽 그래프는 만성불안이 반복적으로 경험하는 알로스타 부하의 정도에 중요한 요인으로 작용한다는 것을 보여 주고 있다. 삶의 도전들은 생체적응이 삶의 일상적 과정이 되게 한다. 그러나 생체적응의 기간이 길어지고 지속되면 신체 기관과 조직에 '부하'를 일으키고 결국에는 그 기능을 손상시키게 된다.

다니엘 벨스키와 동료들(Daniel Belsky et al., 2015)은 사람들이 생물학적으로 노쇠해지는 속도와 관련하여 단일질병 개념과 알로스타 부하와 관련된 것에서 흥미로운 것들을 발견했다. 생물학적 노화는 사람이 나이 들어가면서 다수의 기관체계의 통합성이 감소한다는 것을 말하는데 벨스키 등은 뉴질랜드에서 같은 해에 태어난 954명의 코호트를 연구했다. 코호트에 속한 사람들은 연구가 시작되었을 때 모두 38세였지만 그들의 생체 나이는 28세에서 61세까지 다양했다. 연구자들은 코호트의 각 구성원들에게 30대에서 40대에 이르는 기간의 세 번의 시점에서 각 집단 구성원에 대하여 18가지 건강척도를 사용하여 평가를 실시했다. 생체 나이가 많은 참여자들은 더 허약했고 협업능력이 낮았고 IQ 감소가 더 빠르게 일어났으며 생체 나이가 젊은 다른 연구참여자들에 비해 더 늙어 보였다.

50대가 되어서 심장병, 2형 당뇨병, 뇌졸중, 만성 호흡기질병, 신경장애와 같은 광범위한 만성질병들이 발생하는 비율이 의미 있게 나타났다. 이 연구는 생리적 체계의 노화가 질병이 나타나기 전부터 질병 발생에 영향을 주고 있다는 것을 보여 준다. 이들은 38세의 시점에서는 만성질병이 나타나지 않았다. 그러나 코호트 참여자들 중 생체 나이가 가장 젊었던 사람들은 생체 노화를 크게 보였던 사람들에 비해 시간이 지나도 만성질병에 대한 취약성이 덜 나타나는 경향을 보였다. 이 연구자들은 생체 노화의 다양성에 대한 이유를 조사하지는 않았다.

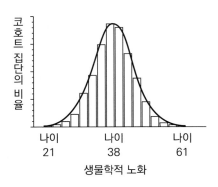 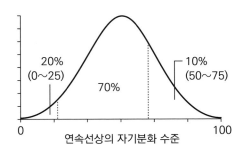

[그림 23-8] 이 그림은 두 개의 종 모양 곡선을 보여 주고 있다. 왼쪽의 그림은 벨스키, 캐스피, 호우트, 코헨, 코코란, 데니스, ······ 모핏(Belsky, Caspi, Houts, Cohen, Corcoran, Danese, ······ Moffit, 2015)의 『PNAS』, 112, E4104-E4110의 논문에 기초하여 그린 것이다. 오른쪽 그림은 제5장에 제시되었던 것이다. 각 개인의 생체 노화의 수준 차이와 분화 수준을 종 모양의 곡선으로 나타냈다.

벨스키 등(2015)의 연구에 있는 도표를 보면 생물학적 노화의 정도에 따라 집단이 종 모양을 보이고 있다. [그림 23-8]의 왼쪽 그림은 변수를 나타낸 것이다. 오른쪽 그림은 [그림 5-3]에서와 마찬가지로 분화의 정도를 나타낸다. 확실한 자료에 근거해서 만든 왼쪽의 곡선 분포와 광범위한 임상 경험 및 사회적 관찰에 의해 추정된 자료로 만든 오른쪽의 도표를 비교하는 데는 한계가 있다. 내가 이 도표의 유사성에 관심을 두는 것은 보웬이론과 단일질병, 알로스타 부하(스트레스 등으로 인한 신체의 마모, 손상)라는 개념이 벨스키 등의 연구 결과를 이미 예측 가능하게 해 주기 때문이다. 모든 가족은 다세대 전수과정을 통하여 자기분화 수준의 연속선에 영향을 준다. '자기분화'가 매우 낮은 수준인 사람들은 생애과정에서 높은 수준의 만성불안을 경험하면서 매우 취약한 상태에 있다. 연속선상의 다른 쪽 끝에 있는 사람들은 가장 낮은 수준의 만성불안을 보인다. 만성불안은 만성 스트레스 반응을 하게 하고 생애과정에서 개인에게 매우 강한 알로스타 부하를 일으킨다고 볼 수 있다. 논리적으로 보았을 때 알로스타 부하는 생체의 노화속도를 가중시키고 신체를 마모시킨다. 이러한 주장이 입증되지 않았다 하더라도 나는 벨스키 등의 연구나 매큐언의 주장처럼 단일질병 사고와 일치하는 부분에 대하여 과학적인 질문이 가능하다고 생각한다.

또 하나, 보웬이론의 정서적 퇴행의 개념은 단일질병 개념을 설명하는 데 중요한 부분이다. 제6장에서 나는 이 개념을 다른 종에게도 어떻게 확대시켜 적용할 수 있는지 설명하였다. 이 개념은 또한 암을 설명하는 데도 확대시켜 적용해 볼 수 있다. 물리학자 폴 데이비스와 찰스 라인위버(Paul Davies & Charles Lineweaver, 2011)는 암에 대한 논란을 불러일으킨 이론을 발전시켰는데 나는 이것을 정서적 퇴행과 연결시켜 볼 수 있다고 생각한다. 그들은 논문에서 암세포가 증식되는 것을 막지 못함으로써 조상으로부터 유전적으로 받은 방식으로 되돌아가지 못하는 제어불능과 부도상태가 되어 버린 세포들이 암세포들이라고 주장하고 있다. 암세포에서 활성화된 유전자들은 초기 배아 발생 시기나 상처가 낫는 과정에서 나타나는 것과 같다. 이것들은 결함이 있는 유전자도 아니고 돌연변이의 결과도 아니고 완벽하게 정상적인 유전자들이다. 저자들은 유전자들을 진화론적인 용어에서는 매우 오래되었다는 뜻을 가진 '고대의 기록물ancient cassette'이라고 표현했다. 배아 발생의 초기 단계에서는 세포증식과 세포이동이 특징적이기 때문에 초기 단계에서 이 고대시대 유전자는 적절하게 상향조정이 된다. 상처가 치료되기 위해서도 똑같이 세포의 증식, 이동, 기타 다른 변화가 필수적으로 일어난다. 데이비스와 라인위버는 암의 경우에 이러한 유전자들이 부적절하게 조정된다고 보았다. 연구자들은 암을 배아 발생이 부적절하게 형성된 것으로 보았다.

데이비스와 라인위버의 이론에서 중요한 부분은 6억 년 전까지는 지구상에 살고 있었던 유일한 생명체인 단세포 유기체가 규제받지 않고 증식을 하고 있었고 그 이후에 다세포생명체(후생동물)가 진화되었다고 보고 있는 점이다. 후생동물들의 복잡한 진화과정이 증가되면서 다세포 집단의 활동을 조정하기 위해 세포의 분화와 조정체계가 필요하게 되었다. 그러나 이러한 새로운 진화체계가 등장했다고 해서 35억 년 동안 세포의 증식을 지원해 주었던 오래된 체계가 사라졌다는 것을 의미하지는 않는다. 그들의 이론은 암에 있어서 유전적 돌연변이와 후생적 변화가 좀 더 최근에 진화된 다세포 유기체의 조절 능력을 더 약화시키고 신체세포에 통제되지 않는 세포의 증식이 일어나게 하는데 특히 암세포에서 전형적으로 그런 현상이 일어난다는 것이다. 이 연구자들은 자신의 모델을 격세유전적atavistic이라고 부르는데 고대의 오래된 것들로 다시 회귀한다는 뜻이다. 세포들이 암세포 상태로 변형되면 세포에 필요한 에너지를 생산하기 위해 고대의 대사경로로 되돌아간다는 것이다.

보웬이론은 정서적 퇴행에 대해 조절 능력의 상실이며 오래된 덜 복잡한 방식의 기능으로 되돌아가는 것이라고 개념화한다. 이 점은 데이비스와 라인위버의 주장과 유사하다. 정

서적이라는 말은 보웬이론이 정서체계에 대하여 설명하고 있기 때문이며 보웬의 관점에서
는 단세포는 물론 더 복잡한 유기체들에도 적용될 수 있다고 본다.

　이 장의 앞부분에서 플래바한(2017)은 염색질에 대한 연구에서 정상적인 세포가 단순히
후성유전학적 변화에 의해서도 암세포로 변형될 수 있다고 주장하였다. 이러한 변화는 염
색질 항상성에 장애가 생겼을 때 일어나는데 그러한 장애요인 중 하나가 염증이다. 웨인버
그(Weinberg, 2007)의 연구에서도 앞과 같은 결과를 제시했고 염증을 증가시키는 데 스트
레스 호르몬인 노르아드레날린이 역할을 한다는 것을 보여 주었다. 이 모든 것을 종합해 볼
때 단일질병 개념은 다음과 같은 시나리오를 가능하게 한다. 즉, 만성 스트레스가 노르아드
레날린 분비 증가를 촉진시키고 이것은 염색질 항상성에 장애를 일으켜 세포의 증식을 통
제하는 조절체계가 정상적으로 기능할 수 없도록 후성유전학적 변화를 일으켜 결과적으로
암을 발병시킨다고 하는 것이다. 이것은 암세포 내의 구조적 변화가 아닌 기능적 변화에 대
한 생각인데 이론적으로 보면 그 반대 상황도 생각해 볼 수 있다. 암이 저절로 자연스럽게
사라질 수 있다는 것도 확실하다. 역시나 단일질병 개념에 기초한 이러한 시나리오는 정확
하게 입증할 수는 없지만 데이비스와 라인위버 같은 사람들이 발견하고 제시한 암에 관련
된 사실과 이론들에 모순되지 않는다.

　단일질병 개념에 대하여 마지막으로 생각할 것은 내가 보웬이론을 발표한 학회에서 제
시한 것으로 가족 스트레스 반응이라는 개념이다. 책의 앞부분에서 다양한 기본 개념들을
설명하였기 때문에 여기서는 간단하게 요약하려고 한다. 그리고 인체가 스트레스 반응에
대항하는 개념으로 평정심과 연결체계에 대하여 논의하면서 이 장을 마무리하고자 한다
(Moberg, 2011).

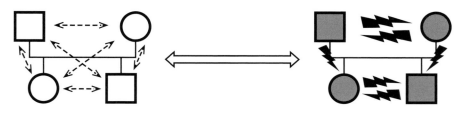

[그림 23-9] 이 그림은 가족 스트레스 반응을 보여 주는 그림이다. 왼쪽의 가계도는 남성과 여성 도형이 투명
하고 가족원들 사이에 평온한 방식으로 상호작용하는 것을 점선으로 나타냈다. 오른쪽 도표는 가족원들 모두
가 음영이 진하게 색칠되어 있고 서로의 사이에 진한 지그재그선이 그려져 있다. 이것은 사람들이 매우 높은
불안 상태에서 불안한 상호작용을 하고 있는 것을 나타낸 것이다. 두 그림 사이에 그려진 화살표는 같은 가족
이 평정 상태와 퇴행 상태를 왔다 갔다 반복한 것을 나타낸다.

가족 스트레스 반응을 신체 스트레스 반응과 연결 짓는 것은 이 두 가지 반응 모두 항상성을 회복하려는 노력에 의해서 활성화되기 때문이다. [그림 23-9]는 가족이 평온하고 잘 기능하는 상태에서 만성적인 불안과 퇴행적인 상태로 옮겨 가는 것을 보여 준다. 왼쪽 그림은 네 명의 상당히 높은 평정 상태의 핵가족원들(도형에 음영이 없음)이 긴장이 거의 없는 상호작용을 하고 있다(점선 표시). 오른쪽 그림은 네 명의 가족원들이 매우 높은 불안 상태에 있고(진한 색상) 긴장이 높은 상호작용을 하면서(진한 색상의 지그재그 선) 정서적 퇴행 상태로 향하고 있다.

퇴행의 가능성은 내적 스트레스원에 의해서 시작될 수도 있고(가족체계 내에서 발생) 또는 외부적 스트레스원(가족체계 외부에서 발생)이 가족원 중 하나 이상의 사람에게 영향을 주어 시작될 수도 있다. 한 사람의 가족원만으로도 전체 가족 단위에 충분히 장애를 일으킬 수 있다. 여러 개의 스트레스원으로 인해 그 과정이 시작될 수도 있다. 스트레스원은 가족 단위에 긴장을 촉발시키고 스트레스원 자체 때문보다는 가족원들이 스트레스원을 대하는 방식이 긴장 형성에 영향을 준다. 스트레스원에 대한 불안이 고조되면서 체계는 스트레스원 자체보다는 체계의 상태에 대하여 더욱 감정반사하게 된다. 스트레스원이 가족 내에 긴장을 일으키는 것이 아니라 가족의 만성불안이 고조되면서 스트레스원에 성공적으로 적응하는 것이 어렵게 되면서 긴장이 높아진다. 불안이 높아지고 관계 체계에 긴장이 높아지면 가족의 기능적 분화 수준이 감소되었다는 것을 나타낸다. 일단 긴장이 높아지는 과정이 시작되면 만성불안은 가족관계의 균형에 장애를 일으키고 이러한 장애는 만성불안을 발생시킨다.

이 책 전체를 통해서 설명했듯이 각 가족원들의 관심과 인정, 기대, 그리고 심리적 고통에 대한 감정반사행동은 불안을 고조시키는 데 영향을 준다. 가족원들은 인지과정을 통하여 감정반사를 자기조절하는 능력을 가지고 있다. 감정반사의 힘과 자기조절 능력은 가족원들의 기본 분화 수준에 따라 다양하다. 만성불안이 지속되는 기간이 길어질수록 자기조절 능력은 힘을 잃게 되어 모든 가족원들에게 영향을 주고 심한 퇴행 상태에 이르게 한다.

불안에 대한 반응으로 융합에 대한 압력이 증가하게 되는데 이는 체계의 균형을 회복하려는 시도라고 볼 수 있다. 체계의 균형이 만족할 만한 수준으로 회복되지 않으면 정서 기능은 점점 불안이 가족체계의 한 부분이 되도록 패턴화된다. 이러한 패턴은 일시적으로는 체계를 안정시키는 역할을 하기도 한다. 가족이 적응하려는 시도가 실패하게 되면 한 사람 또는 그 이상의 사람에게서 신체적·정신적·사회적 증상이 나타나거나 심각한 갈등이 발생하게 된다. 그 시점에 이르면 가족은 증상을 둘러싸고 안정화될 수 있는데 이로써 증상이 만성화되거나 퇴행되어 상황이 더 악화될 수 있다. 가장 최선의 시나리오는 증상의 출현이 가족을 움직여(대체로 한 사람의 가족원에 의해 이루어진다) 그동안의 상호작용 방식을 변화시키려는 시도를 하는 것이다.

가족 스트레스 반응은 인체의 스트레스 반응과 유사한데, 빠르게 균형을 회복하면 급성이 되고 상황을 더 나아지게 하기 위해서 강한 융합을 추구하면 더 악화된다는 점이 그렇다. 급성염증 치료와 만성염증 파괴는 비슷하다. 지금까지 강조한 대로, 가족 스트레스 반응과 개별 가족원들의 스트레스 반응은 서로 연결되어 있는데 사람들은 이 부분을 이해하고 받아들이는 것을 매우 어려워한다.

이 장이 전적으로 만성불안과 그 생물학적 영향에 초점을 두고 있기 때문에 스트레스 반응을 상쇄하는 데 도움을 주는 신체 체계에 대하여 간단하게 설명을 하면서 결론을 맺고자 한다. 커스틴 우브내스 모버그(Kerstin Uvnäs Moberg, 2011)의 연구에 의하면 옥시토신은 스트레스 호르몬과 상호작용을 하여 신체가 투쟁-도피fight-or-flight 감정반사반응이 아닌 평정심과 연결감의 체계calm-and-connection를 유지할 수 있도록 해 준다. 모버그는 평정심과 연결감의 체계를 동기화하는 요인으로서 어루만짐, 따뜻함, 온전함, 성적 활동, 사회적 상호작용, 안전함, 그리고 약물을 들고 있다. 인간은 자신이 경험하는 방식으로 관계를 지각하고 그에 대하여 어느 정도로 투쟁-도피 반응할 것인지 또는 평정심과 연결된 방식으로 반응할 것인지를 결정한다. 보웬의 정서적 객관성이란 개념은 개인의 관계에 대한 지각을 변화시킴으로써 체계가 평정심을 가지고 연결된 체계로 활성화될 수 있다는 것을 설명해 주는 예가 된다. 관계를 위협으로 느끼는 것이 사라지면 스트레스 반응의 활성화를 감소시켜 평정심과 연결감의 체계가 이루어진다. 모버그가 쓴 소책자『옥시토신 요인(The Oxytocin Factor)』(2011)은 꼭 읽어 볼 만한 가치가 있다.

결론적으로 단일질병 개념의 여덟 가지 구성요소에 대하여 요약하면 다음과 같다.

1. 많은 질병의 발병 과정에서 반복되는 생물학적 과정
2. 다세대 정서과정
3. 항상성
4. 생체적응과 알로스타 부하
5. 생물학적 노화

6. 정서적 퇴행

7. 가족 스트레스 반응

8. 평정심과 연결감, 그리고 투쟁-도피 체계

단일질병 개념의 미래는 어떻게 될까? 보웬은 그의 이론이 계속 발전하기를 바랐다. 그는 그의 이론에 자신의 이름을 붙임으로써 앞으로의 발전에 제한을 두고 싶어 하지 않았다. 그의 이론을 변화시키거나 확장하는 데 중요한 기준은 제안된 변화가 무엇이든 간에 개인적 의견이 아닌 사실에 근거한 것이라야 한다는 점이다. 서론에서 언급했듯이 내가 제안하는 단일질병 개념이 보웬이론에서 새로운 개념이 되기를 바란다. 지금까지 내가 알기로는 보웬 이외의 다른 사람들이 보웬의 이론에 새로운 개념을 제안한 적이 없는 것으로 알고 있다. 그래서 나는 새로운 시도를 하고 있는 것이다.

나는 35년 전에(Kerr, 1980) 단일질병에 대한 생각에 이르러 논문을 발표한 적이 있다. 그것은 가설이었고 그 이후로 이 주제에 대해 여러 번 발표를 했지만 첫 책(Kerr & Bowen, 1988)이 나오기 전까지 단일질병 개념을 특별히 언급하여 출판하지는 않았다. 그 책에서 나는 이렇게 적었다. "신체적 질병과 정서적 질병이 좀 더 근본적인 과정에 의한 증상으로 정확하게 개념화된다면, 그때 모든 '질병들'은 하나의 근본적인 과정, 단일질병에 뿌리를 두고 있다는 것을 알게 될 것이다." 1988년에 이 생각은 가설에 불과했고 여전히 지금도 가설이다. 그러나 이 장에서 독자들에게 전달하려고 노력한 바와 같이 지난 40여 년 동안 열심히 숙고하는 과정에서 과학적인 연구를 뒷받침 삼아 더욱 강하게 확신을 갖게 되었다. 지난 수십 년에 걸쳐 과학은 정신과 신체를 분리해서 생각하는 이분법적 사고에 매우 강력하게 도전하고 있다고 생각한다. 그러나 아직도 가장 힘든 부분은 가족체계 내의 만성불안을 개인 가족원의 심리적·생리학적 과정과 연결하여 입증하는 것이다. 이론만을 가지고 실제로도 그렇다고 할 수 없다. 과학자들을 설득하기 위해 복잡한 가족체계에 대한 양적 연구를 실시하는 것은 상황에 영향을 주는 변수가 아주 많기 때문에 매우 어려운 일이다. 나는 체계론적 사고가 연구에 점점 더 영향을 주고 있기 때문에 언젠가는 이 문제가 결국 해결될 것이라고 생각한다.

인간은 가족이 중요하다는 것을 마음의 깊은 내면에서는 알고 있지만 인간이 달나라까지 오고 가는 데 기여한 과학적 사고가 가족에게도 적용될 수 있다는 인식은 아직 되지 않고 있다. 인간 행동을 과학으로 설명하는 것은 가능하다. 단일질병 사고가 일반 대중에게 더 널리 퍼지게 되면 이 개념은 치료자들에게도 유용한 영향을 끼칠 것이며 일반 대중들도 그것이 신체 증상이든, 정신증상이든, 또는 행동문제든 가족 중심적인 접근이 유용하다는 것을 받아들이게 될 것이다. 나는 이런 일이 내 생전에 일어나기를 기대하지는 않는다. 패러다임의 변화는 일단 일어나면 급속도로 진전이 되지만 그것이 이루어지는 과정에서 오랫동안 천천히 그 근거가 구축됨으로써 일어나는 변화인 것이다. 보웬이론에서 단일질병이 중요한 개념이 된다면 과학은 그것을 실현시킬 것이다.

제24장

초자연적 현상에 대한 체계론의 입장

과학은 바위나 별, 원자, 그리고 살아 있는 존재에 대한 것이다. 우리 주변을 둘러싸고 있는 모든 것들, 그리고 대자연에 속한 모든 것들에 대한 것이다.

— 존 타일러 보너(John Tyler Bonner), 『대자연(The Scale of Nature)』

엄밀하게 말해서 나는 하나의 이론은 우주, 지구, 조수간만, 계절, 예측 가능한 생애주기, 번식하고 진화하는 생명체로서의 인간, 이런 것들과 어느 부분 부합되지 않으면 이론으로서 타당하지 않다고 생각한다.

— 머레이 보웬, 「주관성, 호모 사피엔스 그리고 과학(Subjectivity, Homo Sapiens and Science)」

나는 이 장의 서두를 생물학자 존 보너의 과학에 대한 관점과, 이론의 타당성을 결정하는 요인에 대한 머레이 보웬의 말을 인용함으로써 시작하였다. 보웬은 "이론적 가정에 주관성이 끼어들게 되면 결과는 더욱 혼란스럽고 덜 과학적이 된다."(1997, p. 15)라고 했다. 그럼에도 이 장에서는 보웬이론이 자연의 법칙에서 벗어난 것으로 정의되는 현상인 초자연적 현상을 어떻게 보고 있는지에 대하여 소개하려고 한다.

이 장의 내용은 제23장의 내용과 비슷한 성격을 띠고 있는데 인간의 특정 질병에 관한 강력한 치유효과에 대하여 다른 맥락에서 접근하는 내용을 담고 있기 때문이다. 제23장에서는 단일질병 개념을 적용하여 가족관계와 사회적 맥락과 그 영향을 고려하는 것이 개인의 질병 발달과정을 설명하는 데 매우 중요하다는 점을 강조하고 있다. 이 장은 그와는 대조적으로 그 부록이라고 할 만큼 매우 짧다. 그 이유는 보웬이 초기에 그의 이론적 개념에 초자연적 현상을 고려하지 않았기 때문이다. 그 이후로 다른 과정에 집중하느라고 그 개념을 지속하여 발전시키지 못하였다.

이론적 개념에 포함되지 않았음에도 이 장에 초자연적 현상을 포함시킨 것은 두 가지 이유에서이다. 첫째는 보웬의 의도에 대한 오해와 관련된 것이고, 둘째는 역사적 이슈와 관련되어 있다. 이 잠정적 개념은 보웬이 1970년대 말에 언급하기 시작하면서 많은 관심을 불러일으켰다. 맨 처음 이 생각이 잘못 이해되고 널리 퍼지게 된 것은 초자연적 현상에 대한 보웬의 생각을 마치 초자연적 영역에 대한 신앙을 지지하는 것으로 해석했기 때문이다. 사람들은 이런 생각을 직접적으로 표현하지는 않았지만 많은 토론 과정에서 이 잠정적 개념을 신학이나 종교와 연관 지어 생각하는 일이 생겨났다. 초자연적 현상을 포함한 인간성에 대한 보웬이론의 접근이 신학의 영역에 시사점을 제공할 수는 있지만 보웬의 이론을 신학이나 영적 영역과 연관 지어 해석하는 것은 보웬의 의도를 잘못 해석하는 것이다. 그가 말한 영적이라는 말은 당연히 다른 의미로 사용된 것이다. 이 용어는 비록 정의 내리기 어렵기는 하지만 인간의 영성이라는 것이 거의 명백하게 존재하는 것인 만큼 보웬이 의도하는 바도 그런 정도에 가깝다. 영적 혹은 초자연적 영역에 대한 가정은 보웬의 의도와는 별개의 부분이다.

두 번째로 초자연적 현상에 관한 보웬의 잠정적 개념을 제시하는 것은 마치 계몽기에 미해결 과제를 제시하는 것과 같은 것이다. 17세기 초 계몽기 이전의 시기로 돌아가서 프란시스 베이컨 경(Sir Francis Bacon)은 자연철학을 신학적 설명으로부터 분리시켰던 선구적 역할을 한 인습타파주의자였다. 당시 자연철학은 인간의 능력으로 세상을 연구하여 신의 창조의 본질을 설명하려는 시도였다(Kors, 1998). 베이컨은 자연의 세부적인 부분들을 연구해서 그것에서 잠정적인 일반화를 이끌어 내고, 자연에 반하는 일반화를 검증함으로써 좀 더 높은 수준의 일반화를 시도했다. 그의 아이디어는 근대 과학의 기초에 기여했다. 앨런 코어스(Alan Kors, 1998)는 1680년부터 1715년 사이에 이와 같은 시도로서 매우 놀랄 만한 노력이 이루어졌는데 경험주의, 수량화, 토착화naturalization, 귀납법 등이 자연서Book of Nautre[1]를 연구하는 데 기여했다. 이때 돌발적으로 나타난 것이 '자연 신학'의 등장인데 거기에서는 초자연성이나 자연의 법칙 속에 있는 신의 섭리, 기적, 신의 중재 등이 완전히 배제되었다. 계몽주의 사고는 18세기 내내 유럽을 휩쓸었고 베이컨이 수년 전에 미리 예측한 대로 그것은 하나의 역사적 분기점이 되었다.

신체 물리학과 생명체의 생리학에 초점을 둔 자연주의적 설명이 중심을 이루었고 영적 설명은 세상의 움직임의 근원과 인간 행동의 본질에 대해서만 이루어졌다. 이 어지러운

---

1) 역주: 종교적 · 철학적 개념으로, 자연을 지식과 이해의 책으로 보는 관점이다. 예를 들면, 사도 바울은 자연이 인류에게 주신 하나님의 계시의 원천이라고 믿었다.

시기에 자연주의 철학자들이 풀지 못한 숙제는 인간 행동에 대한 것이었다. 소수의 사상가가 있었지만 뚜렷한 영향력을 발휘하지 못했다. 프랑스의 철학자 데니스 디드로(Denis Diderot, 1713~1784)와 그의 동료이면서 철학자이자 의사였던 줄리앙 오프루아 드 라 메트리(Julien Offray de La Mettrie, 1709~1751)는 신체의학이 영적 설명을 불필요한 것으로 만들고 있는 것과 인간 행동의 모든 면을 설명하려고 하는 생각에 반론을 제기했다. 바로 그 시기 이전에 그들은 또한 동물이 서서히 인간이 되어 간다는(진화론적) 생각도 받아들이고 있었다.

나는 보웬의 이론이 계몽기에 하지 못했던 인간 행동에 대한 이해를 과학적으로 접근하려는 노력이라고 생각한다. 보웬이 인간 행동을 과학의 영역으로 포함시키고자 했던 맨 처음 시도자는 아니다. 그러나 그는 가족의 기능을 정서적 단위로 보고 거기에 자연체계론적 사고를 새롭게 적용하고자 했던 사람이다. 보웬의 노력에서 얻은 부가적 성과는 초자연적 현상을 포함시킬 수 있는 방법을 생각해 보게 되었다는 점이다. 믿음에서 나오는 주관성은 인간 행동의 강력한 동기가 되며 행동에 대한 어떤 이론에서도 무시할 수 없는 중요한 부분이다.

간결하게 말하자면 초자연적 개념은 심령술이나 종교, 초능력, 흑마술, 부두신앙,[2] 초월적 상태, 안수기도, 다양하게 나타나는 '보이지 않는 힘' 등의 기능적 사실로 나타난다. 어떤 사람들이 부두의 저주로 죽었다고 믿는 것이나 프랑스의 루르드의 성모성소Sanctuary of Our Lady of Lourdes에 가서 사람들이 질병의 극적인 치유를 경험했다는 것도 기능적 사실에 속한다. 보웬은 신비주의에 대한 이야기가 아니라는 점을 강조했다. 그러한 현상에 대해 연구하는 한 가지 방법은 종교나 초능력, 부두와 같은 것들에 대한 사실 정보들을 수집하고 그러한 사실들이 모아져서 마침내 과학의 영역에 이르게 되는 것이다. 보웬의 의도는 초자연성의 원인을 증명해 내는 것이 아니라 베이컨이 했던 방식으로 현상을 추적하여 자연의 원리를 찾는 것이었다.

로마 가톨릭 교회는 루르드로 여행한 심각한 질병을 가진 사람들이 어떤 의료적 처치도 없이 그들의 상태가 완전히, 그리고 지속적으로 호전된 것을 경험한 사례들을 매우 자세하게 연구했다(Ferguson, 2014). 2014년 연구에서 기적이라고 불리는 치유를 경험한 사람들이 육십구 명이었다. 그중에는 부신 종양으로 인한 심각한 고혈압이 나은 여성도 있

---

2) 역주: 마법 등 주술적인 힘을 믿는 종교이다.

었고 팔이 마비되었다가 갑자기 기능을 회복한 사람, 골반 뼈에 있던 종양이 사라지고 정상적인 뼈로 회복된 사람도 있었다. 이런 치유가 일어난 것은 사실이다. 물론 그런 것들을 기적이라고 보는 것이 치료적 결과를 가져온 과정에 대한 과학적 설명을 배제하는 것은 아니다.

사고의 틀의 변화는 루르드의 경험이 정서적/감정적으로 연관된 생리적 과정에 어떤 영향을 주어서 신체의 질병이 사라지는 변화를 가져온 것일까를 생각하는 것으로 보인다. 그리고 질병이 있는 기관과 조직의 항상성을 회복하는 데 어떤 생리적 과정이 역할을 했을까를 생각하는 것이다.

위약 효과에 대한 연구에서 그 과정에 대한 중요한 통찰을 얻을 수 있다. 레인빌, 던칸, 프라이스, 캐리어, 부쉬넬(Rainville, Duncan, Price, Carrier, & Bushnell, 1997)은 피험자들에게 약간의 통증이나 중립적 자극을 주었고, 감각적 통증 신호는 감각피질과 연결시키고, 불쾌한 통증에 대한 지각은 전방의 대상피질ACC 활동에서 인식하도록 했다. 피험자들은 고통의 자극에 노출되기 전, 최면상태에서 그들이 받을 자극은 고통스럽거나 또는 고통스럽지 않거나 할 것이라는 것을 미리 암시받았다(이 연구는 위약 효과에 특별히 초점을 두어 실시한 것은 아니지만 같은 관점에서 진행되었다). 이것은 피험자에게 어떤 기대를 갖게 했다. 레인빌은 최면 전에 자극이 매우 불쾌할 것이라고 암시를 받은 피험자들이 기능적 자기공명영상법을 실시했을 때 그 자극에 대하여 ACC의 혈류가 증가하는지, 그리고 최소한으로 불쾌할 것이라고 최면 암시를 받은 사람들이 자극에 대한 반응으로 ACC의 혈류가 낮은지를 관찰했다. 양쪽 피험자들은 모두 감각피질에서는 동일한 자극을 받았지만 통증이 심할 것이라고 예상하고 있었던(믿음) 피험자들만이 고통의 감각과 관련하여 ACC에서 혈류가 증가되는 것을 보였다. 믿음이 어떻게 ACC로 흘러가는 혈류의 양을 감소시키는 역할을 하는지 정확한 과정은 여전히 알려져 있지 않지만 그것이 사실인 것은 분명하다.

또 다른 위약 연구는 이보다 더욱 흥미로운 결과를 보여 준다. 크리스토퍼 디참스(R. Christopher DeCharms, 2005)는 기능적 자기공명영상법을 실시하는 동안 유해 열자극을 주는 실험을 실시했다. 자극을 주는 동안, 그리고 자극과 자극 사이에 그들이 고통을 지각하고 통제하는 뇌의 ACC 활동을 볼 수 있게 했다. 눈으로 보면서 피험자들은 뇌의 특정 부분을 통제하는 법을 배웠고 그럼으로써 해로운 자극에 반응하는 지각된 고통을 크게 감소시킬 수 있게 되었다. 더 나아가 연구 전에 만성적 고통을 가지고 있었던 연구참여자들은 ACC를 통제하는 법을 배워서 연구가 실시되는 중에도 고통 감소를 보고했고 연구가 끝난 이후에도 고통의 감소를 보고했다. 이 연구는 그동안 거의 이해되지 못했던 현상에 대하여 알게 해 주었는데 사람들에게 기술을 가르쳐 주면 정상적으로는 알지 못했던 생리적 진행 과정에 대한 객관적 자료를 의식적으로 인식하게 되고 그것들을 어느 정도 통제할 수 있는 힘을 갖게 된다는 점이다. 이러한 발견은 자기분화의 과정에서 일어나는 현상과 비슷하다. 보웬이론은 이전에는 알지 못했던 자동적인 관계과정을 의식화할 수 있도록 해 주고 그것에 대한 통제능력을 갖게 해 준다.

그와 같은 사실은 조금 전에 소개했던 연구를 통해서 매우 명확해졌다. 그리고 위약 연구에서 보았듯이 환자의 사고방식에 변화를 주는 사실에 무언가를 더하면 결과적으로 환자의 증상에 변화를 만들어 낼 수 있다는 것이다. 예를 들어, "의사가 이 약이 제 통증을 해소해 줄 것이라고 했고 저도 그렇게 생각합니다."와 같은 것이다. 루르드에서도 이와 비슷한 일이 일어나고 있을지도 모른다. 루르드는 분명히 매우 평온하고 고요한 환경이며 사람들이 '영적 구원'을 경험한다고 보고하는 장소이다. 거기에 온 환자는 매우 존중적으로 대접받는다. 정중한 돌봄과 비판적이지 않은 태도로 대하는 것이 전적으로 수용받는 느낌을 제공받는다. 그것은 모든 인간이 열망하는 것들이다. 의사인 윌리엄 오슬러 경(Sir William Osler)은 존스 홉킨스 병원의 설립자 교수이며 많은 사람들이 근대 의학의 아버지라고 생각하는 사람이다. 그는 루르드 토론과 관련하여 다음과 같이 말했다. "세인트 존스 홉킨스에 대한 믿음과 낙관주의적 분위기와 밝은 간호사들은 에피다우루스[3]에서의 에스쿨라피우스신[4]처럼 어느 정도 치료적 효과를 가져온다"(1910, p. 1471). 심장학과 의사이며 정신/신체 의학 분야에서 중요한 역할을 하는 연구자인 허버트 벤슨(Herbert Benson)은 보웬과 대단히 유사한 아이디어를 발전시켰는데, 그의 관점은 보웬과는 달리 관계 체계적이기보다는 개인 중심적 이론에 초점을 두고 있다. 보웬과 마찬가지로 벤슨은 신이나 초자연적 현상이 존재하는지에 대한 믿음의 타당성을 증명하려는 입장이 아니라 단지 환자의 신념, 특별히 영적 신념이 건강을 증진시킬 수 있는지를 알아보는 노력에 집중했다. 벤슨의 연구 중 하나는 다른 사람들이 자신을 위해 기도해 주고 있다고 생각하는 사람들이 그렇지 않은 사람들에 비해서 관상동맥우회수술에서 좀 더 성공적인 회복을 보일 것이라는 가설을 실험 연구한 것이다(Benson, 2006). 이 연구는 그의 가설을 지지하지는 않았지만 그가 영성을 과

---

3) 역주: 그리스 남부 Argolis에 있었던 고대 소도시로서 Aesculapius 신전의 소재지이다.
4) 역주: 의약과 의술의 신이다.

학의 영역에 도입하려는 시도를 한 매우 좋은 예가 되었다. 이보다 좀 더 일찍 시도된 연구들에서는 영적 신념을 강하게 가진 사람이 스트레스 반응에서 투쟁-도피 반응을 감소시키는 데 더 중요한 영향을 끼친다는 연구 결과가 있었다(Benson, 1975). 보웬과 벤슨 모두 각자의 연구에 관해서 서로 정보교환이 없이 유사한 길을 추구하고 있었다는 것은 흥미로운 일이다.

보웬이론가이자 나의 아내 캐슬린 커는 수년 전 탄자니아에 가 있었을 때 부두신앙에 대하여 흥미로운 관찰을 한 일이 있었다(1996). 아내가 머무르고 있는 숙소의 요리사가 탄자니아 원주민이었는데 부두 저주가 자신에게 내려졌고 그것이 어떤 특정인 때문이라고 의심하고 있었다. 그녀의 상관은 매우 이해심이 깊었고 결국 요리사를 설득해서 그것이 사실이 아니라는 것을 믿게 했다. 그녀는 침대에 누워서 지낼 정도는 아니었지만 오심, 구토 그리고 환청의 증상을 보였다. 그녀는 수 주일 동안 요리사로서 기능을 할 수 없었고 점점 상태가 나빠져서 죽음을 앞둔 것처럼 보였다. 그녀는 온통 두려움과 의심에 압도당했지만 아주 조금씩 점차로 그것에서 벗어나 완전히 회복될 수 있었다.

두 번째로 아내가 보았던 사례는 한 젊은 여성이 고향을 떠나 매우 먼 지역에서 일하는 남자와 결혼하였다. 집에 도착하자마자 그녀는 자신에게 저주가 내렸다고 믿고 자신이 죽을 것이라고 확신했다. 그래서 그녀의 상관은 그녀를 주술사에게 보냈는데 그 의사는 종교의식을 행하고 치료적 주문과 함께 약을 주었다. 그 젊은 여성은 바로 회복되었다.

많은 사람이 부두신앙과 같은 현상에 대해서 원시적인 신앙일 뿐이라고 생각한다. 보웬이론의 개념 중 아홉 번째 잠정적 개념이 가지고 있는 한 가지 가치는 인류에게 널리 퍼져있는 믿음이라는 것을 증명할 수는 없지만 매우 큰 영향력을 가지고 있음을 강조하고 있다는 점이다. 초자연적 영역에 대한 믿음은 병리가 아니고 인간 본성의 한 부분이다. 우리가 알지 못하는 것을 안다고 생각한다는 것을 깨닫는 것은 정말 어려운 일이며 우리 자신이 '이성적 동물'이라고 믿고 있는 것만큼 실제로는 그렇지 못하는 때가 자주 있다는 사실을 깨닫는 것도 정말 어렵다.

모든 질병이 믿음의 변화 혹은 마음가짐의 변화에 의해 만들어지거나 치료되거나(또는 촉발되거나) 하는지에 대한 질문은 아직 그 답을 얻지 못했다. 스트레스와 질병 사이의 관계에 대한 논의에서는 환자의 질병을 환자의 심약함 탓으로 돌리는 것 같은 언급을 흔히 볼 수 있다. 나의 초기 암 연구에서 환자에게 이런 질문을 했을 때 그녀의 대답은 "사람들은 정서가 얼마나 강력한 영향력을 발휘하는지를 모르나 봐요?"였다. 그 말은 많은 질병을 일으키는 것이 정서 때문이라는 것을 의미하지만 사람들이 그 과정을 통제할 수 있다는 의미는 아니다. 사람들은 스트레스가 질병을 촉발시키는 것이 아니라 임상 과정에 영향을 줄 수 있다는 생각을 더 쉽게 받아들이는 것 같다. 그런 생각 때문에 사람들은 스트레스 관리기법에 많은 관심을 보이고 있는 것 같다.

보웬이 처음 그의 이론에 주관성을 포함시키는 방법으로서 믿음의 기능에 대하여 관심을 가졌던 것은 1978년 3월에 있었던 학회에서 시작되었는데 그 학회에는 그레고리 베이트슨 (Gregory Bateson)도 참석했다. 베이트슨은 그 학회 직전에 수술 불가능한 폐암 진단을 받은 참이었다. 신앙으로 병을 치료하는 사람이 그를 방문하여 "의사들이 너무 늦었어요. 벌써 당신의 암은 죽어 가고 있었어요."라고 말했다. 그는 완화요법을 거부하고 그의 모든 에너지를 저술을 마치는 데 쏟고 있었다. 1979년 9월에 보웬은 베이트슨을 다시 만날 기회가 있었고 그의 폐암증세가 완화되고 있다는 것을 알았다. 보웬은 그에 대해서 어떻게 된 일인지 궁금했다. 1979년 3월에 비언어적 의사소통에 관한 저서로 유명한 가족운동가이자 연구자였던 알버트 쉐플린(Albert Scheflin)도 수술이 불가능한 폐암 진단을 받은 일이 있었다. 그리고 1980년 3월 미국 가족치료학회American Family Therapy Association에서의 연설에서 보웬은 "향후 50년 내에 체계이론이 생물학적·심리학적·영적 현상을 하나의 준거틀에서 과학적으로 설명할 수 있게 될 것이다."라고 하였다(Bowen, 1980a). 가족이론에 영적 현상을 포함시키려는 생각은 그때 확실히 보웬의 마음속에 싹이 트고 있었다. 한 달 후에 보웬은 베이트슨과 쉐플린을 또 다른 학회에서 만났고 두 사람은 각각 그들의 암이 잘 통제되고 있다고 알려 주었다. 흥미롭게도 쉐플린도 그 당시에 저술 작업 중이었다. 워싱턴 D.C.로 돌아오면서 보웬은 검증되지 않은 믿음의 기능을 평가하는 것이 그 내용의 옳고 그름을 알아내는 것보다 초자연적 현상을 과학의 영역으로 유입시키는 데 중요한 열쇠가 될 것이라고 예상하였다. 믿음은 인간의 삶에 있어서 목적성과 의미 부여를 해 주는 것이다.

캔디스 퍼트(1997)는 뉴로펩티드neuropeptide의 선구적 연구자로서 이것이 다세포 유기체의 세포 사이에 소통이 가능하도록 해 주는 작은 단백질 분자라고 생각했다. 그녀의 연구에 기반하여 그녀는 '정신신체 네트워크'이라고 명명한 새로운 생리적 체계가 존재한다고 주장했다. 이 뉴로펩티드 매개 체계는 정신과 신체가 서로 정보교환을 통해 연결되도록 해 준다. 그녀는 뇌와 면역체계 세포들이 뉴로펩티드를 생산한다는 것도 발견하였다. 이것은 정보가 정신으로부터 신체로 갈 뿐만 아니라 신체로부터 정신으로도 간다는 것을 의미한다.

나는 그녀의 아이디어가 보웬의 생각과 연관성이 있다고 생각하는데 보웬은 베이트슨과 쉐플린이 저술 작업을 마치고자 하는 강한 의지를 가진 것이 적어도 그들의 암세포의 성장을 멈추게 하는 요인이 되었을지도 모른다고 생각했다. 정신-신체 상호작용의 복잡성과 그에 대한 우리 지식의 현 수준을 생각할 때 아직은 정신신체 네트워크의 존재를 입증하는 데 어려움이 있지만 다음 글을 보면 퍼트(1997)가 그러한 체계의 작동을 조망하고 있음을 알 수 있다.

> 내가 만약 어떤 분명한 목적, 예를 들면 암치료법을 발견하려는 목적이 있다면 그 목적 달성을 위해 나의 신체의 모든 체계에 필요한 모든 노력을 다할 것이다. 즉, 단백질에 대한 나의 식욕을 증진시키고 단백질 소화를 촉진시키기 위해 소화계의 기능을 촉진시키고 최대로 흡수시키기 위해 소화계에 혈액이 잘 유입될 수 있도록 해서 필요한 효소를 생산할 수 있게 할 것이다. 이러한 과정에서 신체적 통합성과 지향성이 나의 분명한 목적에 맞는 결과를 가져올 것이다. 만약 내가 종잡을 수 없이 혼란되어 있다면 나의 목표에 집중하지 못하고 시늉만 하면서 이랬다 저랬다 하면 나의 정서는 혼란스럽게 되고 통합성이 결여되어 신체적 통합성도 그에 따라 변하게 될 것이다. 그 결과, 정신신체 네트워크도 장애를 일으키고 약화되어 스트레스가 심해져 결국 질병으로 이어질 것이다(p. 295).

보웬은 1980년 가을에 조지타운 대학교 가족센터가 주관한 연례 가족심포지엄에서 보웬이론에 이러한 초자연적 현상을 포함한 잠정적 개념에 대하여 공식적으로 발표하였다. 그의 발표문의 제목은 「영적 현상에 대한 체계론적 개념을 향하여(Towards a Systems Concept of Spiritual Phenomena)」(Bowen, 1980b)였다. 이것은 1981년 1월에 바로 보웬-커 인터뷰 시리즈에 녹화되었다(보웬-커 인터뷰 시리즈는 www.thebowencenter.org에서 구입할 수 있다). 그는 제목을 「초자연적 현상에 대한 체계론적 개념을 향하여」(Bowen, 1981)라고 하여 영적이라는 용어 대신에 초자연적이라는 말을 사용하였다. 그전 가을에 했던 연설에서도 그는 영적이라는 말 대신 초자연적이라는 말로 바꿔야겠다고 했었는데, 이는 사람들이 영적이라는 말을 종교적이라는 말로 생각하는 경향이 있기 때문이었다. 그의 생각은 그 개념을 종교적보다는 더 넓은 개념으로 사용하고자 했던 것이다.

1987년 7월 메릴랜드주 실버스프링에서 조셉 캐롤린 신부(Father Joseph Carolin)가 주최한 '가톨릭 신학에 대한 보웬이론의 적용'이라는 학술대회가 열렸다. 초자연적 현상에 대한 보웬이론의 개념은 학회에 영감을 불어넣어 주었다. 이후로 현재까지 그와 같은 수많은 학회가 이어졌다. 대체로 학회에는 많은 사람들이 참석하여 보웬이론과 개념의 발전에 관심을 보였다. 그 첫 학회에서 머레이 보웬은 「카톨릭 교회의 이론적 구조(The Theoretical Structure of the Catholic Church)」(Bowen, 1987)라는 제목으로 발표를 했다. 그날 발표는 많은 참석자들이 기대했던 것과는 달리 초자연에 관한 잠정적 개념을 정교화하지는 못했지만 "자기분화의 중요한 특징은 개인의 이기주의적 목표 대신 타인을 위한 행동을 하는 자기부존재의 상태selflessness라고 할 수 있다. 예수 그리스도는 완벽한 자기분화의 모형이다."라는 말을 보웬이 반복했던 것이 매우 관심을 이끌었다. 나는 이 생각을 그전에 출간한 책에서 높은 자기분화 수준을 설명하면서 이기적이지 않고 자기로서 행동할 수 있는 능력이며 자기를 잃지 않으면서 타인을 위해 행동할 수 있는 능력이라고 설명한 적이 있다(Kerr & Bowen, 1988). 그런 행동은 정서가 전혀 배제되지 않으면서 원리에 충실한 것을 말한다. 이기심이 없고 원리에 충실한 삶을 살게 되면 질병에 취약하게 되는 것이 아니라 그 반대로 그것이 건강을 증진시키도록 해 준다.

이 장을 마치기 전에 마지막으로 한 가지 언급하고자 한다. 믿음의 기능에 대한 보웬이론과 벤슨의 주장은 유사한 부분이 있기는 하지만 벤슨은 공유된 믿음이 (유유상종처럼) 사람들 사이에 정서적 융합을 일으키는 현상과, 결과적으로 그러한 정서가 부지불식간에 융합과정에 작용하여서 믿음의 내용까지도 지배하는 것에 대해서는 다루지 않고 있다. 이것은 집단마다 차이를 나타내는데 그것은 연합성이라는 생명력의 수준 차이를 반영하는 것이다. 연합성의 과정을 파괴적인 방법으로 부추기는 대표적인 예가 정치선전이다. 일반적으로 종교는 건설적인 방법으로 연합성의 힘을 활용하여 사람들이 중요하게 생각하고 또 그것을 향해 끊임없이 노력하며 살아갈 수 있는 원리와 이상을 추구하도록 지원한다.

나는 스티븐 슬로먼(Steven Sloman)과 필립 펀바크(Philip Fernbach)가 했던 연합성 과정과 연관된 말을 인용하면서 이 장을 마치려고 한다. 겉으로 보기에 인간에게 필수인 것처럼 보이는 것은 인간이 서로 정신과정에 영향을 주고받으면서 마치 우리가 알고 있는 것처럼 생각하는 것이며 실제로 우리가 가지고 있는 지식은 전적으로 우리의 사회적 환경에 의존되어 있다는 것이다. 우리는 실제로는 전혀 이해하지 못하는 것을 잘 알고 있다고 확신하고 있을 수 있다. 이러한 현상은 보웬이론의 유사-자기 개념과 연결 지어 생각해 볼 수 있다. 유사-자기는 개인의 기능을 향상시켜 줄 수 있고 더 큰 사회집단을 이루는 이득을 가져다줄 수도 있다. 그러나 개인 간, 집단 간을 양극화하는 갈등의 뿌리가 될 수도 있다. 슬로먼과 펀바크는 인지과학과 신경과학 간의 차이에 대하여 "정신은 뇌 자체 이상의 것이며 신체, 환경, 다른 사람들에게까지도 확장될 수 있는 개념이며 정신에 대한 연구는 뇌의 연구에만 국한되는 것이 아니다. 인지과학은 신경과학과는 다르다. 우리는 우리 머릿속과 바깥에 무엇이 있는지 정확하게 선을 그을 수 없다."(2017, p. 15)라고 주장하였다.

에필로그

나의 가족에 대한 보웬이론의 적용

이 책의 결론 부분에 이르러 나의 형이 앓은 조현병에 대하여 언급하겠다. 많은 사람은 조현병의 원인이 뇌의 질병 때문이라는 것을 뇌과학자들이 증명했다고 생각하는데, 나는 이것을 흥미롭게 생각하면서도 한편으로 마음이 불편하다. 그렇게 보는 관점은 문제를 축소해서 보는 것이라고 생각한다. 정신증상이 활성화된 사람의 뇌에서 많은 변화를 발견할 수는 있다. 그리고 주요 안정제들은 환자를 안정화시키고 정신증상을 감소시키기도 한다. 그러나 조현병에는 정신증상 외에도 관심을 두어야 할 부분이 있다. 망상과 환각 증상은 조현병의 '양성적' 증상이라고 하고, 감정표현이 무디고 동기가 결핍되어 생산적이고 목표 지향적인 삶을 살지 못하는 경우는 '음성적' 증상이라고 한다. 음성적 증상에는 향정신성 약물이 거의 영향을 끼치지 못한다.

이것은 중요한 부분인데 왜냐하면 음성적 증상을 가진 조현병 진단을 받은 환자들은 성인기 삶 전체를 가족이나 지역사회기관에 정서적·경제적으로 의존해서 살게 되기 때문이다. 이 의존성은 가족 긴장의 만성적 원천이 되기도 한다. 많은 경우 가족들은 이 긴장 때문에 조현병 환자들과 단절을 하기도 한다.

모든 조현병 환자가 똑같은 양상을 보이지는 않는다. 어떤 사람들은 대학에 진학하여 집을 떠난다든지 군대를 간다든지 하는 삶의 중대한 시점에서 정신병적 증상을 보이다가도 그 외에는 다른 어떤 에피소드도 나타내지 않는 경우도 있다. 어떤 사람들은 만성적으로 뚜렷한 장기적인 기능장애를 나타내기도 한다. 조현병 환자들 중 어떤 사람들은 확실히 다른 사람들에 비해 심리적·정서적으로 좀 더 힘을 가지고 있는 경우도 볼 수 있다. 그래서 그러한 힘이 있느냐, 결핍되어 있느냐가 치료 과정에 영향을 준다. 정신증상의 이면에 있는 그것이 무엇인가를 이해하는 것이 중요하다. 내가 이 책에서 자세히 설명했듯이 보웬이론은 그 무엇이 기본 자기분화 수준이라고 설명하고 있다. 조현병 진단을 받은 사람들 중 어떤 사람들과 그들의 가족 중에는 다른 사람들에 비해 좀 더 '분화된 자기'를 가진 사람들이 있다. 가끔 가장 심한 상태의 조현병 환자들을 표현하는 데 과격한 용어가 사용되기도 하는데, 보웬이론의 관점에서 보면 이러한 환자들은 '분화된 자기'가 매우 낮게 형성된 사람들이다.

나의 형은 28세 때 조현병 진단을 받았다. 그때 나는 조지타운 대학교의 의과대학에 막 입학하기 전이었다. 그리고 7년 후에 형은 자살을 했다. 많은 사람들이 10대 후반이나 20대 초반에 조현병 진단을 받는다. 형의 증상은 18세 때 확실하게 나타났지만 소위 음성적 증상만 나타났을 뿐이었고 한마디로 무욕증avolition만을 보였을 뿐이었다. 즉, 이는 목표 지향적인 활동에 참여하지도 않고 관심도 없는 것을 말한다. 이 글에서 나는 형이 그러한 진단을 받기까지의 가족 정서과정에 대한 나의 생각과 그 후 형이 자살에 이르기까지 가족 정서과정에서의 어려움에 대하여 설명하려고 한다. 이 책에서 여러 번 언급했듯이 보웬이론에서는 가족의 정서적 환경이 조현병의 직접적인 원인이라고 보지 않는다. 그러나 가족 정서환경이 한 개인의 조현병 발병과 연관된 여러 가지 취약성을 촉발시키는 가장 중요한 요인으로 작용한다고 생각한다. 일반적으로 증상이 나타나는 것은 사람들이 집을 떠나려고 시도하는 성인기로 전환하는 시기에 일어난다. 경우에 따라서는 어렵게 집을 떠나서 친밀한 관계를 형성하기도 하지만 그 관계가 깨지면 증상이 발달하게 되는데 그런 일은 자주 일어난다.

1969년 5월 조지타운 의과대학에서 머레이 보웬에게 임상 슈퍼비전을 받기 시작했을 때 보웬은 수련의 과정에 있었던 우리에게 유능한 치료자가 되고자 한다면 우리 자신의 가족 관계에 대해서 더 잘 이해하는 것이 얼마나 중요한지를 강조했다. 나는 그의 제안을 진지하게 받아들였고 보웬은 나의 노력에 '코칭'을 해 주었다. 그 노력은 조현병 환자들과 가족을 임상적으로 관찰했던 많은 경험과 함께 조현병에 대한 나의 관점을 점차 근본적으로 바꾸어 놓았다. 그중에 가족에 대한 내 생각의 중요한 변화는 조현병을 가진 형이 가족에게 주었던 불안과 감정반사행동만큼 가족들도 형에게 그만큼의 불안과 감정반사행동을 했다는 것을 깨달은 것이다. 이러한 깨달음이 있고 난 이후 나는 가족을 주기적으로 혼란스럽게 만들었던 형을 더 이상 비난하지 않게 되었다. 그것은 마치 신선한 공기를 들이마신 기분이었다!

보웬이론은 증상을 가진 사람의 내면에서 작동하는 심리적 과정과 생물학적 과정을 인정한다. 그러나 체계론적 관점은 가족관계 체계의 과정이 그러한 심리적 과정과 생물학적 과정을 강하게 통제하고 있으며 개인의 내면 과정은 다시 관계 체계과정과 서로 영향을 주고

받는다고 생각한다.

자신의 가족을 탐색하는 것은 객관성을 얻는 것 이상의 의미를 갖는다. 그것은 그러한 지식을 활용하여 가족 안에서 '분화된 자기'로서 기능할 수 있는 능력이 좀 더 향상되는 것을 의미한다. 중요한 것은 '분화된 자기'가 된다는 것이 좀 더 성숙하고 책임 있는 가족원이 된다는 것을 의미한다. 거기에는 가족에 대하여 사실에 근거한 그림을 그릴 수 있게 되고 사실과 감정을 좀 더 잘 구분하여 사용할 수 있게 된다는 것이 포함된다. 그렇게 됨으로써 부모와 가족과의 관계 문제를 해결하고 '유기체'적인 관계를 유지할 수 있게 된다. 그것은 지난 반세기 이상 보웬이론의 훈련 프로그램에서 초석이 되었던 성장 방법이다.

머레이 보웬은 1960년대에 그의 가족에 대한 연구와 이론적 개념을 자신의 가족에 실제로 적용하고 발전시킴으로써 연구에 박차를 가했다. 그는 1967년 미국 가족치료사들의 학회에서 자신의 가족에 대하여 연구한 독창적인 논문을 발표했다(미상, 1972). 그는 개인이 가족에서 다르게 행동하기 위한 노력을 어떻게 할 수 있는지에 대하여 논리정연하게 설명하는 가족이론을 발표하였고 그 내용은 절대적으로 필수적인 내용이었다.

보웬이론이라는 렌즈를 활용하여 자신의 가족을 이해하고 가족체계의 과정에서 자신의 역할을 이해하며 거기에서 얻은 지식을 적용하여 점진적으로 가족 내에서의 자신의 행동을 건설적으로 변화시키기 위해 장기적으로 훈련하고 노력하는 것은 이론의 정확성에 대한 확신을 갖는 데 중요하다. 이론의 렌즈를 통해서 가족 문제를 다르게 생각하고 새로운 사고의 틀에 기초하여 행동하고 예측된 결과를 얻기 위해 노력하는 것이 축적되었을 때 사람들은 이전에 성장하기 위해 발전시켰던 것보다 더 '분화된 자기'를 얻을 수 있게 된다.

원가족 도표

보웬이론을 공부하는 사람들은 증상을 호소하거나 자신의 가족에 대한 이야기를 하는 사람을 보면 항상 가족도형을 활용한다. 그 사람이 부모나 형제, 또는 증상과 관련하여 가족과정에 대해서 이야기하면 보웬이론을 활용하는 사람들은 여러 세대 간에 걸친 과정을 보면서 그 사람의 원가족에서 무슨 일이 일어나고 있는지를 이해하려고 한다. 보웬이론을 활용하는 사람들은 과거에 관한 지식이 현재를 전체적인 관점에서 이해하는 데 핵심이 된다고 생각한다.

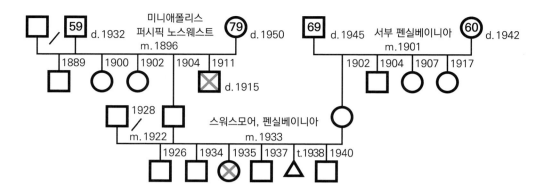

[그림 E-1] 나의 원가족과 부모님의 원가족 가족도형

　독자들의 이해를 돕기 위해 가계도와 함께 나의 가족체계과정에 대하여 소개하려고 한다([그림 E-1] 참조). 여기에 제시된 것보다 훨씬 더 많은 정보를 수년에 걸쳐 수집했으나 여기에서는 조현병을 가족체계의 정서적 기능에서 불안의 파동 흐름에 의해 만들어지는 증상으로 바라보는 관점을 설명하는 데 한하여 제시하려고 한다. 이러한 관점은 개인심리학자들과 생물병리학 분야에서 조현병을 만성질병 관점으로서 보는 것과 차이가 있다. 조현병에 관하여 병리적 관점으로부터 가족 맥락적 관점으로 다르게 바라보는 것이 의학계에서 전혀 새로운 것은 아니다. 루이 파스퇴르(Louis Pasteur)는 미생물이 감염병의 원인이라고 병리학적 모델을 주장했지만 생리학자 클로드 베르나르(Claude Bernard, 1974)는 이와는 달리 미생물이 질병을 일으키는 것은 오직 신체 '지형terrain'에 문제가 될 만한 충분한 조건이 되었을 때만 질병을 일으킨다고 주장하였는데 이것은 맥락 관점의 모델이라고 할 수 있다. 사실 파스퇴르 자신도 결국에 가서는 질병을 이해하는 데 있어서 지형의 상태가 중요하다고 인정했음에도 불구하고 전통적인 의학은 오랫동안 병리적인 관점을 고수해 왔다. 가족체계이론은 지형의 개념을 전체로서의 신체와 가족관계 체계 이 두 가지 모두를 포함하는 개념으로 확장시켜서 본다.

　나는 형이 조현병에 걸리는 데 관련되었을 가능성이 있는 가족 정서과정 중 여섯 가지 요인에 대하여 가족도형을 활용하여 설명하겠다. 제11장에서 설명한 대로 가족도형에는 각 가족원의 정서적 기능에 대한 자료들이 포함되어 있는데 여기에 제시하는 가족도형에는 앞으로의 이야기 전개 과정에서 꼭 필요한 자료들에 한해서 제한적으로 표시하였다. 관련 '가능성이 있는' 자료들이라고 말한 것은 가족과 같은 복잡한 체계에는 관련된 변수들의 영향력과 불안이 만들어 내는 영향력의 정도를 정확하게 평가하는 것이 어렵기 때문이다. 가족도형을 간단히 소개하자면 나는 부모님의 막내로 1940년에 태어났다. 맨 먼저 네 분의 조부모 중 세 분은 비교적 일찍 돌아가신 것이 눈에 띈다. 그들 중 친조부는 나의 부모의 첫 아이 빌리가 1934년에 태어나기 2년 전에 사망하였다. 이 빌리가 나중에 조현병 진단을 받게 되는 형이다.

이론에 의하면 잘 분화된 가족에서보다 덜 분화된 가족에서 조부모의 이른 사망이 있게 되면 낮은 분화 수준으로 인해서 심각한 역기능이 일어날 취약성이 더 증가한다. 이보다 더 중요한 것으로 친조부가 1932년에 돌아가신 것은 나의 부모와 새로 태어난 아기와 어머니의 첫 결혼에서 낳은 밥으로 이루어진 핵가족체계의 만성불안 수준에 영향을 끼쳤을 수 있다. 할아버지의 죽음 이후 할머니는 할머니의 친정 언니(가족도형에 표시되어 있지 않다)와 나의 부모님, 그리고 밥과 함께 동부 지역으로 이사해서 2년 가까이 살았다. 할아버지의 죽음과 그로 인해 높아진 만성불안으로 어머니는 빌리에 대하여 정서적으로 더욱 집중하게 되었을 것이다. 그렇게 해서 빌리의 출생 시기의 독특한 상황은 빌리의 내면에 어머니의 정서적 지지 역할을 하는 중요한 의미를 갖는 한 요인이 되었던 것으로 보인다.

가족도형에서 눈에 띄는 두 번째 부분은 나의 아버지가 원가족에서 두 명의 누나들이 있고 나이 차이가 아주 많은 이부형을 가진 막내라는 점이다. 아버지의 동생은 아주 어려서 신경체계장애로 일찍 죽었기 때문에 아주 짧은 동안의 기간을 제외하면 아버지는 막내로 성장했다. 나의 어머니는 아래로 남동생 하나와 두 명의 여동생을 둔 장녀였다. 첫째였던 어머니와 막내였던 아버지는 제12장에서 언급했던 형제순위의 특징적 관계를 형성한 것으로 보인다.

세 번째로 어머니의 첫 결혼 기간이 6년이었다는 점이다. 어머니는 자신이 원하지 않는 시기에 밥이 태어났다고 말한 적이 있다. 어머니는 그때 남편의 강압에 못이겨 아기를 가졌다고 말했다. 어머니는 자신의 원가족으로부터 도망하기 위해 첫 번째 남편과 결혼을 하게 되었다고 했다. 할아버지의 죽음으로 인해 가족 맥락이 중대한 변화의 시점이기도 했고 어머니가 아이를 열망했기 때문에 남편에게 "이제 아이를 가질 마음의 준비가 되었어요."라고 해서 빌리가 태어나게 되었다. 어머니는 자신의 첫아이 밥을 사랑했고 아주 잘 보살폈지만 밥에 대한 어머니의 정서적 의미는 나의 형 빌리에 대한 것과는 아주 달랐다. 이러한 몇몇 상황들이 겹쳐서 어머니는 빌리에게 과도한 관심을 집중하게 되었고 어머니는 빌리를 '깨지기 쉬운 도자기 인형'처럼 취급하고 보통 이상의 사랑과 관심을 쏟아붓게 되었다. 네 번째로 관심을 둘 부분은 부모님의 두 번째 아이인 딸이 태어나자마자 히알린막증(폐질환의 일종)

으로 태어난 지 10일 만에 죽은 것이다. 이 점이 또 어머니의 정서에 크게 영향을 주어 빌리에게 더욱 집중하게 하였다. 나는 가족원들로부터 들은 내용과 이전의 많은 가족영화를 신중하게 검토하면서 어머니가 형을 매우 연약하게 보았던 것은 전적으로 어머니의 주관적인 생각이었던 것이고 사실에 근거한 것이 아니라 감정에 기반한 것이라고 결론지었다.

다섯 번째 요소는 나의 부모님의 원가족 상황에서 볼 수 있는 두 가지 가족역동인데, 특히 아버지의 발달에 중요한 부분이다. 한 가지는 할아버지의 음주 문제를 둘러싼 부분이다(이에 대한 정보는 보통 가족도형에 포함된다). 할아버지는 가끔씩 술을 엄청나게 마시고는 일주일 이상을 어디론가 사라져 버리곤 하였다. 당연히 조부모님의 부부관계는 그 문제로 많은 긴장이 있었다. 이것은 할머니가 자녀들에게 지나치게 초점두기를 하게 하는 요인이 되었고 남편과의 관계에서보다는 자녀들과의 관계에서 정서적 친밀성에 대한 욕구를 충족하게 만들었다. 이 부분을 언급하는 것은 나의 형제들과 내가 매우 강한 다세대적 뿌리를 둔 정서과정에 연루된 증거가 되기 때문이다. 할아버지는 주로 자신의 직업과 자녀들에게 매우 집중하여 살았다.

그다음으로 살펴볼 역동은 아버지의 둘째 누나 마리 고모와 연관된 것이다. 나는 이 부분에 대하여 제16장에서 1938년에 어머니가 유산한 사건과 관련하여 설명한 적이 있다(가족도형에 작은 삼각형으로 표시). 둘째 딸이었던 마리 고모는 가족이 긴장 상황에 처하면 자신이 뭔가를 해야 할 것 같은 책임감을 크게 느꼈고 나의 아버지에게 마치 제2의 어머니와 같은 역할을 하였다. 동생을 보호하려고 한 고모의 행동은 부지중에 다른 가족원들과 함께 아버지를 두 명의 누나들 밑에서 아기처럼 기능하는 위치에 있게 만들었다. 가족 내 세 명의 여자들이(두 누나와 어머니)가 아버지에게 집중하였던 것이다.

아버지는 대학에 갈 기회를 얻어서 워싱턴주의 워싱턴 대학교에 진학했지만 졸업하지는 못했다(이 정보도 가족도형에 표시되는 것이 정상이다). 이 부분에 대하여 언급하는 것은 그러한 결정이 "자기"의 결핍과 관련되는 경우가 많기 때문이다. 아버지는 20대 중반에 새로운 회사에 판매원으로 취업하였는데 매우 성공적이었다. 회사는 1930년대 초에 아버지를 필라델피아 지역으로 발령 냈다. 거기서 아버지는 나의 어머니를 만났다. 아버지는 그 회사에서 직업적으로 꽤 성공했고 1962년에 일찍 사망을 하기 전까지 거기에서 일했다. 아버지의 죽음에 관한 상황은 나중에 설명될 것이다.

지금까지 언급한 형의 발병에 영향을 끼친 요인들에 대하여 요약하자면 다음과 같다. 첫째는 할아버지의 조기사망(덜 분화된 가족들에서 흔히 볼 수 있다)이고 둘째는 나의 부모님의 과대기능과 과소기능, 상호작용에 영향을 준 형제순위, 셋째는 어머니의 첫 번째 결혼과는 대조적으로 두 번째 결혼에서 첫 자녀에 대한 어머니의 기대가 높았다는 것, 넷째는 양쪽 원가족에서 볼 수 있는 자녀에게 초점두기가 강했던 것, 다섯째는 아버지가 원가족에서 아기 취급을 받던 막내로서 어머니의 불안에 따른 행동에 맞추는 역할을 하는 패턴을 가지고 있었던 점, 그리고 마지막으로 어머니의 원가족에서 어머니의 발달에 특별히 영향을 끼쳤던 세 가지 역동을 들고 싶다. 외조부모의 부부관계는 상당한 거리두기가 있었다. 외조부는 노동자 가족으로서 가족 부양은 괜찮은 편이었지만 알코올에 상당 부분 의존되어 있었다. 외조모 역시 매우 열심히 일했고 사람들은 외할머니에 대하여 항상 다른 사람을 위해 애쓰신 분이고 자신이 몸이 아파 힘들 때에도 가족이 힘든 일이 있으면 기꺼이 도와주었던 분으로 기억하였다. 이러한 할머니의 상당 부분을 어머니가 물려받았다. 많은 경우 그러한 행동은 모범적일 때도 많지만 어머니와 자녀와의 관계에서 지나치게 되면 문제를 일으킬 수도 있다.

어머니는 자신이 외할머니에 대하여 생각할 때 외할머니의 스트레스와 '우울' 상황에서 좀 더 도움을 드리지 못했던 것에 대하여 늘 죄책감을 느낀다고 했다. 이러한 역동은 어머니 나이 열세 살 때 외할머니가 여동생을 낳았을 때 더욱 확실해졌다. 외할머니는 어머니가 10대였던 시기에 암 진단을 받았다. 이러한 사실은 그 시기에 외할머니가 10년 만에 넷째 아이를 가진 것과 함께 심각한 감정의 홍수상태를 만들었을 것이라는 것을 짐작할 수 있다.

가족역동의 두 번째 열쇠는 어머니가 외할머니의 심각한 고통의 상태에 부응하여 새로 태어난 여동생 마리에게 마치 제2의 엄마 역할을 하였다는 점이다. 외할머니의 타인을 돌보는 강한 특성은 이러한 두 가지 가족역동을 통해 강하게 전수되었다.

세 번째 역동은 어머니의 부모님들이 어머니의 남동생을 특별한 아이로 취급하면서 불안에 의한 초점두기를 한 것이다. 나의 어머니는 남동생에 대한 할머니의 걱정에 맞추어 할머니처럼 남동생을 과보호하였다. 외삼촌은 결혼하여 세 아이를 낳았지만 심장마비로 일찍 세상을 떠났다. 이 세 가지 역동이 어머니에게 영향을 끼쳐 어머니가 '타인의 감정을 자신의 감정처럼 느끼고' 타인의 필요에 자신을 맞추는 데 강한 욕구를 가진 것으로 프로그램되게 영향을 주었다. 사람들은 세상살이의 이러저러한 일들에 대하여 어머니와 이야기하기를 좋아했고 어머니는 이러한 일에 자주 영향을 크게 받았다. 보웬은 이렇게 말한 적이 있다. "조현병 자녀의 어머니들은 어쩌면 이렇게 모두들 착하지?" 얼마나 많은 조현병 자녀들의 어머니들이 그런 특성을 갖고 있는지에 대한 숫자는 잘 모르지만 나의 어머니를 설명하는 말인 것은 틀림없다.

어머니는 정규학교에 1년 정도 다니면서 아주 짧은 기간 동안 초등학교에서 가르쳤다. 어머니는 외할아버지와는 늘 잘 다투었다. 어머니는 집을 떠나고 싶어 했고 그래서 어려서 서둘러 결혼을 하였다. 어머니는 첫 남편과 이혼하고 서부 펜실베이니아를 떠났다. 그때 당시 매우 어렸던 아들을 데리고 필라델피아로 이사했다. 이혼 후 전 남편과는 별 접촉이 없었던 것 같다.

내가 이렇게 자세하게 어머니의 원가족과 삶의 과정에 대하여 서술하는 것은 그러한 정보들을 수집하면서 나는 어머니가 빌리에게 왜 그렇게 과도하게 불안한 초점두기를 하였는지에 대하여 이해할 수 있게 되었기 때문이다. 이러한 과정에서 나는 어머니와 빌리 사이의 강렬한 애착관계에 대한 중립적이고 현실적인 관점을 가지게 되었다. 그것은 어느 누구의 잘못이라기보다는 그냥 겉으로 보이지 않는(눈으로 관찰되지 않는) 정서과정을 통하여 일어났을 뿐이며 어느 누구의 잘못도 아닌 것이다. 다음에 서술한 것처럼 그때는 가족 상황을 불안정하게 했던 나의 몇 가지 행동들을 미리 막을 수 있을 만큼 더 중립적인 관점을 갖지 못했다.

어머니는 아버지가 그의 '수행비서' 같았던 부모님과 고모와 함께 서부지역에서 필라델피아에 오기 2년 전부터 필라델피아에서 살고 있었다. 어머니는 필라델피아로 이사한 후 사이가 좋았던 사촌과 함께 피부미용사학교에 다녔다. 어머니는 1931년에 아버지와 그의 가족들을 만났다. 할아버지는 그다음 해에 암으로 사망하였다. 나의 부모님은 1933년 4월에 결혼해서 스워스모어 교외지역으로 이사했다. 처음에는 모두 함께 큰 아파트에서 살다가 그다음에는 주택을 임대해서 살았다. 어머니는 결혼한 지 한 달 되었을 때 임신을 하였고 빌리는 1934년에 태어났다. 빌리가 아주 어렸을 때 어머니는 아이에게 문제가 있다고 생각했다. 그것은 적어도 처음에는 어떤 객관적 이유가 있어서 그런 것이 아니라 어머니의 주관적인 생각이었다. 자기충족적 예언이 그렇듯이 어머니가 빌리에 대해 걱정했던 일들은 결국 현실로 나타나기 시작했다. 어머니는 자신을 특별히 필요로 한다고 생각되는 사람에게 어머니로서 특히 더 잘 보살피는 역할을 했다. 아버지는 새로 일을 맡아서 매우 바빴고 술을 심하게 마시기 시작했으며 그의 나머지 인생 내내 술 마시는 것을 그치지 않았다. 부모님의 결혼생활 내내 아버지는 아이들에게 집중하는 어머니의 행동을 지지해 주었고 대부분의 상황에서 어머니의 판단을 대체로 믿고 따랐다.

빌리가 태어난 지 1년도 채 되지 않아 태어난 딸아이가 죽지 않았더라면 가족의 삶은 어머니 곁에 딸이 있어서 좀 더 수월했을지도 모른다. 가족도형을 보면 둘째 형 테리와 나의 출생 사이에 어머니가 한 아이를 유산한 것으로 나타나 있다. 이에 대하여는 제16장에서 아버지와 고모와 할머니 사이에 형성된 삼각관계가 그 유산과 관련 있음을 설명한 적이 있다.

어머니의 강한 돌봄 성향과 아버지의 거리두기, 그리고 이 장 앞부분에서 언급한 다른 여러 요인들이 합쳐져서 어머니는 빌리에게 더욱 강하게 관여하게 되었고 그와 함께 더 많은 걱정거리를 갖게 되었다. 어머니의 불안으로 가득 찬 정서적 관여는 빌리의 일생 동안 내내 계속되었다. 어머니와 빌리 사이에서 보이는 정서적 관여는 외할머니와 어머니와의 관계와 많은 부분 비슷한 특성을 가지고 있는데 그것은 다른 사람의 고통에 대하여 죄책감을 느끼고 책임을 지려고 하는 것이었다. 그리고 그것은 어머니와 어머니의 남동생과 여동생과의 관계에서도 마찬가지였다.

어머니의 원가족에서는 아들들에 대한 기대가 높았는데 그와 동시에 남자들이 책임을 잘 질 수 있는지에 대한 높은 두려움도 수반되었다. 1934년부터 1952년 사이의 시기에 가족원들 사이에 가족 패턴이나 긴장이 겉으로 드러나지 않은 것을 보면 그 시기에 가족생활은 겉으로 보기에는 좋았던 것 같다. 나의 형 빌리와 부모님이 형성했던 삼각관계는 빈약한 분화 수준을 이루며 18년간 안정적으로 지속되었다. 가족 불안의 많은 부분은 삼각관계와 결합된다. 자신의 부모에 대해 좀 더 객관적 관점을 가질 수 있게 되면 가족생활에 대하여 부모를 비난하는 데서 쉽게 벗어날 수 있게 된다.

빌리의 초등학교 선생님들 중 몇 사람이 때때로 빌리가 수줍고 불안이 있으며 학업에서 좀 뒤처진다고 우려를 표시한 적도 있다. 빌리는 사람들의 호감을 받았으며 문제행동을 하지는 않았다. 6학년 선생님이 빌리의 심리평가를 권해서 부모님이 검사를 받으러 데리고 갔을 때 심리상담사가 빌리의 상담을 권했지만 어머니는 아버지에게 매우 강하게 상담을 보류할 것을 고집했다. 어머니가 "나는 아이의 자존감을 손상시키는 어떤 것도 하지 않을 거예요."라고 했다는 말을 전해 듣고 나중에 나는 이 말 속에 있는 어머니의 빌리에 대한 감정의 깊이를 이해할 수 있게 되었다. "아이가 힘들어 보이면 내가 힘들어."라고 어머니는 말했다. 어머니와 빌리는 마치 한 사람인 것 같았다. 어머니는 모든 자녀들에 대하여 매우 보호적이었지만 빌리에 대해서는 특별히 더 그랬다.

막내였던 나는 그 당시에 가족 사이에 흐르는 긴장에 대하여 전혀 의식하지 못했다. 그렇지만 나도 역시 일찍부터 어머니와 어머니의 고통에 대하여 걱정하는 것을 배우기 시작했다. 나는 어머니의 관심과 인정을 받기 위해 어머니의 기대에 맞추려고 애를 썼으며 어머니의 고통에 민감하게 반응했다. 지금 생각해 보니 빌리와 나는 둘 다 어머니에게 맞추려는 행동을 하기는 했는데 그 정도에 있어서 차이가 있었다고 생각한다. 어머니는 나에게는 빌리에게보다 덜 집중했다. 그 결과, 나도 어머니에게 빌리가 했던 것보다는 덜 맞추려고 했다. 이것이 빌리보다는 내가 좀 더 '분화된 자기'를 발달시킬 수 있는 여지를 준 셈이다. 형제들 모두가 가족의 정서과정에 붙들려 있었지만 그 정도에 있어서는 제각기 어느 정도 다른 방식으로 적응했다.

이미 제9장에서 자세히 썼던 것처럼 보웬이론은 부모와 자녀 사이에 일어나는 과정을 정서적 프로그래밍이라고 개념화하고 있다. 그것은 대뇌피질과 피질 하부의 과정을 포함한다. 어머니가 자녀들에게 불안한 방식으로 집중하면 자녀들은 반사적으로 어머니에게 집중하고 반응한다. 이러한 프로그램은 자녀들의 내면에 대한 관심 욕구를 증가시킨다. 부모와 자녀가 서로의 정서과정에 뒤얽히게 되는 것이다. 그 과정은 미묘하게 이루어지기도 하고 분명하게 이루어지기도 한다. 자녀가 자신에 대한 관심이 부족하다고 느끼고 행동할 수 있는데 그러나 이것은 자녀가 이미 관심에 중독되어 있어서 자신에 대한 관심이 부족하다고 쉽게 느끼는 것이다. 아이의 정서적 행복감은 더욱 의존적이 되어 어머니가 행동하고 말하는 것에 영향을 받는다. 아이의 행복감은 관계에 의해 과도하게 좌지우지되고 그러한 관계과정은 다른 관계로 전이된다. 일반적으로 어머니가 일차적인 돌봄제공자이기 때문에 어머니가 중심이 된다. 이 책 전체를 통해 강조하는데 어머니와 자녀의 관계는 진공 상태로 존재하지 않는다.

나중에 알게 되었을 때는 놀라운 일이 되었지만 1951년경까지 가족생활은 겉으로는 꽤 정상적으로 흘러갔다. 밥은 제2차 세계대전 중 해군으로 잘 복무한 뒤 대학에 갔고 그 지역의 한 여성과 1950년에 결혼하였다. 아버지는 직업적으로 성공하여 지역의 좋은 동네에 좋은 새집을 지어 이사하였다. 테리와 나는 그 집에서 잘 자라고 있었고 부모님은 좋은 친구들을 많이 사귀었고 각자의 확대가족과도 그런대로 교류하면서 잘 지냈다. 그러나 1945년 외할아버지가 사망하면서 형제들 사이에 부동산 분배 문제로 갈등이 생겼다. 어머니는 형제들이 모두 가장 힘들게 살고 있는 남동생에게 양보해야 한다고 생각했다. 이 때문에 그 후로 10년 이상을 서로 접촉이 없이 지내게 되었다.

빌리가 고등학교 3학년이 되었을 때 가족의 정서적 분위기가 급변했다. 빌리는 고등학교 내내 학업성적에 어려움을 겪었고 학교로부터 도움을 받아 그럭저럭 해 나가고 있었다. 빌리는 머리는 좋았지만 공부에는 별로 관심이 없었다. 빌리가 대학교 가는 문제로 부모님의 불안이 매우 높아져서 가족의 분위기가 달라졌다. 빌리의 불안이 높아졌고 부모님의 불안도 매우 높아졌다.

빌리는 부모님으로부터 압력을 받기도 하고 지지도 받으면서 대학교에 지원하는 데 필요한 준비를 겨우겨우 하고 있었다. 나는 부모님과 빌리와 함께 펜실베이니아 주립대학교를 방문한 적이 있었는데 그때 몇 번이나 차를 멈추고 빌리가 차에서 내려서 토하는 것을 보았던 기억이 난다. 불안이 매우 높았던 것이다. 결국 지방대학교의 교수로 있었던 이웃 사람의 도움으로 빌리는 그 대학의 입학허가를 받았다. 빌리는 첫 학기 동안 학교 캠퍼스 내에서 살면서 학교에 다녔지만 모든 과목에 낙제했고 탄산음료를 중독적으로 마시다가 몸무게만 엄청나게 늘었다. 학교로부터 다음 학기를 집에서 보낼 수 있도록 허락을 받아 빌리는 집에서 살면서 매일 차를 타고 학교에 등교를 했지만 아무것도 달라지지 않았다. 2학기에도 낙제를 한 이후 더 이상 학교에 다닐 수 없게 되었다.

돌이켜 생각해 보면 일이 이렇게 될 것은 뻔한 일이었다. 빌리는 어머니와 가족에게 매우 의존적이었고 그러한 관계 속에서 그는 겨우겨우 살아갔던 것이다. 빌리에게는 성인으로서의 책임 있는 삶을 살아가야 하는 장벽이 너무 높았던 것이다. 빌리 자신도 믿기 힘들 정도로 불안이 높았고 부모님들도 역시 불안이 매우 높아서 서로 불안을 강화시키고 있었던 것이다.

과도한 정서적 의존성은 가족의 의도와는 상관없이 형성되는 것이며 질병이라기보다는 하나의 상황이라고 표현하는 것이 맞다. 그러나 의존성은 성인기로 뛰어넘어 가는 것을 불가능하게 만든다. 젊은 성인과 가족의 실패를 둘러싼 불안은 여러 가지 유형의 증상으로 나타나게 되는데 바로 약물중독, 신체적 질병, 심리적 증상 등과 같은 것들이다. 빌리는 앞으로 나아갈 힘을 잃어버린 것이다. 그는 한곳에 얼어붙어서 몸무게만 엄청나게 늘어났다.

그 이후로 6, 7년 동안은 주로 부모님이나 빌리 모두 기능이 거의 안 되었던 시기로 가족 모두가 매우 높은 불안과 퇴행 속에 지냈던 시기이다. 아버지는 계속해서 직장에서의 책임을 다하기는 했지만 가끔은 술을 너무 심하게 마셔서 며칠씩 직장에 나가지 못하는 일이 벌어졌다. 어머니는 신경증과 우울 때문에 여러 가지 신경안정제들을 복용했다. 어머니도 술을 많이 마시기는 했지만 집안일은 잘 처리했다. 빌리는 직장을 얻지 못했고 부모님의 도움을 받아 가끔씩 플로리다로 도피해서 휴양시설에서 채식주의자로 몇 주씩 지내면서 '체계를 정화시킨다'고 했다. 그의 삶은 그렇게 무의미하게 흘러갔다.

테리 형은 1955년에 고향을 떠나 대학교에 가면서 "넌 얼마나 여기서 버틸 수 있을 것 같니?"라고 말했다. 어머니가 약물과다로 병원에 입원해야 하는 일이 두 번이나 생기는 등 우리 모두에게 힘든 시간들이 흘러갔다. 이러한 일들은 어쩌면 심각한 자살시도보다도 더 도움을 구하는 절규와도 같았다. 어머니는 이미 감당하기 힘든 상태가 되어 버렸다. 이렇게 나의 10대 시절이 지나갔지만 내가 이 상황 속에서 직접적인 불길에 휩싸이는 일은 없었다. 나는 고등학교 때는 B 등급 학생이었지만 대학교에서는 A 등급 학생이었다. 고등학교 시절 집에서 지내는 동안 그 과정에서 어느 정도 타격을 받았지만 나의 삶은 그런대로 상당히 정상적으로 느껴졌다.

밥, 테리, 그리고 내가 가족의 정서과정에서 절대적으로 자유로울 수는 없었지만 빌리보다는 더 자유로운 입장이었다. 나중에 몇 년이 지나서 어머니가 돌아가셨을 때(아버지는 어머니가 돌아가시기 전, 빌리가 죽기 수년 전에 돌아가셨다) 밥과 내가 부모님의 유언 집행을 위해 변호사 사무실에서 만났을 때 우리는 부모님의 유언에 대하여 전혀 모르고 있었다. 아버지의 유산은 그다지 큰 부동산은 아니었지만 만약에 두 분이 돌아가시고 난 후 네 자녀가 모두 살아 있다면 모든 재산은 빌리에게 주라고 되어 있었다. 만약에 빌리가 죽고 없다면 나머지 세 아들에게 동등하게 나누게 되어 있었다. 변호사 사무실에서 나는 밥에게 "빌리는 이미 그 돈을 받은 것이나 마찬가지지 않겠어?"라고 말했다. 어머니는 1985년에 돌아가셨는데 내가 그렇게 말할 수 있었던 것은 그 당시에 보웬이론을 이미 배운 뒤였기 때문이었다.

1958년에 우리 가족에게는 아주 큰 변화가 있었다. 그해에 나는 중서부지역에 있는 대학교에 입학하였다. 재미있는 것은 아버지가 내게 고향에 있는 지방대학교에 다니면 학교에 몰고 다닐 수 있도록 고급차를 선물해 주겠다고 말했지만 나는 집을 떠나고 싶었다. 나중에 아버지가 내게 집에 남아 있어 주기를 바랐던 것은 가족체계에서, 특히 어머니와의 관계에서 지지적으로 '기능하는 위치'에 있던 내가 있으면 아버지가 그 관계 체계에서 외부자의 위치로 빠져나가려는 시도였다는 것을 이해하게 되었다.

또 다른 커다란 변화는 아버지가 어머니에게 스워스모어에 있는 집을 팔고 메릴랜드 동부 해변으로 이사하겠다고 말한 것이다. 아버지는 은퇴 십 년을 앞두고 점차로 은퇴를 준비하려고 했던 것이다. 아버지는 동부 해변을 무척 좋아했고 직장생활하는 동안 땅을 미리 사 두었다. 어머니는 스워스모어의 집을 팔면서 눈물을 흘렸지만 결국 파는 데 동의했다. 어머니는 아버지와 빌리, 그리고 나 모두가 그렇게 하기를 원할 거라고 느꼈던 것이다. 그 시점을 돌이켜 보면 가족 전체가 누군가의 짐작에 의해 일이 진행되는 것이 이상하게 생각되지만 우리 가족은 그렇게 했다. 나는 대학교로 떠났고 아버지와 어머니, 그리고 빌리는 메릴랜드에 온통 한 덩어리가 되어 남았다.

그것은 재앙이었다! 아버지는 매주 주중에는 스워스모어에 살았을 때보다 출퇴근을 위해 더 많은 시간을 밖에서 운전하면서 보냈다. 주중에는 직장에 근무하면서 그럭저럭 잘 지냈지만 주말에는 전보다 더 술을 더 심하게 마셨다. 어머니는 더욱 의기소침해지고 유아기적인 우울에 빠졌고 술을 마시는 일이 점점 더 많아졌다.

이럴 때 가족원 중에 누가 기능적이 되었을까? 빌리 형이었다! 빌리는 아주 극적인 변화를 보였다. 형은 그 지역에 있는 약국에 취직해서 오토바이로 처방된 약을 배달하는 일을 했다. 형은 지방신문 광고란에 사진이 실리기도 했다. 집안 살림을 위해 식료품이나 생활필수품들을 사 오기도 하고 어머니가 운전하기 힘들게 되면 어머니를 병원에 모시고 가기도 했다. 내가 대학교 1학년 때 크리스마스가 되어 집에 갔을 때 빌리는 나를 데리고 다니면서 아주 많은 사람들을 소개시켜 주었다. 나는 그때 형의 회사 사장님과 동료들을 만났는데 모두가 형에 대하여 매우 호의적이었다. 형이 이렇게 사회적 관계망을 많이 가진 것은 처음이었다. 형이 일하는 약국의 사장은 빌리에 대하여 믿음직하고 마음에 든다면서 칭찬을 아끼지 않았다.

그러한 상황이 우리 가족에게는 낯설었지만 보웬이론은 그런 상황을 기능의 호환성 reciprocal functioning으로 설명한다. [그림 E-2]를 보면 부모님들이 과대기능을 하는 동안 빌리가 그 반대로 과소기능을 하고 있는 것을 볼 수 있다.

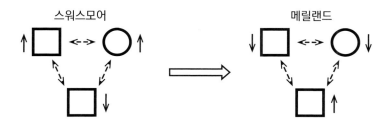

[그림 E-2] 이 도형은 부모님과 조현병을 가진 형과의 삼각관계에서 가족 정서과정의 극적인 변화를 상징적으로 나타내 주고 있다. 나의 고향인 펜실베이니아의 스워스모어에서 메릴랜드의 동부 해안으로 이사한 후의 변화를 보여 준다. 각자의 옆에 그려진 화살표는 과대기능과 과소기능을 나타내고 있다.

여름방학이 되어 내가 집으로 가면 부모님에게는 조금 도움이 된 것 같기는 했지만 그다지 눈에 띌 정도의 큰 도움은 아니었다. 어머니는 종합병원에 자주 입퇴원을 반복하기는 했지만 생명에 위협이 될 만한 질병이 있었던 것은 아니었다. 어머니는 보통 암공포증이나 우울, 불안 등의 진단을 받았을 뿐이었다. 의사는 어머니에게 다양한 향정신성 약물을 처방하였지만 별로 효과는 없었다. 어머니가 이제는 더 이상 어쩔 수 없는 상태가 되었다고 생각했을 때 우리는 어머니를 펜실베이니아에 있는 이모네 집으로 모시고 갔고 거기에서 몇 주 지내시면 회복되곤 했다. 어머니는 항상 펜실베이니아에 있을 때는 나아졌고 메릴랜드로 오면 다시 악화되곤 했다. 3년 동안 1년의 반 정도를 그렇게 하기를 반복했다. 펜실베이니아에 있는 이모는 마치 자매들의 어머니 같은 역할을 하였는데 우리 어머니가 두 이모들의 맏언니였음에도 그러했다.

1961년 봄에 부모님은 마침내 힘들었던 동부 해안을 떠나서 스워스모어로 돌아가기로 결정했다. 부모님은 메릴랜드의 집을 팔고 스워스모어에 집을 사서 6월에 이사를 하였다. 빌리는 동부 해안을 떠나고 싶어 하지 않아서 그 동네에 작은 아파트를 얻어서 하던 일을 계속하기로 했다. 부모님은 거기서 빌리가 잘 해내기를 바라면서 이사를 했다. 그 후 스워스모어에서의 6개월 동안은 부모님에게는 가장 행복했던 시기였을 것 같다. 부모님은 빌리가 문제없이 잘하고 있다고 느꼈고 그래서 매우 만족스러워했다. 그들이 느꼈던 행복감은 상당한 역기능을 가진 성인 자녀를 둔 부모들이 그동안 겪었던 고통이 어떠했는지를 생생하게 보여 주는 것이었다. 빌리가 태어나면서 18세가 될 때까지 어머니가 빌리에게 과잉 개입을 하는 동안에는 가족들은 어느 정도 안정되게 살 수 있었다. 어머니는 빌리를 돌봄으로써 자신이 필요한 존재라는 것을 느꼈고 어머니의 아들에 대한 과잉 개입은 부모 사이에 있었던 긴장을 완화시키는 역할을 했던 것이다. 그러나 빌리가 열여덟 살이 되어 심각한 역기능 증상으로 무너지자 이러한 상황의 부정적인 면이 긍정적인 면보다 훨씬 더 크게 나타나게 되었다.

부모님이 스워스모어로 이사한 지 몇 달이 지나면서 빌리의 기능에 점점 이상이 생기기 시작했다. 4, 5개월 정도 지났을 때 빌리의 사장이 부모님에게 전화를 해서 빌리가 직장에 출근하지 않고 집에만 처 박혀 있다고 했다. 빌리는 편집증 증상을 나타냈다. 그 사장은 부모님에게 와서 빌리를 데리고 갈 것을 권했고 부모님은 1961년 12월에 빌리를 데리러 갔다. 빌리는 그곳의 삶을 정리하고 스워스모어의 부모님의 집으로 왔다.

나는 그 당시 대학교 4학년이었고 매주 집에 전화해서 빌리가 돌아온 이후의 문제 상황에 대하여 대부분의 사정을 듣고 있었다. 빌리가 돌아온 이후 부모님과 빌리의 사이는 불안이 최악의 상태에 이르렀다. 세 사람 모두가 겪는 고통은 이전보다 훨씬 더 커졌다. 나는 집에 전화하기가 겁이 났고 가족들의 상태, 특히 어머니의 힘든 상태에 대하여 들었다. 나쁜 소식은 일주일 내내 내 마음을 불편하게 했고 만약에 하나님이 나의 형과 부모님을 도와주시면 나머지 인생을 의사가 되어 선교사업에 헌신하겠다고 기도하기도 했다(그 당시 나는 의예과에 다니고 있었다). 내가 가족과 함께 살고 있지 않았기 때문에 내가 가족들이 경험하는 정서적 고통의 깊이를 충분히 헤아릴 수 있을 거라고 생각하지는 않는다.

1962년 3월 아버지가 식도에 스트레스성 궤양을 앓게 되었다. 그 때문에 통증이 심했다. 5월에는 어머니와 근처에 살고 있었던 밥 형이 형의 친부가 매우 심하게 아파서 도움이 필요하다는 연락을 받았다. 그래서 어머니와 밥은 수도 워싱턴으로 가서 5월 한 달을 지냈다. 어머니와 밥이 없는 동안 아버지는 술을 심하게 마셨고 어머니가 집에 돌아왔을 때는 아버지가 토한 피로 침실이 엉망이 되어 있었다. 어머니와 밥은 아버지를 병원으로 급하게 모시고 갔지만 너무 늦었고 궤양이 구멍이 나서 복막염으로 악화되어 아버지는 쇼크 상태가 되어 사망하였다. 그것은 아버지와 어머니, 그리고 빌리 세 사람 사이에 필연적으로 최악의 공포스런 사건이었다. 나는 대학 졸업을 앞둔 상황에서 아버지가 돌아가시고 일주일 후에 장례식에 참석했다.

1962년 여름이 되었을 때 어머니와 빌리, 그리고 나는 함께 살았다. 밥은 두 아들들과 함께 근처에 살고 있었다. 어머니는 아버지의 죽음 이후 최악의 상태가 되었다. 빌리와 어머니는 서로 점점 더 감정반사적이 되어 갔다. 빌리는 집의 창문 밖으로 큰 소리로 외설스런 말을 하곤 해서 이웃 사람들이 겁을 냈다. 집에서 빌리의 행동은 점점 엉뚱하고 괴상스러워졌다. 어머니는 점점 더 절망적이 되어 갔다. 형 테리는 그 당시 해외에서 군생활을 하고 있었다. 8월 중순이 되어서 밥과 나는 뭔가 필요한 조치를 취하지 않으면 어머니가 긴장 때문에 아프게 될 것 같다는 생각을 하게 되었다. 빌리는 이미 통제불능의 상태가 되어 있었다.

고등학교 때 절친이었던 친구의 아버지가 정신건강의학과 의사였는데 어렸을 때 조금 알고만 지내던 사이였다. 그에게 전화해서 우리 가족의 최악의 긴장상태에 대하여 설명을 했다. 그는 내게 바로 그의 집으로 오라고 해서 함께 의논을 하게 되었다. 밥과 어머니, 그리고 내가 그 집으로 갔다. 빌리와 함께 갈 생각은 하지 못했던 것 같다.

밥과 어머니와 나를 만난 자리에서 내 친구 아버지가 밥에게 "동생에 대하여 화가 많이 난 것처럼 보이네요."라고 말했다. 나는 그때 밥의 얼굴에 나타났던 표정을 절대로 잊을 수가 없다. 형은 얼굴이 창백해지면서 당황스러워했다. 수년이 지나서 생각했을 때 밥은 가족의 긴장 상황에서 항상 거리두기를 하면서도 도와야 한다는 책임감을 크게 느끼고 있었을 것이고 빌리가 어머니를 너무나 심하게 힘들게 하는 데 대하여 분노가 있었을 거라는 느낌이 들었다. 나도 마찬가지였지만 겉으로는 매우 평온한 것처럼 행동했다. 나는 빌리에 대하여 돕고 싶은 마음, 안쓰러운 마음과 함께 분노도 가지고 있었고 빌리가 형편없는 사람이 된 것에 대한 죄책감도 가지고 있었다.

몇 가지 논의가 있었을 때 어머니는 거의 말이 없었고 내 친구의 아버지는 "네 형이 정신적으로 아픈 것 같고 병원에 입원해야 할 것 같다."고 말했다. 그는 절차에 대하여 이야기해 주었다. 돌이켜 생각해 보면 내 친구의 아버지는 정신분석적으로 훈련받아서 가족체계에 대하여 아는 것이 별로 없었던 것 같다. 1962년 8월 그 당시 정신건강 분야에서는 가족에 대한 관심이 아주 조금밖에 없었을 때였다. 만약에 그가 가족에 대하여 이해하고 있었더라면 빌리뿐만 아니라 우리 가족 모두가 불안이 높아서 통제가 어려운 상태인 것을 알았을 것이다. 우리의 가장 큰 두려움은 어머니와 어머니의 안녕이었다. 아마도 입원은 할 수도 있었고 안 할 수도 있었다. 어쨌든 밥 형과 나는 빌리를 병원에 입원하도록 했다. 우리는 혹시 빌리가 폭발할지도 모르는 상황에 대비해서 비번 중인 경찰 두 명을 고용해서 빌리에게 병원에 입원한다는 소식을 전했다. 나는 그때 빌리의 얼굴에 떠오른 표정을 절대 잊을 수 없다. 그는 우리가 그렇게까지 할 줄은 몰랐다는 표정을 했다. 그것은 내게 무섭고도 죄책감이 드는 경험이었다. 나는 형에게 그렇게 하는 것이 너무나 싫었다.

일단 빌리는 병원에 입원한 이후 눈에 띄게 평온해졌다. 어머니와 밥, 그리고 나도 평온해졌다. 그런 면에서는 병원에 입원한 것은 아주 긍정적인 경험이었다. 빌리는 펜실베이니아 병원에서 10일 동안 지냈다. 의사는 빌리가 '단순한 유형의 조현병'을 앓고 있다고 결론내렸다. 빌리는 그때 당시 편집증적 사고를 약간 보였지만 다른 정신증상은 거의 보이지 않았다. 그들은 빌리에게 향정신성 약물을 처방했다. 나는 빌리가 일단 평온상태가 되자 예전에 내가 알았던 사랑스런 빌리의 모습으로 그렇게 빨리 변한 것이 놀라웠다. 나는 병원에서 후속 치료로 어떤 치료를 권했는지는 기억하지 못한다. 그러나 가족들은 그 경험 이후에 바로 상황이 나아졌다.

나는 9월 초가 되자 조지타운 의과대학으로 떠났다. 어머니와 나 사이에는 무언의 약속 같은 것이 있었는데 아버지가 돌아가신 후에 어머니를 돌보기 위해 내가 어머니 곁에 있을 거라는 것이었다. 어머니는 내가 의과대학교 훈련을 마치고 나면 빌리와 어머니와 함께 살기 위해 고향으로 돌아올 것이라는 환상을 가지고 있었다. 내가 어머니를 위해 헌신하면 어머니는 안정적으로 기능하게 되고 그 결과 어머니와 빌리의 관계가 개선되었다. 밥도 어머니와 빌리의 관계가 훨씬 덜 불안해진 것을 보고서 평정을 되찾았다. 빌리는 약물복용을 중단한 뒤에도 훨씬 많이 진정된 상태가 되었다.

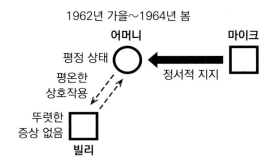

[그림 E-3] 형 빌리가 조현병이라는 진단을 받은 후 18개월 동안 어머니와 조현병 형과 나 사이에 형성된 안정된 삼각관계를 나타내는 그림이다. 나로부터 어머니를 향한 진한 색의 화살표는 그 당시에 나와 어머니와의 관계에 형성되었던 정서적 지지 관계를 나타낸다. 어머니와 빌리의 도형이 투명하고 상호 간에 주고받는 점선의 화살표가 그려진 것은 각자 평정 상태가 유지되고 상호작용도 평온했던 것을 나타낸다. 형은 어머니에게 여전히 의존적이었지만 증상을 나타내지는 않고 있었다.

그 이후로 나는 가끔 이런 생각이 들 때가 있다. 내가 만약 고향으로 돌아가서 거기서 의사가 되었다면 빌리가 7년 후에 자살하는 일이 일어나지 않았을지도 모른다는 생각이다. [그림 E-3]에 나타난 것처럼 나와 어머니의 관계는 어머니의 정서적 기능에 중요한 역할을 했고 어머니의 정서 상태는 빌리의 안정성에 중요한 역할을 했다고 생각한다. 밥은 어머니에게 편한 역할을 하기에는 너무나 감정반사적이었고 테리는 너무 멀리 있었다. 그 이후 18개월 동안은 문제가 될 만한 어떤 낌새도 보이지 않았다. 그림을 보면 내가 어머니에게 전적인 관심을 보이면 어머니는 평정 상태에 있게 되고 그에 따라 어머니와 빌리가 평온한 상호작용을 하면서 빌리가 병원에 입원하게 되었던 증상이 전혀 나타나지 않고 있는 것을 볼 수 있다. 이것은 메릴랜드에서 살았던 시기에 있었던 과대기능과 과소기능의 호환적 상호작용이 역으로 나타난 것이 아니라 어머니와 빌리 사이에 형성된 삼각관계에서 만성불안이 감소되면서 기능이 향상된 것을 나타낸다,

그 시기에 빌리는 일터에도 조금씩 그럭저럭 나가고 있었고 이웃 동네인 체스터에서 택시운전을 하기도 했다. 어머니의 재정 상태가 아주 좋은 편은 아니었지만 상황이 좀 더 나아지기를 원해서 어머니는 전문적 도움을 받고 있었다. 나는 의과대학에 잘 다니고 있었는

데 가끔은 정신의학 교수가 '조현병 환자의 어머니들'에 대하여 사랑이 부족하거나 자녀를 향한 억압된 적개심을 감추고 지나치게 과보호적인 사람들로 설명할 때는 마음이 언짢아지기도 했다. 내가 알고 있는 어머니는 그들이 설명하는 어머니와 달랐다.

나는 의과대학에 다니던 첫 18개월 동안 한 여성과 두 번 정도 만났을 정도로 데이트를 거의 하지 않았고 전적으로 책에만 매달렸다. 1964년 1월 중순쯤 의과대학교 강의 과목들은 강의실이나 실험실 위주에서 벗어나 병동에서 일하는 것으로 바뀌었다. 이 일은 나에게 압박감에서 조금 벗어날 수 있게 해 주었고 간호학과 여학생과 데이트도 자주 하게 되었다. 그 여성과 관계가 빠르게 진전이 되어 지금까지 50년 이상 함께 부부로서 살고 있다.

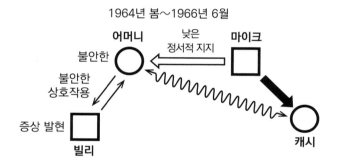

[그림 E-4] 이 그림은 내가 미래의 아내인 캐시와 진지하게 사귀기 시작한 이후 어머니와 빌리와 나와의 삼각관계를 보여 준다. 나에게서 캐시를 향한 진한 색의 화살표는 캐시를 향한 나의 정서적 에너지의 투입을 나타낸다. 어머니를 향한 색이 없는 굵은 화살표는 어머니에 대한 낮은 수준의 정서적 투입을 나타낸다. 어머니에 대한 나의 관계의 변화는 어머니의 불안을 높였고 어머니와 빌리 사이에 불안스런 상호작용을 가져 왔다. 그리고 그에 따라 빌리의 조현병 증상이 나타나 여러 차례의 정신과 병원 입원이 뒤따랐다.

그다음에 일어난 일은 내가 전혀 예측하지 못했지만 돌이켜 생각해 봤을 때 [그림 E-4]에 나타난 것과 같다. 내가 좀 더 성숙한(분화된) 사람이었더라면 두 여성 사이에서 관계를 좀 더 잘 조절할 수 있었을 거라는 생각이 든다. 나의 마음 한쪽에서는 어머니와 빌리의 기대로부터 멀리 달아나고 싶은 마음이 있었고 그래서 정서적으로 거리두기를 하면서 데이트에 관심을 더 두었던 것 같다. 그러나 당시에는 그러한 역동에 대하여 의식하지 못했다. 어머니 편에서 보면 이것은 어머니와 나의 관계를 위협하는 심각한 문제였음이 분명하다. 어머니와 캐시의 관계는 긴장이 있었고 갈등적이었다. 가족체계는 이제 불안정하게 되었고 어머니와 빌리 사이에 긴장이 더 높아졌으며 빌리에게 증상이 더 많이 나타나게 되었다. 내가 캐시와 데이트를 시작하고 1966년 6월에 결혼한 그 기간 동안 빌리는 정신과 병동에 다섯 번 내지 여섯 번 입원했고 한 번 입원하면 몇 주씩 병원에 있었다. 빌리는 집 근처에 있는 하버포드 주립병원에 입원하곤 했다.

빌리의 증상은 확실히 스트레스와 연관이 있었다. 가장 중요한 스트레스원은 빌리와 어머니 사이의 관계가 심각한 어려움이 있을 때였다. 두 사람의 관계는 서로 융합되어 있었다. 어머니는 내가 캐시와 좀 더 가까워지면 감정반사적이 되었다. 어머니는 삼각관계에서 외부인이 되면 불안이 높아졌고 그 불안은 빌리와의 관계에 영향을 끼쳤다. 빌리는 어머니가 스트레스 상황에서 보이는 표정이나 몸짓, 그리고 그 외 단서가 될 만한 행동을 하면 그에 대해 아주 민감하게 반응했다. 빌리가 무척 불안한 반응을 보이면 어머니는 더욱더 불안하게 되어 빌리의 불안한 행동에 집중했다. 이러한 일들은 악순환이 되었다. 내 입장에서 보았을 때 어머니가 캐시에 대해 비판적이 되거나 캐시를 받아들이지 못하는 모습을 보면 나는 감정반사적이 되었다. 캐시는 어머니에게 감정반사적이 되었고 어머니는 캐시에게 감정반사적이 되었다. 빌리의 증상은 병리적인 데서 기인한 것이 아니라 더 큰 체계과정에서 만들어진 만성불안에 의해서 생겨난 것이었다. 당시에 나는 무슨 일이 어떻게 일어나고 있는지에 대하여 전혀 이해하지 못하고 있었다.

나는 조지타운 의과대학병원의 인턴 과정을 시작하면서 캐시와 결혼했다. 빌리는 결혼식 직전에 병원에서 퇴원했다. 아내는 해군장학금을 일부 받아 대학교를 졸업했기 때문에 졸업 후 베데스다 해군병원에 배치받았다. 그래서 여전히 우리 가족들을 자주 만나게 되었다.

어머니와 빌리 사이에 긴장이 높아지기 시작하면 큰 형인 밥이 늘 어머니의 호소를 들어주고 개입하였다. 밥은 워싱턴에 있는 나에게 전화를 해서 빌리를 병원에 다시 입원시켜야 하는지에 대하여 의논하였다. 이런 일은 주로 어머니가 한계에 달했을 때 일어났다. 밥에게 책임 지워진 이 일은 이제 막 가정을 이룬 밥에게는 힘든 일이었다. 그 시점에서 나는 늘 밥을 지지했고 밥은 병원 입원 수발을 들었다. 이런 일은 1년에 두 번 정도 일어났다. 빌리는 가끔씩 택시운전을 그럭저럭 해 나가면서 여전히 어머니와 함께 적당한 크기의 아파트에서 어머니에게 재정적으로나 정서적으로나 전적으로 의존하여 살았다.

빌리는 병원에 입원할 때마다 잠깐 동안 향정신성 약물을 복용하기도 하였지만 결국에는 약을 끊었다. 빌리는 정신증상을 조금 보이는 것 외에는 대부분의 시간을 사회적으로 고립되어 아무런 의욕이 없이 지냈다. 빌리는 가끔씩 편집증상을 보이기도 했지만 그것을 겉으로 말하는 일은 별로 없었다. 사람들은 만약에 빌리가 계속해서 약물을 복용했더라면 정신과 병동에 입원하는 일이 중단될 수 있었을 것이라고 하지만 과도한 감정표출expressed emotion과 관련된 많은 연구를 보면 적개심이나 환자에 대한 과도한 관여(특히 어머니에 의한), 친척들의 비판적인 조언들은 환자가 약물을 지속적으로 복용 중이라 하더라도 증상이 재발되는 데 중요한 요인이 된다고 보고되고 있다. 어머니는 훌륭한 분이고 선한 분이기는 하지만 빌리를 향한 어머니의 걱정과 불안한 관심이 높아질수록 그것이 빌리에게 점점 더 독이 될 수가 있었다. 물론 빌리의 행동도 빌리에 대한 어머니의 관심을 더 집중시키는 역할을 했다. 이 세 가지 정서적 요인이 없으면 환자가 어떤 약물을 복용하는지와는 상관없이 재발율은 훨씬 낮아질 것이다. www.Houd.info.를 보면 '과도한 감정표출'에 대한 훌륭한 논문이 게재되어 있다(Rabstejnek, 2014).

어머니의 바로 아래 여동생인 키티 이모가 이 시기에 어머니와 특별히 가깝게 지냈는데 이모는 빌리 문제로 힘들어하는 어머니를 많이 걱정해 주었다. 나는 당시에는 알아채지 못했지만 그 상황에서 더욱 거리두기를 했다. 테리는 결혼하여 아이가 하나 있었는데 그때도 여전히 해외에 살고 있었다. 밥은 어머니의 상태로 인해 고통스러워했고 그 때문에 위궤양이 더 심해졌을 거라는 생각이 들었다. 형은 그 상황에서 자신을 보호하기 위해 어느 정도 거리를 두려고 노력했다. 어머니와 빌리는 더욱 고립되었고 그 당시에 나는 그것을 문제로 생각하지 않았다

내가 인턴 과정에 있었을 때 나는 머레이 보웬이 정신의학과에 있으면서 복도를 지나다니는 것을 볼 수 있었다. 의과대학교 3학년 때 그가 조현병에 대한 가족체계론적인 관점에 대하여 강의한 적이 있기 때문에 나는 그를 바로 알아봤다. 그 강의에서 인상 깊었던 것은 그가 조현병 가족의 어머니에 대하여 비판적이지 않은 태도를 가지고 있었다는 점이다. 그는 나의 어머니가 불안한 가운데 역기능적인 성인 자녀를 보호하고 돕기 위해서 전적으로 헌신적인 것에 대하여 완벽하게 설명하고 있었다. 그는 과도한 보호가 억압된 적개심의 결과가 아니고 '모성적 본능이 맹목적으로 날뛰는 것'으로 표현했다. 바로 그것이었다! 또 하나, 그가 어머니와 역기능적 성인 자녀와의 강한 상호의존성은 다세대 전수과정 결과의 강도와 관련 있다는 점을 언급했다. 어머니들이 자신의 어머니들과의 관계에서 해결하지 못한 것들을 과도하게 관여함으로써 다루려고 하는데, 결과적으로 그 어머니들도 자신의 어머니와의 관계에서 다루지 못한 것들을 해결하지 못한다는 것이었다. 그럼 누구의 잘못인가? 사람들은 자신들이 다루어졌던 방식대로 최선을 다해 살아갈 뿐이다.

그의 강의는 나의 삶의 경험과 너무나 맞아떨어져서 나의 마음을 사로잡았다. 그것은 정

신의학과의 다른 수업에서 들었던 것과는 정반대되는 관점이었다. 나는 그때까지 내과 의사로서의 목표를 가지고 있었지만 인턴 과정을 마친 후 1년간 정신의학과 수련의 과정을 시도하기로 했다. 이렇게 결정하고 나서 나는 머레이 보웬과 몇몇 교육과정에서 만날 수 있는 기회를 가졌다. 나는 그가 전통적인 정신의학과는 다른 진보적 관점을 가지고 있는 것에 주목했다.

1969년 5월에 보웬으로부터 임상 슈퍼비전을 받았던 내용은 다음에 소개되어 있다. 나의 형은 1969년 11월에 자살을 하였다. 그 자살 사건은 내가 수개월에 걸쳐서 나의 다세대 가족 정서과정을 변화시키기 위해 엄청나게 열성적으로 노력을 했던 것과 전혀 무관하지 않다. 내가 그동안 했던 행동은 보웬의 이론을 너무나도 몰랐던 행동들이었다.

나는 흥분된 마음으로 더 잘 분화된 사람이 되기 위한 계획에 에너지를 쏟기 시작했다. 초기 단계에서 나는 현재의 가족 정서과정에 대한 관점을 얻기 위한 노력으로 여러 세대에 걸친 나의 가족에 대하여 더 많이 알아야 했다. 여기에는 여러 가지 기록물이나 가족원들의 기억과 같은 다양한 출처로부터 사실에 관한 많은 정보를 수집하는 것이 포함되었다. 그리고 어머니 쪽과 아버지 쪽의 확대가족원들과 좀 더 가깝게 접촉을 하려고 했다.

가장 의의가 있었던 것은 어머니와 빌리 사이에 형성된 강렬한 유대관계에 대하여 알게 된 것이고, 나머지 우리 가족들이 그 관계가 유지되도록 받쳐 주고 있었다는 것을 알게 된 것이었다. 우리 가족은 모두 빌리의 기능이 가족 불안의 원천이라고 생각하고 있었던 것이다. 보웬의 이론을 듣기 전까지 나를 포함해서 나의 부모와 형제들은 우리가 빌리를 불안의 원천이라고 생각하는 만큼 우리도 빌리의 불안의 근원이었다는 것에 대하여 전혀 생각하지 못했던 것이다! 보웬으로부터 그의 이론에 대하여 강의를 들으면서 나는 가족의 문제상황으로부터 나 자신이 거리두기 하려고 했다는 점도 깨닫게 되었다. 나는 그것을 알게 된 즉시 더 이상 그렇게 하지 않기로 마음먹었다. 내게 가족은 중요했다. 나는 그들을 사랑했고 그들과 더 나은 접촉을 하고 싶었다. 보웬이론으로 얻은 지식은 가족 문제에 휩쓸리지 않고 이러한 것을 할 수 있을 것이라는 확신을 가질 수 있도록 해 주었다.

내가 보웬의 이론을 배우던 초기에 잘못 알고 있었던 큰 문제점은 보웬이 명명한 '미해결된 공생관계'에 관한 것이었다. 그것은 어머니와 빌리의 관계에서도 볼 수 있었는데 초기 아동기에는 정상적인 것이지만 아이가 성장함에 따라 해결되지 못한 정서적 관여를 말하는 것이었다. 나는 이 공생관계를 어머니와 빌리 사이에서처럼 관계에 해로운 결과를 가져다주는 것으로 생각하고 매우 반감이 들었다. 변화를 방해하는 역할을 하는 관계 속에 있는 힘을 잘 이해하지 못하고 나는 그것 자체가 변화해야 한다고 생각했고 내가 어느 정도 그것을 변화시킬 수 있을 것이라고 생각했다.

어머니와 빌리 사이의 관계에 대한 나의 감정반사반응은 다음과 같다. 나는 어머니에게 워싱턴으로 나의 가족을 보러 오시라고 가끔 요청했다. 어머니는 한 번은 빌리와 함께 왔다. 그동안 어머니는 빌리가 늘 어머니를 따라 나서지 않으려고 해서 오기를 꺼려 했다. 지금은 어머니와 빌리의 관계에 대하여 더 잘 알게 되었지만 그때 당시 나는 빌리에 대하여 어느 부분 공감되지 못한 부분이 있어서 단순히 어머니가 빌리를 두고 오는 것을 주저하는 것이 어머니와 빌리 모두에게 좋지 않다고 생각했다. 그 결과, 나는 어머니에게 혼자 오실 것을 애타게 강조했고 어머니가 거절하면 좌절감을 느꼈다. 내가 그들에게 무엇이 좋은 것인지를 잘 알고 있다고 생각했던 것은 교만이었다.

또 한 가지 이모 키티와 이모부 딕이 은퇴하여 서부 펜실베이니아로부터 멀리 이사해서 살고 있는 가족들을 만나러 함께 자동차 여행을 다니자고 어머니를 초대했을 때 나는 어머니에게 그 초대를 받아들이도록 강력히 권했다. 물론 어머니는 빌리를 장기간 혼자 두면 빌리가 힘들어할까 봐 걱정이 심했다. 이모와 이모부는 1969년 8월 말부터 10월 초까지 6주간의 여행계획을 세웠고 어머니에게 함께 가자고 초대했다. 여행 중에 어머니의 절친한 친구와 마이애미에 사는 큰 조카를 만나는 것도 포함되어 있었다. 어머니는 여러 차례 나에게 전화를 해서 양가적인 마음을 표현했다. 나는 그때도 역시 교만한 마음에 빌리와 어머니가 따로 떨어져 있어야 한다고 생각했고 어머니에게 여행 가기를 재촉했다. 밥이 가까이 살고 있으니 언제라도 필요하면 도울 수 있을 것이라고 말했다. 놀랍게도 어머니는 여행을 떠나기로 했다.

밥은 그 시기에 여러 번 빌리를 만나 보았지만 평소와 다른 점을 전혀 찾아볼 수 없었다. 빌리는 스스로를 만족스럽게 잘 돌보고 있는 것처럼 보였다. 그러나 어머니가 10월 초에 돌아왔을 때 어머니의 말대로 하면 난파선처럼 망가져 있었다고 했다. 빌리는 극도로 불안해져서 어머니의 관심을 필요로 했다. 나는 당시 너무 무지했고 어머니가 멀리 떠난 것에 대한 강한 감정반사행동을 보고 있는 것이라고 생각했다. 어머니는 빌리에 대하여 내가 전에 한 번도 본 적이 없는 방식으로 공포스러운 반응을 했다.

그다음 주 일주일에서 열흘 정도 어머니와 나 사이에는 많은 전화 통화가 이루어졌다. 어머니는 밥을 끌어들였고 밥은 빌리가 병원에 입원해야 한다고 생각했다. 나는 빌리가 결국에는 평정 상태에 이를 것이라고 생각했지만 밥이 앞장서서 10월 말쯤에 병원에 입원시켰다. 근처에 있는 주립병원에 다시 입원했고 병원에서는 빌리에게 약 처방을 하고 일주일 뒤에 어머니와 함께 퇴원하도록 했다.

1969년 11월 첫 주가 되었을 때 상황은 병원에 입원하기 전보다 더 나아진 것이 없었다. 병원에서 처방받은 약을 복용하는데도 빌리는 안정되지 않았다. 나는 빌리가 경험했을 스트레스의 깊이를 알지 못했고 빌리가 어머니에게 얼마나 깊이 의존되어 있는지, 그리고 그 관계에서 어떤 위협감을 느꼈는지에 대해서도 잘 알지 못했다. 어머니는 절망적이 되어 빌리에게 확신을 주려고 애를 썼지만 그다지 도움이 되지 못했다. 빌리는 1969년 11월 13일에 어머니의 집에서 자살했다. 빌리가 자신의 손목을 그은 상태인 것을 어머니가 발견하여 병원으로 급하게 옮겼지만 너무 늦었다.

밥은 금요일 저녁, 전화로 내게 비통한 소식을 전했다. 나의 가족은 즉시 스워스모어로 서둘러 갔고 키티 이모와 이모부도 금요일 밤에 도착했다. 그날의 고통은 뭐라고 설명할 수 없다. 그리고 바로 "만일 이랬더라면, 또는 이러지 않았더라면" 하는 자책의 시간들을 보냈다.

그날 저녁 늦게 나는 워싱턴에 있는 머레이 보웬에게 전화했다. 그의 아내 르로이가 전화를 받아서 "머레이가 정신의학 발전을 위한 회의에 참석차 필라델피아에 가 있어요."라고 했다. 그리고 그가 묵고 있는 숙소를 알려 주어 보웬에게 전화를 했다. 그는 충격을 받았고 즉시 다음 날 아침에 그가 머물고 있는 호텔에서 만나자고 했다.

다음 날 아침 한 시간 정도 그와 함께 시간을 보냈고 지난 두 달 동안 있었던 일들에 대하여 많은 이야기를 나누었다. 보웬의 반응은 매우 함축적이었다. "마이크, 어머니께서 멈추니까 빌리가 자살한 것 같네요." 보웬이 한 말의 의미는 어머니가 빌리를 좀 더 독립적으로 기능할 수 있도록 하는 쪽으로 한 걸음 내딛은 셈이라는 뜻이었다. 그는 내게 스워스모어로 와서 그 주말 동안 우리 가족들과 함께 지내겠다고 제안하기까지 했다.

보웬이 했던 말의 영향을 말로 설명하기는 어렵다. 어쨌든 비극적인 사건임에도 그것은 사실에 근거하여 전후 사정을 잘 이해할 수 있게 해 주었고 특이한 방식으로 마음을 평온하게 해 주었다. 어머니가 빌리를 남겨 두고 여행을 떠난 것은 어머니 자신을 위해 에너지를 쏟은 행동이었다. 나는 그때까지만 해도 어머니가 빌리로부터 뒤로 물러난 것이라고 생각하지 않았는데, 그러나 어머니가 했던 행동은 정확히 바로 그것이었다. 나는 그때 당시에 그들의 정서적 상호의존성이 얼마나 깊은 것인지를 완전히 알지는 못했고 결국 그것은 침몰해 버렸던 것이다.

나는 보웬에게 가족을 만나러 올 필요가 있을 것 같지 않다고 말했다. 나는 보웬과 함께 나눴던 대화가 어떻게 대처해야 할지 확신을 주었다고 말했다. 장례식 전, 며칠 동안 나는 가족들과 개별적으로 만나 이야기를 나누었다. 키티 이모와 이모부, 어머니와 밥을 주로 만나 얘기를 나누었고 나머지 가족들과 친지들도 만나서 얘기를 나누었다. 대부분의 사람들은 이런 일이 일어나기 전에 뭔가 했어야 한다는 죄책감에 대하여 이야기했다. 우리 모두는 당연히 그렇게 죄책감을 가지고 있었다.

나는 모든 사람들을 일일이 만나는 노력을 한 것이 장례식을 잘 치루는 데 도움이 되었다고 생각한다. 우리는 모두가 슬픔을 함께했고 누군가를 향해 비난하는 행동은 누그러졌다. 키티 이모와 이모부는 어머니에게 그들이 살고 있는 시드먼으로 함께 가기를 원했다. 어머니가 "아니, 그냥 우리 집에 있으면서 이 상황을 감당하고 싶어."라고 했을 때 나는 어머니에게 잘 생각했다고 말했다. 제16장에서 나는 빌리 형의 죽음 이후 6개월 동안 있었던 가족 과정에 대하여 설명하였다. 그 부분을 읽으면 나의 형의 자살 이전의 가족의 정서적 기능에 대하여 잘 이해할 수 있을 것이다.

요약과 결론

[그림 E-5]의 그래프는 조현병을 앓았던 빌리 형의 출생 이후 죽음까지의 과정에서 기능적 분화 수준을 표시한 것이다. 이 그래프는 [그림 22-1]에 제시된 존 내쉬의 반복적인 만성불안에 대한 것과 비슷하다. 기능적 분화 수준이 똑같은 것으로 보이는데 만성불안이 올라가면 기능적 수준은 떨어지고 증상이 나타난다. 그리고 만성불안이 내려가면 기능적 수준은 올라가고 증상은 사라진다.

A 시기에서 D 시기(1934~1952년)까지는 빌리의 출생 시기부터 성인으로서 책임감이 더 많아지는 대학에 들어가는 전환기까지 기능적 수준이 매우 경미한 수준의 점진적 변화를 보여 주고 있다. D부터 E 시기까지는 약 5년 동안 매우 급격한 변화를 보여 주고 있다(1952~1959년 초). 그 시기는 양성적인 증상보다는 음성적인 조현병 증상이 나타난 시기이다. 빌리는 아주 짧은 시기 동안 과대기능을 하던 부모님을 떠나 삶의 방향을 찾지 못하고 있었던 시기이다. E와 F 시기는 빌리가 메릴랜드로 이사해서 부모와의 삼각관계가 정반대로 되었던 시기이다. F와 G 시기는 부모님이 1961년에 스워스모어로 이사한 후 빌리의 기

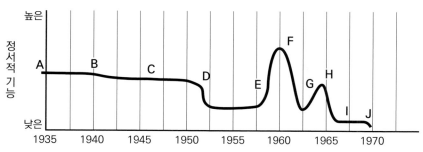

빌리의 기능과 내적/외적 가족 스트레스 사건과의 상호성

A: 빌리, 1934년 출생
B: 빌리, 초등학교 입학
C: 중학교 입학
D: 고등학교 졸업 후 대학교 진학
E: 빌리, 부모님과 함께 메릴랜드로 이사
F: 부모님은 스워스모어로 귀향
G: 아버지의 죽음, 빌리 첫 입원. 마이크가 어머니와 빌리 돌봄
H: 마이크가 결혼할 아내와의 진지한 관계 시작
I: 빌리의 연속된 입퇴원 반복
J: 어머니의 행동 변화, 1969년 빌리의 자살

[그림 E-5] 이 도표는 조현병을 앓았던 형의 전 생애에 걸친 기능적 분화 수준을 평가해 본 것이다. Y축은 기능 수준을 나타내고 X축은 빌리의 일생을 나타낸다. A, B, C, D는 빌리의 초기 인생의 중요한 시점을 나타낸다. 빌리는 1935년에 태어났고 1940년에 초등학교에 입학했다. 1946년에 중학교에 들어가서 1952년에 고등학교를 졸업하고 대학교에 입학했다. 빌리의 기능적 수준의 하락은 점진적으로 이루어져서 대학교에 입학하는 시기까지는 그다지 눈에 띄지 않았다. D의 시기에 그의 기능 수준이 매우 급격하게 변화한 것이 눈에 띈다. 그의 기능 수준은 1952년부터 1958년 말에 부모님과 같이 스워스모어에 살고 있었을 때는 변동이 없이 일정했다. E의 시기에 부모님과 빌리가 메릴랜드로 이사를 했고 그 시기에 빌리의 기능은 급등했다. F 시기에는 부모님이 스워스모어로 다시 이사를 했고 빌리의 기능은 추락하기 시작했다. 1961년 말, 빌리의 기능 수준은 이전의 어떤 때보다 가장 낮았고 그 상태는 정신과 병원에 처음 입원하게 되는 때까지 지속되었다. G 시기는 1962년 5월 아버지의 갑작스런 죽음과 1962년 8월 빌리가 맨 처음 정신과 병동에 입원한 시기 사이를 나타낸다. G와 H 사이의 기능 수준의 호전은 [그림 E-3]에 제시되었다. H와 I 사이의 시기는 [그림 E-4]에 제시되었고 빌리의 기능 수준은 그가 1969년 11월에 자살하기까지 3년 동안 내내 매우 낮은 상태로 지속되었다.

능 수준이 곤두박질쳤던 시기이다. 그리고 이 시기의 마지막은 1962년 늦여름 아버지의 죽음과 빌리의 첫 입원으로 끝났다. G에서 H에 이르는 기간에 기능 수준이 올라간 것으로 나타난 것은 어머니와 빌리, 그리고 나 사이에 형성된 삼각관계가 18개월 동안 어느 정도 평정 상태로 안정되어 있었던 시기이다. I에서 J의 시기에 기능 수준이 떨어지고 증상이 증가된 것은 내가 예비신부를 만난 이후 삼각관계에 더 이상 연루되지 않았을 때이다. 빌리는 맥락의 변화에도 불구하고 진정으로 회복된 적이 없었다. 결국 J 시점에서 빌리는 어머니의 변화에 반응하여 감정반사적이 되어 자살을 하게 되었다. 어머니가 더 이상 자신의 곁에 있지 않을 것이라는 빌리의 자각 때문이기는 하지만 어머니가 6주 동안이나 빌리를 떠나 있는 것에 대한 스트레스는 그가 적응할 수 있는 한계를 넘는 것이었다.

보웬이론은 체계로부터 흡수한 한 사람의 만성불안이 관계의 변화에 따라 증가되기도 하고 감소되기도 한다는 것과, 그러한 변화는 임상 증상을 개선시키기도 하고 악화시키기도 한다는 것을 개념화하고 있으며, 이러한 보웬의 개념은 병리의 발전 과정에 초점을 두는 의료모델로부터 사고의 틀을 전환시켜 준다. 빌리는 탄광 속의 카나리아[1]처럼 위기 상황의 경고등 같은 것이었다.

중요한 것은 대학에 진학하거나 자녀가 배우자를 만나는 것과 같은 스트레스 상황은 가족체계의 만성불안을 상승시키는 잠정적 신호에 불과하다는 점이다. 만성불안이 증가되는 스트레스 상황에 처했을 때 사람들이 각자 서로 어떻게 대처하는가, 가족이라는 전체 단위가 그 상황에 적응적으로 대처하는가 그렇지 못하는가가 중요한 것이다. 스트레스 사건 자체의 심각한 정도도 중요하지만 자기분화가 가족이 적응하는 능력에 있어 중요한 변수가 된다. 스트레스 사건들은 많은 부분 피할 수 없는 것들이다. 그러나 사람들은 체계가 만성불안이 상승되는 상황에 직면해서 좀 더 성공적으로 다룰 수 있는 방법을 배울 수 있다. 그렇게 해서 퇴행을 되돌려 놓을 수 있고 그와 관련된 증상을 감소시킬 수 있다.

나는 내가 알지 못하는 사이에 빌리의 자살에 한 역할을 담당한 셈이 되었지만 내가 그의 자살의 직접적인 원인이 된 것은 아니라는 것을 안다. 자살은 체계과정의 결과이고 체계과정에는 세대 간의 과정이 연결되어 있다. 다세대 정서과정은 한 사람의 행동에 대하여 책임 회피를 조장하는 개념이 아니라 전체 상황에 대한 평가를 좀 더 객관적으로 하는 것에 관한 개념이다. 가족의 상호의존성 정도는 적어도 여러 세대에 걸쳐 경직된 수준(적응 능력의 상실상태)에까지 이르게 되는 것이다. 그것은 내가 아버지와 어머니의 가족에 대하여 다세대 관점에서 더 잘 알게 되면서 더욱 명확해졌다.

에필로그를 마치면서 사물을 있는 그대로 이해하고자 하는 의도에서 계몽기 프랑스의 유

---

1) 역주: 공기 속 유독가스와 일산화탄소 농도가 위험 수준에 이른 것을 알아챌 수 있도록 탄광의 광부들이 산소포화도에 민감한 카나리아 새를 활용하였던 것을 비유로 사용한 것이다.

명한 철학자인 데니스 디드로의 말을 인용한다. "우리가 살고 있는 세상에 대하여 우리 자신을 속이는 것보다 더 위험한 일은 없다. 우리는 자연과 공존하기 위하여 진실에 대한 윤리성이 필요하다"(Kors, 1998). 개인 중심적인 인과론적 모델과 체계론적 모델 중 어느 쪽이 더 진실일 것인가? 우리는 그에 대한 결정을 해야만 할 것이다. 내 입장에서는 인과론적 모델은 작은 상황 속에서는 유용하고 정확하고 중요하다고 생각한다. 그러나 가족체계의 복합성에 있어서는 부적절하다고 생각하며 전체로서의 인간의 몸에 대하여 생각해 볼 때 더욱 그렇다.

나는 나의 신념을 제시하면서 이 책을 마무리하고자 한다. 나는 보웬이론이 결국 모든 일반 사람들로부터 받아들여지는 날이 올 것이라고 생각한다. 지금으로부터 한 세기가 걸릴 수도 있고 그보다 덜할 수도 있을 것이지만 그때가 되면 인간은 정신적으로나 신체적으로 우리가 얼마나 정서적 자율성이 부족한지에 대하여 이해하고 받아들이게 될 것이다. 정서적 자율성은 인간의 상호작용에 건설적인 영향을 끼친다. 나의 이 믿음은 개인적인 수준에서 기본적인 분화 수준이 조금씩 향상되는 것에 대해 많은 관찰을 통해서 알게 되었기 때문에 생긴 것이다. 인간 행동에 체계론적 사고를 적용함으로써 객관성과 중립성을 갖게 되면 사람들은 인간관계에서도, 자연세계에서도 서로 좀 더 조화를 이루며 살게 될 것이다.

Ackerman, D. (1991). *The moon by whalelight*. New York, NY: Vintage Books.

Ackerman, D. (2012, March 25). Opinion: The brain on love. *New York Times*.

Anonymous. (1972). Toward the differentiation of self in one's own family. In J. Framo (Ed.), *Family interaction: A dialogue between family researchers and family therapists* (pp. 111-173). New York, NY: Springer.

Barzun, J. (2000). *From dawn to decadence: Five hundred years of Western cultural life, 1500 to the present*. New York, NY: HarperCollins.

Belsky, D., Caspi, A., Houts, R., Cohen, H., Corcoran, D., Danese, A., (. . .), Moffitt, T.(2015). Quantification of biological aging in young adults. *Proceedings of the National Academy of Sciences of the United States of America, 112*, E4104-E4110.

Benditt, E. (1977). The origin of atherosclerosis. *Scientific American, 236*, 74-84.

Benson, H. (1975). *The relaxation response*. New York, NY: Harper Collins.

Benson, H. (2006). Study of therapeutic effects of intercessory prayer in cardiac by-pass patients. *American Heart Journal, 151*, 934-942.

Bernard, C. (1974). *Lectures on the phenomena common to animals and plants*. (H. Hoff, R. Guillemin, & L. Guillemin, Trans.). Springfield, IL: Charles C. Thomas.

Bertalanffy, L. (1968). *General system theory: Foundations, Development, Applications*. New York: George Braziller.

Bonner, J. T. (1969). *The Scale of nature*. New York, NY: Harper & Row.

Bowen, M. (1966). The use of family theory in clinical practice. *Comprehensive Psychiatry, 7*, 345-374.

Bowen, M. (1971). Family therapy and family group therapy. In H. Kaplan and B. Sadock (Eds.), *Comprehensive group psychotherapy* (pp. 384-421). Baltimore, MD: Williams & Wilkins.

Bowen, M. (1976). Theory in the practice of psychotherapy. In P. Guerin (Ed.), *Family therapy* (pp. 42-90). New York, NY: Gardner.

Bowen, M. (1978). *Family therapy in clinical practice*. New York, NY: Jason Aronson.

Bowen, M. (1980a). Paper presented at the American Family Therapy Association Conference, March 14, New York.

Bowen, M. (1980b). *Towards a systems concept of spiritual phenomena*. Paper presented at the Georgetown University Annual Family Symposium on Family Theory and Family Psychotherapy on November 9 in Washington, D.C.

Bowen, M. (1981). *Towards a systems concept of supernatural phenomena*. Bowen-Kerr videotaped interview series, January 1981.

Bowen, M. (1987, July). *The theoretical structure of the Catholic Church*. Paper presented at the conference "Implications of Bowen Theory for Catholic Theology," Silver Spring, MD.

Bowen, M. (1997). Subjectivity, Homo sapiens and science. In R. Sagar (Ed.), *Bowen theory and practice* (pp. 15-21). Washington, DC: Georgetown Family Center.

Bowen, M. (2013). *The origins of family psychotherapy: The NIMH Family Study Project* (2nd ed.). J. Butler (Ed.). New York, NY: Jason Aronson.

Bowen, M. (1970). *Symptom development in the nuclear family*. Videotaped lecture by Murray Bowen. Retrieved from http://www.thebowencenter.org/., September 2017, The Bowen Center, 4400 MacArthur Blvd., Suite 103, Washington, DC 20007.

Bowen, M., & Kerr, M. (1985) *The Best of Family Therapy. Videotaped interview*. Retrieved from http://www.thebowencenter.org/., September 2017.

Bowlby, J. (1950). *Maternal care and mental health*. World Health Organization Monograph no. 3. Geneva: World Health Organization.

Bowlby, J. (1969). *Attachment*. New York, NY: Basic Books

Bowlby, J. (1988). *A secure base: Parent-child attachment and healthy human development*. London: Routledge.

Boysen, S., Berntson, G., Hannan, M., & Cacioppo, J. (1996). Quantity-based interference and symbolic representations in chimpanzees. *Journal of Experimental Psychology: Animal Behavior Processes, 22*, 76-86.

Cannon, W. (1939). *The wisdom of the body* (2nd ed.). New York, NY: Norton.

CBS News 60 Minutes (1998). Ted Kaczynski's Family, Retrieved videotape of January 11, 1998.

Chase, A. (2000). Harvard and the making of the Unabomber. *Atlantic Monthly, 285*, 41-65.

Cohen, S. (2005). The Pittsburg common cold studies: Psychosocial predictors of susceptibility to respiratory infectious illness. *International Journal of Behavioral Medicine, 12*, 123-131.

Cole, S., Hawkley, L., Arevalo, J., Sung, C., Rose, R., Cacioppo, J (2007). Social regulation of gene expression in human leukocytes. *Genome Biology, 8*, R189.

Collins, M. (2002). *Without a trace*. New York, NY: St. Martin's.

Colman, A. M. (2001). *Oxford dictionary of psychology*. Oxford, UK: Oxford University Press.

Conley, D. (2004). *The pecking order: Which siblings succeed and why.* New York, NY: Random House.

Damasio, A. (2010). *Self comes to mind.* New York, NY: Pantheon.

Damasio, A., & Brooks, D. (2009). *This time with feeling: David Brooks and Antonio Damasio.* Interview recorded at the Aspen Ideas Festival, posted January 29, 2015, at Aspen Institute.

Davies, P., & Lineweaver, C. (2011). Cancer tumors as metazoa 1.0: Tapping genes of ancient ancestors. *Physical Biology, 8*(1), 015001.

Dayalu, P. (2015). Huntington disease: Pathogenesis and treatment. *Neurologic Clinics, 33*, 101-114.

deCharms, R. (2005). Control over brain activation and pain learned by using real-time functional MRI. *Proceedings of the National Academy of Sciences of the United States of America, 102*, 18626.

DePisapia, N., Bornstein, M. H., Rigo, P., Esposito, G., DeFalco, S., Venuti, P. (2013). Sex differences in directional brain responses to infant hunger cries. *NeuroReport, 24*, 101-159.

De Waal, F. (1996). *Good natured.* Cambridge, MA: Harvard University Press.

De Waal, F. (2007). *Chimpanzee politics: Power and sex among apes.* Baltimore, MD: John Hopkins University Press.

Eagleman, D. (2015). *The brain.* New York, NY: Pantheon.

Engblom, C., Pfirschke, C., Zillionis, R., Da Silva Martin, J., Bos, S, (. . .). Pittet, M. (2017). Osteoblasts remotely supply lung tumors with cancer-promoting siglecfhigh neutrophils. *Science, 358*, 1147.

Federal Reserve. (2015, April 6). *FEDS Notes: Deleverging and recnt trends in household debt.* Retrieved April 2015, from http://federalreserve.gov/. https://doi .org/1017016/2380-7172, 1516.

Ferguson, S. (2014, February 25). Michael Moran evaluates Lourdes miracle reports. BBC News. Retrieved online: www.bbc.com/news/world-europe-26334964

Flavahan, W., Gaskell, E., & Bernstein, B. (2017). Epigenetic plasticity and the hallmarks of cancer. *Science, 357*(6348), eaal2380.

Follett, S. (1999). *Ted Kaczynski Unabomber interview 1999.* YouTube. https://www.youtube.com/watch?v=o6mYuNd6uhY

Gadagkar, R., & Joshi, N. (1985). Colony fission in a social wasp. *Current Science, 54*, 57-62.

Gerson, C., & Bishop, B. (2010). *Defeating cancer and other chronic diseases* (new ed.). Carmel, CA: Gerson Health Media.

Gilmore, M. (1995). *Shot in the heart.* New York, NY: Anchor.

Gordon, D. M. (1999). *Ants at work*. New York, NY: Free Press.

Grant, P., & Grant, B. (1985). Responses of Darwin's finches to unusual rainfall. In G. Robinson & E. del Pino (Eds.), *El Nino* (pp. 417-47). Quito, Ecuador: Charles Darwin Foundation.

Haidt, J. (2012). *The righteous mind*. New York, NY: Pantheon.

Harari, Y. N. (2015). *Sapiens*. New York, NY: HarperCollins.

Henry, J. (1992). Biological basis of the stress response. *Integrative Physiological and Behavioral Science, 27*, 66-83.

Henry, J., & Stephens, P. (1977). *Stress, health, and the social environment: A sociobiologic approach to medicine*. New York, NY: Springer.

Hinkle, L. (1974). The effect of exposure to culture change, social change, and changes in interpersonal relationships on health. In B. S. Dohrenwend & B. P. Dohrenwend (Eds.), *Stressful life events: Their nature and effects* (pp. 9-45). New York, NY: Wiley.

Holt, R. (2011). Survival and the family of extinction. *Family Systems, 8*, 143-161.

Horney, K. (1942). *The collected works of Karen Horney* (vol. 2). New York, NY: Norton.

Howard, H. (2012). *Mr. and Mrs. Madison's War*. New York, NY: Bloomsbury.

Huang, Y., Zaas, A., Rao, A., Dobigeon, N., Woolf, P., Veldman, N., (. . .), Hero III, A. (2011). Temporal dynamics of host molecular responses differentiate symptomatic and asymptomatic influenza A infection. *PLOS Genetics, 7*, 1-25.

Huler, S. (2004). *Defining the wind*. New York, NY: Crown.

Jackson, J. H. (1932). *Selected writings of John Hughlings Jackson* (Vol. 2). J. Taylor (Ed.). London: Hodder and Stoughton.

Johnston, D. (1998, April 29). In Unabomber's own words, a chilling account of murder. *New York Times*.

Kandel, E. (1983). Metapsychology to molecular biology: Explorations into the nature of anxiety. *American Journal of Psychiatry, 140*, 1277-1293.

Kaplan, J. T., Gimbel, S. I., & Harris, S. (2016). Neural correlates of maintaining one's political beliefs in face of counterevidence. *Scientific Reports, 6*, 39589, http://doi.org/10.1038/srep 39589.

Karr, M. (1995). *The Liars' Club*. London, Penguin Books

Kerr, M. E. (1980) Emotional factors in physical illness, a multigenerational perspective. *The Family, 7*, 59-66.

Kerr, M. E. (1988). Chronic anxiety and defining a self. *Atlantic Monthly, 262*(3), 35-58.

Kerr, M. E. (1992). Physical illness and the family emotional system: Psoriasis as a model. *Behavioral Medicine, 18*, 101-113.

Kerr, M. E. (2008). Why do siblings often turn out very differently? In A. Fogel, B. King, & S.

Shanker (Eds.), *Human development in the 21st century: Visionary policy ideas from systems scientists* (pp. 206-15). Cambridge, UK: Cambridge University Press.

Kerr, M., & Bowen M. (1988). *Family evaluation: The role of the family as an emotional unit that governs individual behavior and development*. New York, NY: Norton.

Keynes, R. (2001). *Darwin, his daughter, and human evolution*. New York, NY: Riverhead.

Kipling, R. (1926). *We and They*. kipling society.co.uk.

Kors, A. (1998). *Birth of the modern mind: The intellectual history of the 17th and 18th centuries*. Chantilly, VA: Teaching Company.

Kovaleski, S. (1997, January 20). Kaczynski letters reveal tormented mind. *Washington Post*.

Kovaleski, S., & Adams, L. (1996, June 16). A stranger in the family picture. *Washington Post*.

LeDoux, J., & Pine, D. (2016). Using neuroscience to help understand fear and anxiety: A two-system framework. *American Journal of Psychiatry, 173*, 1083-1093.

Lee, Y. (2005). Pathogenesis of Helicobacter pylori infection. *Korean Journal of Gastroenterology, 46*, 159-165.

Libby, P. (2018). *Is inflammation the link between all disease*. Fourth International Vatican Conference. The Cora Foundation, New York, N.Y.

Livio, S. K. (2017, June 11). Two years after parents' Nash deaths, son of "A Beautiful Mind" John Nash has one regret. Retrieved from NJ.com

Lysiak, M. (2013). *Newtown: An American tragedy*. New York, NY: Gallery Books.

MacLean, P. D. (1990). *The triune brain in evolution*. New York, NY: Plenum.

Mailer, N. (1979). *The executioner's song*. New York, NY: Grand Central.

Marshall, B., & Warren, J. (1984). Unidentified bacilli in the stomach of patients with gastritis and peptic ulceration. *Lancet, 323*, 1311-1315.

Mason, J. W. (1959). Psychological influences on the pituitary-adrenal cortical system. *Recent Progress in Hormone Research, 15*, 345-389.

McArthur, T. (Ed.) (1992). *The Oxford companion to the English language*. Oxford, UK: Oxford University Press.

McEwen, B. (2002). *The end of stress as we know it*. New York, NY: Dana Press.

McGoldrick, M., Gerson, R., & Shellenberger, S. (1985). *Genogram: Assessment and intervention*. New York, NY: Norton.

Meares, R. (1999). The contribution of Hughlings Jackson to an understanding of dissociation. *American Journal of Psychiatry, 156*, 1850-1855.

Merton, R. K. (1948). The self-fulfilling prophecy. *Antioch Review, 8*, 193-210.

Moberg, K. U. (2011). *The oxytocin factor*. London: Pinter & Martin.

Mukherjee, S. (2017, September 27). What we learn when two ruthless killers, heart disease and cancer, reveal a common route. *New York Times*.

Nasar, S. (1998). *A beautiful mind*. New York, NY: Simon & Schuster.

National Institute of Alcohol Abuse and Alcoholism (2018). *Genetics of Alcohol Use Disorder*.

Osler, W. (1910). The factor that heals. *British Medical Journal, 18*, 1470-1472.

Panksepp, J. (1998). *Affective neuroscience*. New York, NY: Oxford University Press.

Panksepp, J. (2010). Affective neuroscience of the emotional brain mind: Evolutionary perspectives and and implications for understanding depression. *Dialogues in Clinical Neuroscience, 12*, 533-545.

Papez, J. W. (1937). A proposed mechanism of emotion. *Archives of Neurology and Psychiatry, 38*, 725-743.

PBS. (2002). A brilliant madness: A mathematical genius descent into madness. *American Experience*, episode AMER 6409. Retrieved October 1, 2004, from PBS Home Video shop.pbs.org.

Pert, C. (1997). *Molecules of emotion*. New York, NY: Scribner.

Powell, N., Sloan, E., Bailey, M., Arevalo, J., Miller, G., Chen, E.. (. . .), Cole, S. (2013). Social stress up-regulates inflammatory gene expression in leukocyte transcriptome via β-adrenergic induction of myelopoiesis. *Proceedings of the National Academy of Sciences of the United States of America, 10*, 16574-16579.

Prehn, R. (2007). Does the immune reaction cause malignant transformation by disrupting cell-to-cell or cell-to-matrix communications? *Theoretical Biology and Medical Modelling, 4*, 16.

Rabstejnek, C. (Retrieved June 2014). An overview of expressed emotion. Retrieved from http://www.houd.info.

Rainville, P. (1997). Pain affect encoded in human anterior cingulate but not somatosensory cortex. *Science, 277*, 968.

Ridker, P., Everett, B. M., Thuren, T., MacFadyen, B., Chang. W., Ballantyne, C., (. . .) and CANTOS Trial Group (2017a). Antiinflammatory therapy with cankinumab for atherosclerosis. *New England Journal of Medicine, 377*, 1119-1131.

Ridker, P., MacFadyen, J. G., Everett, B. M., Libby, P., Thoren, T., Glynn, R. J., and on behalf of the CANTOS trial group (2017b). Effect of interleukin-1beta inhibition with canakinumab on incident lung cancer in patients with atherosclerosis: Exploratory results from a randomized, double blind, placebo controlled trial. *Lancet, 390*, 1833-1842.

Selye, H. (1956). *The stress of life*. New York, NY: McGraw-Hill.

Shapiro, J. A. (1988). Bacteria as multicellular organisms. *Scientific American, 256*, 82-89.

Skinner, B. F. (1953). *Science and human behavior*. New York, NY: Simon & Schuster.

Sloman, S., & Fernbach, P. (2017). *The knowledge illusion*. New York, NY: Penguin Random

House.

Smithers, D. (1962). An attack on cytologism. *Lancet, 274,* 493-499.

Solomon, A. (2014, March 17). The reckoning. *New Yorker,* retrieved online: https://www.newyorker.com/magazine/2014/03/17/the-reckoning

Stanovich, K. (1993). Dysrationalia. *Journal of Learning Disabilities, 26*(8), 501-515.

Stanovich, K. E. (2009). *What intelligence tests miss: The psychology of rational thought.* New Haven, CT: Yale University Press.

Stigum, B. P. (2003). *Econometrics and the philosophy of economics.* Princeton, NJ: Princeton University Press.

Struhl, K. (2010). A transcriptional signature and common gene networks link cancer with lipid metabolism and diverse human diseases. *Cancer Cell, 17,* 348-361.

Thomas, E. (1996, April 22). Blood brothers. *Newsweek,* pp. 28-34.

Thomas, L. (1974). *Lives of a cell.* New York, NY: Macmillan.

Toman, W. (1961). *Family constellation.* New York, NY: Springer.

Walker, D., Toufexis, D., & Davis, M. (2003). Role of the bed nucleus of the stria terminalis versus amygdala in fear, stress, and anxiety. *European Journal of Pharmacology, 28,* 199-216.

Warthin, A. (1913). Heredity with reference to carcinoma. *Archives of Internal Medicine, 12,* 546-555.

Weinberg, R. (2007). *The biology of cancer.* New York, NY: Garland

Wiener, N. (1948). *Cybernetics: Or control and communication in the animal and the machine.* Cambridge, MA: MIT Press.

Williams, G. (1966). *Adaptation and natural selection.* Princeton, NJ: Princeton University Press.

Wilson, E. O. (1975). *Sociobiology: The new synthesis.* Cambridge, MA: Belknap Press.

Wilson, E. O. (1998). *Consilience: the unity of knowledge.* New York, NY: Knopf.

Wilson, E. O. (2014). *The meaning of human existence.* New York, NY: Liveright.

Wohlleben, P. (2015). *The hidden life of trees.* Vancouver, BC: Greystone.

Zahalka, A. (2017). Adrenergic nerves activate an angio-metabolic switch in prostate cancer. *Science, 358,* 321-326.

찾아보기

• 인명 •

• 내용 •

저자 소개

마이클 커(Michael E. Kerr), MD

가족 정신건강의학과 의사이다. 그는 20년 이상 머레이 보웬(Murray Bowen) 밑에서 수련을 받고 함께 일했으며, 1990년 보웬 박사가 사망하자 보웬 박사를 이어 받아 Bowen Center for the Study of the Family(원래 Georgetown University Family Center)의 이사로 재직했다. 그는 2011년 1월부터 보웬 센터의 명예 이사를 맡고 있으며 현재 메인주에 거주하고 있다. 그는 임상을 계속하고 있으며, 전국 콘퍼런스에서 발표하고 보웬이론과 그 응용에 대해 글을 쓰고 있다.

그는 머레이 보웬과 공동으로 1988년에 출판된 『Family Evaluation』을 집필했으며, 두 번째 책인 이 책 『Bowen Theory's Secrets』를 집필하였다. 그의 연구 관심사로는 암과 가족의 정서적 과정, 단일질병 개념의 개발, 인간의 정서적 과정과 다른 종의 정서적 과정 간의 관계, 자기분화과정 등이 있다.

역자 소개

최선령(Choi, Sunryung)
숭실대학교 문학박사(가족복지 전공)
현 열린가족상담센터 소장

〈대표 저 · 역서〉
사례로 배우는 가족상담(공저, 학지사, 2020)
가계도: 사정과 개입(공역, 학지사, 2011)

이인수(Lee, Insoo)
경희대학교 이학박사(가족상담 및 교육 전공)
전 한국상담학회 부부가족상담학회 11대 회장
현 심리상담연구소 앤아더라이프 대표

〈대표 저 · 역서〉
부부 · 가족상담 핸드북(공저, 학지사, 2020)
미누친의 가족치료 마스터하기(역, 학지사, 2022) 외 다수

조은숙(Cho, Eunsuk)
서울대학교 아동가족학과 박사(가족학 전공)
현 상명대학교 가족복지학과 교수
　　한국상담학회 부부가족상담학회 12대 회장
　　한국가족놀이치료학회 2대 회장

〈대표 저 · 역서〉
가족과 젠더(공저, 신정, 2020)
동영상으로 배우는 가족치료 기술과 기법(역, 학지사, 2025)

노치영(Noh, Chiyoung)
이화여자대학교 문학박사(가족학 전공)
현 노치영 부부가족상담연구소 소장
　　한국상담학회 부부가족상담학회 자격관리위원장

〈대표 역서〉
쿨하게 화내기(공역, 시그마프레스, 2006)
완전한 사랑의 7단계(공역, 시그마프레스, 2004)

보웬이론의 비밀
Bowen Theory's Secrets

2025년 4월 15일 1판 1쇄 인쇄
2025년 4월 25일 1판 1쇄 발행

지은이 • Michael E. Kerr
옮긴이 • 최선령 · 이인수 · 조은숙 · 노치영
펴낸이 • 김진환
펴낸곳 • ㈜ 학지사

　　　　　04031 서울특별시 마포구 양화로 15길 20 마인드월드빌딩
대표전화 • 02-330-5114　　팩스 • 02-324-2345
등록번호 • 제313-2006-000265호

홈페이지 • http://www.hakjisa.co.kr
인스타그램 • https://www.instagram.com/hakjisabook

ISBN 978-89-997-3399-4　93180

정가 26,000원

출판미디어기업 학지사
간호보건의학출판 **학지사메디컬** www.hakjisamd.co.kr
심리검사연구소 **인싸이트** www.inpsyt.co.kr
학술논문서비스 **뉴논문** www.newnonmun.com
교육연수원 **카운피아** www.counpia.com
대학교재전자책플랫폼 **캠퍼스북** www.campusbook.co.kr